"十二五"普通高等教育本科国家级规划教材　　国家级一流本科课程配套教材

中国电力教育协会高校电气类专业精品教材

U0643002

电力系统分析
（第三版）

主编　夏道止　杜正春

编写　李建华　方万良　赵登福　别朝红　王建学

主审　程时杰　张伯明

中国电力出版社
CHINA ELECTRIC POWER PRESS

内 容 提 要

本书为"十二五"普通高等教育本科国家级规划教材、中国电力教育协会高校电气类专业精品教材。

全书共分十章，主要内容包括电力系统的基本概念、电网的正序参数和等值电路、输电线路运行特性及简单电力系统潮流估算、电力系统潮流的计算机算法、电力系统正常运行方式的调整与控制、直流输电与柔性交流输电、同步电机的数学模型、电力系统对称故障分析、电力系统简单不对称故障分析、电力系统稳定性分析。本书末集中列出了一些具有一定难度的思考题，对于读者掌握和应用有关内容具有很大帮助。

本书为高等院校电气信息类相关专业教材，也可作为从事电力系统工作的工程技术人员的参考用书。

图书在版编目（CIP）数据

电力系统分析/夏道止，杜正春主编 .—3 版 .—北京：中国电力出版社，2017.9（2024.11重印）
"十二五"普通高等教育本科国家级规划教材
ISBN 978 - 7 - 5198 - 0786 - 3

Ⅰ.①电…　Ⅱ.①夏…　②杜…　Ⅲ.①电力系统－系统分析－高等学校－教材　Ⅳ.①TM711

中国版本图书馆 CIP 数据核字（2017）第 118879 号

出版发行：中国电力出版社
地　　址：北京市东城区北京站西街 19 号（邮政编码 100005）
网　　址：http://www.cepp.sgcc.com.cn
责任编辑：乔　莉（010 - 63412535）
责任校对：黄　蓓　郝军燕
装帧设计：郝晓燕　张　娟
责任印制：吴　迪

印　　刷：北京雁林吉兆印刷有限公司
版　　次：2004 年 9 月第一版　2017 年 9 月第三版
印　　次：2024 年 11 月北京第二十四次印刷
开　　本：787 毫米×1092 毫米　16 开本
印　　张：23.25
字　　数：570 千字
定　　价：59.00 元

前　言

　　本书出版十余年来，已被越来越多的高等院校作为教材使用。针对各校在使用中发现的问题和给出的建议以及电力系统的发展，进行了本次修订工作。本着保持原书物理概念清楚、数学模型精确、求解方法严格等原则，主要修改和增删的内容如下：

　　（1）在第一章中，更新了我国目前电力系统发展的基本信息；对电力系统可靠性给出了较为准确的分类和说明。

　　（2）在第二章中，对带非标准变比的变压器等值电路的论述进行了修订。

　　（3）在第四章中，删去了电力网络节点电压方程的推导过程；在潮流模型中，对平衡节点和电压相角参考节点进行了更为准确的论述；增加了线性方程组求解的三角分解方法；对快速解耦潮流模型和算法进行了修订，并解释了其收敛机理。

　　（4）在第五章中，重写了引言，便于学生更好地理解和掌握频率与电压调整的必要性和过程；增加二次调频的简单介绍。

　　（5）新增加了第六章直流输电与柔性交流输电。本章包含了第二版第五章中的第四节和第五节的基本内容，补充了传统双端直流输电的基本模型和控制原理，增加了柔性直流输电的基本结构、运行原理和特性以及控制系统。

　　（6）在第七章中，对同步电机标幺制方程的基准值选取进行了修改和更正；将同步电机的模型简化放在第十章讲述，以便与稳定性分析更好结合；对同步电机稳态方程和相量图的论述进行了修订，使之完整且简明易懂。

　　（7）在第八章中，对用于实用短路电流计算的发电机模型进行了修订，使得读者便于理解。

　　（8）在第九章中，对一些相量图的错误进行了修改，并更正了一些例题的错误。

　　（9）在第十章中，对电力系统稳定性的一些基本概念进行了完善和修订；给出了电力系统稳定性分析中同步电机的各种详细和简化模型；增加了单机无穷大系统的低频振荡分析和电力系统稳定器（PSS）对低频振荡的抑制分析。

　　此外，还对其他个别地方进行了修改和补允。

　　本书修订工作由西安交通大学王建学和杜正春完成，杜正春负责全书的统稿。

　　本书仍承蒙华中科技大学程时杰教授和清华大学张伯明教授审阅，提出了很多宝贵的意见和建议，深表感谢。

　　限于编者水平，书中错误和不妥之处难免，请读者批评指正。

编　者

2017 年 6 月

第一版前言

本书是普通高等教育"十五"国家级规划教材，为电气工程及自动化专业本科生电力系统分析课程所编写。

原能源部组织的全国高等学校电力系统及其自动化专业教学指导委员会曾经为"电力系统稳态分析"和"电力系统暂态分析"两门课程分别组织编写过相应的教材，本书是在上述教材的轮廓上进行修改和扩充而成，主要有以下几点：

（1）舍弃了基于手工计算的各种近似计算方法。

（2）增强了基础理论，如有关稳定性的基本概念和基本理论。

（3）除了最基本的分析方法以外，简要介绍了有关的发展，以扩大学生的视野。

此外，对直流输电和应用电力电子元器件构成的新型输配电设备，在其结构和工作原理方面进行了介绍。

为了使学生易于接受和掌握有关的原理和分析方法，建议在一开始能组织学生参观变电所，从而对各种电力设备和实际电力系统有一个轮廓性的、感性的认识。

本课程的先修课程为"电路""电磁场"以及"电机学"，否则难以掌握本教材所涉及的基本理论和基本分析方法。

除了在正文中提出了一些建议读者自行推导的公式和考虑的问题以外，在书末集中列出了一些具有一定难度的思考题，它们对于掌握和应用有关的内容将有很大的帮助。

本书第一章和第五章由夏道止编写，第二、三、四章由李建华编写，第六章由方万良编写，第七章和第八章由赵登福编写，第九章由杜正春编写。全书由夏道止任主编。

本书初稿蒙华中科技大学程时杰教授审阅，提出了很多宝贵的意见和建议，在此深表感谢。

限于编者水平，书中错误和不妥之处难免，请读者批评指正。

编　者

2003 年 12 月

第二版前言

本书第一版自出版以来被部分高等院校使用，并提出了不少宝贵的意见，主要集中在基于手工计算的各种近似计算方法方面，认为作为教材还有必要进行适当的介绍。为此，本书在修订时接纳了这一建议，并对其他方面进行了修改和补充。书中主要修改和增删的内容如下：

（1）改写了第一章的内容，包括对我国目前电力系统的信息进行了更新，增加了对火力发电厂、水力发电厂、核电厂和风力发电厂生产过程的介绍，系统地介绍了负荷曲线，对电力市场作了简要的介绍。

（2）在第三章中增加了两端供电网络的潮流估算方法，进一步说明了电力系统中有功功率与电压相位差、无功功率与电压有效值差之间的密切关系。

（3）在第四章中完整地介绍了潮流计算的快速分解法。

（4）在第五章中增加了中枢点电压管理和电压调整基本方法的介绍。

（5）在第七章中增加了发电机励磁调节系统对短路电流影响的定性分析，并对复杂系统三相短路电流的计算方法进行比较详细的介绍，包括计算机算法和手工算法。

（6）在附录中给出了一个完整的极坐标形式的牛顿—拉夫逊法潮流计算程序，在程序中列出了简单的说明并给出了中间结果，以便于读者阅读和调试。

（7）对于我国规定的标准电压、频率容许偏差和供电电压容许偏差等，都按近年来新颁布的有关国家标准进行了修改。

此外，还对其他个别地方进行了修改和补充。

本书第一章由别朝红修订，第三、四、五章和附录由李建华修订，第七章由王建学修订，全书由夏道止统稿。

本书承蒙华中科技大学程时杰教授和清华大学张伯明教授审阅，提出了很多宝贵的意见和建议，深表感谢。

限于编者水平，书中疏漏和不妥之处在所难免，请读者批评指正。

网站 http://jc.cepp.com.cn 提供本书教学课件和附录中程序的下载。

编　者

2010 年 12 月

目　　录

第一章　电力系统的基本概念

本章主要介绍电力系统的形成和发展情况、各类发电厂的生产过程、我国电力系统 60 多年来的发展历程和现状，阐述电力系统的基本概念，包括电力系统的组成、基本参量、接线图、电压等级以及电力系统的特点和运行的基本要求，最后对电力市场作简单介绍。

第一节　电力系统概述

一、电力系统的形成和发展

1831 年，法拉第发现了电磁感应定律，促进了发电机和电动机的发明，从而开始了电能的生产和使用。当时所采用的是低压直流，主要供给照明用电，供电范围很小。

1882 年在法国首先实现了电压在 1000V 以上的直流输电，虽然输送功率只有 1.5kW，但传输距离达到 57km，形成了世界上第一个完整的电力系统，包含发电、输电和用电。同年，爱迪生在美国纽约的珍珠街建成了世界上第一个中心电站，装有 6 台蒸汽式直流发电机，通过地下电缆将 110V 的直流电输送到 1 英里外的曼哈顿中心供给 59 个照明用户，共 1284 盏电灯。

随着生产的发展，对传输功率和输电距离提出了更高的要求，特别是为了提高输电效率，需要采用更高的输电电压，以便减少线路流过的电流从而降低线路电阻中的损耗；但是从用电设备的角度而言，为了安全又不得不采用较低的电压。然而，直流输电却不能满足这种要求。

于是，在 1891 年制成三相变压器和三相异步电动机的基础上，德国工程师奥斯卡·冯·密勒首次研制了三相交流输电系统。该系统由 95V、230kVA 的水轮发电机发电，经变压器升压至 15200V，将功率传送到 178km 以外的法兰克福，然后用两台变压器降压至 112V，分别供给照明负荷和一台驱动 75kW 水泵的异步电动机，这便形成了现代电力系统的雏形。从此，三相交流制得到了迅速的发展，而且逐步在同步发电机之间进行并列运行，在输、配电过程中采用多个电压等级，经过一百多年的发展，形成电压越来越高、容量和规模越来越大的区域性、地区性、全国性，甚至跨国性的电力系统。

二、电力系统的组成

电力系统主要包含发电厂、输电网络、配电网络和用户。图 1-1 给出了一个简单电力系统的示意图，用以说明它们之间的相互关系。

在目前的电力系统中，主要的发电厂为以煤、石油和天然气作为燃料的火力发电厂、利用水能发电的水力发电厂和利用核能发电的核电厂。此外利用风能、太阳能、地热能和潮汐能发电的电厂正在不断发展之中，其中，风力发电已经具有一定的规模。

输电网络的作用是将各个发电厂通过较高电压（如 220、330、500、750kV 甚至 1000kV）的线路相互连接，使所有同步发电机之间并列运行，并同时将发电厂发出的电能送到各个大的负荷中心。由于每条线路上需要输送功率的大小以及传输距离的不同，在同一个输电网络中可能需要同时采用几种不同等级的电压，这就需要在输电网络中采用大量的变压器，将发电机电压通过升压变压器进行升压，并通过变压器连接不同电压等级的线路。在发电厂远离负荷中心而且需要传输大量功率的情况下，采用交流输电将会出现系统稳定性等技术问题，在此情况下高压直流输电将比采用交流输电更为经济，故目前电压在 $\pm 500\text{kV}$ 和 $\pm 800\text{kV}$ 的高压直流输电已经成为大功率远距离输电的主要手段之一。

电能送到负荷中心以后，需要经过配电网络进行电能的分配，用较低电压（如 110、35、10kV 或 6kV 以及 380/220V）的线路供给各个集中的大工厂和分散的中、小工厂以及千家万户的生活用电。图 1-1 中虚线以下的部分只是一个负荷中心的一部分配电网络，而在实际配电网络中，110、35kV 的线路接线要复杂得多，10（或 6）kV 线路的接线更加复杂，而 380/220V 的线路则是像蜘蛛网一般连接到城市和农村的每一户居民住宅和每个商店。

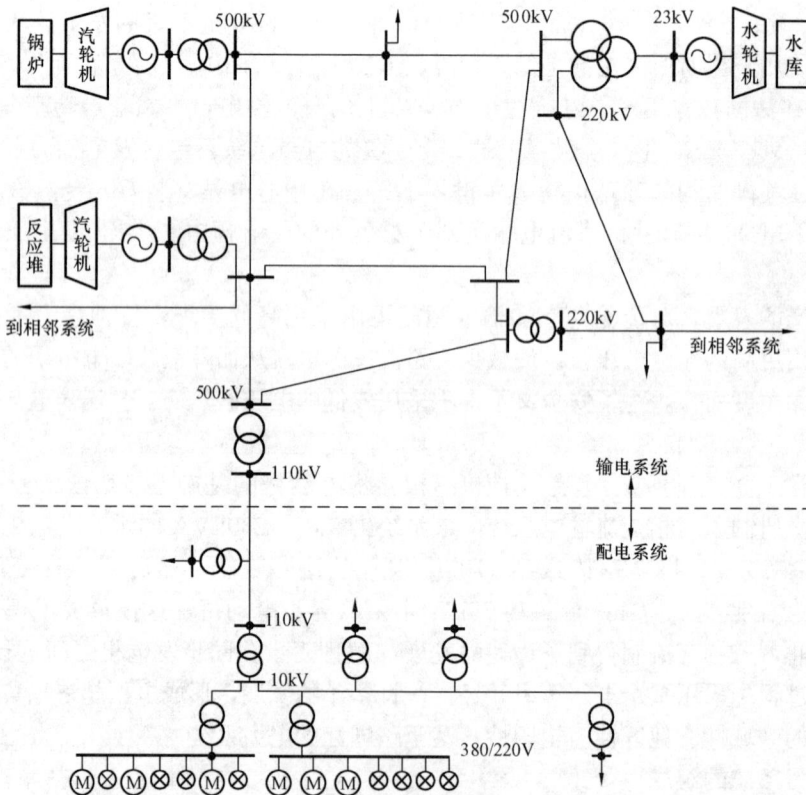

图 1-1　电力系统示意图

电力系统的用户包括工业、农业、交通运输业等国民经济各个部门以及日常生活用电，而受电器的种类则有灯泡、电动机、电热器、整流器和电弧炉等，它们将电能分别转换为光能、机械能、热能等。

按照传统的定义，将电能生产、输送、分配和使用过程中所涉及的全部元件的总体称为动力系统。它包括发电厂的全部动力部分（如锅炉、反应堆、水库、汽轮机、水轮机、风力机等）、所有的发电机、输电和配电网络、用户的受电器以及由它们所带的负荷。动力系统的电气部分，即发电机、输电网络和配电网络以及用户的受电器的总体称为电力系统，而将输电网络和配电网络统称为电力网络或简称电网。然而，现在习惯上所用的术语却比较随便和混乱，动力系统这个名称基本上已不再使用，电力系统与电网的含义也基本相通。

在电力系统中，发电机、变压器、线路、断路器、隔离开关和受电器等直接参与生产、输送、分配和使用电能的电气设备通常称为主设备或称一次设备，由它们组成的系统称为一次系统。一次设备及其连接的电气回路称为一次回路。实际上，在电力系统中还包含各种对一次设备进行测量、保护、监视和控制的设备，习惯上将它们称为二次设备。二次设备通过电压互感器和电流互感器从一次设备取得电压和电流的信息。二次设备按照一定的规则连接起来以实现某种技术要求的电气回路称为二次回路。

三、电力系统的基本参量和接线图

衡量一个电力系统的规模和大小，通常用总装机容量、年发电量、最大负荷和最高电压等级等基本参量来描述。

电力系统的总装机容量是指系统中实际安装的发电机组额定有功功率的总和，其常用单位为 kW（千瓦）、MW（兆瓦）或 GW（吉瓦）。

电力系统的年发电量是指系统中所有发电机组全年实际发出电能的总和，其常用单位为 MWh（兆瓦时）、GWh（吉瓦时）或 TWh（太瓦时）。

最大负荷是指电力系统总有功负荷在某段时间内，如一天、一月或一年内的最大值，以 kW（千瓦）、MW（兆瓦）或 GW（吉瓦）计。

最高电压等级是指电力系统中所采用的最高额定电压，以 kV（千伏）计。

为了表示电力系统中各个元件之间的相互连接关系，通常采用两类接线图（又称结线图），一类是地理接线图，另一类是电气接线图。地理接线图主要表示系统中各个发电厂和变电站的真实地理位置、电力线路的路径以及它们之间的相互连接关系，如图 1-2 所示。因此，由地理接线图可以对系统的主要情况有一个比较清晰的了解。但是，在地理接线图上很难表示各个电气元件之间的详细电气连接关系。电气接线图主要用单线图来显示系统中各个发电机、变压器、母线、线路等元件（有的还包括断路器和隔离开关等）之间的电气连接关系而不反映它们的地理位置。因此，用电气接线图可以对系统了解得更详细、更全面。图 1-1 中表示发电机、变压器、母线和线路相互连接的部分实际上便是一种电气接线图。对一个电力系统进行了解时，这两种接线图各有用处。

四、电网的接线方式

电网的接线方式通常需要考虑以下几方面：

（1）必须满足运行可靠性的基本要求，对于可靠性要求较高的用户，应保证当某个元件故障时，其余的元件仍能对其继续供电。

（2）应能灵活地适应各种运行方式。

（3）力求减少设备费用和运行费用。

在实际系统中，虽然电网的接线方式十分复杂，但基本上可以分成无备用和有备用两种接线方式，而实际系统的接线则是这些基本接线方式的组合。

1. 无备用接线方式

无备用接线方式是指负荷只能从一回线路取得电源的接线方式。这种接线方式包括单回路的放射式、干线式和链式，如图 1-3 所示。

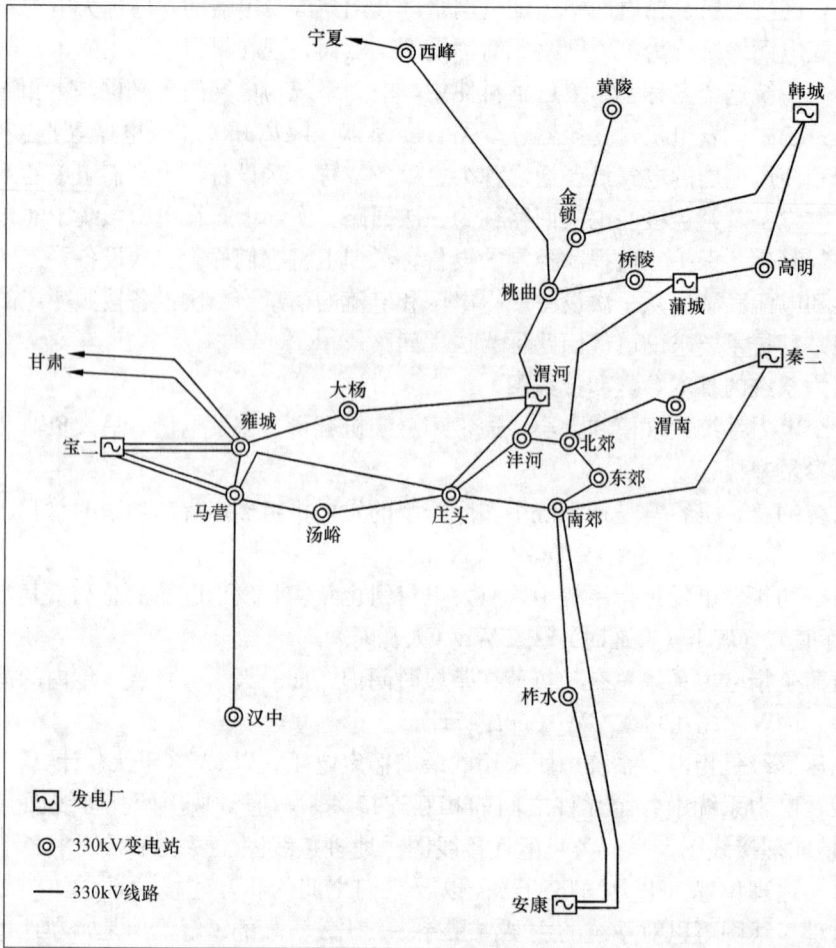

图 1-2　电力系统地理接线图示例

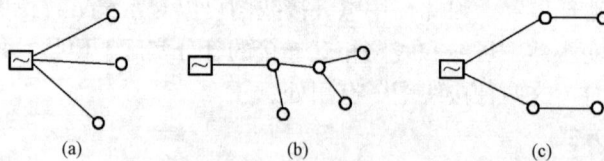

图 1-3　无备用接线方式
(a) 放射式；(b) 干线式；(c) 链式

　　无备用接线方式的主要优点是结构简单、经济、运行方便；其缺点是供电可靠性差，当任何一条线路发生故障时，将使一部分负荷停电。

　　2. 有备用接线方式

　　有备用接线方式是指负荷可以从两回或两回以上线路取得电源的接线方式。这种接线方式有双回路放射式、干线式、链式和环形，两端（或多端）供电，如图 1-4 所示。

　　有备用接线方式的优点在于供电可靠性高，缺点是线路的投资和运行费用大。在有备用接线方式中，可能会在某些地方（变电站）接入放射式、干线式或链式网络。

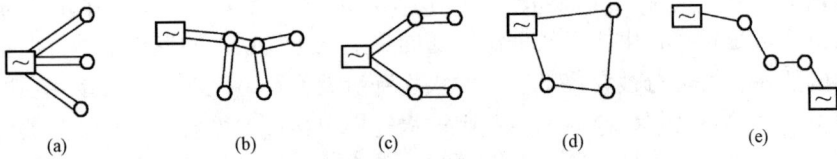

图 1-4　有备用接线方式

(a) 双回路放射式；(b) 双回路干线式；(c) 双回路链式；(d) 环形；(e) 两端供电

有时将无备用接线方式的网络和有备用接线方式的放射式、干线式和链式网络称为开式电网，而将两端（或多端）供电及环形网络称为闭式电网。

第二节　发电厂的生产过程

发电厂的生产过程实质上是将一次能源转换成电能（二次能源）的过程。所谓一次能源是指直接取自自然界而没有经过加工转换的各种能量和资源，包括煤、石油、天然气、油页岩、核能、太阳能、水能、风能、波浪能、潮汐能、地热能、生物质能和海洋温差能等。一次能源可以进一步分为可再生能源和非再生能源两大类。可再生能源包括太阳能、水能、风能、生物质能、波浪能、潮汐能、海洋温差能等，在自然界可以循环再生。非再生能源包括煤、石油、天然气、油页岩、核能等，不能再生，用一点就少一点。

按照所使用一次能源种类的不同，发电厂可以分为：以煤、石油、天然气为燃料的火力发电厂；利用水能发电的水力发电厂；利用核能发电的核电厂；利用风能、太阳能、潮汐能、地热能、生物质能发电的电厂等，它们统称为新能源发电厂。为了节约非再生能源和环境保护的需要，大力发展新能源发电势在必行。为了促进可再生能源的开发利用，增加能源供应，改善能源结构，保障能源安全，保护环境，实现经济社会的可持续发展，我国制定了《可再生能源法》，并于 2006 年 1 月 1 日起实施。近几年，我国在风力发电、太阳能发电、生物质能发电等方面发展迅速，特别是风力发电，截至 2016 年年底，风电并网总量已累计达到 1.49 亿 kW，位居世界第一。

下面将简要介绍火力发电厂、水力发电厂、核电厂以及风力发电厂的主要生产过程。

一、火力发电厂

根据所使用燃料的不同，火力发电厂（简称火电厂或火电站）分为燃煤、燃油和燃气等不同的类型。我国煤炭资源比较丰富，因此，燃煤火电厂是目前主要的火电厂。按原动机种类的不同，火电厂又分为汽轮机发电厂、蒸汽机发电厂、内燃机发电厂和燃汽轮机发电厂等。目前，大容量的火电厂多为汽轮机发电厂。根据作用的不同，火电厂可分为单纯发电的电厂和既发电又供热的电厂，前者一般采用凝汽式汽轮机—发电机组，故又称为凝汽式火电厂，后者称为供热式发电厂（简称热电厂）。下面主要介绍凝汽式火电厂的生产过程。

所有火电厂的能量转换过程都是燃料的化学能→热能→机械能→电能。因此，火电厂主要组成部分为：

（1）锅炉及附属设备，将燃料的化学能转换为热能。

（2）汽轮机及附属设备，将热能转变为机械能。

（3）发电机及励磁机，将机械能转换为电能。

　　燃煤凝汽式火电厂的生产过程如图1-5所示。原煤从煤场经输煤皮带运进原煤斗，然后落入磨煤机磨成煤粉，再由排粉机抽出，随同热空气送入锅炉的燃烧室进行燃烧。燃烧过程中所产生的热量，一部分被燃烧室四周的水冷壁所吸收，另一部分对燃烧室顶部和烟道入口处的过热器内的蒸汽加热，余下的热量则被烟气携带穿过省煤器和空气预热器传递给这两个设备内的水和空气。烟气经过除尘器和脱硫装置净化处理后，由引风机导入烟囱，排向大气。燃烧所生成的灰渣和由除尘器收集到的细灰，用水冲进冲灰沟排出厂外。

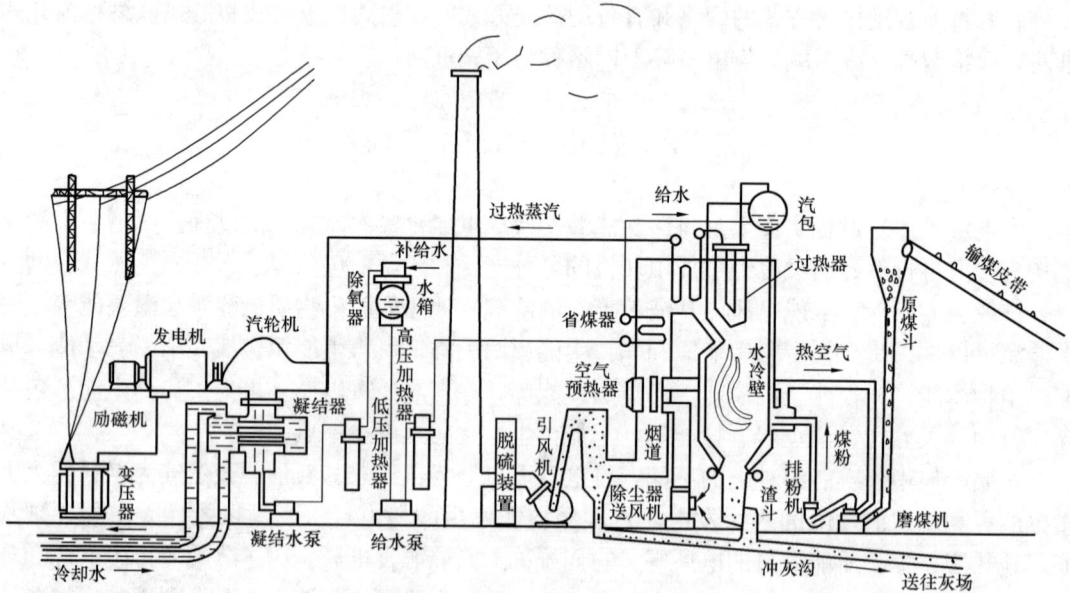

图1-5　燃煤凝汽式火电厂的生产过程示意图

　　水和蒸汽是热能转化为机械能的主要介质。经过净化后的补给水先送进省煤器预热，然后进入汽包，再降入水冷壁管从中吸收燃烧室的热能而蒸发成蒸汽。蒸汽通过过热器时，再次被加热变成高温高压的过热蒸汽。过热蒸汽经过主蒸汽管道进入汽轮机进行膨胀做功，推动汽轮机转子转动，将热能转变为机械能。做完功的蒸汽在凝结器中被冷却凝结成水。凝结水经过除氧器去氧，再经过加热器加热后，由给水泵重新送入省煤器循环使用。

　　汽轮机转子带动发电机转子旋转，在发电机内将机械能转换成电能。发电机发出的电能直接或经过变压器升压后送入电网。

　　由于在冷凝过程中要将蒸汽中的大量热量释放给冷却水，因而降低了凝汽式火电厂的热效率。为了提高热效率，火电厂均尽量提高蒸气的温度和压力，向高参数、大容量、低能耗机组发展。目前，国际上最大的汽轮发电机组单机容量达130万kW，我国制造的100万kW发电机组也已投入运行。

　　火电厂的优点是布局比较灵活，影响其输出功率和发电量的因素较少，建设周期短且一次性投资比水力发电厂和核电厂小得多。其缺点是火电机组启动时间较长（几小时到几十小时），因而不宜经常启停，而且为了避免锅炉燃烧不稳定，燃煤火电机组的最小技术输出功率较高（额定输出功率的40%～60%），从而限制了其负荷调节能力。特别是火电厂的排放物中包含大量的硫氧化物、氮氧化物、二氧化碳和飞灰等，对环境污染严重。

二、水力发电厂

水力发电厂（简称水电厂或水电站）的能量转换过程只有两次：水的位能→机械能→电能，所以在能量转换过程中的损耗小，发电效率比火电厂高。

水电厂发出的功率 $P(kW)$ 决定于上下游的水位差 H（或称水头，m）、通过水轮机的流量 Q（m^3/s）以及水轮发电机组的效率 η，即

$$P = 9.8QH\eta$$

因此，为了充分利用水力资源，水电厂往往需要修建拦河坝等水工建筑物以形成集中的水位差，并依靠大坝形成具有一定容积的水库，以调节河水流量。

水电厂可以分为坝式、引水式水电厂和抽水蓄能电厂等类型。

1. 坝式水电厂

坝式水电厂主要依靠拦河筑坝来集中落差以提高河段的水位，形成发电水头。根据厂房位置的不同，坝式水电厂又分为坝后式和河床式两种。

坝后式水电厂的厂房建在坝的下游。其结构如图 1-6 所示。水库中的水经过压力水管进入螺旋形蜗壳，推动水轮机转子旋转，将水能转变成机械能。水轮机的转子带动发电机转子旋转，将机械能转换为电能，而做完功的水则经过尾水管排往下游。坝后式水电厂适合于高、中水头的情况，如我国的三峡、三门峡、刘家峡和丹江口水电厂等。

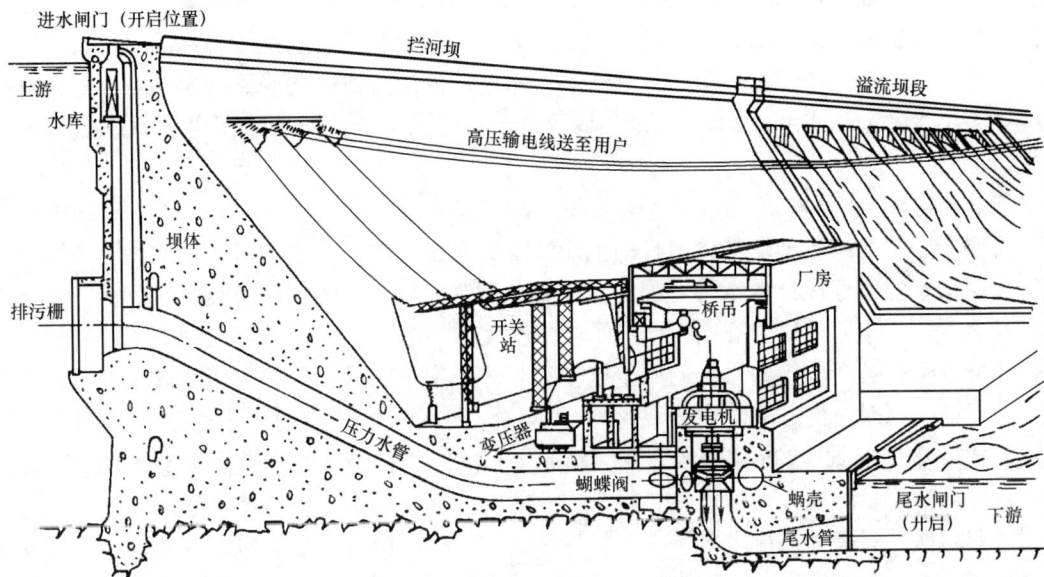

图 1-6　坝后式水电厂示意图

河床式水电厂的厂房和坝体连在一起，厂房本身也起到挡水的作用，而水流直接由厂房进水口引入水轮机。这种水电厂一般建在河道平缓的地段，水头为 20～30m，如我国的葛洲坝水电厂。

2. 引水式水电厂

引水式水电厂一般建在河流具有高落差的地段，在急流河道处修建低堰，由引水渠形成

水头，将水通过压力水管流入水轮机，如图1-7所示。这种水电厂没有水库，大都用于山区的小水电厂。

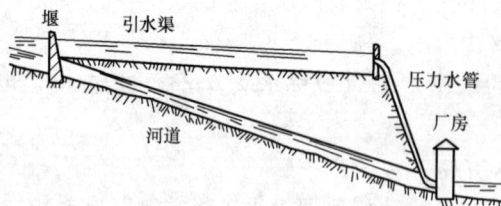

图1-7　引水式水电厂示意图

3. 抽水蓄能电厂

抽水蓄能电厂是一种特殊形式的水电厂。它具有上、下两个水库，既可以作为电源，又可以作为负荷。当作为电源时，用上水库中所储蓄的水进行发电，使机组以水轮机—发电机方式运行，以满足系统高峰负荷期间的功率需求。作为负荷时，使机组以电动机—水泵方式运行，将下水库中的水抽回到上水库去，以便发电时再度使用。这种既能吸收电能又能发出电能的电厂对于系统的频率调整、水火电互补、调峰填谷以及事故备用都可以起到十分重要的作用。为此，近年来抽水蓄能电厂的规划和建设大大加快，截至2014年底，我国已建成抽水蓄能电厂24座，总装机容量2181万kW，占水电总装机比重约7.2%。

总的来说，水电厂的生产过程比火电厂简单得多，所需运行维护人员很少，易于实现全盘自动化。而且，水电厂不消耗燃料，无污染，电能成本比火电厂低得多。此外，水力机组的效率较高，承受负荷变化的性能较好，故在系统中的运行方式较为灵活，且水力机组启动迅速，在系统事故时能有效地发挥后备作用。水电厂的兴建往往还可以同时发挥防洪、灌溉、航运等多方面的作用，实现河流的综合利用，使国民经济取得更大的效益。但是，水电厂需要建设大量的水工建筑物，因此建设投资大，工期较长。特别是大容量的水库将淹没一部分土地，给农业生产带来一定的不利影响。水电厂的运行方式还受到气象、水文等条件的影响，有丰水期、枯水期之别，输出功率不如火电厂稳定，从而增加了电力系统运行的复杂性。

三、核电厂

将原子核裂变或者聚变释放出来的核能转变为电能的电厂称为核电厂或原子能发电厂。由于控制核聚变还存在技术障碍，因此目前商业运营的核电厂都利用核裂变反应。

核裂变是一个原子核分裂成几个原子核的变化，只有一些质量非常大的原子核如铀、钍等，才能发生核裂变。这些原子的原子核在吸收一个中子以后会分裂成两个或者更多质量较小的原子核，同时放出2~3个中子和很大的能量，它们又能使别的原子核接着发生核裂变，形成链式反应。1g铀-235完全核裂变后释放出来的能量相当于完全燃烧2.5t标准煤。

核电厂的能量转换过程是：核燃料的裂变能→热能→机械能→电能。它的发电过程与火电厂过程相似，只是其热能来自于核燃料的裂变，以核反应堆代替火电厂中的锅炉。按反应堆慢化剂的不同，核电厂可以分为轻水堆型、重水堆型和石墨气冷堆型等。目前世界上的核电厂大多为轻水堆型，它又分为压水堆和沸水堆两种。轻水堆核电厂生产过程如图1-8所示。

沸水堆核电厂的生产过程是：冷却剂（水）在循环泵的作用下由堆芯下部进入反应堆，在沿堆芯上升的过程中从燃料棒周围得到热量从而变成蒸汽和水的混合物，再经过汽水分离器和蒸汽干燥器，用分离出来的蒸汽推动汽轮发电机组。压水堆核电厂具有两个循环系统，它们的生产过程是：高压（120~160个大气压）冷却剂在主泵的作用下进入反应堆，将核裂变放出的热能带出并进入蒸汽发生器，然后由主泵送回反应堆，形成一回路循环系统。在

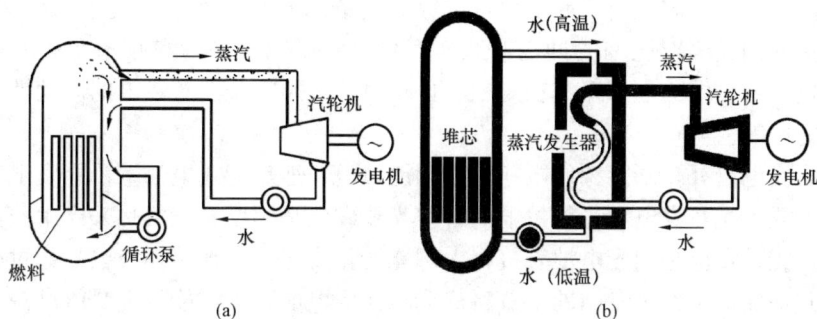

图 1-8 轻水堆核电厂生产过程示意图

(a) 沸水堆；(b) 压水堆

蒸汽发生器中，通过传热管将冷却剂所带的热量传递给管外的水使它沸腾而产生高温高压蒸汽，它推动汽轮发电机组发电后在冷凝器中凝结成水，再由凝结给水泵送入加热器（图中未画出），重新加热后送回蒸汽发生器，形成二回路循环系统。

由于压水堆核电厂中一回路系统与二回路系统完全隔离，分别形成密闭的循环系统，因此汽轮机不受放射性的污染而更加安全和容易维修。我国的核电厂以压水堆型为主。

核能是有望长期使用的能源，从已探明的能源储量来看，地球上可开发的核燃料所提供的裂变能可供人类使用几千年，核聚变能则几乎是用之不竭。然而，石油和天然气在今后几十年内将被用完，煤炭也只能再用几百年。因此，核电厂的迅速发展对解决世界能源问题有着重大的意义。截至 2016 年底，我国已投入商业运行的核电机组共 35 台，运行装机容量为 3363.2 万 kW，约占全国电力装机容量的 2.04%。日本的福岛核电厂曾是世界最大的核电厂，装机容量为 909.6 万 kW。但受 2011 年日本大地震影响，福岛核电厂损毁严重。核电的安全风险仍是需要高度关注的问题。

四、风力发电厂

风能是洁净的可再生能源，因此在能源日益紧缺和对环境保护日益重视的今天，世界各国都在大力推进风力发电的发展。我国风能资源丰富，总储藏量约 32 亿 kW，可用于发电的开发容量约 2.5 亿 kW，居世界首位。截至 2016 年底，我国风电并网装机总量已累计达到 1.49 亿 kW，位居世界第一。

风力发电厂将风能通过风力机转化为机械能来驱动发电机发电。风力发电机组结构示意图如图 1-9 所示。目前风力发电机组的单机容量为兆瓦级，所采用的发电机主要是常规的异步发电机，此外还有双馈型异步发电机和同步发电机。

早期的风力发电机组由于规模和技术条件的限制大多为独立运行。随着风力发电技术的进步，在同一场地上装有几十台甚至上百台大型风力发电机组，并将其并联运行共同向电网供电的大规模风电场已经成为风力发电的主要形式。它弥补了风能能量密度低的弱点，降低了设备投资和发电成本，成为大规模开发利用风能的经济而有效的方式。然而，由于风的能量与风速的 3 次方成正比，风力发电机组的输出

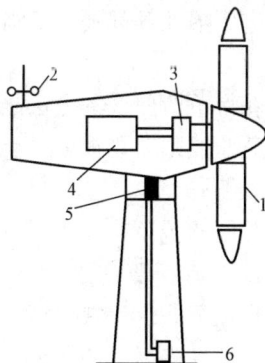

图 1-9 风力发电机组结构示意图

1—叶片；2—风速传感器；3—增速箱
4—发电机；5—调向机构；6—控制柜

功率将随着风速的频繁波动而不断变化，因此风电场的并网必然给系统带来许多新的问题。这些问题包括并网过程对电网的冲击，风速变化对系统功率平衡和频率变化的影响等。因此，含有大量并网风电的电力系统在规划和运行时，必须充分注意风电的波动性和不确定性对系统带来的影响。

除了风力发电以外，新能源发电还有太阳能发电、地热能发电、潮汐能发电等。太阳能发电的主要方式为光热发电和光伏发电两种。光热发电是用反光镜集热来产生蒸汽，再用汽轮机来发电；光伏发电是用光电池直接将太阳能转化为电能。地热能发电是通过热流体将地下热能携带到地面，再经过专门的装置将热能转换为电能。潮汐能发电是将潮汐具有的能量转变成机械能，再转化成电能。

新能源都属于清洁、廉价的可再生能源，是未来能源的主要形式，但它们的特性各不相同，所发电能接入电力系统后将给系统的运行带来许多新的研究课题。

第三节 电力系统的负荷

一、负荷的构成

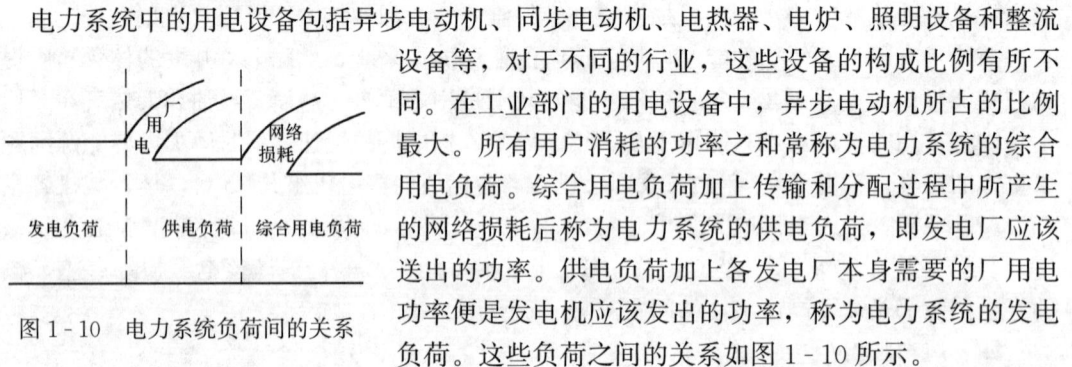

电力系统中的用电设备包括异步电动机、同步电动机、电热器、电炉、照明设备和整流设备等，对于不同的行业，这些设备的构成比例有所不同。在工业部门的用电设备中，异步电动机所占的比例最大。所有用户消耗的功率之和常称为电力系统的综合用电负荷。综合用电负荷加上传输和分配过程中所产生的网络损耗后称为电力系统的供电负荷，即发电厂应该送出的功率。供电负荷加上各发电厂本身需要的厂用电功率便是发电机应该发出的功率，称为电力系统的发电负荷。这些负荷之间的关系如图 1-10 所示。

图 1-10 电力系统负荷间的关系

二、负荷曲线

在进行电力系统的分析和计算以及调度部门安排系统运行方式时，都必须知道用户的功率即负荷的大小。由于电力系统的负荷随时间不断变化，因此，电网中的功率分布、功率损耗及电压损耗等都随着负荷的变化而变化。为此，必须了解和掌握负荷随时间变化的规律，即负荷曲线。

获得负荷曲线的方法之一是通过运行中的测量记录来作出以往的负荷曲线，而对于未来的负荷曲线则需要根据已有的和进一步收集到的各种负荷资料，应用科学的计算方法或者经验加以编制。

常用的负荷曲线主要有日负荷曲线、年最大负荷曲线和年持续负荷曲线三种。

1. 日负荷曲线

日负荷曲线反映负荷在一天中随时间变化的规律。典型的日负荷曲线如图 1-11 所示，其中一种是连续型的，另一种是阶梯型，后者反映一天中各个小时的平均负荷（或者是各个整点负荷）的变化情况。由于夜晚具有大量的照明负荷而上午工厂的负荷较大，因此在一天当中通常出现两次高峰负荷，而半夜的负荷通常较小，形成负荷的低谷。不同地区由于负荷的组成不同，其负荷曲线也各不相同。因此，各级调度和计划部门都需要有自己的日负荷曲线。一天之内最大的负荷称为日最大负荷 P_{max}，最小负荷称为日最小负荷 P_{min}，最小负荷以下的部分称为基本负荷，简称基荷。日最大负荷与日最小负荷之差简称为峰谷差。

日负荷曲线除了表示负荷随时间变化的规律以外，还可以表示电能的多少。由于在时段 Δt 内的电能 ΔA 等于有功功率 P 与 Δt 的乘积，因此在一天内的总电能 A 为

$$A = \int_0^{24} P(t)\mathrm{d}t$$

显然，这就是有功日负荷曲线所包含的面积。

全天的日平均负荷 P_{av} 为

$$P_{av} = \frac{A}{24} = \frac{\int_0^{24} P\mathrm{d}t}{24}$$

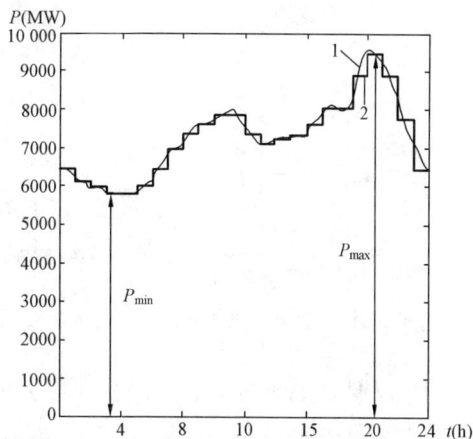

图 1-11　有功功率日负荷曲线
1—连续型；2—阶梯型

为反映负荷曲线的起伏程度，常用负荷率 K_p 来表征，其表达式为

$$K_p = \frac{P_{av}}{P_{max}}$$

K_p 越大说明日负荷曲线越平坦，即每天的负荷变化越小。这是系统运行所希望的，它可以提高设备的利用率和运行的经济性，并可避免频繁开停机。

对于系统调度部门而言，日负荷曲线是安排日发电计划，确定各发电厂发电任务以及确定系统运行方式等的重要依据。为了比较精确地掌握负荷，调度部门每天都进行短期负荷预测，以估计次日（或未来一周内逐日）的阶梯形负荷曲线（有的以 15min 为时间段）。

对于负荷所吸收的无功功率，也有相应的日负荷曲线和类似的特性。

2. 年最大负荷曲线

在实际电力系统中，由于生产、生活和气象等因素的变化，每天的日负荷曲线各不相同。这些因素包括工厂在工作日和周末生产情况的不同、天气炎热或寒冷引起生活用电的增加、生产过程的技术改造或新工厂的投入等。但是就每天的负荷曲线而言，其形状基本相似，而且一般具有以一周和以一年为周期的周期性变化规律。

反映一年内负荷变化情况的曲线之一是年最大负荷曲线。它是由一年中逐日的最大负荷所连成的曲线，如图 1-12 所示。图中的曲线形状反映一般系统在气候温和时的日最大负荷最小，而年末的负荷比年初的大是由于国民经济的年增长。这种负荷曲线主要用于制订发电设备的检修计划和新建、扩建电厂的规划等。

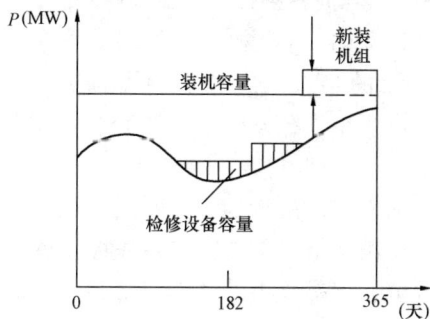

图 1-12　有功功率年最大负荷曲线

3. 年持续负荷曲线

年持续负荷曲线是反映一年内负荷变化情况的另一种曲线。它是将全年内各个小时的负荷按从大到小的顺序排列而成的曲线，如图 1-13 所示。例如，曲线上的 A 点反映在一年内负荷超过

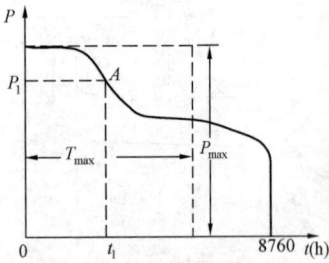

图 1-13　年持续负荷曲线

P_1 的累积持续时间共有 $t_1(\mathrm{h})$。由年持续负荷曲线可以计算出一年中相应的电能

$$A = \int_0^{8760} P\mathrm{d}t$$

它等于年持续负荷曲线下所包含的面积。

负荷全年消耗的电能与一年内最大负荷的比值称为年最大负荷利用小时数，即

$$T_{max} = \frac{A}{P_{max}} = \frac{\int_0^{8760} P\mathrm{d}t}{P_{max}}$$

它的意义是，如果负荷始终保持在最大值 P_{max} 运行，则经过 $T_{max}(\mathrm{h})$ 后，其电能恰好等于全年的实际电量。T_{max} 的大小反映了实际负荷在一年内的变化程度。T_{max} 值较大，则全年负荷变化较小；反之，则全年负荷变化较大。同时，T_{max} 在一定程度上还反映负荷用电的特点。电力系统的长期运行经验表明，对于各种不同类型的负荷，其 T_{max} 大体在各自的一定范围之内。因此，如果已知某一用户的性质和它取用的最大负荷，则可以由这类用户的 T_{max}，按 $A=T_{max}P_{max}$ 估计出其全年的用电量。对于发电厂而言，也可以根据其最大负荷利用小时数来判断其利用程度或类型。一般来说，核电厂几乎全年都满载运行，其 T_{max} 最大，火电厂次之，水电厂和风力发电厂较小。

第四节　我国的电力系统

一、我国电力系统概况

我国具有丰富的能源资源。水力资源的蕴藏量（不包括台湾）达 676GW，居世界首位，其中可利用的资源约有 378GW，主要集中在西南和西北，包括长江、金沙江、澜沧江、怒江和红水河的中上游以及黄河的上游。煤、石油和天然气资源也很丰富。煤的预测量约为 4500Gt，其中 90% 集中在陕西、山西及内蒙古。可利用的风力资源分布在东南沿海、新疆、甘肃和东北。这些优良的自然条件为我国电力工业的发展提供了物质基础。

早在 1882 年上海就建立了第一个发电厂，但直到 1949 年，全国的总装机容量仅有 1850MW，年发电量为 4.3TWh。自 1970 年以来，全国总装机容量和年发电量的增长情况分别如图 1-14 和图 1-15 所示，其中 1998 年的装机容量达 277290MW，年发电量为 1157.7TWh，分别是 1949 年的 150 倍和 269 倍，当时已跃居世界第二位。到 2014 年底，全国发电设备容量已达 1370180MW，年电量达 56045TWh。2014 年装机容量的构成情况见图 1-16。由图可以看出，当前我国的火电装机占总装机容量的 67.32%，这给环境保护和化石能源短缺问题带来很大的挑战。因此，我国对于核电及可再生能源发电的发展给予了极大的关注。

随着我国国民经济的高速发展，电力工业将有更大的发展。最近的电力发展方针是：优化发展火电，鼓励建设能耗低、大容量的高效环保发电机组，推进节能减排；积极发展热电联产，提高能源效率，减少对环境的污染；积极开发水电，促进水电的科学经济利用；加快发展核电，核电是清洁高效能源，污染少、温室气体接近零排放，是优化能源结构的优先选择；大力发展风电和可再生能源；加强电网建设，立足于节约发电资源，以确保安全为基

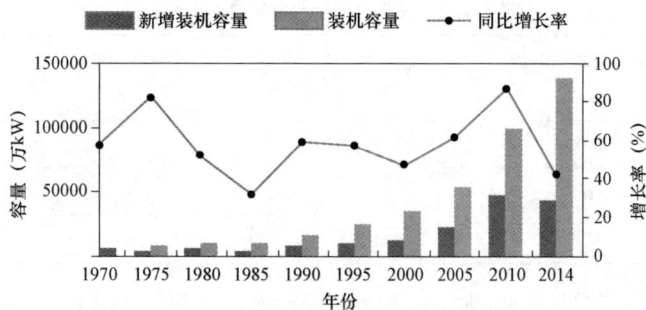

图 1-14　1970～2014 年全国总装机容量变化情况

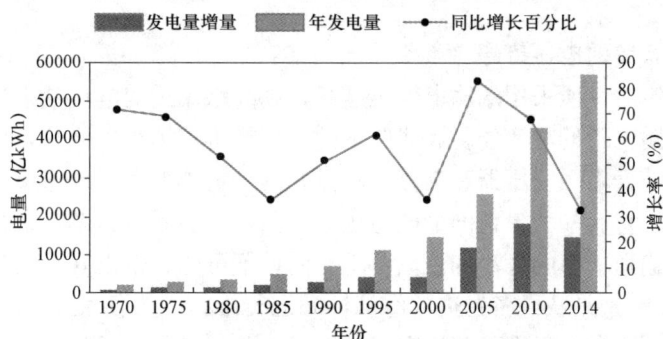

图 1-15　1970～2014 年全国年发电量变化情况

础，实现更大范围的资源优化配置。加快区域和省级输电网架建设，提高电力资源综合利用效率和区域电网间与省电网间电力电量的交换和相互支持能力，发挥大电网在市场备用、电力电量互补、水火互济等方面的效益，提高电网整体运行效率。

我国在电力系统发展规模方面，大体可以分为以下几个阶段：20 世纪 50 年代为城市电网发展阶段，20 世纪 60 年代逐渐形成以省为单位的电力系统（即省网），20 世纪 70～90 年代为区域电力系统（区域电网）发展阶段，20 世纪 90 年代以后为区域电网之间的互联阶段并逐步形成全国统一电网。

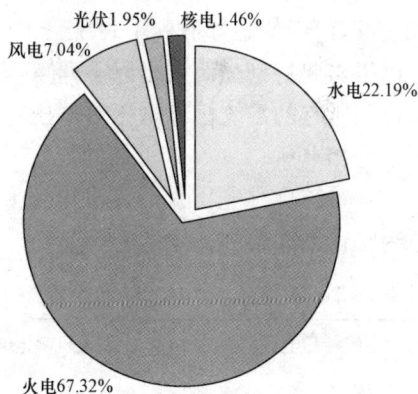

图 1-16　2014 年装机容量的构成

截至 2014 年底，全国有 6 个区域电网和 1 个省网。6 个区域电网分别是东北、华北、华东、华中、西北电网和南方电网，省网为台湾电网。新疆与西北 750kV 互联工程已于 2010 年 11 月正式投运，2011 年 12 月青藏交直流互联工程投入试运行，结束了西藏电网孤网运行的历史。表 1-1 给出了 2014 年全国各区域的电力供需统计结果。

表 1 - 1   2014 年全国各区域的电力供需统计数据

电网名称	全社会总用电量 （亿 kWh）	最高用电负荷 （亿 kW）	总装机容量 （亿 kW）	发电设备利用小时数 （h）
华北电网	13000	1.92	2.9	4655
华东电网	13300	2.21	2.7	4617
华中电网	9908	1.51	2.8	4149
西北电网	5426	0.71	1.6	4154
东北电网	4047	0.55	1.2	3603
南方电网	9496	1.36	2.4	4066

二、我国电力系统的电压等级

当传输功率一定时，所采用的输电电压越高，则线路流过的电流越小，因而所需要的导线截面越小，且线路电阻的功率损耗和线路上的电压降落也越小。但是，电压越高对绝缘的要求也越高，从而使杆塔、变压器和断路器所需要的投资越大。可以想象，对应于一定的传输功率和输送距离，将有一个最佳的输电电压。然而，在实际电力系统中有大量的输电线路和配电线路，它们输送功率的大小和距离各不相同，不可能，也没有必要对它们分别采用不同的"最佳电压"。特别是从设备制造的经济性和运行维护的方便性来说，需要对设备进行规格化和系列化，而不宜有过多的额定电压等级。为此，世界各国都规定一定数量的标准电压，这些标准电压通常称为电压等级，或称为标称电压或者网络额定电压，有的还称为用电设备额定电压，它们的含义完全相同。对于交流公共电力系统，我国在 GB/T 156—2017《标准电压》中的推荐值列于表 1 - 2 中。

这里需要特别强调指出以下两点：

（1）所有的系统标称电压（电压等级、网络额定电压、用电设备额定电压）都是指线电压而不是相电压；

（2）系统标称电压并不是发电机和变压器的额定电压，这从表 1 - 2 可以清楚地看出，其原因将在下面解释。

表 1 - 2   1kV 以上的系统标称电压及发电机、变压器额定电压

系统标称电压 （kV）	发电机额定电压 （kV）	变压器额定电压（kV）	
		一次绕组	二次绕组
3	3.15	3.0，3.15	3.15，3.3
6	6.3	6.0，6.3	6.3，6.6
10	10.5	10.0，10.5	10.5，11.0
	13.8	13.8	
	15.75	15.75	
	18.0	18.0	
20	20.0	20.0	
	24.0	24.0	

系统标称电压 (kV)	发电机额定电压 (kV)	变压器额定电压 (kV)	
		一次绕组	二次绕组
	26.0	26.0	
35		35	38.5
66		66	72.6
110		110	121
220		220	242
330		330	345，363
500		500	525，550
750		750	788，825
1000		1000	1050，1100

注　变压器额定电压不在 GB/T 156—2017 中。

在 GB/T 156—2017 中推荐的高压直流输电系统标称电压为 ±160、±320、±500、±800、±1000kV 五种。

实际上，各种电气设备都是以它自己的额定电压来进行设计和制造的，当这些设备正好在其额定电压下运行时，可以获得较好的性能和效率，并保证预期的寿命。但是在实际电力系统运行过程中，由于线路和变压器流过电流后会产生电压降落，使系统中各点的实际运行电压并不相同，一些地方电压较高而另一些地方电压较低。为了使设备的额定电压尽量接近其实际运行电压，应该对经常运行于电压较高处的设备采用稍高一些的额定电压，而对经常运行于电压较低处的设备采用稍低一些的额定电压。这就是发电机和变压器所采用的额定电压与网络额定电压不同的原因。具体而言，由于用电设备一般希望运行电压与其额定电压之差最好不要超过 $\pm5\%$，这就要求线路上的电压降落最好不要超过 10%，从而可以让线路始端电压约比网络额定电压高出 5%，而线路末端电压不致低于网络额定电压的 95%，像图1-17所画的线路上 a 和 b 之间的电压分布情况。显然，考虑到发电机有可能经过线路供给负荷，这种情况下发电机经常的运行电压将比网络额定电压高出 5% 左右，这就是为什么将发电机的额定电压取得比网络额定电压高 5% 的原因，参阅表1-2中的第2列。注意，其中的额定电压 13.8、15.75、18.0、24.0kV 和 26.0kV 只作为大容量发电机专用，没有相应的网络额定电压。

对于变压器而言，一次侧的额定电压有两种可供选用：一种是与相应的网络额定电压相等，另一种是与发电机的额定电压相等，如表1-2中的第3列。其原因是变压器的一次绕组从发电机或网络中接受电能，它的处境与用电设备相当，因此其额定电压理应与用电设备的额定电压相同；考虑到有些变压器的一次绕组可能直接与发电机相连接或者比较靠近发电机，在这种情况下一次侧的额定电压应与发电机的额定电压相同。由于发电机最高的额定电压在 35kV 以下，因此当绕组电压在 35kV 及以上时，一次侧的额定电压只有一种。变压器二次侧的额定电压也有两种。由于变压器的二次绕组将向负荷供电，它的处境与发电机相当，因此二次侧的额定电压至少应比网络额定电压高出 5%；但考虑到变压器的额定电压是指其空载时的电压，带负荷后绕组本身存在电压降落，如图 1-17 中变压器 T2 的情况所示。为了补偿这一电压降落，使其输出电压仍然能够高出网络额定电压，所以一些变压器的二次侧额定电压比网络额定电压高出 10％。

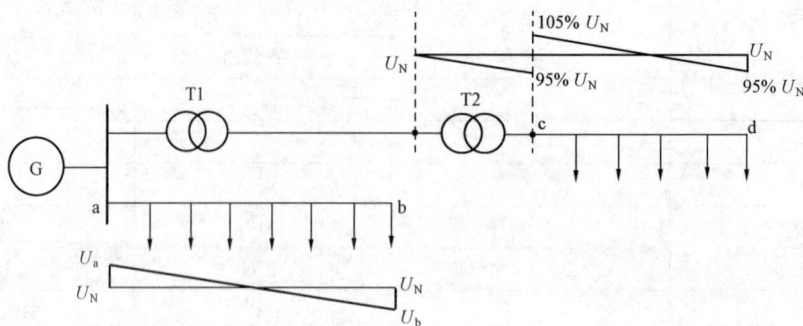

图 1-17 设备额定电压与网络额定电压之间关系的解释

为了清楚起见，举一个具体的例子。对于连接 110kV 和 10kV 的变压器而言，两侧的额定电压可以是 10kV/121kV 或者 10.5kV/121kV，也可以是 110kV/10.5kV 或者 110kV/11kV，前两种主要用作从 10kV 到 110kV 的升压变压器，后两种主要用作从 110kV 到 10kV 的降压变压器，而 110kV/10kV 即一侧额定电压为 110kV 而另一侧额定电压为 10kV 的变压器将不是标准变压器。

实际上，变压器的高压侧绕组常设置一定数量的分接头（即抽头，三绕组变压器的中压侧绕组上也有），以便根据实际需要加以选用。

在表 1-2 所列的电压等级中，3kV 限于工业企业内部采用，10kV 是最常用的城乡配电电压，而只当负荷中高压电动机所占比重很大时才用 6kV 作为配电电压。习惯上将 110kV 和 220kV 称为高压，330、500kV 和 750kV 称为超高压，而 1000kV 以上则称为特高压。对于直流输电线路而言，±800kV 称为特高压。目前我国已建成 1000kV 的特高压交流输电线路和 ±800kV 的特高压直流输电线路，并已投入运行。

显然，对于不同的电压等级，所适宜的输送功率和输送距离将各不相同，表 1-3 列出了其大致范围，在一定程度上可以用作参考。

表 1-3　　　　　　　　不同电压等级下架空输电线路输送功率和输送距离的大致范围

线路电压（kV）	输送功率（MW）	输送距离（km）	线路电压（kV）	输送功率（MW）	输送距离（km）
3	0.1～1.0	1～3	220	100.0～500.0	100～300
6	0.1～1.2	4～15	330	200.0～800.0	200～600
10	0.2～2.0	6～20	500	1000.0～1500.0	150～850
35	2.0～10.0	20～50	750	2000.0～2500.0	500～1200
110	10.0～50.0	50～150	1000	5000.0～20000.0	1000～2000

第五节　电力系统的特点和运行的基本要求

一、电能生产、输送、分配和使用的特点

虽然电能也是一种商品，但是电能的生产、输送、分配和使用却有着极明显的特殊性，

主要表现在以下几点：

（1）电能与国民经济各个部门、国防和日常生活之间的关系都很密切。由于电能与其他能量之间的转换十分方便，而且容易进行大量生产、远距离输送和控制，因此目前都非常广泛地使用电能。如果电能供应不足，则将影响国民经济的各个部门和日常生活。另外，如果能降低电能的价格，则将有利于降低其他商品的成本。

（2）电能不能大量储存。电能的生产、输送、分配和使用实际上是在同一时刻进行的。也就是说，发电设备在任何时刻所生产的总电能严格等于该时刻用电设备取用的电能和输、配电过程中电能损耗之总和。由于存在这一特点，在系统发生某些故障后，由于电能没有大规模储存的手段，将可能造成局部停电或甚至全系统的瓦解，形成一片混乱。2003年下半年在北美和欧洲的几个国家相继发生的大停电事故便是例证。

（3）电力系统中的暂态过程十分迅速。在电力系统中，由于雷击或开关操作引起的过电压，其暂态过程只有微秒到毫秒数量级，从发生故障到系统失去稳定性通常也只有几秒的时间，因事故而使系统全面瓦解的过程一般也只以分钟计。为了使设备不致因暂态过程的发生而招致损坏，特别是为了防止电力系统失去稳定或发生崩溃，必须在系统中采用相应的快速保护装置和各种自动控制装置。

（4）对电能质量的要求比较严格。电能质量主要由频率、供电电压偏差和电压波形三个指标来度量。我国电力系统的额定频率规定为50Hz。当实际频率与额定频率之间的偏差过大，或者实际供电电压与额定电压之间有较大的偏差时，都可能导致工业企业减产或产生废品、损坏设备甚至使系统发生频率崩溃或电压不稳定。频率和电压的具体要求和相应的对策和措施将在第五章中介绍。电压波形的要求主要是指波形中谐波含量的限制，如果因谐波含量过高而使波形严重畸变，同样会影响设备的正常运行，特别是对那些精密的电子设备和仪器。另外，谐波还可能在电力系统中产生局部谐振，以及对通信造成严重的干扰等。

此外，电压波动和闪变、电压凹陷和凸起、电压间断以及三相电压不平衡等也属于电能质量问题。

二、对电力系统运行的基本要求

电力系统的任务是连续不断地向用户提供质量合格的电能。因此，对电力系统运行的基本要求可以归结为安全、优质和经济三方面。由于这三个基本要求之间存在一定的矛盾，因此，处理它们之间关系的一般原则是，在保证可靠和电能质量的前提下使运行最为经济。

要满足运行的基本要求，首先在电力系统规划和设计阶段就必须加以考虑，然后要根据负荷状况制定合理的运行方式。另外，对安全性要求是主观的，它与一个国家的经济水平以及电力系统的实际状况等因素有很大关系，其定性和定量指标也是一个十分重要而且尚未圆满解决的问题。

下面对三个要求作简要的介绍。

（1）保证系统运行的可靠性。可靠性包括充裕性和安全性两方面。充裕性是指系统必须有足够的电源容量来满足负荷需要，并且输电和配电设备有足够的能力将发电厂发出的电能输送到用户。安全性是指系统具有承受预想事故的能力。例如，要有一定的备用发电容量来承受一台（或一些）发电机停运；电网结构要强壮，使得在某一（或某些）线路或变压器退出后仍然能对用户继续供电。为此，在输电系统中大都采用环形网络，即将各个发电厂和各个向负荷供电的变电站之间用线路连接成单个或多个复杂的环，使得当其中的某一线路退出运行时，各变电站仍能从其他线路获得电能；或者采用双回线路供电，使当其中一回线路退出运行时，另一回线路仍能继续供电。在配电网络中，大都采用"闭环结构开环运行"的方式，即网络本身是环形的，但在正常运行情况下断开其中的一些线路，使它呈辐射形，而在发生故障后则通过开关操作将失去电源的负荷转移到其他线路上。这些都属于静态安全性的范畴。

对电力系统安全性最大的威胁是由于事故导致系统失去稳定，这属于动态安全性问题。对此必须对系统的不同运行方式经常进行稳定性计算和分析，并在必要时采取提高稳定性的措施。

虽然保证对用户的持续供电非常重要，但并不等于说所有的负荷都不能停电。一般地，按对供电可靠性的要求将负荷分为三级：

1）一级负荷。对这些负荷的中断供电，将可能造成生命危险、设备损坏、破坏生产过程，使大量产品报废，给国民经济造成重大损失，使市政生活发生混乱等。

2）二级负荷。对这一级负荷中断供电，将造成大量减产，交通停顿，使城镇居民生活受到影响等。

3）三级负荷。所有不属于一、二级的负荷，如工厂的附属车间、小城镇等。

对一级负荷要保证不间断供电；对二级负荷，如有可能，也要保证不间断供电。

（2）保证良好的电能质量。如上所述，电能质量包括频率质量、电压质量和波形质量三方面。在我国，对于频率的容许偏差、电压的容许偏差、谐波电压和电流的容许含量、三相电压不平衡以及电压波动和闪变等都已编制出相应的国家标准，在电力系统设计和运行中都不允许超出这些标准。

（3）保证系统运行的经济性。电能生产的规模很大，消耗的一次能源在国民经济一次能源总消耗量中占有很大的比重。为了系统运行的经济性并节约能源，应在发电厂之间进行功率的经济调度，使水力发电厂的水能得以充分利用，并使全部火力发电厂所消耗的燃料总量最少。这一方面的具体内容将在第五章中介绍。另外，提高发电厂本身的效率、减少厂用电、降低电网的能量损耗等，也是提高系统运行经济性的重要方面。

除此之外，环境保护问题为人们日益关注。环境保护对火力发电厂所产生的二氧化碳和各种污染物质，包括硫氧化物、氮氧化物和飞灰等排放量的限制，也将成为对电力系统运行的要求。

第六节　电力市场简介

20 世纪 80 年代，世界上许多国家开始陆续进行着电力工业的市场化改革，其主要目标是打破传统电力工业的垄断运营模式，厂网分开，开放电网，实现竞争，进而降低发电成本，提高服务质量，促进电力工业的发展。到目前为止，这种电力市场的改革还未能建立非常成功的通用样板，各种模式都还处在不断探索、不断完善的过程中。本节将简略介绍国内外电力市场改革的进展情况和需要研究的新问题。

一、世界各国的电力市场化进程

近百年来，电力工业在世界各国都是传统的垄断性行业。电力市场化的目的是打破垄断，促进竞争。因此，电力工业是电力市场化改革的对象，而各国的政府或议会是推动者。

走向电力市场的第一步几乎都是各国的政府或议会以立法的形式强制电力工业的重组。

实行电力市场化最早的国家是智利，起步于 20 世纪 70 年代末。其目的在于消除国有企业的腐败、低效和缺乏资金的状况。1982 年智利正式颁布了新电力法，以法律的形式确立了输电系统向所有发电厂及用户开放的原则，打破了地区垄断，正式启动了合同电力交易及实时电力交易的方式，将电力企业推向了竞争市场。

英格兰电力市场化开始于 1987 年 7 月撒切尔夫人执政期间政府颁布的《电力法》，并于 1990 年 4 月撤销了垄断经营的中央发电局（CEGB），将发电、输电、配售电的功能分开，按国家电网公司，3 个发电公司和 12 个地区售电公司的模式运作。

澳大利亚政府在 1991 年 7 月成立了国家电网局以推动电力市场，后来正式建立了国家电网管理委员会来监管电网运营。1992 年 12 月该委员会颁布了《国家电网规约》，规定 3 万 kW 以上的发电厂和 1 万 kW 以上的用户都可以作为规约的成员单位自由地在国家电网进行交易。

瑞典的电力市场化过程开始于 1990 年，但关键性的一步是瑞典议会在 1994 年通过了新的电力法案，并于 1995 年元月颁布实施。

美国电力市场化由 1992 年乔治·布什总统批准的《能源法案》开始，以电网开放为标志。由于加利福尼亚州电价较高，因此各界人士对推动电力市场最积极，1995 年 12 月规定加利福尼亚州的电力工业最迟在 1998 年完成重组。

二、我国的电力工业改革

我国电力工业改革的总体目标是：打破垄断，引入竞争，提高效率，降低成本，健全电价机制，优化资源配置，促进电力发展，推进全国联网，构建政府监管下的政企分开、公平竞争、开放有序、健康发展的电力市场体系。目前，我国电力市场结构正由传统的垂直一体化垄断结构向竞争性市场结构转变，电力市场正在发育之中。

为了引入竞争，我国从 2002 年开始推动了第一轮电力改革，全国电网企业被分为国家电网公司和南方电网公司。同时，为了在发电环节引入竞争机制，首先实现了"厂网分开"，成立了中国华能集团公司、中国大唐集团公司、中国华电集团公司、中国国电集团公司和中国电力投资集团公司五大发电集团公司，它们成为市场的主要参与者，并受国家能源局（原国家电力监管委员会）的监管。电力监管机构统一履行全国的电力监管职责，其监管对象主要包括发电企业、输电企业、供电企业和电力用户。

此后我国开展了区域和省级电力市场试点，逐步完成了主辅分离的改革，但在多个环节上仍然处于探索阶段。2015 年中发〔2015〕9 号文发布了《进一步深化电力体制改革的若干意见》，正式启动了我国第二轮电力改革。亟需在电力市场顶层设计、价格形成机制、用户参与等重要问题上，寻找适合我国国情的改革路线。

二、需要研究的问题

虽然世界各国电力市场已经有所进展，但是在市场结构、电价体系和交易机制等方面仍缺乏必要的理论和方法。而且，世界各国由于政治和经济体制的不同，很难相互借鉴，更不能照搬。我国电力市场需要研究的问题有以下几方面：

（1）电力市场的结构和运营模式。除了厂网分开以外，输电网服务是电力市场不同于其他商品市场的关键部分。它包含若干个要素，这些要素的不同组合将形成不同的电力市场结构。如何构成适合我国国情的电力市场，使之适于过渡、易于操作、利于竞争、便于监督等是非常关键的问题。

（2）电价理论。电价理论是电力市场的核心理论之一，它包括电能成本、输电成本、辅助服务成本等的量化和分摊。

（3）交易形式。电力交易可以采取双边合同和竞价上网的形式，但以何种形式为主，或这两种形式各占多大份额，也是电力市场需要研究的关键问题。

（4）用户参与。我国第一轮改革侧重发电侧的参与，第二轮改革中开始推动用户侧参与市场，但哪些用户可以参与、以何种形式参与、如何推动用户需求和电源供给匹配等都是需要研究的问题。

（5）电力市场运营的分析与模拟。为了在瞬息万变的电力市场运营条件下对电力系统的运行情况，特别是运行的安全性和可靠性及时做出判断，需要开发一个高效的、综合性的电力市场运营分析、模拟和评估系统。

第二章　电网的正序参数和等值电路

电网是由一些电气设备按照预定方案连接而成的整体。电网中的电气设备包括线路、变压器、电容器、电抗器等，可以统称为元件。要对电力系统进行分析和计算，首先必须掌握各元件的电气特性，建立它们的数学模型。本章将介绍电力线路和变压器的电气参数和等值电路，以及它们的物理意义和计算方法，然后介绍在具有多个电压等级的电网中形成等值电路的方法。另外，还要介绍标幺制及其具体计算方法。

在电力系统正常运行情况下，可以近似地认为系统的三相结构和三相负荷完全对称。在此情况下，系统各处的电流和电压都是三相对称的正弦量，称为正序分量。在系统不对称运行或发生不对称故障时，电压和电流的周期性分量中，除了正序分量以外，还可能出现负序分量和零序分量。本章将只介绍有关正序分量的参数和等值电路，关于零序分量的参数和等值电路将在第八章中介绍。至于负序分量的参数和等值电路，由于线路和变压器都是静止元件，所以它们与正序分量完全相同，这在本章中将予以进一步说明。

在"电路"和"电机学"课程中已经学过，对称三相电路的计算可以用一相电路的计算来完成。而三相对称交流电力系统中所有给出的标称电压都是指线电压的有效值，并且假定三相系统是 Y—Y 连接（非 Y—Y 连接需变换为 Y—Y 连接），这时线电压有效值为相电压有效值的 $\sqrt{3}$ 倍，而线电流有效值等于相电流有效值。因此在本书中，如无特别说明，用 $\dot{U} = U\angle\theta_u$ 和 $\dot{I} = I\angle\theta_i$ 分别表示对称 Y—Y 连接三相系统的电压相量和电流相量，三相系统的计算公式为

$$\left.\begin{aligned}
\dot{U} &= \sqrt{3}Z\dot{I} \\
\widetilde{S} &= \sqrt{3}\dot{U}\overset{*}{\dot{I}} = \sqrt{3}UI\angle(\theta_u - \theta_i) = \sqrt{3}UI\angle\varphi = S(\cos\varphi + \mathrm{j}\sin\varphi) = P + \mathrm{j}Q
\end{aligned}\right\}$$

式中：$\widetilde{S}$、S、P 和 Q 分别为三相复功率、三相视在功率、三相有功功率和三相无功功率；U 为线电压有效值；θ_u 为相电压相位；I 为线电流有效值；θ_i 为相电流相位；$\overset{*}{\dot{I}}$ 为 $\dot{I}$ 的共轭；Z 为一相阻抗；φ 为功率因数角，$\varphi = \theta_u - \theta_i$。

按照这样的约定，电流滞后于电压对应于正的无功功率，即感性无功功率取正值；电流超前于电压对应于负的无功功率，即容性无功功率取负值。

另外，阻抗用 $Z = R + \mathrm{j}X$ 表示，而导纳用 $Y = G + \mathrm{j}B$ 表示，X 和 B 的正负决定了 Z 或 Y 是感性的还是容性的，即：

（1）对于感性，X 取正值，B 取负值。

（2）对于容性，X 取负值，B 取正值。

第一节　电力线路的数学模型

电力线路包括输电线路和配电线路。按线路结构的不同，可以分为架空线路和电缆线路两种。由于架空线路的建设费用比电缆线路低得多，而且架空线路便于施工、维护和检修，

因此，在电力系统中，绝大多数的线路都采用架空线路，只有在一些特殊场所才采用电缆线路。电缆由工厂按标准规格制造，可以根据厂家提供的数据或者通过实测求得其参数，这里将不作详细介绍。架空线路的参数与线路的结构和架设条件等因素有关，本节将着重介绍架空线路的参数和数学模型。

一、电力线路的物理现象及电气参数

当架空线路传输电能时，将伴随着一系列的物理现象。首先，电流流过导线时会因电阻损耗而产生热量，电流越大，损耗越大，发热也越厉害。其次，当交流电流通过电力线路时，在三相导线内部和三相导线的周围都要产生交变的磁场，而交变磁通匝链导线后，将在导线中产生感应电动势。第三，当交流电压加在电力线路上时，在三相导线的周围会产生交变的电场，在它的作用下，不同相的导线之间和导线与大地之间将产生位移电流，从而形成容性电流和容性功率。第四，在高电压的作用下，当导线表面的电场强度过高时，将导致输电线周围的空气游离放电（在电力系统中常称这种现象为电晕现象）；而且由于绝缘的不完善，可能引起少量的电流泄漏等。在电力系统分析中，将用一些电气参数来反映这些基本的物理现象：用电阻 R 来反映电力线路的发热效应，用电抗 X 来反映线路的磁场效应，用电纳 B 来反映线路的电场效应，用电导 G 来反映线路的电晕现象和泄漏现象，这些参数统称为线路的电气参数。

下面介绍如何根据线路的结构及导线材料来确定线路的四个电气参数，并用电阻 r_1、电抗 x_1、电导 g_1 及电纳 b_1 来表示线路单位长度的参数。

（一）线路的电阻

由"物理学"课程可知，有色金属导线的直流电阻计算式为

$$r_1 = \frac{\rho}{S} \tag{2-1}$$

式中：r_1 为导线单位长度的电阻，Ω/km；ρ 为导线材料的电阻率，$\Omega \cdot mm^2/km$；S 为导线载流部分的截面积，mm^2。

在实际计算时需要考虑以下因素：

（1）导线流过三相工频交流电流时，由于集肤效应和邻近效应，交流电阻比直流电阻略大。

（2）由于导线大都由多股导体扭绞而成，导体的实际长度比导线长度约增大 $2\% \sim 3\%$。

（3）一般导线的实际截面积比导线型号中的标称截面积略小。

考虑到这些因素，在应用式（2-1）进行工程计算时，常用导线的标称截面积代替实际截面积，并用略为放大的电阻率计算值代替导线材料的标准电阻率，例如，铜的电阻率计算值采用 $18.80\Omega \cdot mm^2/km$，铝的用 $31.50\Omega \cdot mm^2/km$。

在高压输电线路中，导线一般采用钢芯铝绞线。这类导线在计算电阻时，常常略去钢芯部分中所通过的电流，即认为全部电流只通过铝导线部分，从而用铝导线的截面积和电阻率来计算整个导线的电阻。

实际上，各种型号导线的电阻值都可以在相关手册中查到。但应注意，手册中所列出的电阻值，都是指温度为 $20℃$ 时的数值。当计算精度要求较高时，可以根据实际温度按下式进行修正

$$r_t = r_{20}[1 + \alpha(t - 20)] \tag{2-2}$$

式中：r_t、r_{20}分别为 t（℃）和 20℃时的电阻，Ω/km；α 为电阻温度系数，对于铜为 0.00382/℃，铝为 0.0036/℃。

在电力系统中有少量线路采用钢导线，而架空地线一般都用钢导线。由于钢是导磁材料，其集肤效应大，而且钢的导磁特性是非线性的，因此其电阻值与流过电流的大小有关。钢导线的电阻值一般由实测来决定。

（二）线路的电抗

如前所述，当三相导线中流过交流电流时，交变磁场使导线磁链发生变化，从而在导线中产生感应电动势。在电力系统稳态分析中，这一感应电动势将用电流流过电抗所产生的电压降落来代替。实际上，从磁路的角度来说，各相导线本身具有自感，而导线与导线之间具有互感。用一相等值电路进行计算时，等值电感相当于同时考虑了一相导线的自感和其他两相导线通过互感所产生的等值影响。

下面首先分析单根导线所产生的磁场及相应的磁链。当导线的长度比其半径大得多时，可以将单根导线看作无限长直导线，求出由其本身电流所产生的磁链。然后，求出其他两相导线中的电流对它所产生的磁链，再应用叠加原理得出考虑其他两相的影响时每相导线的总磁链，从而便可得出一相的等值电感和相应的等值电抗。对于正序等值电抗而言，将要用到三相正序电流之和等于零的性质。

1. 长直导线的磁链

单根长直导线可以看成在无限远处闭合的单匝线圈。因此，匝链整个导线的磁通便是相应的磁链，而如果某一磁通只匝链导线的一部分，例如 1/3 导线，则相应的磁链只等于磁通的 1/3。

设导线的半径为 r，流过的电流为 i 且电流密度均匀，则在导线内部和导线外部都将产生磁通。显然，不管导线内部还是外部，任一截面上的磁通都是以导线中心为圆心的同心圆，即在以导线中心为圆心，以 x 为半径的圆周上，各点的磁场强度 H_x 都相等，其方向沿圆周的切线方向。于是，单根导线所匝链的磁链可以分为由导线内部磁通所匝链和由导线外部磁通所匝链两部分，如图 2-1 所示。注意，图 2-1（a）中的导线是图 2-1（b）中导线部分的放大。

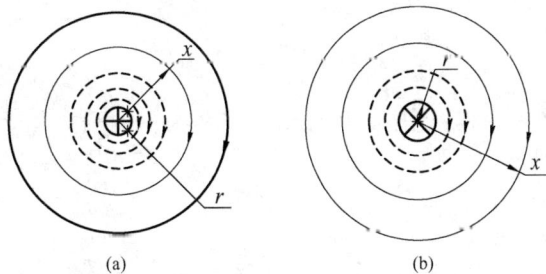

图 2-1　单根长直导线的磁场分布

(a) 内部磁场；(b) 外部磁场

对于图 2-1（b）中导线外部的磁场，将用图 2-2 来进行详细分析。应用安培环路定律 $\oint_l H \mathrm{d}l = i$ 于图 2-2（a）的路径 L_1 上，可以得出半径为 x 的圆周上各点的磁场强度为

$$H'_x = \frac{i}{2\pi x} \quad (\text{A/m})$$

与之对应的磁通密度为

$$B'_x = \mu_x H'_x \quad (\text{T})$$

$$\mu_x = \mu_r \mu_0$$

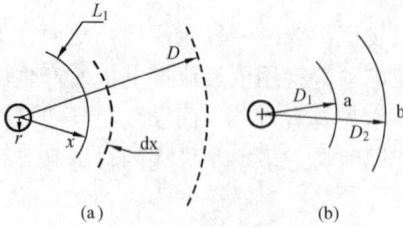

图 2-2 单根长直导线的外部磁场分析

(a) 导线表面到半径为 D 的点的外部磁场；

(b) 导线外部 a、b 两点间的磁场

式中：μ_x 为介质的磁导系数；μ_r 为相对磁导系数，在空气中 $\mu_r = 1$；μ_0 为真空磁导系数，$\mu_0 = 4\pi \times 10^{-7} \text{H/m}$。

于是有

$$B'_x = \frac{\mu_0 i}{2\pi x}$$

对于图 2-2 (a) 中距离导线中心 x 处径向厚度为 dx、长度为 1m 的中空圆柱体，其中的磁通量为

$$d\phi'_x = B'_x dx \times 1 = \mu_0 i \frac{dx}{2\pi x}$$

由于这一磁通围绕整个导线，所以与之对应的磁链为

$$d\psi'_x = d\phi' \times 1 = \mu_0 i \frac{dx}{2\pi x} \quad (\text{Wb})$$

这样，对应于图 2-2 (a)，单位长度导线从表面开始到半径为 D 的中空圆柱体内的全部外部磁通所形成的磁链为

$$\psi' = \int_r^D \mu_0 i \frac{dx}{2\pi x} = \frac{\mu_0 i}{2\pi} \ln \frac{D}{r}$$

同理，对于图 2-2 (b) 所示的单位长度导线外一点 a（距离导线中心为 D_1）到导线外另一点 b（距离导线中心为 D_2）之间的中空圆柱体内的全部磁通所形成的磁链为

$$\psi'_{12} = \int_{D_1}^{D_2} \mu_0 i \frac{dx}{2\pi x} = \frac{\mu_0 i}{2\pi} \ln \frac{D_2}{D_1} \tag{2-3}$$

对于图 2-1 (a) 中导线的内部磁场，用图 2-3 来进行详细分析。流过导线内半径为 $x(x < r)$ 的圆截面中的电流为

$$i_x = i \frac{\pi x^2}{\pi r^2} = i \frac{x^2}{r^2}$$

应用安培环路定律于图 2-3 的路径 L_2，可以得出半径为 x 的圆周上各点的磁场强度为

$$H''_x = \frac{i}{2\pi x} \times \frac{x^2}{r^2} = \frac{ix}{2\pi r^2}$$

若计及导线内部的相对磁导系数 $\mu_r \neq 1$，则与之对应的磁通密度为

$$B''_x = \mu_x H''_x = \frac{\mu_x i x}{2\pi r^2} (\text{T})$$

在导线内部，距中心 x 处径向厚度为 dx、长度为 1m 的中空圆柱体内，总磁通为

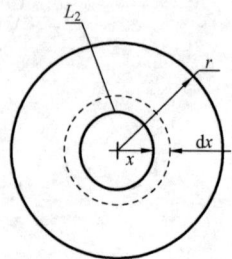

图 2-3 单根长直导线的内部磁场分析

$$\mathrm{d}\phi''_x = B''_x \mathrm{d}x \times 1 = \frac{\mu_x i}{2\pi r^2} x \mathrm{d}x$$

由于这一磁通并不匝链整个导线，而是只匝链导线中的一部分截面 πx^2，所以与之对应的磁链为

$$\mathrm{d}\phi''_x = \mathrm{d}\phi''_x \times \frac{\pi x^2}{\pi r^2} = \frac{\mu_x i}{2\pi r^4} x^3 \mathrm{d}x$$

这样，导线内部的总磁链为

$$\phi'' = \int_0^r \mathrm{d}\phi''_x = \frac{\mu_x i}{2\pi r^4} \times \frac{r^4}{4} = \frac{\mu_x i}{8\pi}$$

它说明导线内部的磁链与导线半径无关，而只与流过的电流及导线的材料有关。

将导线内部的磁链 ϕ'' 加上从导线表面开始到与导线中心距离为 D 的圆周以内的外部磁链 ϕ'，得出相应的总磁链为

$$\psi = \psi' + \psi'' = \left(\ln\frac{D}{r} + \frac{\mu_r}{4}\right)\frac{\mu_0 i}{2\pi} \quad (\mathrm{Wb/m}) \tag{2-4}$$

与之对应的电感为（代入 $\mu_0 = 4\pi \times 10^{-7}$）

$$L = \frac{\psi}{i} = \left(2\ln\frac{D}{r} + \frac{\mu_r}{2}\right) \times 10^{-7} \quad (\mathrm{H/m}) \tag{2-5}$$

式（2-3）和式（2-4）是计算三相电力线路电感的基础。

2. 三相线路的正序等值电抗

架空线路的三相导线是平行架设的，而且线路的长度远大于导线之间的距离，因此可以将它们看成三根无限长直的平行导线。当线路中流过三相对称的正序电流时，三相电流的总和等于零，即电流只在三相导线中流通，彼此互为回路，而导线周围的磁场只取决于三相导线的布置和流过其中的电流。

首先考虑线路的一般情况，即三相导线任意排列，它们之间的距离分别为 D_{ab}、D_{bc}、D_{ca}，并设 a 相、b 相和 c 相导线中心与空间某一点 x 之间的距离分别为 D_{ax}、D_{bx}、D_{cx}，如图 2-4 所示。

令各相导线中流过的电流分别为 i_a、i_b 和 i_c，则根据单根长直导线的磁链计算式（2-3）和式（2-4），应用叠加原理便可以求出三相架空线路每相的等值电感。

分析匝链 a 相导线的总磁链，它是三相电流对其所产生磁链的总和。由 a 相电流本身所产生的磁链，包括导线内部磁链和从导线表面到距离 D_{ax} 处的外部磁链。对此，应用式（2-4），得

$$\psi_{aax} = \left(2\ln\frac{D_{ax}}{r} + \frac{\mu_r}{2}\right)i_a \times 10^{-7}$$

图 2-4　三相导线的排列及磁场分布计算图

由 b 相导线电流 i_b 所产生的匝链 a 相的磁通，可以近似地看成是从两导线之间的距离 D_{ab} 开始匝链 a 相导线，直至距离 D_{bx} 为止。于是，b 相匝链 a 相导线的磁链可以应用式（2-3）得

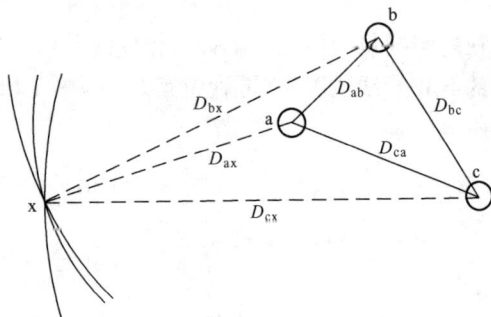

$$\psi_{\text{bax}} = 2\ln\frac{D_{\text{bx}}}{D_{\text{ab}}}i_{\text{b}} \times 10^{-7}$$

同理，由 c 相电流产生的磁通匝链 a 相导线的磁链为

$$\psi_{\text{cax}} = 2\ln\frac{D_{\text{cx}}}{D_{\text{ca}}}i_{\text{c}} \times 10^{-7}$$

将以上三式相加，可以得出由三相电流所产生的磁通匝链 a 相导线的总磁链为

$$\psi_{\text{ax}} = \psi_{\text{aax}} + \psi_{\text{bax}} + \psi_{\text{cax}} = \left[\frac{\mu_{\text{r}}}{2}i_{\text{a}} + 2(i_{\text{a}}\ln D_{\text{ax}} + i_{\text{b}}\ln D_{\text{bx}} + i_{\text{c}}\ln D_{\text{cx}})\right.$$
$$\left. + 2(i_{\text{a}}\ln\frac{1}{r} + i_{\text{b}}\ln\frac{1}{D_{\text{ab}}} + i_{\text{c}}\ln\frac{1}{D_{\text{ca}}})\right] \times 10^{-7} \quad (2\text{-}6)$$

为了考虑 a 相导线的全部磁链，将点 x 移至无穷远，并认为大地的相对磁导系数与空气相同，则有 $D_{\text{ax}} \approx D_{\text{bx}} \approx D_{\text{cx}}$，而且在三相电流对称情况下，有 $i_{\text{a}} + i_{\text{b}} + i_{\text{c}} = 0$。于是由式（2-6）可以得出 a 相导线单位长度的总磁链为

$$\psi_{\text{a}} = \left[\frac{\mu_{\text{r}}}{2}i_{\text{a}} + 2(i_{\text{a}}\ln\frac{1}{r} + i_{\text{b}}\ln\frac{1}{D_{\text{ab}}} + i_{\text{c}}\ln\frac{1}{D_{\text{ca}}})\right] \times 10^{-7} \quad (2\text{-}7)$$

同理，对于 b 相和 c 相导线，有

$$\psi_{\text{b}} = \left[\frac{\mu_{\text{r}}}{2}i_{\text{b}} + 2(i_{\text{b}}\ln\frac{1}{r} + i_{\text{a}}\ln\frac{1}{D_{\text{ab}}} + i_{\text{c}}\ln\frac{1}{D_{\text{bc}}})\right] \times 10^{-7} \quad (2\text{-}8)$$

$$\psi_{\text{c}} = \left[\frac{\mu_{\text{r}}}{2}i_{\text{c}} + 2(i_{\text{c}}\ln\frac{1}{r} + i_{\text{b}}\ln\frac{1}{D_{\text{bc}}} + i_{\text{a}}\ln\frac{1}{D_{\text{ca}}})\right] \times 10^{-7} \quad (2\text{-}9)$$

由式（2-7）～式（2-9）可以看出，ψ_{a}、ψ_{b}、ψ_{c} 不但与本导线流过的电流有关，而且还决定于其他两相的电流。在 $D_{\text{ab}} \neq D_{\text{bc}} \neq D_{\text{ca}}$ 的情况下，即三相导线间距离不相等时，三相线路各相电感互不相等。在实际系统中为了使输电线路阻抗对称，常每隔一定的距离将三相导线进行换位，使每相导线都均匀地处在三个不同的位置上，如图 2-5 所示。

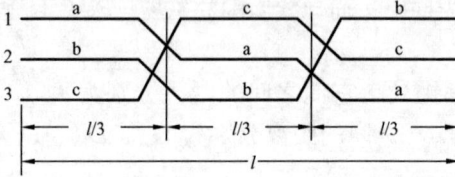

图 2-5　输电线路的换位示意图

在均匀换位的情况下，如 a 相导线开始在位置 1，经过 1/3 长度后转移到位置 2（即第 1 段中的 b 相导线位置），再到位置 3（即第 1 段中的 c 相导线位置），则 a 相导线在三个位置上的磁链分别为

$$\psi_{\text{a}}^{(1)} = \left[\frac{\mu_{\text{r}}}{2}i_{\text{a}} + 2(i_{\text{a}}\ln\frac{1}{r} + i_{\text{b}}\ln\frac{1}{D_{\text{ab}}} + i_{\text{c}}\ln\frac{1}{D_{\text{ca}}})\right] \times 10^{-7}$$

$$\psi_{\text{a}}^{(2)} = \left[\frac{\mu_{\text{r}}}{2}i_{\text{a}} + 2(i_{\text{a}}\ln\frac{1}{r} + i_{\text{b}}\ln\frac{1}{D_{\text{bc}}} + i_{\text{c}}\ln\frac{1}{D_{\text{ab}}})\right] \times 10^{-7}$$

$$\psi_{\text{a}}^{(3)} = \left[\frac{\mu_{\text{r}}}{2}i_{\text{a}} + 2(i_{\text{a}}\ln\frac{1}{r} + i_{\text{b}}\ln\frac{1}{D_{\text{ca}}} + i_{\text{c}}\ln\frac{1}{D_{\text{bc}}})\right] \times 10^{-7}$$

将三者平均，得 a 相导线的平均总磁链为

$$\psi_{\text{a}} = \frac{1}{3}(\psi_{\text{a}}^{(1)} + \psi_{\text{a}}^{(2)} + \psi_{\text{a}}^{(3)})$$
$$= \frac{2}{3}\left[3i_{\text{a}}\ln\frac{1}{r} + (i_{\text{b}} + i_{\text{c}})\left(\ln\frac{1}{D_{\text{ab}}D_{\text{bc}}D_{\text{ca}}}\right) + \frac{3\mu_{\text{r}}}{4}i_{\text{a}}\right] \times 10^{-7}$$

由于三相正序电流之和为零，因此用 $i_b+i_c=-i_a$ 代入，得 a 相导线单位长度的平均总磁链为

$$\psi_a = \left(2\ln\frac{1}{r} + 2\ln\sqrt[3]{D_{ab}D_{bc}D_{ca}} + \frac{\mu_r}{2}\right)i_a \times 10^{-7}$$

$$= \left(2\ln\frac{\sqrt[3]{D_{ab}D_{bc}D_{ca}}}{r} + \frac{\mu_r}{2}\right)i_a \times 10^{-7}$$

$$= \left(2\ln\frac{D_m}{r} + \frac{\mu_r}{2}\right)i_a \times 10^{-7}$$

式中：$D_m = \sqrt[3]{D_{ab}D_{bc}D_{ca}}$ 称为三相导线的互几何均距，简称几何均距。

这样，a 相导线每米的正序等值电感为

$$L_a = \left(2\ln\frac{D_m}{r} + \frac{\mu_r}{2}\right) \times 10^{-7} \quad \text{(H/m)} \tag{2-10}$$

由以上推导可知，经过换位后三相导线每米的电感相等，$L_a = L_b = L_c$。显然，每相的电感均为考虑了其他两相互感影响后的一相等值电感。将式（2-10）中的自然对数换成常用对数，每米换成每千米，可以得出线路每相每千米的等值电抗为

$$x_1 = 2\pi f\left(4.6\lg\frac{D_m}{r} + 0.5\mu_r\right) \times 10^{-4} \, (\Omega/\text{km})$$

式中：D_m 和 r 应该取相同单位。

在工频 $f=50\text{Hz}$ 下，有

$$x_1 = 0.1445\lg\frac{D_m}{r} + 0.0157\mu_r = 0.1445\lg\frac{D_m}{r} \quad (\Omega/\text{km}) \tag{2-11}$$

式中：μ_r、r' 取值，对于非铁磁材料的单股导线，取 $\mu_r=1$，$r'=0.779r$；对于多层多股的钢芯铝绞线，实用上常取 $r'=0.81r$。对于钢导线，μ_r 不是常数，x_1 一般由实际测量而得。

顺便指出，当线路通过负序电流时，三相电流仍然满足 $i_a+i_b+i_c=0$。由此可见，线路的负序电抗和正序电抗相等。

由式（2-11）可以看出，线路的电抗与导线截面积及导线在杆塔上的布置有关。但由于电抗的大小与几何均距和导线半径之比呈对数关系，因此各种架空线路的电抗在数值上差别不大。例如，110kV 和 220kV 线路的电抗值一般都在 0.40Ω/km 左右。

在同一杆塔上架设两回或多回三相线路时，由于所有导线之间都存在互感，情况比一回线路复杂得多。然而，在正常运行情况下每回线路三相电流都平衡时，各回线路之间的互磁通相对较小，因此在一般工程计算中，仍可用式（2-11）计算每相的等值电抗。

最后，简单地介绍电缆线路的电抗。电缆的种类较多，结构也各不相同，在进行计算时可以采用电缆产品手册或者厂家提供的参数，也可以通过实测求得。由于电缆截面积较小，三相导线的几何均距也比较小，所以其单位长度的电抗比架空线路小得多。例如，110kV 的单相电缆，$x_1 \approx 0.18\Omega/\text{km}$；10kV 的三芯电缆，$x_1 \approx 0.08\Omega/\text{km}$。

3. 分裂导线线路的电抗

在高压和超高压输电系统中，为了防止在高电压作用下导线周围空气的游离而发生电晕，往往采用分裂导线。在分裂导线线路中，每相用几根型号相同的导线并联而构成复导线，各个导线的轴心对称地布置在半径为 R 的圆周上（R 远小于相间距离），导线之间用支架支撑。例如，每相四分裂导线的三相线路布置情况如图 2-6 所示。由于分裂导线等值地

增大了导线半径，从而可以减少导线表面的电场强度，避免在正常运行情况下发生电晕。

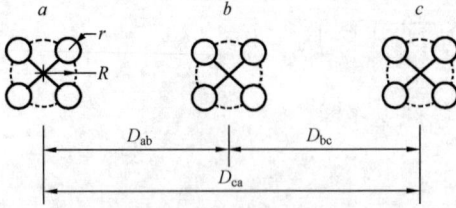

图 2-6 采用四分裂导线的三相线路示意图

分裂导线每相电抗的计算式，可以像单根导线那样，通过严格的数学推导而得，这里只给出其结果。对于每相具有 n 根导体的分裂导线，等值电抗为

$$x_1 = 0.1445 \lg \frac{D_m}{r_{eq}} + \frac{0.0157}{n} \mu_r \quad (\Omega/km)$$

$$(2-12)$$

与式（2-11）相比，式中的第二项需要除以 n，而第一项则以等值半径 r_{eq} 代替导线半径。分裂导线的等值半径为

$$r_{eq} = \sqrt[n]{r d_{12} d_{13} \cdots d_{1n}} = \sqrt[n]{r d_m^{n-1}} \qquad (2-13)$$

式中：r 为单根导体的半径；d_{12}，d_{13}，$\cdots$，d_{1n} 为同一相中一根导体与其余 $n-1$ 根导体之间的距离；d_m 为导体之间的几何均距。

由于每相导线等值半径的增大，分裂导线线路的每相电抗减小，一般比单根导线线路的电抗约减小 20% 以上，其具体数值视每相的分裂根数而定。一般分裂根数为 2、3、4 时，每千米的电抗分别为 0.33、0.30、0.28Ω 左右。

为了提高输电线路的输送能力，不少地方采用"紧凑型输电线路"。它通过采用多根分裂导线和缩小相间距离，以减少线路的电抗和增加线路的电容，达到大幅度提高自然功率、有效压缩送电线路走廊的目的。目前，我国已投运了安定至廊坊 220kV 线路、成县至天水 330kV 线路和昌平至房山 500kV 线路等多条紧凑型输电线路，其自然功率较常规输电线路一般可以提高 30% 以上。

在有关电力工程设计的资料中都列出了各类导线的电抗值，可以根据导线的型号和几何均距直接查得。

（三）线路的电纳

当三相导线上施加交流电压后，在导线周围将产生交变电场，其分布不但与各个导线上的电荷变化情况有关，而且受大地的影响。由《电磁场》相关知识可知，各相导线上的电荷决定于三相导线上所加的电压以及导线和大地所组成系统的部分电容。因此，每相导线上的电荷不但与本导线上所施加的电压有关，而且与其他两相导线上的电压也有关。在电力系统稳态分析中，将用一相等值电容来反映导线上的电荷与本相导线上的电压以及另外两相导线上的电压对它的影响。下面将介绍三相电压为正序情况下的等值电容和相应的等值电纳，从推导过程可以看出，它同样适用于负序情况。

1. 单根长直导线的电场分布

单根长直导线的电场分布如图 2-7 所示。图中，考虑导线为正极，而负极在无穷远处。在此情况下，电荷所产生的电力线是均匀分布并垂直于导线表面的射线，而等位面是一系列以导线为轴的同轴圆柱面。

设导线单位长度上的电荷为 q，则距导线中心 x 处的电通密度为

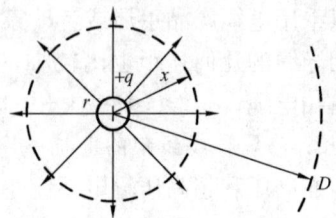

图 2-7 单根长直导线的
电场分布计算用图

$$D_x = \frac{q}{2\pi x} \quad (\text{C/m})$$

相应的电场强度为

$$E_x = \frac{D_x}{\varepsilon_x} \quad (\text{V/m})$$

$$\varepsilon_x = \varepsilon_r \varepsilon_0$$

式中：ε_x 为 x 处的介电常数；ε_r 为相对介电常数，对于空气，$\varepsilon_r = 1$；ε_0 为真空介电常数，$\varepsilon_0 = \dfrac{1}{3.6\pi \times 10^{10}} \text{F/m}$。

于是有

$$E_x = \frac{q}{2\pi \varepsilon_0 x}$$

由"物理学"课程可知，在电场中各点的电场强度为单位正电荷在该点所受的电场力，而两点之间的电位差为单位正电荷由一点移至另一点为克服电场力所做的功。因此，在图 2-8 中，单根长直导线表面与距离中心 D 处的电位差为

$$u_{rD} = v_r - v_D = -\int_D^r E_x \mathrm{d}x = -\int_D^r \frac{q}{2\pi\varepsilon_0} \frac{\mathrm{d}x}{x} = \frac{q}{2\pi\varepsilon_0} \ln \frac{D}{r} \quad (\text{V}) \qquad (2\text{-}14)$$

导线表面与无限远点之间的电位差为导线表面的绝对电位。可见单根长直导线的绝对电位为无限大。

同理可得，导线外部一点 a（与导线中心的距离为 D_1）到另一点 b（与导线中心的距离为 D_2）之间的电位差为

$$u_{12} = v_1 - v_2 = \frac{q}{2\pi\varepsilon_0} \ln \frac{D_2}{D_1} \qquad (2\text{-}15)$$

2. 三相线路的正序电纳

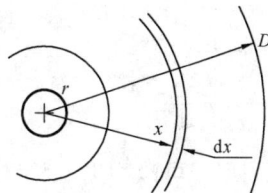

图 2-8　电场中两点之间的电位差

为了计及大地对三相导线周围电场的影响，常将三相线路看成三根平行的长导线，用"电磁场"课程中的镜像法来进行电场的分析和计算。对于架设在距离地面 H 高度的单根导线，在假设大地是一个表面为无限大平面导体的情况下，导线周围的电场如图 2-9（a）所示。这个电场可以用图 2-9（b）所示的电场来代替，即认为大地不存在，而在导线下方距离 $2H$ 处放置一根带有负电荷的导线，后者称为原导线的镜像。

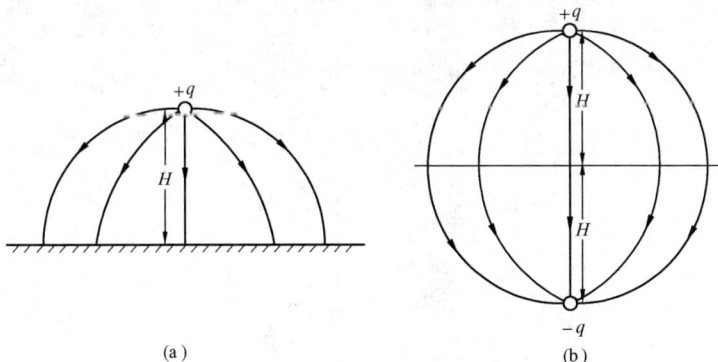

(a)　　　　　　　　　　　　　(b)

图 2-9　大地对电场的影响

（a）单根导线的电场；（b）导线及其镜像所产生的电场

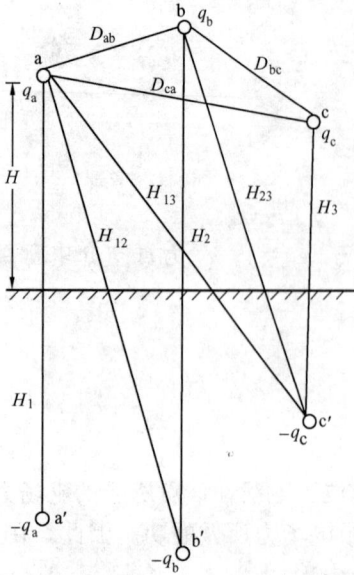

图 2-10 三相导线及其镜像

图 2-10 所示三相导线 a、b、c 和它们的镜像 a′、b′、c′，各导线之间及导线与镜像之间的距离标于图 2-10 中。

设三相导线上单位长度的电荷分别为 q_a、q_b、q_c，并假定沿线均匀分布，其镜像上的相应电荷为 $-q_a$、$-q_b$、$-q_c$。由于空气的介电系数为常数，因此可以应用叠加原理求出由这组电荷在三相导线上所产生的对地电压。对此，应用式（2-14）和式（2-15）可以得出由 a 相导线上的电荷 $+q_a$ 所产生的 a 相对地电压以及由其镜像上的电荷 $-q_a$ 所产生的 a 相对地电压，分别为

$$u_{a+} = \frac{q_a}{2\pi\varepsilon_0}\ln\frac{H}{r}$$

$$u_{a-} = -\frac{q_a}{2\pi\varepsilon_0}\ln\frac{H}{(H_1-r)}$$

即 a 相导线及其镜像上的电荷所产生的 a 相对地电压为

$$u_{a(a)} = v_{a+} + v_{a-} = \frac{q_a}{2\pi\varepsilon_0}\ln\frac{H_1}{r}$$

不难导出，由 b 相导线及其镜像上的电荷所产生的 a 相对地电压，以及由 c 相导线及其镜像上的电荷所产生的 a 相对地电压分别为

$$u_{a(b)} = \frac{q_b}{2\pi\varepsilon_0}\ln\frac{H_{12}}{D_{ab}}$$

$$u_{a(c)} = \frac{q_c}{2\pi\varepsilon_0}\ln\frac{H_{13}}{D_{ac}}$$

同理，可以列出 b 相导线和 c 相导线对地电压的计算式，并将三相导线的对地电压与导线上电荷之间的关系写成下列矩阵形式

$$
\begin{bmatrix} u_a \\ u_b \\ u_c \end{bmatrix} = \begin{bmatrix} \alpha_{aa} & \alpha_{ab} & \alpha_{ac} \\ \alpha_{ba} & \alpha_{bb} & \alpha_{bc} \\ \alpha_{ca} & \alpha_{cb} & \alpha_{cc} \end{bmatrix} \begin{bmatrix} q_a \\ q_b \\ q_c \end{bmatrix} \tag{2-16}
$$

其中

$$
\left.
\begin{aligned}
\alpha_{aa} &= \frac{1}{2\pi\varepsilon_0}\ln\frac{H_1}{r} \\
\alpha_{bb} &= \frac{1}{2\pi\varepsilon_0}\ln\frac{H_2}{r} \\
\alpha_{cc} &= \frac{1}{2\pi\varepsilon_0}\ln\frac{H_3}{r} \\
\alpha_{ab} &= \alpha_{ba} = \frac{1}{2\pi\varepsilon_0}\ln\frac{H_{12}}{D_{ab}} \\
a_{ac} &= \alpha_{ca} = \frac{1}{2\pi\varepsilon_0}\ln\frac{H_{13}}{D_{ac}} \\
\alpha_{bc} &= \alpha_{cb} = \frac{1}{2\pi\varepsilon_0}\ln\frac{H_{23}}{D_{bc}}
\end{aligned}
\right\} \tag{2-17}
$$

式中：α_{ii}、α_{ij} 分别称为自电位系数和互电位系数（$i,j=$a，b，c），它们只与导体的几何尺

寸、相对位置和空气的介电常数有关。

由式（2-16）可以看出，当三相导线布置不对称时，各相的自电位系数和互电位系数彼此不等，从而使三相参数不对称。

在导线均匀换位的情况下，由于导线为良好导体，各换位段中同一相导线的对地电压应相等而电荷不等。当按图 2-5 所示的方式换位时，在第一段中 a、b、c 三相导线的对地电压与导线上电荷之间的关系即为式（2-16），将它重写成

$$\begin{bmatrix} u_a \\ u_b \\ u_c \end{bmatrix} = \begin{bmatrix} \alpha_{aa} & \alpha_{ab} & \alpha_{ac} \\ \alpha_{ba} & \alpha_{bb} & \alpha_{bc} \\ \alpha_{ca} & \alpha_{cb} & \alpha_{cc} \end{bmatrix} \begin{bmatrix} q_a^{(1)} \\ q_b^{(1)} \\ q_c^{(1)} \end{bmatrix} \tag{2-18}$$

由此可以导出，在第二段和在第三段中三相导线的对地电压与导线上电荷之间的关系分别为

$$\begin{bmatrix} u_a \\ u_b \\ u_c \end{bmatrix} = \begin{bmatrix} \alpha_{bb} & \alpha_{bc} & \alpha_{ba} \\ \alpha_{cb} & \alpha_{cc} & \alpha_{ca} \\ \alpha_{ab} & \alpha_{ac} & \alpha_{aa} \end{bmatrix} \begin{bmatrix} q_a^{(2)} \\ q_b^{(2)} \\ q_c^{(2)} \end{bmatrix} \tag{2-19}$$

$$\begin{bmatrix} u_a \\ u_b \\ u_c \end{bmatrix} = \begin{bmatrix} \alpha_{cc} & \alpha_{ca} & \alpha_{cb} \\ \alpha_{ac} & \alpha_{aa} & \alpha_{ab} \\ \alpha_{bc} & \alpha_{ba} & \alpha_{bb} \end{bmatrix} \begin{bmatrix} q_a^{(3)} \\ q_b^{(3)} \\ q_c^{(3)} \end{bmatrix} \tag{2-20}$$

式（2-18）～式（2-20）可以分别简写成

$$\left. \begin{aligned} \boldsymbol{u} &= \boldsymbol{\alpha}^{(1)} \boldsymbol{q}^{(1)} \\ \boldsymbol{u} &= \boldsymbol{\alpha}^{(2)} \boldsymbol{q}^{(2)} \\ \boldsymbol{u} &= \boldsymbol{\alpha}^{(3)} \boldsymbol{q}^{(3)} \end{aligned} \right\} \tag{2-21}$$

解得

$$\left. \begin{aligned} \boldsymbol{q}^{(1)} &= \boldsymbol{\alpha}^{(1)-1} \boldsymbol{u} = \boldsymbol{c}^{(1)} \boldsymbol{u} \\ \boldsymbol{q}^{(2)} &= \boldsymbol{\alpha}^{(2)-1} \boldsymbol{u} = \boldsymbol{c}^{(2)} \boldsymbol{u} \\ \boldsymbol{q}^{(3)} &= \boldsymbol{\alpha}^{(3)-1} \boldsymbol{u} = \boldsymbol{c}^{(3)} \boldsymbol{u} \end{aligned} \right\} \tag{2-22}$$

取三段导线上电荷的平均值作为均匀换位情况下各相导线的单位长度电荷，则由式（2-22）得

$$\boldsymbol{q} = \frac{1}{3}(\boldsymbol{q}^{(1)} + \boldsymbol{q}^{(2)} + \boldsymbol{q}^{(3)}) = \frac{1}{3}(\boldsymbol{c}^{(1)} + \boldsymbol{c}^{(2)} + \boldsymbol{c}^{(3)})\boldsymbol{u} = \boldsymbol{c}\boldsymbol{u} \tag{2-23}$$

可以证明，其中的电荷与电压之间的关系具有下列形式

$$\begin{bmatrix} q_a \\ q_b \\ q_c \end{bmatrix} = \begin{bmatrix} c_s & c_m & c_m \\ c_m & c_s & c_m \\ c_m & c_m & c_s \end{bmatrix} \begin{bmatrix} u_a \\ u_b \\ u_c \end{bmatrix} \tag{2-24}$$

其中，系数矩阵的三个对角元素彼此相等，而且所有的非对角元素完全相同。这一结果是很自然的，因为导线经过均匀换位后三相理应完全对称。

对于三相正序电压而言，有 $u_a + u_b + u_c = 0$。将式（2-24）展开并应用这一关系，得

$$\left. \begin{aligned} \boldsymbol{q}_a &= (\boldsymbol{c}_s - \boldsymbol{c}_m)\boldsymbol{u}_a \\ \boldsymbol{q}_b &= (\boldsymbol{c}_s - \boldsymbol{c}_m)\boldsymbol{u}_b \\ \boldsymbol{q}_c &= (\boldsymbol{c}_s - \boldsymbol{c}_m)\boldsymbol{u}_c \end{aligned} \right\}$$

这说明经均匀换位后，一相的等值电容为

$$c_1 = c_s - c_m \qquad (2-25)$$

这样，当三相线路均匀换位时，一相的等值电容可以根据线路的几何尺寸按以下步骤进行计算：

(1) 按式（2-17）计算各个自电位系数和互电位系数，然后组成式（2-18）～式（2-20）中的矩阵 $\boldsymbol{\alpha}^{(1)}$、$\boldsymbol{\alpha}^{(2)}$ 和 $\boldsymbol{\alpha}^{(3)}$。

(2) 分别求出矩阵 $\boldsymbol{\alpha}^{(1)}$、$\boldsymbol{\alpha}^{(2)}$ 和 $\boldsymbol{\alpha}^{(3)}$ 的逆矩阵 $\boldsymbol{c}^{(1)}$、$\boldsymbol{c}^{(2)}$ 和 $\boldsymbol{c}^{(3)}$，并将它们平均，得出式（2-23）中的矩阵 $\boldsymbol{c}$。

(3) 将矩阵 $\boldsymbol{c}$ 中的对角元素和非对角元素代入式（2-25）便可得出一相正序等值电容。

必须指出，由于三相负序电压也满足 $u_a + u_b + u_c = 0$ 的条件，因此负序等值电容和正序等值电容相等。

在一般工程计算中，考虑到线路对地距离远大于三相导线之间的距离，为计算简单起见，假定图 2-10 中的 H_1、H_2、H_3、H_{12}、H_{13}、H_{23} 近似相等，并远大于 D_{ab}、D_{bc}、D_{ca}，在此情况下，可以导出正序等值电容为 [代入 $\varepsilon_0 = 1/(3.6\pi \times 10^{10})$]

$$C_1 = \frac{1}{1.8 \ln \dfrac{D_m}{r} \times 10^{10}} \quad (F/m) \qquad (2-26)$$

式中：D_m 为三相导线的互几何均距。

或者，将式（2-26）中的自然对数换成常用对数，长度米化为千米得

$$C_1 = \frac{0.0241}{\lg \dfrac{D_m}{r}} \times 10^{-6} \quad (F/km) \qquad (2-27)$$

在工频 50Hz 下，可以得出架空线路单位长度的正（负）序等值电纳为

$$b_1 = \frac{7.58}{\lg \dfrac{D_m}{r}} \times 10^{-6} \quad (S/km) \qquad (2-28)$$

与电抗相似，架空线路电纳的变化范围也不大。例如，在 110kV 网络中，普通架空线路单位长度的电纳 $b_1 \approx 2.85 \times 10^{-6}$ S/km。对于分裂导线，仍可用式（2-28）来计算其电纳，只是导线的半径应该用式（2-13）中的等值半径 r_{eq} 来替代。由于分裂导线改变了导线周围的电场分布，等效地增大了导线半径，因而增大了每相导线的电纳。

在同杆架设的多回三相线路中，各回线路的各相导线之间均通过电场相耦合，对于这种情况仍然可以进行严格的电场分析，但实用上一般仍然近似地用式（2-28）计算每相的等值电纳，而忽略回路之间的相互影响。

关于电缆线路的电容，通常都经过测量而得，也可从产品手册中直接查得典型参数。由于电缆的相间距离较小，且绝缘的介电常数较大，所以电缆线路的电容比架空线路的大得多。例如，额定电压为 110kV、截面积为 188mm² 的电缆，$b_1 \approx 72 \times 10^{-6}$ S/km，为普通架空线路的 20 多倍。

（四）线路的电导

如前所述，线路的电导是反映当导线上施加电压后的电晕现象和绝缘子中所产生泄漏电流的参数。对于 110kV 以下的架空线路，与电压有关的有功功率损耗主要是由绝缘子泄漏

电流所引起，但在一般情况下线路的绝缘良好，其泄漏电流很小而可以忽略不计。110kV及以上的架空线路，与电压有关的有功功率损耗主要是由于电晕放电所造成的。其物理现象是：当导体表面的电场强度超过空气的击穿强度时，空气中原有的离子将具备足够的动能，并撞击其他分子使其发生电离，形成空气的部分导电，从而使线路产生有功功率损耗。在这个过程中，导线表面的某些部分可以看到蓝色的光环，并听到"嗞嗞"的放电声和闻到臭氧味。由于这一功率损耗只与线路的电压有关，而与线路中流过的电流无关，因此用电导参数来反映。在三相电压对称情况下，如果已知三相线路每千米的电晕有功功率损耗 ΔP_0（kW），则计算一相的等值对地电导的近似计算式为

$$g_1 = \frac{\Delta P_0}{U^2} \times 10^{-3} \quad (\text{S/km}) \tag{2-29}$$

式中：U 为线路的线电压，kV。

显然，电晕现象只在线路运行电压超过某一临界值时才会发生，这一临界值称为电晕起始电压或电晕临界电压，其相电压值近似为

$$U_{cr} = 49.3 m_1 m_2 \delta r \lg \frac{D_m}{r} \quad (\text{kV}) \tag{2-30}$$

式中：m_1 为导线表面的光滑系数，单股导线为 0.83~1，绞线为 0.83~0.87；m_2 为气象系数，通常为 0.81~1（晴天、干燥气候为1）；δ 为空气相对密度，近似估算时可取 $\delta=1$。

对于分裂导线线路，电晕临界（相）电压为

$$U_{cr} = 49.3 m_1 m_2 \delta r \frac{n}{K_m} \lg \frac{D_m}{r_{eq}} \quad (\text{kV}) \tag{2-31}$$

其中

$$K_m = 1 + 2(n-1) \frac{r}{d} \sin \frac{\pi}{n}$$

式中：K_m 表示分裂导线表面的最大电场强度（即导体按正多角形排列时多角形顶点的电场强度）与平均电场强度的比值；n 为一相分裂导线根数；d 为分裂导线中相邻两根导线之间的距离，cm。

比较式（2-30）和式（2-31）可见，采用分裂导线可以很有效地提高电晕临界电压。

由于线路的电晕放电不仅产生有功损耗，而且还会引起对无线电通信的干扰，因此，在设计线路时，一般规定正常气候下必须避免发生电晕。防止电晕的一种有效方法是增大导线的半径，以减少导体表面的电场强度；另一种便是采用分裂导线。表2-1给出部分不同电压等级下为避免发生电晕的导线最小直径和相应的导线型号。

表 2-1　避免发生电晕的导线最小直径和型号（海拔不超过1000m）

额定电压（kV）	110	220	330	
导线直径（mm）	9.6	21.28	33.2	2×21.28
相应导线型号	LGJ-50	LGJ-240	LGJ-600	LGJ-2×240

考虑到以上情况，在一般的电力系统计算中，通常忽略电晕损耗和泄漏电流，而取

$$g_1 = 0 \tag{2-32}$$

电缆线路中与电压有关的有功损耗主要是绝缘的介质损耗。一般高压电缆的介质损耗较大。例如，额定电压为110kV、芯线截面积为185mm² 的充油电缆，三相介质损耗约为

3.5kW/km，$g_1 \approx 3.5 \times 10^{-3}/110^2 = 0.29 \times 10^{-6}$（S/km）。如果电缆线路不长，也可近似取 $g_1 = 0$。

【例 2 - 1】 某 330kV 线路每相导线采用单根 LGJQ—600 型，三相导线水平排列，相间距离为 8m；或者采用由两根 LGJQ—300 型组成的分裂导线，分裂间距 400mm；或者采用紧凑型，每相由两根 LGJQ—300 型组成的分裂导线，分裂间距 400mm，相导线按倒等边三角形布置，相间距离 5.2m。试分别计算这三种情况下的正（负）序阻抗和正（负）序电纳。（在导线型号中，L 表示铝，G 表示钢，J 表示扭绞，Q 表示加强，LGJQ 表示加强型钢芯铝绞线。）

解 （1）计算每相电阻。LGJQ—600 型导线每相单位长度的电阻（环境温度 20℃）为

$$r_1 = \frac{\rho}{S} = \frac{31.5}{600} = 0.0525(\Omega/km)$$

LGJQ—2×300 型导线每相单位长度的电阻（环境温度 20℃）为

$$r_1 = \frac{1}{2} \times \frac{\rho}{S} = \frac{31.5}{300 \times 2} = 0.0525(\Omega/km)$$

（2）计算正（负）序电抗。

1）由手册查得 LGJQ—600 型导线为由 19 根三层排列的线径为 2.2mm 的钢线和 54 根三层排列的线径为 3.7mm 的铝线扭绞而成，其计算半径为

$$r = \frac{1}{2} \times (2.2 \times 5 + 3.7 \times 6) = 16.6(mm)$$

导线的几何均距为

$$D_m = \sqrt[3]{8 \times 8 \times (2 \times 8)} = 10.1(m)$$

单位长度正（负）序电抗为

$$x_1 = 0.1445 \lg \frac{10.1}{0.81 \times 0.0166} = 0.415(\Omega/km)$$

2）当采用 LGJQ—2×300 型分裂导线时，由手册查得其为二层排列的线径为 2.6mm 的钢导线和 54 根三层排列的线径为 2.65mm 的铝导线组成，故其计算半径为

$$r = \frac{1}{2} \times (2.6 \times 3 + 2.65 \times 6) = 11.85(mm)$$

分裂导线的等值半径为

$$r_{eq} = \sqrt[2]{rd_{12}^{2-1}} = \sqrt{11.85 \times 400} = 68.85(mm)$$

分裂导线的单位长度正（负）序电抗为

$$x_1 = 0.1445 \lg \frac{10.1}{0.0689} + \frac{0.0157}{2} = 0.321(\Omega/km)$$

可见，分裂导线由于等值半径增大，其电抗值减小。

3）当采用 LGJQ—2×300 型分裂导线以及紧凑型时，导线的几何均距为

$$D_m = \sqrt[3]{5.2 \times 5.2 \times 5.2} = 5.2(m)$$

紧凑型输电线路单位长度正（负）序电抗为

$$x_1 = 0.1445 \lg \frac{5.2}{0.0689} + \frac{0.0157}{2} = 0.279(\Omega/km)$$

可见，紧凑型输电线路在分裂导线的基础上，由于导线间的几何均距减小，其电抗值进一步减小。

（3）计算正（负）序电纳。对于 LGJQ—600 型导线，正（负）序电纳为

$$b_1 = \frac{7.58}{\lg \dfrac{D_m}{r}} \times 10^{-6} = \frac{7.58}{\lg \dfrac{10.1}{0.0166}} \times 10^{-6} = 2.72 \times 10^{-6} \,(\mathrm{S/km})$$

对于 LGJQ—2×300 型分裂导线，正（负）序电纳为

$$b_1 = \frac{7.58}{\lg \dfrac{D_m}{r_{eq}}} \times 10^{-6} = \frac{7.58}{\lg \dfrac{10.1}{0.0689}} \times 10^{-6} = 3.50 \times 10^{-6} \,(\mathrm{S/km})$$

可见，分裂导线使线路电纳增大。

对于紧凑型输电线路，正（负）序电纳为

$$b_1 = \frac{7.58}{\lg \dfrac{D_m}{r_{eq}}} \times 10^{-6} = \frac{7.58}{\lg \dfrac{5.2}{0.0689}} \times 10^{-6} = 4.03 \times 10^{-6} \,(\mathrm{S/km})$$

可见，紧凑型输电线路的电纳较之分裂导线进一步增大。

二、线路方程及等值电路

前面已经介绍了线路单位长度的参数及其计算方法，实际上，线路每相的等值参数 r_1、x_1、g_1、b_1 是沿线均匀分布的，也就是说在线路任一微小长度内都存在电阻、电抗、电导和电纳。由于 r_1、x_1 是与线路电流相联系的物理量，因此用阻抗 $z_1 = r_1 + jx_1$ 表示并将它作为串联元件，而 b_1、g_1 是与线路电压相联系的物理量，用导纳 $y_1 = g_1 + jb_1$ 表示并将它作为并联元件。在考虑线路参数分布特性的情况下，精确的数学模型可以通过方程式的求解，得出沿线各点用相量表示的电压和电流分布，以及线路两端电压、电流相量之间的关系式。如果将线路用集中参数元件来代替，则可以从两端电压、电流相量之间的关系式导出相应的等值电路。下面将针对线路的正序参数导出线路的正序方程和等值电路。显然，线路的负序方程和等值电路与正序的相同。

1. 线路方程

考虑参数沿线均匀分布时，线路的一相电路如图 2-11 所示，其中任一处在微小长度 $\mathrm{d}x$ 内都具有串联阻抗 $z_1 \mathrm{d}x$ 和并联导纳 $y_1 \mathrm{d}x$。

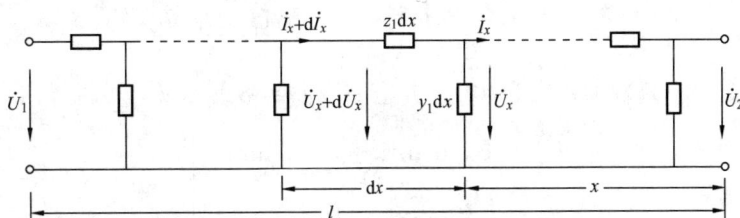

图 2-11 均匀分布参数线路的一相电路图

设距线路末端 x 处的电压和电流相量为 $\dot{U}_x$ 和 $\dot{I}_x$，$x + \mathrm{d}x$ 处为 $\dot{U}_x + \mathrm{d}\dot{U}_x$ 和 $\dot{I}_x + \mathrm{d}\dot{I}_x$，则 $\mathrm{d}x$ 段的电压降 $\mathrm{d}\dot{U}_x$ 和电流增量 $\mathrm{d}\dot{I}_x$ 可表示为

$$\mathrm{d}\dot{I}_x = \dot{U}_x y_1 \mathrm{d}x \tag{2-33}$$

$$\mathrm{d}\dot{U}_x = \dot{I}_x z_1 \mathrm{d}x \tag{2-34}$$

即

$$\frac{\mathrm{d}\dot{U}_x}{\mathrm{d}x} = \dot{I}_x z_1 \tag{2-35}$$

$$\frac{\mathrm{d}\dot{I}_x}{\mathrm{d}x} = \dot{U}_x y_1 \tag{2-36}$$

以上两式分别对 x 求导数，得

$$\frac{\mathrm{d}^2\dot{U}_x}{\mathrm{d}x^2} = z_1\frac{\mathrm{d}\dot{I}_x}{\mathrm{d}x} = z_1 y_1\dot{U}_x \tag{2-37}$$

$$\frac{\mathrm{d}^2\dot{I}_x}{\mathrm{d}x^2} = y_1\frac{\mathrm{d}\dot{U}_x}{\mathrm{d}x} = z_1 y_1\dot{I}_x \tag{2-38}$$

对于上列二阶微分方程组，首先求出式（2-37）的通解为

$$\dot{U}_x = C_1 \mathrm{e}^{\sqrt{z_1 y_1}x} + C_2 \mathrm{e}^{-\sqrt{z_1 y_1}x} \tag{2-39}$$

再对其微分后代入式（2-38），得

$$\dot{I}_x = \frac{C_1}{Z_c}\mathrm{e}^{\gamma x} - \frac{C_2}{Z_c}\mathrm{e}^{-\gamma x} \tag{2-40}$$

式中：Z_c 称为线路的特征阻抗或称为波阻抗（Ω），$Z_c = \sqrt{z_1/y_1}$；γ 称为线路的传播系数，$\gamma = \alpha + \mathrm{j}\beta = \sqrt{z_1 y_1}$，其量纲为 1/km。传播系数的实部反映电压和电流行波振幅的衰减特性，虚部反映行波相角的变化特性。

Z_c 和 γ 都是只与线路的参数和频率有关而与电压和电流无关的物理量。将 Z_c 和 γ 分别代入式（2-39）和式（2-40），可以将它们改写为

$$\dot{U}_x = C_1 \mathrm{e}^{\gamma x} + C_2 \mathrm{e}^{-\gamma x} \tag{2-41}$$

$$\dot{I}_x = \frac{C_1}{Z_c}\mathrm{e}^{\gamma x} - \frac{C_2}{Z_c}\mathrm{e}^{-\gamma x} \tag{2-42}$$

上两式中：C_1、C_2 为积分常数。

用线路末端 $x=0$ 处的边界条件 $\dot{U}_x = \dot{U}_2$，$\dot{I}_x = \dot{I}_2$ 代入式（2-41）和式（2-42），可以解出

$$C_1 = \frac{\dot{U}_2 + Z_c\dot{I}_2}{2}; \qquad C_2 = \frac{\dot{U}_2 - Z_c\dot{I}_2}{2}$$

再将它们代回式（2-41）和式（2-42），并应用双曲函数的定义，可以导出

$$\left.\begin{array}{l} \dot{U}_x = \dot{U}_2 \cosh\gamma x + \dot{I}_2 Z_c \sinh\gamma x \\[2mm] \dot{I}_x = \dfrac{\dot{U}_2}{Z_c}\sinh\gamma x + \dot{I}_2 \cosh\gamma x \end{array}\right\} \tag{2-43}$$

式（2-43）便是在已知末端电压、电流的情况下，线路任意点处的电压和电流的表达式。

令式（2-43）中，$x=l$，则 $\dot{U}_x$ 和 $\dot{I}_x$ 分别为线路始端的电压 $\dot{U}_1$ 和电流 $\dot{I}_1$，于是得出线路两端电压、电流之间的关系式为

$$\left.\begin{array}{l} \dot{U}_1 = \dot{U}_2 \cosh\gamma l + \dot{I}_2 Z_c \sinh\gamma l \\[2mm] \dot{I}_1 = \dfrac{\dot{U}_2}{Z_c}\sinh\gamma l + \dot{I}_2 \cosh\gamma l \end{array}\right\} \tag{2-44}$$

2. 线路的自然功率

如果令线路的 $r_1=0$ 和 $g_1=0$，则成为一条无损耗线路，相应的 $z_1=j\omega L_1$，$y_1=j\omega C_1$，它的波阻抗 $Z_c=\sqrt{L_1/C_1}$ 为纯电阻。在无损耗线路中，当线路末端所接负荷等于波阻抗 Z_c 时，线路末端的功率为纯有功功率，其值为

$$P_e=\frac{U_2^2}{Z_c}$$

这个功率称为线路的自然功率。在此情况下，$\dot{U}_2=\dot{I}_2Z_c$，$\gamma=j\beta=j\omega\sqrt{L_1C_1}$，并由式（2-43）可以导出

$$\left.\begin{array}{l}\dot{U}_x=\dot{U}_2(\cos\beta x+j\sin\beta x)=\dot{U}_2e^{j\beta x}\\ \dot{I}_x=\dot{I}_2(\cos\beta x+j\sin\beta x)=\dot{I}_2e^{j\beta x}\end{array}\right\} \qquad (2-45)$$

式（2-45）说明，在无损耗线路中，当输送功率为自然功率时，沿线各点电压和电流的有效值分别相等，而且同一点的电压和电流相位相同，即线路中各点的无功功率都等于零。从线路末端开始，各点电压的相位将每千米前移 β 弧度，如图 2-12 所示，而且电流的相位与电压相同。

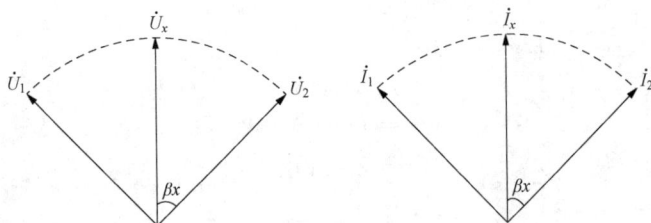

图 2-12　无损耗线路在输送自然功率下沿线电压、电流分布情况

实际上，线路在输送电能时是以电磁波形式传播的，在忽略电阻和电导的情况下，其行波的传播速度为

$$v=\frac{1}{\sqrt{L_1C_1}}$$

将线路电感和电容的计算公式代入上式，可以发现架空线路的行波传播速度接近于光速，即 $v\approx3\times10^5\,\mathrm{km/s}$。对于行波相角差正好等于 2π 的两点之间的距离，称为行波的波长，用 λ 表示，其值为

$$\lambda=\frac{2\pi}{\beta}=\frac{2\pi}{\omega\sqrt{L_1C_1}}=\frac{1}{f\sqrt{L_1C_1}}$$

对于 50Hz 的三相架空线路，在正、负序情况下，$\lambda=6000\,\mathrm{km}$；$\beta=\sqrt{x_1b_1}\approx1.05\times10^{-3}\,(\mathrm{rad/km})\approx0.06\,(\mathrm{deg/km})$，即每 100km 相角约改变 $6°$。当线路长度为 1500km 即 1/4 波长时，始末端电压的相角差为 $\pi/2$。电缆线路的 L_1C_1 乘积随额定电压和导线截面积的不同而在较大范围之内，但比架空线路要大好几倍，所以电缆线路的波长比架空线路要短得多。

对于 220kV 及以上电压等级的长距离架空输电线路，有时用传输功率与自然功率的比值来衡量线路的输电能力。表 2-2 列出了超高压架空线路的波阻抗和自然功率的典型值。

表 2 - 2　　　　　　　　　　　　　　架空线路波阻抗和自然功率

额定电压（kV）	导线分裂数	Z_c（Ω）	P_e（MW）
220	1	380	127
220	2	300	160
330	2	300	360
500	3	280	893
500	4	260	962

3. 线路的等值电路

将线路两端电压、电流关系式（2 - 44）写成以下矩阵形式

$$\begin{bmatrix} \dot{U}_1 \\ \dot{I}_1 \end{bmatrix} = \begin{bmatrix} \cosh\gamma l & Z_c\sinh\gamma l \\ \dfrac{1}{Z_c}\sinh\gamma l & \cosh\gamma l \end{bmatrix} \begin{bmatrix} \dot{U}_2 \\ \dot{I}_2 \end{bmatrix} \qquad (2 - 46)$$

显然，从线路两端来看，可以将它看成无源的两端口网络，而且还可以用两端口网络的传输参数 A、B、C、D 表示为

$$\begin{bmatrix} \dot{U}_1 \\ \dot{I}_1 \end{bmatrix} = \begin{bmatrix} A & B \\ C & D \end{bmatrix} \begin{bmatrix} \dot{U}_2 \\ \dot{I}_2 \end{bmatrix} \qquad (2 - 47)$$

其中

$$A = D = \cosh\gamma l$$

$$B = Z_c\sinh\gamma l$$

$$C = \frac{1}{Z_c}\sinh\gamma l$$

对于这样的无源两端口网络，可以用 Π 形或 T 形等值电路来代替。但应注意，将一条线路用等值电路来代替，实质上是用集中参数的等值电路来反映具有分布参数特性的线路两端电压、电流之间的关系，至于线路中其他各点的电压和电流，在等值电路中并不反映。由于 Π 形等值电路应用较为广泛，因此下面主要介绍 Π 形等值电路。至于 T 形等值电路将留给读者自行推导。

线路的 Π 形等值电路如图 2 - 13 所示。按图中所示的电路及给出的参数，可以导出两端的电压、电流关系为

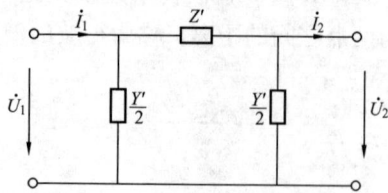

图 2 - 13　线路的 Π 形等值电路

$$\left. \begin{aligned} \dot{U}_1 &= \left(1+\frac{Z'Y'}{2}\right)\dot{U}_2 + Z'\dot{I}_2 \\ \dot{I}_1 &= Y'\left(1+\frac{Z'Y'}{4}\right)\dot{U}_2 + \left(1+\frac{Z'Y'}{2}\right)\dot{I}_2 \end{aligned} \right\}$$

$$(2 - 48)$$

由于 Π 形等值电路与线路方程应完全相同，因此比较式（2 - 44）与式（2 - 48）的系数，得

$$1 + \frac{Z'Y'}{2} = \cosh\gamma l$$

$$Z' = Z_c\sinh\gamma l$$

$$Y'\left(1+\frac{Z'Y'}{4}\right) = \frac{1}{Z_{\mathrm{c}}}\sinh\gamma l$$

从而可推导出 Π 形等值电路的参数为

$$\left.\begin{array}{l} Z' = Z_{\mathrm{c}}\sinh\gamma l = Z\dfrac{\sinh\gamma l}{\gamma l} \\[4mm] Y' = \dfrac{1}{Z_{\mathrm{c}}}\dfrac{2(\cosh\gamma l - 1)}{\sinh\gamma l} = Y\dfrac{\tanh\dfrac{\gamma l}{2}}{\dfrac{\gamma l}{2}} \end{array}\right\} \tag{2-49}$$

$$Z = (r_1 + \mathrm{j}x_1)l$$
$$Y = (g_1 + \mathrm{j}b_1)l$$

式中：Z 和 Y 分别为将线路的分布参数简单地加以集中以后的总串联阻抗和并联导纳。

　　在电力系统分析中，原则上应该按照式（2-49）来计算 Π 形等值电路中的阻抗 Z' 和导纳 Y'。但是对于线路长度不超过 300km，电压低于 220kV 的输电线路，可以近似地将 Z' 和 Y' 直接取为 Z 和 Y，即相当于将线路的阻抗简单地加以集中，而将导纳集中到两端。这样做是因为对于较短的线路，$\sinh\gamma l/\gamma l$ 和 $(\tanh\gamma l/2)/(\gamma l/2)$ 都接近于 1。

　　对于更短的线路，如 35kV 及以下的配电线路，由于电压低，电容电流较小，常完全忽略分布电容的影响，而用集中的串联阻抗 Z 作为线路的等值电路。

【例 2-2】 长度为 300km 的 330kV 架空线路，采用 ［例 2-1］ 中 LGJQ—2×300 型两分裂导线，试计算该线路的 Π 形等值电路中的参数。

　　解　由 ［例 2-1］ 可知 LGJQ—2×300 型两分裂导线单位长度的参数为

$$z_1 = r_1 + \mathrm{j}x_1 = 0.0525 + \mathrm{j}0.321 = 0.3253\angle 80.71°(\Omega/\mathrm{km})$$
$$y_1 = \mathrm{j}3.50\times10^{-6} = 3.50\times10^{-6}\angle 90°(\mathrm{S/km})$$

则

$$Z_{\mathrm{c}} = \sqrt{z_1/y_1} = \sqrt{\frac{0.3253\angle 80.71°}{3.50\times10^{-6}\angle 90°}} = 304.85\angle -4.644°$$

$$\begin{aligned} \gamma l &= \sqrt{z_1 y_1}\,l = 300\sqrt{0.3253\times3.50\times10^{-6}\angle 170.71°} \\ &= 0.3201\angle 85.36 = 0.02592 + \mathrm{j}0.3190 \end{aligned}$$

$$\begin{aligned} \sinh\gamma l &= \sinh(0.02592 + \mathrm{j}0.319) \\ &= \sinh0.02592\cos0.319 + \mathrm{j}\cosh0.02592\sin0.319 \\ &= 0.02461 + \mathrm{j}0.3138 = 0.3148\angle 85.52° \end{aligned}$$

$$\begin{aligned} \cosh\gamma l &= \cosh(0.02592 + \mathrm{j}0.319) \\ &= \cosh0.02592\cos0.319 + \mathrm{j}\sinh0.02592\sin0.319 \\ &= 0.9499 + \mathrm{j}0.0081 = 0.9499\angle 0.49° \end{aligned}$$

Π 形等值电路的参数为

$$\begin{aligned} Z' &= Z_{\mathrm{c}}\sinh\gamma l = 304.85\angle -4.644°\times0.3148\angle 85.52° \\ &= 95.967\angle 80.876° = 15.218 + \mathrm{j}94.753(\Omega) \end{aligned}$$

$$\begin{aligned} Y'/2 &= \frac{1}{Z_{\mathrm{c}}}\times\frac{\cosh\gamma l - 1}{\sinh\gamma l} = \frac{0.9499\angle 0.49° - 1}{304.85\angle -4.644°\times0.3148\angle 85.52°} \\ &= 5.292\times10^{-4}\angle 89.92° \approx \mathrm{j}5.292\times10^{-4}(\mathrm{S}) \end{aligned}$$

该线路的Ⅱ形等值电路如图 2-14 所示。如果将分布阻抗和分布电容简单地加以集中，则相应的阻抗和导纳分别为 $15.75+j96.3$ 和 5.25×10^{-4}，显然，它们与Ⅱ形等值电路的参数并不相同。

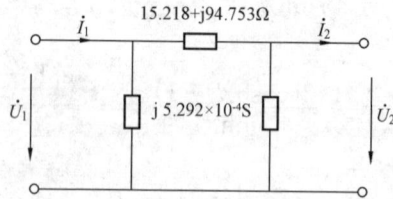

$$\dot{I}_1 \quad 15.218+j94.753\Omega \quad \dot{I}_2$$

$$\dot{U}_1 \qquad j\,5.292\times10^{-4}\mathrm{S} \qquad \dot{U}_2$$

图 2-14 ［例 2-2］的Ⅱ形等值电路

第二节 变压器的数学模型

电力变压器是电力系统的重要元件，它的结构类型很多，除了有双绕组变压器、三绕组变压器和自耦变压器之分以外，按照构成情况的不同，可以分为单相变压器组和三相变压器两类。单相变压器组是由三个单相变压器连接而成，由于它比同容量的三相变压器费用高很多，因此只有在变压器容量很大，制造或运输有困难的场所才考虑采用。

本节将介绍变压器的正序等值电路及其中的参数，用它来反映各侧电压和电流之间的关系。

一、双绕组变压器等值电路

三相变压器的绕组可以接成星形（Y）或三角形（△）。在电力系统稳态分析中，无论绕组的实际连接方式如何，都一概化成等值的 Yy（即 Y/Y）接线方式来进行分析，并且用一相等值电路来反映三相的运行情况。采用一相等值电路并不影响变压器两侧电压和电流的大小，以及同一侧的电流与电压之间的相位关系，因而不会改变两侧有功功率和无功功率的大小，当然也就不会影响电力系统计算结果的准确性。由"电机学"课程可知，双绕组变压器可以用如图 2-15 所示的 T 形等值电路来表示。

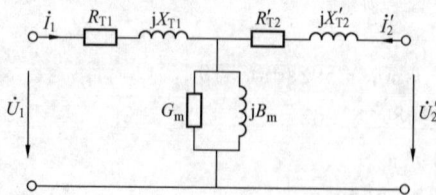

$$\dot{I}_1 \quad R_{T1} \quad jX_{T1} \quad R'_{T2} \quad jX'_{T2} \quad \dot{I}'_2$$

$$\dot{U}_1 \qquad G_m \quad jB_m \qquad \dot{U}'_2$$

图 2-15 变压器的 T 形等值电路

注意，图 2-15 中的电路，是将 2 侧绕组的参数折算到 1 侧时的等值电路，其中，R_{T1} 和 R'_{T2} 分别为两侧绕组的电阻，反映双绕组变压器 1、2 侧绕组中的有功功率损耗（铜损耗）；X_{T1} 和 X'_{T2} 分别是 1、2 侧绕组的漏抗，与 1、2 侧绕组的漏磁场有关；G_m 为与变压器铁心中有功功率损耗（铁损耗）相关的电导；B_m 为变压器的励磁电纳，反映铁心中的励磁电流。当然，也可以将 1 侧绕组的参数折算到 2 侧，从而得出折算到 2 侧的等值电路。

由于变压器的励磁阻抗比变压器的漏阻抗大得多，故变压器并联支路的电流比较小，一般约为额定电流的 $0.5\%\sim2\%$。在电力系统的计算中，为了简化起见，常将并联的励磁支路移到变压器的端部（常移到电源侧），形成 Γ 形等值电路，如图 2-16 所示。

图 2-16 的参数 $R_T = R_{T1} + R_{T2}'$，$X_T = X_{T1} + X_{T2}'$，G_m 和
B_m 是由变压器铭牌上提供的短路试验和空载试验数据，或
者由实际试验结果进行计算而得。

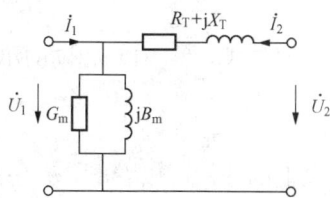

图 2-16　变压器的 Γ 形等值电路

1. 短路试验与变压器等值电路中的电阻和电抗

变压器的短路试验是将变压器的一侧三相短接，在另
一侧施加可调的三相对称电压，如图 2-17 所示。

在试验中，逐渐增加外施电压使电流达到额定值 I_N，
这时测得的三相变压器消耗的总有功功率称为短路损耗 P_k；
测得的外施线电压值称为短路电压 U_k，它通常用占额定电压的百分数 $U_k\%$ 表示。由于短路
电压 U_k 比变压器绕组的额定电压 U_N 小得多，这时的
励磁电流和铁心损耗可以忽略不计，于是短路损耗 P_k
可以近似地看成额定电流流过 1、2 侧三相绕组所产生
的总铜损耗，即

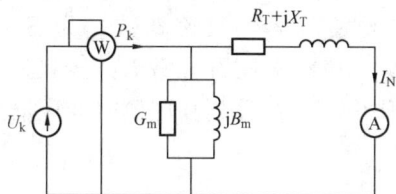

图 2-17　变压器的短路试验示意图

$$P_k = 3I_N^2 R_T = 3\left(\frac{S_N}{\sqrt{3}U_N}\right)^2 R_T = \frac{S_N^2}{U_N^2} R_T \quad (2-50)$$

式中：S_N 为变压器的额定容量。

当 S_N 的单位用 MVA，U_N 的单位用 kV，P_k 的单位用 kW 表示时，由式（2-50）得

$$R_T = \frac{P_k U_N^2}{1000 \times S_N^2} (\Omega) \quad (2-51)$$

另外，变压器绕组的漏电抗比电阻大很多倍，例如，110kV、2500kVA 的变压器，
$X_T/R_T \approx 9$；110kV、25000kVA 的变压器，$X_T/R_T \approx 16$。因此，短路电压 U_k 与 X_T 上的电
压降基本相等，从而有

$$U_k\% = \frac{U_k}{U_N} \times 100 = \frac{\sqrt{3}I_N X_T}{U_N} \times 100 = \frac{S_N}{U_N^2} X_T \times 100 \quad (2-52)$$

当采用与式（2-51）相同的单位时，有

$$X_T = \frac{U_k\% \times U_N^2}{100 S_N} (\Omega) \quad (2-53)$$

2. 空载试验与变压器等值电路中的电导和电纳

变压器空载试验时，在一侧施加对称的三相额定电压，另一侧三相开路，从而测出总的
有功功率损耗 P_0 和空载电流 I_0，如图 2-18 所示。

空载电流常用其所占额定电流的百分数 $I_0\%$ 来表示。由于空载电流很小，它在变压器绕
组中引起的铜损耗也很小，故可以略去不计而将 P_0 视为变压器铁心中的有功损耗。于是有

$$P_0 = \sqrt{3}U_N(U_N G_m / \sqrt{3}) = U_N^2 G_m \quad (2-54)$$

当采用与式（2-51）相同的单位时，由式（2-54）得

$$G_m = \frac{P_0}{1000 \times U_N^2} (S) \quad (2-55)$$

在励磁支路导纳中，通常电导 G_m 的数值远小于电纳
B_m，即可以近似地认为空载电流 I_0 等于流过 B_m 支路
中的电流，从而有

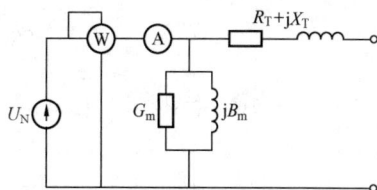

图 2-18　变压器的空载试验示意图

$$I_0\% = \frac{I_0}{I_N} \times 100 = \frac{U_N B_m}{\sqrt{3}} \times \frac{1}{I_N} \times 100 = \frac{U_N^2}{S_N} B_m \times 100 \qquad (2\text{-}56)$$

当采用与式（2-51）相同的单位，并考虑到铁心是感性的时，由式（2-56）得

$$B_m = -\frac{I_0\% \times S_N}{100 U_N^2} \quad (S) \qquad (2\text{-}57)$$

由以上的分析可以看出，采用适当的近似简化后，变压器空载试验和短路试验所得出的四个数据与等值电路中的四个电气参数有一一对应的关系。

必须指出，变压器等值电路中的电气参数均为折算到同一侧时的数值。不难看出，当折算到 1 侧时，式（2-51）、式（2-53）、式（2-55）和式（2-57）中的电压 U_N 应该取 1 侧绕组的额定电压 U_{1N}，而如果要将所有参数折算到 2 侧，则 U_N 应该取 2 侧绕组的额定电压 U_{2N}。

【例 2-3】　某变电站装有一台 SFQ7—31500/110 型变压器，其铭牌数据为 $S_N =$ 31500kVA，$U_{1N}/U_{2N} = 110/11kV$，短路损耗 $P_k = 123kW$，短路电压百分数 $U_k\% = 10.5$，空载损耗 $P_0 = 32.5kW$，空载电流百分数 $I_0\% = 0.8$，试作出参数折算到高压侧时变压器的等值电路。

解　变压器的串联阻抗为

$$R_T = \frac{P_k U_N^2}{1000 \times S_N^2} = \frac{123 \times 110^2}{1000 \times 31.5^2} = 1.50(\Omega)$$

$$X_T = \frac{U_k\% U_N^2}{100 \times S_N} = \frac{10.5 \times 110^2}{100 \times 31.5} = 40.33(\Omega)$$

变压器的并联导纳为

$$G_m = \frac{P_0}{1000 \times U_N^2} = \frac{32.5}{1000 \times 110^2} = 2.686 \times 10^{-6}(S)$$

$$B_m = -\frac{I_0\% S_N}{100 U_N^2} = -\frac{0.8 \times 31.5}{100 \times 110^2} = -2.083 \times 10^{-5}(S)$$

变压器 Γ 形等值电路如图 2-19 所示。

二、三绕组变压器等值电路

由"电机学"课程可知，三绕组变压器的等值电路如图 2-20 所示。与双绕组变压器相同，三绕组变压器等值电路中的参数也必须折算到同一侧。例如，当折算到 1 侧时，R_{T1} 和 X_{T1} 为 1 侧绕组的电阻和漏抗，R_{T2}、X_{T2} 和 R_{T3}、X_{T3} 分别为 2 侧和 3 侧绕组折算到 1 侧的电阻和漏抗，所得出的等值电路是折算到 1 侧的。其余以此类推。

在图 2-20 中，励磁导纳的计算方法与双绕组变压器完全相同，分别用空载损耗 P_0 和空载电流 $I_0\%$ 按式（2-55）和式（2-57）计算 G_m 和 B_m。

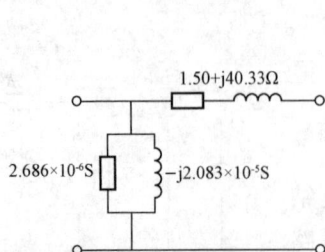

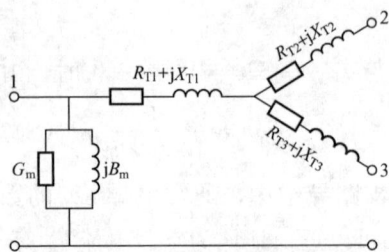

图 2-19　[例 2-3] 的变压器 Γ 形等值电路　　　图 2-20　三绕组变压器等值电路

　　三绕组变压器的电阻和漏抗计算比双绕组复杂。由于每相有三个绕组，在等值电路中相应地有三个阻抗，因此需要在两两绕组之间分别做短路试验，才能得出这三个阻抗。另外，与双绕组变压器不同，为了适应各侧对绕组容量的不同要求，三绕组变压器三侧绕组的额定容量可能不等。我国制造的三绕组变压器，三侧绕组的额定容量有如下三类：

　　第一类，额定容量比为 100/100/100。这类变压器三侧绕组的额定容量都等于变压器的额定容量，即 $S_N = \sqrt{3}U_{1N}I_{1N} = \sqrt{3}U_{2N}I_{2N} = \sqrt{3}U_{3N}I_{3N}$，它一般用于升压变压器。

　　第二类，额定容量比为 100/100/50。与第一类不同之处是，3 侧绕组的导线截面减少一半，其额定电流也相应地减小一半，额定容量为变压器额定容量的 50%。该类变压器适用于 3 侧的负荷小于 1、2 侧的厂站。

　　第三类，额定容量比为 100/50/100。这类变压器 2 侧绕组的导线截面积和额定电流减小一半，其额定容量为变压器额定容量的 50%，适用于 2 侧负荷较小的厂站。

　　第一类变压器运行比较灵活，但在某些情况下有的绕组容量未能充分利用。后两类变压器运行没有第一类的灵活，但它们的价格较低。

　　下面介绍如何根据短路试验数据确定三绕组变压器等值电路中的电阻和电抗。

　　1. 电阻

　　对于第一类三绕组变压器，通过三次短路试验可以分别得到对应的两侧绕组短路损耗之和为

$$\left.\begin{array}{l} P_{k(1-2)} = P_{k1} + P_{k2} \\ P_{k(1-3)} = P_{k1} + P_{k3} \\ P_{k(2-3)} = P_{k2} + P_{k3} \end{array}\right\} \tag{2-58}$$

式中：$P_{k(1-2)}$、$P_{k(1-3)}$、$P_{k(2-3)}$ 分别为两两绕组间由短路试验测得的短路损耗；P_{k1}、P_{k2}、P_{k3} 分别为三侧绕组在额定电流下的铜损耗。

　　由式（2-58）可以解出每一侧绕组的短路损耗为

$$\left.\begin{array}{l} P_{k1} = \dfrac{1}{2}(P_{k(1-2)} + P_{k(1-3)} - P_{k(2-3)}) \\[2mm] P_{k2} = \dfrac{1}{2}(P_{k(1-2)} + P_{k(2-3)} - P_{k(1-3)}) \\[2mm] P_{k3} = \dfrac{1}{2}(P_{k(1-3)} + P_{k(2-3)} - P_{k(1-2)}) \end{array}\right\} \tag{2-59}$$

于是，仿照式（2-51）的推导过程，可以得出各侧绕组的电阻为

$$\left.\begin{array}{l} R_{T1} = \dfrac{P_{k1}U_N^2}{1000S_N^2} \\[2mm] R_{T2} = \dfrac{P_{k2}U_N^2}{1000S_N^2} \\[2mm] R_{T3} = \dfrac{P_{k3}U_N^2}{1000S_N^2} \end{array}\right\} \tag{2-60}$$

对于第二类和第三类三绕组变压器，当两侧绕组容量不相等时，通常给出的短路损耗是容量较小的一侧已经达到其额定电流时的数值。因此，对于这三个短路损耗应先将它们折算到对应于变压器额定容量的电流下的短路损耗，然后才能应用式（2-59）和式（2-60）进行计

算。例如对于额定容量比为 $100/100/50$ 的变压器，如果给出的三个短路损耗分别为 $P'_{k(1-2)}$、$P'_{k(1-3)}$、$P'_{k(2-3)}$，则只有 $1-2$ 侧的短路损耗 $P'_{k(1-2)}$ 对应于变压器的额定电流，而 $1-3$ 侧的短路损耗 $P'_{k(1-3)}$ 和 $2-3$ 侧的短路损耗 $P'_{k(2-3)}$ 则对应于 3 侧绕组流过其本身的额定电流，而 1 侧或 2 侧绕组只流过其额定电流的一半。由于短路损耗与电流的平方成正比，因此，应该先将短路损耗折算到变压器额定容量下的损耗值，计算式为

$$\left.\begin{aligned} P_{k(1-3)} &= P'_{k(1-3)} \times \left(\frac{I_N}{I_N/2}\right)^2 = 4P'_{k(1-3)} \\ P_{k(2-3)} &= P'_{k(2-3)} \times \left(\frac{I_N}{I_N/2}\right)^2 = 4P'_{k(2-3)} \end{aligned}\right\} \tag{2-61}$$

而 $P_{k(1-2)} = P'_{k(1-2)}$。经折算后，便可以应用式（2-59）和式（2-60）计算各绕组的电阻。

有时，在产品手册中只提供一个短路损耗数值，称为最大短路损耗 $P_{k\,max}$，它是指 100% 容量的两侧绕组的短路损耗值。这时根据 $P_{k\,max}$ 只能求得两个 100% 容量绕组的电阻之和，而这两个绕组本身的电阻以及另一个绕组的电阻就只能近似地加以估算。估算的方法是：假设各绕组导线的截面积按照同一个电流密度来决定，而且各绕组每一匝的平均长度相等。在此情况下不难证明，当折算到同一侧时，容量相同的绕组其电阻相等，容量为 50% 的绕组其电阻比容量为 100% 的绕组大一倍，则可以估算得

$$\left.\begin{aligned} R_{(100)} &= \frac{1}{2} \times \frac{P_{kmax}U_N^2}{1000S_N^2} \\ R_{(50)} &= 2R_{(100)} \end{aligned}\right\} \tag{2-62}$$

2. 电抗

通常三绕组变压器铭牌上给出两两绕组间的短路电压百分数 $U_{k(1-2)}\%$、$U_{k(1-3)}\%$ 和 $U_{K(2-3)}\%$。对于额定容量比为第一类的变压器，可以直接列出这三个短路电压百分数与各侧绕组电抗电压降百分数 $U_{k1}\%$、$U_{k2}\%$、$U_{k3}\%$ 之间的关系为

$$\left.\begin{aligned} U_{k(1-2)}\% &= U_{k1}\% + U_{k2}\% \\ U_{k(1-3)}\% &= U_{k1}\% + U_{k3}\% \\ U_{k(2-3)}\% &= U_{k2}\% + U_{k3}\% \end{aligned}\right\}$$

由此可以解得

$$\left.\begin{aligned} U_{k1}\% &= \frac{1}{2}(U_{k(1-2)}\% + U_{k(1-3)}\% - U_{k(2-3)}\%) \\ U_{k2}\% &= \frac{1}{2}(U_{k(1-2)}\% + U_{k(2-3)}\% - U_{k(1-3)}\%) \\ U_{k3}\% &= \frac{1}{2}(U_{k(1-3)}\% + U_{k(2-3)}\% - U_{k(1-2)}\%) \end{aligned}\right\} \tag{2-63}$$

再用类似于式（2-53）推导过程，可以得出各绕组的漏电抗为

$$\left.\begin{aligned} X_{T1} &= \frac{U_{k1}\%U_N^2}{100S_N} \\ X_{T2} &= \frac{U_{k2}\%U_N^2}{100S_N} \\ X_{T3} &= \frac{U_{k3}\%U_N^2}{100S_N} \end{aligned}\right\} \tag{2-64}$$

一般手册和制造厂所提供的短路电压,大多数都已经折算到各个绕组中通过对应于变压器额定容量的电流时的数值。因此,对于第二、三类三绕组变压器,其短路电压不再需要进行折算,而可直接应用式(2-63)和式(2-64)来计算各绕组的等值漏电抗。对于没有经过折算的短路电压值,则需要按容量进行折算。由于短路电压与电流成正比,对于容量比为100/100/50的变压器,折算到变压器额定容量下的短路电压分别为

$$\left.\begin{array}{l}U_{k(1-3)}\% = 2 \times U'_{k(1-3)}\% \\ U_{k(2-3)}\% = 2 \times U'_{k(2-3)}\%\end{array}\right\} \tag{2-65}$$

容量比100/50/100的变压器可以类推。

与双绕组变压器不同,三绕组变压器绕组之间的磁通匝链情况比较复杂。这是因为三绕组变压器在同一个铁心上具有三个绕组,它们除了同时匝链三个绕组的互磁通和只匝链一个绕组的漏磁通以外,还存在匝链两个绕组的局部互磁通。图2-20所示的等值电路实质上是将变压器用一个只有漏磁通而没有局部互磁通的变压器来等值。当某一绕组与其他两个绕组局部互磁通的影响较大时,它的等值漏抗接近于零或甚至为负数。一般而言,放置在最外层的绕组其等值电抗最大,靠近铁心的绕组次之,而放置在中间的绕组等值电抗为负数。注意,不要将这一负电抗理解为容性电抗,因为其本质还是电感性的。

另外,与双绕组变压器的情况相同,三绕组变压器等值电路中的参数也是折算到同一侧时的数值,而式(2-60)和式(2-64)中的U_N应该取所折算到的那一侧的绕组额定电压。

最后需要指出,双绕组变压器的高压绕组和三绕组变压器的高、中压绕组,除了主接头以外还设有若干个分接头。注意,变压器绕组的额定电压总是针对主接头的,而制造厂给出的空载试验数据和短路试验数据也是在主接头上进行试验时的结果,按这些数据求出的阻抗和导纳参数原则上只适用于主接头。当运行于分接头时,这些参数将有所改变,但因一般变压器分接头的调节范围有限,所以通常忽略这些变化,或近似地加以估计。对于有些分接头调节范围很大的带负荷调压变压器,可要求制造厂提供各分接头的短路试验数据和空载试验数据,或者自行试验。

三、自耦变压器等值电路

普通变压器绕组之间只有磁路耦合,而自耦变压器的绕组之间除了磁路耦合外,还有电的联系。例如,图2-21所示的三绕组自耦变压器,其高压绕组和中压绕组由串联绕组和公共绕组两部分组成,它们之间通过串联绕组和公共绕组形成电的联系。为了防止一侧故障影响到另一侧,三绕组自耦变压器的高压绕组和中压绕组一般接成星形(Y),其中性点直接接地。另外,三绕组自耦变压器中通常具有一个通过磁耦合的低压绕组,其容量约为变压器额定容量的30%~50%,它接成三角形(△),用于消除因变压器铁心饱和而产生的三次谐波,并可用来供给低压负荷。

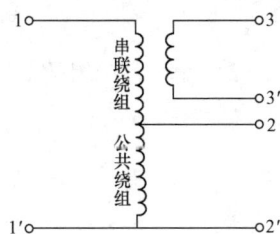

图2-21　三绕组自耦
变压器接线图

由于一部分功率可以通过电的联系直接在高压绕组和中压绕组之间传送,因此自耦变压器比同容量的普通变压器耗材少、损耗小、费用低。而且,高压绕组与中压绕组的变比越接近于1,效益越高。因此,自耦变压器在220kV及以上的系统中获得比较广泛的应用。

从变压器的外部来看,三绕组自耦变压器和普通三绕组变压器之间并无差别,因此三绕

组自耦变压器的等值电路和参数计算与普通三绕组变压器基本相同。所不同的是，三绕组自耦变压器短路电压百分数中，高、低压绕组间和中、低压绕组间的数据是在变压器低压绕组中通过的短路电流为它的额定电流时的数据，因此，对这两个短路电压必须先进行折算，然后再应用式（2-63）和式（2-64）进行计算。

【例 2-4】　某发电厂装设一台三绕组变压器，容量为 120000kVA，三个绕组容量比为 100/100/50，额定电压为 242/121/10.5kV，$P_0=129$kW，$I_0\%=0.65$，短路电压（已折算）和短路损耗（未经折算）见表 2-3。试求变压器折算到高压侧的阻抗、导纳并作出等值电路。

表 2-3　　　　　　　　　[例 2-4] 中三绕组变压器的短路试验数据

绕　组	高—中（1—2）	高—低（1—3）	中—低（2—3）
短路电压百分数 $U_k\%$	24.7	14.7	8.8
短路损耗 P_k(kW)	465	276	258

解　（1）进行短路损耗的折算

$$P_{k(1-2)}=465(\text{kW})$$
$$P_{k(1-3)}=4P'_{k(1-3)}=1104(\text{kW})$$
$$P_{k(2-3)}=4P'_{k(2-3)}=1032(\text{kW})$$

各绕组的短路损耗为

$$P_{k1}=\frac{1}{2}(465+1104-1032)=268.5(\text{kW})$$
$$P_{k2}=\frac{1}{2}(465+1032-1104)=196.5(\text{kW})$$
$$P_{k3}=\frac{1}{2}(1104+1032-465)=835.5(\text{kW})$$

各绕组的电阻为

$$R_{T1}=\frac{268.5\times242^2}{1000\times120^2}=1.0927(\Omega)$$
$$R_{T2}=\frac{196.5\times242^2}{1000\times120^2}=0.799(\Omega)$$
$$R_{T3}=\frac{835.5\times242^2}{1000\times120^2}=3.398(\Omega)$$

（2）计算各绕组的短路电压

$$U_{k1}\%=\frac{1}{2}(24.7+14.7-8.8)=15.3$$
$$U_{k2}\%=\frac{1}{2}(24.7+8.8-14.7)=9.4$$
$$U_{k3}\%=\frac{1}{2}(14.7+8.8-24.7)=-0.6$$

各绕组的电抗为

$$X_{T1}=\frac{15.3\times242^2}{100\times120}=74.669(\Omega)$$
$$X_{T2}=\frac{9.4\times242^2}{100\times120}=45.875(\Omega)$$

$$X_{T3} = \frac{-0.6 \times 242^2}{100 \times 120} = -2.928(\Omega)$$

注意，低压绕组的等值漏抗为负数。

（3）计算并联导纳

$$G_m = \frac{129}{1000 \times 242^2} = 2.2 \times 10^{-6}(S)$$

$$B_m = -\frac{0.65 \times 120}{100 \times 242^2} = -1.33 \times 10^{-5}(S)$$

折算到变压器高压侧的等值电路如图 2-22 所示。

图 2-22　［例 2-4］中的三绕组变压器等值电路

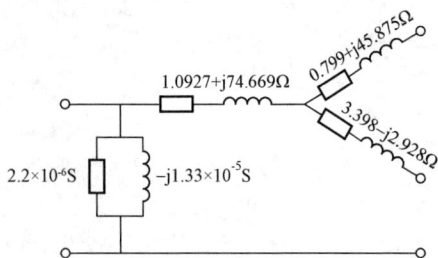

第三节　标幺制和电网等值电路

在电力系统分析和计算中，一般都采用标幺值。这是因为它有很多优点，特别是在应用计算机对大规模系统进行计算时，如果不采用标幺值而直接应用有名值，有时将无法进行。

一、标幺制

在有名制中，一个物理量的大小，是指用一个单位的量去对它进行测量所得出的倍数。例如，35kV 的电压是指用 1kV 作为测量单位对它进行测量时，将得到 35 倍；35000V 的电压是指用 1V 作为单位测量时，得出 35000 倍。虽然 35 和 35000 两个数字相差悬殊，但 35kV 和 35000V 却都是同样大小的电压。因此，可以设想，如果对 35kV 电压，用 5kV 作为单位进行测量，则得出 7 倍，用 7kV 测量则得出 5 倍，而如果用 35kV 测量便得出 1 倍。显然 7（个 5kV）、5（个 7kV）和 1（个 35kV）三者都是同一个电压，这里的 7、5 和 1 便是标幺制中的标幺值，而对应的测量单位 5、7kV 和 35kV 便称为基准值。以上只是一个通俗的解释，下面将给出它的定义。

1. 标幺值的定义

标幺值是一种相对值，是某种物理量的有名值与所选定的与有名值同单位的基准值之比，即

$$标幺值 = \frac{有名值}{基准值（与有名值同单位）}$$

显然，标幺值是一个无量纲的量。

对于同一物理量，当所采用的基准值不同时，其标幺值也不同。因此当说到一个物理量的标幺值时，必须同时说明它的基准值是什么；如果基准值不明确，则标幺值将毫无意义。

2. 基准值的选取

从理论上讲，基准值可以任意选取。然而，在实际中如果随意选取基准值，则将使标幺制也变得毫无意义。因此，基准值的选取要使相应的标幺值简单，特别是各个物理量的基准值之间需要服从一定的规则，使得整个计算变得容易。电力系统涉及的物理量很多，它们都可以通过基准值来表示成标幺值，但本章只介绍与电路有关的物理量，其他物理量将在有关章节中介绍。为了清楚起见，用下标"*"表示标幺值，下标 B 表示基准值。

（1）三相总有功功率、总无功功率和总复功率取同一个基准值 S_B，并称为三相功率的基准值，简称功率基准值。这样，功率的标幺值为

$$\widetilde{S}_* = \frac{P + jQ}{S_B} = \frac{P}{S_B} + j\frac{Q}{S_B} = P_* + jQ_*$$

（2）线电压、线电压的实部和虚部，以及线电压降和线电压损耗等都取同一基准值 U_B，并称为线电压基准值，简称电压基准值。于是，线电压的标幺值为

$$\dot{U}_* = \frac{\dot{U}}{U_B} = \frac{U_R + jU_I}{U_B} = U_{R*} + jU_{I*}$$

（3）线电流及其实部和虚部取同一基准值 I_B，称为线电流基准值，简称电流基准值。于是，线电流的标幺值为

$$\dot{I}_* = \frac{\dot{I}}{I_B} = \frac{I_R + jI_I}{I_B} = I_{R*} + jI_{I*}$$

（4）阻抗及其中的电阻和电抗取同一基准值 Z_B，称为阻抗基准值。于是，阻抗的标幺值为

$$Z_* = \frac{Z}{Z_B} = \frac{R + jX}{Z_B} = R_* + jX_*$$

（5）导纳及其中的电导和电纳取同一基准值 Y_B，称为导纳基准值。于是，导纳的标幺值为

$$Y_* = \frac{Y}{Y_B} = \frac{G + jB}{Y_B} = G_* + jB_*$$

显然，对于功率因数和用弧度表示的电压相角、电流相角、阻抗角和导纳角等物理量，由于它们是没有量纲的物理量，因此，它们本身便是标幺值。

基准值 S_B、U_B、I_B、Z_B、Y_B 之间服从下列关系

$$\left.\begin{array}{l} S_B = \sqrt{3}U_B I_B \\ U_B = \sqrt{3}Z_B I_B \\ Y_B = 1/Z_B \end{array}\right\} \tag{2-66}$$

由于上列五个基准值之间具有三个关系式，因此当选定其中的两个以后，其他三个便不能任意决定，而必须服从式（2-66）。在电力系统计算中，一般选定 S_B 和 U_B，其他基准值则可按式（2-66）求出，即

$$\left.\begin{array}{l} I_B = \dfrac{S_B}{\sqrt{3}U_B} \\ Z_B = \dfrac{U_B}{\sqrt{3}I_B} = \dfrac{U_B^2}{S_B} \\ Y_B = 1/Z_B = \dfrac{S_B}{U_B^2} \end{array}\right\} \tag{2-67}$$

相应地，电流、阻抗和导纳的标幺值计算式为

$$\left.\begin{array}{l} I_* = I\dfrac{\sqrt{3}U_B}{S_B} \\ Z_* = Z\dfrac{S_B}{U_B^2} \\ Y_* = Y\dfrac{U_B^2}{S_B} \end{array}\right\} \tag{2-68}$$

必须指出，基准值间的关系式（2-66）并非随意给出的，而是在这一组关系式下，用标幺值表示的各种方程式将具有最简洁的形式，或者与用有名值表示的方程在形式上完全相

同。这点在以后的计算中将显现出来。

（6）其他基准值。除了上述基准值 S_B、U_B、I_B、Z_B 和 Y_B 以外，有时还根据需要来定义和采用其他的基准值和标幺值。例如，定义相电压的基准值 U_{Bph} 用来计算相电压的标幺值，单相功率的基准值 S_{Bph} 用于计算单相功率的标幺值，等等。但在 S_B 和 U_B 选定后，这些基准值同样随之而定，如 $S_{Bph}=S_B/3$ 和 $U_{Bph}=U_B/\sqrt{3}$ 等。

3. 基准值改变时标幺值的换算

实际上，电力系统元件的参数常常以标幺值或百分数的形式给出，与其相对应的基准值为元件本身的额定容量 S_N 和额定电压 U_N。

例如，在双绕组变压器的等值电路中，式（2-52）可以写成

$$\frac{U_k\%}{100} = X_T \frac{S_N}{U_N^2} = X_T \bigg/ \frac{U_N^2}{S_N}$$

与式（2-67）相比可见，U_N^2/S_N 便是取变压器额定容量 S_N 和变压器额定电压 U_N 分别作为基准容量和基准电压时的基准阻抗值 Z_N，从而短路电压百分值便是这一基准阻抗下的电抗标幺值。同样，式（2-50）可以写成

$$\frac{P_k}{S_N} = R_T \bigg/ \frac{U_N^2}{S_N}$$

从而说明取变压器容量和额定电压作为基准值时，短路损耗的标幺值 P_k/S_N 与绕组电阻的标幺值相等。

同理可以导出，当取变压器额定容量和额定电压为基准值时，空载损耗的标幺值与励磁电导的标幺值相等，空载电流的标幺值与励磁电纳的标幺值相等。这些结果可以推广到三绕组变压器和自耦变压器的等值电路参数中。

然而，元件的额定容量 S_N 和额定电压 U_N 一般不是所希望选取的基准容量 S_B 和基准电压 U_B。这样，就需要将以元件额定容量和额定电压为基准值时的标幺值 Z_{N*} 和 Y_{N*} 分别换算成以 S_B 和 U_B 为基准值时的标幺值 Z_* 和 Y_*。换算的原理比较简单，只要将 Z_{N*} 和 Y_{N*} 通过基准值 S_N 和 U_N 先还原成有名值 Z 和 Y，然后再求出以 S_B 和 U_B 为基准值的标幺值 Z_* 和 Y_*。

例如，当取 S_N 和 U_N 为基准值时，应用式（2-67）可以得出相应的阻抗基准值

$$Z_N = \frac{U_N^2}{S_N}$$

从而阻抗的有名值为

$$Z = R+jX = Z_{N*} Z_N = Z_{N*} \frac{U_N^2}{S_N}$$

然后再利用式（2-68）将它化成以 S_B 和 U_B 为基准值时的标幺值

$$Z_* = \frac{Z}{Z_B} = Z \bigg/ \frac{U_B^2}{S_B}$$

上列两式经整理后，可以得出直接由 Z_{N*} 计算 Z_* 的算式为

$$Z_* = Z_{N*} \frac{S_B}{S_N} \left(\frac{U_N}{U_B}\right)^2 \qquad (2-69)$$

同理，对于其他量的标幺值有下列换算关系

$$Y_* = Y_{N*}\frac{S_N}{S_B}\left(\frac{U_B}{U_N}\right)^2 \tag{2-70}$$

$$\left.\begin{aligned} U_* &= U_{N*}\frac{U_N}{U_B}\\ I_* &= I_{N*}\frac{S_N}{S_B}\times\frac{U_B}{U_N}\\ P_*+jQ_* &= (P_{N*}+jQ_{N*})\frac{S_N}{S_B} \end{aligned}\right\} \tag{2-71}$$

显然，式（2-69）～式（2-71）也可以用于一般的从某一基准值 S_N 和 U_N 下的标幺值 Z_{N*}、Y_{N*}、U_{N*}、I_{N*}、P_{N*} 和 Q_{N*} 换算成另一基准值 S_B 和 U_B 下的标幺值 Z_*、Y_*、U_*、I_*、P_* 和 Q_*。

4. 用标幺值表示的公式

在电力系统计算中常常用到电压降落、功率损耗等计算公式。当用标幺值表示这些公式时，可以直接由有名值表示的公式推导而得，具体的方法是将用有名值表示的公式两端同时除以一个基准值，然后再将其中的各量转换为标幺值，便可得出用标幺值表示的公式。

例如，在正序情况下，阻抗 Z 中的电压降落用有名值表示的关系式为

$$\dot U_1 - \dot U_2 = \sqrt3 \dot I Z \tag{2-72}$$

式中：$\dot U_1$、$\dot U_2$ 为阻抗 Z 两端的（线）电压；$\dot I$ 为阻抗 Z 中通过的电流。

将式（2-72）两端同时除以 U_B，并应用式（2-66）可以得出

$$\frac{\dot U_1}{U_B} - \frac{\dot U_2}{U_B} = \frac{\sqrt3 \dot I Z}{\sqrt3 I_B Z_B} = \frac{\dot I}{I_B}\times\frac{Z}{Z_B}$$

从而得出用标幺值表示的关系式

$$\dot U_{1*} - \dot U_{2*} = \dot I_* Z_*$$

其他的常用公式列于表2-4中。这些公式在以后非常有用，建议读者自行推导。由表2-4可以看出，三相系统在采用上述基准值下的标幺值公式与单相系统的有名值公式在形式上完全相同。

表 2-4   三相对称系统中用有名值和用标幺值表示公式的对照表

名　称	有　名　值	标　幺　值
功率表达式	$\tilde S = \sqrt3\dot U\overset{*}{I}$	$\tilde S_* = \dot U_*\overset{*}{I}_*$
阻抗压降	$\dot U_1 - \dot U_2 = \sqrt3\dot I Z$	$\dot U_{1*}-\dot U_{2*}=\dot I_* Z_* = \frac{\overset{*}{\tilde S}_*}{\overset{*}{U}_*}Z_*$
接地导纳中的功率	$\tilde S_Y = U^2\overset{*}{Y}$	$\tilde S_{Y*} = U_*^2\overset{*}{Y}_*$
阻抗中的功率损耗	$\Delta\tilde S_Z = \frac{P^2+Q^2}{U^2}Z$	$\Delta\tilde S_{Z*} = \frac{P_*^2+Q_*^2}{U_*^2}Z_*$

注　1. 有名值 S 为三相功率，U 为线电压。

2. S、P、Q 和 U 应取阻抗 Z 同一侧的数值。

二、电网的标幺值等值电路

（一）单电压等级电网的标幺值等值电路

在只有一个电压等级的电网中，用标幺值表示的等值电路与用有名值表示的等值电路，

从电路结构的角度来讲完全相同。先将各条线路分别用相应的 Ⅱ 形等值电路来代替，然后按照各条线路两端的相互连接情况，将它们的等值电路连接起来后便可得出电网的等值电路。对于每条线路的 Ⅱ 形等值电路中的阻抗和导纳，在用有名值表示的等值电路中，它们分别是实际参数，阻抗的单位为 Ω（欧），导纳的单位为 S（西）。在用标幺值表示的等值电路中，这些参数需要换成在同一个基准容量 S_B 和基准电压 U_B 下相应的标幺值。

原则上，只要整个电网取相同的基准容量 S_B 和基准电压 U_B 便可，而 S_B 和 U_B 的具体数值可以任意。但是，习惯上都取电网的额定电压作为 U_B，其好处是电压的标幺值能一目了然地反映出其有名值的大小。例如，若某一点电压的标幺值为 1，说明该点的电压正好等于额定电压；若电压的标幺值为 0.95，说明它比额定电压低 5%；标幺值为 1.05，说明比额定电压高 5%；等等。对于基准容量 S_B，一般取 100、1000MVA 或 10MVA 等，具体视系统容量的大小和计算的方便而定，有时取系统的总容量作为 S_B。

（二）多电压等级电网的标幺值等值电路

在实际电网中，大都包含多个电压等级，它们之间通过变压器相互连接，如图 2 - 23 所示。

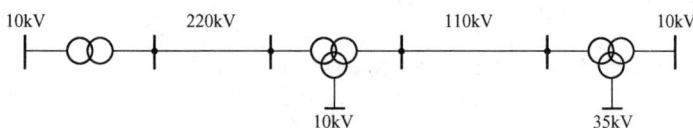

图 2 - 23　多电压等级电网的示意图

注意，各个电压等级下的电网实际上比较复杂，而在图 2 - 23 中，为了简单起见，仅画出了 220、110kV 两条线路作为代表。对于多电压等级的电网，一种显而易见的方法，是将所有线路和变压器的参数都按照变压器的实际变比折算到某一个指定变压器的某一侧，然后再取统一的 S_B 和 U_B 将全部参数都化成标幺值。这种方法在理论上虽然正确，但实际上进行参数折算非常麻烦，特别是如果其中有一个变压器的变比因分接头位置的改变而改变时，变压器一侧的许多参数的标幺值都需要重新计算，这显然没有利用到标幺制的优越性。

实际所用方法的思路是：将变压器用一种带变比的等值电路来反映其各侧的真实电压和电流，而不像前面所介绍的那些变压器等值电路，它们只在一侧反映真实电压和电流，其他侧的电压和电流则是经过折算以后的数值。当变压器采用了这种带变比的等值电路后，多电压等级电网之间就无须再进行参数和电压、电流的折算。得到带变比的变压器等值电路后，再将它们化成标幺值等值电路，其中的参数和变比都采用标幺值。最后，再将这种变压器标幺值等值电路转换成一种 Ⅱ 形等值电路，这样变压器便可以像线路那样用它的 Ⅱ 形等值电路去与系统中的其他元件直接相连，而不必再进行任何的折算。而且，当某一个变压器的分接头位置改变时，只需修改该变压器的 Ⅱ 形等值电路中与变比有关的参数，其他元件的参数仍然保持不变。具体方法介绍如下。

1. 带变比的变压器等值电路

先考虑双绕组变压器，其 1 侧和 2 侧绕组的额定电压分别为 U_{1N} 和 U_{2N}，并将漏阻抗和励磁导纳折算到 1 侧，分别用 Z_{1T} 和 Y_{1m} 表示。在此情况下，一般的等值电路如图 2 - 24（a）所示。图中的 $\dot{U}'_2$ 和 $\dot{I}'_2$ 是变压器 2 侧的电压、电流折算到 1 侧后的数值。如果要得到 2 侧

的实际电压 $\dot{U}_2$ 和电流 $\dot{I}_2$，必须通过变比折算回去。变压器的变比为两侧绕组的匝数（对于星形连接的绕组为匝数的 $\sqrt{3}$ 倍）比。由于变压器的绕组电压与匝数成正比，因此变压器的变比在数值上等于两侧绕组实际电压 U_{1t} 和 U_{2t} 之比。例如，对于一台铭牌参数为 $110\pm(8\times1.25\%)/10.5\text{kV}$ 的变压器，高压侧额定电压 $U_{1N}=110\text{kV}$，低压侧额定电压 $U_{2N}=10.5\text{kV}$，高压侧有 17 个挡位，各挡位电压相差 $110\times1.25\%\text{kV}$。若分接头在 $+2.5\%$ 运行，则 $U_{1t}=110(1+0.025)\text{kV}$，$U_{2t}=U_{2N}=10.5\text{kV}$。

显然，只要在图 2-24（a）等值电路中的 2 侧连接一个只反映变比关系的理想变压器，则理想变压器的输出电压和电流便是原变压器 2 侧的真实电压和电流，如图 2-24（b）所示。

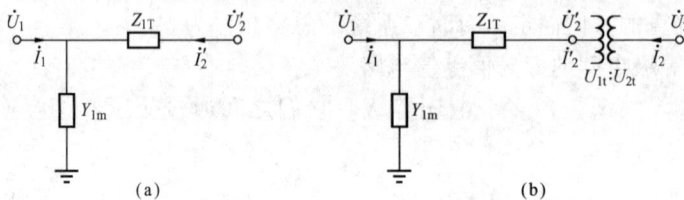

图 2-24　折算到 1 侧的双绕组变压器等值电路
(a) 一般等值电路；(b) 带变化的等值电路

如果变压器原来的等值电路是折算到 2 侧的 [如图 2-25（a）]，则可以在 1 侧接入一个理想变压器，从而得出 1 侧的实际电压 $\dot{U}_1$ 和电流 $\dot{I}_1$，如图 2-25（b）所示。

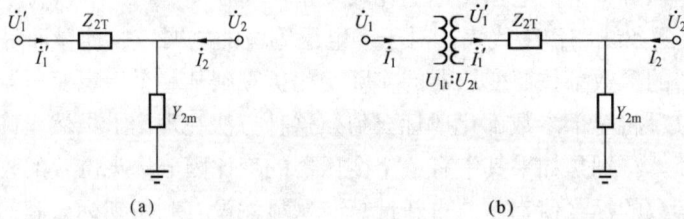

图 2-25　阻抗和导纳折算到 2 侧的双绕组变压器等值电路
(a) 一般等值电路；(b) 带变化的等值电路

对于三绕组变压器，为简单起见，只介绍一种情况，即 1 侧为高压侧，2 侧和 3 侧分别为中压侧和低压侧，并认为其阻抗和导纳都折算到低压侧。这种情况下三绕组变压器的一般等值电路和带变比的等值电路分别如图 2-26（a）和（b）所示。对于阻抗和导纳都折算到高压侧或中压侧时带变比的等值电路，请读者自行作出。

2. 带变比变压器的标幺值等值电路

当变压器的等值电路中引入理想变压器后，对于双绕组变压器而言，以理想变压器为界，可以将它分成分别属于两个不同电压等级的电路；而对于三绕组变压器，则可分成分别属于三个不同电压等级的电路。然后，再将它们分别取所在电压等级的电网额定电压作为基准电压，并取统一的基准容量 S_B，化成相应的标幺值。下面以图 2-24（b）所示的等值电路为例加以说明。对于理想变压器的 1 侧（即左侧），设所在电网的基准电压为 U_{1B}，则可以应用式（2-67）和式（2-68）将 Z_{1T}、Y_{1T} 和 $\dot{U}_1$、$\dot{I}_1$ 化成标幺值，分别为

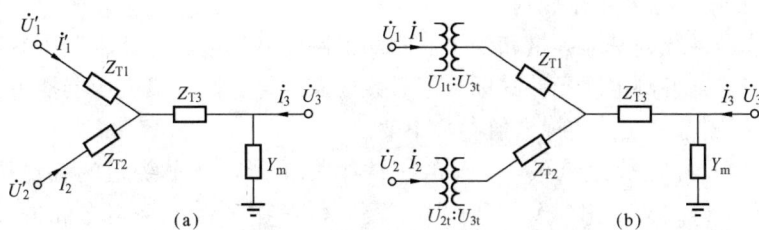

图 2 - 26 三绕组变压器的等值电路

(a) 一般等值电路；(b) 带理想变压器的等值电路

$$\left.\begin{array}{r} Z_{1T*} = Z_{1T}\dfrac{S_B}{U_{1B}^2} \\[2mm] Y_{1T*} = Y_{1T}\dfrac{U_{1B}^2}{S_B} \\[2mm] \dot{U}_{1*} = \dfrac{\dot{U}_1}{U_{1B}} \\[2mm] \dot{I}_{1*} = \dot{I}_1\dfrac{\sqrt{3}U_{1B}}{S_B} \end{array}\right\} \qquad (2-73)$$

对于理想变压器的 2 侧（即右侧），设所在电网的基准电压为 U_{2B}，并将 $\dot{U}_2$ 和 $\dot{I}_2$ 化成标幺值

$$\left.\begin{array}{r} \dot{U}_{2*} = \dfrac{\dot{U}_2}{U_{2B}} \\[2mm] \dot{I}_{2*} = \dot{I}_2\dfrac{\sqrt{3}U_{2B}}{S_B} \end{array}\right\} \qquad (2-74)$$

同时，理想变压器的变比 $U_{1t}:U_{2t}$ 也相应地按照两侧的基准电压分别化成标幺值，从而得出用标幺值表示的变比

$$U_{1t*}:U_{2t*} = \frac{U_{1t}}{U_{1B}}:\frac{U_{2t}}{U_{2B}}$$

定义

$$U_{1t*}:U_{2t*} = 1:k_*$$

可得

$$k_* = \frac{U_{2t}/U_{1t}}{U_{2B}/U_{1B}} = \frac{k}{k_B} \qquad (2-75)$$

式中：k 为变压器的变比；k_B 为变比的基准值；k_* 为变比的标幺值，也称非标准变比。

这样，便可以得出带变比的双绕组变压器标幺值等值电路，如图 2-27 所示。

对于图 2-25（b）、图 2-26（b）所示的等值电路，可以在分别给定各侧的基准电压后，将它们化成带变比的标幺值等值电路。一般情况下，对理想变压器的变比 $1:k_*$ 规定为：与变压器阻抗相连接的一侧为 1，称为标

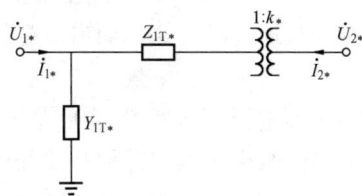

图 2 - 27 带变比的双绕组变压器标幺值等值电路

准侧；另一侧为 k_*，称为非标准侧。

显然，当选定系统的基准容量和变压器两侧电网的基准电压后，若变压器采用带变比的标幺值等值电路，则各侧电网元件的标幺值参数仅需计算一次；当变压器抽头变化时，仅需重新计算 k_*，各侧电网元件的标幺值参数不变。

【例 2 - 5】　一台容量为 50000kVA 的三绕组变压器，三个绕组的容量比为 100/100/100，额定电压为 110/38.5/11kV，高—中、高—低和中—低压绕组之间的短路电压百分数分别为 10.5％、18％和 6.5％，其电阻和励磁导纳忽略不计，高压侧和中压侧绕组分别在＋2.5％和－2.5％分接头上运行。取 $S_B＝100MVA$，并分别取高、中、低压侧的电网额定电压 110、35kV 和 10kV 作为相应侧的基准电压，试画出其带变比的标幺值等值电路。

解　由绕组之间的短路电压百分数，可以得出高、中、低压侧绕组的短路电压百分数分别为 11％、－0.5％和 7％。高、中、低压绕组电抗折算到低压侧的标幺值分别为

$$X_{T1} = \frac{11}{100} \times \frac{11^2}{50} \times \frac{100}{10^2} = 0.2662$$

$$X_{T2} = -\frac{0.5}{100} \times \frac{11^2}{50} \times \frac{100}{10^2} = -0.0121$$

$$X_{T3} = \frac{7}{100} \times \frac{11^2}{50} \times \frac{100}{10^2} = 0.1694$$

高压绕组对低压绕组的变比标幺值为

$$k_{13*} = \frac{110 \times (1 + 0.025)/11}{110/10} = \frac{10.25}{11} = 0.9318$$

中压绕组对低压绕组的变比标幺值为

$$k_{23*} = \frac{38.5 \times (1 - 0.025)/11}{35/10} = 0.975$$

带变比的变压器等值电路如图 2 - 28 所示。

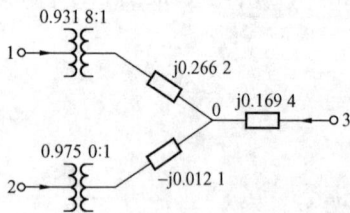

图 2 - 28　[例 2 - 5] 的变压器等值电路

三、变压器的 Ⅱ 形等值电路

以图 2 - 27 所示的等值电路为例，在变压器等值电路中引入理想变压器以后，对于不同电压等级的变压器和线路虽然可以将它们的等值电路直接连接起来，而不必再考虑参数和电压、电流的折算，但是对于多电压等级的复杂电力系统而言，仍然不方便。因为从实质来说，仅仅引入带非标准变比的理想变压器，与一般的折算并无根本的区别。可以设想，如果将理想变压器及与它串联的阻抗用一个等值电路来代替，则在整个系统的等值电路中，便全部是一般的不接地阻抗和接地导纳支路，而再没有任何变压器的痕迹。显然，这样的全系统等值电路计算起来便非常方便了。

下面进行变压器 Ⅱ 形等值电路的推导。为了使导出的等值电路能适用于一般情况（包括对三绕组变压器）并使公式简洁起见，作如下处理：①将励磁导纳支路放在 Ⅱ 形等值电路之外，而在得到 Ⅱ 形等值电路以后再将它连接到相应的端点上去；②略去表示标幺值的下标"＊"号；③变压器的漏阻抗用 Z_T 表示。这样，带变比的变压器标幺值等值电路简化成图 2 - 29（a）所示的电路。

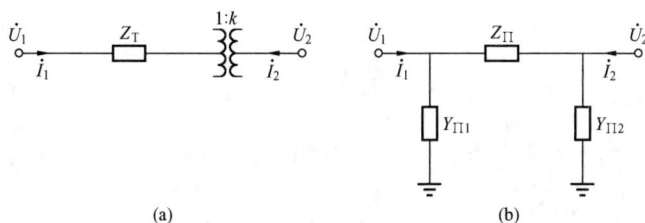

图 2 - 29 变压器的 Ⅱ 形等值电路

(a) 带变比的变压器一般等值电路；(b) Ⅱ 形等值电路

由图 2 - 29 （a）所示的电路可以列出变压器两端的电压、电流关系为

$$\dot{U}_2 = (\dot{U}_1 - Z_\mathrm{T}\dot{I}_1)k$$

$$\dot{I}_2 = -\frac{\dot{I}_1}{k}$$

从中可以解出

$$\begin{bmatrix} \dfrac{1}{Z_\mathrm{T}} & -\dfrac{1}{kZ_\mathrm{T}} \\ -\dfrac{1}{kZ_\mathrm{T}} & \dfrac{1}{k^2 Z_\mathrm{T}} \end{bmatrix} \begin{bmatrix} \dot{U}_1 \\ \dot{U}_2 \end{bmatrix} = \begin{bmatrix} \dot{I}_1 \\ \dot{I}_2 \end{bmatrix}$$

由上式表示的两端电压、电流关系，可以得出如图 2 - 29 （b）所示的 Ⅱ 形等值电路，其中的阻抗和导纳为

$$\left. \begin{aligned} Z_\Pi &= kZ_\mathrm{T} \\ Y_{\Pi 1} &= (k-1)/(kZ_\mathrm{T}) \\ Y_{\Pi 2} &= (1-k)/(k^2 Z_\mathrm{T}) \end{aligned} \right\} \tag{2-76}$$

Ⅱ 形等值电路之所以能用来反映变压器的变比关系，其物理解释是，通过导纳 $Y_{\Pi 1}$ 和 $Y_{\Pi 2}$ 及阻抗 Z_Π 的不同性质（感性或容性）而使 Z_Π 两端产生电压降或电压升。例如，如果忽略变压器的电阻，则 Z_Π 是纯感抗，在此情况下，当 $k>1$ 时，由式（2-76）可见，$Y_{\Pi 2}$ 为容性电纳，其中的容性电流流过 Z_Π 后产生电压升，其结果相当于使 U_2 升高；相反，$k<1$ 时，$Y_{\Pi 2}$ 为感性电纳，其中的感性电流流过 Z_Π 后产生电压降，从而使 U_2 降低。

同理，如果非标准变比 k 放在变压器的阻抗支路侧，则也可以得出相应的 Ⅱ 形等值电路，其参数计算公式请读者自行推导。

【例 2 - 6】 一容量为 63000kVA 的三相双绕组变压器，额定电压为 $121 \pm 2 \times 2.50\%/10.5$ kV，短路电压百分数 $U_\mathrm{k}\% = 10.5$。若变压器在 -2.5% 分接头上运行，试画出忽略电阻时变压器的 Ⅱ 形等值电路。取基准功率 $S_\mathrm{B} = 100$ MVA，变压器两侧基准电压分别取 110kV 和 10kV。

解 当变压器参数折算到高压侧时，有

$$X_\mathrm{T} = \frac{10.5 \times 121^2}{100 \times 63} \times \frac{100}{110^2} = 0.2017$$

$$k = \frac{10.5/[121(1-0.025)]}{10/110} = 0.9790$$

$$Z_\Pi = kZ_\mathrm{T} = \mathrm{j}0.1974$$

$$Y_{\Pi 1} = \frac{k-1}{kZ_{\mathrm{T}}} = \mathrm{j}0.1063$$

$$Y_{\Pi 2} = \frac{1-k}{k^2 Z_{\mathrm{T}}} = -\mathrm{j}0.1085$$

变压器带变比的等值电路和 Ⅱ 形等值电路分别如图 2-30 和图 2-31 所示。

图 2-30　［例 2-6］中带变比的变压器等值电路　　　图 2-31　［例 2-6］中的变压器 Ⅱ 形等值电路

下面解释 ［例 2-6］ 中的等值电路为何能反映变压器的变比。设低压侧电压 $\dot{U}_2 = 1$，而且 $\dot{I}_2 = 0$，则 $Y_{\Pi 2}$ 支路流过的电流为

$$\dot{I}_{\Pi 2} = U_2 Y_{\Pi 2} = -\mathrm{j}0.1085$$

显然它是感性电流，该电流在串联电抗上产生的电压降为

$$\mathrm{d}\dot{U} = -\mathrm{j}0.1085 \times \mathrm{j}0.1974 = 0.0214$$

于是，始端电压为

$$\dot{U}_1 = \dot{U}_2 + \mathrm{d}\dot{U} = 1 + 0.0214 = 1.0214$$

从而 U_1 大于 U_2。这说明，当 $k<1$ 时，$Y_{\Pi 2}$ 为感性电纳，其中的感性电流流过 Z_{Π} 后产生电压降，其结果相当于使 U_2 降低，而且 $U_2/U_1 = 1/1.0214 = 0.979$ 正好等于非标准变比 k。

对于三绕组变压器，将图 2-26（b）中所引入的两个理想变压器以及相应的绕组阻抗支路，像双绕组变压器那样分别作出其对应的 Ⅱ 形等值电路，便可以得出整个三绕组变压器的等值电路。设三绕组变压器 1、2、3 侧绕组的电压分别为 $U_{1\mathrm{t}}$、$U_{2\mathrm{t}}$ 和 $U_{3\mathrm{t}}$，相应的基准电压分别取 $U_{1\mathrm{B}}$、$U_{2\mathrm{B}}$ 和 $U_{3\mathrm{B}}$，变压器参数 Z_{T1}、Z_{T2} 和 Z_{T3} 为折算到 3 侧的等值阻抗标幺值，则将图 2-26（b）中的变比 $U_{1\mathrm{t}} : U_{3\mathrm{t}}$ 和 $U_{2\mathrm{t}} : U_{3\mathrm{t}}$ 分别化成标幺值 $k_{13*} : 1$ 和 $k_{23*} : 1$［注意，为了与图 2-29（a）相一致，变比中与阻抗相连的一侧为 1］，可以得出 1、2 侧理想变压器变比的标幺值分别为

$$\left. \begin{aligned} k_{13*} &= \frac{U_{1\mathrm{t}}/U_{3\mathrm{t}}}{U_{1\mathrm{B}}/U_{3\mathrm{B}}} \\ k_{23*} &= \frac{U_{2\mathrm{t}}/U_{3\mathrm{t}}}{U_{2\mathrm{B}}/U_{3\mathrm{B}}} \end{aligned} \right\} \tag{2-77}$$

仿照图 2-29（b）所示双绕组变压器的等值电路及由式（2-76）决定的参数，便可以得出三绕组变压器的等值电路，如图 2-32 所示，

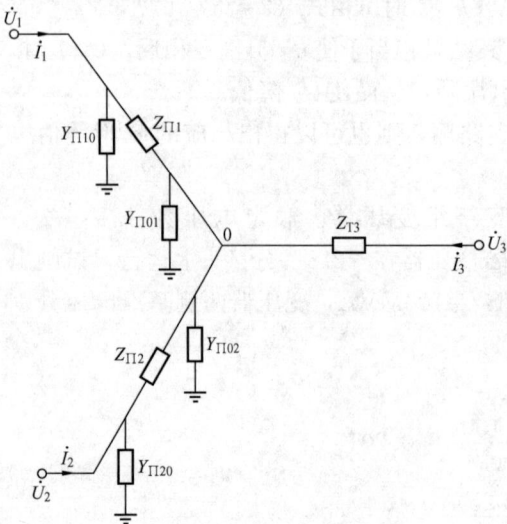

图 2-32　三绕组变压器的 Ⅱ 形等值电路

其中

$$Z_{\text{II}1} = k_{13}Z_{\text{T}1}; \quad Z_{\text{II}2} = k_{23}Z_{\text{T}1}$$

$$Y_{\text{II}01} = \frac{k_{13}-1}{k_{13}Z_{\text{T}1}}; \quad Y_{\text{II}02} = \frac{k_{23}-1}{k_{23}Z_{\text{T}1}}$$

$$Y_{\text{II}10} = \frac{1-k_{13}}{k_{13}^2 Z_{\text{T}1}}; \quad Y_{\text{II}20} = \frac{1-k_{23}}{k_{23}^2 Z_{\text{T}1}}$$

实际上，三绕组变压器的参数也可以折算到高压侧（或中压侧），在此情况下，引入的两个理想变压器需分别放在中压侧和低压侧（或者高压侧和低压侧），相应的变比标幺值和等值电路请读者自行推导。

【例 2-7】　在图 2-33（a）所示的电力系统中，变压器 T1 和 T2 的参数与［例 2-6］中的相同，其高压侧在 $-2 \times 1.25\%$ 分接头上运行；变压器 T3 的参数同［例 2-5］；线路长度标在图中，所有 110kV 线路均采用 LGJ—150 型导线，$r_1 = 0.21\Omega/\text{km}$，$x_1 = 0.4\Omega/\text{km}$，$b_1 = 2.85 \times 10^{-6} \text{S/km}$；10kV 线路导线用 LGJ—120 型，$r_1 = 0.263\Omega/\text{km}$，$x_1 = 0.348\Omega/\text{km}$。试画出全系统的等值电路。

解　取 $S_{\text{B}} = 100\text{MVA}$，基准电压分别取各级网络的额定电压。

带变比的等值电路如图 2-33（b）所示，其中各元件的参数计算如下：

变压器 T1 和 T2 的参数见图 2-30，Ⅱ 形等值电路见图 2-31。

由图 2-28，变压器 T3 高压绕组的参数为

$$Z_{\text{T}31} = \text{j}0.2662; \quad k_{\text{T}31*} = 0.9318$$

从而可以得出其 Ⅱ 形等值电路的参数为

$$k_{\text{T}31*}Z_{\text{T}31} = \text{j}0.2480; \quad \frac{k_{\text{T}31*}-1}{k_{\text{T}31*}Z_{\text{T}31}} = \text{j}0.2750; \quad \frac{1-k_{\text{T}31*}}{k_{\text{T}31*}^2 Z_{\text{T}31}} = -\text{j}0.2951$$

变压器 T3 中压绕组的参数为

$$Z_{\text{T}32} = -\text{j}0.0121; \quad k_{\text{T}32*} = 0.9750$$

相应的 Ⅱ 形等值电路的参数为

$$k_{\text{T}32*}Z_{\text{T}32} = -\text{j}0.0118; \quad \frac{k_{\text{T}32*}-1}{k_{\text{T}32*}Z_{\text{T}32}} = -\text{j}2.1191; \quad \frac{1-k_{\text{T}32*}}{k_{\text{T}32*}^2 Z_{\text{T}32}} = \text{j}2.1734$$

低压绕组的参数为

$$Z_{\text{T}33} = \text{j}0.1694$$

线路参数为

$$z_{l1} = (0.21+\text{j}0.4) \times 150 \times \frac{100}{110^2} = 0.2603 + \text{j}0.4959$$

$$y_{l1}/2 = \text{j}2.85 \times 10^{-6} \times 150 \times \frac{110^2}{100 \times 2} = \text{j}0.0259$$

$$z_{l2} = (0.21+\text{j}0.4) \times 100 \times \frac{100}{110^2} = 0.1736 + \text{j}0.3308$$

$$y_{l2}/2 = \text{j}2.85 \times 10^{-6} \times 100 \times \frac{110^2}{100 \times 2} = \text{j}0.0172$$

$$z_{l3} = (0.21+\text{j}0.4) \times 75 \times \frac{100}{110^2} = 0.1302 + \text{j}0.2479$$

$$y_{l3}/2 = \text{j}2.85 \times 10^{-6} \times 75 \times \frac{110^2}{100 \times 2} = \text{j}0.0129$$

$$z_{l4} = (0.263 + j0.348) \times 20 \times \frac{100}{10^2} = 5.26 + j6.96$$

全系统的等值电路如图 2-33（c）所示。

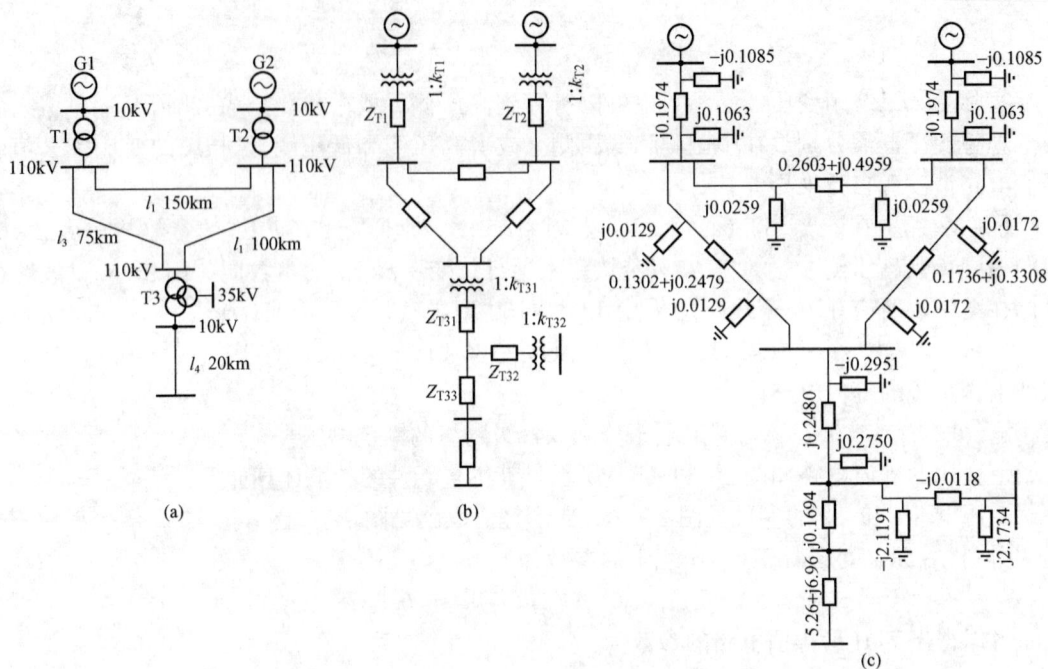

图 2-33　［例 2-7］的系统接线图和等值电路

（a）系统接线图；（b）带变比的等值电路图；（c）全系统等值电路图

第三章　输电线路运行特性及简单电力系统潮流估算

所谓电力系统的潮流，是指系统中所有运行参数的总体，包括各个母线电压的大小和相位、各个发电机和负荷的功率及电流，以及各个变压器和线路等元件所通过的功率、电流和其中的损耗。电力系统潮流计算是电力系统规划和运行中最基本和最经常的计算，其任务是要在已知（或给定）某些运行参数的情况下，计算出系统中全部的运行参数。一般而言，在潮流计算中，各个母线所供负荷的功率是已知的。

大约半个世纪以前，潮流计算都采用手工方法，当时的主要计算工具是计算尺。后来，由于电力系统逐渐复杂，手工计算不但费时，也容易出错，于是研制出一种称为交流计算台的计算工具。它是将实际电力系统按一定比例缩小后，用可调电源、变压器以及电阻、电感和电容等元件组成的电路来进行模拟，经过参数设定和调整使其反映系统的实际运行情况，然后，应用表计测量出电压、电流和功率。然而，在交流计算台上要调整一个运行方式需要较长的时间，而且所能模拟的系统规模受到交流计算台元件数目的限制。

电子计算机出现以后，应用计算机取代了交流计算台计算电力系统潮流。现在，具有上万个母线的大规模电力系统，用计算机进行潮流计算已无问题。然而，用手工计算潮流的方法仍有学习的必要，因为它有助于正确理解电力系统运行方面的一些基本概念，而且通过手工计算来粗略估计局部系统的功率和电压，有时仍然是需要的。

由于电力系统可以用等值电路来模拟，因此潮流计算的基础是电路计算。所不同的是，在电路计算中，关心的和给定的量是电压、电流，而在潮流计算中，已知的或者给定的量是有功功率和无功功率，而不是电流。因此，必须以电流为桥梁建立起功率与电压之间的关系，并直接应用电压和功率来进行计算。实际上，表 2-4 中所列出的便是计算中所用到的主要公式。

如无特殊说明，本章所有计算均是在标幺制下进行的。

第一节　电力线路和变压器的电压降落和功率损耗

一、电压降落、电压损耗和电压偏移

（一）电压降落

为了简单起见，先不考虑线路 Ⅱ 形等值电路中的接地支路（或称为并联支路），则线路的一相等值电路如图 3-1（a）所示。图中的 R 和 X 分别为 Ⅱ 形等值电路中串联支路（不接地支路）的电阻和电抗，$\dot{U}_1$ 和 $\dot{U}_2$ 分别为线路始端和末端的电压，$\dot{I}$ 为支路通过的电流，$\widetilde{S}_1$ 和 $\widetilde{S}_2$ 分别为线路始端和末端的功率。

由图 3-1（a）中的电路关系可以列出支路始末两端之间的电压降落（简称电压降）为

$$\mathrm{d}\dot{U} = \dot{U}_1 - \dot{U}_2 = \dot{I}(R + \mathrm{j}X) \tag{3-1}$$

由于串联支路的始末端流过相同的电流，因此电压降落的表达式（3-1）比较简单。但

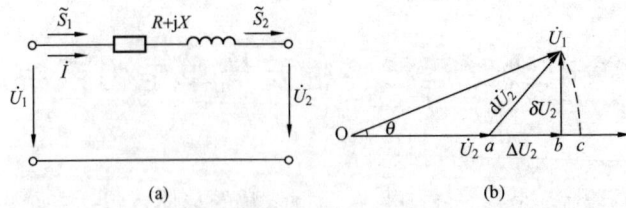

图 3-1　线路的简化等值电路及其相量图
(a) 等值电路；(b) 相量图

是如果要建立电压降落与功率之间的关系，则必须区分是用始端的功率还是用末端的功率，因为在串联支路中存在功率损耗，使两端的功率不相等。对此，下面分两种情况加以介绍。

1. 已知末端功率和末端电压的情况

当已知末端电压 $\dot{U}_2$ 和末端功率 $\tilde{S}_2 = P_2 + jQ_2$ 时，由电流 $\dot{I}$ 与末端电压和末端功率之间的关系

$$\dot{I} = \frac{\overset{*}{S}_2}{\overset{*}{U}_2}$$

可以将式（3-1）写成

$$d\dot{U} = \dot{U}_1 - \dot{U}_2 = \frac{\overset{*}{S}_2}{\overset{*}{U}_2}(R + jX) \tag{3-2}$$

从而得

$$\dot{U}_1 = \dot{U}_2 + \frac{\overset{*}{S}_2}{\overset{*}{U}_2}(R + jX) \tag{3-3}$$

如果取 $\dot{U}_2$ 为参考相量，即令 $\dot{U}_2 = U_2 \angle 0°$，则式（3-2）变为

$$
\begin{aligned}
d\dot{U}_2 &= \frac{\overset{*}{S}_2}{\overset{*}{U}_2}(R + jX) = \frac{P_2 - jQ_2}{U_2}(R + jX) \\
&= \frac{P_2 R + Q_2 X}{U_2} + j\frac{P_2 X - Q_2 R}{U_2} \\
&= \Delta U_2 + j\delta U_2
\end{aligned}
\tag{3-4}
$$

式中的 ΔU_2 与 $\dot{U}_2$ 同相，称为电压降落的纵分量。其值为

$$\Delta U_2 = \frac{P_2 R + Q_2 X}{U_2} \tag{3-5}$$

δU_2 与 $\dot{U}_2$ 的相位相差 $90°$，称为电压降落的横分量。其值为

$$\delta U_2 = \frac{P_2 X - Q_2 R}{U_2} \tag{3-6}$$

当取 $\dot{U}_2$ 为参考时，相量图如图 3-1（b）所示，并有

$$\dot{U}_1 = U_1 \angle \theta° = \dot{U}_2 + d\dot{U}_2 = (U_2 + \Delta U_2) + j\delta U_2 \tag{3-7}$$

从而可以得出始端电压数值及其相位分别为

$$U_1 = \sqrt{(U_2 + \Delta U_2)^2 + (\delta U_2)^2} \tag{3-8}$$

$$\theta = \tan^{-1} \frac{\delta U_2}{U_2 + \Delta U_2} \tag{3-9}$$

在通常的线路长度下，线路两端电压的相位差较小，在此情况下 $U_2 + \Delta U_2 \gg \delta U_2$。因此，在作电压降的近似估算时，可以忽略电压降的横分量，即认为

$$U_1 \approx U_2 + \Delta U_2 = U_2 + \frac{P_2 R + Q_2 X}{U_2} \tag{3-10}$$

2. 已知始端功率和始端电压的情况

当已知始端电压 $\dot{U}_1$ 和始端功率 $\widetilde{S}_1 = P_1 + jQ_1$ 时，同理可以得出电流与始端电压及功率之间的关系，而与式（3-2）和式（3-3）相对应的关系式为

$$d\dot{U} = \dot{U}_1 - \dot{U}_2 = \frac{\overset{*}{S}_1}{\overset{*}{U}_1}(R + jX) \tag{3-11}$$

和

$$\dot{U}_2 = \dot{U}_1 - \frac{\overset{*}{S}_1}{\overset{*}{U}_1}(R + jX) \tag{3-12}$$

为了方便计算，取始端电压 $\dot{U}_1$ 为参考相量，即令 $\dot{U}_1 = U_1 \angle 0°$，在此情况下，相应的电压降表达式为

$$d\dot{U}_1 = \frac{P_1 R + Q_1 X}{U_1} + j \frac{P_1 X - Q_1 R}{U_1}$$
$$= \Delta U_1 + j\delta U_1 \tag{3-13}$$

注意，式（3-13）中的电压降 $d\dot{U}_1$ 与式（3-4）中的电压降 $d\dot{U}_2$ 两者是有区别的，这是因为它们所取的参考相量不同。

在式（3-13）中的 ΔU_1 也称为电压降的纵分量，δU_1 也称为电压降的横分量，但它们都是以 $\dot{U}_1$ 为参考相量的，ΔU_1 与 $\dot{U}_1$ 同相，δU_1 与 $\dot{U}_1$ 的相位相差 $90°$。

同样，对于两端电压与电压降之间的关系，有

$$\dot{U}_2 = U_2 \angle -\theta° = \dot{U}_1 - d\dot{U}_1 = (U_1 - \Delta U_1) - j\delta U_1 \tag{3-14}$$

$$U_2 = \sqrt{(U_1 - \Delta U_1)^2 + (\delta U_1)^2} \tag{3-15}$$

$$\theta = \tan^{-1} \frac{\delta U_1}{U_1 - \Delta U_1} \tag{3-16}$$

或者忽略电压降的横分量，近似地得

$$U_2 \approx U_1 - \Delta U_1 = U_1 - \frac{P_1 R + Q_1 X}{U_1} \tag{3-17}$$

实际上，ΔU_1、ΔU_2 和 δU_1、δU_2 是电压降落相量 $d\dot{U}$ 的两种不同分解，如图 3-2 所示。显然，对于电压降落的纵分量，$\Delta U_1 \neq \Delta U_2$，而对于电压降的横分量，$\delta U_1 \neq \delta U_2$。

（二）电压损耗和电压偏移

电压损耗和电压偏移是标志电压质量的两个指标。在电力系统中，关心较多的是线路两端电压的数值差，

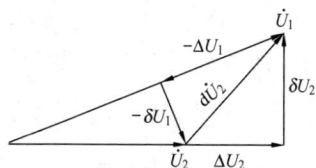

图 3-2　电压降落的两种不同分解

并将这一差值 $U_1 - U_2$ 称为电压损耗。在有名制中，电压损耗常用百分数表示为

$$电压损耗\% = \frac{U_1 - U_2}{U_N} \times 100 \qquad (3 \text{-} 18)$$

式中：U_N 为线路的额定电压，它和 U_1 及 U_2 都是同一单位的有名值。

在近似计算中，常用电压降落的纵分量来代替电压损耗，其原理与用式（3-10）和式（3-13）来进行近似计算相同。实际上，由图 3-1（b）所示相量图也可以说明电压损耗与电压降落纵分量之间的近似关系。在图中，虚线所表示的圆弧其圆心为 O 半径为 U_1，可见用电压降落的纵分量代替电压损耗相当于用图中的线段 ab 代替线段 ac，显然在两端电压相位差 θ 较小时，所引起的误差不大。

所谓电压偏移，是指线路始端电压和末端电压与线路额定电压之间的差值，即 $U_1 - U_N$ 和 $U_2 - U_N$，分别用它们来衡量两端电压偏离额定电压的程度。电压偏移常用百分数表示，当用有名制时，有

$$始端电压偏移\% = \frac{U_1 - U_N}{U_N} \times 100 \qquad (3 \text{-} 19)$$

$$末端电压偏移\% = \frac{U_2 - U_N}{U_N} \times 100 \qquad (3 \text{-} 20)$$

二、功率分布和功率损耗

1. 线路的功率分布和功率损耗

当线路流过电流或功率时，在线路的电阻中将产生有功功率损耗，线路的电抗中则产生无功功率损耗，它们都与通过线路的电流或功率有关。另外，在线路电容中将产生无功功率，其大小与线路电压有关。对于线路中的功率损耗和功率分布，常用其 Π 形等值电路来进行分析和计算，其中，线路电压以及通过功率的假定正方向如图 3-3 所示。注意，在图 3-3 所示等值电路的参数与图 2-13 的完全相同，只是为了简单起见，阻抗和导纳用 Z 和 Y 表示，但并不意味着将线路的分布参数简单地加以集中。

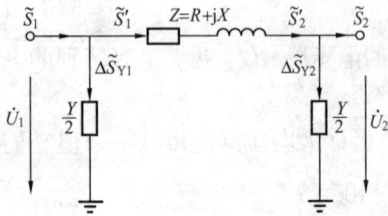

图 3-3 计算线路功率损耗的等值电路

在一般情况下，线路一端的功率和电压是已知（或给定）的，要求计算另一端的功率和电压以及线路的功率损耗。对此，分两种情况进行介绍。

（1）已知线路末端功率和末端电压的情况。

当已知末端电压 $\dot{U}_2$ 和功率 $\tilde{S}_2 = P_2 + jQ_2$ 时，线路的功率分布和功率损耗可以从末端开始，逐步向始端进行计算，其过程如下：

1）计算末端并联支路吸收的功率

$$\Delta\tilde{S}_{Y2} = \Delta P_{Y2} + j\Delta Q_{Y2} = \dot{U}_2\left(\frac{Y}{2}\dot{U}_2\right)^* = U_2^2\left(\frac{Y}{2}\right)^* = \frac{G}{2}U_2^2 - j\frac{B}{2}U_2^2 \qquad (3 \text{-} 21)$$

2）计算串联支路末端的功率

$$\tilde{S}_2' = P_2' + jQ_2' = \tilde{S}_2 + \Delta\tilde{S}_{Y2} = \left(P_2 + \frac{G}{2}U_2^2\right) + j\left(Q_2 - \frac{B}{2}U_2^2\right) \qquad (3 \text{-} 22)$$

3）计算串联支路中的功率损耗

$$\Delta\tilde{S}_Z = \Delta P_Z + j\Delta Q_Z = \left(\frac{S_2'}{U_2}\right)^2 Z = \frac{P_2'^2 + Q_2'^2}{U_2^2}(R + jX)$$

$$=\frac{P_2'^2+Q_2'^2}{U_2^2}R+\mathrm{j}\frac{P_2'^2+Q_2'^2}{U_2^2}X \tag{3-23}$$

4）计算串联支路始端的功率

$$\widetilde{S}_1'=P_1'+\mathrm{j}Q_1'=\widetilde{S}_2'+\Delta\widetilde{S}_Z=(P_2'+\Delta P_Z)+\mathrm{j}(Q_2'+\Delta Q_Z) \tag{3-24}$$

5）计算始端的电压 $\dot{U}_1$（以 $\dot{U}_2$ 为参考相量），应用式（3-5）～式（3-27），得

$$\dot{U}_1=U_2+\frac{P_2'R+Q_2'X}{U_2}+\mathrm{j}\frac{P_2'X-Q_2'R}{U_2} \tag{3-25}$$

6）计算始端并联支路的功率

$$\Delta\widetilde{S}_{Y1}=\Delta P_{Y1}+\mathrm{j}\Delta Q_{Y1}=\dot{U}_1\left(\frac{Y}{2}\dot{U}_1\right)^*=U_1^2\left(\frac{Y}{2}\right)^*=\frac{G}{2}U_1^2-\mathrm{j}\frac{B}{2}U_1^2 \tag{3-26}$$

7）计算始端功率

$$\widetilde{S}_1=P_1+\mathrm{j}Q_1=\widetilde{S}_1'+\Delta\widetilde{S}_{Y1}=\left(P_1'+\frac{G}{2}U_1^2\right)+\mathrm{j}\left(Q_1'-\frac{B}{2}U_1^2\right) \tag{3-27}$$

由以上计算可以看出，线路的总功率损耗为

$$\widetilde{S}_1-\widetilde{S}_2=\Delta\widetilde{S}_{Y2}+\Delta\widetilde{S}_Z+\Delta\widetilde{S}_{Y1}=(\Delta P_{Y2}+\Delta P_Z+\Delta P_{Y1})+\mathrm{j}(\Delta Q_{Y2}+\Delta Q_Z+\Delta Q_{Y1})$$

对于总无功功率损耗，由式（3-23）可知 $\Delta Q_Z=(P_2'^2+Q_2'^2)X/U_2^2>0$，说明串联支路是感性的，总是消耗无功功率，而由式（3-21）可知 $\Delta Q_{Y2}=-BU_2^2/2$，并由式（3-26）可知 $\Delta Q_{Y1}=-BU_1^2/2$，由于 $B>0$，说明并联支路是容性的，总是发出无功功率，起着抵消串联支路消耗的无功功率 ΔQ_Z 的作用。至于整个线路是消耗无功功率还是发出无功功率，取决于 $\Delta Q_{Y2}+\Delta Q_{Y1}$ 与 ΔQ_Z 之间的差，前者与线路电压的平方有关，后者与通过功率的平方有关（注意，线路电压的标幺值在 1 附近）。可见，如果线路通过的功率较小，使 $|\Delta Q_{Y2}+\Delta Q_{Y1}|$ 大于 ΔQ_Z，则整个线路将有多余的无功功率；如果通过的功率较大，以致 ΔQ_Z 大于 $|\Delta Q_{Y2}+\Delta Q_{Y1}|$，则整个线路消耗无功功率。当线路通过的功率在自然功率附近的某一功率时，两者可能正好相抵消，使整个线路的净无功功率损耗为零。在线路电阻和电导等于零的情况下，通过功率正好等于自然功率时净无功功率损耗为零。

对于总有功功率损耗来说，线路串联支路中的电阻和两端并联支路中的电导都消耗有功功率，不过通常线路并联支路中的电导可以忽略不计。

线路末端输出的有功功率 P_2 与线路始端输入的有功功率 P_1 之比值为线路的传输效率，常用百分数表示为

$$\eta\%=\frac{P_2}{P_1}\times100\%$$

（2）已知线路始端功率和始端电压的情况。

如果已知始端的电压 $\dot{U}_1$ 和功率 $\widetilde{S}_1=P_1+\mathrm{j}Q_1$，线路的功率分布和功率损耗可以从始端开始，逐步进行计算。在图 3-3 假定的功率和电压正方向下，相应的计算公式（以始端电压 $\dot{U}_1$ 为参考相量）为

$$\Delta\widetilde{S}_{Y1}=\Delta P_{Y1}+\mathrm{j}\Delta Q_{Y1}=\dot{U}_1\left(\frac{Y}{2}\dot{U}_1\right)^*=\frac{G}{2}U_1^2-\mathrm{j}\frac{B}{2}U_1^2$$

$$\widetilde{S}_1'=P_1'+\mathrm{j}Q_1'=\widetilde{S}_1-\Delta\widetilde{S}_{Y1}=\left(P_1-\frac{G}{2}U_1^2\right)+\mathrm{j}\left(Q_1+\frac{B}{2}U_1^2\right)$$

$$\Delta \widetilde{S}_Z = \Delta P_Z + \mathrm{j}\Delta Q_Z = \left(\frac{S_1'}{U_1}\right)^2 Z = \frac{P_1'^2 + Q_1'^2}{U_1^2}(R + \mathrm{j}X)$$

$$= \frac{P_1'^2 + Q_1'^2}{U_1^2}R + \mathrm{j}\frac{P_1'^2 + Q_1'^2}{U_1^2}X$$

$$\widetilde{S}_2' = P_2' + \mathrm{j}Q_2' = \widetilde{S}_1' - \Delta \widetilde{S}_Z = (P_1' - \Delta P_Z) + \mathrm{j}(Q_1' - \Delta Q_Z)$$

$$\dot{U}_2 = \left(U_1 - \frac{P_1'R + Q_1'X}{U_1}\right) - \mathrm{j}\frac{P_1'X - Q_1'R}{U_1}$$

$$\Delta \widetilde{S}_{Y2} = \Delta P_{Y2} + \mathrm{j}\Delta Q_{Y2} = \dot{U}_2 \left(\frac{Y}{2}\dot{U}_2\right)^* = \frac{G}{2}U_2^2 - \mathrm{j}\frac{B}{2}U_2^2$$

$$\widetilde{S}_2 = P_2 + \mathrm{j}Q_2 = \widetilde{S}_2' - \Delta \widetilde{S}_{Y2} = \left(P_2' - \frac{G}{2}U_2^2\right) + \mathrm{j}\left(Q_2' + \frac{B}{2}U_2^2\right)$$

线路的总功率损耗仍为

$$\widetilde{S}_1 - \widetilde{S}_2 = \Delta \widetilde{S}_{Y1} + \Delta \widetilde{S}_Z + \Delta \widetilde{S}_{Y2}$$

2. 变压器的功率分布

下面以双绕组变压器为例来说明变压器功率分布的计算方法。在手工计算时，一般采用变压器的 Γ 形等值电路，各支路通过的功率及电压的假定正方向如图 3 - 4 所示。

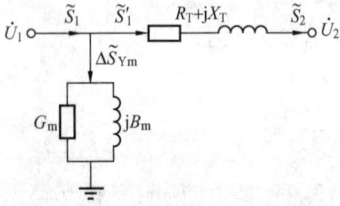

图 3 - 4　变压器的 Γ 形等值电路

变压器的功率分布计算可以仿照线路功率分布的计算步骤和方法。在已知 $\widetilde{S}_2$ 和 $\dot{U}_2$ 的情况下，计算步骤为：

（1）计算变压器串联支路的功率损耗

$$\Delta \widetilde{S}_T = \Delta P_T + \mathrm{j}\Delta Q_T = \left(\frac{S_2}{U_2}\right)^2 Z_T = \frac{P_2^2 + Q_2^2}{U_2^2}(R_T + \mathrm{j}X_T) \qquad (3-28)$$

（2）计算变压器串联支路始端的功率

$$\widetilde{S}_1' = P_1' + \mathrm{j}Q_1' = \widetilde{S}_2 + \Delta \widetilde{S}_T = (P_2 + \Delta P_T) + \mathrm{j}(Q_2 + \Delta Q_T) \qquad (3-29)$$

（3）计算变压器始端的电压 $\dot{U}_1$（以 $\dot{U}_2$ 为参考相量）

$$\dot{U}_1 = U_2 + \frac{P_2 R_T + Q_2 X_T}{U_2} + \mathrm{j}\frac{P_2 X_T - Q_2 R_T}{U_2} \qquad (3-30)$$

（4）计算变压器并联支路的功率损耗

$$\Delta \widetilde{S}_m = \Delta P_m + \mathrm{j}\Delta Q_m = \dot{U}_1(Y_m \dot{U}_1)^* = (G_m - \mathrm{j}B_m)U_1^2 \qquad (3-31)$$

（5）计算变压器的输入功率

$$\widetilde{S}_1 = P_1 + \mathrm{j}Q_1 = \widetilde{S}_2 + \Delta \widetilde{S}_T + \Delta \widetilde{S}_m \qquad (3-32)$$

由式（3-32）可知，变压器的总无功功率损耗为 ΔQ_T 与 ΔQ_m 之和，前者由式（3-28）可以看出它消耗感性无功功率，后者由于 B_m 为感性，其值为负，因此 $-B_m > 0$，说明它也消耗无功功率。其实，后者对应于励磁无功功率，当然它要消耗感性无功功率。

对于已知 $\widetilde{S}_1$ 和 $\dot{U}_1$，在图 3-4 中假定的正方向并以 $\dot{U}_1$ 为参考相量的情况下，计算公式分别为

$$\Delta \widetilde{S}_m = \Delta P_m + \mathrm{j}\Delta Q_m = \dot{U}_1(Y_m \dot{U}_1)^* = G_m U_1^2 - \mathrm{j}B_m U_1^2 \qquad (3-33)$$

$$\widetilde{S}_1' = P_1' + \mathrm{j}Q_1' = \widetilde{S}_1 - \Delta \widetilde{S}_m = (P_1 - \Delta P_T) + \mathrm{j}(Q_1 - \Delta Q_T) \qquad (3-34)$$

$$\Delta \widetilde{S}_{\mathrm{T}} = \Delta P_{\mathrm{T}} + \mathrm{j}\Delta Q_{\mathrm{T}} = \left(\frac{S_1'}{U_1}\right)^2 Z_{\mathrm{T}} = \frac{P_1'^2 + Q_1'^2}{U_1^2}(R_{\mathrm{T}} + \mathrm{j}X_{\mathrm{T}}) \qquad (3-35)$$

$$\widetilde{S}_2 = P_2 + \mathrm{j}Q_2 = \widetilde{S}_1 - \Delta \widetilde{S}_{\mathrm{T}} - \Delta \widetilde{S}_{\mathrm{m}} \qquad (3-36)$$

$$\dot{U}_2 = \left(U_1 - \frac{P_1'R_{\mathrm{T}} + Q_1'X_{\mathrm{T}}}{U_1}\right) - \mathrm{j}\frac{P_1'X_{\mathrm{T}} - Q_1'R_{\mathrm{T}}}{U_1} \qquad (3-37)$$

有时，可以直接应用变压器空载和短路试验所得出的数据来计算功率损耗，其公式不再推导。

据统计，一般电力系统的总有功损耗（包括输电系统和配电系统）可能达到负荷吸收总功率的 6%～10% 或甚至更多，而发电厂和变电站为了同时供给负荷和相应的损耗，必须增加它们的设备容量。而且，有功功率损耗伴随着电能损耗，从而使电力系统一次能源消耗量增加。对于无功功率损耗虽然它并不直接引起电能损耗，但无功功率损耗需要由发电机和无功补偿设备供给，从而也增大了它们的容量和所需要的费用。另外，当无功功率流过线路和变压器时，总电流增大，因而增大了电阻中的有功功率损耗。

由此可见，如果提高电网的电压等级，则在同样的功率下可以减少线路和变压器中流过的电流，从而减少功率损耗和电压损耗，然而，这需要增加设备的投资。

值得注意的是，本章迄今为止所列出的全部计算公式均是标幺制下的公式。但当功率取三相功率、电压取线电压时，它们也适用于有名制下的计算，只是计算出的电流为实际线电流的 $\sqrt{3}$ 倍（留给读者自行验证）。

【例 3-1】 对于图 3-5 所示的电力系统，用有名值表示的等值电路参数（归算到 110kV 侧），以及取 $S_{\mathrm{B}} = 100\mathrm{MVA}$，$U_{\mathrm{B}} = U_{\mathrm{N}}$ 时用标幺值表示的等值电路参数，分别列于图 3-6（a）、（b）中。若变压器低压侧母线的电压为 10kV，负荷为 30+j20MVA，试分别用有名值和标幺值计算网络中的功率分布和电压分布。

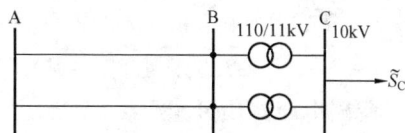

图 3-5 ［例 3-1］系统图

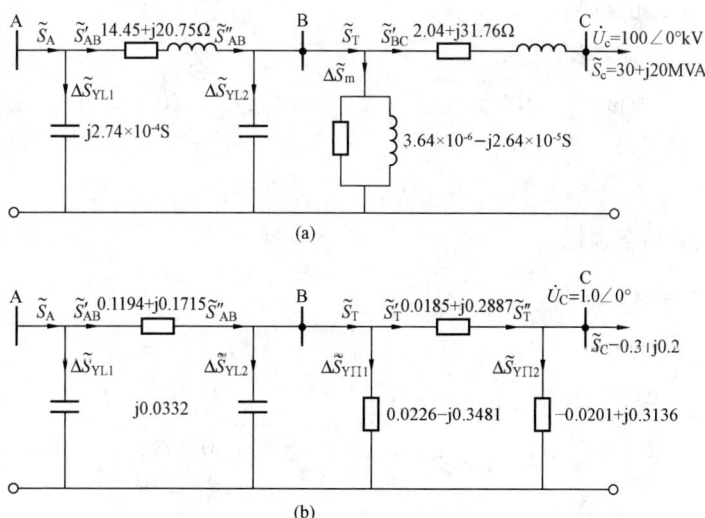

图 3-6 ［例 3-1］的等值电路图
（a）用有名值表示；（b）用标幺值表示

解　为了易于进行对比起见，将用有名值和用标幺值进行计算的过程和结果分别列成以下左右两列。注意，在图 3-6（a）中，变压器用 Γ 形等值电路，在图 3-6（b）中变压器用 Π 形等值电路。

（1）计算变压器的功率损耗

$$\Delta\widetilde{S}_T = \frac{30^2 + 20^2}{100^2}(2.04 + j31.76)$$

$$= 0.265 + j4.129(\text{MVA})$$

$$\widetilde{S}'_{BC} = \widetilde{S}_C + \Delta\widetilde{S}_T = 30.265 + j24.129(\text{MVA})$$

$$\Delta\widetilde{S}_{YII2*} = -0.0201 - j0.3136$$

$$\widetilde{S}''_{T*} = 0.2779 - j0.1136$$

$$\Delta\widetilde{S}_{T*} = (0.2779^2 + 0.1136^2)$$
$$\times (0.0185 + j0.2887)$$
$$= 0.0017 + j0.0263$$

$$\widetilde{S}'_{T*} = \widetilde{S}''_{T*} + \Delta\widetilde{S}_{T*} = 0.2816 - j0.0872$$

（2）计算变压器的电压降落

$$d\dot{U}_T = \frac{30 \times 2.04 + 20 \times 31.76}{100}$$
$$+ j\frac{30 \times 31.76 - 20 \times 2.04}{100}$$
$$= 6.964 + j9.120(\text{kV})$$

$$\dot{U}_B = 100 + 6.964 + j9.120$$
$$= 107.35\angle 4.87°(\text{kV})$$

$$d\dot{U}_{T*} = (0.2779 \times 0.0185 - 0.1136 \times 0.2887)$$
$$+ j(0.2779 \times 0.2887 + 0.1136 \times 0.0185)$$
$$= -0.0276 + j0.0829$$

$$\dot{U}_{B*} = 1 - 0.0276 + j0.0829$$
$$= 0.9724 + j0.0829$$
$$= 0.9759\angle 4.87°$$

忽略电压降横分量

$$\dot{U}_B = \dot{U}_C + \Delta U$$
$$= \dot{U}_C + \frac{P_C R_T + Q_C X_T}{U_C}$$
$$= 100 + 0.612 + 6.352$$
$$= 106.964(\text{kV})$$

$$\dot{U}_{B*} = \dot{U}_{C*} + \Delta U_*$$
$$= \dot{U}_{C*} + \frac{P''_{T*} R_{T*} + Q''_{T*} X_{T*}}{U_{C*}}$$
$$= 1 + 0.0052 - 0.0328$$
$$= 0.9724$$

（3）计算变压器输入功率

$$\Delta\widetilde{S}_m = (3.64 \times 10^{-6} + j2.64 \times 10^{-5}) \times 107.35^2$$
$$= 0.0419 + j0.304(\text{MVA})$$

$$\widetilde{S}_T = \widetilde{S}'_{BC} + \Delta\widetilde{S}_m = 30.307 + j24.433(\text{MVA})$$

$$\Delta\widetilde{S}_{YIII*} = (0.0226 + j0.3481) \times 0.9759^2$$
$$= 0.0215 + j0.3316$$

$$\widetilde{S}_{T*} = \widetilde{S}'_{T*} + \Delta\widetilde{S}_{YIII*} = 0.3031 + j0.2443$$

（4）计算线络功率损耗

$$\Delta\widetilde{S}_{YL2} = -j\frac{B_L}{2}U_B^2 = -j2.74 \times 10^{-4} \times 107.35^2$$
$$= -j3.158(\text{MVA})$$

$$\widetilde{S}''_{AB} = \widetilde{S}_T + \Delta\widetilde{S}_{YL2} = 30.307 + j21.275(\text{MVA})$$

$$\Delta\widetilde{S}_{ZL} = \frac{30.307^2 + 21.275^2}{107.35^2}(14.45 + j20.75)$$
$$= 1.719 + j2.469(\text{MVA})$$

$$\widetilde{S}'_{AB} = \widetilde{S}''_{AB} + \Delta\widetilde{S}_{ZL} = 32.026 + j23.744(\text{MVA})$$

$$\Delta\widetilde{S}_{YL2*} = -j\frac{B_{L*}}{2}U_{B*}^2 = -j0.0332 \times 0.9759^2$$
$$= -j0.0316$$

$$\widetilde{S}''_{AB*} = \widetilde{S}_{T*} + \Delta\widetilde{S}_{YL2*} = 0.3031 + j0.2128$$

$$\Delta\widetilde{S}_{ZL*} = \frac{0.3031^2 + 0.2128^2}{0.9759^2}(0.1194 + j0.1715)$$
$$= 0.0172 + j0.0247$$

$$\widetilde{S}'_{AB*} = \widetilde{S}''_{AB*} + \Delta\widetilde{S}_{ZL*} = 0.3203 + j0.2374$$

（5）计算始端母线电压（以 $\dot{U}_\text{B}$ 为参考相量）

$$\text{d}\dot{U}_\text{L}=\frac{30.307\times14.45+21.275\times20.75}{107.35}$$
$$+\text{j}\frac{30.307\times20.75-21.275\times14.45}{107.35}$$
$$=8.192+\text{j}2.994\,(\text{kV})$$

$$\text{d}\dot{U}_{\text{L}*}=\frac{0.3031\times0.1194+0.2128\times0.1715}{0.9759}$$
$$+\text{j}\frac{0.3031\times0.1715-0.2128\times0.1194}{0.9759}$$
$$=0.0745+\text{j}0.0272$$

$$\dot{U}_\text{A}=U_\text{B}+\text{d}\dot{U}_\text{L}$$
$$=107.35+8.192+\text{j}2.994$$
$$=115.58\angle1.48°\,(\text{kV})$$

$$\dot{U}_{\text{A}*}=U_{\text{B}*}+\text{d}\dot{U}_{\text{L}*}$$
$$=0.9759+0.0745+\text{j}0.0272$$
$$=1.0508\angle1.48°$$

（6）计算始端母线电压（以 $\dot{U}_\text{B}$ 为参考相量）

$$\text{d}\dot{U}_\text{L}=\frac{30.307-\text{j}21.275}{106.964-\text{j}9.120}(14.45+\text{j}20.75)$$
$$=7.908+\text{j}3.679\,(\text{kV})$$

$$\text{d}\dot{U}_{\text{L}*}=\frac{0.3031-\text{j}0.2128}{0.9724-\text{j}0.0829}(0.1194+\text{j}0.1715)$$
$$=0.0719+\text{j}0.0334$$

$$\dot{U}_\text{A}=\dot{U}_\text{B}+\text{d}\dot{U}_\text{L}$$
$$=114.87+\text{j}12.80$$
$$=115.58\angle6.36°\,(\text{kV})$$

$$\dot{U}_{\text{A}*}=\dot{U}_{\text{B}*}+\text{d}\dot{U}_{\text{L}*}$$
$$=1.0443+\text{j}0.1164$$
$$=1.0508\angle6.36°$$

忽略电压降横分量

$$U_\text{A}=U_\text{B}+\Delta U_\text{L}=114.872\,(\text{kV})\qquad U_{\text{A}*}=U_{\text{B}*}+\Delta U_{\text{L}*}=1.0443$$

（7）计算始端功率

$$\Delta\tilde{S}_{\text{YL1}}=-\text{j}\frac{B_\text{L}}{2}U_\text{A}^2=-\text{j}2.74\times10^{-4}\times115.58^2$$
$$=-\text{j}3.660\,(\text{MVA})$$

$$\Delta\tilde{S}_{\text{YL1}*}=-\text{j}\frac{B_\text{L}}{2}U_\text{A}^2=-\text{j}0.0332\times1.0508^2$$
$$=-\text{j}0.0366$$

$$\tilde{S}_\text{A}=\tilde{S}'_\text{AB}+\Delta\tilde{S}_{\text{YL1}}=32.026+\text{j}20.084\,(\text{MVA})\qquad \tilde{S}_{\text{A}*}=\tilde{S}'_{\text{AB}*}+\Delta\tilde{S}_{\text{YL1}*}=0.3203+\text{j}0.2008$$

（8）系统的电压指标

$$\text{母线 A 的电压偏移}\%=\frac{115.58-110}{110}\times100=5.1$$
$$\text{母线 B 的电压偏移}\%=\frac{107.35-110}{110}\times100=-2.4$$
$$\text{线电压损耗}\%=\frac{115.58-107.35}{110}\times100=7.48$$

第二节　输电线路的运行特性

基于上节所介绍的线路功率分布和电压降落的计算方法和公式，本节将重点介绍线路，特别是高压输电线路的一些重要的运行特性。

一、输电线路的空载运行特性

输电线路空载时，线路末端的功率为零，即在图 3-3 所示电力系统中的 $\tilde{S}_2=P_2+\text{j}Q_2=0$。为了分析简单起见，略去线路的电导，即在图 3-3 所示的等值电路中令 $G=0$。在此情况下，当线路末端电压已知为 $\dot{U}_2=U_2$ 时，式（3-21）、式（3-22）和式（3-25）变为

$$\Delta \widetilde{S}_{Y2} = -\mathrm{j}\,\frac{B}{2}U_2^2$$

$$\widetilde{S}_2' = -\mathrm{j}\,\frac{B}{2}U_2^2$$

$$\dot{U}_1 = U_2 - \frac{BX}{2}U_2 + \mathrm{j}\,\frac{BR}{2}U_2$$

考虑到高压输电线路一般所采用的导线截面较大，在忽略电阻的情况下有

$$U_1 = U_2 - \frac{BX}{2}U_2$$

由于线路 Π 形等值电路的电纳是容性的，B 本身大于零，因此由上式可见 $U_1 < U_2$。这说明在空载情况下，线路末端的电压将高于其始端电压，这种现象称为输电线路空载的末端电压升高现象。这一现象可以用图 3-7 所示的相量图来加以解释。当线路空载时，Π 形等值电路的末端接地导纳中流过的电流为容性电流，它超前于末端电压 90°，这一电流在串联支路的电抗中所产生的电压降落纵分量 $\Delta\dot{U}_2$ 与相量 $\dot{U}_2$ 的方向相反，从而使 U_1 比 U_2 小。

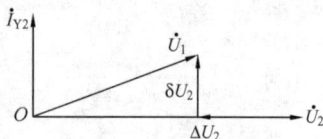

图 3-7　输电线路空载
情况下的电压相量图

在线路不太长的情况下，例如在 300km 以内，Π 形等值电路中的电纳 B 约为单位长度的电纳 b_1 与线路长度 l 的乘积，电抗 X 约为单位长度的电抗 x_1 与线路长度 l 的乘积，这时，线路末端空载电压的升高与线路长度的平方成正比。如果线路更长，则需要直接应用线路方程式（2-44），得出

$$\dot{U}_1 = \dot{U}_2 \cosh\gamma l$$

在 $r_1 = 0$ 和 $g_1 = 0$ 的情况下，上式变为

$$U_1 = U_2 \cos\sqrt{x_1 b_1}\,l$$

从而可以得出空载电压 U_2 与线路长度的关系。在极端情况下，当 $\sqrt{x_1 b_1}\,l = 90°$ 时，$U_1 = 0$，说明在这一情况下，即使 $U_1 = 0$ 也可以使末端得到给定的电压 U_2。这种情况相当于发生谐振的情况，相应的线路长度约为 1/4 波长，即 1500km。线路始、末端空载电压与线路长度之间的关系详见 ［例 3-2］。

实际上，高压输电线路在轻载时，也会产生末端电压升高的现象。如果线路末端电压超过容许值，则将导致设备绝缘的损坏。在此情况下必须采取措施来补偿线路的电容电流，而常采用的方法是在线路末端加装并联电抗器，用它来吸收线路分布电容所产生的容性电流。

【例 3-2】　以 500kV 线路为例，设 $x_1 = 0.28\,\Omega/\mathrm{km}$，$b_1 = 4 \times 10^{-6}\,\mathrm{S/km}$，当始端电压为 U_N，线路末端空载时，考察末端电压与线路长度之间的关系。

解　由 $U_1 = U_2 \cos\sqrt{x_1 b_1}\,l$ 可知

$$U_2 = \frac{U_1}{\cos\sqrt{x_1 b_1}\,l} = \frac{U_N}{\cos(1.058 \times 10^{-3} l)}$$

由此可以得出末端电压与线路长度之间的关系为

l (km)	100	300	500	700	900	1100	1300	1500
U_2/U_N	1.006	1.053	1.158	1.355	1.725	2.526	5.150	∞

由计算结果可见，当线路长度超过 500km 时，在空载情况下，末端电压已超过线路始

端电压的 15%；长度达 1500km 时，出现谐振情况。

二、输电线路的传输功率极限

在电力系统中，一个很自然的问题是，一条输电线路能够传输的有功功率到底有没有限制，如果有限制，传输功率极限是多少。对此，首先从最简单的情况入手，以便得出定性的结果和比较清晰的概念。

假定线路 Π 形等值电路中的电阻等于零，并且不计两端的并联导纳，在此情况下，输电线路的等值电路便变成一个简单的串联电抗 X。于是，由式（3-4）～式（3-6）可以导出

$$\dot{U}_1 = \left(U_2 + \frac{Q_2 X}{U_2}\right) + \mathrm{j}\,\frac{P_2 X}{U_2}$$

它是在取线路末端电压为参考相量时得出的。令线路始端电压为

$$\dot{U}_1 = U_1 \angle \theta = U_1(\cos\theta + \mathrm{j}\sin\theta)$$

则比较上列两式的虚部，可以得出

$$\frac{P_2 X}{U_2} = U_1 \sin\theta$$

注意到在忽略电阻的情况下，线路始、末端的有功功率相等，于是可以得出线路的传输功率与两端电压的大小及其相位差 θ 之间的关系为

$$P_2 = \frac{U_1 U_2}{X}\sin\theta \tag{3-38}$$

当 U_1 和 U_2 给定时，传输功率与 θ 之间呈正弦函数关系，如图 3-8 所示。可见最大的传输功率为 $\dfrac{U_1 U_2}{X}$，出现在两端电压相位差 $\theta=90°$ 时。

由以上分析可见，输电线路的最大传输功率与两端电压的乘积成正比，而与线路的电抗成反比。从表面上来看，似乎增加始端或末端的电压可以提高线路的传输功率极限，但是由于受设备绝缘等因素的限制，其最高电压通常不允许超过一定的容许值（例如额定电压的 1.1 倍），除非提高线路的电压等级，采用更高一级的额定电压。然而，减少线路的电抗却比提高电压等级容易和经济得多。其中，线路采用分裂导线便是减少电抗的措施之一；另一个措施是在线路上串联电容器，用电容器的容抗来补偿线路的一部分感抗。

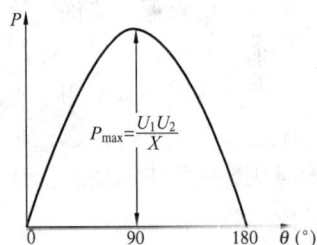

图 3-8　输电线路传输功率与两端电压相位差之间的关系

虽然在以上分析中忽略了等值电路中的电阻和容纳，但由于高压输电线路中所采用的导线截面较大，通常电抗比电阻大 3～6 倍，而且，对于不太长的线路来说，电纳的存在对有功功率传输极限影响很小，因此，用式（3-38）来估算线路的传输功率极限不会产生很大的误差。

上面虽然得出了线路的最大传输功率，但实际运行过程中还要考虑到导线发热和系统稳定性等其他因素，输送的有功功率往往比它小得多。

三、输电线路功率与电压之间的定性关系

在输电系统，特别是超高压输电系统中，由于线路和变压器的电阻远小于电抗，因此有

功功率与两端电压相位差之间、无功功率与电压损耗之间呈比较紧密的关系，而有功功率与电压损耗之间、无功功率与电压相位差之间的关系较弱。

实际上，线路输送的有功功率与两端电压相位差之间的近似关系便是式（3-38）。由于 θ 是始端电压相位与末端电压相位之差，因此有功功率一般是由电压相位相对超前的一端向电压相位相对滞后的一端传送（相当于 $\theta>0$），在输送功率达到传输极限以前，相位差越大，传输的有功功率越大。虽然式（3-38）中的传输功率同时与两端电压有关，但由于两端的电压一般都运行在额定电压附近，因此不能像电压相位差那样对输送的有功功率产生很大的影响。

对于线路所传输的无功功率，从线路串联支路末端的无功功率 Q_2 来看，在式（3-10）中令 $R=0$ 可以得出 Q_2 与 U_1 及 U_2 的近似关系为

$$Q_2 \approx \frac{(U_1-U_2)U_2}{X} \tag{3-39}$$

由此可见，线路传输的无功功率与两端的电压差，即线路的电压损耗，近似成正比，而且，无功功率一般是由电压高的一端向电压低的一端流动。因此，如果要增加线路始端送到末端的无功功率，需要设法提高始端的电压或降低末端的电压。显然，线路传输的无功功率与两端电压的相位差关系较小。

上述输电线路有功功率与电压相位差之间的密切关系、无功功率与电压有效值差之间的密切关系在变压器中，乃至整个系统中都存在，它是高压输电系统中非常重要的特性，可以用它来解释和解决许多现象和问题。

第三节　辐射形网络和简单闭式网络的潮流估算方法

一、辐射形网络的潮流估算方法

辐射形网络，是指在网络中不含环形电路，而且全部负荷都只能由一个电源来供电的网络。潮流估算是指采用手工的方法来进行潮流计算。辐射形网络通常用于配电系统，其额定电压较低，供电范围也较小。由于潮流计算较繁，而且容易出错，因此一般只需求得近似结果便认为满足工程要求。然而这并不等于说手工计算不能得出精确的解，而是因为实际上并无此必要。在手工计算时，网络中如果有并联的线路或变压器，则通常先将它们的等值电路进行并联化简。

手工计算也有不同的方法，这里介绍其中的一种，它可以加以发展而求得精确解。

为了简单起见，以图3-9（a）所示的网络为例来说明辐射形网络的潮流估算方法。

首先，作出整个系统的等值电路图，如图3-9（b）所示。图中各个阻抗和导纳的下标与元件所连接的两端母线的编号相对应。例如，在连接于母线1和2之间的变压器 Π 形等值电路中，Z_{12} 表示它是连接于母线1和2之间元件的串联阻抗，导纳 Y_{120} 表示它是连接于母线1和2之间元件在母线1处的接地导纳，Y_{210} 则表示接于母线1和2之间元件在母线2处的接地导纳，下标带0表示为接地支路，其余依此类推。

计算过程分为两步。第一步是计算近似的功率分布，其中，在计算各 Π 形等值电路接地导纳中的功率和不接地阻抗支路中的功率损耗时，均近似地认为各个母线的电压都等于额定电压，它们的相位都等于零，即 $\dot{U}_i=1.0\angle0°=1.0$（$i=1, 2, \cdots, 5$）。第二步是从某一

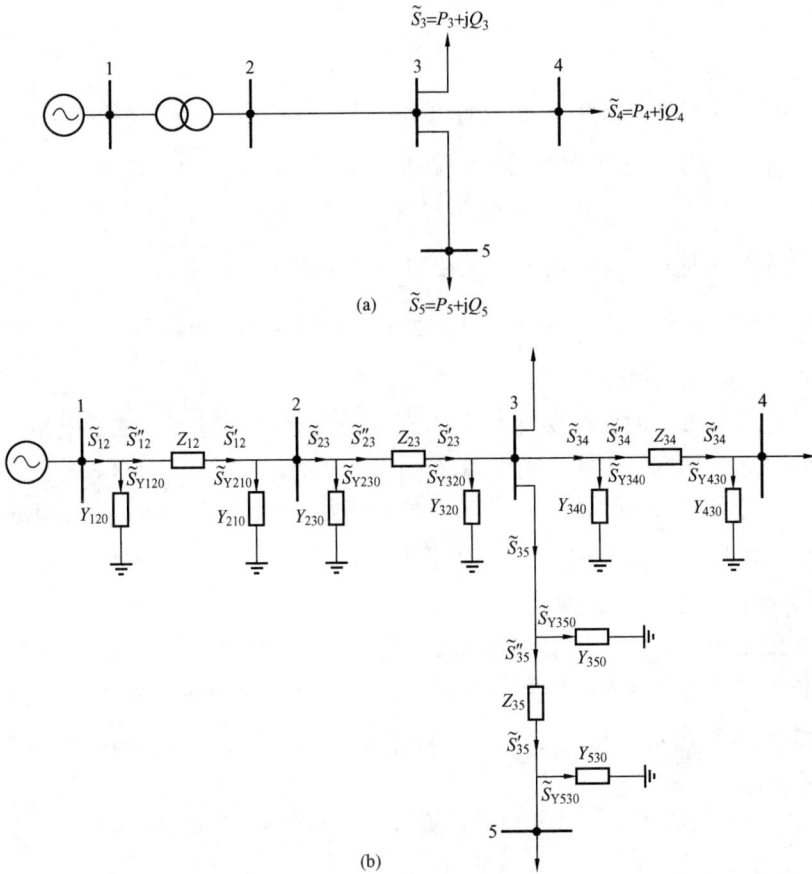

图 3 - 9　简单的辐射形网络

(a) 网络接线图；(b) 等值电路图

个已知电压的母线开始，按第一步所得出的近似功率分布，依次求出各元件串联阻抗中的电压降落，从而得出全部母线的电压。下面将分别作具体说明。

1. 计算近似功率分布

这一步的计算开始于离电源最远的母线，即图 3 - 9 中的母线 4 或 5，分别计算连接这些母线的线路或变压器 Π 形等值电路中的功率分布。以母线 4 为例，先计算母线 3 和 4 之间线路的功率分布。对此，由已知的线路末端功率 $\tilde{S}_4 = P_4 + \mathrm{j}Q_4$，应用上一节所介绍的功率分布计算方法，即依次应用式（3 - 21）～式（3 - 24）、式（3 - 26）和式（3 - 27）计算各个功率和功率损耗，直至得出线路始端的功率。但应注意在现在的计算中，各母线的电压都取为 $1\angle 0°$，即令 $\dot{U}_3 = \dot{U}_4 = 1\angle 0°$。具体的计算式为

$$\tilde{S}_{Y430} = \overset{*}{Y}_{430} U_4^2 = \overset{*}{Y}_{430}$$

$$\tilde{S}'_{34} = \tilde{S}_4 + \tilde{S}_{Y430}$$

$$\Delta \tilde{S}_{34} = \left| \frac{S'_{34}}{U_4} \right|^2 Z_{34} = S'^{2}_{34} Z_{34}$$

$$\tilde{S}''_{34} = \tilde{S}'_{34} + \Delta \tilde{S}_{34}$$

$$\widetilde{S}_{Y340} = \overset{*}{\dot{Y}}_{340} U_3^2 = \overset{*}{\dot{Y}}_{340}$$

$$\widetilde{S}_{34} = \widetilde{S}'_{34} + \widetilde{S}_{Y340}$$

最后得出的 $\widetilde{S}_{34}$ 便是线路 3-4 的始端功率（即线路末端的负荷功率和线路总损耗之和），它对于母线 3 来说相当于除了由该母线直接供给的负荷 $\widetilde{S}_3$ 以外，增加了一个额外的负荷 $\widetilde{S}_{34}$。换言之，$\widetilde{S}_{34}$ 代替了负荷 $\widetilde{S}_4$ 和线路 3-4 上的功率损耗。

同理，依次计算母线 3 和母线 5 之间线路的 Ⅱ 形等值电路中的功率分布，并得出 $\widetilde{S}_{Y530}$、$\widetilde{S}'_{35}$、$\Delta \widetilde{S}_{35}$、$\widetilde{S}''_{35}$、$\widetilde{S}_{Y350}$ 和 $\widetilde{S}_{35}$。显然，$\widetilde{S}_{35}$ 也可以看成是在母线 3 上增加的一个额外负荷，它代替了负荷 $\widetilde{S}_5$ 和线路 3-5 上的功率损耗。

于是，现在母线 3 上的负荷变成了 $\widetilde{S}_3 + \widetilde{S}_{34} + \widetilde{S}_{35}$。然后，去掉已被代替的线路（或变压器）元件，再从余下的网络中找出离电源最远的各个母线，并对连接这些母线的元件进行功率分布计算。对于图 3-9 所示的网络而言，便是母线 3 和线路 2-3，经计算得出始端功率 $\widetilde{S}_{23}$ 以后，合并到母线 2 的负荷中去。依此类推，直至计算到连接电源的母线 1 为止。

2. 计算各母线的电压和相位

从某一个给定电压的母线开始（将该已知电压作为参考相量），用第一步所求得的近似功率分布，依次计算各母线的电压和相位。例如，若已知母线 1 的电压为 $U_1 \angle 0°$，则可以应用式（3-37）计算由功率 $\widetilde{S}''_{12} = P''_{12} + jQ''_{12}$ 通过阻抗 $Z_{12} = R_{12} + jX_{12}$ 所产生的电压降，并得出母线 2 的电压为

$$\dot{U}_2 = U_1 - \frac{P''_{12} R_{12} + Q''_{12} X_{12}}{U_1} - j \frac{P''_{12} X_{12} - Q''_{12} R_{12}}{U_1}$$

然后，再由 $\dot{U}_2$ 及 $\widetilde{S}''_{23}$ 计算出 $\dot{U}_3$；以后由 $\dot{U}_3$ 及 $\widetilde{S}''_{34}$ 计算出 $\dot{U}_4$，由 $\dot{U}_3$ 及 $\widetilde{S}''_{35}$ 计算出 $\dot{U}_5$。这样便可得出整个系统中电压分布的近似结果。如果已知的电压不是电源母线的，则也可以从这个母线开始分别向电源母线方向和最远母线的方向推算。不过，在一般实际系统中这种情况比较少见。因为电源点的母线电压是可由运行人员控制的，因此往往是已知的。

必须指出，在一般情况下，经过以上两步计算，所得出的功率分布和电压分布已经基本上满足工程要求。

如果有必要使计算结果更精确，则可以用第二步计算所得出的各个母线的电压和相位分别代替原来第一步计算中所用的额定电压，再按第一步中的方法重新计算一次功率分布；然后再用新的功率分布，按第二步中的方法重新计算一次电压分布。如果还不满意，可以继续进行下去，直到相邻两次的电压分布（或功率分布）之间的差达到满意的程度为止。这种不断改进计算结果精度的方法便是所谓的迭代法。以后将会看到，应用电子计算机进行潮流计算时，有很多方法都是基于迭代法，而且，在配电网的潮流计算中，有一种方法（前推回代法）就是直接采用上述的迭代方法。

【例 3-3】 图 3-9 所示网络的具体标幺值参数如图 3-10 所示，其中 Ⅱ 形等值电路中的接地支路参数用导纳表示，母线 1 的电压为 $\dot{U}_1 = 1.1 \angle 0°$，求该系统的功率和电压分布。

解 （1）从母线 4 和母线 5 开始，用额定电压计算并联导纳和串联阻抗中的功率损耗和近似功率分布

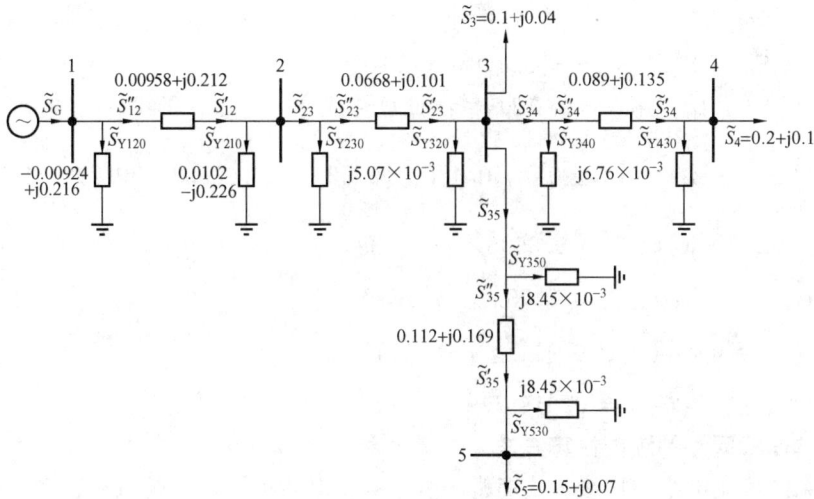

图 3-10　[例 3-3] 的等值电路及参数

$\widetilde{S}_{Y430} = \widetilde{S}_{Y340} = 1.0^2 \times (-j\,0.00676) = -j\,0.00676$

$\widetilde{S}'_{34} = \widetilde{S}_4 + \widetilde{S}_{Y430} = 0.2 + j\,0.1 - j\,0.00676 = 0.2 + j\,0.0932$

$\Delta\widetilde{S}_{34} = (0.2^2 + 0.0932^2) \times (0.089 + j\,0.135) = 0.00433 + j\,0.00656$

$\widetilde{S}''_{34} = \widetilde{S}'_{34} + \Delta\widetilde{S}'_{34} = 0.204 + j\,0.0998$

$\widetilde{S}_{34} = \widetilde{S}''_{34} + \widetilde{S}_{Y340} = 0.204 + j\,0.093$

$\widetilde{S}_{Y530} = \widetilde{S}_{Y350} = 1.0^2 \times (-j\,0.00845) = -j\,0.00845$

$\widetilde{S}'_{35} = \widetilde{S}_5 + \widetilde{S}_{Y530} = 0.15 + j\,0.0616$

$\Delta\widetilde{S}_{35} = 0.002944 + j\,0.004443$

$\widetilde{S}''_{35} = \widetilde{S}'_{35} + \Delta\widetilde{S}_{35} = 0.153 + j\,0.0660$

$\widetilde{S}_{35} = \widetilde{S}''_{35} + \widetilde{S}_{Y350} = 0.153 + j\,0.0575$

$\widetilde{S}_{Y320} = \widetilde{S}_{Y230} = 1.0^2 \times (-j\,0.00507) = -j\,0.00507$

$\widetilde{S}'_{23} = \widetilde{S}_3 + \widetilde{S}_{34} + \widetilde{S}_{35} + \widetilde{S}_{Y320} = 0.457 + j\,0.186$

$\Delta\widetilde{S}_{23} = 0.0162 + j\,0.0246$

$\widetilde{S}''_{23} = \widetilde{S}'_{23} + \Delta\widetilde{S}_{23} = 0.473 + j\,0.210$

$\widetilde{S}_{23} = \widetilde{S}''_{23} + \widetilde{S}_{Y230} = 0.473 + j\,0.205$

$\widetilde{S}_{Y210} = 1.0^2 \times (0.0102 + j0.226) = 0.0102 + j\,0.226$

$\widetilde{S}'_{12} = \widetilde{S}_{23} + \widetilde{S}_{Y210} = 0.483 + j\,0.431$

$\Delta\widetilde{S}_{12} = 0.004021 + j\,0.0889$

$\widetilde{S}''_{12} = \widetilde{S}'_{12} + \Delta\widetilde{S}_{12} = 0.488 + j\,0.520$

$$\widetilde{S}_{Y120} = 1.0^2 \times (-0.00924 - j0.216) = -0.00924 - j0.216$$

$$\widetilde{S}_{G} = \widetilde{S}_{12}'' + \widetilde{S}_{Y120} = 0.478 + j0.304$$

（2）从母线 1 开始应用式（3-12）依次计算母线 2、3、4 和母线 5 的电压

$$\dot{U}_2 = \dot{U}_1 - \frac{\overset{*}{\widetilde{S}}_{12}''}{\overset{*}{\dot{U}}_1} Z_{12} = 1.1\angle 0° - (0.488 - j0.52) \times (0.00958 + j0.212)/1.1\angle 0°$$

$$= 0.9955 - j0.0895 = 0.9995 \angle -5.138°$$

$$\dot{U}_3 = \dot{U}_2 - \overset{*}{\widetilde{S}}_{23}'' Z_{23}/\overset{*}{\dot{U}}_2 = 0.9473 \angle -7.181°$$

$$\dot{U}_4 = \dot{U}_3 - \overset{*}{\widetilde{S}}_{34}'' Z_{34}/\overset{*}{\dot{U}}_3 = 0.9141 \angle -8.415°$$

$$\dot{U}_5 = \dot{U}_3 - \overset{*}{\widetilde{S}}_{35}'' Z_{35}/\overset{*}{\dot{U}}_3 = 0.9185 \angle -8.359°$$

二、简单闭式网络的潮流估算方法

在输电系统中，网络的接线方式通常十分复杂，其中的一部分输电线路和变压器可能连接成环形网络，而且整个网络由多个发电厂共同供电，形成复杂的多端供电网络（参阅图1-1和图1-2）。这种环形网络及/或多端供电网络有时统称为闭式网络，而将辐射形网络称为开式网络。本章只介绍两种典型的、比较简单的闭式网络，即环形网络和两端供电网络中的潮流估算方法。如有必要，可以将它推广到更复杂的环形网络（具有多个独立回路），既含环形网络又由多个电源供电的情况。不过，这种复杂网络的潮流计算实际上大都采用第四章介绍的计算机算法。

闭式网络潮流估算的基本步骤是先不考虑元件等值电路中串联阻抗的功率损耗，求出网络的近似功率分布（或称初步功率分布），从而找出"功率分点"；然后在功率分点处将它拆成两个辐射形网络，再按照给定的供电点电压分别计算出它们的功率损耗和电压降，最终得出整个网络的潮流估算结果。

1. 环形网络的潮流估算方法

图 3-11（a）所示为一个简单的环形网络，它由四条线路连成一个回路。显然，在这个网络中如果任何一条线路断开，则负荷仍然可以由其他线路供电。因此，环形网络的供电可靠性比辐射形网络高，而且运行灵活。实际系统中的环形网络可能由几个独立的回路组成，形成复杂的环形网络，但这里只介绍单个回路的环形网络。其等值电路如图 3-11（b）所示。

注意，实际系统中组成回路的线路可能更多，而且每个母线本身可能接有一个或多个如图 3-9 所示的辐射形网络。在此情况下，图 3-11（b）中母线 2、3、4 的功率 $\widetilde{S}_2$、$\widetilde{S}_3$、$\widetilde{S}_4$ 将分别包括两部分：一部分是直接由母线供电的负荷，另一部分是在母线上所连接的下属辐射形网络中的全部负荷及损耗。它们可以分别用前面所介绍的辐射形网络功率分布的近似计算方法进行计算而得。此外，母线上的功率还包括接在母线上的两条线路的 Π 形等值电路中接地导纳中的功率。以图 3-11（b）中的母线 3 为例，$\widetilde{S}_3$ 应包括线路 2-3 和线路 3-4 的 Π 形等值电路中接在母线 3 侧的接地导纳中的功率。这些功率的计算方法与辐射形网络相同，都假定加在接地导纳上的电压为额定电压。经过上述计算得出的母线功率常称为母线的"运算负荷"。显然，用母线的运算负荷代替母线负荷后，在图 3-11（b）所示的等值电路中，各条线路的等值电路中只剩下它的串联阻抗。

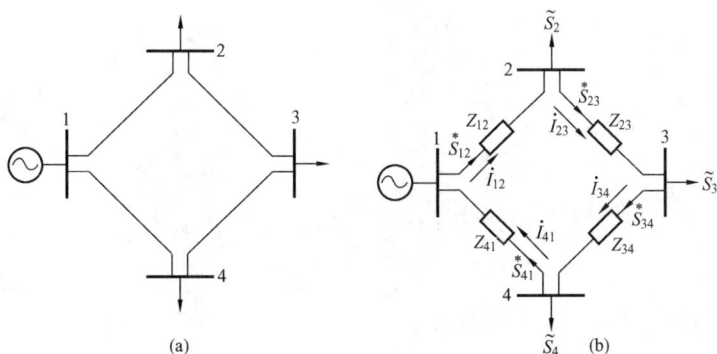

图 3-11　简单的环形网络

(a) 网络接线图；(b) 等值电路图

与简单辐射形网络的计算方法相同，在计算环形网络近似功率分布时也先认为各母线的电压都等于额定电压，相位都等于零，即 $\dot{U}=1\angle0°$。在此情况下，由功率与电压、电流之间的关系 $\tilde{S}=\dot{U}\overset{*}{I}$ 可以得出 $\overset{*}{I}=\overset{*}{S}$，即各个电流与相应复功率的共轭相等。

在环形网络的等值电路图 3-11（b）中，如果采用其中所示各支路的电流正方向，则可以列出回路 1-2-3-4-1 的电压平衡方程式

$$\dot{I}_{12}Z_{12}+\dot{I}_{23}Z_{23}+\dot{I}_{34}Z_{34}+\dot{I}_{41}Z_{41}=0$$

将上式中的电流分别换成相应复功率的共轭，并对各母线列出功率平衡方程，得

$$\overset{*}{S}_{12}Z_{12}+\overset{*}{S}_{23}Z_{23}+\overset{*}{S}_{34}Z_{34}+\overset{*}{S}_{41}Z_{41}=0 \tag{3-40}$$

由图 3-11（b）可得

$$\left.\begin{array}{l}\overset{*}{S}_{12}-\overset{*}{S}_{23}=\overset{*}{S}_{2}\\[4pt]\overset{*}{S}_{23}-\overset{*}{S}_{34}=\overset{*}{S}_{3}\\[4pt]\overset{*}{S}_{34}-\overset{*}{S}_{41}=\overset{*}{S}_{4}\end{array}\right\} \tag{3-41}$$

在式（3-40）和式（3-41）中消去 $\overset{*}{S}_{23}$、$\overset{*}{S}_{34}$、$\overset{*}{S}_{41}$ 后，便可得出线路 1-2 中功率的近似值

$$\overset{*}{S}_{12}=\frac{\overset{*}{S}_{2}(Z_{23}+Z_{34}+Z_{41})+\overset{*}{S}_{3}(Z_{34}+Z_{41})+\overset{*}{S}_{4}Z_{41}}{Z_{12}+Z_{23}+Z_{34}+Z_{41}} \tag{3-42}$$

从形式上来看，式（3-42）与杠杆中的力矩平衡公式相似。实际上如果将环形网络从母线 1 处割开，并将它像杠杆那样拉直；将复功率的共轭比喻成加在杠杆上的力，阻抗比喻成杠杆上的距离〔见图 3-12（a）〕，则 $\overset{*}{S}_{12}$ 相当于杠杆以 1' 为支点时，在 1″ 处为使杠杆平衡所应施加的力（复功率的共轭）。因此，式（3-42）中复功率的共轭与相应阻抗的乘积常称为"负荷矩"，而以上方法常称为"力矩法"。

同理，可以得出线路 1-4 中功率的近似值

$$\overset{*}{S}_{14}=-\overset{*}{S}_{41}=\frac{\overset{*}{S}_{2}Z_{12}+\overset{*}{S}_{3}(Z_{12}+Z_{23})+\overset{*}{S}_{4}(Z_{12}+Z_{23}+Z_{34})}{Z_{12}+Z_{23}+Z_{34}+Z_{41}} \tag{3-43}$$

它相当于以 1″ 为支点的情况。

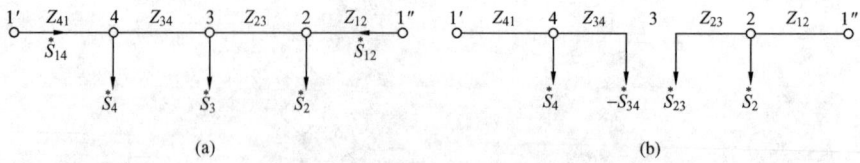

图 3 - 12　环形网络中的负荷矩及功率分点

(a) 力矩法；(b) 功率分点

由式（3-42）和式（3-43），可以得出

$$\overset{*}{S}_{12} + \overset{*}{S}_{14} = \overset{*}{S}_2 + \overset{*}{S}_3 + \overset{*}{S}_4 \tag{3-44}$$

它反映了不计线路 Π 形等值电路串联阻抗中功率损耗情况下的功率平衡关系。

式（3-42）和式（3-43）不难推广到具有更多线路的简单环形网络情况。

用式（3-42）计算出 $\overset{*}{S}_{12}$ 后，便可以应用式（3-41）求出各阻抗支路中通过的功率 $\overset{*}{S}_{23}$、$\overset{*}{S}_{34}$、$\overset{*}{S}_{41}$，它们便是近似功率分布。注意，这个近似功率分布还没有计入阻抗 Z_{12}、Z_{23}、Z_{34}、Z_{41} 中的功率损耗。为了求得这些功率损耗，可以先从依据近似功率分布找出一个母线，这个母线的负荷由连接于该母线的相邻两条线路分担，该母线称为"功率分点"。例如，若母线 3 的负荷 $\overset{*}{S}_3$ 实际上是由线路 2-3 和线路 3-4 共同供给，即线路 2-3 上的实际功率流向是从 2 到 3，线路 3-4 上的实际功率流向是从 4 到 3，则母线 3 为功率分点。然后，按照实际的线路功率，将功率分点处的负荷拆成两部分，并将网络也相应地进行分割。例如，将 $\overset{*}{S}_3$ 分成 $\overset{*}{S}_3 = \overset{*}{S}_{23} + (-\overset{*}{S}_{34})$，如图 3-12 (b) 所示。于是，原来的环形网络便变成两个辐射形网络，其中的负荷现在都成为已知，这样便可以用辐射形网络潮流估算的方法分别求出这两个辐射形网络中考虑功率损耗后的功率分布和电压分布。

有时，有功功率分点和无功功率分点不在同一个母线上，在这种情况下，原则上可以在两个中的任一个母线处进行分割，但习惯上常用无功功率分点，因为无功功率分点处的电压往往是网络电压的最低点。

若环形网络中各线路的电阻与电抗的比值相同，则称这种网络为均一网络。特别地，如果各线路采用相同的导线和结构，则它们的阻抗与其长度成正比，在此情况下，式（3-42）和式（3-43）可以简化成

$$\overset{*}{S}_{12} = \frac{\overset{*}{S}_2(l_{23} + l_{34} + l_{41}) + \overset{*}{S}_3(l_{34} + l_{41}) + \overset{*}{S}_4 l_{41}}{l_{12} + l_{23} + l_{34} + l_{41}} \tag{3-45}$$

$$-\overset{*}{S}_{41} = \frac{\overset{*}{S}_2 l_{12} + \overset{*}{S}_3(l_{12} + l_{23}) + \overset{*}{S}_4(l_{12} + l_{23} + l_{34})}{l_{12} + l_{23} + l_{34} + l_{41}} \tag{3-46}$$

上面式中：l_{12}、l_{23}、l_{34}、l_{41} 分别为与阻抗 Z_{12}、Z_{23}、Z_{34}、Z_{41} 相对应的线路长度。

综上所述，简单环形网络的潮流估算方法可以归结为以下步骤：

（1）计算环形网络中各母线的运算负荷，包括所连线路的 Π 形等值电路中接地导纳吸收的功率以及下属辐射形网络的总负荷和损耗。

（2）按式（3-42）或式（3-43）计算环形网络中的近似功率分布，并求出功率分点。

（3）在无功功率分点处将负荷按近似功率分布结果分成两部分，并将环形网络分成两个

辐射形网络，然后分别采用辐射形网络的潮流估算方法计算计及阻抗中损耗时的功率分布，再计算电压分布。注意，在这两个辐射形网络中还应补充与电源相连线路等值电路中电源侧接地导纳所吸收的功率。

【例 3-4】 图 3-13 (a) 为一个 220kV 的电网，母线 A 是电源，其电压保持 236.5kV。当取 $S_B=100MVA$，$U_B=220kV$ 时，各母线负荷功率的标幺值示于图 3-13 (a) 中。各线路的参数列于表 3-1 中，用标幺值表示的电网等值电路图如图 3-13 (b) 所示。求网络中的功率分布和母线 B、C、D 的电压。

表 3-1　　　　　　　　　　**[例 3-4] 电网中的线路参数表**

线路	长度 (km)	导线型号	r_1 (Ω/km)	x_1 (Ω/km)	b_1 (×10⁻⁶S/km)	R_*	X_*	$B_*/2$ (×10⁻³)
A-B	100	LGJ-240	0.066	0.310	3.62	0.0136	0.0640	0.0876
A-C	140	LGJ-300	0.054	0.308	3.66	0.0156	0.0891	0.1240
B-C	120	LGJ-240	0.066	0.310	3.62	0.0164	0.0769	0.1051
C-D	80	LGJ-240	0.066	0.310	3.62	0.0055	0.0256	0.1402

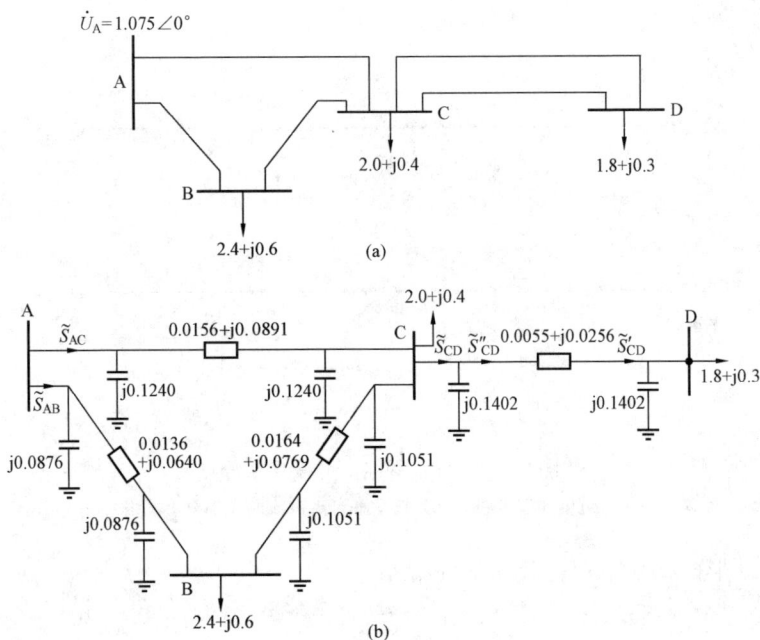

图 3-13 [例 3-4] 电网
(a) 网络接线图；(b) 等值电路图

解　（1）计算辐射形网络 CD 段的功率分布

$$\widetilde{S}'_{CD}=1.8+j\,0.3-j\,0.1402\times 1.0^2=1.8+j\,0.1598$$

$$\widetilde{S}''_{CD}=1.8+j0.1598+(1.8^2+0.1598^2)\times(0.0055+j0.0256)=1.8180+j0.2434$$

$$\widetilde{S}_{CD}=1.8180+j0.2434-j0.1402\times 1.0^2=1.8180+j0.1032$$

（2）计算母线 B 和 C 的运算负荷

$$\widetilde{S}_B = 2.4 + j0.6 - j0.0876 \times 1.0^2 - j0.1051 \times 1.0^2 = 2.4 + j0.4073$$

$$\widetilde{S}_C = 2.0 + j0.4 + 1.8180 + j0.1032 - j0.1240 \times 1.0^2 - j0.1051 \times 1.0^2$$
$$= 3.8180 + j0.2741$$

（3）计算环形网络部分的初步功率分布。如图 3 - 14（a）所示，将环形网络在母线 A 处割开，应用式（3 - 42），得

$$\overset{*}{S}_{AB} = \frac{\overset{*}{S}_B (Z_{BC} + Z_{CA}) + \overset{*}{S}_C Z_{CA}}{Z_{AB} + Z_{BC} + Z_{CA}}$$

$$= \frac{(2.4 - j0.4073) \times (0.0320 + j0.1660) + (3.8180 - j0.2741) \times (0.0156 + j0.0891)}{(0.0136 + j0.0640) + (0.0164 + j0.0769) + (0.0156 + j0.0891)}$$

$$= 3.2068 - j0.3572$$

$$\overset{*}{S}_{BC} = \overset{*}{S}_{AB} - \overset{*}{S}_B = 0.8068 + j0.0501$$

$$\overset{*}{S}_{AC} = \overset{*}{S}_C + \overset{*}{S}_B - \overset{*}{S}_{AB} = 3.0112 - j0.3242$$

于是，环形网络中的近似功率分布，如图 3 - 14（a）所示。由图可以看出无功功率分点在母线 B 处。

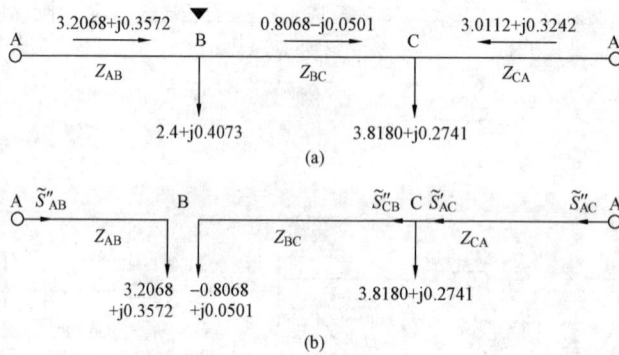

图 3 - 14　环形网络部分及功率分点
（a）近似功率分布；（b）按功率分点拆成两个辐射形网络

（4）计算环形网络功率损耗及功率分布

$$S''_{AB} = 3.2068 + j0.3572 + (3.2068^2 + 0.3572^2) \times (0.0136 + j0.0640)$$
$$= 3.3484 + j1.0235$$

$$S''_{CB} = -0.8068 + j0.0501 + (0.8068^2 + 0.0501^2) \times (0.0164 + j0.0769)$$
$$= -0.7961 + j0.1003$$

$$S'_{AC} = S''_{CB} + \widetilde{S}_C = (-0.7961 + j0.1003) + (3.8180 + j0.2741)$$
$$= 3.0219 + j0.3744$$

$$S''_{AC} = S'_{AC} + \Delta\widetilde{S}_{AC} = 3.0219 + j0.3744 + (3.0219^2 + 0.3744^2) \times (0.0156 + j0.0891)$$
$$= 3.1665 + j1.2005$$

母线 A 供给的总功率为

$$\widetilde{S}_A = (3.3484 + j1.0235) + (3.1665 + j1.2005) - j0.1240 \times 1.0^2 - j0.0876 \times 1.0^2$$
$$= 6.5149 + j2.0124$$

（5）网络中的电压分布（计及电压降的横分量）

$$U_B = \sqrt{\left(1.075 - \frac{3.3484 \times 0.0136 + 1.0235 \times 0.0640}{1.075}\right)^2 + \left(\frac{3.3484 \times 0.0640 - 1.0235 \times 0.0136}{1.075}\right)^2}$$
$$= 0.9894$$

$$U_C = \sqrt{\left(1.075 - \frac{3.1665 \times 0.0156 + 1.2005 \times 0.0891}{1.075}\right)^2 + \left(\frac{3.1665 \times 0.0891 - 1.2005 \times 0.0156}{1.075}\right)^2}$$
$$= 0.9612$$

$$U_D = \sqrt{\left(0.9612 - \frac{1.8180 \times 0.0055 + 0.2434 \times 0.0256}{0.9612}\right)^2 + \left(\frac{1.8180 \times 0.0256 - 0.2434 \times 0.0055}{0.9612}\right)^2}$$
$$= 0.9455$$

最终的潮流分布如图 3-15 所示。

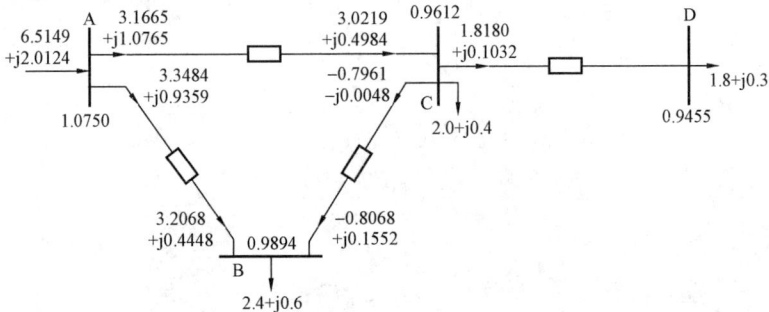

图 3-15　［例 3-4］的潮流估算结果

2. 两端供电网络的潮流估算方法

图 3-16（a）所示为一简单两端供电网络，其中 A 和 B 为两个供电点，A-1、1-2 和 2-B 为输电线路，母线 1 和 2 接有负荷并可能带有下属网络，其等值电路如图 3-16（b）所示。图中，$\dot{U}_A$ 和 $\dot{U}_B$ 分别为两端供电点的电压，$\widetilde{S}_A$ 和 $\widetilde{S}_B$ 为它们送出的功率；$\widetilde{S}_1$ 和 $\widetilde{S}_2$ 分别为母线 1 和 2 的运算负荷；Z_1、Z_2 和 Z_3 分别为线路的串联阻抗。显然，如果已知其中任一端供电点送出的功率 $\widetilde{S}_1$ 或者 $\widetilde{S}_2$，则可以将它看成一个负的负荷，从而应用辐射形网络的潮流计算方法来进行计算。为此，认为 $\widetilde{S}_A$ 和 $\widetilde{S}_B$ 都未知，但假定两端供电点的电压 $\dot{U}_A$ 和 $\dot{U}_B$ 为给定值。

和环形网络潮流估算的方法相同，先不考虑线路串联阻抗中的功率损耗，并认为各个母线的电压都等于额定电压（用标幺值计算时为 1），相位都等于零，从而用复功率的共轭来代替相应的电流求出网络中的近似功率分布。对于图 3-16（b）所示的电路，由两端电压差应等于各元件电压降落总和的条件，在图中所示电流正方向的情况下，有

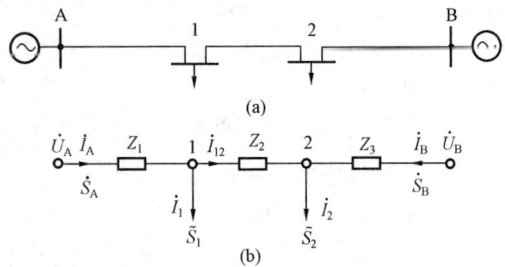

图 3-16　两端供电网路
（a）网络接线图；（b）等值电路图

$$\dot{U}_A - \dot{U}_B = \dot{I}_A Z_1 + \dot{I}_{12} Z_2 - \dot{I}_B Z_3$$

$$= \dot{I}_A (Z_1 + Z_2 + Z_3) - \dot{I}_1 (Z_2 + Z_3) - \dot{I}_2 Z_3$$

用复功率的共轭代替电流后，得

$$\dot{U}_A - \dot{U}_B = \overset{*}{S}_A (Z_1 + Z_2 + Z_3) - \overset{*}{S}_1 (Z_2 + Z_3) - \overset{*}{S}_2 Z_3$$

从中解出

$$\overset{*}{S}_A = \frac{\overset{*}{S}_1 (Z_2 + Z_3) + \overset{*}{S}_2 Z_3}{Z_1 + Z_2 + Z_3} + \frac{\dot{U}_A - \dot{U}_B}{Z_1 + Z_2 + Z_3}$$

$$= \frac{\overset{*}{S}_1 Z_1' + \overset{*}{S}_2 \dot{Z}_2'}{Z_\Sigma} + \frac{\dot{U}_A - \dot{U}_B}{Z_\Sigma}$$

$$= \frac{\sum\limits_{m=1}^{2} \overset{*}{S}_m Z_m'}{Z_\Sigma} + \frac{\dot{U}_A - \dot{U}_B}{Z_\Sigma} \tag{3-47}$$

其中 $Z_1' = Z_2 + Z_3 \,;\; Z_2' = Z_3 \,;\; Z_\Sigma = Z_1 + Z_2 + Z_3$

同理可得

$$\overset{*}{S}_B = \frac{\overset{*}{S}_2 (Z_1 + Z_2) + \overset{*}{S}_1 Z_1}{Z_1 + Z_2 + Z_3} + \frac{\dot{U}_B - \dot{U}_A}{Z_1 + Z_2 + Z_3}$$

$$= \frac{\overset{*}{S}_1 Z_1' + \overset{*}{S}_2 \dot{Z}_2''}{Z_\Sigma} + \frac{\dot{U}_B - \dot{U}_A}{Z_\Sigma}$$

$$= \frac{\sum\limits_{m=1}^{2} \overset{*}{S}_m Z_m''}{Z_\Sigma} + \frac{\dot{U}_B - \dot{U}_A}{Z_\Sigma} \tag{3-48}$$

其中 $Z_1'' = Z_1 \,;\; Z_2'' = Z_1 + Z_2 \,;\; Z_\Sigma = Z_1 + Z_2 + Z_3$

式（3-47）和式（3-48）可以推广到具有 n 个母线的两端供电网络，计算式为

$$\overset{*}{S}_A = \frac{\sum\limits_{m=1}^{n} \overset{*}{S}_m Z_m'}{Z_\Sigma} + \frac{\dot{U}_A - \dot{U}_B}{Z_\Sigma} \tag{3-49}$$

$$\overset{*}{S}_B = \frac{\sum\limits_{m=1}^{n} \overset{*}{S}_m Z_m''}{Z_\Sigma} + \frac{\dot{U}_B - \dot{U}_A}{Z_\Sigma} \tag{3-50}$$

其中 $Z_\Sigma = \sum\limits_{i=1}^{n+1} Z_i \,;\; Z_m' = \sum\limits_{i=m+1}^{n} Z_i \,;\; Z_m'' = \sum\limits_{i=1}^{m} Z_i (m = 1, 2, \cdots, n)$

必须指出，如果用有名值进行计算，则式（3-49）和式（3-50）中的第二项需乘以网络额定电压 U_N。

计算出 $\widetilde{S}_A$ 或 $\widetilde{S}_B$ 后，便可以得出网络中的近似功率分布，并求出功率分点，以后的计算步骤和方法便与环形网络计算完全相同。

分析式（3-49）和式（3-50）可以看出，两端供电网络的近似功率分布（初步功率分布）是由两部分相加而成的：一部分是两端电压相等时，与网络参数和负荷功率有关的功率分布（有时称自然功率分布），从比较式（3-49）与式（3-42）不难看出，它相当于将其两端相连而组成环形网络时的近似功率分布；另一部分是由两端电压差引起的功率分布，它只

与两端电压差和线路总阻抗有关，并且只在两端电源间流动（其规定正方向是从端点 A 流向端点 B），而与负荷大小无关，而且在各个串联阻抗中的大小和流向都相同。这一功率在网络中所造成的分布有时称为强迫功率分布。

【例 3 - 5】 图 3 - 17（a）为一个 220kV 的两端供电网络，其中线路 A - 1、1 - 2、2 - B 的长度和参数分别与［例 3 - 4］中线路 A - B、B - C、A - C 的相同，母线 1 处的负荷与［例 3 - 4］中母线 A 处的负荷相同，母线 2 处的负荷为［例 3 - 4］中母线 B 处的负荷及其下属辐射形网络中负荷和损耗的总和。实际上，图 3 - 17（a）中的两端供电网络相当于将［例 3 - 4］中的环形网络在供电点处割开后的情况。当取 $S_B=100$MVA，$U_B=220$kV 时，等值电路如图 3 - 17（b）所示，其中的负荷为母线的运算负荷。试计算以下四种情况下的近似功率分布：（1）$\dot{U}_A=236.5\angle0°$kV，$\dot{U}_B=236.5\angle0°$kV；（2）$\dot{U}_A=238.7\angle0°$kV，$\dot{U}_B=236.5\angle0°$kV；（3）$\dot{U}_A=236.5\angle0°$kV，$\dot{U}_B=236.5\angle5°$kV；（4）$\dot{U}_A=238.7\angle0°$kV，$\dot{U}_B=236.5\angle5°$kV。

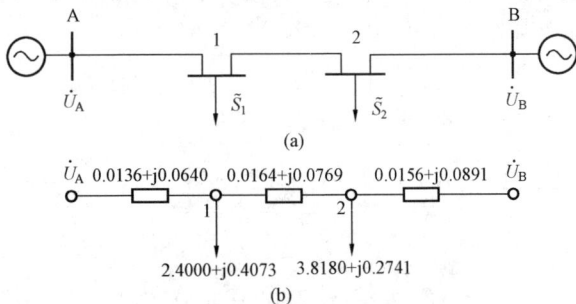

图 3 - 17　［例 3 - 5］中两端供电网络
(a) 网络接线图；(b) 等值电路图

解　（1）$\dot{U}_A=236.5\angle0°$kV，$\dot{U}_B=236.5\angle0°$kV 情况下的近似功率分布：

显然，当两端电压都等于 $236.5\angle0°$kV（标幺值 $1.075+j0$）时，网络中的近似功率分布与［例 3 - 4］中得出的结果完全相同，见图 3 - 14（a）。

（2）$\dot{U}_A=238.7\angle0°$kV，$\dot{U}_B=236.5\angle0°$kV 情况下的近似功率分布：

在此情况下，两端电压的标幺值分别为 $U_A=1.085+j0$，$U_B=1.075+j0$。与情况（1）相比，它相当于将端点 A 的电压提高 0.01（标幺值）。近似功率分布计算式（3 - 49）中与两端电压差有关的功率为

$$\frac{\dot{U}_A-\dot{U}_B}{Z_\Sigma}=\frac{(1.085+j0)-(1.075+j0)}{0.0456+j0.2300}=0.0083-j0.0419$$

$$Z_\Sigma=(0.0136+j0.0640)+(0.0164+j0.0769)+(0.0156+j0.0891)$$

$$=0.0456+j0.2300$$

与两端电压差无关的功率为

$$\frac{\sum_{m=1}^{n}\overset{*}{\check{S}}_mZ'_m}{Z_\Sigma}=\frac{(3.8180-j0.2741)\times(0.0156+j0.0891)+(2.4000-j0.4073)\times(0.0320+j0.1660)}{0.0456+j0.2300}$$

$$=3.2068-j0.3572$$

于是

$$\widetilde{S}_{\mathrm{A}} = (3.2068 + \mathrm{j}0.3572) + (0.0083 + \mathrm{j}0.0419) = 3.2151 + \mathrm{j}0.3991$$

（3）$\dot{U}_{\mathrm{A}} = 236.5\angle 0°\,\mathrm{kV}$，$\dot{U}_{\mathrm{B}} = 236.5\angle 5°\,\mathrm{kV}$ 情况下的近似功率分布：

在此情况下，两端电压的标幺值分别为 $U_{\mathrm{A}} = 1.075 + \mathrm{j}0$，$U_{\mathrm{B}} = 1.0709 + \mathrm{j}0.0937$。与情况（1）相比，它相当于两端电压的有效值不变，但端点 B 的电压相位增加了 5°。在近似功率分布计算式（3-49）中与两端电压差有关的功率为

$$\frac{\dot{U}_{\mathrm{A}} - \dot{U}_{\mathrm{B}}}{Z_{\Sigma}} = \frac{(1.075 + \mathrm{j}0) - (1.0709 + \mathrm{j}0.0937)}{0.0456 + \mathrm{j}0.2300} = -0.03886 - \mathrm{j}0.0949$$

于是

$$\widetilde{S}_{\mathrm{A}} = (3.2068 + \mathrm{j}0.3572) + (-0.3886 + \mathrm{j}0.0949) = 2.8182 + \mathrm{j}0.4521$$

（4）$\dot{U}_{\mathrm{A}} = 238.7\angle 0°\,\mathrm{kV}$，$\dot{U}_{\mathrm{B}} = 236.5\angle 5°\,\mathrm{kV}$ 情况下的近似功率分布：

在此情况下，两端电压的标幺值分别为 $U_{\mathrm{A}} = 1.085 + \mathrm{j}0$，$U_{\mathrm{B}} = 1.0709 + \mathrm{j}0.0937$。与情况（1）相比，它相当于不但将端点 A 的电压提高 0.01，而且端点 B 的电压相位增加 5°。在近似功率分布计算式（3-49）中与两端电压差有关的功率为

$$\frac{\dot{U}_{\mathrm{A}} - \dot{U}_{\mathrm{B}}}{Z_{\Sigma}} = \frac{(1.085 + \mathrm{j}0) - (1.0709 + \mathrm{j}0.0937)}{0.0456 + \mathrm{j}0.2300} = -0.03803 - \mathrm{j}0.1367$$

于是

$$\widetilde{S}_{\mathrm{A}} = (3.2068 + \mathrm{j}0.3572) + (-0.3803 + \mathrm{j}0.1367) = 2.8265 + \mathrm{j}0.4939$$

（5）四种情况下的近似功率分布的比较：

四种情况下近似功率分布的计算结果汇总列于图 3-18 的表格之中。比较情况（2）和情况（1）可以看出，由于端点 A 电压的提高，它送出的无功功率将增加 0.0419，而送出的有功功率变化不大（增加 0.0083，与无功功率增加量相比，约 1/5）。比较情况（3）和情况（1）可以看出，由于端点 B 电压相位的增加，端点 B 送出的有功功率将增加 0.3886，而送出的无功功率变化不大（减少 0.0949，与有功功率增加量相比，约 1/4）。比较情况（4）和情况（1）可以看出，由于端点 A 电压的提高以及端点 B 电压相位的增加，端点 A 送出的无功功率将增加 0.1367，同时端点 B 送出的有功功率增加 0.3803。这说明在两端供电系统（特别是高压系统）中，提高一端电压的有效值将使它送出的无功功率增加，或者说，要想增加某一端送出的无功功率，应该增加它的端电压；而增加一端电压的相位将使它送出的有功功率增加，或者说，要想增加某一端送出的有功功率，应该增加它的电压相位。

［例 3-5］中关于功率分布与两端电压差之间的关系解释如下：

近似功率分布计算式（3-49）中与两端电压差有关的功率可以写成

$$\Delta \widetilde{S}_{\mathrm{A}} = \frac{\overset{*}{U}_{\mathrm{A}} - \overset{*}{U}_{\mathrm{B}}}{\overset{*}{Z}_{\Sigma}} = \frac{\Delta U_{\mathrm{AB}}^{\mathrm{Re}} - \mathrm{j}\Delta U_{\mathrm{AB}}^{\mathrm{Im}}}{R_{\Sigma} - \mathrm{j}X_{\Sigma}} \tag{3-51}$$

由于高压和超高压输电线路的电阻远小于电抗（在［例 3-5］中 $R_{\Sigma}/X_{\Sigma} = 0.1983$），使 $R_{\Sigma} \ll X_{\Sigma}$。在 $R_{\Sigma} = 0$ 的极端情况下，当端点 A 的电压有效值大于端点 B 而两者相位相同时，式（3-51）中的电压实部差 $\Delta U_{\mathrm{AB}}^{\mathrm{Re}} > 0$ 而虚部差 $\Delta U_{\mathrm{AB}}^{\mathrm{Im}} = 0$，这样由式（3-51）得 $\Delta \widetilde{S}_{\mathrm{A}} = \mathrm{j}\Delta U_{\mathrm{AB}}^{\mathrm{Re}}/X_{\Sigma}$，说明端点 A 将增加所送出的无功功率；当端点 B 的电压相位超前端点 A 而两者

电压实部相同时，式（3-51）中的电压实部差 $\Delta U_{AB}^{Re} = 0$ 而虚部差 $\Delta U_{AB}^{Im} < 0$，由式（3-51）得 $\Delta \widetilde{S}_A = \Delta U_{AB}^{Im} / X_\Sigma$，说明端点 A 将减少所送出的有功功率，即端点 B 将增加所送出的有功功率。显然，当两端电压的实部和虚部都不相等时，将同时引起无功功率和有功功率的增减。显然，如果考虑线路电阻的影响，则在有功功率（或无功功率）增减的同时，无功功率（或有功功率）也将视 R_Σ / X_Σ 比值的大小作少量的变化。但是，在电阻远小于电抗的情况下，上述两端电压的实部差主要影响无功功率的分配，而电压的虚部差主要影响有功功率分配的性质不会改变。

情况	$\dot{U}_A$	$\widetilde{S}_{A-1}$	$\widetilde{S}_{1-2}$	$\widetilde{S}_{B-2}$	$\dot{U}_B$
（1）	1.075∠0°	3.2068+j0.3572	0.8068−j0.0501	3.0112+0.3242	1.075∠0°
（2）	1.085∠0°	3.2151+j0.3991	0.8151−j0.0082	3.0029+j0.2823	1.075∠0°
（3）	1.075∠0°	2.8182+j0.4521	0.4182+j0.0448	3.3998+j0.2293	1.075∠5°
（4）	1.085∠0°	2.8265+j0.4939	0.4265+j0.0866	3.3915+j0.1875	1.075∠5°

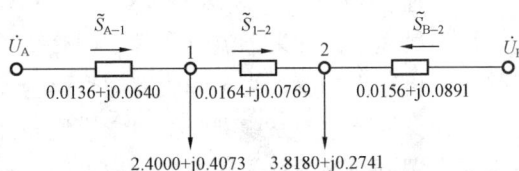

图 3-18　[例 3-5] 两端供电网络中的近似功率分布

　　在电力系统中，功率分布与两端电压差之间的上述关系对于学习和研究电力系统稳态运行方式的调整和控制十分重要。其实，这一关系也是上一节所介绍的输电线路功率与电压之间定性关系的扩展。

第四章　电力系统潮流的计算机算法

随着计算机技术的迅速发展和普及，计算机已成为分析计算复杂电力系统各种运行情况的主要工具。由于应用计算机计算潮流时大都采用标幺值，因此，在本章中如无特殊说明，所有量都是指它的标幺值，并仍采用表 2-4 中用标幺值表示的有关公式。

虽然在第三章中已经论述了电力系统潮流的概念，但这是不完整的。众所周知，电力系统的基本任务是满足负荷的需求，那么在已知负荷大小和电力网络的结构与参数后，就应该配置合适的发电机输出功率来满足负荷需求。配置的发电机输出功率合适与否需要做两项工作来验证：一是在已知负荷大小和给定的发电机输出功率下，求解相应的电路方程，即进行电力系统的潮流计算。若潮流有解，则进入下一项工作；若潮流无解，则需要调整发电机输出功率，直至潮流有解。二是检验潮流解的合理性，即检验各节点电压是否在合理的范围内，各支路电流是否超过允许的最大值。如果潮流解合理，即获得了电力系统的一种正常运行方式；否则，还需要调整发电机输出功率，直至潮流有解且解合理。

本章主要介绍应用计算机计算复杂电力系统潮流的数学模型和计算方法。为此，本章先介绍电力网络方程，然后推导出潮流问题的数学模型，最后给出几种潮流计算方法。

第一节　电力网络方程

电力网络方程是指反映电网中电流与电压之间相互关系的方程式，简称网络方程。图 4-1（a）为一个简单的电网，各元件的数学模型（等值电路）如图 4-1（b）所示。为明晰起见，在线路和变压器的 Π 形等值电路中，等值阻抗和导纳的命名采用与第二章中相同的规则。以节点 i 和节点 j 之间的元件为例：其 Π 形等值电路中不接地支路的阻抗用 z_{ij}（或 z_{ji}，显然 $z_{ij}=z_{ji}$）表示，并用 $y_{ij}=y_{ji}=1/z_{ij}$ 表示相应的导纳；等值电路中在节点 i 侧接地支路的导纳用 y_{ij0} 表示，在节点 j 侧接地支路的导纳用 y_{ji0} 表示。另外，在节点 i 上可能接有电容器或电抗器，它们的等值导纳用 y_{ji0} 表示。可以看出，图 4-1（b）中的支路导纳正是用这种方法表示的。

接着对 4-1（b）中的等值电路进行化简，将接在同一节点上的接地导纳进行并联，得

$$y_{10} = y_{120} + y_{130}$$
$$y_{20} = y_{210} + y_{230}$$
$$y_{30} = y_{310} + y_{320} + y_{340}$$
$$y_{40} = y_{430}$$

从而可以得出图 4-1（c）所示的简化等值电路。

一、用节点导纳矩阵表示的网络方程

根据"电路"课程中学过的知识，可以列写出电网的节点电压方程或回路电流方程。但在实际电网的等值电路中，由于接地支路很多，使得回路电流方程比节点电压方程的个数多；另外，大型复杂电网的独立回路寻找困难，而节点电压方程形成容易，且在网络结构发

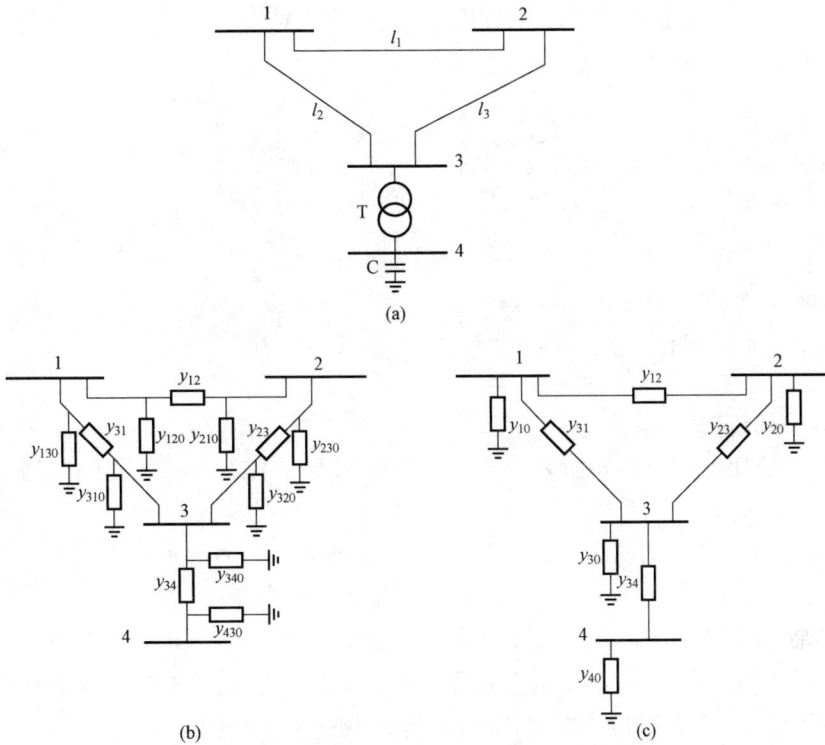

图 4 - 1　简单电网

(a) 网络接线图；(b) 等值电路图；(c) 简化等值电路图

生变化时也可方便地对节点电压方程进行修改，因此在电网中一般使用节点电压方程。

1. 网络方程的形成

节点电压方程描述了电网各节点注入电流和各节点电压之间的数学关系。对于 n 个节点的电网而言，当以大地（第 $n+1$ 个节点）作为参考节点时，可以写出 n 阶的节点电压方程

$$\boldsymbol{Y}\dot{\boldsymbol{U}} = \dot{\boldsymbol{I}} \tag{4-1}$$

式中：$\dot{\boldsymbol{I}}$ 为各节点注入电流所组成的向量，$\dot{\boldsymbol{I}} = \begin{bmatrix} \dot{I}_1 & \cdots & \dot{I}_i & \cdots & \dot{I}_n \end{bmatrix}^{\mathrm{T}}$；$\dot{\boldsymbol{U}}$ 为各节点电压所组成的向量，$\dot{\boldsymbol{U}} = \begin{bmatrix} \dot{U}_1 & \cdots & \dot{U}_i & \cdots & \dot{U}_n \end{bmatrix}^{\mathrm{T}}$；$\boldsymbol{Y}$ 为网络的节点导纳矩阵。

$\boldsymbol{Y}$ 矩阵表达式为

$$\boldsymbol{Y} = \begin{bmatrix} Y_{11} & \cdots & Y_{1i} & \cdots & Y_{1j} & \cdots & Y_{1n} \\ \vdots & \ddots & \vdots & \ddots & \vdots & \ddots & \vdots \\ Y_{i1} & \cdots & Y_{ii} & \cdots & Y_{ij} & \cdots & Y_{in} \\ \vdots & \ddots & \vdots & \ddots & \vdots & \ddots & \vdots \\ Y_{j1} & \cdots & Y_{ji} & \cdots & Y_{jj} & \cdots & Y_{jn} \\ \vdots & \ddots & \vdots & \ddots & \vdots & \ddots & \vdots \\ Y_{n1} & \cdots & Y_{ni} & \cdots & Y_{nj} & \cdots & Y_{nn} \end{bmatrix} \tag{4-2}$$

式中：Y_{ii}（$i = 1, \cdots, n$）为节点 i 的自导纳，它的值等于该节点所连支路导纳之和；Y_{ij}（$i \neq$

$j;i,j=1,\cdots,n$）为节点 i 与节点 j 之间的互导纳，它的值等于所连支路导纳的负值。

式（4-1）也可以写为

$$\dot{I}_i = \sum_{j\in i}Y_{ij}\dot{U}_j \quad (i=1,\cdots,n) \tag{4-3}$$

式中：$j\in i$ 表示通过支路与节点 i 直接相连的所有节点的集合。

对于图 4-1（c）所示的电网，导纳矩阵各元素可直接给出

$$Y_{11}=y_{10}+y_{12}+y_{13};\ Y_{13}=Y_{31}=-y_{13};\ Y_{12}=Y_{21}=-y_{12};\ Y_{14}=Y_{41}=0$$
$$Y_{22}=y_{20}+y_{12}+y_{23};\ Y_{23}=Y_{32}=-y_{23};\ Y_{24}=Y_{42}=0$$
$$Y_{33}=y_{30}+y_{13}+y_{23}+y_{34};\ Y_{34}=Y_{43}=-y_{34}$$
$$Y_{44}=y_{40}+y_{34}$$

2. 节点导纳矩阵的特点

（1）节点导纳矩阵为 $n\times n$ 阶复数矩阵，当电网至少有一条接地支路时通常为非奇异矩阵。

（2）节点导纳矩阵为对称矩阵，即 $Y_{ij}=Y_{ji}$。因而在用计算机进行存储时，通常只存储其上三角（或下三角）部分的元素，从而可以节省计算机内存。

（3）当节点 i 与 j 之间不存在直接相连的支路时，$Y_{ij}=0$。因而可以从导纳矩阵的元素看出电网的拓扑关系。另外，实际电力系统的每一母线平均与 3~5 个线路或变压器相连接，因此，导纳矩阵中有大量的非对角元素为 0，这类矩阵称为稀疏矩阵。

【例 4-1】　图 4-1 所示系统中，线路额定电压为 110kV，线路均采用 LGJ—120 型导线，其参数为 $r_1=0.21\Omega/\mathrm{km}$，$x_1=0.4\Omega/\mathrm{km}$，$b_1=2.85\times10^{-6}\mathrm{S/km}$，线路长度分别为 $l_1=150\mathrm{km}$，$l_2=100\mathrm{km}$，$l_3=75\mathrm{km}$。变压器容量为 63000kVA，额定电压为 110/38.5kV，短路电压百分数 $U_k\%=10.5$，在 -2.5% 分接头上运行。电容器额定容量为 5MVA。若取 $S_B=100\mathrm{MVA}$，$U_B=U_N$，试形成系统的节点导纳矩阵。

解　线路参数的标幺值为

$$z_{l1}=0.260331+\mathrm{j}0.495868;\ \frac{y_{l1}}{2}=\mathrm{j}0.025864$$

$$z_{l2}=0.173554+\mathrm{j}0.330579;\ \frac{y_{l2}}{2}=\mathrm{j}0.017243$$

$$z_{l3}=0.130165+\mathrm{j}0.247934;\ \frac{y_{l3}}{2}=\mathrm{j}0.012932$$

变压器参数的标幺值为

$$X_T=\frac{10.5}{100}\times\frac{110^2}{63}\times\frac{100}{110^2}=0.166667;\ k=\frac{38.5/[110(1-0.025)]}{35/110}=1.128205$$

$$Z_{\Pi}=kZ_T=\mathrm{j}0.188034;\ Y_{\Pi1}=\frac{k-1}{kZ_T}=-\mathrm{j}0.681818;\ Y_{\Pi2}=\frac{1-k}{k^2Z_T}=\mathrm{j}0.604339$$

电容器导纳的标幺值为

$$y_{440}=\mathrm{j}5/100=\mathrm{j}0.05$$

各串联支路的导纳为

$$y_{12}=\frac{1}{0.260331+\mathrm{j}0.495868}=0.829985-\mathrm{j}1.580924$$

$$y_{13} = \frac{1}{0.173554 + j0.330579}$$
$$= 1.244978 - j2.371387$$

$$y_{23} = \frac{1}{0.130165 + j0.247934}$$
$$= 1.659971 - j3.161849$$

$$y_{34} = \frac{1}{j0.188034} = -j5.318187$$

网络的等值电路如图 4 - 2 所示。

下面计算导纳矩阵中的自导纳元素

$Y_{11} = y_{120} + y_{130} + y_{12} + y_{13}$
$\quad = j0.025864 + j0.017243$
$\quad + 0.829985 - j1.580924$
$\quad + 1.244978 - j2.371387$
$\quad = 2.074963 - j3.909204$

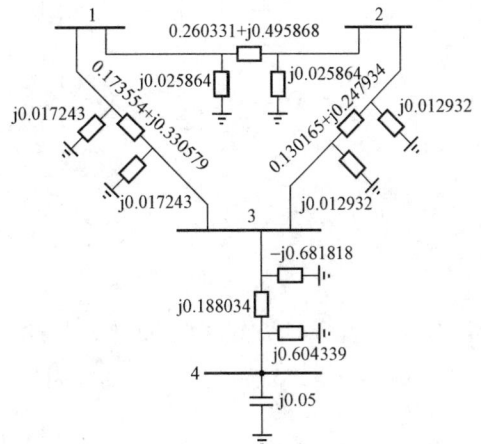

图 4 - 2　[例 4 - 1] 导纳表示的等值电路图

$Y_{22} = y_{210} + y_{230} + y_{21} + y_{23}$
$\quad = j0.025864 + j0.012932 + 0.829985 - j1.580924 + 1.659971 - j3.161849$
$\quad = 2.489956 - j4.703977$

$Y_{33} = y_{310} + y_{320} + y_{340} + y_{31} + y_{32} + y_{34} = j0.017243 + j0.012932 - j0.681818$
$\quad + 1.244978 - j2.371387 + 1.659971 - j3.161849 - j5.318187$
$\quad = 2.904949 - j11.503066$

$Y_{44} = y_{440} + y_{430} + y_{43}$
$\quad = j0.05 + j0.604339 - j5.318187 = -j4.663848$

互导纳元素为

$Y_{12} = Y_{21} = -y_{12} = -0.829985 + j1.580924$

$Y_{13} = Y_{31} = -y_{13} = -1.244978 + j2.371387$

$Y_{14} = Y_{41} = 0$

$Y_{23} = Y_{32} = -y_{23} = -1.659971 + j3.161849$

$Y_{24} = Y_{42} = 0$

$Y_{34} = Y_{43} = -y_{34} = j5.318187$

最终形成的节点导纳矩阵为

$$Y = \begin{bmatrix} 2.074963 - j3.909204 & -0.829985 + j1.580924 & -1.244978 + j2.371387 & 0.0 \\ -0.829985 + j1.580924 & 2.489956 - j4.703977 & -1.659971 + j3.161849 & 0.0 \\ -1.244978 + j2.371387 & -1.659971 + j3.161849 & 2.904949 - j11.503066 & j5.318187 \\ 0.0 & 0.0 & j5.318187 & -j4.663848 \end{bmatrix}$$

二、用节点阻抗矩阵表示的网络方程

1. 阻抗矩阵形式的网络方程

如果节点导纳矩阵 Y 的逆矩阵 Y^{-1} 存在，在式（4 - 1）两端分别左乘 Y^{-1}，便可得到用节点阻抗矩阵形式表示的网络方程

$$\begin{bmatrix} \dot{U}_1 \\ \vdots \\ \dot{U}_i \\ \vdots \\ \dot{U}_n \end{bmatrix} = \begin{bmatrix} Z_{11} & \cdots & Z_{1i} & \cdots & Z_{1n} \\ \vdots & \ddots & \vdots & \ddots & \vdots \\ Z_{i1} & \cdots & Z_{ii} & \cdots & Z_{in} \\ \vdots & \ddots & \vdots & \ddots & \vdots \\ Z_{n1} & \cdots & Z_{ni} & \cdots & Z_{nn} \end{bmatrix} \begin{bmatrix} \dot{I}_1 \\ \vdots \\ \dot{I}_i \\ \vdots \\ \dot{I}_n \end{bmatrix} \tag{4-4}$$

或简写为

$$\dot{U} = Z\dot{I} \tag{4-5}$$

其中，称 $Z = Y^{-1}$ 为节点阻抗矩阵。阻抗矩阵的对角元素 Z_{ii} 称为节点 i 的自阻抗，非对角元素 Z_{ij} 称为节点 i 与节点 j 之间的互阻抗。式（4-5）也可以写成

$$\dot{U}_i = \sum_{j=1}^{n} Z_{ij} \dot{I}_j \quad (i = 1, \cdots, n) \tag{4-6}$$

式（4-1）和式（4-5）均为具有 n 个节点的网络方程，它们都反映电网节点注入电流和节点电压之间的相互关系，但各有自己的特点和使用场合。

2. 节点阻抗矩阵的物理意义及特点

由式（4-6）可以看出，当在节点 i 注入单位电流 $\dot{I}_i = 1$，其余节点的注入电流均为零 $\dot{I}_j = 0 (j \neq i; j = 1, \cdots, n)$ 时，有

$$\left. \begin{array}{l} \dot{U}_i = Z_{ii} \\ \dot{U}_j = Z_{ji} \end{array} \right\} \quad (j \neq i; j = 1, \cdots, n)$$

这说明，当仅在节点 i 注入单位电流时，求解方程式（4-1），即求解

$$Y\dot{U} = e_i \quad (i = 1, \cdots, n) \tag{4-7}$$

得到的电压向量 $\dot{U}$ 在数值上等于阻抗矩阵的第 i 列。其中，e_i 为单位矩阵的第 i 列。

另外，当仅在节点 i 注入单位电流时，所有节点电压都不可能为零（除非导纳矩阵奇异），因而阻抗矩阵的第 i 列都是非零元素，从而阻抗矩阵 Z 是没有零元素的满阵。

阻抗矩阵具有如下特点：

（1）阻抗矩阵是 $n \times n$ 阶对称矩阵，即 $Z_{ij} = Z_{ji}$。

（2）阻抗矩阵是各元素为复数的满阵，即没有一个零元素。

（3）如果电网中无接地支路，则导纳矩阵奇异，阻抗矩阵不存在。

（4）阻抗矩阵不能像导纳矩阵那样由网络的等值电路直接形成。用式（4-7）计算阻抗矩阵的第 i 列是获得阻抗矩阵的很好方法。

（5）根据定义，自阻抗 Z_{ii} 为节点 i 与大地之间一端口的入端阻抗。

第二节　潮流计算的节点功率方程和节点分类

对于发电机和负荷而言，往往已知的是它们的功率而不是电流。对于 n 个节点的电力系统来说，假定每个节点都同时接有发电机和负荷。设节点 i 上发电机发出的功率为 $\widetilde{S}_{Gi} = P_{Gi} + jQ_{Gi}$，负荷吸收的功率为 $\widetilde{S}_{Li} = P_{Li} + jQ_{Li}$，则节点 i 的净注入功率为

$$P_i + jQ_i = (P_{Gi} - P_{Li}) + j(Q_{Gi} - Q_{Li}) \quad (i = 1, \cdots, n) \tag{4-8}$$

如果节点 i 上没有发电机，则令 $P_{Gi} = Q_{Gi} = 0$；如果没有负荷，则令 $P_{Li} = Q_{Li} = 0$；如果两者都没有，则同时令 $P_{Gi} = Q_{Gi} = 0$ 和 $P_{Li} = Q_{Li} = 0$。

由于在节点电压未知的情况下，节点的注入电流无法得知，因此就不能直接用第一节介绍的网络方程来进行潮流计算，而必须在网络方程的基础上，将节点注入电流用节点的注入功率与电压的函数关系来代替，建立起潮流计算用的节点功率方程，再求出各节点的电压，并进而求出整个系统的潮流分布。

节点 i 的注入电流 $\dot{I}_i$ 与节点注入功率 $\widetilde{S}_i$ 及节点电压 $\dot{U}_i$ 之间的关系为

$$\widetilde{S}_i = P_i + jQ_i = \dot{U}_i \overset{*}{\dot{I}_i}, \quad (i = 1, \cdots, n) \tag{4-9}$$

式中：$\overset{*}{\dot{I}_i}$ 为 $\dot{I}_i$ 的共轭。

将式（4-3）两边取共轭后代入式（4-9），得

$$P_i + jQ_i = \dot{U}_i \sum_{j \in i} \overset{*}{Y}_{ij} \overset{*}{U}_j \quad (i = 1, \cdots, n) \tag{4-10}$$

一、电压用极坐标形式表示的节点功率方程

将电压相量用极坐标形式表示

$$\dot{U}_i = U_i e^{j\theta_i} \quad (i = 1, \cdots, n) \tag{4-11}$$

式中：U_i 和 θ_i 分别为节点 i 电压的有效值和相角。

将导纳矩阵中的元素用直角坐标形式表示为

$$Y_{ij} = G_{ij} + jB_{ij} \quad (i, j = 1, \cdots, n)$$

则式（4-10）可以写为

$$P_i + jQ_i = U_i e^{j\theta_i} \sum_{j \in i} (G_{ij} - jB_{ij}) U_j e^{-j\theta_j} \quad (i = 1, \cdots, n) \tag{4-12}$$

将（4-12）中的指数项用欧拉公式展开为

$$e^{j\theta} = \cos\theta + j\sin\theta$$

这样，式（4-12）变为

$$P_i + jQ_i = U_i \sum_{j \in i} U_j (G_{ij} - jB_{ij})(\cos\theta_{ij} + j\sin\theta_{ij}) \quad (i = 1, \cdots, n) \tag{4-13}$$

式中：θ_{ij} 为 i 与 j 两节点电压的相角差，$\theta_{ij} = \theta_i - \theta_j$。

将式（4-8）代入式（4-13），并分开实部和虚部后，得

$$\left. \begin{aligned} P_{Gi} - P_{Li} &= U_i \sum_{j \in i} U_j (G_{ij}\cos\theta_{ij} + B_{ij}\sin\theta_{ij}) \\ Q_{Gi} - Q_{Li} &= U_i \sum_{j \in i} U_j (G_{ij}\sin\theta_{ij} - B_{ij}\cos\theta_{ij}) \end{aligned} \right\} \quad (i = 1, \cdots, n) \tag{4-14}$$

式（4-14）就是当电压用极坐标形式表示时的节点功率方程，简称功率方程。对于具有 n 个节点的电力系统而言，它包含了 $2n$ 个实数方程。

由式（4-14）可见，节点注入功率与节点电压相量之间呈非线性关系，为了求得各个节点的电压相量，需要联立求解这组非线性方程。

二、电压用直角坐标形式表示的节点功率方程

如果将节点电压相量用直角坐标形式表示为

$$\dot{U}_i = e_i + jf_i \quad (i = 1, \cdots, n)$$

并将它代入式（4-10），经整理后可得到直角坐标形式下的节点功率方程

$$
\left.
\begin{aligned}
P_{Gi} - P_{Li} &= e_i \sum_{j \in i} (G_{ij}e_j - B_{ij}f_j) + f_i \sum_{j \in i} (G_{ij}f_j + B_{ij}e_j) \\
Q_{Gi} - Q_{Li} &= f_i \sum_{j \in i} (G_{ij}e_j - B_{ij}f_j) - e_i \sum_{j \in i} (G_{ij}f_j + B_{ij}e_j)
\end{aligned}
\right\}
\quad (i = 1, \cdots, n) \quad (4\text{-}15)
$$

并有

$$
U_i^2 = e_i^2 + f_i^2 \quad (i = 1, \cdots, n) \tag{4-16}
$$

在此情况下，功率方程为各节点电压实部和虚部的二次方程组。

极坐标形式的功率方程和直角坐标形式的功率方程，由于其函数形式不同，它们有各自的特点和应用场合。

三、潮流计算中节点的分类

下面主要针对极坐标形式的功率方程式（4-14）进行介绍。

对于每一个节点而言，将涉及 4 个量：节点注入有功功率 $P_i(P_{Gi} - P_{Li})$，节点注入无功功率 Q_i（$Q_{Gi} - Q_{Li}$），节点电压有效值 U_i 和相角 θ_i。也就是说在 n 个节点的系统中将涉及 $4n$ 个量，它们之间服从式（4-14）中的 $2n$ 个方程。从表面上来看，似乎可以在 $4n$ 个量中任意给定 $2n$ 个量的值，然后从 $2n$ 个方程中求解出其余的 $2n$ 个量。然而，在电力系统潮流计算中，如果随意给定 $2n$ 个量，则计算结果可能毫无实际意义。为此，必须根据电力系统潮流计算的目的和要求来决定哪些量应该是给定的。实际上，潮流计算的目的主要有：

（1）在已知负荷的情况下，计算和分析系统的运行状况，包括系统中各个节点的电压是否满足要求和各个元件所通过的电流是否超过其容许值。

（2）如果对潮流计算得出的运行情况不够满意，则需要调整一些可控量（例如，调整一些发电机的输出功率，改变变压器分接头和/或一些无功补偿装置的投切状况等），然后重新进行潮流计算，直至运行情况满意为止。

（3）潮流计算结果作为电力系统其他计算，如电力系统短路电流计算，电力系统稳定性计算等的基础。

因此，在潮流计算中，给定的量应该是负荷吸收的功率，发电机发出的功率或者发电机的电压。这样，按照给定量的种类不同，可以将节点分为以下三类：

（1）PQ 节点。给定节点的注入有功功率 P 和注入无功功率 Q。这类节点对应于实际系统中的纯负荷节点（变电站母线）、有功功率和无功功率都给定的发电机节点（包括节点上带有负荷），以及既无负荷又无发电机的联络节点（注入有功功率和无功功率都等于零）。这类节点占系统中节点的绝大多数，它们的节点电压有效值和相角未知。

（2）PV 节点。给定节点的注入有功功率 P 和节点电压有效值 U，待求量是节点的注入无功功率 Q 和电压相角 θ。这类节点对应于无功功率富裕的发电厂母线以及装有无功补偿装置的变电站母线。

（3）平衡节点。在潮流计算中，由于事先不知道各节点的电压，因此系统的有功损耗和无功损耗不能事先确定，这意味着一个节点的注入功率不能事先给定，这个节点称为平衡节点（或松弛节点）。在潮流计算中，一般取容量较大的发电机节点作为平衡节点，以便当功率损耗估计有出入时，对它的注入有功功率产生较小的影响。

必须指出，以上所介绍的节点分类只是一般的原则，而不是一成不变的规则。

第三节　潮流计算的牛顿—拉夫逊方法

由式（4-14）和式（4-15）可以看出，电力系统的功率方程为一组非线性方程。目前，求解非线性方程组一般采用的是迭代方法，应用计算机进行迭代计算可以得到足够精确的结果。本节首先介绍求解一般非线性方程组的牛顿—拉夫逊方法，然后给出用牛顿—拉夫逊方法进行电力系统潮流计算的具体公式和过程。需要指出的是，潮流计算还有其他的迭代方法，将在后面介绍。

一、牛顿—拉夫逊法的原理和一般方法

牛顿—拉夫逊（Newton-Raphson）法，简称牛顿法，是求解非线性方程组的一种有效且收敛速度快的迭代计算方法。下面先从一维非线性方程的求解来阐明它的原理和计算过程，然后推广到多维变量的情况。

对于一维非线性方程

$$f(x) = 0 \qquad\qquad (4-17)$$

设其准确解为 $x^{(*)}$，而 $x^{(k)}$ 为其近似解，它与准确解之间的差为 $\Delta x^{(k)}$，即有

$$x^{(*)} = x^{(k)} + \Delta x^{(k)} \qquad\qquad (4-18)$$

于是，将式（4-18）代入式（4-17），有

$$f(x^{(k)} + \Delta x^{(k)}) = 0 \qquad\qquad (4-19)$$

将式（4-19）在 $x^{(k)}$ 处泰勒展开，得

$$f(x^{(k)} + \Delta x^{(k)}) = f(x^{(k)}) + f'(x^{(k)})\Delta x^{(k)} + \cdots = 0 \qquad\qquad (4-20)$$

显然，如果 $x^{(k)}$ 等于 $x^{(*)}$，或者 $\Delta x^{(k)}$ 已在容许误差范围以内，则 $x^{(k)}$ 便是式（4-17）的准确解，或者是足够准确的解。否则，如果能由式（4-20）求解出 $\Delta x^{(k)}$，则应用式（4-18）便可以得到准确解，或者是足够准确的解。然而式（4-20）仍然是一个非线性方程，无法求得它的准确解。于是，只好求出式（4-20）中 $\Delta x^{(k)}$ 的近似解，即在式（4-20）中略去的 $\Delta x^{(k)}$ 平方及以上各项，而只取其线性部分，得

$$f(x^{(k)}) + f'(x^{(k)})\Delta x^{(k)} = 0 \qquad\qquad (4-21)$$

这一方程常称为修正方程，利用它可以解出

$$\Delta x^{(k)} = -\frac{f(x^{(k)})}{f'(x^{(k)})} \qquad\qquad (4-22)$$

$\Delta x^{(k)}$ 称为修正量。

这样，$x^{(k)} + \Delta x^{(k)}$ 虽然不能等于准确解 $x^{(*)}$，但可望它比 $x^{(k)}$ 更接近准确解。注意，这里之所以说是"可望"，是因为有些情况下，$x^{(k)} + \Delta x^{(k)}$ 可能比 $x^{(k)}$ 更远离准确解 $x^{(*)}$，这种情况将在后面加以解释。现在，假定 $x^k + \Delta x^{(k)}$ 比 $x^{(k)}$ 更接近准确解，并令

$$x^{(k+1)} = x^{(k)} + \Delta x^{(k)} \qquad\qquad (4-23)$$

它与准确解之间的差为 $\Delta x^{(k+1)}$，即

$$x^{(*)} = x^{(k+1)} + \Delta x^{(k+1)} \qquad\qquad (4-24)$$

于是可以重复进行上述过程，即在式（4-21）～式（4-23）中将 k 换成 $k+1$，便可望得出更接近于准确解的 $x^{(k+2)}$。

上述过程便是用牛顿法求解非线性方程的迭代过程。反复进行这一过程，直至得到足够

准确的解为止，这种结局称为迭代收敛；或者 $x^{(k)}$ 永远得不出所需要的精度，甚至迭代过程中得到的解离准确解越来越远，这种情况称为迭代不收敛或迭代发散。迭代收敛的判据一般为

$$| f(x^{(k)}) | \leqslant \varepsilon$$

式中：ε 为给定的容许误差。

上述迭代过程可以整理成以下迭代形式

$$\left. \begin{array}{l} \Delta x^{(k)} = -\dfrac{f(x^{(k)})}{f'(x^{(k)})} \\[3mm] x^{(k+1)} = x^{(k)} + \Delta x^{(k)} \end{array} \right\} \quad (k = 0,1,2,\cdots) \qquad (4\text{-}25)$$

初值 $x^{(0)}$ 需要用户给定。

在收敛情况下，迭代过程可以用图 4-3（a）来说明其几何意义。对应于初值 $x^{(0)}$，$f'(x^{(0)})$ 是曲线 $f(x)$ 在 $x^{(0)}$ 点的斜率，而修正方程式相当于将曲线 $f(x)$ 在 $x^{(0)}$ 点用切线代替，从而得出的解 $x^{(1)}$ 比 $x^{(0)}$ 更接近于方程 $f(x) = 0$ 的真解 $x^{(*)}$。将 $x^{(1)}$ 作为新的初值再用该点的切线代替曲线 $f(x)$，便可得出进一步的解 $x^{(2)}$。重复以上过程，最后可以无限接近精确解 $x^{(*)}$。迭代过程不收敛的情况如图 4-3（b）所示。

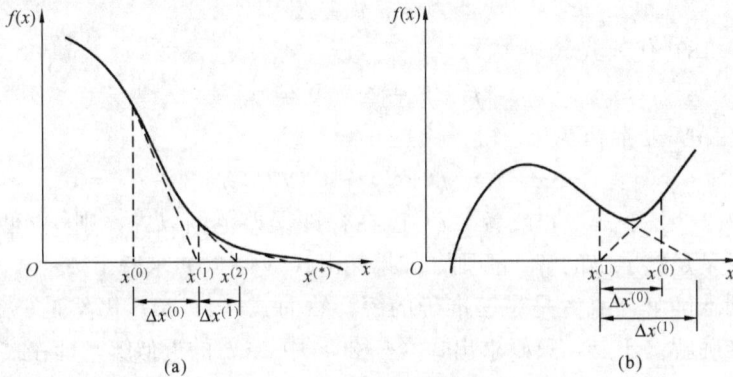

图 4-3　牛顿法几何解释
(a) 迭代过程收敛；(b) 迭代过程不收敛

由于非线性方程式可能有多个解，因此要得出不同的解需要给定不同的初值。换言之，要想得到某个希望的解，应该给定一个距离这一解比较近的初值。因此，初值的给定对于牛顿法来说是十分重要的。图 4-3（b）中的迭代过程之所以不收敛，正是因为所给定的初值离解太远。

【例 4-2】　给定不同的初始值，用牛顿法求解下列非线性方程式

$$f(x) = x^3 - 16.5x^2 + 72x = 0$$

解　显然，该方程有唯一的实数解 $x^{(*)} = 0$。

（1）给定初值 $x^{(0)} = -1$，迭代过程为

k	$x^{(k)}$	$f(x^{(k)})$	$f'(x^{(k)})$	$\Delta x^{(k)}$
0	−1.0000	−89.5000	108.0000	0.8287
1	−0.1713	−12.8225	77.7408	0.1649

2	-0.0064	-0.4584	72.2099	0.0063
3	-9.2413×10^{-6}	-6.6538×10^{-4}	72.0003	9.2413×10^{-6}
4	-1.9571×10^{-11}	-1.4091×10^{-9}	72.0000	1.9571×10^{-11}

可见，迭代 4 次后便已收敛到足够精确的解。

（2）给定初值 $x^{(0)}=7.0$，迭代过程为

k	$x^{(k)}$	$f(x^{(k)})$	$f'(x^{(k)})$	$\Delta x^{(k)}$
0	7.0000	38.5000	-12.0000	3.2083
1	10.2083	79.3450	47.7552	-1.6615
2	8.5468	34.4063	9.0997	-3.7810
3	4.7658	76.6204	-17.1329	4.4721
4	9.2379	45.3907	23.1665	-1.9593

显然，由于所给定的初值离解点较远，迭代过程发生振荡，不能收敛到精确解。

（3）给定初值 $x^{(0)}=8.0$，迭代过程为

k	$x^{(k)}$	$f(x^{(k)})$	$f'(x^{(k)})$	$\Delta x^{(k)}$
0	8.0000	32.5000	0.0000	∞

在此情况下，只迭代一次便发散至无穷大。这是一个很特殊的情况，在初值处 $f'(x^{(0)})$ 正好等于 0，即相应的曲线在初始点的斜率为零。其实，这种情况也可能发生在迭代过程之中。

现在，将以上求解过程推广到非线性方程组的情况。考虑 n 维非线性方程组

$$
\left.
\begin{aligned}
f_1(x_1,x_2,\cdots,x_n)&=0\\
f_2(x_1,x_2,\cdots,x_n)&=0\\
&\vdots\\
f_n(x_1,x_2,\cdots,x_n)&=0
\end{aligned}
\right\}
\tag{4-26}
$$

假定变量的初始值给定为 $x_1^{(0)}$，$x_2^{(0)}$，$\cdots$，$x_n^{(0)}$ 并设 $\Delta x_1^{(0)}$，$\Delta x_2^{(0)}$，$\cdots$，$\Delta x_n^{(0)}$ 分别为各变量的修正量，则有

$$
\left.
\begin{aligned}
f_1(x_1^{(0)}+\Delta x_1^{(0)},x_2^{(0)}+\Delta x_2^{(0)},\cdots,x_n^{(0)}+\Delta x_n^{(0)})&=0\\
f_2(x_1^{(0)}+\Delta x_1^{(0)},x_2^{(0)}+\Delta x_2^{(0)},\cdots,x_n^{(0)}+\Delta x_n^{(0)})&=0\\
&\vdots\\
f_n(x_1^{(0)}+\Delta x_1^{(0)},x_2^{(0)}+\Delta x_2^{(0)},\cdots,x_n^{(0)}+\Delta x_n^{(0)})&=0
\end{aligned}
\right\}
\tag{4-27}
$$

将式（4-27）在初始值附近展开成泰勒级数，并略去修正量的二次及以上的高次项，得

$$
\left.
\begin{aligned}
f_1(x_1^{(0)},x_2^{(0)},\cdots,x_n^{(0)})+\left(\frac{\partial f_1}{\partial x_1}\bigg|_0\Delta x_1^{(0)}+\frac{\partial f_1}{\partial x_2}\bigg|_0\Delta x_2^{(0)}\cdots+\frac{\partial f_1}{\partial x_n}\bigg|_0\Delta x_n^{(0)}\right)&=0\\
f_2(x_1^{(0)},x_2^{(0)},\cdots,x_n^{(0)})+\left(\frac{\partial f_2}{\partial x_1}\bigg|_0\Delta x_1^{(0)}+\frac{\partial f_2}{\partial x_2}\bigg|_0\Delta x_2^{(0)}\cdots+\frac{\partial f_2}{\partial x_n}\bigg|_0\Delta x_n^{(0)}\right)&=0\\
&\vdots\\
f_n(x_1^{(0)},x_2^{(0)},\cdots,x_n^{(0)})+\left(\frac{\partial f_n}{\partial x_1}\bigg|_0\Delta x_1^{(0)}+\frac{\partial f_n}{\partial x_2}\bigg|_0\Delta x_2^{(0)}\cdots+\frac{\partial f_n}{\partial x_n}\bigg|_0\Delta x_n^{(0)}\right)&=0
\end{aligned}
\right\}
\tag{4-28}
$$

式中：$\left.\dfrac{\partial f_i}{\partial x_j}\right|_0$ 为函数 $f_i(x_1,x_2,\cdots,x_n)$ 对自变量 x_j 的偏导数在 $(x_1^{(0)},x_2^{(0)},\cdots,x_n^{(0)})$ 处的值。

将式（4-28）表示为矩阵形式，得

$$
\begin{bmatrix} f_1(x_1^{(0)},x_2^{(0)},\cdots,x_n^{(0)}) \\ f_2(x_1^{(0)},x_2^{(0)},\cdots,x_n^{(0)}) \\ \vdots \\ f_n(x_1^{(0)},x_2^{(0)},\cdots,x_n^{(0)}) \end{bmatrix} = - \begin{bmatrix} \left.\dfrac{\partial f_1}{\partial x_1}\right|_0 & \left.\dfrac{\partial f_1}{\partial x_2}\right|_0 & \cdots & \left.\dfrac{\partial f_1}{\partial x_n}\right|_0 \\ \left.\dfrac{\partial f_2}{\partial x_1}\right|_0 & \left.\dfrac{\partial f_2}{\partial x_2}\right|_0 & \cdots & \left.\dfrac{\partial f_2}{\partial x_n}\right|_0 \\ & & \vdots & \\ \left.\dfrac{\partial f_n}{\partial x_1}\right|_0 & \left.\dfrac{\partial f_n}{\partial x_2}\right|_0 & \cdots & \left.\dfrac{\partial f_n}{\partial x_n}\right|_0 \end{bmatrix} \begin{bmatrix} \Delta x_1^{(0)} \\ \Delta x_2^{(0)} \\ \vdots \\ \Delta x_n^{(0)} \end{bmatrix} \tag{4-29}
$$

并用向量 $\boldsymbol{x}$、$\boldsymbol{x}^{(0)}$、$\Delta \boldsymbol{x}^{(0)}$ 分别代表变量、变量的初值和修正量所组成的向量，得

$$
\boldsymbol{J}^{(0)} \Delta \boldsymbol{x}^{(0)} = -\boldsymbol{f}(\boldsymbol{x}^{(0)}) \tag{4-30}
$$

式中：$\boldsymbol{J}$ 为向量 $\boldsymbol{f}(\boldsymbol{x})$ 对变量 $\boldsymbol{x}$ 的一阶偏导数矩阵，称为雅可比矩阵。式（4-30）称为修正方程式。显然，式（4-30）为线性方程组，从中可以解出 $\Delta x_1^{(0)},\Delta x_2^{(0)},\cdots,\Delta x_n^{(0)}$ 的值，接着便可以计算出经修正后的 $\boldsymbol{x}$ 值为

$$
\left. \begin{aligned} x_1^{(1)} &= x_1^{(0)} + \Delta x_1^{(0)} \\ x_2^{(1)} &= x_2^{(0)} + \Delta x_2^{(0)} \\ &\vdots \\ x_n^{(1)} &= x_n^{(0)} + \Delta x_n^{(0)} \end{aligned} \right\} \tag{4-31}
$$

然后，以 $x_1^{(1)}$，x_2^1，$\cdots$，$x_n^{(1)}$ 作为新的初值，重新形成并求解新的修正方程式，便可以解出新的修正量 $\Delta x_1^{(1)}$，$\Delta x_2^{(1)}$，$\cdots$，$\Delta x_n^{(1)}$，并得到新的修正后的 $\boldsymbol{x}$ 值。依此类推。

于是，给定 $\boldsymbol{x}^{(0)}$，非线性方程组的牛顿法迭代格式为

$$
\left. \begin{aligned} \boldsymbol{J}^{(k)} \Delta \boldsymbol{x}^{(k)} &= -\boldsymbol{f}(\boldsymbol{x}^{(k)}) \\ \boldsymbol{x}^{(k+1)} &= \boldsymbol{x}^{(k)} + \Delta \boldsymbol{x}^{(k)} \end{aligned} \right\} \quad (k=0,1,\cdots) \tag{4-32}
$$

迭代的收敛判据通常为

$$
\| \boldsymbol{f}(\boldsymbol{x}^{(k)}) \|_\infty = \max_i | f_i(\boldsymbol{x}^{(k)}) | \leqslant \varepsilon \tag{4-33}
$$

式中：$\| \boldsymbol{f}(\boldsymbol{x}^{(k)}) \|_\infty$ 表示向量 $\boldsymbol{f}(\boldsymbol{x}^{(k)})$ 的无穷大范数，即 $\boldsymbol{f}(\boldsymbol{x}^{(k)})$ 中绝对值最大的分量；ε 为给定的容许误差。

牛顿法的计算量主要来自修正方程式的求解。下面简单介绍一般线性方程组的基本求解方法。对于 n 阶线性方程组

$$
\boldsymbol{Ax} = \boldsymbol{b} \tag{4-34}
$$

通过高斯消去运算，并记录消去过程中的因子，可以将系数矩阵 $\boldsymbol{A}$ 分解成两个三角矩阵的乘积，即

$$
\boldsymbol{A} = \boldsymbol{LU} \tag{4-35}
$$

$$
\boldsymbol{L} = \begin{bmatrix} 1 & & & & \\ l_{21} & 1 & & & \\ \vdots & \ddots & \ddots & & \\ l_{n-1,1} & \cdots & l_{n-1,n-2} & 1 & \\ l_{n,1} & l_{n,2} & \cdots & l_{n,n-1} & 1 \end{bmatrix}; \ \boldsymbol{U} = \begin{bmatrix} u_{11} & u_{12} & \cdots & u_{1,n-1,} & u_{1,n} \\ & u_{22} & \cdots & u_{2,n-1} & u_{2,n} \\ & & \ddots & \ddots & \vdots \\ & & & u_{n-1,n-1} & u_{n-1,n} \\ & & & & u_{nn} \end{bmatrix}
$$

式中：L 为单位下三角矩阵，U 为上三角矩阵。

分解过程为

$$
\left.
\begin{aligned}
u_{ij} &= a_{ij} - \sum_{k=1}^{i-1} l_{ik}u_{kj} \quad (j=i,\cdots,n) \\
l_{ji} &= \left(a_{ji} - \sum_{k=1}^{i-1} l_{jk}u_{ki}\right)/u_{ii} \quad (j=i+1,\cdots,n)
\end{aligned}
\right\} \quad (i=1,\cdots,n) \qquad (4\text{-}36)
$$

这个分解需要的乘除运算次数为 $(n^3-n)/3$。

利用式（4-35），式（4-34）的求解就变成对两个三角方程的相继求解

$$
\left.
\begin{aligned}
\boldsymbol{Ly} &= \boldsymbol{b} \\
\boldsymbol{Ux} &= \boldsymbol{y}
\end{aligned}
\right\} \qquad (4\text{-}37)
$$

式（4-37）第一式的求解称为前代，其求解过程为

$$
\left.
\begin{aligned}
y_1 &= b_1 \\
y_i &= b_i - \sum_{j=1}^{i-1} l_{ij}y_j
\end{aligned}
\right\} \quad (i=2,\cdots,n) \qquad (4\text{-}38)
$$

式（4-37）第二式的求解称为回代，其求解过程为

$$
\left.
\begin{aligned}
x_n &= y_n/u_{nn} \\
x_i &= \left(y_i - \sum_{j=i+1}^{n} u_{ij}x_j\right)/u_{ii}
\end{aligned}
\right\} \quad (i=n-1,\cdots,1) \qquad (4\text{-}39)
$$

前代和回代总共需要的乘除运算次数为 n^2。

当 A 为对称矩阵时，其三角分解式（4-35）可简化为

$$
\boldsymbol{A} = \boldsymbol{LDL}^{\mathrm{T}} \qquad (4\text{-}40)
$$

式中：L 为单位下三角矩阵；D 为对角矩阵，$\boldsymbol{D}=\mathrm{diag}\{d_1,d_2,\cdots,d_n\}$。

分解过程为

$$
\left.
\begin{aligned}
d_i &= a_{ii} - \sum_{k=1}^{i-1} l_{ik}^2 d_k \\
l_{ji} &= \left(a_{ji} - \sum_{k=1}^{i-1} l_{ik}d_k l_{jk}\right)/d_i \quad (j=i+1,\cdots,n)
\end{aligned}
\right\} \quad (i=1,\cdots,n) \qquad (4\text{-}41)
$$

这个分解需要的乘除运算次数为 $(n^3+6n^2-7n)/6$。

利用式（4-40）、式（4-34）的求解就变成对如下两个三角方程的相继求解

$$
\left.
\begin{aligned}
\boldsymbol{Ly} &= \boldsymbol{b} \\
\boldsymbol{L}^{\mathrm{T}}\boldsymbol{x} &= \boldsymbol{D}^{-1}\boldsymbol{y}
\end{aligned}
\right\} \qquad (4\text{-}42)
$$

式（4-42）第一式的求解过程就是式（4-38），式（4-42）第二式的求解过程为

$$
\left.
\begin{aligned}
x_n &= y_n/d_n \\
x_i &= y_i/d_i - \sum_{j=i+1}^{n} l_{ji}x_j \quad (i=n-1,\cdots,1)
\end{aligned}
\right\} \qquad (4\text{-}43)
$$

以上介绍的线性方程组求解方法，式（4-35）和式（4-37）可用于牛顿法潮流计算中

修正方程的求解；式（4-40）和式（4-42）既可用于阻抗矩阵的计算，即求解式（4-7），也可用于后面介绍的快速解耦法潮流计算。另外，这种方法对于系数矩阵 A 不变而独立向量 b 不断变化的线性方程组求解特别有效，即只要先对 A 做一次三角分解，不同独立向量 b 下线性方程组的解仅做前代和回代就可得到。

二、极坐标形式的牛顿—拉夫逊潮流算法

对应于两种不同形式的节点功率方程，牛顿—拉夫逊潮流算法也有相应的两种形式。这里先介绍极坐标形式的潮流算法。

1. 潮流方程式

由式（4-14）可以看出，节点注入功率 P_i 和 Q_i 仅与各节点电压之间的相角差有关，而与各节点电压的绝对相角无关，因此必然需要选取一个相角作为参考相角。为简单起见，通常令参考相角为零。虽然可以选取系统中任意一个节点的电压相角作为参考相角，但一般选取平衡节点的电压相角为参考相角。另外，由于平衡节点注入的无功功率是松弛的，因此需要指定其电压的有效值。这样，平衡节点的已知量为节点电压的有效值和相角，待求量为注入节点的有功功率和无功功率。

对于 n 个节点的电力系统，设有一个平衡节点，m 个 PQ 节点，$n-m-1$ 个 PV 节点。为了书写方便，假定节点按照先 PQ 节点，再 PV 节点，最后为平衡节点的次序进行编号，即：

节点编号	种类	个数
$1,2,\cdots,m$	PQ 节点	m
$m+1,m+2,\cdots,n-1$	PV 节点	$n-m-1$
n	平衡节点	1

在此情况下，应用式（4-14）可以分别对各类节点列出电压用极坐标形式表示的功率方程。

（1）PQ 节点的功率方程式

$$\left. \begin{aligned} P_{Gi}-P_{Li}&=U_i\sum_{j\in i}U_j(G_{ij}\cos\theta_{ij}+B_{ij}\sin\theta_{ij}) \\ Q_{Gi}-Q_{Li}&=U_i\sum_{j\in i}U_j(G_{ij}\sin\theta_{ij}-B_{ij}\cos\theta_{ij}) \end{aligned} \right\} \quad (i=1,\cdots,m) \qquad (4\text{-}44)$$

式中：P_{Gi} 和 Q_{Gi} 都是给定值，而 U_i 和 θ_i 都待求。

（2）PV 节点的功率方程式

$$\left. \begin{aligned} P_{Gi}-P_{Li}&=U_i\sum_{j\in i}U_j(G_{ij}\cos\theta_{ij}+B_{ij}\sin\theta_{ij}) \\ Q_{Gi}-Q_{Li}&=U_i\sum_{j\in i}U_j(G_{ij}\sin\theta_{ij}-B_{ij}\cos\theta_{ij}) \end{aligned} \right\} (i=m+1,\cdots,n-1) \qquad (4\text{-}45)$$

式中：P_{Gi} 和 U_i 都是给定值，而 Q_{Gi} 和 θ_i 都待求。

（3）平衡节点的功率方程式

$$\left. \begin{aligned} P_{Gn}-P_{Ln}&=U_n\sum_{j\in n}U_j(G_{nj}\cos\theta_{nj}+B_{nj}\sin\theta_{nj}) \\ Q_{Gn}-Q_{Ln}&=U_n\sum_{j\in n}U_j(G_{nj}\sin\theta_{nj}-B_{nj}\cos\theta_{nj}) \end{aligned} \right\} \qquad (4\text{-}46)$$

式中：U_n 和 θ_n 都是给定值，且 $\theta_n = 0$，即以平衡节点的电压相角作为参考，而 P_{Gn} 和 Q_{Gn} 为待求量。

这样，综合以上三类节点的功率方程式，可以看出在潮流计算中实际上需要求解的非线性方程组为

$$\left.\begin{array}{l} P_{Gi} - P_{Li} = U_i \sum_{j \in i} U_j (G_{ij} \cos\theta_{ij} + B_{ij} \sin\theta_{ij}) \quad (i = 1, 2, \cdots, n-1) \\[3mm] Q_{Gi} - Q_{Li} = U_i \sum_{j \in i} U_j (G_{ij} \sin\theta_{ij} - B_{ij} \cos\theta_{ij}) \quad (i = 1, 2, \cdots, m) \end{array}\right\} \quad (4\text{-}47)$$

这是一个 $n+m-1$ 阶的适定非线性方程组。它包含 $n-1$ 个有功功率方程和 m 个无功功率方程，共 $n+m-1$ 个；它有 $\theta_1, \theta_2, \cdots, \theta_{n-1}$ 和 $U_1, U_2, \cdots, U_m$ 共 $n+m-1$ 个未知量。并且，未知相角的个数刚好等于有功功率方程的个数，未知电压有效值的个数刚好等于无功功率方程的个数。

于是，潮流计算问题便转化为求解非线性方程式（4-47），从而求出其中的 $n+m-1$ 个未知量，即 PQ 节点和 PV 节点的电压相角和 PQ 节点的电压有效值。它们和给定的平衡节点电压相角、PV 节点和平衡节点给定的电压有效值一起，便是系统中全部 n 个节点的电压有效值和相角。最后，将这些节点电压有效值和相角代入式（4-45）中的无功功率方程式便可以得出各个 PV 节点的注入无功功率，而代入式（4-46）便可以得出平衡节点的注入有功功率和注入无功功率。

需要指出的是，在实际潮流计算中，平衡节点的编号并不一定需要放在最后，而 PV 节点的编号也不一定在 PQ 节点之后，而且在系统中可以没有 PV 节点。

2. 修正方程式及其求解

为了用牛顿法求解式（4-47），将待求的电压相角和有效值写成向量形式

$$\left.\begin{array}{l} \boldsymbol{\theta} = [\theta_1, \theta_2, \cdots, \theta_{n-1}]^{\mathrm{T}} \\[2mm] \boldsymbol{U} = [U_1, U_2, \cdots, U_m]^{\mathrm{T}} \end{array}\right\} \quad (4\text{-}48)$$

从而全部变量可写为

$$\boldsymbol{x} = \begin{bmatrix} \boldsymbol{\theta} \\ \boldsymbol{U} \end{bmatrix} \quad (4\text{-}49)$$

并将式（4-47）改写成式（4-26）的形式

$$\left.\begin{array}{l} \Delta P_i(\boldsymbol{x}) = P_{Gi} - P_{Li} - U_i \sum_{j \in i} U_j (G_{ij} \cos\theta_{ij} + B_{ij} \sin\theta_{ij}) = 0 \quad (i = 1, 2, \cdots, n-1) \\[3mm] \Delta Q_i(\boldsymbol{x}) = Q_{Gi} - Q_{Li} - U_i \sum_{j \in i} U_j (G_{ij} \sin\theta_{ij} - B_{ij} \cos\theta_{ij}) = 0 \quad (i = 1, 2, \cdots, m) \end{array}\right\}$$

$$(4\text{-}50)$$

于是，便可以直接应用前面所介绍的解多变量非线性方程组的牛顿法中的方法和迭代公式来对它进行求解。

仿照式（4-29），可以得出修正方程式（略去表示迭代次数的上标 k）为

$$
\begin{bmatrix}
\Delta P_1(\boldsymbol{x}) \\
\Delta P_2(\boldsymbol{x}) \\
\vdots \\
\Delta P_{n-1}(\boldsymbol{x}) \\
\hline
\Delta Q_1(\boldsymbol{x}) \\
\Delta Q_2(\boldsymbol{x}) \\
\vdots \\
\Delta Q_m(\boldsymbol{x})
\end{bmatrix}
=-
\left[
\begin{array}{cccc|cccc}
H_{11} & H_{12} & \cdots & H_{1,n-1} & N_{11} & N_{12} & \cdots & N_{1,m} \\
H_{21} & H_{22} & \cdots & H_{2,n-1} & N_{21} & N_{22} & \cdots & N_{2,m} \\
\vdots & \vdots & \cdots & \vdots & \vdots & \vdots & \cdots & \vdots \\
H_{n-1,1} & H_{n-1,2} & \cdots & H_{n-1,n-1} & N_{n-1,1} & N_{n-1,2} & \cdots & N_{n-1,m} \\
\hline
M_{11} & M_{12} & \cdots & M_{1,n-1} & L_{11} & L_{12} & \cdots & L_{1,m} \\
M_{21} & M_{22} & \cdots & M_{2,n-1} & L_{21} & L_{22} & \cdots & L_{2,m} \\
\vdots & \vdots & \cdots & \vdots & \vdots & \vdots & \cdots & \vdots \\
M_{m,1} & M_{m,2} & \cdots & M_{m,n-1} & L_{m,1} & L_{m,2} & \cdots & L_{m,m}
\end{array}
\right]
\begin{bmatrix}
\Delta\theta_1 \\
\Delta\theta_2 \\
\vdots \\
\Delta\theta_{n-1} \\
\hline
\Delta U_1/U_1 \\
\Delta U_2/U_2 \\
\vdots \\
\Delta U_m/U_m
\end{bmatrix}
$$

$$(4\text{-}51)$$

注意，在式（4-51）中用 $\Delta U_i/U_i$ 代替 ΔU_i 的目的，是为了使雅可比矩阵中各元素的表达式在形式上一致，以便简化雅可比矩阵元素的计算。

由式（4-50）可以求出雅可比矩阵中的各元素如下：

（1）对于式（4-51）的雅可比矩阵中由虚线分开的各分块矩阵的非对角元素（$j\neq i$）有

$$
\left.
\begin{aligned}
H_{ij} &= \frac{\partial\Delta P_i}{\partial\theta_j} = -U_iU_j(G_{ij}\sin\theta_{ij} - B_{ij}\cos\theta_{ij}) \\
N_{ij} &= \frac{\partial\Delta P_i}{\partial U_j}U_j = -U_iU_j(G_{ij}\cos\theta_{ij} + B_{ij}\sin\theta_{ij}) \\
M_{ij} &= \frac{\partial\Delta Q_i}{\partial\theta_j} = U_iU_j(G_{ij}\cos\theta_{ij} + B_{ij}\sin\theta_{ij}) \\
L_{ij} &= \frac{\partial\Delta Q_i}{\partial U_j}U_j = -U_iU_j(G_{ij}\sin\theta_{ij} - B_{ij}\cos\theta_{ij})
\end{aligned}
\right\}
$$

$$(4\text{-}52)$$

并有以下关系

$$
\left.
\begin{aligned}
H_{ij} &= L_{ij} \\
N_{ij} &= -M_{ij}
\end{aligned}
\right\}
$$

$$(4\text{-}53)$$

（2）对于各分块矩阵的对角元素（$j=i$）有

$$
\left.
\begin{aligned}
H_{ii} &= \frac{\partial\Delta P_i}{\partial\theta_i} = U_i\sum_{\substack{j\in i \\ j\neq i}} U_j(G_{ij}\sin\theta_{ij} - B_{ij}\cos\theta_{ij}) = U_i^2 B_{ii} + Q_i(\boldsymbol{x}) \\
N_{ii} &= \frac{\partial\Delta P_i}{\partial U_i}U_i = -U_i\sum_{\substack{j\in i \\ j\neq i}} U_j(G_{ij}\cos\theta_{ij} + B_{ij}\sin\theta_{ij}) - 2U_i^2 G_{ii} \\
&= -U_i^2 G_{ii} - P_i(\boldsymbol{x}) \\
M_{ii} &= \frac{\partial\Delta Q_i}{\partial\theta_i} = -U_i\sum_{\substack{j\in i \\ j\neq i}} U_j(G_{ij}\cos\theta_{ij} + B_{ij}\sin\theta_{ij}) = U_i^2 G_{ii} - P_i(\boldsymbol{x}) \\
L_{ii} &= \frac{\partial\Delta Q_i}{\partial U_i}U_i = -U_i\sum_{\substack{j\in i \\ j\neq i}} U_j(G_{ij}\sin\theta_{ij} - B_{ij}\cos\theta_{ij}) + 2U_i^2 B_{ii} \\
&= U_i^2 B_{ii} - Q_i(\boldsymbol{x})
\end{aligned}
\right\}
$$

$$(4\text{-}54)$$

式（4-51）可以简写成

$$\begin{bmatrix} \Delta \boldsymbol{P}^{(k)} \\ \Delta \boldsymbol{Q}^{(k)} \end{bmatrix} = - \begin{bmatrix} \boldsymbol{H}^{(k)} & \boldsymbol{N}^{(k)} \\ \boldsymbol{M}^{(k)} & \boldsymbol{L}^{(k)} \end{bmatrix} \begin{bmatrix} \Delta \boldsymbol{\theta}^{(k)} \\ \Delta \widetilde{\boldsymbol{U}}^{(k)} \end{bmatrix} = - \boldsymbol{J}^{(k)} \begin{bmatrix} \Delta \boldsymbol{\theta}^{(k)} \\ \Delta \widetilde{\boldsymbol{U}}^{(k)} \end{bmatrix} \qquad (4\text{-}55)$$

其中

$$\left.\begin{aligned} \Delta \boldsymbol{\theta}^{(k)} &= \begin{bmatrix} \Delta\theta_1^{(k)} & \Delta\theta_2^{(k)} & \cdots & \Delta\theta_{n-1}^{(k)} \end{bmatrix}^{\mathrm{T}} \\ \Delta \widetilde{\boldsymbol{U}}^{(k)} &= \begin{bmatrix} \Delta U_1^{(k)}/U_1^{(k)} & \Delta U_2^{(k)}/U_2^{(k)} & \cdots & \Delta U_m^{(k)}/U_m^{(k)} \end{bmatrix}^{\mathrm{T}} \end{aligned}\right\} \qquad (4\text{-}56)$$

在式（4-55）中，雅可比矩阵 $\boldsymbol{J}^{(k)}$ 中的分块矩阵 $\boldsymbol{H}^{(k)}$、$\boldsymbol{N}^{(k)}$、$\boldsymbol{M}^{(k)}$ 和 $\boldsymbol{L}^{(k)}$ 的元素是在未知量的取值为 $\boldsymbol{U}^{(k)}$ 和 $\boldsymbol{\theta}^{(k)}$ 时，由式（4-52）和式（4-54）计算而得出的。对修正方程式（4-55）进行求解后，可以得出修正量 $\Delta \boldsymbol{\theta}^{(k)}$ 和 $\Delta \widetilde{\boldsymbol{U}}^{(k)}$，从而可以得出

$$\left.\begin{aligned} \theta_i^{(k+1)} &= \theta_i^{(k)} + \Delta\theta_i^{(k)} \quad (i=1,2,\cdots,n-1) \\ U_i^{(k+1)} &= U_i^{(k)} + U_i^{(k)} \times \Delta\widetilde{U}_i^{(k)} \quad (i=1,2,\cdots,m) \end{aligned}\right\} \qquad (4\text{-}57)$$

式（4-55）和式（4-57）便组成了用牛顿法计算潮流的迭代格式。可见，形成雅可比矩阵和求解修正方程式是牛顿法潮流计算中的主体。

由式（4-52）～式（4-55）可以看出，修正方程式有以下特点：

（1）雅可比矩阵的阶数为 $n+m-1$。

（2）如果互导纳 $Y_{ij}=0$，则雅可比矩阵各子阵 $\boldsymbol{H}$、$\boldsymbol{N}$、$\boldsymbol{M}$ 和 $\boldsymbol{L}$ 中的相应元素也等于零，因此雅可比矩阵也是稀疏矩阵。

（3）雅可比矩阵中的两个对角子矩阵 $\boldsymbol{H}$ 和 $\boldsymbol{L}$ 是不对称的，因为

$$\frac{\partial\Delta P_i}{\partial\theta_j} \neq \frac{\partial\Delta P_j}{\partial\theta_i}; \quad \frac{\partial\Delta Q_i}{\partial U_j} \neq \frac{\partial\Delta Q_j}{\partial U_i}$$

但各元素之间存在式（4-53）的关系。

（4）雅可比矩阵中各元素都是节点电压有效值和相角的函数，因此在整个迭代过程中，所有元素都将随着节点电压相量的逐次修正而不断变化。这样，每次迭代要重新计算雅可比矩阵中的各个元素，从而增加了牛顿法潮流计算的工作量。

牛顿法潮流计算的收敛判据一般取

$$\|\Delta\boldsymbol{P}^{(k)}\|_\infty = \max_i |\Delta P_i^{(k)}| \leqslant \varepsilon \quad \text{且} \quad \|\Delta\boldsymbol{Q}^{(k)}\|_\infty = \max_i |\Delta Q_i^{(k)}| \leqslant \varepsilon \quad (4\text{-}58)$$

式中：ε 为节点功率不平衡量（或称失配量）的容许误差，其取值范围一般为 $10^{-7}\sim10^{-3}$。

3. 初值的给定

如前所述，变量的初值给定对于牛顿法的收敛性和所得到的解有非常大的影响。在电力系统潮流计算中，各个节点电压相角的初值 $\theta_i^{(0)}(i=1,2,\cdots,n-1)$ 一般给定为 0，即与平衡节点电压的相角相同。这是因为在系统正常运行情况下，受稳定性要求的限制，各个节点电压之间的相角差不能很大，故如此给定各个节点电压相角的初值是接近于系统正常运行情况的。对于各个 PQ 节点电压有效值的初值，通常都给定为 1（相当于额定电压）。这是因为正常运行情况下各个母线的电压都在额定电压附近。这样的初值给定方法称为"平启动"。至于 PV 节点和平衡节点，它们的电压有效值都是事先指定的。

4. 元件通过功率的计算

潮流计算收敛以后，还需要计算各个线路和变压器等元件中通过的电流和功率。对此，可以用它们的 Π 形等值电路来计算其两端所通过的功率。例如，由图 4-4 中的 Π 形等值电路可以导出元件两端的功率分别为

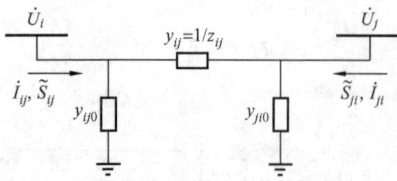

图 4 - 4　∏形等值电路中的功率

$$\widetilde{S}_{ij} = U_i^2 \overset{*}{y}_{ij0} + \dot{U}_i (\overset{*}{U}_i - \overset{*}{U}_j) \overset{*}{y}_{ij} \\ \widetilde{S}_{ji} = U_j^2 \overset{*}{y}_{ji0} + \dot{U}_j (\overset{*}{U}_j - \overset{*}{U}_i) \overset{*}{y}_{ij} \Bigg\} \quad (4 - 59)$$

元件两端的电流分别为

$$\dot{I}_{ij} = \overset{*}{S}_{ij} / \overset{*}{U}_i \\ \dot{I}_{ji} = \overset{*}{S}_{ji} / \overset{*}{U}_j \Bigg\} \quad (4 - 60)$$

元件中的功率损耗为

$$\Delta \widetilde{S}_{ij} = \widetilde{S}_{ij} + \widetilde{S}_{ji} \quad (4 - 61)$$

5. 牛顿法潮流计算的步骤及计算程序框图

牛顿法潮流计算的求解过程大致可以分为以下几步：

（1）输入系统的原始数据，包括系统的信息，各线路和变压器所在节点的编号和等值电路中的参数；各负荷所在节点的编号及其所取用的有功功率和无功功率；作为 PQ 节点的发电机所在节点的编号及所给定的有功和无功功率，PV 节点的编号和所接发电机的有功功率和电压有效值的给定值，平衡节点的编号和给定的电压有效值。

（2）形成节点导纳矩阵。

（3）给定功率误差的容许值 ε；给定平衡节点电压相角 $\theta_n = 0$，并给定一些节点电压有效值和相角的初值：$U_i^{(0)} = 1$　$(i = 1, \cdots, m)$，$\theta_i^{(0)} = 0 (i = 1, \cdots, n-1)$。将各 PQ 节点电压有效值的初值组成向量 $U^{(0)}$，各 PQ 节点和 PV 节点电压相角的初值组成向量 $\theta^{(0)}$；

（4）置迭代次数 $k = 0$。

（5）应用 $\theta^{(k)}$、$U^{(k)}$、各 PV 节点电压有效值以及平衡节点电压有效值和相角，按式（4 - 50）计算各 PQ、PV 节点的有功功率误差 $\Delta P_i^{(k)}$，以及各 PQ 节点的无功功率误差 $\Delta Q_i^{(k)}$，并组成功率误差向量 $\Delta P^{(k)}$ 和 $\Delta Q^{(k)}$。

（6）按式（4 - 58）判断迭代是否收敛。若收敛，转向第（11）步，否则进行下一步。

（7）应用 $\theta^{(k)}$、$U^{(k)}$ 按式（4 - 52）和式（4 - 54）计算雅可比矩阵各元素，并形成式（4 - 55）中的雅可比矩阵 $J^{(k)}$。

（8）求解修正方程式（4 - 55），得出 $\Delta \theta^{(k)}$ 和 $\Delta \widetilde{U}^{(k)}$。

（9）应用式（4 - 57）对各节点电压有效值和相角进行修正。

（10）置 $k = k + 1$，返回第（5）步继续进行下一轮迭代。

（11）按式（4 - 46）计算平衡节点发电机发出的有功功率和无功功率，并按式（4 - 45）计算各 PV 节点发电机发出的无功功率；按式（4 - 59）～式（4 - 61）计算各元件两端的功率、电流和损耗，最后输出计算结果。

与上述计算步骤相对应的计算程序框图如图 4 - 5 所示。在本书的附录中给出了相应的计算程序，供读者学习潮流计算的基本编程方法。

三、直角坐标形式的牛顿—拉夫逊潮流算法

实际上，在电力系统分析中也常用到直角坐标形式的牛顿—拉夫逊潮流计算方法。有关的分析方法和计算步骤与极坐标形式基本相同，读者可以作为练习自行推导。除了需要用到功率方程式（4 - 15）和电压方程式（4 - 16）以外，这里只给出雅可比矩阵及其元素的公式。

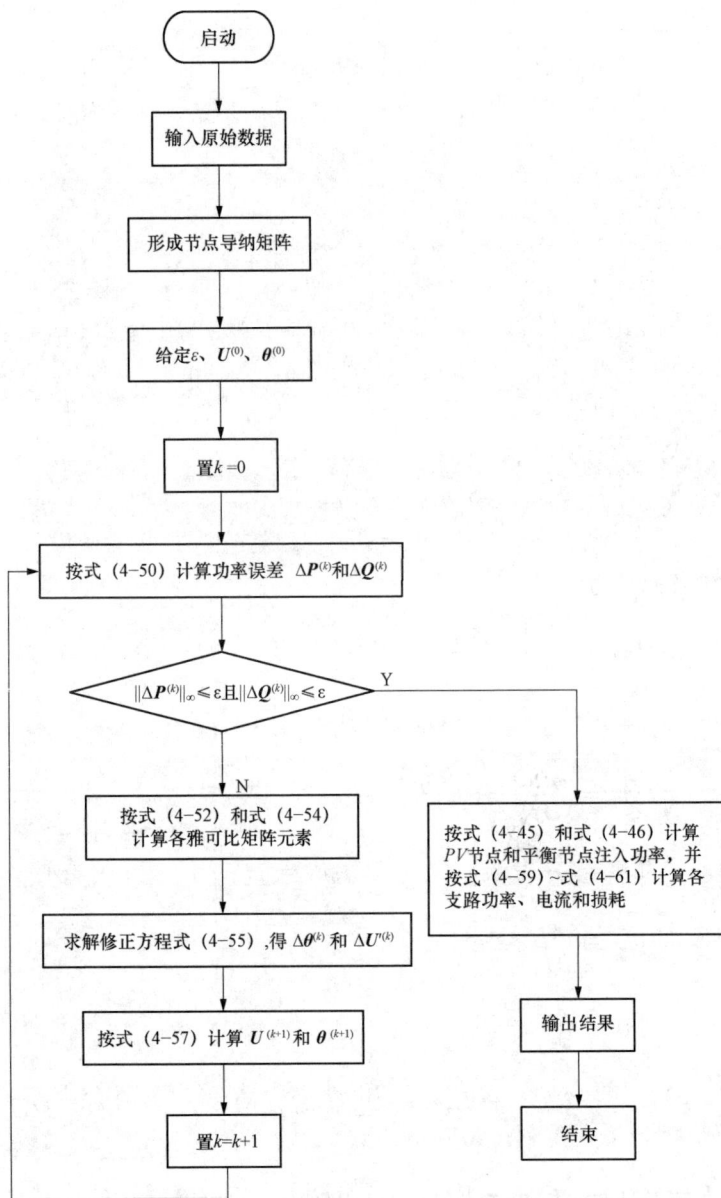

图 4-5　牛顿—拉夫逊法潮流计算程序框图

仍假定 $1,2,\cdots,m$ 为 PQ 节点，$m+1,\cdots,n-1$ 为 PV 节点，平衡节点编号为 n，则功率和电压平衡方程为

$$\left.\begin{aligned}\Delta P_i = P_{Gi} - P_{Li} - e_i \sum_{j \in i}(G_{ij}e_j - B_{ij}f_j) - f_i \sum_{j \in i}(G_{ij}f_j + B_{ij}e_j) = 0 \quad (i=1,2,\cdots,n-1)\\\Delta Q_i = Q_{Gi} - Q_{Li} - f_i \sum_{j \in i}(G_{ij}e_j - B_{ij}f_j) + e_i \sum_{j \in i}(G_{ij}f_j + B_{ij}e_j) = 0 \quad (i=1,2,\cdots,m)\end{aligned}\right\}$$

$$(4-62)$$

$$\Delta U_i^2 = U_{Si}^2 - (e_i^2 + f_i^2) = 0 \quad (i=m+1,m+2,\cdots,n-1) \qquad (4-63)$$

式中：U_{Si} 为 PV 节点 i 的电压给定值；平衡节点的电压 $e_n = U_{Sn}, f_n = 0$。

修正方程式为

$$
\begin{bmatrix}
\Delta P_1 \\
\Delta Q_1 \\
\vdots \\
\Delta P_m \\
\Delta Q_m \\
\cdots\cdots \\
\Delta P_{m+1} \\
\Delta U_{m+1}^2 \\
\vdots \\
\Delta P_{n-1} \\
\Delta U_{n-1}^2
\end{bmatrix}
= -
\begin{bmatrix}
H_{11} & N_{11} & \cdots & H_{1m} & N_{1m} & \vdots & H_{1,m+1} & N_{1,m+1} & \cdots & H_{1,n-1} & N_{1,n-1} \\
M_{11} & L_{11} & \cdots & M_{1m} & L_{1m} & \vdots & M_{1,m+1} & L_{1,m+1} & \cdots & M_{1,n-1} & L_{1,n-1} \\
\vdots & \vdots & \ddots & \vdots & \vdots & \vdots & \vdots & \vdots & \ddots & \vdots & \vdots \\
H_{m1} & N_{m1} & \cdots & H_{mm} & N_{mm} & \vdots & H_{m,m+1} & N_{m,m+1} & \cdots & H_{m,n-1} & N_{m,n-1} \\
M_{m1} & L_{m1} & \cdots & M_{mm} & L_{mm} & \vdots & M_{m,m+1} & L_{m,m+1} & \cdots & M_{m,n-1} & L_{m,n-1} \\
\cdots & \cdots & \cdots & \cdots & \cdots & \vdots & \cdots & \cdots & \cdots & \cdots & \cdots \\
H_{m+1,1} & N_{m+1,1} & \cdots & H_{m+1,m} & N_{m+1,m} & \vdots & H_{m+1,m+1} & N_{m+1,m+1} & \cdots & H_{m+1,n-1} & N_{m+1,n-1} \\
R_{m+1,1} & S_{m+1,1} & \cdots & R_{m+1,m} & S_{m+1,m} & \vdots & R_{m+1,m+1} & S_{m+1,m+1} & \cdots & R_{m+1,n-1} & S_{m+1,n-1} \\
\vdots & \vdots & \ddots & \vdots & \vdots & \vdots & \vdots & \vdots & \ddots & \vdots & \vdots \\
H_{n-1,1} & N_{n-1,1} & \cdots & H_{n-1,m} & N_{n-1,m} & \vdots & H_{n-1,m+1} & N_{n-1,m+1} & \cdots & H_{n-1,n-1} & N_{n-1,n-1} \\
R_{n-1,1} & S_{n-1,1} & \cdots & R_{n-1,m} & S_{n-1,m} & \vdots & R_{n-1,m+1} & S_{n-1,m+1} & \cdots & R_{n-1,n-1} & S_{n-1,n-1}
\end{bmatrix}
\begin{bmatrix}
\Delta f_1 \\
\Delta e_1 \\
\vdots \\
\Delta f_m \\
\Delta e_m \\
\cdots\cdots \\
\Delta f_{m+1} \\
\Delta e_{m+1} \\
\vdots \\
\Delta f_{n-1} \\
\Delta e_{n-1}
\end{bmatrix}
$$

$$(4-64)$$

雅可比矩阵中各元素为

$$
\left.
\begin{aligned}
H_{ij} &= \frac{\partial \Delta P_i}{\partial f_j} = B_{ij}e_i - G_{ij}f_i \\
N_{ij} &= \frac{\partial \Delta P_i}{\partial e_j} = -G_{ij}e_i - B_{ij}f_i \\
M_{ij} &= \frac{\partial \Delta Q_i}{\partial f_j} = B_{ij}f_i + G_{ij}e_i = -N_{ij} \\
L_{ij} &= \frac{\partial \Delta Q_i}{\partial e_j} = -G_{ij}f_i + B_{ij}e_i = H_{ij} \\
R_{ij} &= \frac{\partial U_i^2}{\partial f_j} = 0 \\
S_{ij} &= \frac{\partial U_i^2}{\partial e_j} = 0
\end{aligned}
\right\} \quad (j \neq i) \qquad (4-65)
$$

$$
\left.
\begin{aligned}
H_{ii} &= \frac{\partial \Delta P_i}{\partial f_i} = B_{ii}e_i - 2G_{ii}f_i - B_{ii}e_i - \sum_{\substack{j \in i \\ j \neq i}} (G_{ij}f_j + B_{ij}e_j) = B_{ii}e_i - G_{ii}f_i - b_i \\
N_{ii} &= \frac{\partial \Delta P_i}{\partial e_i} = B_{ii}f_i - 2G_{ii}e_i - B_{ii}f_i - \sum_{\substack{j \in i \\ j \neq i}} (G_{ij}e_j - B_{ij}f_j) = -G_{ii}e_i - B_{ii}f_i - a_i \\
M_{ii} &= \frac{\partial \Delta Q_i}{\partial f_i} = 2B_{ii}f_i - G_{ii}e_i + G_{ii}e_i - \sum_{\substack{j \in i \\ j \neq i}} (G_{ij}e_j - B_{ij}f_j) = G_{ii}e_i + B_{ii}f_i - a_i \\
L_{ii} &= \frac{\partial \Delta Q_i}{\partial e_i} = 2B_{ii}e_i - G_{ii}f_i + G_{ii}f_i + \sum_{\substack{j \in i \\ j \neq i}} (G_{ij}f_j + B_{ij}e_j) = B_{ii}e_i - G_{ii}f_i + b_i \\
R_{ii} &= \frac{\partial \Delta U_i^2}{\partial f_i} = -2f_i \\
S_{ii} &= \frac{\partial \Delta U_i^2}{\partial e_i} = -2e_i
\end{aligned}
\right\}
$$

$$(4-66)$$

式中：a_i 和 b_i 分别为节点 i 注入电流的实部和虚部，即

$$\dot{I}_i = \sum_{j=1}^{n} Y_{ij} \dot{U}_j = \sum_{j=1}^{n} (G_{ij} + jB_{ij})(e_j + jf_j)$$

$$= \sum_{j=1}^{n} (G_{ij}e_j - B_{ij}f_j) + j\sum_{j=1}^{n} (G_{ij}f_j + B_{ij}e_j)$$

$$= a_i + jb_i$$

【例 4 - 3】 图 4 - 6 所示系统中各元件的参数与 [例 4 - 1] 相同（为了使节点按照先 PQ 节点，再 PV 节点，最后为平衡节点的次序进行编号，以便于与公式相对照，节点的编号与

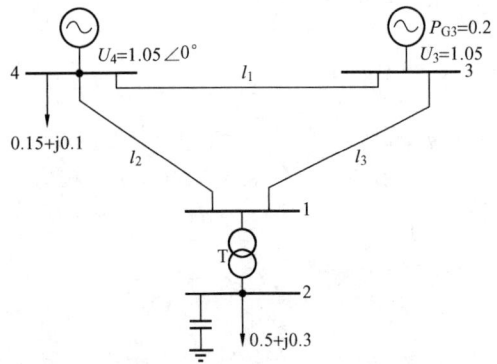

图 4 - 6 [例 4 - 3] 的系统接线图及节点编号

[例 4 - 1] 不同），即节点 1 和节点 2 为 PQ 节点，节点 3 为 PV 节点，节点 4 为平衡节点。试用极坐标形式的牛顿—拉夫逊法计算系统的潮流分布。

解 (1) 计算导纳矩阵。对应于图 4 - 6 中的节点编号，节点导纳矩阵为

$$Y = \begin{bmatrix} 2.904949 - j11.503066 & j5.318187 & -1.659971 + j3.161849 & -1.244978 + j2.371387 \\ j5.318187 & -j4.663848 & 0.0 & 0.0 \\ -1.659971 + j3.161849 & 0.0 & 2.489956 - j4.703977 & -0.829985 + j1.580924 \\ -1.244978 + j2.371387 & 0.0 & -0.829985 + j1.580924 & 2.074963 - j3.909204 \end{bmatrix}$$

(2) 给定节点电压初值，$\dot{U}_1 = 1.0\angle 0°$，$\dot{U}_2 = 1.0\angle 0°$，$\dot{U}_3 = 1.05\angle 0°$，$\dot{U}_4 = 1.05\angle 0°$。

(3) 置 $k = 0$，计算功率不平衡量

$$\Delta P_1^{(0)} = 0 - U_1 \sum_{j=1}^{4} U_j(G_{1j}\cos\theta_{1j} + B_{1j}\sin\theta_{1j}) = 0.14525$$

$$\Delta P_2^{(0)} = -0.5 - U_2 \sum_{j=1}^{4} U_j(G_{2j}\cos\theta_{2j} + B_{2j}\sin\theta_{2j}) = -0.50000$$

$$\Delta P_3^{(0)} = 0.2 - U_3 \sum_{j=1}^{4} U_j(G_{3j}\cos\theta_{3j} + B_{3j}\sin\theta_{3j}) = 0.11285$$

$$\Delta Q_1^{(0)} = 0 - U_1 \sum_{j=1}^{4} U_j(G_{1j}\sin\theta_{1j} - B_{1j}\cos\theta_{1j}) = -0.37498$$

$$\Delta Q_2^{(0)} = -0.3 - U_2 \sum_{j=1}^{4} U_j(G_{2j}\sin\theta_{2j} - B_{2j}\cos\theta_{2j}) - 0.35434$$

(4) 形成修正方程式。雅可比矩阵的形式为

$$J = \begin{bmatrix} \dfrac{\partial \Delta P_1}{\partial \theta_1} & \dfrac{\partial \Delta P_1}{\partial \theta_2} & \dfrac{\partial \Delta P_1}{\partial \theta_3} & \dfrac{\partial \Delta P_1}{\partial U_1}U_1 & \dfrac{\partial \Delta P_1}{\partial U_2}U_2 \\ \dfrac{\partial \Delta P_2}{\partial \theta_1} & \dfrac{\partial \Delta P_2}{\partial \theta_2} & \dfrac{\partial \Delta P_2}{\partial \theta_3} & \dfrac{\partial \Delta P_2}{\partial U_1}U_1 & \dfrac{\partial \Delta P_2}{\partial U_2}U_2 \\ \dfrac{\partial \Delta P_3}{\partial \theta_1} & \dfrac{\partial \Delta P_3}{\partial \theta_2} & \dfrac{\partial \Delta P_3}{\partial \theta_3} & \dfrac{\partial \Delta P_3}{\partial U_1}U_1 & \dfrac{\partial \Delta P_3}{\partial U_2}U_2 \\ \dfrac{\partial \Delta Q_1}{\partial \theta_1} & \dfrac{\partial \Delta Q_1}{\partial \theta_2} & \dfrac{\partial \Delta Q_1}{\partial \theta_3} & \dfrac{\partial \Delta Q_1}{\partial U_1}U_1 & \dfrac{\partial \Delta Q_1}{\partial U_2}U_2 \\ \dfrac{\partial \Delta Q_2}{\partial \theta_1} & \dfrac{\partial \Delta Q_2}{\partial \theta_2} & \dfrac{\partial \Delta Q_2}{\partial \theta_3} & \dfrac{\partial \Delta Q_2}{\partial U_1}U_1 & \dfrac{\partial \Delta Q_2}{\partial U_2}U_2 \end{bmatrix}$$

经计算得修正方程式为

$$
\begin{bmatrix} 0.14525 \\ -0.50000 \\ 0.11285 \\ -0.37498 \\ 0.35434 \end{bmatrix} = \begin{bmatrix} -11.12807 & 5.31817 & 3.31994 & -2.75970 & 0.00000 \\ 5.31817 & -5.31817 & 0.00000 & 0.00000 & 0.00000 \\ 3.31994 & 0.00000 & -5.06291 & 1.74297 & 0.00000 \\ 3.05019 & 0.00000 & -1.74297 & -11.87803 & 5.31817 \\ 0.00000 & 0.00000 & 0.00000 & 5.31817 & -4.00950 \end{bmatrix} \begin{bmatrix} \Delta\theta_1^{(0)} \\ \Delta\theta_2^{(0)} \\ \Delta\theta_3^{(0)} \\ \Delta U_1^{(0)}/U_1^{(0)} \\ \Delta U_2^{(0)}/U_2^{(0)} \end{bmatrix}
$$

（5）求解修正方程，得

$$
\begin{bmatrix} \Delta\theta_1^{(0)} \\ \Delta\theta_2^{(0)} \\ \Delta\theta_3^{(0)} \\ \Delta U_1^{(0)}/U_1^{(0)} \\ \Delta U_2^{(0)}/U_2^{(0)} \end{bmatrix} = \begin{bmatrix} -0.0708 \\ -0.1648 \\ -0.0291 \\ -0.0145 \\ 0.0691 \end{bmatrix}
$$

（6）进行修正，得

$$
\theta_1^{(1)} = \theta_1^{(0)} + \Delta\theta_1^{(0)} = -0.0708
$$
$$
\theta_2^{(1)} = \theta_2^{(0)} + \Delta\theta_2^{(0)} = -0.1648
$$
$$
\theta_3^{(1)} = \theta_3^{(0)} + \Delta\theta_3^{(0)} = -0.0291
$$
$$
U_1^{(1)} = U_1^{(0)} + \Delta U_1^{(0)} = 1 - 0.0145 \times 1 = 0.9855
$$
$$
U_2^{(1)} = U_2^{(0)} + \Delta U_2^{(0)} = 1 + 0.0691 \times 1 = 1.0691
$$

（7）置 $k=1$，用 $\theta_2^{(1)}$、$\theta_3^{(1)}$、$\theta_4^{(1)}$、$U_3^{(1)}$、$U_4^{(1)}$ 代替 $\theta_2^{(0)}$、$\theta_3^{(0)}$、$\theta_4^{(0)}$、$U_3^{(0)}$、$U_4^{(0)}$ 进行迭代，得修正方程式

$$
\begin{bmatrix} -0.03608 \\ 0.02599 \\ 0.00016 \\ -0.03901 \\ -0.05235 \end{bmatrix} = \begin{bmatrix} -11.1319 & 5.5781 & 3.1973 & -2.8571 & -0.5260 \\ 5.5781 & -5.5781 & 0.0000 & 0.5260 & 0.5260 \\ 3.3404 & 0.0000 & -5.0559 & 1.5799 & 0.0000 \\ 2.7850 & 0.5260 & -1.8524 & -11.2099 & 5.5781 \\ -0.5260 & 0.5260 & 0.0000 & 5.5781 & -5.0828 \end{bmatrix} \begin{bmatrix} \Delta\theta_1^{(1)} \\ \Delta\theta_2^{(1)} \\ \Delta\theta_3^{(1)} \\ \Delta U_1^{(1)}/U_1^{(1)} \\ \Delta U_2^{(1)}/U_2^{(1)} \end{bmatrix}
$$

对修正方程进行求解并进行修正后，得

$$
\begin{bmatrix} \Delta\theta_1^{(1)} \\ \Delta\theta_2^{(1)} \\ \Delta\theta_3^{(1)} \\ \Delta U_1^{(1)}/U_1^{(1)} \\ \Delta U_2^{(1)}/U_2^{(1)} \end{bmatrix} = \begin{bmatrix} 0.0032 \\ 0.0038 \\ -0.0028 \\ -0.0157 \\ -0.0275 \end{bmatrix} ; \quad \begin{bmatrix} \theta_1^{(2)} \\ \theta_2^{(2)} \\ \theta_3^{(2)} \\ U_1^{(2)} \\ U_2^{(2)} \end{bmatrix} = \begin{bmatrix} -0.0676 \\ -0.1611 \\ -0.0319 \\ 0.9699 \\ 1.0397 \end{bmatrix}
$$

（8）继续迭代。在节点功率不平衡量容许误差给定为 0.00001 的情况下，经 4 次迭代收敛。迭代过程中各节点电压和最大功率误差的变化情况列于表 4 - 1 中。得出的潮流计算结果如图 4 - 7 所示。

表 4-1　　　　　　　　[例 4-3] 迭代过程中各节点电压和最大功率误差的变化情况

迭代次数	θ_1	U_1	θ_2	U_2	θ_3	最大功率误差
1	-0.07081	0.98546	-0.16483	1.06908	-0.02915	0.500000
2	-0.06762	0.96994	-0.16105	1.03967	-0.03193	0.052346
3	-0.06761	0.96950	-0.16110	1.03877	-0.03214	0.001633
4	-0.06761	0.96950	-0.16110	1.03877	-0.03214	0.000002

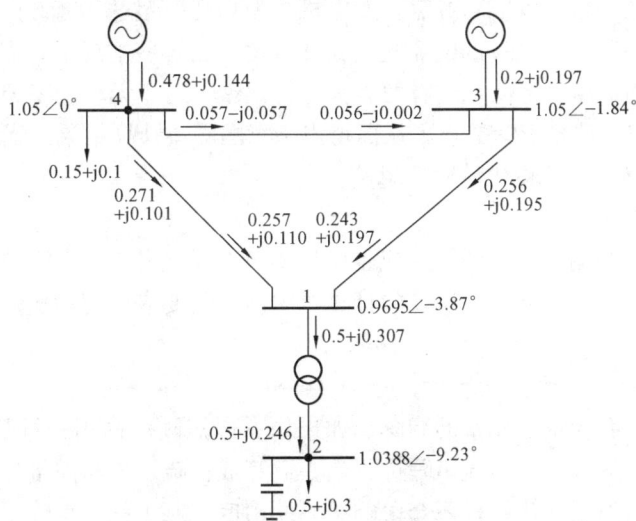

图 4-7　[例 4-3] 的最终潮流分布

第四节　牛顿—拉夫逊法潮流计算中的收敛性和稀疏技术

虽然应用牛顿—拉夫逊法进行潮流计算的原理并不复杂，计算过程也比较简单，但是在实际计算中常碰到收敛性问题；另外，为了节省内存和减少计算量，常采用稀疏技术。这些在其他潮流算法中同样也存在，故本节对它们作简要介绍。

一、初值、收敛性和多值解

应用牛顿法计算潮流一般经 4~7 次迭代就能收敛到很精确的解，而且需要的迭代次数与电力系统规模之间的关系不大。从理论上讲，当给定的初值接近于真解时，牛顿法具有二次收敛特性，即误差将呈平方减少。但当初值选择不当时，可能会出现不收敛，或收敛到一个实际上不可能运行的解。一般情况下，在系统正常运行时，由于各节点的电压都在额定电压附近，而且各节点的电压相角相差不大，因此，在潮流计算中通常将各个 PQ 节点电压有效值的初值都取为 1（即相当于取网络的额定电压），电压相角的初值都取为零，在大多数情况下，所得出的潮流计算结果都是符合实际运行情况的。

由于功率方程为非线性方程组，从数学上来讲，它可能有许多组解（当然，在潮流计算中限定为实数解）。因此，给定不同的初值有可能得出不同的解，这就是所谓的潮流多值解现象。在这些解中，有些解是合理的，并且在运行中可能出现，但它们的运行电压和功率损耗却可能不同；然而，另一些解在实际运行过程中是不可能出现的（包括不稳定的）。

还有一类情况是潮流计算不收敛，其原因是多样的。一是由于给定的网络结构和/或发电机功率不合理，或者负荷过大，使运行方式本身不存在，即潮流方程没有实数解，这种情况下迭代不可能收敛；二是潮流本身有解，但给定的初值不合理导致潮流计算不收敛；三是潮流本身有解，但所用迭代方法太差，导致潮流计算不收敛。一般情况下，给定足够多的 PV 节点数目，可能会改善同一方法在同一初值下潮流计算的收敛性。

必须指出，有时潮流计算虽然收敛，但得出的结果却不能接受。例如：平衡节点上发电机的有功功率或无功功率或者 PV 节点上发电机的无功功率超过其容许值；一些节点电压有效值过高或过低；一些元件流过的电流超出其允许值。在这些情况下，需要调整发电机的有功功率或 PV 节点的电压给定值，或者两者都进行调整，对于无功功率超过发电机容许范围的 PV 节点也可以将它改成 PQ 节点，从而得出满意的潮流计算结果。当然，这需要不断地进行试探，需要有丰富的经验和足够的耐性。

二、稀疏矩阵技术

在牛顿—拉夫逊法潮流计算中，形成雅可比矩阵和求解修正方程式是主要的计算环节。如何提高其计算速度并尽可能减少所需的计算机内存，需要应用到稀疏矩阵技术，现进行简单介绍。

1. 稀疏矩阵的存储和运算

稀疏矩阵是指含有大量零元素的矩阵。如果像一般矩阵那样用二维数组存储稀疏矩阵，就会大量浪费内存。另外，对稀疏矩阵进行消去运算或稀疏矩阵与向量相乘时，会有大量的无用运算，这不仅增加了计算量，还会影响结果的精度。对于稀疏矩阵，仅存储其中的非零元素，并且存储方案能够根据需要方便地对各元素进行存取，从而自然地避免了零元素与其他元素之间的运算，这样的技术称为稀疏矩阵技术。

电力系统的节点导纳矩阵是一种非常稀疏的对称矩阵。稀疏矩阵的存储方法有很多种，这里仅给出节点导纳矩阵常用的存储方法：将各对角元素集中存放在一维数组中；将上三角的非零元素按行依次存放在另一个一维数组中，再用两个一维数组指明每一个元素在矩阵中的行、列位置。由于导纳矩阵是对称的，因此可以容易从上三角非零元素获得下三角非零元素。

牛顿法潮流计算中的雅可比矩阵按 2×2 的块来看是与节点导纳矩阵一样稀疏的矩阵（注意，它不是对称矩阵），因此，可以将雅可比矩阵中的非零元素按行依次存放在一个一维数组中，再用两个一维数组指明每一个元素在矩阵中的行、列位置。这样，在对雅可比矩阵的消去过程中就可避免对零元素的消去运算。对于雅可比矩阵经消去运算得到的两个三角矩阵，也可以仅存储其中的非零元素。存储方法可以仿照节点导纳矩阵上三角部分的存储方案，从而在前代和回代过程中也自然避免零元素与其他元素的运算。

2. 节点编号优化

对于一个电网，采用不同的节点编号次序，节点导纳矩阵中非零元素（互导纳不为零的元素）所在的位置将不相同。相应地，在牛顿法潮流计算中，雅可比矩阵的非零元素位置也不相同。

在雅可比矩阵的消去过程中，将可能产生一些新的非零元素，称它们为注入元素。不同的节点编号方案，在消去过程中出现注入元素的数目可能不同。注入元素的出现，不但需要增加存储量，而且也会增加消去过程以及前代和回代的计算量。所谓节点编号的优化，就是要寻求一种在消去过程中使注入元素数目尽可能少的节点编号次序。节点编号的优化方法有很多种，在这里不做介绍。下面仅用例题来说明不同的节点编号次序，所产生注入元素的数目不同。为了简单起见，在例题中用导纳矩阵的消去运算代替雅可比矩阵的消去运算。

【例 4 - 4】 用不同的节点编号次序，形成图 4 - 8 中网络的导纳矩阵，并通过高斯消去法得出上三角矩阵，检查注入元素的分布情况。图中的参数为元件的电纳，它们的电导忽略不计。

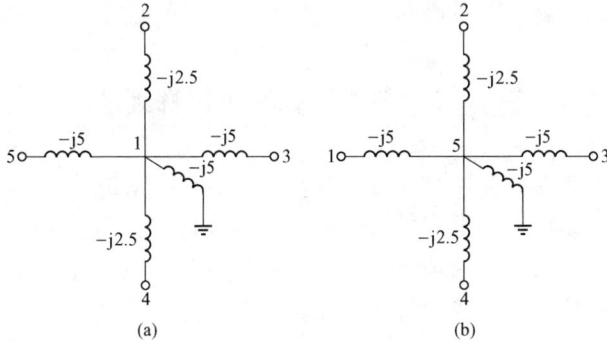

图 4 - 8 ［例 4 - 4］中的等值电路图
(a) 节点编号情况 1；(b) 节点编号情况 2

解

(1) 对于图 4 - 8 (a) 中的节点编号，导纳矩阵为

$$\boldsymbol{Y} = \mathrm{j} \begin{bmatrix} -20 & 2.5 & 5.0 & 2.5 & 5.0 \\ 2.5 & -2.5 & & & \\ 5.0 & & -5.0 & & \\ 2.5 & & & -2.5 & \\ 5.0 & & & & -5.0 \end{bmatrix}$$

经按行或按列消去运算后，得出的上三角矩阵为

$$\boldsymbol{U} = \mathrm{j} \begin{bmatrix} -20 & 2.5000 & 5.0000 & 2.5000 & 5.0000 \\ & -2.1875 & (0.6250) & (0.3125) & (0.6250) \\ & & -3.5714 & (0.7143) & (1.4286) \\ & & & -2.0000 & (1.0000) \\ & & & & -2.5000 \end{bmatrix}$$

其中，带圆括号的元素为注入元素，可见注入元素共 6 个，使上三角矩阵完全没有零元素，这是一种最坏的情况。

(2) 按照图 4 - 8 (b) 的节点编号，导纳矩阵为

$$\boldsymbol{Y} = \mathrm{j} \begin{bmatrix} -5.0 & & & & 5.0 \\ & -2.5 & & & 2.5 \\ & & -5.0 & & 5.0 \\ & & & -2.5 & 2.5 \\ 5.0 & 2.5 & 5.0 & 2.5 & -20 \end{bmatrix}$$

消去运算后得出的上三角矩阵为

$$\boldsymbol{U} = j \begin{bmatrix} -5.0 & & & & 5.0 \\ & -2.5 & & & 2.5 \\ & & -5.0 & & 5.0 \\ & & & -2.5 & 2.5 \\ & & & & -5.0 \end{bmatrix}$$

显然，在这种编号下，完全不产生注入元素，这是一种最理想的情况。其他编号情况将介于上述两种情况之间，建议读者自行分析。

第五节　潮流计算的快速解耦法

在牛顿—拉夫逊法潮流计算中，主要的计算工作量在于形成雅可比矩阵和求解修正方程式。由于雅可比矩阵的阶数约为节点总数的两倍而且在迭代过程中不断地改变，因此，在大规模电力系统中（节点总数可能有成千上万个）应用牛顿—拉夫逊法计算潮流比较费时。

相关参考文献曾提出过一些简化计算方法，其基本思想和基本方法仍属于牛顿法，但进行了不同程度的简化处理，它们在计算数学上称为拟牛顿法（或不诚实的牛顿法）。例如，为了减少形成雅可比矩阵和求解修正方程式的计算量，不是每次迭代都重新形成雅可比矩阵，而是每隔一定的迭代次数后才重新形成，并将它分解为一个单位下三角矩阵与一个上三角矩阵的乘积（三角分解），这样在不同的节点功率误差下，修正方程的求解就可以通过先求解下三角方程（称之为前代）再求解上三角方程（称之为回代）来完成。由于这类方法在迭代过程中只是所采用的雅可比矩阵（有时）与经典牛顿法有所不同，而最后仍然用节点功率的误差大小按照式（4-58）来判断收敛，因此这样的简化并不影响计算结果的精度，只是所需要的迭代次数有所增加而已。

在这类方法中，最有效和应用最广的是快速解耦法，它是从电力系统本身的特点出发而加以简化得到的。具体来说，由于高压电力系统中线路的电阻都小于电抗（变压器更是如此），因此元件两端电压的相角差主要取决于它所通过的有功功率，而两端电压有效值之差主要取决于所通过的无功功率（参阅第三章第二节中输电线路功率与电压之间的定性关系），于是在迭代过程中，可以仅仅用节点的有功功率误差来修正节点电压的相角，用节点的无功功率误差来修正节点电压的有效值，从而将节点电压相角和有效值的修正分开进行，使原来需要求解维数约为两倍节点数的修正方程式变为求解两个维数接近于节点数的修正方程式。再考虑到元件两端电压的相角差一般较小，从而进一步简化，使这两个雅可比矩阵变为定常矩阵，它们只需要形成一次，并进行一次三角分解，使得迭代过程中所有修正方程的求解用前代和回代即可完成。不难看出，经过这样的简化以后，所需要的计算量将可以大大地减少。下面对快速解耦法作具体介绍。

为简单起见，仍假定系统有 n 个节点，其中前 m 个为 PQ 节点，第 $m+1$ 到 $n-1$ 个为 PV 节点，最后是平衡节点。在极坐标形式的牛顿法潮流修正方程式（4-55）和式（4-56）中略去表示迭代次数的上标（k），得

$$-\begin{bmatrix} \boldsymbol{H} & \boldsymbol{N} \\ \boldsymbol{M} & \boldsymbol{L} \end{bmatrix} \begin{bmatrix} \Delta\boldsymbol{\theta} \\ \Delta\widetilde{\boldsymbol{U}} \end{bmatrix} = \begin{bmatrix} \Delta\boldsymbol{P} \\ \Delta\boldsymbol{Q} \end{bmatrix} \tag{4-67}$$

其中
$$\Delta\boldsymbol{\theta} = \begin{bmatrix} \Delta\theta_1 & \Delta\theta_2 & \cdots & \Delta\theta_{n-1} \end{bmatrix}^{\mathrm{T}}$$
$$\Delta\widetilde{\boldsymbol{U}} = \begin{bmatrix} \Delta U_1/U_1 & \Delta U_2/U_2 & \cdots & \Delta U_m/U_m \end{bmatrix}^{\mathrm{T}}$$

在高压电力系统中，有功功率与电压相角的关系密切，而与电压有效值的关系不大，使得矩阵 $\boldsymbol{N}$ 中元素的绝对值比矩阵 $\boldsymbol{H}$ 中相应元素的绝对值要小得多；无功功率与电压有效值关系密切，而与电压相角关系不大，使得矩阵 $\boldsymbol{M}$ 中的元素的绝对值比矩阵 $\boldsymbol{L}$ 中的元素小得多。因此，忽略式（4-67）中的矩阵 $\boldsymbol{N}$ 和 $\boldsymbol{M}$，可以得到两个独立的方程组

$$\left.\begin{aligned} -\boldsymbol{H}\Delta\boldsymbol{\theta} &= \Delta\boldsymbol{P} \\ -\boldsymbol{L}\Delta\widetilde{\boldsymbol{U}} &= \Delta\boldsymbol{Q} \end{aligned}\right\} \tag{4-68}$$

这个简化实现了电压有效值修正方程与相角修正方程的解耦。

快速解耦法的第二个简化是，将迭代过程中不断变化的矩阵 $\boldsymbol{H}$ 和 $\boldsymbol{L}$ 用定常矩阵代替，解释如下：考虑到在实际系统中各元件两端电压的相角差 θ_{ij} 一般不大（通常小于 $20°$），而且由于元件的电阻远小于电抗，使互导纳中存在关系 $|G_{ij}| \ll |B_{ij}|$。这样，在计算矩阵 $\boldsymbol{H}$ 和 $\boldsymbol{L}$ 元素的式（4-52）和式（4-54）中，可以近似地认为

$$|B_{ij}\cos\theta_{ij}| \gg |G_{ij}\sin\theta_{ij}|$$
$$\cos\theta_{ij} \approx 1$$

又考虑到式（4-54）中的 $U_i^2 B_{ii}$ 相当于除节点 i 外其余节点均接地时节点 i 的注入无功功率，而 $Q_{Gi} - Q_{Li}$ 为所有节点均不接地时节点 i 的注入无功功率，显然在系统正常运行情况下 $|Q_{Gi} - Q_{Li}| \ll |U_i^2 B_{ii}|$，说明 L_{ii} 表达式中第一项 $U_i^2 B_{ii}$ 远大于第二项 $Q_{Gi} - Q_{Li}$，因此可以将第二项忽略。

经过以上简化后，$\boldsymbol{H}$ 和 $\boldsymbol{L}$ 的对角和非对角元素变为

$$\left.\begin{aligned} H_{ii} &= U_i^2 B_{ii} \\ H_{ij} &= U_i U_j B_{ij} \\ L_{ii} &= U_i^2 B_{ii} \\ L_{ij} &= U_i U_j B_{ij} \end{aligned}\right\} \tag{4-69}$$

这样，式（4-68）中的系数矩阵可以表示为

$$\boldsymbol{H} = \begin{bmatrix} U_1^2 B_{11} & U_1 U_2 B_{12} & \cdots & U_1 U_{n-1} B_{1,n-1} \\ U_2 U_1 B_{21} & U_2^2 B_{22} & \cdots & U_2 U_{n-1} B_{2,n-1} \\ \vdots & \vdots & \ddots & \vdots \\ U_{n-1} U_1 B_{n-1,1} & U_{n-1} U_2 B_{n-1,2} & \cdots & U_{n-1}^2 B_{n-1,n-1} \end{bmatrix}$$

$$= \begin{bmatrix} U_1 & 0 & \cdots & 0 \\ 0 & U_2 & \cdots & 0 \\ \vdots & \vdots & \ddots & \vdots \\ 0 & 0 & \cdots & U_{n-1} \end{bmatrix} \begin{bmatrix} B_{11} & B_{12} & \cdots & B_{1,n-1} \\ B_{21} & B_{22} & \cdots & \vdots \\ \vdots & \vdots & \ddots & \vdots \\ B_{n-1,1} & B_{n-1,2} & \cdots & B_{n-1,n-1} \end{bmatrix} \begin{bmatrix} U_1 & 0 & \cdots & 0 \\ 0 & U_2 & \cdots & 0 \\ 0 & 0 & \cdots & U_{n-1} \end{bmatrix}$$

$$\tag{4-70}$$

$$\boldsymbol{L} = \begin{bmatrix} U_1^2 B_{11} & U_1 U_2 B_{12} & \cdots & U_1 U_m B_{1m} \\ U_2 U_1 B_{21} & U_2^2 B_{22} & \cdots & U_2 U_m B_{2m} \\ \vdots & \vdots & \ddots & \vdots \\ U_m U_1 B_{m1} & U_m U_2 B_{m2} & \cdots & U_m^2 B_{mn} \end{bmatrix}$$

$$
= \begin{bmatrix} U_1 & 0 & \cdots & 0 \\ 0 & U_2 & \cdots & 0 \\ \vdots & \vdots & \ddots & \vdots \\ 0 & 0 & \cdots & U_m \end{bmatrix} \begin{bmatrix} B_{11} & B_{12} & \cdots & B_{1m} \\ B_{21} & B_{22} & \cdots & B_{2m} \\ \vdots & \vdots & \ddots & \vdots \\ B_{m1} & B_{m2} & \cdots & B_{mn} \end{bmatrix} \begin{bmatrix} U_1 & 0 & \cdots & 0 \\ 0 & U_2 & \cdots & 0 \\ \vdots & \vdots & \ddots & \vdots \\ 0 & 0 & \cdots & U_m \end{bmatrix} \tag{4-71}
$$

将式（4-70）和式（4-71）代入式（4-68）中，修正方程式变为

$$
- \begin{bmatrix} U_1 & 0 & \cdots & 0 \\ 0 & U_2 & \cdots & 0 \\ \vdots & \vdots & \ddots & \vdots \\ 0 & 0 & \cdots & U_{n-1} \end{bmatrix} \begin{bmatrix} B_{11} & B_{12} & \cdots & B_{1,n-1} \\ B_{21} & B_{22} & \cdots & B_{2,n-1} \\ \vdots & \vdots & \ddots & \vdots \\ B_{n-1,1} & B_{n-1,2} & \cdots & B_{n-1,n-1} \end{bmatrix} \begin{bmatrix} U_1 \Delta \theta_1 \\ U_2 \Delta \theta_2 \\ \vdots \\ U_{n-1} \Delta \theta_{n-1} \end{bmatrix} = \begin{bmatrix} \Delta P_1 \\ \Delta P_2 \\ \vdots \\ \Delta P_{n-1} \end{bmatrix}
$$
$$\tag{4-72}$$

$$
- \begin{bmatrix} U_1 & 0 & \cdots & 0 \\ 0 & U_2 & \cdots & 0 \\ \vdots & \vdots & \ddots & \vdots \\ 0 & 0 & \cdots & U_m \end{bmatrix} \begin{bmatrix} B_{11} & B_{12} & \cdots & B_{1m} \\ B_{21} & B_{22} & \cdots & B_{2m} \\ \vdots & \vdots & \ddots & \vdots \\ B_{m1} & B_{m2} & \cdots & B_{mn} \end{bmatrix} \begin{bmatrix} \Delta U_1 \\ \Delta U_2 \\ \vdots \\ \Delta U_m \end{bmatrix} = \begin{bmatrix} \Delta Q_1 \\ \Delta Q_2 \\ \vdots \\ \Delta Q_m \end{bmatrix} \tag{4-73}
$$

并进一步简化为

$$
- \begin{bmatrix} B_{11} & B_{12} & \cdots & B_{1,n-1} \\ B_{21} & B_{22} & \cdots & B_{2,n-1} \\ \vdots & \vdots & \ddots & \vdots \\ B_{n-1,1} & B_{n-1,2} & \cdots & B_{n-1,n-1} \end{bmatrix} \begin{bmatrix} U_1 \Delta \theta_1 \\ U_2 \Delta \theta_2 \\ \vdots \\ U_{n-1} \Delta \theta_{n-1} \end{bmatrix} = \begin{bmatrix} \Delta P_1 / U_1 \\ \Delta P_2 / U_2 \\ \vdots \\ \Delta P_{n-1} / U_{n-1} \end{bmatrix} \tag{4-74}
$$

和

$$
- \begin{bmatrix} B_{11} & B_{12} & \cdots & B_{1m} \\ B_{21} & B_{22} & \cdots & B_{2m} \\ \vdots & \vdots & \ddots & \vdots \\ B_{m1} & B_{m2} & \cdots & B_{mn} \end{bmatrix} \begin{bmatrix} \Delta U_1 \\ \Delta U_2 \\ \vdots \\ \Delta U_m \end{bmatrix} = \begin{bmatrix} \Delta Q_1 / U_1 \\ \Delta Q_2 / U_2 \\ \vdots \\ \Delta Q_m / U_m \end{bmatrix} \tag{4-75}
$$

设 $\boldsymbol{B}$ 为节点导纳矩阵的虚部所组成的矩阵，将式（4-74）和式（4-75）写成矩阵形式，并考虑到电压有效值对相角修正量的影响不大，得每次迭代的修正方程式为

$$
\left. \begin{array}{l} \boldsymbol{B}' \Delta \boldsymbol{\theta}^{(k)} = \Delta \widetilde{\boldsymbol{P}}^{(k)} \\ \boldsymbol{B}'' \Delta \boldsymbol{U}^{(k)} = \Delta \widetilde{\boldsymbol{Q}}^{(k)} \end{array} \right\} \tag{4-76}
$$

其中的系数矩阵 $\boldsymbol{B}'$ 为 $-\boldsymbol{B}$ 的前 $n-1$ 行 $n-1$ 列（去除 $\boldsymbol{B}$ 中与平衡节点有关的行和列），$\boldsymbol{B}''$ 为 $-\boldsymbol{B}$ 的前 m 行 m 列（去除 $\boldsymbol{B}$ 中与平衡节点和 PV 节点有关的行和列），它们都是对称定常矩阵，在迭代过程中保持不变。而

$$
\left. \begin{array}{l} \Delta \widetilde{\boldsymbol{P}}^{(k)} = \left[\Delta P_1^{(k)} / U_1^{(k)} \quad \Delta P_2^{(k)} / U_2^{(k)} \quad \cdots \quad \Delta P_{n-1}^{(k)} / U_{n-1}^{(k)} \right]^{\mathrm{T}} \\ \Delta \widetilde{\boldsymbol{Q}}^{(k)} = \left[\Delta Q_1^{(k)} / U_1^{(k)} \quad \Delta Q_2^{(k)} / U_2^{(k)} \quad \cdots \quad \Delta Q_m^{(k)} / U_m^{(k)} \right]^{\mathrm{T}} \end{array} \right\} \tag{4-77}
$$

快速解耦法的第三个简化是，在形成 $\boldsymbol{B}'$ 时，忽略接地支路、不接地支路的电阻以及变压器非标准变比的影响，从而可以进一步提高收敛性。在忽略这些因素后的 $-\boldsymbol{B}$ 就是由各不接地支路形成的电纳矩阵

$$\left.\begin{array}{l} -B_{ij} = -1/x_{ij} \quad (j=1,2,\cdots,n, j\neq i) \\ -B_{ii} = \sum_{\substack{j\in i \\ j\neq i}} 1/x_{ij} \end{array}\right\} \quad (i=1,2,\cdots,n) \qquad (4\text{-}78)$$

式中：x_{ij} 为各不接地支路的电抗。

$\boldsymbol{B}'$ 则为式（4-78）所示矩阵的前 $n-1$ 行 $n-1$ 列。

式（4-76）与式（4-50）和式（4-77）一起构成了快速解耦法迭代过程中基本计算公式。

快速解耦法潮流计算的前三步与牛顿法相同，而后面的迭代步骤如下：

（1）形成两个系数矩阵 $\boldsymbol{B}'$ 和 $\boldsymbol{B}''$，并按式（4-40）对它们做三角分解

$$\left.\begin{array}{l} \boldsymbol{B}' = \boldsymbol{L}'\boldsymbol{D}'(\boldsymbol{L}')^{\mathrm{T}} \\ \boldsymbol{B}'' = \boldsymbol{L}''\boldsymbol{D}''(\boldsymbol{L}'')^{\mathrm{T}} \end{array}\right\} \qquad (4\text{-}79)$$

（2）置迭代次数 $k=0$。

（3）用 $\boldsymbol{\theta}^{(k)}$、$\boldsymbol{U}^{(k)}$、各 PV 节点电压有效值和平衡节点电压有效值及相角，按式（4-50）的第一式计算各 PQ 节点和 PV 节点的有功功率误差 $\Delta P_i^{(k)}$，并按式（4-77）计算相应的 $\Delta \widetilde{P}_i^{(k)}$。

（4）通过前代和回代求解修正方程式（4-76）中的第一式，得到各节点电压相角的修正量 $\Delta\theta_i^{(k)}(i=1,2,\cdots,n-1)$。

（5）修正各节点电压的相角，即 $\theta_i^{(k+1)} = \theta_i^{(k)} + \Delta\theta_i^{(k)}(i=1,2,\cdots,n-1)$。

（6）用 $\boldsymbol{\theta}^{(k+1)}$、$\boldsymbol{U}^{(k)}$、各 PV 节点电压有效值和平衡节点电压有效值及相角，按式（4-50）的第二式计算各 PQ 节点的无功功率误差 $\Delta Q_i^{(k)}$，并按式（4-77）计算相应的 $\Delta \widetilde{Q}_i^{(k)}$。

（7）通过前代和回代求解修正方程式（4-76）中的第二式，得到各节点电压有效值的修正量 $\Delta U_i^{(k)}(i=1,2,\cdots,m)$。

（8）修正各节点电压有效值，即 $U_i^{(k+1)} = U_i^{(k)} + \Delta U_i^{(k)}(i=1,2,\cdots,m)$。

（9）按式（4-58）判断迭代是否收敛。若收敛，则执行牛顿法潮流计算步骤中第（11）步的工作，然后结束；否则，置 $k=k+1$，返回第（2）步，继续下一轮迭代。

【例 4-5】 用快速解耦法计算图 4-7 所示系统的潮流分布。

解 （1）由［例 4-3］中所得出的节点导纳矩阵，考虑到节点 3 为 PV 节点，节点 4 为平衡节点，从而可以得出修正方程式（4-76）中的两个系数矩阵分别为

$$\boldsymbol{B}' = \begin{bmatrix} 13.058333 & -6.000000 & -4.033333 \\ -6.000000 & 6.000000 & 0.000000 \\ -4.033333 & 0.000000 & 6.050000 \end{bmatrix}; \quad \boldsymbol{B}'' = \begin{bmatrix} 11.503061 & -5.318182 \\ -5.318182 & 4.663843 \end{bmatrix}$$

三角分解式（4-79）的各个子矩阵分别为

$$\boldsymbol{L}' = \begin{bmatrix} 1.000000 & & \\ -0.459477 & 1.000000 & \\ -0.308870 & -0.571429 & 1.000000 \end{bmatrix}; \quad \boldsymbol{D}' = \begin{bmatrix} 13.058333 & & \\ & 3.243140 & \\ & & 3.745238 \end{bmatrix}$$

$$\boldsymbol{L}'' = \begin{bmatrix} 1.000000 & \\ -0.462328 & 1.000000 \end{bmatrix}; \quad \boldsymbol{D}'' = \begin{bmatrix} 11.503061 & \\ & 2.205101 \end{bmatrix}$$

（2）给定节点电压初值，$\dot{U}_1^{(0)} = \dot{U}_2^{(0)} = 1.0\angle 0°$，$\dot{U}_3^{(0)} = \dot{U}_4^{(0)} = 1.05\angle 0°$；置 $k=0$。

（3）用 $\boldsymbol{\theta}^{(0)}$ 和 $\boldsymbol{U}^{(0)}$ 按式（4-50）中的第一式计算各节点有功功率误差

$$\left.\begin{array}{l}\Delta P_1^{(0)} = 0 - U_1^{(0)} \sum_{j \in 1} U_j^{(0)} (G_{1j}\cos\theta_{1j}^{(0)} + B_{1j}\sin\theta_{1j}^{(0)}) = 0.145247 \\ \Delta P_2^{(0)} = -0.5 - U_2^{(0)} \sum_{j \in 1} U_j^{(0)} (G_{1j}\cos\theta_{2j}^{(0)} + B_{1j}\sin\theta_{2j}^{(0)}) = -0.50000 \\ \Delta P_3^{(0)} = 0.2 - U_3^{(0)} \sum_{j \in 1} U_j^{(0)} (G_{3j}\cos\theta_{3j}^{(0)} + B_{3j}\sin\theta_{3j}^{(0)}) = 0.112852 \end{array}\right\}$$

从而得

$$\Delta \widetilde{\boldsymbol{P}}^{(0)} = \begin{bmatrix} 0.145247/1.0 \\ -0.500000/1.0 \\ 0.112852/1.05 \end{bmatrix} = \begin{bmatrix} 0.145247 \\ -0.500000 \\ 0.107478 \end{bmatrix}$$

（4）通过前代和回代运算求解修正方程式（4-76）中的第一式 $\boldsymbol{B}'\Delta\boldsymbol{\theta}^{(0)} = \Delta\widetilde{\boldsymbol{P}}^{(0)}$，得到电压相角的修正量，并对电压相角进行修正，得

$$\Delta\boldsymbol{\theta}^{(0)} = \begin{bmatrix} -0.064791 \\ -0.148124 \\ -0.025429 \end{bmatrix}; \boldsymbol{\theta}^{(1)} = \boldsymbol{\theta}^{(0)} + \Delta\boldsymbol{\theta}^{(0)} = \begin{bmatrix} 0 - 0.064791 \\ 0 - 0.148124 \\ 0 - 0.025429 \end{bmatrix} = \begin{bmatrix} -0.064791 \\ -0.148124 \\ -0.025429 \end{bmatrix}$$

（5）用 $\boldsymbol{\theta}^{(1)}$ 和 $\boldsymbol{U}^{(0)}$ 按式（4-50）中的第二式计算各节点无功功率误差

$$\left.\begin{array}{l}\Delta Q_1^{(0)} = 0 - U_1^{(0)} \sum_{j=1}^{4} U_j^{(0)} (G_{1j}\sin\theta_{1j}^{(1)} - B_{1j}\cos\theta_{1j}^{(1)}) = -0.554459 \\ \Delta Q_2^{(0)} = -0.5 - U_2^{(0)} \sum_{j=1}^{4} U_j^{(1)} (G_{1j}\sin\theta_{2j}^{(0)} - B_{1j}\cos\theta_{2j}^{(1)}) = 0.335884 \end{array}\right\}$$

从而得

$$\Delta\widetilde{\boldsymbol{Q}}^{(0)} = \begin{bmatrix} -0.554459/1.0 \\ 0.335884/1.0 \end{bmatrix} = \begin{bmatrix} -0.554459 \\ 0.335884 \end{bmatrix}$$

（6）通过前代和回代运算求解修正方程式（4-76）中的第二式 $\boldsymbol{B}''\Delta\boldsymbol{U}^{(0)} = \Delta\widetilde{\boldsymbol{Q}}^{(0)}$，得到电压有效值的修正量，并对电压有效值进行修正，得

$$\Delta\boldsymbol{U}^{(0)} = \begin{bmatrix} -0.031524 \\ 0.036072 \end{bmatrix}; \boldsymbol{U}^{(1)} = \boldsymbol{U}^{(0)} + \Delta\boldsymbol{U}^{(0)} = \begin{bmatrix} 1.0 - 0.031524 \\ 1.0 + 0.036072 \end{bmatrix} = \begin{bmatrix} 0.968476 \\ 1.036072 \end{bmatrix}$$

（7）置 $k=1$，得出第二次迭代中的结果依次为

$$\Delta\boldsymbol{P}^{(1)} = \begin{bmatrix} 0.063874 \\ -0.055821 \\ -0.025907 \end{bmatrix}; \quad \Delta\widetilde{\boldsymbol{P}}^{(1)} = \begin{bmatrix} 0.063874/0.968476 \\ -0.055821/1.036072 \\ -0.025907/1.05 \end{bmatrix} = \begin{bmatrix} 0.065953 \\ -0.053878 \\ -0.024673 \end{bmatrix}$$

$$\Delta\boldsymbol{\theta}^{(1)} = \begin{bmatrix} -0.001001 \\ -0.009981 \\ -0.004746 \end{bmatrix}; \quad \boldsymbol{\theta}^{(2)} = \boldsymbol{\theta}^{(1)} + \Delta\boldsymbol{\theta}^{(1)} = \begin{bmatrix} -0.064791 - 0.001001 \\ -0.148124 - 0.009981 \\ -0.025429 - 0.004746 \end{bmatrix} = \begin{bmatrix} -0.065792 \\ -0.158105 \\ -0.030175 \end{bmatrix}$$

$$\Delta\boldsymbol{Q}^{(1)} = \begin{bmatrix} 0.000498 \\ 0.007221 \end{bmatrix}; \quad \Delta\widetilde{\boldsymbol{Q}}^{(1)} = \begin{bmatrix} 0.000498/0.968476 \\ 0.007221/1.036072 \end{bmatrix} = \begin{bmatrix} 0.000514 \\ 0.006970 \end{bmatrix}$$

$$\Delta\boldsymbol{U}^{(0)} = \begin{bmatrix} 0.001556 \\ 0.003269 \end{bmatrix}; \quad \boldsymbol{U}^{(2)} = \boldsymbol{U}^{(1)} + \Delta\boldsymbol{U}^{(1)} = \begin{bmatrix} 0.968476 + 0.001556 \\ 1.036072 + 0.003269 \end{bmatrix} = \begin{bmatrix} 0.970032 \\ 1.039340 \end{bmatrix}$$

（8）继续进行迭代。在节点功率不平衡量容许误差给定为 0.00001 的情况下，经 7 次迭代收敛。迭代过程中各节点电压和最大功率误差的变化情况列于表 4 - 2 中。得出的潮流计算结果与［例 4 - 3］相同。

表 4 - 2　　　　　［例 4 - 5］迭代过程中各节点电压和最大功率误差的变化情况

迭代次数	θ_1	U_1	θ_2	U_2	θ_3	最大有功误差	最大无功误差
0	0.0	1.0	0.0	1.0	0.0	0.500000	0.554459
1	−0.064791	0.968476	−0.148124	1.036072	−0.025429	0.063874	0.007221
2	−0.065792	0.970032	−0.158105	1.039340	−0.030175	0.005743	0.002769
3	−0.067312	0.969598	−0.160546	1.038939	−0.031655	0.001263	0.000227
4	−0.067556	0.969514	−0.160989	1.038801	−0.032016	0.000396	0.000061
5	−0.067597	0.969503	−0.161077	1.038776	−0.032106	0.000100	0.000012
6	−0.067607	0.969502	−0.161096	1.038772	−0.032128	0.000023	0.000002
7	−0.067609	0.969502	−0.161100	1.038771	−0.032133	0.000005	0.000000

快速解耦法由于是简化的牛顿法，因而破坏了牛顿法的收敛性，使得它需要的迭代次数比牛顿法多（比较表 4 - 1 和表 4 - 2），但每次迭代的计算工作量却远小于牛顿法，因此总体而言快速解耦法整个迭代求解过程所需要的时间比牛顿法要少得多。

在实践中人们观察到，快速解耦法可以取得非常好的收敛特性。研究发现，在第 k 步中使用 $U^{(k)}$ 和刚刚修正过的 $\theta^{(k+1)}$ 来计算 $\Delta Q^{(k)}$，再加上在 B' 中忽略了接地支路、不接地支路的电阻等，这些做法相当于间接地考虑了矩阵 M 和 N 的作用，并且不需要支路 $r \ll x$ 的假定。

还有其他一些对快速解耦法的改进，这里不再一一赘述。

第六节　其他潮流计算方法简介

电力系统潮流计算方法至今仍在研究和发展中，主要围绕提高计算速度、提高收敛性以及适应不同要求三个方面。下面将简略介绍其中的几种，以扩大视野。

一、直流潮流法

直流潮流法是一种十分近似的方法，主要用于系统中有功功率分布的近似估算。具体方法是，认为各节点电压的标幺值都等于 1，并认为修正方程式（4 - 76）中的第一式本身就是节点注入有功功率与电压相角之间的关系，即

$$P_G - P_L = B'\theta \qquad (4 - 80)$$

式中：P_G 和 P_L 分别为除平衡节点以外其他各个节点发电机有功功率和负荷有功功率所组成的向量；θ 为除平衡节点以外其他各个节点的电压相角所组成的向量。

由式（4 - 80）解出 θ 后，再应用式（4 - 59）计算通过元件的有功功率。在计算中除了认为各点电压的有效值都等于 1 以外，还采用下列简化：

（1）在图 4 - 4 的元件 Π 形等值电路中，忽略接地支路的影响，即认为 $y_{ij0} = y_{ji0} = 0$。

（2）忽略 Π 形等值电路中串联支路的电阻，即认为 $y_{ij} = \mathrm{j}b_{ij} = -1/x_{ij}$。

（3）认为元件两端电压的相角差不大，从而近似地有

$$\sin\theta_{ij} = \sin(\theta_i - \theta_j) \approx \theta_i - \theta_j$$

这样，式（4-59）可以简化成

$$P_{ij} \approx -b_{ij}(\theta_i - \theta_j) = \frac{\theta_i - \theta_j}{x_{ij}} \tag{4-81}$$

注意，直流潮流法一般只用于计算有功功率的分布。

二、极小化潮流算法

极小化潮流算法是将功率方程式的求解问题转化为求函数极小值的问题，然后应用数学规划方法进行求解。

极小化潮流算法一般用直角坐标形式的功率方程式，具体而言，是将式（4-62）和式（4-63）中的三组函数 ΔP_i、ΔQ_i 和 ΔU_i^2 组成下列极小值问题

$$\min J = \sum_{i=1}^{n-1}(\Delta P_i)^2 + \sum_{i=1}^{m}(\Delta Q_i)^2 + \sum_{i=m+1}^{n}(\Delta U_i^2)^2 \tag{4-82}$$

显然，式（4-82）中的三项都只能取正值，因此 J 可能的最小值是三项都等于零，而在此情况下，其解便自然满足式（4-62）和式（4-63）。关于式（4-82）的具体计算方法不再介绍。由于用数学规划法一般总能求出式（4-82）的解，因此只要原始潮流方程式（4-62）和式（4-63）的解存在，总可以用极小化潮流算法求得其解。极小化潮流算法的主要缺点是所需要的计算机内存和计算时间比常规牛顿法更多。

三、其他潮流计算问题

1. 配电系统潮流计算

在配电系统中，虽然可以应用牛顿法进行潮流计算，但由于没有考虑配电网结构的特殊性，因而计算量较大。

考虑到配电系统都是以辐射形网络运行，为了减少计算工作量，对于配电系统已发展了一些专门的潮流计算方法。例如，"前推回代法"，其计算过程与手算潮流相类似，但通过迭代可使它达到要求的精度。

2. 三相潮流计算

以上所提到的各种潮流计算方法都是针对三相对称系统的，即认为系统各元件的参数以及各节点的注入功率都是三相对称的，因而可以用一相等值电路来进行计算，而这种潮流计算有时称为单相潮流计算。然而，在一些情况下，系统中的三相结构可能不对称（例如线路非理想换位或者根本不换位），或者三相负荷不对称，从而破坏了三相对称条件。在这些情况下，需要建立完整的三相模型，这就是所谓的三相潮流。在目前的三相潮流计算中，大都直接采用 a、b、c 三相的电压、电流和功率来进行计算。其中，每个母线用三个节点来模拟，它们分别反映 a、b、c 三相；每一个变压器或线路也都用三相模型，直接模拟各相本身的参数和相间的电磁耦合。这样，所包含的已知量和待求量都要增加 3 倍。在建立了三相潮流计算的数学模型以后，仍然采用迭代法求解。

第五章　电力系统正常运行方式的调整与控制

　　电力系统的正常运行方式是指一种合理的稳态运行状况。稳态是指在一定的接线方式和设备运行参数下，系统中各个节点的负荷、各个发电机的功率以及各个节点的电压都保持不变，而且原动机的机械功率与发电机的电磁功率相平衡，使发电机的转速恒定从而使系统频率维持不变的状态。电力系统的理想运行状况是，在额定频率和额定电压下的功率平衡且各设备没有过负荷的稳态，但这是难以实现的。实际上，只要系统频率和各个节点电压在容许的范围内且各个设备没有过负荷的稳态，就被认为是电力系统的正常运行方式。

　　然而，处于正常运行方式的电力系统总是不断地遭受到各种干扰的冲击。例如，负荷随时间不断变化，一些设备因为检修或故障而停运等。在遭受干扰后，系统原先的平衡运行状态将被打破，在经历暂态过程之后将可能到达一个新的稳态运行状况（能否到达一个新的稳态运行状况将在第十章讨论）。但这个新的稳态运行情况可能是我们不能接受的，即系统频率和一些节点电压超出容许范围，一些设备过负荷等。

　　因此，当稳态运行状况不正常时，必须对电力系统中一些可控设备的运行状态作出调整，使得调整后电力系统的稳态运行状况合理，或者说处于一种新的正常运行方式。通过调整发电机的有功功率，可以改变系统的频率；通过调整发电机的无功功率和其他无功补偿设备的运行状况，可以改变系统中各母线的电压。这些调整与控制，有些是连续且自动的，即当频率或电压变化时即可跟随控制；有些是不连续的，即当频率或电压变化到一定程度后才实施控制。在做这些调整时，需要考虑发电机、线路、变压器等设备的容量限制和其他条件，以保证设备和系统运行的安全性；另外，可能有许多种调整都能使系统恢复到正常运行方式，但每一种调整下系统的运行费用不同，我们还希望调整后电力系统的运行费用最低。显然，以上各点反映了电力系统运行的安全、优质和经济等基本要求。

　　需要指出的是，由于干扰无时无刻不在发生，因此，严格地说，电力系统绝对的稳态是不存在的。然而从工程观点和需要来说，常常将这种不断变化的暂态过程人为地处理成一个个稳态运行情况（即平衡点）之间的过渡，从而以其中的一些稳态运行情况为对象进行分析、调整和控制。只有在必要时才对暂态过程本身作专门的分析和研究，例如，本书后面对突然短路和稳定性的分析便是电力系统暂态过程分析中的一部分内容。

　　本章首先介绍电力系统有功功率和频率的调整与控制以及无功功率和电压的调整与控制，然后介绍电力系统运行方式的优化。

第一节　电力系统有功功率和频率的调整与控制

一、电力系统的有功功率平衡和备用容量

　　电力系统的任务是满足负荷的需求，所以应该在任意时刻保持系统的有功功率平衡，即所有发电机发出的有功功率之和等于所有负荷所吸收的有功功率、网络有功损耗与全部厂用电的总和。

    然而，负荷随时间总是不断变化的。在第一章第三节中已经介绍了负荷随时间的变化和有功功率的日负荷曲线，如图 1-11 所示。实际的负荷变化比图 1-11 中的曲线 1 要复杂得多，除了在总体上呈连续变化的趋势以外还包含呈随机变化的部分，例如，在某一小时内，负荷的实际变化情况如图 5-1 所示。在随机变化的部分中，主要是变化幅度较小、变化周期较短（以几秒钟为周期）的随机分量；有的还具有变化幅度稍大、变化周期稍长（以几分钟为周期）的脉动分量。一般地说，系统越小，随机变化部分所占的比重越大。

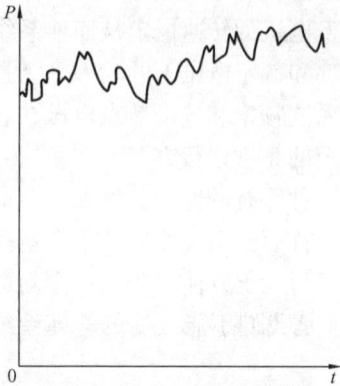

图 5-1   日负荷曲线中的随机变化部分

    另外，电力系统中发电机能够发出的有功功率总和并不一定就是它们额定有功容量总和。这是因为在运行过程中，既不是所有发电机都不间断地投入运行，也不是所有投入运行的发电机都能按其额定容量发电。具有代表性的情况是，为了系统运行的经济性，有些发电机在负荷较小时退出运行而在负荷较大时再重新启动投入运行；一些水电厂的机组因水量不足或水头较低而不能按额定容量运行；所有机组必须定期进行检修等。网络的总有功功率损耗主要是线路和变压器中的功率损耗，在系统最大负荷期间约占总有功负荷的 6%～10%。至于厂用电，水电厂的厂用电只占 0.1%～1%，火电厂约为 5%～8%，核电厂则为4%～5%。

    综上所述，要保持系统的有功功率平衡，就必须随着负荷的变化不断调整原动机的输入功率，使发电机输出的有功功率与负荷有功功率的变化相适应，并且需要安排适当的备用容量来应对电力系统中的各种变化。根据用途的不同，备用容量一般有以下四种：

    (1) 负荷备用容量。负荷备用容量是为了适应系统中短时的负荷波动，以及因负荷预测不准或计划外的负荷增加而设置的备用容量，一般取负荷的 2%～5%。

    (2) 事故备用容量。事故备用容量是为了防止因机组和电网发生事故使有功功率出现缺额而设置的备用容量。其大小应根据系统容量、发电机台数、单位机组容量、机组的事故概率以及系统的可靠性指标等确定，一般取为系统最大负荷的 5%～10%，且应大于系统中最大机组的容量。

    (3) 检修备用容量。检修备用容量是为系统中的发电设备能进行定期检修而设置的备用容量。通常机组的检修安排在系统负荷较低的季节和节假日进行，如果这些时间不够安排，则需设置专门的检修备用容量。

    (4) 国民经济备用容量。国民经济备用容量是指适应负荷的超计划增长而设置的备用容量。

    负荷备用和事故备用是在系统每天的运行过程中都必须加以考虑和安排的，检修备用在安排每年运行方式时加以考虑，而国民经济备用则属于电力系统规划和设计考虑的内容。

    为了在负荷发生变化时能随时满足其要求，负荷备用必须以热备用的形式存在于系统之中。所谓热备用是指所有投入运行的发电机组可能发出的最大功率之和与全系统发电负荷之差，因而也称运转备用或旋转备用。事故备用中一部分应为热备用，另一部分可以冷备用的形式存在于系统之中。冷备用容量是指系统中处于停止运行状态，但可以随时待命启动的发电机组最大输出功率的总和。显然，检修备用和国民经济备用可以作为冷备用。

这样，上述有功功率平衡和备用要求可以归纳为

$$\sum_{i=1}^{g} P_{\mathrm{G}Ni} - P_{\mathrm{L}\Sigma\max} - \Delta P_{\max} - P_{\mathrm{R}} \geqslant 0$$

式中：$P_{\mathrm{G}Ni}$ 为发电机 i（$i=1$，2，$\cdots$，g）的可用有功功率，g 为系统中发电机的总数；$P_{\mathrm{L}\Sigma\max}$ 为全系统总的最大负荷；$\Delta P_{\max}$ 为全系统的最大有功功率损耗和厂用电；P_{R} 为全系统总有功功率备用容量。

二、有功功率与频率之间的关系

频率是电力系统电能质量的一个重要指标。在稳态运行状况下，频率是一个全局量，即全系统各点的频率都相等。这时，所有发电机都保持同步运行，每一台发电机的转速与系统频率之间的关系为

$$n = \frac{60f}{p_{\mathrm{r}}}$$

式中：p_{r} 为发电机转子的极对数；n 为发电机的转速，r/min；f 为系统的频率，Hz。

1. 负荷的频率特性

负荷除了随时间变化以外，其所吸收的有功功率和无功功率还与系统的频率以及供电点的电压有关。换言之，负荷所吸收的功率是时间、频率和电压三者的函数。负荷有功功率随系统频率变化的特性称为负荷有功功率的静态频率特性，简称负荷的频率特性。

负荷功率随频率的变化程度与负荷的组成情况有关，这是因为不同种类的受电器对频率变化的敏感程度不同。在各种受电器中，感应电动机所取用的有功功率与频率的关系比较密切，因为当频率变化时，感应电动机的转速将近似地随之成比例地变化。如果电动机所带机械负载（例如切削机床、球磨机等）的转矩保持不变，则电动机所取用的有功功率将近似地与频率成正比；而有些机械负载（如风机、水泵等）的转矩与转速成正比或甚至成更高次方的关系，这些感应电动机的有功功率将正比于频率的二次方、三次方甚至更高次方。对于照明、电热和整流等类负荷，则可以认为其有功功率基本上与频率的变化无关。

由于系统的实际负荷是上述各类负荷的组合，其所吸收的有功功率与频率之间的关系可以表示为

$$P_{\mathrm{L}} = P_{\mathrm{LN}}\left[a_0 + a_1\left(\frac{f}{f_{\mathrm{N}}}\right) + a_2\left(\frac{f}{f_{\mathrm{N}}}\right)^2 + a_3\left(\frac{f}{f_{\mathrm{N}}}\right)^3 + \cdots \right] \tag{5-1}$$

式中：P_{LN} 为当 $f=f_{\mathrm{N}}$ 时负荷所吸收的有功功率；P_{L} 为负荷实际吸收的有功功率；a_i 为与频率的 i 次方（$i=1$，2，3，$\cdots$）成正比的负荷所占的比重，显然有 $a_0 + a_1 + a_2 + a_3 + \cdots = 1$。

式（5-1）所描述的负荷有功功率与频率之间的关系便是负荷的静态频率特性，相应的特性曲线如图 5-2 中的曲线 1 所示。显然，当实际频率 f 低于 f_{N} 时负荷的有功功率小于 P_{LN}，反之大于 P_{LN}。如果分别取 P_{LN} 和 f_{N} 作为 P_{L} 和 f 的基准值，则式（5-1）的标幺值形式为

$$P_{\mathrm{L}*} = a_0 + a_1 f_* + a_2 f_*^2 + a_3 f_*^3 + \cdots \tag{5-2}$$

由于系统在正常稳态运行情况下的频率与额定频率之差通常很小（一般系统要求频率偏差最大不超过 $\pm 0.2\mathrm{Hz}$），而且与频率高次方成比例的负荷所占的比重很小，因此，负荷频率

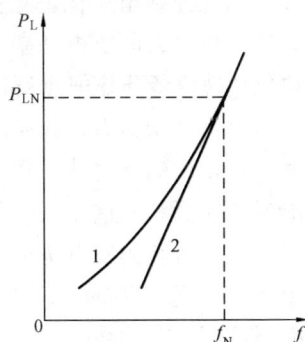

图 5-2　负荷的静态频率特性
1—实际曲线；2—近似直线

特性可以用图 5 - 2 中的直线 2 近似地反映频率偏移 $\Delta f(\Delta f = f - f_N)$ 对负荷有功功率变化 $\Delta P_L(\Delta P_L = P_L - P_{LN})$ 的影响，即

$$\Delta P_L = K_L \Delta f \qquad (5 - 3)$$

式中：K_L 称为负荷调节效应系数，MW/Hz。

式（5 - 3）可以用标幺值表示为

$$\Delta P_{L*} = K_{L*} \Delta f_* \qquad (5 - 4)$$

其中

$$K_{L*} = K_L f_N / P_{LN} \qquad (5 - 5)$$

负荷的调节效应与负荷的组成情况有关。不同的系统或者同一系统在不同时刻的 K_{L*} 一般都不相同，其具体取值可以通过试验或进行计算而得。在一般电力系统中，K_{L*} 为 1～3，相当于当频率增加（减少）1％时，负荷增大（减小）1％～3％。

顺便指出，负荷所吸收的无功功率也与频率有关，并可表示成式（5 - 3）或式（5 - 4）的形式。另外，在相关参考文献中，负荷有功功率和无功功率的频率特性还采用其他形式的函数。

【例 5 - 1】 已知总负荷中各类负荷所占的比重 a_0、a_1、a_2 和 a_3 分别为 0.3、0.4、0.1 和 0.2，求系统频率由 50Hz 降低到 49Hz 时，负荷吸收有功功率的变化和负荷调节效应系数。

解 频率 49Hz 的标幺值为 $f_* = 49/50 = 0.98$，应用式（5 - 2）得

$$P_{L*} = a_0 + a_1 f_* + a_2 f_*^2 + a_3 f_*^3 = 0.3 + 0.4 \times 0.98 + 0.1 \times 0.98^2 + 0.2 \times 0.98^3 = 0.9762$$

于是负荷变化的标幺值为

$$\Delta P_{L*} = P_{L*} - 1 = -0.0237$$

即相当于变化 2.37％。

按式（5 - 4），负荷调节效应系数为

$$K_{L*} = \Delta P_{L*} / \Delta f_* = -0.0237/(0.98 - 1) = 1.185$$

也可以采用以下方法计算 K_{L*} 和 ΔP_{L*}

$$K_{L*} = \mathrm{d}P_{L*}/\mathrm{d}f_* = a_1 + 2a_2 f_* + 3a_3 f_*^2 = 0.4 + 2 \times 0.1 \times 1 + 3 \times 0.2 \times 1^2 = 1.2$$

$$\Delta P_{L*} = K_{L*} \Delta f_* = 1.2 \times (49/50 - 1) = -0.024$$

2. 负荷变化后系统的物理过程

前面已经指出，在正常稳态运行状况下，所有发电机都保持同步运行。对于每台发电机，原动机输入的机械功率等于发电机输出的有功功率（忽略发电机的损耗），发电机转子的电气角速度等于定子上感应电动势的角频率。

当总负荷增加后，起初由于发电机组的惯性，它们的转速不能突然变化，这时系统的频率和机组发出的有功功率暂时保持不变，这样便使机组的输出功率小于负荷的功率，从而造成能量的缺额，而这一缺额只能靠机组将所储存的动能部分地释放，以保持全系统的能量守恒。于是，所有的发电机组都开始减速，负荷点处的频率降低，负荷吸收的有功功率减少。这个暂态过程一直持续下去，直到系统到达一个新的稳态平衡点，这时系统在低于额定值的频率下达到了有功功率平衡。对于系统负荷降低时的物理过程可做类似分析。以上对负荷变化后系统的物理过程分析只是初步的，在学习了电力系统暂态分析以后对这个问题才会有比较清晰的认识。

三、频率调整的必要性

在实际电力系统中，负荷的不大变化将可能引起频率的大范围变化，而频率的变化对于用户、发电厂机组和电力系统本身都会产生不良的影响甚至危害。

对用户来说，由于电动机的转速与系统频率近似成正比，因此频率的变化将引起电动机转速的变化，从而使得由这些电动机驱动的纺织、造纸等机械的产品质量受到影响或甚至出现残、次品。而且，频率的降低将使一些工厂的产量减少。特别是，现代工业、国防和科学技术都广泛使用电子设备，而系统频率的不稳定将影响它们的正常工作，当频率过低时甚至无法运行。

频率变化对发电机组和电力系统本身的影响更为严重。当频率下降时，汽轮机叶片的振动将增大，从而影响其使用寿命或甚至产生裂纹。当频率低到45Hz附近时，一些汽轮机的叶片可能因发生共振而断裂，造成重大事故。在火力发电厂中，送风机、引风机、给水泵、循环水泵和磨煤机等厂用设备都由感应电动机驱动。当频率降低时，由于电动机的转速下降而使它们的机械输出功率减少，引起锅炉和汽轮机输出功率的降低，从而可能使频率继续下降而产生恶性循环。特别是，当频率降低到47Hz以下时，上述恶性循环发展得十分迅速，可能在几分钟内使系统频率下降到不能允许的程度。这种现象称为频率崩溃，其后果将造成大面积停电，甚至使整个系统瓦解。另外，在核电厂中，反应堆的冷却介质泵对于频率的要求比较严格，当频率降到一定程度时，冷却介质泵将自动跳开，使反应堆停止运行。

由有功功率与频率之间的关系可知，在负荷变化的同时，必须自动调节发电机发出的有功功率，以保持系统的频率在容许的范围内，从而减少频率偏差造成的影响和危害。在GB/T 15945—2008《电能质量 电力系统频率偏差》中规定，电力系统正常运行条件下频率偏差限值为±0.2Hz，当系统容量较小时，偏差限值可以放宽到±0.5Hz。

另外，为了防止发生系统频率崩溃，在系统中必须设置自动低频减负荷装置（简称低频减载装置），当频率降低到一定程度时，按频率的高低自动分级（分轮）切除部分负荷，使系统频率尽快恢复到49.5Hz以上。

四、发电机组的调速系统和频率的一次调整

前面已经指出，负荷是随时间不断变化的，其中包括变化幅度较小、变化周期较短的随机分量，以及变化幅度稍大、变化周期稍长的脉动分量（参阅图5-1）和连续变化的部分（参阅图1-11）。要调整发电机的有功功率使之随时与负荷相适应，目前所采用的方法是针对不同的变化分量采取不同的手段。对于图5-1中的随机分量，由于它的数量较小而变化较快，发电机有功功率的调整在速度上必须能与之相适应，而要求功率改变的数量则较小。对于这一分量，可以通过原动机调速器的作用来完成发电机组输出功率和频率的自动调整，并习惯上称之为频率的一次调整。针对图1-11中负荷连续和较大的变化而对发电机输出功率和频率的调整，则称为频率的二次调整和三次调整。

1. 发电机组的自动调速系统

发电机组调速系统的种类很多，但根据其转速测量元件的不同，基本上可以分为机械液压式和电气液压式两大类。前者采用离心飞摆（或其他机械装置）将转速变化信号转变为位移（或液压）变化信号；后者将发电机的转速转换成相应的电信号（或数字信号），再通过电气—液压转换器（简称电液转换器）转变为液压变化信号。由于离心飞摆等的机械结构复杂且失灵区（死区）较大，因此在目前的大型汽轮发电机和水轮发电机中已很少采用。但

是，由于它的调节过程比较直观，而且调节原理与电气液压式又无本质差别，因此下面先简要介绍离心飞摆式调速系统的结构、工作原理和特性。

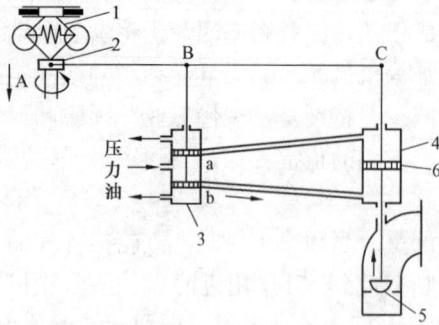

图 5-3　离心飞摆式调速系统结构示意图
1—离心飞摆；2—滑环；3—配压阀；
4—油动机；5—进汽阀；6—油动机活塞

图 5-3 为离心飞摆式调速系统的结构示意图。其工作原理如下：离心飞摆由原动机的主轴所带动，当原动机的转速变化时，由于离心力的变化，在弹簧作用下，使滑环 2 即杠杆 ABC 的 A 点在垂直方向产生上、下位移。在稳态情况下，杠杆 ABC 的点 B 处于平衡位置。这时配压阀的上、下两个活塞正好堵住油口 a 和 b，使压力油不能进入油动机，并使油动机活塞 6 的上、下油压相等而保持在某一位置，从而使汽轮机的进汽阀 5 也固定在某一个相应的位置（开度）上。现在分析机组转速变化后的调节过程。当转速降低时，离心飞摆的离心力将减少，而在弹簧的作用下使滑环下滑，即 A 点向下移动。这时，以 C 点为支点的杠杆 ABC 将逆时针方向旋转使 B 点向下移动，从而使配压阀的上、下两个活塞向下移动。于是，压力油将通过配压阀上、下两个活塞之间的空间经过油口 b 进入油动机的下腔室，使活塞向上运动，而上腔室的油则经过配压阀的油口 a 由其上部流出。随着油动机活塞的上移，与之相连的进汽阀的开度增大，使进入原动机的蒸汽增多，从而增加发电机输出的有功功率。另外，随着油动机活塞及 C 点的上移，使杠杆 ABC 又以 A 点为支点进行逆时针方向转动，从而使 B 点向上移动，并使配压阀的两个活塞逐渐返回其原来的位置，而被打开的油口 b 重新关闭。以上将形成一个暂态过程，直至到达一个新的稳态平衡点，结束调速系统的动作。当机组转速升高时，其动作过程与上述相反。

显然，在调节过程中，转速的变化使配压阀的活塞产生位移，而油动机活塞的运动又带动配压阀的活塞使它复位，这说明在调速系统中引入了反馈作用。而且，由于反馈对配压阀的作用与离心飞摆对配压阀的作用相反，因此调节系统所采用的是负反馈，其目的是使调速系统稳定。

另外，由于在调节过程结束后，配压阀的两个活塞必须处于某一中间位置，使油口 a 和 b 正好被堵住，即杠杆 ABC 的 B 点位置对于所有稳态运行点都是相同的。因此，如果稳态下汽阀的开度越大，则杠杆 ABC 的 C 点位置越高而其 A 点位置越低。这说明在稳态下，对应于不同的原动机功率，发电机组将有不同的转速。而且，要使原动机功率增大，则机组的转速必须较原来略低。这种稳态转速不能维持恒定的调节方式通常称为有差调节。

电气液压式调速系统又分模拟和数字两种形式，它们各自又有不少的类型。下面只简要介绍其中的一种功率—频率电气液压调速系统，简称功频电液调速系统。其原理框图如图 5-4 所示。它由转速测量、转速给定、频差放大器、功率测量、功率给定、综合放大器、PID 校正（调节）、功率放大器、电液转换器和油动机所组成。转速测量环节将机组的转速转换成电压信号，它与给定转速值相减（经频差放大器）得出频率误差信号。功率测量环节将发电机发出的有功功率转换成电压信号，与给定功率值相减并与频率误差同时送入综合放大器进行综合和放大，得出综合误差信号

$$U_{\text{err}} = (P_{\text{set}} - P_G) + K_G(f_{\text{set}} - f) \tag{5-6}$$

式中：P_{set} 为有功功率给定值；P_G 为发电机发出有功功率的测量值；f_{set} 为频率给定值，一般为额定频率 f_N；f 为与机组转速相应的频率测量值；K_G 为某一设定的系数。

综合误差信号经过 PID（比例—积分—微分）调节环节，用以实现功率偏差和转速偏差之间的稳态线性关系，并改善控制系统的性能。所得出的信号经过功率放大使之有足够的功率来驱动电液转换器，将电信号转换成油压信号使油动机动作，从而改变汽门的开度。

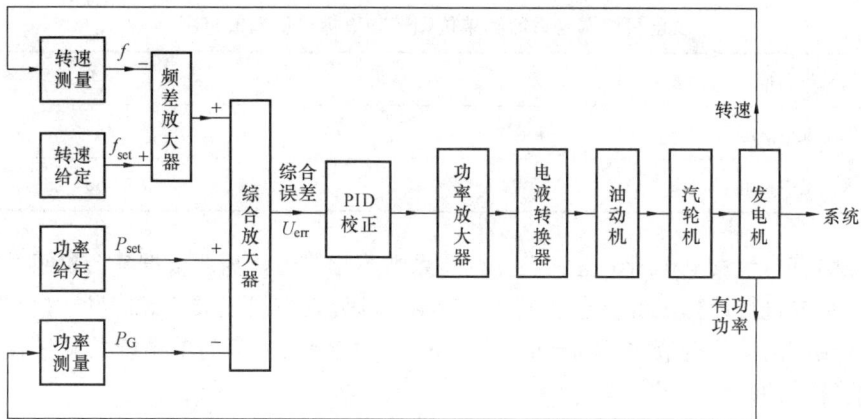

图 5-4　功频电液调速系统原理框图

2. 发电机组有功功率静态频率特性

在自动调速系统作用下，发电机组输出的有功功率与频率之间的稳态关系称为机组的有功功率静态频率特性，简称机组的频率特性。对于机械液压式调速系统，前面已经说明，原动机功率的增大对应于机组转速的降低。由于发电机的有功功率随着原动机的功率的增加而增加，而且系统的频率与机组转速成正比，因此可以近似地认为机组的频率特性为一条直线，如图 5-5 所示。对于电气液压式调速系统，由于 PID（或 PI）调节环节的引入，其中的积分部分将使综合误差 U_{err} 的稳态值为零（否则积分环节还在不断地调节而尚未到达稳态）。于是，由式（5-6）可以得出稳态下发电机发出的有功功率与频率之间的关系为

$$P_G = P_{\text{set}} + K_G(f_{\text{set}} - f) \tag{5-7}$$

显然，当 P_{set} 为某一功率给定值时，机组的频率特性也是一条如图 5-5 所示的直线，其斜率为 $-K_G$。对于不同的功率给定值，相应的频率特性将在垂直方向移动，而其斜率不变。

令 $\Delta f = f - f_{\text{set}} = f - f_N$ 及 $\Delta P_G = P_G - P_{\text{set}}$，它们分别为频率的增量和在调速系统作用下发电机有功功率的增量，则由式（5-7）可以得出

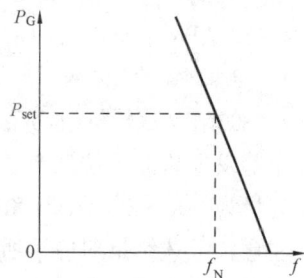

图 5-5　发电机组的频率特性

$$K_G = -\Delta P_G / \Delta f \quad (\text{MW/Hz}) \tag{5-8}$$

并称它为发电机的单位调节功率。当取系统的额定频率和发电机的额定有功功率为基准值时，单位调节功率的标幺值为

$$K_{G*} = -\frac{\Delta P_G f_N}{P_{GN}\Delta f} = K_G \frac{f_N}{P_{GN}} \tag{5-9}$$

一般调节系统常用调差系数百分数 $\sigma\%$ 来反映其静态特性，它与单位调节功率标幺值之间的关系为

$$K_{G*} = \frac{1}{\sigma\%} \times 100 \tag{5-10}$$

各类发电机组调差系数和单位调节功率标幺值的典型取值范围见表 5-1。

表 5-1　　　　　　　发电机组调差系数和单位调节功率标幺值取值范围

机组类型	$\sigma\%$	K_{G*}
汽轮发电机组	4～6	25～16.7
水轮发电机组	2～4	50～25

当系统中有多台发电机组，且它们的调差系数不相等时，需要根据各台机组的额定输出功率和调差系数进行计算，得出全系统（或者由一部分发电机组成的等值发电机组）的综合调差系数和相应的单位调节功率标幺值。［例 5-2］将给出一个简单系统的算例，读者可将其推广到更复杂的系统情况。

【例 5-2】　某电力系统中所含机组台数、单机容量及其调速系统的调差系数分别列于表 5-2 中。试计算系统全部发电机组的单位调节功率及其标幺值。

表 5-2　　　　　　　　［例 5-2］系统中发电机组参数

机组形式	单机容量（MW）	台数	总容量（MW）	调差系数 $\sigma\%$
水轮机组	225	4	900	2.5
汽轮机组	200	10	2000	4.0
汽轮机组	300	7	2100	5.0

解　由式（5-10）和式（5-9），可得各类发电机组的单位调节功率分别为：

4×225MW 水轮机组，$K_{G*} = 100/2.5 = 40$，$K_G = 40\times(4\times225)/50 = 720$（MW/Hz）；

10×200MW 汽轮机组，$K_{G*} = 100/4.0 = 25$，$K_G = 25\times(10\times200)/50 = 1000$（MW/Hz）；

7×300MW 汽轮机组，$K_{G*} = 100/5.0 = 20$，$K_G = 20\times(7\times300)/50 = 840$（MW/Hz）。

全部发电机的单位调节功率为 $K_{G\Sigma} = 720+1000+840 = 2560$（MW/Hz），系统发电机组总容量为 $900+2000+2100 = 5000$（MW），从而得 $K_{G\Sigma*} = 2560\times50/5000 = 25.6$。

注意，上述结果对应于所有发电机的输出功率都未达到其上、下限的情况。实际上，发电机组受额定容量和最小技术输出功率的限制，当某些发电机组的功率已经到达其额定功率时，便不能再增加输出功率；反之，则不能再减小输出功率。这些在计算全部发电机组单位调节功率时应加以考虑。

3. 系统频率的一次调整

在电力系统中，基本上所有发电机组都装有自动调速系统，它们共同承担频率的一次调整（一次调频）任务，其主要目标是针对全系统有功负荷的随机变化，当然，对于负荷的缓

慢变化成分也起作用。

为了说明一次调频的原理和性能，需要同时考虑全系统等值发电机组的频率特性和全系统总负荷（包括网络损耗和厂用电）的频率特性。图 5-6 中的直线 1 和 2 分别为等值发电机组的频率特性和总负荷的频率特性，它们的交点 o 对应于等值发电机组的输出功率 P_{G0} 与总负荷吸收的有功功率 P_{L0} 相平衡，而且系统频率正好等于额定频率 f_N 的一个理想稳态运行情况。现在分析当总负荷增加 ΔP_{L0} 后，稳态运行点的变化。负荷增加后，负荷的频率特性将向上移动而变为图 5-6 中的直线 3。在此情况下，如果系统仍保持额定频率不变，则负荷所吸收的有功功率将由原来的 P_{L0} 增加到 $P_{L0}+\Delta P_{L0}$，即相当于直线 3 上的 a 点。但实际上，新的稳态运行点为直线 1 和直线 3 的交点 o'，在该点等值发电机组的输出功率与增加后的负荷所取用的有功功率达到新的平衡，而系统的频率则有所降低。

为了进一步理解新的稳态运行点与原稳态运行点之间的关系，下面粗略分析其所经过的变化过程。当总负荷增加后，所有的发电机组都开始减速。由于发电机组转速的降低，在调速系统的作用下，进汽阀和进水阀的开度将增大，从而增加原动机的机械功率并同时增加发电机发出的有功功率。这个暂态过程将继续进行，直至达到一个新的稳态平衡点为止。显然，由于在调速系统作用下要使机组输出功率增加其转速必须降低，因此，在负荷增加的情况下，新稳态平衡点的频率必然低于原稳态平衡点。另外，由图 5-6 可以看出，在新稳态平衡点处，负荷实际增加的功率比

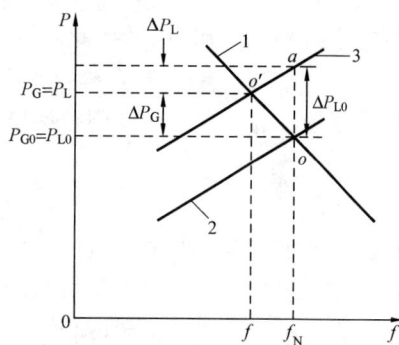

图 5-6　电力系统的频率特性

ΔP_{L0} 小，这是因为系统频率的降低使全部负荷（包括原有的和新增的）所取用的有功功率都按负荷的频率特性而减少。

对于系统负荷降低时的稳态运行点，其结果正好相反。

下面分析负荷变化量与系统频率变化量之间的定量关系。由图 5-6 可以看出，负荷所取用功率的实际增量（$\Delta P_{L0}+\Delta P_L$）应与等值发电机组有功功率的增量 ΔP_G 相等，即

$$\Delta P_{L0}+\Delta P_L = \Delta P_G$$

注意，这里的 ΔP_L 实际上小于零。由式（5-8），等值发电机组的有功功率增量与频率增量 $\Delta f = f - f_N$ 之间的关系为

$$\Delta P_G = -K_G \Delta f$$

而负荷由于其频率调节效应而产生的功率增量，可以应用式（5-3）求得为

$$\Delta P_L = K_L \Delta f$$

于是，由以上三式，可以得出

$$\Delta P_{L0} = \Delta P_G - \Delta P_L = -(K_G + K_L)\Delta f = -K_S \Delta f \qquad (5-11)$$

其中

$$K_S = K_G + K_L = -\Delta P_{L0}/\Delta f \qquad (5-12)$$

K_S 称为系统的功率频率特性系数，或系统的单位调节功率，表示引起频率发生单位变化的负荷变化量，单位为 MW/Hz。K_S 在数值上等于等值机组的单位调节功率与全系统总负荷的调节效应之和。K_S 的值越大，负荷变化引起的频率波动越小，系统的频率也就越稳定。

当式（5-12）中的 K_G 和 K_L 用标幺值表示时，应用式（5-9）和式（5-5），式（5-12）变为

$$K_{G*} \frac{P_{GN}}{f_N} + K_{L*} \frac{P_{LN}}{f_N} = -\frac{\Delta P_{L0}}{\Delta f}$$

两端同时除以 P_{LN}/f_N，则由上式可以导出

$$k_r K_{G*} + K_{L*} = -\Delta P_{L0*}/\Delta f_* = K_{S*} \qquad (5-13)$$

式中：k_r 称为系统的热备用系数，$k_r = P_{GN}/P_{LN}$。

【例5-3】 在 [例5-2] 的系统中，若总负荷为4500MW，负荷调节效应系数的标幺值 $K_{L*} = 2.0$，试求全系统的功率频率特性系数。

解 由 [例5-2] 知，发电机组的总容量为5000MW，从而得系统的热备用系数为 $k_r = P_{GN}/P_{LN} = 5000/4500 = 1.1111$。

由 [例5-2] 知 $K_{G*} = 25.6$，按式（5-13）得

$$K_{S*} = k_r K_{G*} + K_{L*} = 1.1111 \times 25.6 + 2 = 30.4444$$

五、频率的二次、三次调整和自动发电控制

1. 系统频率的二次调整

由 [例5-2] 和 [例5-3] 的结果可以看出，当负荷变化时，虽然发电机组的自动调速系统能在一定程度上调节发电机的功率，使它们随着负荷的变化而变化，但由于调速系统的调差系数不能为零，因此单靠机组的自动调速系统不可避免地会产生频率偏差，而当负荷变化较大时，频率偏差甚至超过容许范围。为了进一步调整发电机组的输出功率，使它们能更好地跟踪负荷的变化，以便将频率偏差限制在容许变化范围内并能得到更高的频率质量，就需要进行频率的二次调整。

系统频率的二次调整实际上就是调整式（5-7）中发电机组有功功率的给定值 P_{set}。如图5-5所示，当 P_{set} 增大（减小）时，发电机组的频率特性直线向右上（左下）方平移。在图5-6中，当有功功率的给定值增加 ΔP_{L0}，即 $P_{set} = P_{G0} + \Delta P_{L0}$ 时，发电机组频率特性与负荷频率特性两线相交于 a 点，系统在额定频率下运行，即实现了频率的无差调节。在实际运行中，并不需要一定实现频率的无差调节，只要改变 P_{set} 使得系统频率在容许的范围内即可。

系统频率的二次调整通常由一个或几个发电厂承担。对调频厂的选择必须有一定的要求，例如，有足够大的调整容量和足够快的调整速度，调整范围内的经济性能较好等等。在下面还要对这些要求进行详细讨论。电力系统中一般选择水电厂作为调频厂。

2. 频率调整的一般要求

频率的调整还需要考虑如下要求：

（1）我国电力系统的规模越来越大，不但跨省形成地区（大区）电力系统，而且在地区电力系统间逐步互联，形成全国的联合电力系统。这样就要求在控制系统频率的同时，还要控制省与省之间、地区与地区之间通过联络线交换的有功功率，其目的不仅是为了使系统的频率偏差更小，而且使省与省之间以及地区与地区之间通过联络线交换的净功率按照事先约定的协议执行。这一要求在电力市场环境下更为重要。适应这一要求的控制称为频率和联络线功率控制，也称为负荷频率控制（Load Frequency Control，LFC）。

（2）当负荷发生较大变化时，在发电机组之间的功率分配应满足经济性要求。为了在发

电机组之间实现经济功率分配，一般在调度部门每天都对次日 24h 的阶梯型负荷曲线进行预测，然后按照经济性原则，将负荷所需要的有功功率直接或通过发电厂间接分配给各个机组，从而给定各个机组每小时的有功功率。但是，由于日负荷曲线中含有缓慢变化的成分，而且负荷预测通常存在误差，因此需要不断对机组间功率的经济分配作调整。为了达到经济分配目的而进行的调整和控制常称为经济调度控制（Economic Dispatching Control，EDC），或简称经济调度（ED）。

经济调度控制称为频率的三次调整，或称三次调频。二次调频与三次调频合称为自动发电控制（Automatic Generation Control，AGC）。当然，这种命名方法并不统一。国内外的一些电力系统都已在不同程度上实现了自动发电控制。

3. 区域控制误差

电力系统由若干个区域电力系统（简称区域）所组成，它们之间通过联络线进行互联，如图 5 - 7 所示。

为了控制系统的频率以及联络线的净交换功率，将频率误差和联络线的净交换功率误差进行综合，形成区域控制误差（Area Control Error，ACE）。例如，对于图 5 - 7 中的区域 i，区域控制误差定义为

$$ACE_i = \beta_i \Delta P_{Ti} + K_i \Delta f$$

$$\Delta P_{Ti} = \sum_{j \in i} P_{Tij} - P_{T\,spi}$$

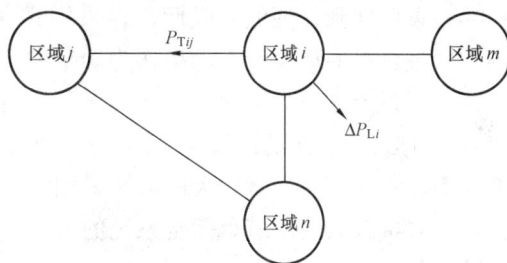

图 5 - 7　联合电力系统示意图

式中：ΔP_{Ti} 为由区域 i 通过所有联络线向外送出有功功率的代数和（即向外送出的净功率）与其计划交换功率 P_{Tspi} 之差，即联络线交换功率偏差；P_{Tij} 为由区域 i 向区域 j 通过联络线送出的净有功功率；β_i 和 K_i 分别为区域 i 的功率偏差系数和频率偏差系数。

在负荷频率控制中，各区域将根据本身的区域控制误差 ACE_i 对该区域内的发电机组进行控制，使得在到达稳态时，区域控制误差 ACE_i 为零。

根据 β_i 和 K_i 的取值不同，应用区域控制误差进行控制可以实现以下三种控制方式：

（1）恒定频率控制。取 $\beta_i = 0$，$K_i = 1$，即

$$ACE_i = \Delta f \qquad (5 - 14)$$

显然，当经过控制使稳态下 $ACE_i = 0$ 时，将得出 $\Delta f = 0$，从而将系统稳态频率控制到额定值 f_N。

（2）恒定净交换功率控制。取 $\beta_i = 1$，$K_i = 0$，即

$$ACE_i = \wedge P_{Ti} \qquad (5 - 15)$$

在此情况下，当稳态下 $ACE_i = 0$ 时，将得出 $\Delta P_{Ti} = 0$，使稳态下区域 i 的联络线净交换功率等于计划值。

（3）联络线功率和频率偏差控制。取 $\beta_i = 1$，得

$$ACE_i = \Delta P_{Ti} + K_i \Delta f \qquad (5 - 16)$$

从而同时对系统频率和联络线交换功率进行控制。如果取 K_i 为区域 i 本身的单位调节功率 K_{Si}，则由式（5 - 11）可知，$-K_i \Delta f$ 为区域 i 内与 Δf 相对应的负荷增量，而 $-\Delta P_{Ti}$ 为由其

他区域向区域 i 输送的净功率增量，它也是因为区域 i 中的负荷增加而由其他区域多送来的功率，所以两者之和 $-\Delta P_{Ti} - K_i \Delta f$ 实际上是区域 i 中总的负荷增量 ΔP_{Li}。

因此，当 K_i 取为 K_{Si} 时，按照 ACE_i 的大小，可以分成三种情况：如果 $-ACE_i = 0$，即 $-\Delta P_{Ti} - K_i \Delta f = 0$，则说明虽然通过联络线交换的净功率 ΔP_{Ti} 可能有所改变，而本区域的负荷却并未发生变化。如果 $-ACE_i > 0$，即 $ACE_i < 0$，则说明区域 i 的总负荷有所增加；反之，区域 i 的总负荷有所减少。因此，区域控制误差将不但可以用来判断负荷的变化是否发生在本区域内，而且反映了本区域的负荷是增加还是减少以及具体的数量。虽然，如果各个区域都分别按照自己的区域控制误差来控制本区域内发电机组的输出功率，使得各个区域在稳态时都满足 $ACE_i = 0$，则不管系统中的负荷如何变化，各区域实际上只负责本区域内部机组输出功率与有功负荷之间的平衡。在此情况下，由于各个区域中机组的总输出功率都正好与本区域的有功负荷相平衡，因此系统的频率将最终恢复到额定值，即在到达稳态时 $\Delta f = 0$，而这时由式（5-16）知，各区域的 ΔP_{Ti} 也都又等于零，从而使区域间联络线的净交换功率重新回到计划值。因此，在采用式（5-16）定义的区域控制误差进行控制时，通常取本区域自身的单位调节功率作为功率偏差系数。

在实际系统中，为了同时完成频率和联络线净交换功率的控制，往往让所有的区域都采用式（5-16）所定义的区域控制误差进行控制。但有时对个别容量较小的区域采用恒定净交换功率控制，而对容量较大的区域采用恒定频率控制，使容量较小的区域保持净交换功率不变，由容量较大的区域承担全系统的频率调整的任务，而其他区域则自我平衡负担本区域的负荷变化。

4. 自动发电控制的实现

如前所述，频率的一次调整靠机组的自动调速系统来完成，而且连续不断地进行着。在实际电力系统中，基本上所有的机组都装有自动调速系统，因此所有机组都参与一次调整。然而，频率的二次和三次调整，既不一定是所有的机组都参与，也不是连续不断地进行，而是每隔一段时间进行一次，其周期因系统而异。对于负荷频率控制，周期一般为 $5 \sim 10s$，而经济调度控制周期一般为 $5 \sim 10min$。

由于参与控制的机组的功率需要在较大范围内变化，因此对于火电机组来说，要求汽轮机和锅炉能够有良好的自动控制装置，以便按照给定的功率及时调整输出功率。机组的功率给定值有的由系统调度中心直接通过远动通道给定，有的由调度中心给出全厂的功率，再由厂内的控制系统将其分配到相应的机组。为了有效和经济地完成频率和有功功率的控制任务，往往要求所有大容量（如单机 100MW 或 200MW 以上）的机组都能参与。

图 5-8 为一个区域的自动发电控制示意图。图中各个机组的功率给定值 P_{Si1}、P_{Si2} 和 P_{Si3} 取决于区域控制误差的大小和负荷变化在机组之间的分配原则。完整的分配原则包括两部分：一部分是按照参与自动发电控制的各个机组的备用容量大小或功率调整速率（单位时间所能改变的功率）来进行分配，它主要是针对区域控制误差；另一部分是按照经济原则分配，针对负荷的变化和预测误差作经济功率分配调整。

对于按机组备用容量大小进行分配的情况，区域 i 中各个参与机组 $j \in i$ 的分配系数取为

$$r_{ij} = | P_{Mij} - P_{Gij} | / \sum_{j \in i} | P_{Mij} - P_{Gij} |$$

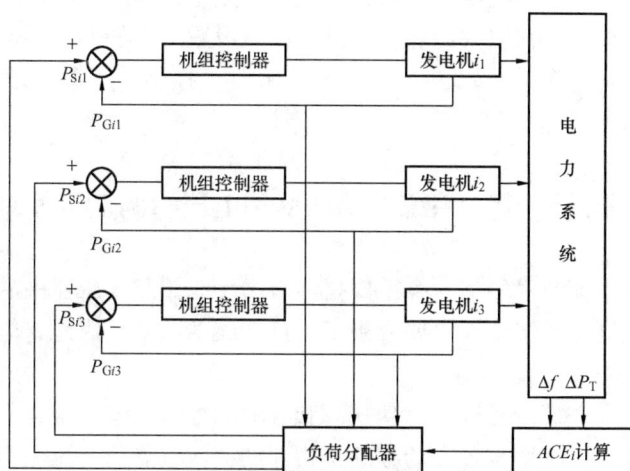

图 5-8　区域的自动发电控制示意图

式中：P_{Gij} 为机组 j 的实际输出功率；P_{Mij} 为机组 j 的极限输出功率，当 $ACE_i < 0$ 时，取机组的最大容许输出功率，$ACE_i > 0$ 时，取最小容许输出功率。

如果按机组容许的功率调整速率分配，则分配系数取为

$$r_{ij} = s_{ij} / \sum_{j \in i} s_{ij}$$

式中：s_{ij} 为机组 j 的功率调整速率，MW/min。

对于上述两种分配，显然有 $\sum\limits_{j \in i} r_{ij} = 1$。

当按照经济原则分配时，各机组的经济功率分配 P_{eij} 将在第三节中介绍。

这样，各个机组的具体功率给定值的计算式为

$$P_{Sij} = P_{eij} + e_{ij}\left(\sum_{j \in i} P_{Gij} - \sum_{j \in i} P_{eij}\right) - r_{ij} ACE_i \qquad (5\text{-}17)$$

式中：e_{ij} 为机组的经济分配系数，$\sum\limits_{j \in i} e_{ij} = 1$。

下面将说明，按式（5-17）决定的机组功率给定值，如何满足负荷频率控制和经济调度控制的要求。

首先，对于所有机组 $j \in i$，按照式（5-17）进行功率给定值的相加，则可以得出

$$\sum_{j \in i} P_{Sij} - \sum_{j \in i} P_{Gij} = -ACE_i$$

这说明所有机组功率给定值的总和与机组实际输出功率的总和两者之间的差等于负的区域控制误差，即在区域 i 内通过自动发电控制拟增加的总输出功率，正好等于该区域总的负荷增量 $-ACE_i$，从而说明这符合联络线功率与频率控制的要求；另外，由式（5-17），这一负荷增量将按分配系数 r_{ij} 分配到各个机组的功率给定值 P_{Sij}，这也正是所希望的。

由式（5-17）还可以看出，如果机组的总输出功率 $\sum\limits_{j \in i} P_{Gij}$ 不等于按经济功率分配要求的总输出功率 $\sum\limits_{j \in i} P_{eij}$，则机组的功率给定值将按 e_{ij} 的大小分担这一差值，直到差值等于零，而且各个机组的输出功率 P_{Gij} 正好等于按经济功率分配要求的输出功率 P_{eij} 为止。

最后，为了不使负荷频率控制过于频繁，在负荷频率控制周期内，将对区域控制误差进行滤波，从而滤去负荷中变化较快的随机部分，而且设置一定的死区，使得在区域控制误差超过死区的情况下才进行负荷频率控制。对于经济调度控制，则适当地采用较长的控制周期，以避免频繁控制。

第二节　电力系统无功功率和电压的调整与控制

电压是电力系统电能质量的另一个重要指标。由于线路和变压器中的电压损耗与通过它们的功率有关，而在高压系统中又主要取决于通过的无功功率，因此，电压的调整和控制与系统中无功功率的分布密切相关。

然而，无功功率和电压的控制与有功功率和频率的控制之间有很大的区别，主要在于：

（1）在稳态情况下，全系统各点的频率是相同的，但各点的电压则不相同，并且电压的容许变化范围也可能不同，而电压控制的目标是系统各点的电压都必须在各自的容许范围内。

（2）调整频率的手段只是各个发电厂中的发电机组，而调整电压的手段除了各个发电机以外，还有大量的无功功率补偿设备和带负荷调整分接头变压器，它们分散在整个电力系统中的不同地点。而且，在无功功率和电压的控制中，必须对无功功率补偿设备和发电机的控制进行协调，才能取得最佳的效果，即在满足电压要求的前提下，全系统的功率损耗达到最小。

显然，这两个区别的存在增加了无功功率和电压控制的复杂性和难度。

一、无功负荷及负荷的静态电压特性

1. 负荷的无功功率及网络中的无功功率损耗

在各种用电设备中，除了白炽灯和电热器等电阻性负荷只取用有功功率以外，其他用电设备都需要从电网吸收感性无功功率才能运行，尤其是感应电动机，其功率因数通常较低。

全系统负荷所吸收的无功功率在一天中的变化情况与图1-11所示的有功功率日负荷曲线相似，并同样具有一定的周期性变化规律。在一般系统中，有功负荷的最大值通常出现在夜晚的高峰负荷期间，但无功负荷的最大值则经常出现在上午的高峰负荷期间。这是因为在夜晚负荷中照明负荷占有相当大的比重，它们具有较高的功率因数，而上午的负荷中感应电动机所占的比重比夜晚大。

除了负荷吸收无功功率以外，在变压器和线路中将产生无功功率损耗。

在第二章和第三章中已经介绍过，变压器中的无功功率损耗可以分为两部分：一部分是励磁无功损耗，另一部分是漏抗中的无功损耗。在额定电压下，励磁无功损耗占变压器额定容量的百分数，大约等于其空载电流的百分数，而实际励磁无功损耗则与其运行电压的平方成正比。在变压器满载情况下，漏电抗中的无功损耗所占变压器额定容量的百分数，大约等于短路电压的百分数，而实际漏电抗中的无功损耗则与所通过的复功率之平方成正比。

在线路中，电流流过电抗后的无功功率损耗，与电流的平方成正比，而分布电容发出的感性无功功率与线路实际运行电压的平方成正比。在第二章第二节中已经指出，当线路的传输功率等于自然功率时，电抗中消耗的无功功率正好与分布电容发出的无功功率相平衡，线路的净无功功率损耗等于零。在传输功率大于自然功率的情况下，电抗消耗的无功功率大于

电容发出的无功功率，即线路的无功损耗大于零；反之，无功损耗小于零。

在包括全部输电和配电系统在内的整个电力系统中，从发电机到用户往往要经过多级变压器进行多次升压和降压，而每经过一个变压器都要产生无功功率损耗。因此整个系统的无功功率损耗比有功功率损耗大得多。

2. 负荷的静态电压特性

负荷所取用的有功功率和无功功率，除了与频率有关以外，更随着电压的变化而改变。在某一固定的负荷组成情况下，负荷的总有功功率和无功功率与电压之间的稳态关系称为负荷的静态电压特性，简称负荷的电压特性。在电力系统分析中，通常涉及的是某一个地区、某一个变电站的母线或者某条线路等所供给的总负荷，其中除了所有的受电器以外，还包括各级有关电网中线路和变压器的功率损耗，以及补偿设备的功率，而将这种总负荷称为综合负荷。

对于综合负荷中的白炽灯、电热器、变压器的励磁和并联电容器等，其阻抗在一定的电压范围内可以近似地看成是恒定的，所吸收的功率与电压的平方成正比。然而，当电压降低时，白炽灯和电热器消耗的功率减少，其温度降低而电阻增大；变压器的励磁则随着电压的升高呈现饱和。因此，除了并联电容器以外，严格地说，其余负荷的阻抗都不是恒定的。但是，总的来说电压越低它们所取用的功率越少。

对于负荷中的感应电动机，当电压降低时，其转差率增大而转速降低，而由于其所带机械负载的转矩通常随着转速降低而减少，因此其所吸收的有功功率将随着电压的降低而减少。但是，在到达临界转差以前转速降低的程度不大，因此其有功功率减少得不多，甚至可以近似地认为有功功率保持恒定。感应电动机所吸收的无功功率包括两部分：一部分是励磁无功功率，即图 5-9 所示感应电动机等值电路中励磁电抗 X_M 吸收的无功功率，它将随着电压的降低而减少；另一部分是定子和转子漏抗（图 5-9 中的 X_1 和 X_2）中的无功损耗，随着转差率 s 的增大，R_2/s 减少使电动机的电流增大，从而使这一无功损耗增大。当电压从额定值开始降低时，由于励磁电流的减少加之饱和程度的降低，励磁无功功率的减少大大超出漏抗中无功功率损耗的增加，电动机所吸收的无功功率显著减少。随着电压的进一步降低，励磁无功功率的减少趋于缓和而在漏抗中无功功率损耗的增加趋于激烈，使电动机所吸收无功功率的减少趋于缓和直至两者之间取得平衡。如果再进一步降低电压，则漏抗中无功功率损耗的增加将超过励磁无功功率的减少，从而使电动机所吸收的总无功功率随着电压的降低反而增加。

电网有功损耗和无功损耗与电压的关系比较复杂，特别是线路中的无功功率损耗，当电压降低时，线路的充电功率随之减少，而线路电抗中的无功功率损耗在一般情况下也将减少，它们的代数和是增加还是减少取决于线路所带负荷的大小并与负荷的特性有关。

综合负荷的静态电压特性一般如图 5-10 所示。其有功功率和无功功率都随着电压的降低而减少，但

图 5-9　感应电动机的等值电路图

当电压降低到一定程度以后，无功功率反而增加，这是由于感应电动机的功率特性所造成的。为了便于使用，常将图 5-10 所示的特性曲线用二次多项式表示为

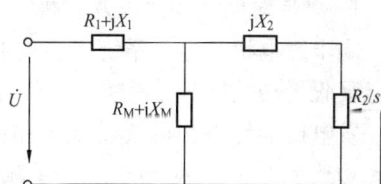

$$P_L = P_{LN}\left[a_p\left(\frac{U}{U_N}\right)^2 + b_p\left(\frac{U}{U_N}\right) + c_p\right]$$
$$Q_L = Q_{LN}\left[a_q\left(\frac{U}{U_N}\right)^2 + b_q\left(\frac{U}{U_N}\right) + c_q\right] \tag{5-18}$$

式中：P_L 为负荷在电压 U 下吸收的有功功率；Q_L 为负荷在电压 U 下吸收的无功功率；P_{LN} 为负荷在额定电压 U_N 下吸收的有功功率；Q_{LN} 为负荷在额定电压 U_N 下吸收的无功功率；a_p、b_p、c_p 和 a_q、b_q、c_q 为特性系数，其满足

$$a_p + b_p + c_p = 1$$
$$a_q + b_q + c_q = 1$$

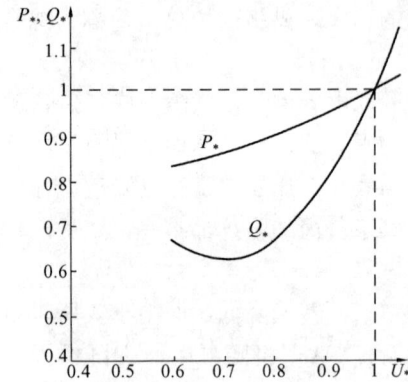

图 5-10 负荷的静态电压特性

当取 P_{LN} 和 Q_{LN} 分别为 P_L 和 Q_L 的基准值，且 U_N 为 U 的基准值时，式（5-18）的标幺值表达式为

$$P_{L*} = a_p U_*^2 + b_p U_* + c_p$$
$$Q_{L*} = a_q U_*^2 + b_q U_* + c_q \tag{5-19}$$

在式（5-18）和式（5-19）中，右端的第一项与电压的平方成正比，因此常称它们为负荷中的恒定阻抗部分（或分量）；第二项与电压成正比，称为恒定电流部分；与电压无关的第三项称为恒定功率部分。

必须指出，由于负荷在系统中分布非常分散，因此很难通过计算得出综合负荷的电压特性，而且它又不能用实验的方法获得，因为在系统实际运行过程中不允许也不可能将电压降得太低。特别是由于负荷的组成情况随时变化，因此其电压特性也因时、因地而异，所以这种静态特性主要用于电力系统的定性分析，用作定量将可能产生较大的误差。对于有些电力系统可以人为地对电压作少量调整（一般不超过 5%），以测量负荷功率的变化，从而得出定量结果，并由此求出特性曲线在额定电压附近的斜率 $\left.\dfrac{dP_{L*}}{dU_*}\right|_{U_*=1}$ 和 $\left.\dfrac{dQ_{L*}}{dU_*}\right|_{U_*=1}$，它们可以用于一定的电压范围。

二、同步发电机和无功补偿设备的功率特性

无功补偿设备包括同步调相机（同步补偿器）、并联电容器、并联电抗器、静止无功补偿器及静止无功发生器等，有的将串联电容器也包含在内。

1. 同步发电机和同步调相机

同步发电机是电力系统中主要的无功功率源之一，除了能发出无功功率以外，在必要时还能吸收无功功率。

发电机能够发出的无功功率主要取决于它的额定容量 S_N 和额定功率因数 $\cos\varphi_N$，即额定无功功率 $Q_N = S_N\sin\varphi_N$。为了减少发电机的费用，现代大容量发电机的额定功率因数一般较高（$0.85\sim0.9$）。当发电机发出的有功功率小于其额定有功功率（$P_N = S_N\cos\varphi_N$）时，发出的无功功率一般可以超过其额定无功功率，但要受到定子绕组和励磁绕组额定电流的限制，以免它们过热。在额定电压下运行时，隐极发电机容许发出的最大无功功率示于图 5-11（a），现分析如下：

在额定电压下，定子绕组电流不过载的条件，与发电机的视在功率小于其额定容量的条

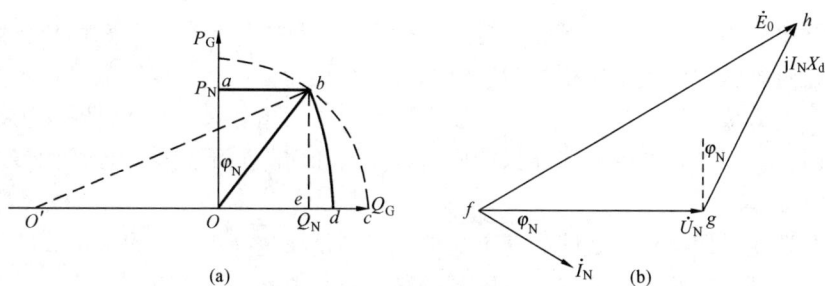

图 5-11　隐极发电机的运行极限和相量图
（a）运行极限；（b）额定运行情况下的相量图

件相同，即

$$P_G^2 + Q_G^2 \leqslant S_N^2$$

它相当于要求发电机的运行点在以原点为圆心，以 S_N 为半径的 1/4 圆内。圆上的 b 点对应于发电机的额定运行点，发出的有功功率和无功功率正好是 P_N 和 Q_N。由于受到原动机容量的限制，发电机发出的有功功率不能超过其额定值，因此，发电机的运行点必须在以 a 和 b 两点连成的直线之下。可见，如果只考虑定子绕组电流的限制，则在有功功率小于额定值的情况下，无功功率可以超过其额定值。在极端情况下当有功功率为零时，发出的无功功率甚至可以大到发电机的额定容量，即图中的 c 点。然而，发电机的无功功率还要受到励磁电流的限制。由于发电机的空载电动势取决于励磁绕组的电流，因此励磁电流的限制可以反映成对空载电动势的限制。当忽略定子绕组电阻时，隐极发电机在额定运行情况下的相量图如图 5-11（b）所示，其中的 $\dot{E}_0$ 为发电机的空载电动势，而产生这样大小的空载电动势所需要的励磁电流正好等于励磁绕组的额定电流。如果将图 5-11（b）中的各个相量都乘以系数 U_N/X_d 再将它移到图 5-11（a）中，使图 5-11（b）中的点 g 与点 h 分别与图 5-11（a）中的点 O 和点 b 相重合，则由于直线 Ob 与纵轴的夹角为 φ_N，因此图 5-11（b）中的 f 点在图 5-11（a）中的对应点必然在横坐标轴的某一点 O' 上，它与 O 点的距离为 U_N^2/X_d。于是，图 5-11（a）中 O' 点与 b 点之间的距离等于 $E_0 U_N/X_d$。如果保持励磁电流为额定值，则空载电动势的大小也将保持不变，这在相量图 5-11（b）上反映为，点 h 的轨迹是以点 f 为中心以 E_0 的长度为半径的圆弧，而在图 5-11（a）中，对应的则是以 O' 为圆心以 $O'b$ 为半径的圆弧 $\overset{\frown}{bd}$。因此，在额定电压运行情况下，隐极同步发电机的有功功率和无功功率的运行范围，为图 5-11（a）中 O-a-b-d-O 所包围的面积。对于凸极同步发电机，也能根据其相量图得出空载电动势相量端点的轨迹，并从而得出相应的运行范围。

同步发电机也可以吸收无功功率以超前功率因数运行，即所谓的进相运行，其所能吸收的数量一般需要通过试验来确定。

同步调相机实际上就是空载运行的同步电动机，它既可以用于发出无功功率，也可以用于吸收无功功率。所能吸收的无功功率为额定容量的 60% 左右。同步调相机的优点是调节比较灵活，不但可以用来控制系统的电压，而且可以用于提高系统的稳定性，其缺点是设备投资和维护费用高，因此，只在十分必要时才考虑采用。

另外，负荷中的同步电动机也有发出无功功率的能力。

2. 并联电容器

由于并联电容器的费用比较低廉、能量损耗小，而且可以分散安装在用户、变电站和配电站中进行就近补偿，因此是应用最为广泛的无功补偿设备。其主要缺点是，所发出的无功功率与电压的平方成正比，当电压降低时发出的无功功率显著减少，而这时又正是系统需要无功功率的时候。另外，并联电容器只能成组地投入和切除而不能进行连续调节。

3. 并联电抗器

并联电抗器主要用于补偿线路的充电功率，特别是在超高压长距离输电线路中，往往必须安装并联电抗器来吸收充电功率，以限制线路空载时末端的电压升高。

三、电压调整的必要性和电压质量要求

1. 电压偏移造成的影响和容许电压偏移

所有的电气设备都是按照额定电压来设计的。当它们运行于额定电压时，具有最好的运行性能、最高的效率，并能达到预期的寿命。如果实际运行电压高于或低于其额定电压，则运行性能和效率将有所下降，并可能影响到使用寿命甚至使设备损坏。因此，当电力系统的电压偏离其额定值，即产生电压偏移时，将对用户甚至对电力系统本身造成不良的影响。

当电压低于额定电压时，对于负荷中占比重较大的感应电动机而言，其转差率将增大，从而使绕组中的电流增加，使绕组电阻中的损耗加大，引起效率降低、温升增加并使寿命缩短。而且，由于转差率的增大，致使转速下降，电动机的输出功率减少，从而使产品的产量和质量降低。对于火力发电厂而言，由电动机所驱动的风机和给水泵等厂用机械的功率将因为转速的降低而减少，结果使锅炉和汽轮机的输出功率降低。同时，电动机的启动过程将因电压低而加长，在电压过低的情况下有可能在启动过程中因温度过高而烧毁。另外，当电压过低时，电弧炉所消耗的有功功率减少，使金属在其中的冶炼时间增加从而影响产量；对于白炽灯来说其发光效率将降低；各种电子设备将不能正常工作，等等。

运行电压高于额定电压所引起的主要危害是使电气设备的绝缘性能降低，并影响到使用寿命。如果电压过高，则可能使绝缘击穿，从而使设备损坏。另外，当电压高于额定电压时，变压器和电动机铁心的饱和程度增大，使铁心损耗增加；白炽灯的寿命则因电压过高而明显降低，例如，当电压高出 10% 时，寿命将缩短一半。

为了避免电压偏移造成很大的影响，各国电网都规定电压偏移的容许范围。GB/T 12325—2008《电能质量 供电电压偏差》中规定各电压等级供电电压偏差（电压偏移的百分数）的限值见表 5-3。

表 5-3 各电压等级供电电压偏差的限值

用户电压等级	限值
35kV 及以上偏差绝对值之和①	10%
20kV 及以下	±7%
220V 单相	+7%，−10%

① 如上、下偏差同号，则限值是指其中较大者。

2. 无功功率平衡

和有功功率平衡与频率调整之间的关系相似，要使各用户和各母线的电压在容许的电压偏移范围内，首先必须满足系统的无功功率平衡，在此基础上，再采取适当的电压调整

措施。

为了认识无功功率平衡与满足电压要求之间的关系，用单个发电机向一个综合负荷供电的简单系统情况来加以说明。设综合负荷在额定电压下需要的无功功率为 Q_{LN}，如果发电机的额定无功容量 Q_{GN} 大于 Q_{LN}，则显然借助于调节发电机的励磁电流，可以改变发电机的端电压，即对综合负荷供电的电压，使电压偏移在规定的容许范围内。然而，如果 Q_{GN} 小于 Q_{LN}，而且一定要让发电机在额定电压下供给综合负荷所需要的无功功率，则发电机励磁绕组的励磁电流势必超出它的额定值，使励磁绕组过载（参阅图 5-11），而这是不允许的。结果，只得降低对综合负荷供电的电压，使得综合负荷按照它的静态电压特性减少所需要的无功功率（参阅图 5-10），直到等于发电机所能发出的无功功率为止，即在较低的电压下满足发电机与综合负荷之间的无功功率平衡。所以，系统在额定电压下的无功功率平衡，是保证电压质量的先决条件。

电力系统的无功功率平衡要比有功功率平衡复杂得多，这是因为无功电源除了发电机以外，还包括并联电容器等无功补偿设备以及线路的充电功率。由于负荷中存在大量的感应电动机，它们本身的功率因数通常较低，在实际系统中，综合负荷未经无功功率补偿以前的自然功率因数在 0.6～0.9 之间，即负荷取用的无功功率为其有功功率的 0.5～1.3 倍。但是发电机的额定功率因数为 0.85～0.9，即发电机的额定无功功率仅为其额定有功功率的 0.5～0.6 倍，而且在系统的各级变压器中还要消耗大量的无功功率。即使线路的充电功率能与其电抗中的无功损耗相平衡，则系统中负荷所取用的无功功率加上电网中的无功功率损耗将大大地超过发电机的额定无功功率，何况与有功功率的备用容量要求相同，在系统中也需要相应的无功功率备用容量。因此，在实际电力系统中，往往需要安装大量的无功补偿设备，其中最主要的是并联电容器。一般在进行电力系统规划时，需要根据无功功率平衡计算结果决定系统所需要的无功补偿设备总容量和补偿设备的种类，以及它们在系统中的最佳分布，而在运行过程中还需定期再具体进行计算。

由于无功功率流过线路和变压器时将同时产生有功功率损耗和电压降落，因此并联电容器往往分散安装在电力系统中，使之尽量做到无功功率的分区平衡和就地平衡。为了进一步减少无功功率的流动，我国在有关条例中规定，以高压供电的工业用户，在系统高峰负荷期间的功率因数不得低于 0.9，其他 100kW 及以上的电力用户不得低于 0.85。

四、电压调整和控制方法

1. 中枢点的电压管理

电力系统中有成千上万的负荷，它们分散在整个系统之中，如何监视它们的电压是否在规定的容许偏移范围之内，是电压调整和控制的首要问题。目前的做法是，在系统中设置一定数量的"电压中枢点"（简称中枢点），将分散负荷对容许电压偏移的要求，集中反映为对中枢点的电压要求，使得在每个中枢点的电压能够满足这一要求的情况下，由它供电的所有分散用户的电压偏移都在容许范围之内；然后在系统中采取适当的电压调整（简称调压）措施，使得所有中枢点的电压要求都能得到满足，这样也就满足了全部分散负荷对电压质量的要求。

电压中枢点一般包括枢纽变电站的低压母线和具有大量地方负荷的发电机母线，它们通常是 10kV 或 6kV 母线。中枢点的电压要求可以用两种方法来决定。一种方法是对由中枢点供电的配电网进行具体的潮流计算，从而归纳出对中枢点的电压要求。但是由于配电网十分复杂，其负荷分布也难以准确掌握，因此这种方法往往只用作定性分析。另一种方法是根据正在运行的配电网的实际情况和经验来决定，因为供电企业经常得到用户对电压质量的反映，并实际测量和统计一些具有代表性的用户的电压情况，根据这些信息可以分析出中枢点的电压应该在什么范围内，才能满足其下属全部用户的电压要求。在实际运行中，对中枢点的电压要求往往只考虑最大负荷和最小负荷两种运行方式，并一般可以分为以下两种：

（1）逆调压，要求最大负荷时中枢点的电压高于最小负荷时的电压。由于在最大负荷期间输电系统中的电压损耗通常大于最小负荷时的电压损耗，因此系统在最大负荷期间能给予中枢点的电压往往低于最小负荷时的电压，而中枢点的电压要求正好与此相反，这便是"逆调压"的含义。逆调压要求通常是由于由中枢点供电的配电网中线路较长，它们的电压降落较大，而且最大负荷与最小负荷之差较大。在比较严重的情况下，可能要求中枢点在最大负荷时的电压不低于网络额定电压的 1.05 倍，而在最小负荷时不高于网络额定电压。

（2）顺调压，要求中枢点的电压在最大负荷和最小负荷期间保持在某一容许范围以内，最大负荷时的电压可以比最小负荷时低，例如，在 $(1.02 \sim 1.05)U_N$ 或 $(1.025 \sim 1.075)U_N$ 范围内，前者有时又称为恒调压。

2. 电力系统电压调整的基本方法

下面以图 5-12 所示由单个发电厂供电的简单电力系统为例，来说明电压调整的几种基本方法。

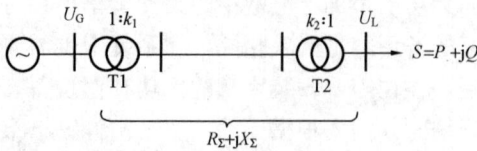

图 5-12　简单电力系统

图 5-12 中，k_1 和 k_2 分别为升压变压器 T1 和降压变压器 T2 的变比，R_Σ 和 X_Σ 分别为变压器和线路折算到高压侧的总电阻和总电抗，U_N 为线路的额定电压，降压变压器的低压母线为电压中枢点。为了分析简单起见，忽略变压器励磁和线路的电容以及网络中的功率损耗和电压降落横分量，在此情况下，负荷所在母线的电压可以表示为

$$U_L = (U_G k_1 - \Delta U)/k_2 = \left(U_G k_1 - \frac{PR_\Sigma + QX_\Sigma}{U_N}\right)/k_2 \tag{5-20}$$

由式（5-20）可见，要调整中枢点的电压有以下四种方法：

（1）改变发电机端电压 U_G；

（2）改变变压器变比 k_1、k_2；

（3）改变网络中流过的无功功率 Q；

（4）改变线路的电抗。

下面分别介绍这四种方法：

（1）改变发电机端电压进行调压。发电机端电压由励磁调节器控制，改变调节器的电压整定值便可以改变发电机的端电压。在正常运行情况下，发电机的端电压一般可以在 ±5% 范围内变化而不影响它的额定容量。由于发电机的额定电压一般比网络额定电压高 5%（参阅表 1-2），这相当于发电机可以在网络额定电压的 100%~110% 范围内运行。对于直接由发电机供电的负荷（地方负荷）而言，仅靠发电机进行调压一般便能满足电压要求，但是对于系统中的其他负荷而言，单靠发电机调压并不一定能满足要求，而必须与其他调压措施配合进行。然而由于改变发电机运行电压并不需要增加额外费用，因此，在需要采用电压调整措施时，一般总是优先考虑通过改变发电机电压来进行调压，即使用它不能完全满足电压要求，至少可以减少对其他调压措施的负担。

然而必须指出，实际电力系统中具有多个发电厂，当改变一个发电厂中发电机的端电压时，必将改变发电厂之间的无功功率分布（参阅第三章第三节），对此必须进行全系统的潮流计算才能得出改变发电机电压后的功率和电压分布情况，并观察是否会引起某些发电机的无功功率过载。

（2）改变变压器变比进行调压。一般电力变压器在制造时都安排一定数量的抽头（分接头），以便在使用过程中根据需要适当选用。由于电力变压器高压绕组的电流小于低压绕组，其导线截面比低压绕组小而在制造上更容易抽头，因此分接头都放在高压绕组上，三绕组变压器则一般高、中压绕组都有分接头。变压器按分接头位置能否在带负荷情况下进行更换，可以分为固定分接头变压器和带负荷调整分接头变压器（或称带负荷调压变压器，有载调压变压器等）两种，它们在调压中的效用有很大的不同。

1）固定分接头变压器。固定分接头变压器一般在主接头两侧各有两个分接头，其结构如图 5-13 所示。主接头的额定电压等于变压器绕组的额定电压，主接头与分接头以及分接头与分接头之间的电压一般为额定电压的 2.5%。改变变压器的分接头位置，将改变它的变比，从而达到调整电压的目的。然而，固定分接头变压器只能在停电（而且需要打开箱盖）的情况下才能改变分接头。因此，在投入运行前必须事先选择好一个合适的分接头，以便适应系统不同运行方式下的要求。下面以图 5-14 所示的降压变压器等值电路为例来说明分接头的选择方法，其中变压器的阻抗已折算到高压侧。

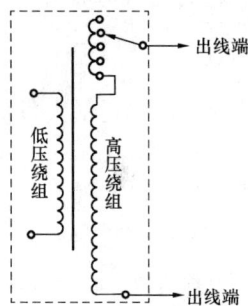

图 5-13　固定分接头
变压器结构示意图

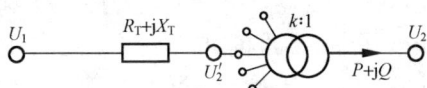

图 5-14　降压变压器等值电路

设 U_1 为变压器高压母线的电压，U_2 为低压母线要求的电压上限（或下限），则在不考虑变压器功率损耗和电压降落横分量的情况下，可以先求出变压器低压侧折算到高压侧的电压 U_2'，然后便可以求得所需要的变压器变比 k，即 k 应满足关系式

$$(U_1 - \Delta U_\mathrm{T})/k = \left(U_1 - \frac{PR_\mathrm{T} + QX_\mathrm{T}}{U_1}\right)/k = U_2'/k = U_2 \tag{5-21}$$

由于变压器的变比等于其分接头的额定电压 U_t 与低压绕组额定电压 $U_{2\mathrm{N}}$ 之比，即 $k = U_\mathrm{t}/U_{2\mathrm{N}}$，因此要使低压侧的电压正好是 U_2，则由式（5-21）可得分接头的额定电压应为

$$U_\mathrm{t} = kU_{2\mathrm{N}} = (U_1 - \Delta U_\mathrm{T})\frac{U_{2\mathrm{N}}}{U_2} = \left(U_1 - \frac{PR_\mathrm{T} + QX_\mathrm{T}}{U_1}\right)\frac{U_{2\mathrm{N}}}{U_2} \tag{5-22}$$

由式（5-22）得出分接头的额定电压 U_t 后，便可以按所要求的低压侧电压 U_2 是上限还是下限来选择适当的分接头。例如，若 U_2 为要求的上限，则所选分接头的额定电压应高于由式（5-22）得出的 U_t，反之则应低于它。

实际上，固定分接头变压器往往需要兼顾不同运行方式的要求，例如同时满足最大负荷和最小负荷下的电压要求。对此，一种可行的方法是，先分别求出满足最大负荷和最小负荷下所要求的分接头电压，然后对它们加以协调。具体来说，由最大负荷下变压器高压母线的

电压 U_{1max}、最大负荷 $P_{max}+jQ_{max}$ 以及低压侧要求的电压 U_{2max}，应用式（5-22）求出最大负荷下要求的分接头额定电压 U_{tmax}，对于最小负荷也可以由相应的 U_{1min}、$P_{min}+jQ_{min}$ 和 U_{2min} 求出要求的分接头额定电压 U_{tmin}，即

$$\left.\begin{array}{l} U_{tmax} = (U_{1max} - \Delta U_{Tmax})\dfrac{U_{2N}}{U_{2max}} = \left(U_{1max} - \dfrac{P_{max}R_T + Q_{max}X_T}{U_{1max}}\right)\dfrac{U_{2N}}{U_{2max}} \\[4mm] U_{tmin} = (U_{1min} - \Delta U_{Tmin})\dfrac{U_{2N}}{U_{2min}} = \left(U_{1min} - \dfrac{P_{min}R_T + Q_{min}X_T}{U_{1min}}\right)\dfrac{U_{2N}}{U_{2min}} \end{array}\right\} \quad (5-23)$$

由于最大负荷下变压器高压母线的电压 U_{1max} 通常偏低，而最小负荷下变压器高压母线的电压 U_{1max} 通常偏高，因此在最大负荷时低压母线的电压可以先考虑其下限，而在最小负荷下低压母线的电压则先考虑其上限。在此情况下，由式（5-23）得出的 U_{tmax} 将是所希望分接头额定电压的上限，而 U_{tmin} 则是所希望分接头额定电压的下限。如果 $U_{tmin} < U_{tmax}$ 则可以用它们的平均值

$$U_t = \frac{U_{tmax} + U_{tmin}}{2}$$

来决定同时满足最大负荷和最小负荷电压要求的分接头额定电压，然后在各个实际的分接头额定电压中取一个与 U_t 最为接近的。反之，如果 $U_{tmin} > U_{tmax}$，则说明单靠变压器的分接头不可能同时满足最大负荷和最小负荷下低压母线的电压要求，而必须与其他调压措施相配合，或者改用带负荷调压变压器。

升压变压器分接头的选择方法与降压变压器的基本相同，只是潮流方向不同，功率从低压侧流向高压侧，建议读者自行导出相应的计算公式。

三绕组变压器分接头的选择方法原则上与双绕组变压器的相同，但由于三绕组变压器的高压绕组和中压绕组都有分接头，这就需要根据变压器的运行方式依次选择高压侧和中压侧的分接头，其具体步骤一般分两步。例如，对于三绕组降压变压器，第一步是先将变压器的高压绕组和低压绕组看成是一个双绕组降压变压器，由变压器低压侧的电压要求确定出高压侧的分接头；第二步再将高压绕组和中压绕组看成一个双绕组变压器，根据中压侧的电压要求选择中压侧的分接头。

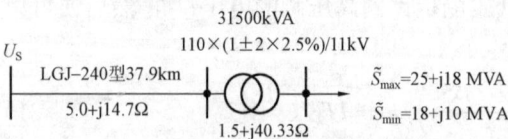

图 5-15　[例 5-4] 中的系统

【例 5-4】 图 5-15 所示 110kV 系统中，已给出线路和降压变压器折算到高压侧的参数以及最大和最小负荷。最大负荷时，母线电压 U_S 为 115kV，最小负荷时为 110kV。试完成：（1）低压母线电压允许范围为 10~10.5kV，试选择变压器的分接头。（2）如果低压母线在最大负荷时要求不低于 10.5kV，而在最小负荷时要求不高于 10kV，则分接头位置如何？

解 合并线路和变压器的阻抗，得 $R_\Sigma + jX_\Sigma = 6.5 + j55.03\Omega$

（1）设最大负荷时低压母线的电压处于允许范围的下限 10kV，则按式（5-23）中的第一式可以求得为了满足这一要求的分接头额定电压为

$$U_{tmax} = \left(115 - \frac{25 \times 6.5 + 18 \times 55.03}{115}\right) \times \frac{11}{10} = 115.47\text{（kV）}$$

最小负荷时，如低压母线的电压处于允许范围的上限 10.5kV，则按式（5-23）中的第二式可以求得为了满足这一要求的分接头额定电压为

$$U_{\text{tmin}} = \left(110 - \frac{18 \times 6.5 + 10 \times 55.03}{110}\right) \times \frac{11}{10.5} = 108.88(\text{kV})$$

由于 $U_{\text{tmax}} > U_{\text{tmin}}$，故知应能选到一个分接头，使低压母线在最大和最小负荷时都能满足要求。为此，分接头电压取平均值

$$U_{\text{t}} = \frac{U_{\text{tmax}} + U_{\text{tmin}}}{2} = \frac{115.47 + 108.88}{2} = 112.18(\text{kV})$$

选择与它最接近的分接头电压 $U_{\text{t}} = 112.75\text{kV}$（$+1 \times 2.5\%$ 挡）。按这一实际分接头进行校验，得

$$U_{2\text{max}} = \left(115 - \frac{25 \times 6.5 + 18 \times 55.03}{115}\right) \times \frac{11}{112.75} = 10.24(\text{kV})$$

$$U_{2\text{min}} = \left(110 - \frac{18 \times 6.5 + 10 \times 55.03}{110}\right) \times \frac{11}{112.75} = 10.14(\text{kV})$$

说明所选分接头完全满足低压母线的电压要求。注意，由于相邻两挡分接头的电压差较大（2.5%），在选择出最接近的分接头后，有可能使得出的电压因此而超出容许范围。

（2）如果低压母线在最大负荷时电压不低于 10.5kV，则要求分接头的额定电压不高于

$$U_{\text{tmax}} = \left(115 - \frac{25 \times 6.5 + 18 \times 55.03}{115}\right) \times \frac{11}{10.5} = 109.97(\text{kV})$$

而在最小负荷时如母线电压不高于 10kV，则要求分接头的额定电压不低于

$$U_{\text{tmin}} = \left(110 - \frac{18 \times 6.5 + 10 \times 55.03}{110}\right) \times \frac{11}{10} = 114.33(\text{kV})$$

显然，这两个要求是相互矛盾的，即单单依靠固定分接头变压器不可能同时满足最大负荷和最小负荷时的母线电压要求。

2）带负荷调压变压器。带负荷调压变压器能够在带负荷的情况下改变分接头，其分接头数目多而且电压范围大，除了主接头以外一般有 16 个分接头（$\pm 8 \times 1.25\% U_{\text{N}}$）。

图 5-16 为带负荷调压变压器的接线示意图。图中，高压侧有主绕组和调压绕组两个绕组，它们通过切换装置相串联。调压绕组一般靠近中性点，以降低切换装置的绝缘要求。为了保证在负荷电流下切换分接头的过程中不使电路开断而且不产生电弧，切换装置设有两个可动触头 Ka 和 Kb，它们分别与接触器 KMa 和 KMb 相连。当从分接头 b 切换到分接头 a 时，首先断开接触器 KMa，将可动触头 Ka 切换到另一个分接头上，再接通接触器 KMa；然后断开接触器 KMb，将可动触头 Kb 也切换到另一个分接头上，再接通接触器 KMb，这样便完全切换到一个新分接头 a 上。切换装置中还设有小电抗器 L，其中间抽头 O 与高压主绕组相连。它的作用是在切换过程中当两个可动触头在不同分接头上时让这两个分接头之间的绕组通过电抗器构成回路而不致直接短路，而在正常运行时负荷电流

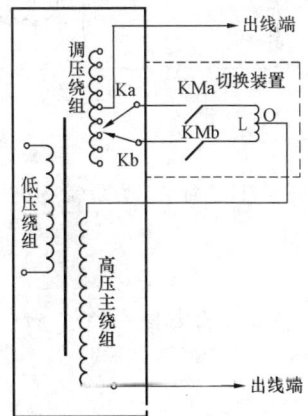

图 5-16　带负荷调压变压器接线示意图

分别通过电抗器的两端流向 O 点，它们所产生的磁动势相互抵消，使电压损耗很小。分接头的切换一般只需要 2~3min 便可完成。

采用带负荷调压变压器时，可以根据最大负荷和最小负荷时的电压要求分别选择分

接头。

【例5-5】　［例5-4］的系统中如采用带负荷调压变压器，且低压母线在最大负荷时要求不低于10.5kV，而在最小负荷时要求不高于10kV，试选择变压器在最大负荷和最小负荷时的分接头，使之满足电压要求。

解　依据［例5-4］中（2）的计算结果，如果最大负荷时低压母线的电压不低于10.5kV，则要求分接头的额定电压不高于109.97kV，对此，选取主接头110.0kV，相应的低压母线电压为

$$U_{2\max} = \left(115 - \frac{25 \times 6.5 + 18 \times 55.03}{115}\right) \times \frac{11}{110} = 10.50(\text{kV})$$

在最小负荷时如母线电压不高于10kV，则要求分接头的额定电压不低于114.33kV，对此，选取+4挡分接头，额定电压115.5kV，相应的低压母线电压为

$$U_{\text{tmin}} = \left(110 - \frac{18 \times 6.5 + 10 \times 55.03}{110}\right) \times \frac{11}{115.5} = 9.90(\text{kV})$$

（3）并联无功补偿装置进行调压。在简单电力系统中，改变网络中流过无功功率的方法是采用并联无功补偿装置，包括并联电容器和静止无功补偿装置等。在系统中适当地点加装静电电容器，不但可以减少线路和变压器的电压损耗，达到调压的目的，而且还能降低网络中的有功损耗和电能损耗，因此在系统中应用非常广泛。

下面以图5-17所示的简单电力系统应用并联电容器调压为例来加以说明，其图中降压变压器采用固定分接头。当线路和变压器的参数都折算到高压侧时，总阻抗为 $R_\Sigma + jX_\Sigma$，在忽略网络损耗和电压降落横分量的情况下，可以列出以下关系式

$$U_1 - \frac{PR_\Sigma + (Q - Q_C)X_\Sigma}{U_1} = kU_2 \tag{5-24}$$

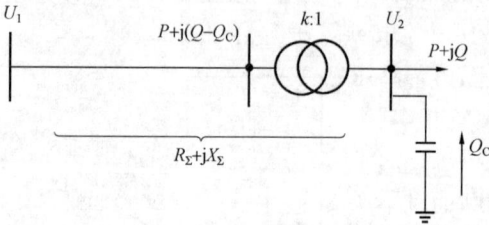

图5-17　简单电力系统应用并联电容器调压

由式（5-24）可以看出，当线路始端电压 U_1 和变压器低压母线所希望的电压 U_2 都已给定时，既可以通过单独选取变压器变比 k 或电容器容量 Q_C 来满足式（5-24），也可以同时选取不同的 k 和 Q_C 使它得到满足。在变压器变比 k 给定的情况下，所需要的电容器容量可以从式（5-24）解得

$$Q_C = Q + \frac{PR_\Sigma + (kU_2 - U_1)U_1}{X_\Sigma} \tag{5-25}$$

而当电容器容量 Q_C 给定时，变压器的变比应为

$$k = \left(U_1 - \frac{PR_\Sigma + (Q - Q_C)X_\Sigma}{U_1}\right)/U_2 \tag{5-26}$$

在实际系统中，变压器变比 k 和电容器容量 Q_C 的确定往往需要兼顾最大负荷和最小负荷下低压母线的电压要求。有时希望对变压器分接头和电容器容量进行最佳配合，使所需要的电容器容量最小。由于电容器只能发出无功功率而不能吸收无功功率，因此，为了使电容器的容量最小，在最小负荷下将它切除，使低压母线的电压不致因电容器的投入而增高，这时靠适当选取变压器分接头来满足低压母线的电压要求；在最大负荷下，采用由最小负荷所决定的变压器变比求出所需要的电容器容量，以满足低压母线的电压要求。具体来说，由最

小负荷 $P_{\min}+jQ_{\min}$，令 $Q_C=0$，代入式（5-26）得变压器变比

$$k=\left(U_{1\min}-\frac{P_{\min}R_{\Sigma}+Q_{\min}X_{\Sigma}}{U_{1\min}}\right)/U_{2\min} \tag{5-27}$$

再按这一变比值选择一个邻近的分接头并得出实际变比，然后由最大负荷 $P_{\max}+jQ_{\max}$ 及相应的线路始端电压 $U_{1\max}$ 按式（5-25）求出所需要的电容器容量

$$Q_C=Q_{\max}+\frac{P_{\max}R_{\Sigma}+(kU_{2\max}-U_{1\max})U_{1\max}}{X_{\Sigma}} \tag{5-28}$$

　　显然，通过与变压器分接头的如此配合，求得的电容器容量将是同时满足最大负荷和最小负荷电压要求所需要的最小容量。

　　必须指出，在变电站中，通常将电容器总容量适当进行分组，以便在负荷变化过程中根据情况进行投切，以适应不同负荷下的电压要求。另外，在实际系统中，有的为了降低网络损耗，所配置的电容器容量大于按调压要求所需要的容量，在此情况下，在最小负荷时也能部分地投入运行。

　　除了电容器以外，也可以用静止无功补偿装置来进行调压，它不但可以发出无功功率，而且可以吸收无功功率。因此，在最大负荷时可以让它发出无功功率，而在最小负荷时让它吸收无功功率，再与变压器分接头进行配合，将会产生更好的效果。目前，静止无功补偿装置大都安装在用户处，在电压中枢点专为调压而设置的静止无功补偿装置由于成本较高使用很少。另外，同步调相机虽然具有发出和吸收无功功率的优越特性，但也由于成本较高而很少用作电压调整。

　　【例5-6】　［例5-4］的系统中如采用固定分接头变压器和电容器进行调压，低压母线在最大负荷时要求不低于 10.5kV，而在最小负荷时要求不高于 10kV，试确定变压器的分接头和所需要的最小电容器容量。

　　解　先由最小负荷电压要求，按式（5-27）确定变压器变比

$$k=\left(110-\frac{18\times6.5+10\times55.03}{110}\right)/10=10.393$$

从而得出分接头额定电压应不低于 $10.393\times11=114.33$kV。现选取额定电压为 115.5kV（+2挡）的分接头，实际变比为 $115.5/11=10.5$，相应的低压母线电压为

$$U_{2\min}=\left(110-\frac{18\times6.5+10\times55.03}{110}\right)\frac{11}{115.5}=9.90(\text{kV})$$

　　再由最大负荷电压要求，按式（5-28）确定电容器容量

$$Q_C=18+\frac{25\times6.5+(10.5\times10.5-115.5)\times115.5}{55.03}=9.934(\text{Mvar})$$

　　（4）改变线路电抗进行调压。由式（5-20）可以看出，改变线路的电抗可以改变等值电路的总电抗 X_{Σ}，从而改变总电压损耗中与 QX_{Σ} 有关的部分，达到调压的目的。通常的做法是在线路中串联电容器，用它的容抗来抵消线路的部分感抗，使电压损耗减少。显然，这种调压措施的效果与线路通过的无功功率有关，无功功率越大效果越明显，而如果无功功率本身等于零，将毫无作用。因此，通常只在线路较长、负荷功率因数较低的地方才考虑采用串联电容器来进行调压。

　　实际上，这种调压措施只适用于 35～110kV 的架空线路，对于 10kV 及以下的架空线路由于 R_1/X_1 很大，用串联电容器补偿不但效果差而且不经济。至于 220kV 以上的远距离输电

线路，有时也采用串联电容器补偿，然而其主要作用在于提高稳定性和输电能力而不是电压调整。

【例 5 - 7】 某 35kV 线路的阻抗为 $10+j10\Omega$，输送功率为 $7+j6MVA$，线路始端电压为 37kV，如要求线路末端电压不低于 34kV，试确定串联电容器容量。

解 无串联电容器的情况下，线路的电压损耗为

$$\Delta U = \frac{7\times 10 + 6\times 10}{37} = 3.5135(\text{kV})$$

采用串联电容器补偿后，所要求的电压损耗为

$$\Delta U = 37 - 34 = 3(\text{kV})$$

因此，串联电容器上的电压降落应为 $3-3.5135=-0.5135(\text{kV})$，从而得所需的容抗

$$X_C = \frac{37\times 0.5135}{6} = 3.17(\Omega)$$

由线路流过的电流

$$I = \frac{\sqrt{7^2+6^2}}{\sqrt{3}\times 37} = 0.14386(\text{kA})$$

得出所需电容器的容量为

$$Q_C = 3\times 0.14386^2 \times 3.17 = 0.1968(\text{MVA})$$

3. 电压调整中的一些现象和规律

实际电力系统的电压调整问题是一个复杂的综合性问题。系统中各母线电压与各线路中的无功功率是互相关联的。所以各种调压措施要相互配合，使全系统各点电压均满足要求，并使全网无功功率分布合理，有功功率损耗达到最小。下面将以图 5 - 18 所示的简单系统为例，用潮流计算结果来说明电力系统电压调整中的一些现象和规律。这一系统虽然没有实际系统那样复杂，而且在输电系统中只有 220kV 一个电压等级，但是它在一定程度上完整反映了输电系统在电压调整中的一些真实现象和问题；系统中的数据虽然经过试凑，但它们基本上是合理的。

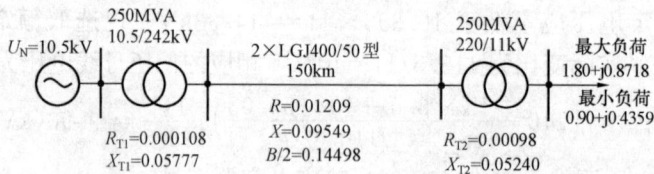

图 5 - 18 电压调整示例系统接线图

在该系统中，发电机和变压器的额定电压是根据表 1 - 2 中规定的标准来确定的。这里顺便再次说明，表 1 - 2 中所规定的发电机额定电压和变压器额定电压与网络额定电压不同的主要原因：发电机的额定电压为 10.5kV，高于网络额定电压 5%。这是考虑到一般的发电机有可能带地方负荷，而如果发电机的额定电压等于网络额定电压，则由于 10kV 供电线路上存在电压损耗，结果可能使负荷处的电压偏低。升压变压器低压绕组的额定电压也取 10.5kV，这是为了与发电机的额定电压相配合；其高压绕组的额定电压取 242kV，高于网络额定电压 10%，这是考虑到扣去变压器的电压损耗后高压母线的电压不致过低。降压变压器高压绕组的额定电压取 220kV，是因为线路送端的电压虽然可能高于网络额定电压，但

输电线路上有电压损耗，因此线路受端电压通常在网络额定电压附近。降压变压器低压绕组的额定电压取 11kV，这不但考虑到变压器的电压损耗，而且考虑到变电站 10kV 母线通常要求运行电压高于网络额定电压。当然，降压变压器低压绕组的额定电压也可以取 10.5kV，升压变压器低压绕组的额定电压也可以取 10kV，视具体情况和要求而决定。以上关于发电机和变压器额定电压的规定理由和选取原则也适用于其他电压等级。在图 5-18 所示系统中，220kV 输电线路长度为 150km，采用二分裂导线。当取基准功率为 100MVA，并分别取各级网络的额定电压作为相应的基准电压时，变压器和线路的阻抗和电纳的标幺值分别示于图中。

假定变电站的 10kV 母线直接供给高压工业用户，其最大负荷为 180MW，功率因数按前述要求为 0.9，最小负荷为最大负荷的一半。下面只给出在最大负荷和最小负荷两种运行情况下的计算结果。如果这两种极端情况下的电压偏移都在容许范围内，则一般的其他运行情况下的电压偏移将处于两者之间，自然也就在容许范围内。当然，在一般电力系统中，有时还需要计算一些其他的特殊运行情况。

对于这一系统，根据表 5-3，变电站 10kV 母线的容许电压偏移为 ±7%，即应在 9.3～10.7kV 范围内。发电厂和变电站 220kV 母线的电压一般不得超过额定电压的 110%，即不超过 242kV；而且在最大负荷时发电厂 220kV 母线的电压容许偏移为 0～10%，即应在 220～242kV 范围内。

下面给出在几种调压措施下的计算结果并加以解释和说明。

情况 1：发电机在最大负荷和最小负荷时都以额定电压运行，即其运行电压保持为 10.5kV；升、降压变压器高压绕组在主接头上运行，即它们的变比分别为 242/10.5 和 220/11。

在此情况下，对于最大负荷和最小负荷分别进行潮流计算，可以得出各个节点的电压和网络中的有功功率损耗，其结果列于表 5-4 中的第 1 行。表中，上面的数据对应于最大负荷，下面的对应于最小负荷。

从计算结果可以看出，当发电机运行电压保持不变时，所有的母线在最大负荷时的电压都比它们在最小负荷时的电压低，这是因为最大负荷时变压器和线路的电压损耗都比它们在最小负荷时的大。从计算结果还可以看出，变电站 10kV 母线的实际电压为 8.11kV 和 11.19kV，超出了容许范围 9.3～10.7kV，而且发电厂的 220kV 母线在最大负荷时的电压只有 218.83kV，也小于容许数值 220kV。

表 5-4 图 5-18 所示电力系统的调压计算结果

情况	负荷	发电机母线电压（kV）	发电厂高压母线电压（kV）	变电站高压母线电压（kV）	变电站低压母线电压（kV）	网络有功功率损耗（MW）
1	最大负荷	10.5	218.83*	178.62	8.11*	9.89
	最小负荷	10.5	238.77	229.20	11.19*	1.20
2	最大负荷	10.5	237.31	206.48	9.66	6.88
	最小负荷	10.5	251.66*	243.20*	11.91*	1.05
3	最大负荷	10.5	241.29	211.85	9.95	6.46
	最小负荷	10.5	219.16	207.57	10.08	1.51

续表

情况	负荷	发电机母线电压（kV）	发电厂高压母线电压（kV）	变电站高压母线电压（kV）	变电站低压母线电压（kV）	网络有功功率损耗（MW）
4	最大负荷	11.0	236.53	205.42	9.61	6.96
	最小负荷	10.0	226.36	215.58	10.49	1.38
5	最大负荷	10.5	229.12	205.28	9.34	6.04
	最小负荷	10.5	238.77	229.20	10.66	1.20

注　"*"表示已超出容许范围。

情况 2：发电厂升压变压器仍采用固定分接头变压器，但将分接头置于第 2 挡，其他与情况 1 相同。

对于情况 1，如果仅仅希望将发电厂高压母线在最大负荷期间的电压从 218.83kV 提高到 220～242kV 范围以内，是比较容易的，只要增加发电厂升压变压器高压绕组与低压绕组之间的变比便能达到目的。例如，在本系统中，主接头的变比为 242/10.5，如果采用上面的第二挡分接头（＋2 挡），每一挡分接头的电压按规定取为 2.5%，使变比变成（1＋2×0.025）×242/10.5，则可望使高压侧的空载电压提高约 5%，并由此可以使网络中由它供电的各个节点的电压都提高 5%，包括变电站 10kV 母线在内。在此情况下，实际潮流计算结果见表 5-4 的第 2 行。

由结果可见，从发电厂高压母线开始，各个母线在最大负荷时的电压都高于情况 1 的相应电压，但远不止提高 5%。对发电厂高压母线电压来说，实际电压从 218.83kV 提高到 237.31kV，提高了约 8%；变电站低压母线的电压提高得更多，从 8.11kV 提高到 9.66kV。产生这一现象的原因是因为电压提高以后，负荷的电流相应地减小，使变压器和线路的电压降落都相应降低的缘故。这一额外的提高对电压调整是有利的，它使变电站低压母线在最大负荷时的电压偏移满足了要求。然而，由于采用固定分接头变压器，在最大负荷和最小负荷时分接头处于同一个位置。因此，如果所设定的分接头位置使最大负荷的电压获得一定数量的升高，则在最小负荷和其他负荷下的电压也将相应地升高。其结果使最小负荷下发电厂和变电站高压母线的电压都超过了容许值 242kV，而变电站 10kV 母线的电压超过容许值 10.7kV 更多。这一结果说明，选择适当的分接头位置，虽然可以改变某一负荷下的电压分布，但其他负荷下的电压也将受到影响。

情况 3：发电厂升压变压器采用带负荷调压变压器。

由情况 2 的结果可以看出，如果在最小负荷下将发电厂升压变压器的变比减少，即将分接头位置下调，则可望使最小负荷时各个母线的电压降低到容许范围之内。但由于要求变压器在最大负荷和最小负荷时分别工作于不同的分接头，因此它必须采用带负荷调压变压器。经过试凑，在最大负荷时，发电厂升压变压器分接头置于＋5（×1.25%）挡，最小负荷时置于－6（×1.25%）挡，得出的潮流计算结果列于表 5-4 第 3 行。可以看出，现在最大负荷时发电厂高压母线电压 241.29kV 已接近其上限，而各个母线在最大负荷和最小负荷时的电压都分别在它们的容许偏移范围之内。特别是，变电站低压母线的电压都接近于网络额定电压，这是比较好的。另外，由于最大负荷时各母线的电压比情况 2 中的还要高，使流过变压器和线路中的电流更小，因此有功功率损耗（6.46MW）也更小。

顺便指出，在一般系统中，变电站的降压变压器采用带负荷调压变压器也能产生相同或甚至更好的效果。

情况 4：改变发电机电压进行调压。

在情况 1 中，各个母线在最大负荷时的电压都偏低，而在最小负荷时都偏高。于是，可以想象，如果在最大负荷时提高发电机的运行电压，而在最小负荷时降低其运行电压，则可望在最大负荷时提高各个母线的电压而在最小负荷时降低它们的电压，使各个母线的电压都能在容许电压偏移范围之内。当采用改变发电机电压的方法来进行调压而其他情况与情况 1 相同时，计算结果见表 5-4 第 4 行所列。由结果可见，各个母线在最大负荷和最小负荷时的电压都在容许范围内。然而，在实际上并不是所有的系统都能得到这样理想的结果，在一些情况下，单靠改变发电机的电压并不能使系统中所有母线的电压都完全满足要求，或者需要与固定分接头变压器的分接头位置设定相配合才能满足各个母线的电压要求。

情况 5：变电站 10kV 母线上安装并联电容器。

对于情况 1 的结果，如果不采用改变发电机电压的方法，而是在变电站 10kV 母线上安装并联电容器，则由于负荷中的一部分无功功率由电容器供给，使流过线路和变压器的无功功率减少，从而也可以减少它们的电压损耗，使最大负荷时各点的电压得到提高。但是，在情况 1 的最小负荷下，变电站低压母线的电压为 11.19kV，超过了最大容许电压 10.7kV。为了降低这一电压，降压变压器仍可采用固定分接头变压器但将分接头位置设置在＋2（×2.5%）挡，使变比变为（1＋2×0.025）×220/11。经过试凑，当并联电容器容量取34Mvar，最大负荷时全部投入而在最小负荷时全部切除的情况下，潮流计算结果列于表 5-4 第 5 行。由结果可见，在最大负荷和最小负荷下各母线的电压都在容许偏移范围之内，而且在最大负荷下的网络损耗比其他情况都小。另外，本系统的情况也说明，用并联电容器作为电压调整措施需要与变压器分接头的位置设定相配合，才能取得良好的效果。

根据上面的计算结果和分析，可以对电力系统电压调整中的一些现象和规律归纳（按先后次序）如下：

（1）由于线路和变压器的电压损耗与通过的无功功率有关，因此，在最大负荷期间网络中各节点的电压往往偏低而在最小负荷期间则往往偏高。

（2）改变固定分接头变压器的分接头设定位置，往往只能使最大负荷和最小负荷时的电压都升高（或都降低）而对它们之间的差值影响较小。

（3）采用带负荷调压变压器可以有效和方便地调整一个地区或一个母线的电压。

（4）改变发电机的运行电压是进行电压调整的有效措施，虽然可能需要与其他措施相配合，但由于改变发电机运行电压不需要增加额外费用，因此一般都优先采用。

（5）在变电站 10kV 母线上安装并联电容器，不但可以有效地进行电压调整，而且可以降低损耗，因此在系统中获得广泛应用。但是，变压器的分接头位置往往需要与它进行配合。

在实际电力系统中，网络的结构要比图 5-18 所示系统复杂得多，一般包含两个或更多电压等级，而且发电厂和变电站的数目也比较多。对此，往往需要采用多种调压措施进行相互配合才能满足电压质量要求。至于它的计算方法，目前大都采用离线潮流计算。其方法是，每年或每个季度针对最大和最小两种典型运行方式（或几个有代表性的典型运行方式），像前面分析简单系统那样，反复进行潮流计算，在计算中不断改变发电机运行电压、变压器分接头位置和补偿设备投切情况，从而通过试凑找出既满足电压要求又可使网络损耗最小的结果。在系统实际运行时，将参照上述计算结果，并在必要时进行实时的调整和控制。例如，针对实际负荷情况调整发电机的电压、控制并联电容器的投切和带负荷调压变压器的分接头位置等。近年来，我国电力系统已开始应用计算机在线实现自动电压控制（Automatic Voltage Control，AVC）。

为了保证系统运行中满足电压要求的可能性，在进行电力系统规划和设计时，除了必须考虑无功功率平衡以外，还必须针对典型运行方式进行调压计算，并考虑无功补偿设备的最优配置，从而决定所需要增加的补偿设备、新增或改用带负荷调压变压器，从而使系统在运行时有可能满足电压要求并减少电能损耗。

另外，在图 5 - 18 所示系统中，曾假定变电站的 10kV 母线直接供给高压工业用户，而实际系统中，除了一部分工业用户由 10kV（或以上）电压直接供电以外，大量的用户分散在 380/220V 电网中，它们的容许电压偏移为表 5 - 3 中的第 3 行。由于在最大负荷时配电网中线路和变压器的电压损耗大，而最小负荷时的电压损耗小，这就希望变电站 10kV 母线上电压在最大负荷时最好高一些，而在最小负荷时最好低一些。然而，由于输电系统中电压损耗的影响，能给予变电站 10kV 母线的电压往往是，最大负荷时比最小负荷时低，这就产生了一定的矛盾并增加了调压的负担。为了缓解这一矛盾，通常限定配电线路在最大负荷时的电压损耗。例如，在我国规定各级配电线路在正常运行方式下的最大电压损耗为：

110～10kV 线路，5％；

380V 线路，5％；

220V 线路，7％。

如果超过，则在设计时必须采用更大截面积的导线，或对接线方式进行调整。

第三节　电力系统运行方式的优化

在电力系统中，由于各个发电厂的形式可能不同，有的是火力发电厂，有的是水力发电厂或核电厂，而在同一类发电厂中，由于锅炉和汽轮机的形式和蒸汽参数、燃料来源，或水轮机的形式和水头高低等的不同，它们的经济性各不相同。因此，系统的有功负荷（包括网络损耗）在发电厂和机组间的不同分配，将影响到整个系统运行的经济性。同样，系统的无功负荷和无功损耗在发电机间和无功补偿设备间的不同分配，将影响到系统有功功率损耗的大小，从而间接影响到运行经济性。另外，系统的潮流决定于各个发电机的有功功率和无功功率以及补偿设备的无功功率，如果发电机间以及补偿设备间的功率分配不当，将可能使发电机、变压器或线路过载，造成设备和系统运行的不安全。最后，发电机间和补偿设备间的功率分配还必须满足各个母线对电压的要求。在系统各节点的负荷都已知的情况下，如何分配发电机和补偿设备的功率，使得所有设备不发生过载，全部母线电压都满足要求，并且使得全系统运行最为经济，这便属于电力系统运行方式的优化问题。显然，这一问题的求解将可以协调和满足电力系统稳态运行情况下的安全性、经济性和电能质量要求。

在上述问题中，使全系统运行最为经济是优化问题一个目标，而设备不发生过载和电压满足要求是优化问题需要满足的条件，通常称为约束条件。实际上在这个问题中还必须满足一个显而易见的约束条件，那就是所决定的运行方式必须保证能供给全部负荷所需要的有功功率和无功功率。如果将这一问题用数学形式来描述，则问题的目标可以表示成变量的目标函数，不发生过载和电压满足要求可以表示成变量的不等式函数，供给全部负荷的要求则可表示成变量的等式函数。于是，优化问题的数学描述便是：求解问题的变量，在满足等式和不等式函数的约束条件下，使目标函数达到最小。

本节将首先介绍经典的有功功率经济分配方法，包括火力发电厂之间的经济功率分配以及水力发电厂和火力发电厂之间的相互配合，然后简要介绍电力系统最优潮流的基本概念和数学模型。

由于目前电力市场尚处于试验阶段，市场的运营机制还不成熟，所以本书对于系统的运行经济性仍采用传统的评价方法。

一、火力发电厂之间的有功功率经济分配

经典的经济调度在决定全系统的总有功负荷和损耗在发电机之间的经济分配时，只计及发电机组发出的有功功率的限制，而不考虑其他安全约束和电压要求，其目标是使全系统的总燃料消耗量（或总费用）最少。

1. 火力发电机组的燃料消耗特性

在稳态运行情况下，火力发电机组在单位时间内所消耗的燃料与发电机发出的有功功率之间的关系称为机组的燃料消耗特性，简称耗量特性。其中的单位时间常以小时计，燃料消耗用含热量为 29.31MJ/kg 的标准煤质量表示。耗量特性通常通过实验求得，在经济运行分析中常被简化成一条光滑连续的曲线，如图 5-19 所示。图中 P_{Gmax} 为机组的最大输出功率，P_{Gmin} 为机组的最小输出功率，它受锅炉和汽轮机的最小技术输出功率所限制，即机组输出有功功率需要满足 $P_{Gmin} \leqslant P_{Gi} \leqslant P_{Gmax}$。为了计算方便，通常用一个三次多项式函数来近似地表示机组的耗量特性，例如

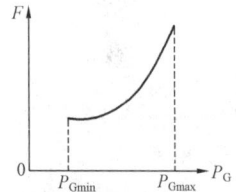

图 5-19　火力发电机组的燃料耗量特性

$$F_i(P_{Gi}) = a_i + b_i P_{Gi} + c_i P_{Gi}^2 + d_i P_{Gi}^3 \tag{5-29}$$

或者更近似地表示成二次函数

$$F_i(P_{Gi}) = a_i + b_i P_{Gi} + c_i P_{Gi}^2 \tag{5-30}$$

2. 不计网络损耗变化影响的有功功率经济分配

不计网络损耗变化影响的有功功率经济分配，是指网络中的总有功功率损耗假定与发电机之间的有功功率分配情况无关，即近似地认为它是一个常数的情况下，决定各个发电机的有功功率，使它们能共同担负系统的全部有功负荷和网损，而且各个发电机的输出功率都不超过容许范围的前提下，全系统总的燃料耗量达到最小。对此，可以列出相应的目标函数和约束条件为

$$\min F = \sum_{i=1}^{g} F_i(P_{Gi}) \tag{5-31}$$

$$\text{s. t.} \quad \sum_{i=1}^{g} P_{Gi} - (P_{L\Sigma} + \Delta P) = 0 \tag{5-32}$$

$$P_{Gimin} \leqslant P_{Gi} \leqslant P_{Gimax} \quad (i = 1, 2, \cdots, g) \tag{5-33}$$

式中：s. t. 为 subject to 的缩写，表示服从约束条件的意思；P_{Gi}、P_{Gimax}、P_{Gimin} 分别为发电机 i 输出的有功功率和最大、最小功率（功率上、下限）；g 表示发电机台数；$P_{L\Sigma}$ 为全系统负荷所吸收有功功率的总和；ΔP 为网络总有功功率损耗，其数值可以根据经验估算而得。

对于式（5-31）～式（5-33）描述的优化问题，先略去不等式（5-33），然后再计及这一约束的影响。在此情况下，问题将转化成一个简单的条件极值问题，即在满足式（5-32）的条件下，求式（5-31）中函数的极值。显然，这可以应用求条件极值的拉格朗日乘数法。对此，引入一个拉格朗日乘子 λ，组成拉格朗日函数

$$L = \sum_{i=1}^{g} F_i(P_{Gi}) - \lambda \Big[\sum_{i=1}^{g} P_{Gi} - (P_{L\Sigma} + \Delta P) \Big] \tag{5-34}$$

使其中的独立变量除各机组的有功功率 P_{Gi} 外还包含 λ，从而将原来的条件极值问题转换为求拉格朗日函数的无条件极值问题。

拉格朗日函数取极值的必要条件是它对所有变量的偏导数都应等于零，即

$$\frac{\partial L}{\partial P_{Gi}} = \frac{dF_i(P_{Gi})}{dP_{Gi}} - \lambda = 0 \quad (i = 1, 2, \cdots, g) \tag{5-35}$$

$$\frac{\partial L}{\partial \lambda} = \sum_{i=1}^{g} P_{Gi} - (P_{L\Sigma} + \Delta P) = 0 \tag{5-36}$$

显然，式（5-36）的条件与等式约束条件（5-32）相同，而式（5-35）可以改写为

$$\frac{dF_1(P_{G1})}{dP_{G1}} = \frac{dF_2(P_{G2})}{dP_{G2}} = \cdots = \frac{dF_g(P_{Gg})}{dP_{Gg}} = \lambda \tag{5-37}$$

式中：$dF_i(P_{Gi})/dP_{Gi}$ $(i = 1, 2, \cdots, g)$ 是机组 i 的耗量特性在 P_{Gi} 点的斜率，称为机组的煤耗微增率。

式（5-37）说明，机组间有功功率经济分配的必要条件是，各机组的煤耗微增率相等，这就是通常所说的等微增率准则。

为了加深理解，对等微增率准则作如下物理解释：实际上，煤耗微增率是机组增加单位输出功率时所增加的燃料消耗量。如果在某一有功功率分配情况下，各机组的煤耗微增率不等，例如机组 i 的煤耗微增率小于机组 j，在此情况下，若将机组 i 的输出功率增加一个微小增量并同时将机组 j 减少同一数量，使功率仍保持平衡，则其结果是机组 i 因此而增加的燃料消耗量将小于机组 j 减少的燃料消耗量，即可以使全系统的燃料消耗量减少，由此说明应该增加机组 i 的输出功率并减少机组 j 的输出功率，直至它们的煤耗微增率相等为止（除非其中的一个机组已到达上限或下限）。

式（5-34）中的拉格朗日函数取极小值的充分条件是，它对变量的二阶偏导数都应大于零。由此可以导出充分条件为

$$\frac{d^2 F_i(P_{Gi})}{dP_{Gi}^2} > 0 \quad (i = 1, 2, \cdots, g)$$

它相当于要求各个机组的燃料消耗特性（参见图 5-19）都具有上凹特性。

经典有功功率分配可以用图解法求解，也可以应用计算机进行计算，两者都可以计及发电机输出功率的限制式（5-33）。

在计算机算法中，如果机组的燃料消耗特性用式（5-29）表示，则可以导出相应的煤耗微增率为

$$\frac{dF_i(P_{Gi})}{dP_{Gi}} = b_i + 2c_i P_{Gi} + 3d_i P_{Gi}^2 \quad (i = 1, 2, \cdots, g) \tag{5-38}$$

将它代入式（5-35），再与式（5-36）一起形成一组含 $g+1$ 个变量的非线性方程

$$\left.\begin{array}{c} b_1 + 2c_1 P_{G1} + 3d_1 P_{G1}^2 - \lambda = 0 \\ b_2 + 2c_2 P_{G2} + 3d_2 P_{G2}^2 - \lambda = 0 \\ \vdots \\ b_g + 2c_g P_{Gg} + 3d_g P_{Gg}^2 - \lambda = 0 \\ P_{G1} + P_{G2} + \cdots + P_{Gg} - P_{L\Sigma} - \Delta P = 0 \end{array}\right\} \qquad (5\text{-}39)$$

在此情况下，如果不考虑机组的输出功率限制，则机组间有功功率的最优分配便可用牛顿法求解式（5-39）而得。当考虑机组的输出功率限制时，可以采用如下计算过程：

（1）输入系统总有功负荷和损耗、各发电机组输出功率的上下限和耗量特性中的系数。

（2）假定所有机组的输出功率都不超过约束条件式（5-33）。

（3）对于未超过约束条件的机组，用牛顿法迭代求解式（5-39），得出在等煤耗微增率下各机组的有功功率。

（4）检查各机组的输出功率是否满足约束条件式（5-33）。如果所有机组都满足，则得出结果，计算停止；否则，进行下一步计算。

（5）对于不满足约束条件的机组，如果超过上限则将其输出功率限制为上限，否则限制为下限，在式（5-39）中去掉相应的方程式，并在最后一个方程中，对于超过上限的机组将发电机的功率用其上限代入，超过下限则用下限代入。然后，返回第（3）步。

必须指出，如果机组的耗量特性用其他可微函数表示，则可以导出相应的煤耗微增率表达式，同理可以得出相应的式（5-39），用牛顿法求解。

特别是，当机组的耗量特性用式（5-30）表示时，相应的煤耗微增率表达式为发电机功率的线性函数形式，它相当于在式（5-38）中令所有的参数 d 都等于零。在此情况下，式（5-39）变为线性方程组，可以直接求解。图解方法求解的方法和过程见［例5-8］。

【例5-8】　某发电厂有两台汽轮发电机组，它们的煤耗微增率和输出功率上、下限分别为

$$\mathrm{d}F_1/\mathrm{d}P_{G1} = 1.8 + 0.020 P_{G1} \qquad (60\mathrm{MW} \leqslant P_{G1} \leqslant 100\mathrm{MW})$$

$$\mathrm{d}F_2/\mathrm{d}P_{G2} = 1.0 + 0.015 P_{G2} \qquad (160\mathrm{MW} \leqslant P_{G2} \leqslant 200\mathrm{MW})$$

两台发电机组之间按等煤耗微增率分配负荷，用图解法求全厂的煤耗微增率特性曲线。

解　按给定的机组煤耗微增率和输出功率上、下限，两台机组的煤耗微增率特性曲线分别如图5-20（a）、（b）所示。由图可见，由于机组1在输出功率下限处的煤耗微增率为

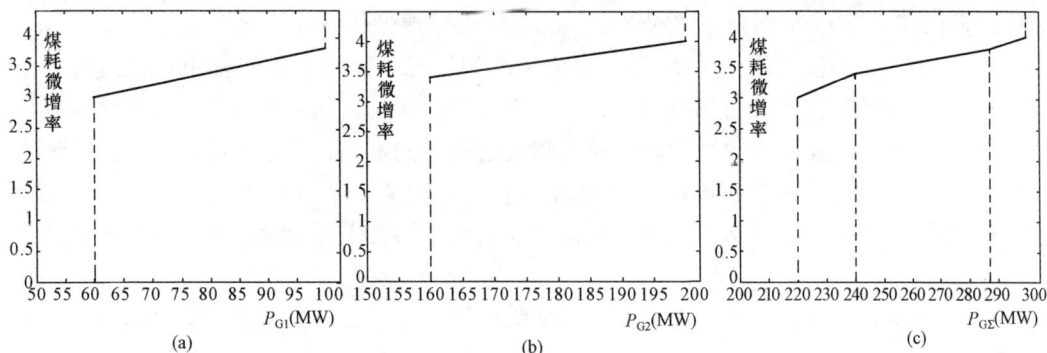

图5-20　［例5-8］中机组和全厂的煤耗微增率特性曲线

（a）机组1的特性曲线；（b）机组2的特性曲线；（c）全厂的特性曲线

$1.8+0.02\times60=3.0$，而机组 2 在输出功率下限处的煤耗微增率为 $1.0+0.015\times160=3.4$，因此，在按等煤耗微增率分配两台机组负荷的情况下，当煤耗微增率在 $3.0\sim3.4$ 之间时，机组 2 将保持输出功率下限 160MW 不变，而机组 1 的输出功率在下限 60MW 与 80MW 之间（80MW 时的煤耗微增率为 $1.8+0.02\times80=3.4$）。

另外，由于机组 1 在输出功率上限处的煤耗微增率为 $1.8+0.02\times100=3.8$，而机组 2 在输出功率上限处的煤耗微增率为 $1.0+0.015\times200=4.0$，因此，在按等煤耗微增率分配两台机组负荷的情况下，当煤耗微增率在 $3.8\sim4.0$ 之间时，机组 1 将保持输出功率上限 100MW 不变，而机组 2 的输出功率在 186.67MW（这时的煤耗微增率为 $1.0+0.015\times186.67=3.8$）与上限 200MW 之间。

这样，全厂的煤耗微增率特性曲线将由三段直线组成：

$$dF_{\Sigma}/dP_{G\Sigma}=1.8+0.02(P_{G\Sigma}-160);60MW\leqslant P_{G1}\leqslant80MW,P_{G2}=160MW$$

$$dF_{\Sigma}/dP_{G\Sigma}=1.34+0.00857P_{G\Sigma};80MW\leqslant P_{G1}\leqslant100MW,160MW\leqslant P_{G2}=186.67MW$$

$$dF_{\Sigma}/dP_{G\Sigma}=1.0+0.015(P_{G\Sigma}-100);P_{G1}=100MW,186.67MW\leqslant P_{G2}\leqslant200MW$$

全厂特性曲线如图 5-20（c）所示。

3. 计及网络损耗变化影响的有功功率经济分配

实际上，网络中的有功功率损耗与发电机之间的功率分配情况有关，即式（5-32）和式（5-34）中的 ΔP 是各个发电机有功功率的函数。在考虑这一因素的情况下，仍然可以应用式（5-34），令拉格朗日函数对所有变量的偏导数都等于零，从而得出必要条件为

$$\frac{\partial L}{\partial P_{Gi}}=\frac{dF_i(P_{Gi})}{dP_{Gi}}-\lambda\left(1-\frac{\partial\Delta P}{\partial P_{Gi}}\right)=0$$

$$\frac{\partial L}{\partial\lambda}=\sum_{i=1}^{g}P_{Gi}-(P_{L\Sigma}+\Delta P)=0$$

并进一步推导出相应的等微增率条件

$$\frac{\dfrac{dF_1}{dP_{G1}}}{1-\dfrac{\partial\Delta P}{\partial P_{G1}}}=\frac{\dfrac{dF_2}{dP_{G2}}}{1-\dfrac{\partial\Delta P}{\partial P_{G2}}}=\cdots=\frac{\dfrac{dF_g}{dP_{Gg}}}{1-\dfrac{\partial\Delta P}{\partial P_{Gg}}}=\lambda \tag{5-40}$$

式中：$\dfrac{\partial\Delta P}{\partial P_{Gi}}$ 称为网络损耗微增率（简称网损微增率）；$1/\left(1-\dfrac{\partial\Delta P}{\partial P_{Gi}}\right)$ 称为网络损耗修正系数（简称网损修正系数）；λ 称为经过网络损耗修正后的煤耗微增率（简称修正煤耗微增率）。

式（5-40）说明，在考虑网络损耗变化影响的情况下，发电机间有功功率经济分配的条件是，各机组的修正煤耗微增率相等。从物理概念上来讲，如果某一个机组的网损微增率较大，则增加这一机组的输出功率将使网络损耗有更多的增加，其结果使所需要的总输出功率相应地增加，说明这一机组应该减少输出功率。这在式（5-40）中的反映是，对于较大的网损微增率，网损修正系数也较大，从而将使该机组因修正煤耗微增率的增大而减少分配给它的输出功率。

对于具体的计算方法，虽然在相关参考文献中提出过一些计算网损微增率的方法，但是由于机组的煤耗微增率和网损微增率都与发电机之间的功率分配有关，这就需要在计算网损微增率与按照修正煤耗微增率相等的条件进行功率分配两者之间进行迭代，即先对有功功率分配给定一组初始值，然后计算网损微增率，再对煤耗微增率进行修正，并按修正煤耗微增

率相等的条件计算功率分配，再用它计算新的网损微增率，直至迭代收敛。由于后面将要介绍的最优潮流计算考虑的约束更全面，因此，不再介绍网损微增率的计算方法。

二、水力发电厂与火力发电厂之间的有功功率经济分配

虽然水力发电厂本身不消耗燃料，但是如果能与火力发电厂进行配合，却可以减少火力发电厂所需要的燃料消耗。其主要原理是，大多数水力发电厂都具有水库，可以利用水库的调节能力，在一天中让水力发电厂在系统高峰负荷时多发电，在低谷时少发电或甚至不发电，以便尽量减少火力发电厂在高峰负荷时的输出功率，而由于火电机组的输出功率越大其煤耗微增率越大，因此减少高峰负荷时的输出功率便可以减少火电机组在煤耗微增率较大时的输出功率，从而可以减少全天的总燃料消耗量。

对于具有一定水库容量的水力发电厂，一般都根据来水量的变化情况通过水库经济调度来决定每天的总耗水量，而各个小时的耗水量则基本上可以根据发电要求来进行分配。对于无水库的经流式水力发电厂，每小时的耗水量则完全决定于河流的天然流量，它一天当中基本上是不变的，因此这类电厂在一天中将以恒定输出功率运行。同样，在丰水期，一些水电厂为了避免弃水，全天都满载运行。对于这些水电机组而言，它们的输出功率是已知的。

1. 水轮发电机组的耗水量特性

在稳态运行情况下，水轮发电机组在单位时间内所消耗的水量与发电机发出的有功功率之间的关系，称为水轮发电机组的耗水量特性，简称耗水量特性，如图 5-21 所示。耗水量特性常通过实验求得。耗水量特性与水轮机的实际工作水头有非常密切的关系，在相同输出功率下，耗水量几乎与水头成反比，因此必须根据实际水头采用相应的耗水量特性曲线。在经济运行计算中，耗水量特性也常用光滑的函数表示，例如表示成如下的多项式函数

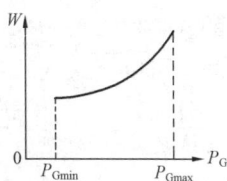

图 5-21　水轮发电机组
的耗水量特性

$$W_j(P_{Gj}) = a_j + b_j P_{Gj} + c_j P_{Gj}^2 + d_j P_{Gj}^3 \qquad (5-41)$$

另外，水轮发电机组也有最大和最小输出功率限制。最大输出功率除了受额定容量的限制以外，还可能由于水头过低所致。最小输出功率主要与下游航运等要求的最小放水量有关。

2. 水火力发电机组间有功功率经济分配的数学模型

在不计网络损耗变化影响的情况下，水火发电机组间有功功率经济分配的原则是，在满足负荷要求，各发电机组的输出功率不超过容许范围，而且各水力发电厂在一天中的总耗水量等于其日计划用水量的前提下，确定各个发电机组全天各小时的有功功率，使全系统的总燃料消耗量达到最小。令系统的 g 台机组中，前 h 台为火电机组，其他为水电机组；用下标 t 表示时间，则可以列出如下的目标函数和约束条件

$$\min F = \sum_{t=1}^{24} \sum_{i=1}^{h} F_i(P_{Git}) \qquad (5-42)$$

$$\text{s. t.} \quad \sum_{i=1}^{g} P_{Git} - (P_{L\Sigma t} + \Delta P_t) = 0 \quad (t=1,2,\cdots,24) \qquad (5-43)$$

$$\sum_{t=1}^{24} W_j(P_{Gjt}) = W_{Tj} \quad (j=h+1,\cdots,g) \qquad (5-44)$$

$$P_{Gimin} \leqslant P_{Git} \leqslant P_{Gimax} \quad (i=1,2,\cdots,g;t=1,2,\cdots,24) \qquad (5-45)$$

式中：W_{Tj} 为发电厂 j 在一天中的计划用水量。

在不考虑不等式约束条件式（5-45）的情况下，对于式（5-42）～式（5-44）的条件极值问题也可以用拉格朗日乘数法求解，即对等式约束式（5-43）和式（5-44）分别引入拉格朗日乘子，组成拉格朗日函数

$$L = \sum_{t=1}^{24} \sum_{i=1}^{h} F_i(P_{Git}) - \sum_{t=1}^{24} \lambda_t \Big[\sum_{i=1}^{g} P_{Git} - (P_{L\Sigma t} + \Delta P_t) \Big] + \sum_{j=h+1}^{g} \mu_j \Big[\sum_{t=1}^{24} W_j(P_{Gjt}) - W_{Tj} \Big]$$

$$(5-46)$$

然后，令它对所有变量的偏导数都等于零，得出极值的必要条件为

$$\frac{\partial L}{\partial P_{Git}} = \frac{dF_i(P_{Git})}{dP_{Git}} - \lambda_t = 0 \quad (i = 1, \cdots, h; t = 1, \cdots, 24) \qquad (5-47)$$

$$\frac{\partial L}{\partial P_{Gjt}} = -\lambda_t + \mu_j \frac{dW_j(P_{Gjt})}{dP_{Gjt}} = 0 \quad (j = h+1, \cdots, g; t = 1, \cdots, 24) \qquad (5-48)$$

$$\frac{\partial L}{\partial \lambda_t} = -\Big[\sum_{i=1}^{g} P_{Git} - (P_{L\Sigma t} + \Delta P_t) \Big] = 0 \quad (t = 1, \cdots, 24) \qquad (5-49)$$

$$\frac{\partial L}{\partial \mu_j} = \sum_{t=1}^{24} W_j(P_{Gjt}) - W_{Tj} = 0 \quad (j = h+1, \cdots, g) \qquad (5-50)$$

显然，式（5-49）和式（5-50）就是约束条件式（5-43）和式（5-44）。式（5-48）中的 $dW_j(P_{Gjt})/dP_{Gjt}$ 是机组 j 耗水量特性的斜率，称为机组的水耗微增率。对应于同一个时间，可以将式（5-47）和式（5-48）合并成

$$\frac{dF_1(P_{G1t})}{dP_{G1t}} = \cdots = \frac{dF_h(P_{Ght})}{dP_{Ght}} = \mu_{h+1} \frac{dW_{h+1}(P_{Gh+1,t})}{dP_{Gh+1,t}} = \cdots = \mu_g \frac{dW_g(P_{Ggt})}{dP_{Ggt}} = \lambda_t (t = 1, \cdots, 24)$$

$$(5-51)$$

在式（5-51）中，水电机组的水耗微增率与拉格朗日乘子 μ_j 的乘积，称为水电机组的等值煤耗微增率，而 μ_j 则称为水煤转换系数。于是，由式（5-51）得出，水、火电机组间有功功率经济分配的必要条件是：对于每个小时而言，各个火电机组的煤耗微增率和水电机组的等值煤耗微增率相等，而对于每个水电机组而言，各个小时的水煤转换系数不变。

具体的计算方法与前述纯火电机组相似。由各火电机组的煤耗微增率和各水电机组的水耗微增率表达式，例如式（5-29）和式（5-41），按照式（5-51）的条件可以分别列出 $24g$ 个非线性方程，它们再与式（5-49）所包含的 24 个方程和式（5-50）所包含的 $g-h$ 个方程一起，可以应用牛顿法迭代求解出其中包含的 $24g$ 个功率 P_{Git}、24 个乘子 λ_t 和 $g-h$ 个水煤转换系数 μ_j。至于式（5-45）中对机组有功功率的限制，同样可以在每次迭代得出结果后加以检查，对越限的机组将其在越限时刻的取值限制在边界上。具体公式和流程留给读者自行列出。

三、电力系统最优潮流简介

电力系统最优潮流（Optimal Power Flow，OPF）是目前电力系统运行方式优化中研究和应用最多的一种。它可以用于进行离线计算，也可以在线应用。在最优潮流中，采用不同的目标函数和约束条件将可以解决不同性质和要求的问题。例如，当取目标函数为全系统的燃料消耗量时，最优潮流的解将可以同时是有功功率和无功功率的最优分配；而如果取全系统的有功功率损耗最小为目标，约束条件包含各个节点的电压要求时，则可以用来解决无功功率最优分配和电压控制问题。

　　这里所介绍的最优潮流，是以全系统的燃料消耗量最小为目标（对于水电机组可以采用等值煤耗微增率用相应的火电机组代替），约束条件包括发电机的有功功率和无功功率的限制、节点电压容许偏移的要求以及线路和变压器支路功率的限制。

　　在下面的数学模型中，假设系统中有 n 个节点，其中前 g 个节点为发电机节点，考虑功率限制的支路数为 l。

　　（1）目标函数。全系统的燃料消耗量最小，即

$$\min F = \sum_{i=1}^{g} F_i(P_{Gi}) \tag{5-52}$$

　　（2）等式约束。对于各节点的给定负荷 P_{Li} 和 Q_{Li}，应满足节点的功率平衡方程

$$\left. \begin{aligned} P_{Gi} - P_{Li} - U_i \sum_{j \in i} U_j (G_{ij} \cos\theta_{ij} + B_{ij} \sin\theta_{ij}) = 0 \\ Q_{Gi} - Q_{Li} - U_i \sum_{j \in i} U_j (G_{ij} \sin\theta_{ij} - B_{ij} \cos\theta_{ij}) = 0 \end{aligned} \right\} \quad (i = 1, \cdots, n) \tag{5-53}$$

　　（3）不等式约束。发电机输出功率约束、节点电压约束和支路功率约束分别为

$$\left. \begin{aligned} P_{Gimin} \leqslant P_{Gi} \leqslant P_{Gimax} \\ Q_{Gimin} \leqslant Q_{Gi} \leqslant Q_{Gimax} \end{aligned} \right\} \quad (i = 1, \cdots, g) \tag{5-54}$$

$$U_{imin} \leqslant U_i \leqslant U_{imax} \quad (i = 1, \cdots, n) \tag{5-55}$$

$$S_{ij}^2 = P_{ij}^2 + Q_{ij}^2 \leqslant S_{ij\,max}^2 \tag{5-56}$$

其中的 P_{ij} 和 Q_{ij} 由式（4-59）分别取实部和虚部而得，它们包括所有考虑功率约束的支路。注意，式（5-56）也可以直接采用支路中容许通过的最大电流作为约束。

　　将式（5-54）和式（5-55）中的每一个具有上下限约束的不等式分别拆成两个只有上限约束的不等式，例如，式（5-55）可以拆成

$$\left. \begin{aligned} U_i \leqslant U_{imax} \\ -U_i \leqslant -U_{imin} \end{aligned} \right\} \quad (i = 1, \cdots, n)$$

　　然后再与式（5-52）、式（5-53）和式（5-56）一起，可以写成如下用向量表示的一般形式

$$\left. \begin{aligned} \min \boldsymbol{f}(\boldsymbol{x}) \\ \text{s. t. } \boldsymbol{g}(\boldsymbol{x}) = \boldsymbol{0} \\ \boldsymbol{h}(\boldsymbol{x}) \leqslant \boldsymbol{0} \end{aligned} \right\} \tag{5-57}$$

　　式（5-57）在形式上是一个典型的数学规划问题。在现在的问题中，目标函数 $\boldsymbol{f}(\boldsymbol{x})$ 和约束函数 $\boldsymbol{g}(\boldsymbol{x})$、$\boldsymbol{h}(\boldsymbol{x})$ 都是变量的非线性函数，其中的变量是连续变量，这是一个约束非线性优化问题。但是如果考虑带负荷调压变压器的分接头位置或并联电容器的投切，则变量中还包含只取离散值的离散变量，这时为约束混合非线性优化问题。在相关参考文献中，对于最优潮流问题提出过不少求解的方法，包括各种非线性规划算法、二次规划法、线性规划法、混合规划法以及一些基于人工智能的算法等。在此具体算法就不再介绍了。

第六章　直流输电与柔性交流输电

与交流输电相比，直流输电所具有的诸多优点使其在近几十年得到了快速发展。由于目前电力系统无论是发电机发出的还是用户使用的都是交流电能，因此直流输电一般是先将发电机发出的交流电能进行整流，进而用直流线路传输到负荷中心，然后通过逆变给负荷中心提供交流电能。早期的直流输电应用汞弧换流器进行整流和逆变，1972 年起采用半控型电力电子器件（晶闸管）构成的换流器进行整流和逆变，我国称之为传统直流输电。1997 年采用全控型电力电子器件构成的换流器进行整流和逆变的直流输电系统问世，我国称之为柔性直流输电。柔性直流输电相比于传统直流输电具有控制更为灵活、快速，且没有换相失败问题等优点，使得其在近年来得到迅猛发展。

传统交流输电系统的参数是固定或刚性的，因而电力系统稳态运行方式的调整和控制主要依靠调节发电机的有功功率和无功功率，但这往往是不够的。虽然通过改变带负荷调压变压器的分接头或者投入和切除并联电容器和并联电抗器也能起到一定的调节和控制作用，但它们都是靠开关的机械动作来完成，其动作既缓慢又不连续，并且频繁的动作将影响它们的寿命。另外，随着经济发展，需要提高输电能力以满足电力负荷不断增长的需求，而架设新的输电线路则受到输电走廊短缺的制约，因而提高已有输电线路的输送能力亦成为一个十分重要的问题。美国电力研究院的亨高罗尼（Hingorani）博士于 1988 年提出了"柔性交流输电系统"（Flexible AC Transmission System，FACTS）的概念，其基本思想是利用电力电子器件构成的装置来快速、灵活地控制或调节电力系统的网络参数或运行参数。FACTS 可以将原先参数固定的刚性电网变为参数在一定范围内可连续变化的柔性电网，因此不但可以提高传统输电系统的输电能力，还是传统电力系统稳态运行方式调整的很好补充，并且还可用于电力系统在遭受干扰后的稳定性控制。

本章前两节介绍了传统直流输电系统和柔性直流输电系统的结构、工作原理与运行特性，并给出了相应的数学模型与控制原理；最后一节介绍了几种 FACTS 装置，给出了它们的结构、运行特性与数学模型。

第一节　高 压 直 流 输 电

目前，高压直流输电（High Voltage Direct Current，HVDC）大都采用晶闸管换流器进行整流和逆变。与交流输电相比，直流输电有以下主要优点：

（1）直流输电的主要投资在于两端的换流站，而直流输电线路的投资比交流输电线路少，因此，当输电距离超过一定长度后直流输电比交流输电经济。

（2）直流输电通过控制晶闸管的触发角度，可以快速地控制线路所传输的功率。

（3）交流输电线路，特别是长距离输电或作为区域之间的联络线，存在比较严重的稳定性问题，而直流输电则不存在或者减轻了稳定性问题，有些情况下通过对晶闸管的控制甚至可以改善系统的稳定性。

（4）应用直流输电线路不会增大系统的短路容量，而应用交流输电线路将使短路容量增大，甚至使设备因此而需要更换，或者需要采取限制短路电流的措施。

当然，目前采用晶闸管换流器的直流输电线路也存在一定的缺点，如产生大量的谐波和需要吸收较多的无功功率等。

目前，高压直流输电在国内外获得了广泛的应用。在我国，已经投入运行的高压直流输电工程包括舟山、嵊泗两个海底直流输电工程，±500kV 的葛洲坝—上海、天生桥—广州、三峡—广东、贵州—广东、呼伦贝尔—辽宁等超高压直流输电工程，±800kV 的云南—广东、向家坝—上海、锦屏—苏南、糯扎渡—广东、哈密—郑州、溪洛渡—浙西 6 条特高压直流输电工程，以及宝灵、高陵、中俄黑河、鲁西 4 项背靠背直流工程。目前正在建设的准东—皖南±1100kV 特高压直流输电工程，是世界上电压等级最高的直流输电工程。该工程将有效降低线路损耗，实现更大容量、更加高效的电力输送，进一步加大电能的战略转移。未来我国电网建设将依据交流输电与直流输电相辅相成、共同发展的原则，建成"强交强直"的特高压混合电网和坚强的送、受端电网。

一、高压直流输电系统的结构

目前的高压直流输电系统大都采用双极式，其中的一个极为正极，另一个极为负极。其原理结构如图 6-1 所示，所包含的主要元件介绍如下：

（1）换流器。换流器包括整流器和逆变器两种，分别设置在直流输电线路两端的整流站和逆变站中，用于进行交流—直流和直流—交流的转换。在整流站和逆变站中，两组换流器在直流侧相串联，其连接点可以通过电极接地，其他两端分别为正极和负极。在绝大多数高压直流输电系统中，每组换流器都由两个三相 6 脉冲可控桥式电路在直流侧串联而成，它们的换流变压器或者分别采用 Yy 和 Yd 接线方式的双绕组变压器（见图 6-1），或者合用一个三绕组变压器，其与交流系统连接的绕组接成星形，与两个换流桥相连接的绕组分别接成星形和三角形，从而组成一组 12 脉冲的换流器。

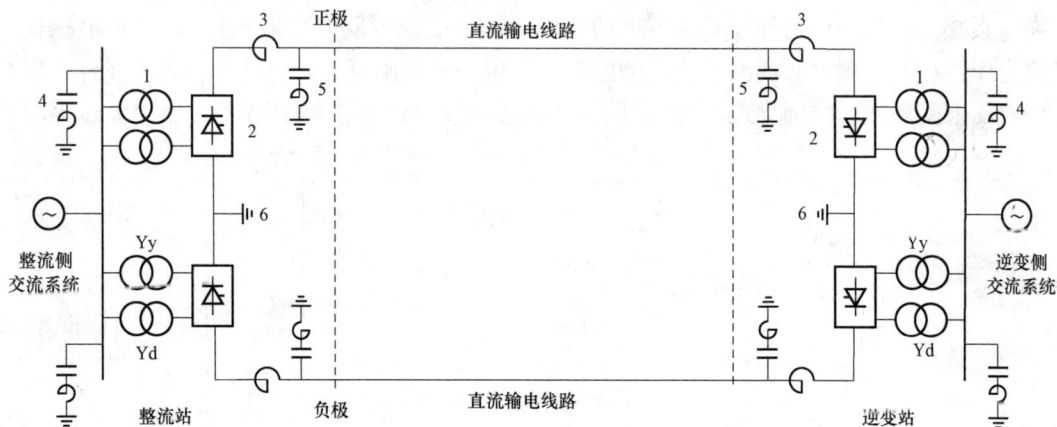

图 6-1　高压直流输电系统的原理结构图
1—换流变压器；2—换流器；3—平波电抗器；4—交流滤波器；5—直流滤波器；6—接地极

（2）直流输电线路。直流输电线路由正极导线和负极导线构成，在正常运行情况下，它们分别与两个换流站的正极和负极相连。当整流站和逆变站都通过电极接地时，直流电流可以流经大地而形成回路。在此情况下，整个直流系统将由两个独立的回路组成：一个是从整流站的正极出发，经正极导线流向逆变站的正极，再经过正极逆变器后由大地流回；另一个从整流站的接地极流出，经过大地流向逆变站的接地极，再经过负极逆变器后由负极导线流回。由于这两个回路中通过大地的两个电流方向相反，所以，在换流站正、负极完全对称的情况下，它们相互抵消从而使大地中的电流为零（在不完全对称的情况下，流过大地中的电流也很小）。只有在某一极导线（或者某一极换流器）发生故障或检修的情况下，才由另一极导线（或者将两极导线并联）与大地组成回路，短时间继续运行。

（3）平波电抗器。在整流站和逆变站直流侧的两个极上，分别设置电感为数百毫亨或更大的电抗器，其作用有：

1）减少直流线路上的谐波电压和电流；

2）防止逆变器换相失败；

3）避免负载较小时直流电流不连续；

4）在直流线路发生短路时，限制换流器中流过的峰值电流。

（4）交流滤波器和直流滤波器。由于换流器的非线性，在其交流侧将产生大量的谐波电流，它们流入交流系统后在各个节点上产生谐波电压，使电压波形畸变而造成电能质量降低；在直流侧所产生的谐波电压和谐波电流，则可能对邻近的通信线路产生干扰。因此，在两侧交流系统中需要设置交流滤波器，以吸收换流器所产生的谐波电流；而在直流侧，也大都需要设置滤波器。前者常简称为交流滤波器，后者简称为直流滤波器。

必须指出，在有些直流系统中实际上没有直流线路，而只是通过整流和逆变完成交流－直流－交流的变换，这种系统常称为背靠背的直流系统。它们主要用于连接两个额定频率不同或者两个不同步运行的交流系统。

二、高压直流输电系统的工作原理和运行特性

（一）整流器的工作原理和运行特性

图 6-2 示出一个由晶闸管组成的三相可控桥式整流器的等值电路，其中的三相电源代表交流系统经换流变压器加在整流器上的电压（换流变压器阀侧空载电压），三个电感代表换流变压器绕组的漏电感而略去绕组的电阻。假定 6 个晶闸管 V1～V6 都是理想元件，即在正向电压下受触发后立即导通，导通时正向电阻为零；而在反向电压作用下且电流过零时立

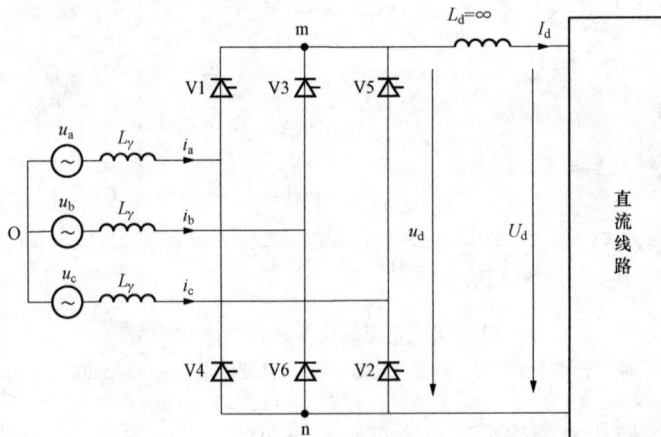

图 6-2　三相可控桥式整流器的等值电路图

即关断，关断后反向电阻为无穷大；而且在一个周期内，它们依次受到等间隔（60°）脉冲的触发。在整流桥的直流侧，假定平波电抗器的电感为无穷大，使输出的电流为恒定的不含纹波的直流电流 I_d。

用 U_m 表示相电压的最大值，则电源的三个相电压为（注意，在下面的分析中，各量均采用有名值）

$$\left.\begin{array}{l} u_a = U_m\sin(\omega t + 30°) \\ u_b = U_m\sin(\omega t - 90°) \\ u_c = U_m\sin(\omega t + 150°) \end{array}\right\} \tag{6-1}$$

相应地可以列出各个线电压的表达式为

$$\left.\begin{array}{l} u_{ac} = u_a - u_c = \sqrt{3}U_m\sin\omega t \\ u_{bc} = u_b - u_c = \sqrt{3}U_m\sin(\omega t - 60°) \\ u_{ba} = u_b - u_a = \sqrt{3}U_m\sin(\omega t - 120°) \\ u_{ca} = u_c - u_a = \sqrt{3}U_m\sin(\omega t - 180°) \\ u_{cb} = u_c - u_b = \sqrt{3}U_m\sin(\omega t - 240°) \\ u_{ab} = u_a - u_b = \sqrt{3}U_m\sin(\omega t - 300°) \end{array}\right\} \tag{6-2}$$

相电压和线电压的波形图如图 6-3（a）、（b）所示。三相相电压波形的交点 $C_1 \sim C_6$ 对应于线电压的过零点，例如，C_1 对应于线电压 u_{ac} 由负变正的过零点，C_2 对应于线电压 u_{bc} 由负变正的过零点，依此类推。在系统对称的情况下，各个电压过零点之间的相角彼此相差 60°。

1. 稳态运行情况下整流器的换相过程

下面分析晶闸管（简称阀）V1 在过零点 C_1 后（$\omega t > 0$）受到触发以后的过程。在此以前的运行情况是，阀 V5 和 V6 导通，其他阀都处于关断状态，直流侧电流为 I_d，如图 6-4（a）所示。这时，电源电压 u_c 经过阀 V5 加到直流侧的 m 点，直流侧的 n 点则通过阀 V6 接到电源电压 u_b，因此，直流侧的电压 $u_d = u_{cb}$，而 $i_c = I_d$，$i_b = -I_d$，$i_a = 0$。由图 6-3（b）可知，在过零点 C_1 处，u_{ac} 开始由负变正，而由于这时电压 u_c 经阀 V5 与 m 点相连，因此，阀 V1 上的电压便是 u_{ac}，即阀 V1 开始承受正向电压。

现在，考虑在 $\omega t = \alpha$ 时对阀 V1 进行触发，则在正向电压作用下它开始导通，相应的电路图如图 6-4（b）所示。由于在 a 相电路中存在电感，因此其中的电流 i_a 不能突变，它必须从零开始逐渐增大。这说明在阀 V1 导通后，阀 V5 中的电流 i_c 不能立刻降到零而必须与 i_a 一起共同承担直流侧所需要的恒定电流 I_d。而随着 i_a 的逐渐增大 i_c 将逐渐减小，直至 i_a 增大到 I_d，i_c 减少到零阀 V5 关断为止。以上说明，当阀 V1 被触发后将出现一个电流由 c 相转移到 a 相的过程，这一过程称为换相过程。由于 α 为滞后于电压过零点 C_1 的角度，故称为触发延迟角。

为了清楚起见，将图 6-4（b）画成图 6-5 所示的换相过程等值电路。其中，各相电流分别为 $i_a = i_\gamma$，$i_c = I_d - i_\gamma$，$i_b = -I_d$，其中 i_γ 称为换相电流。由图 6-5 中的第一个回路可以列出回路方程

$$L_\gamma\frac{di_\gamma}{dt} - L_\gamma\frac{d(I_d - i_\gamma)}{dt} = u_{ac} = \sqrt{3}U_m\sin\omega t$$

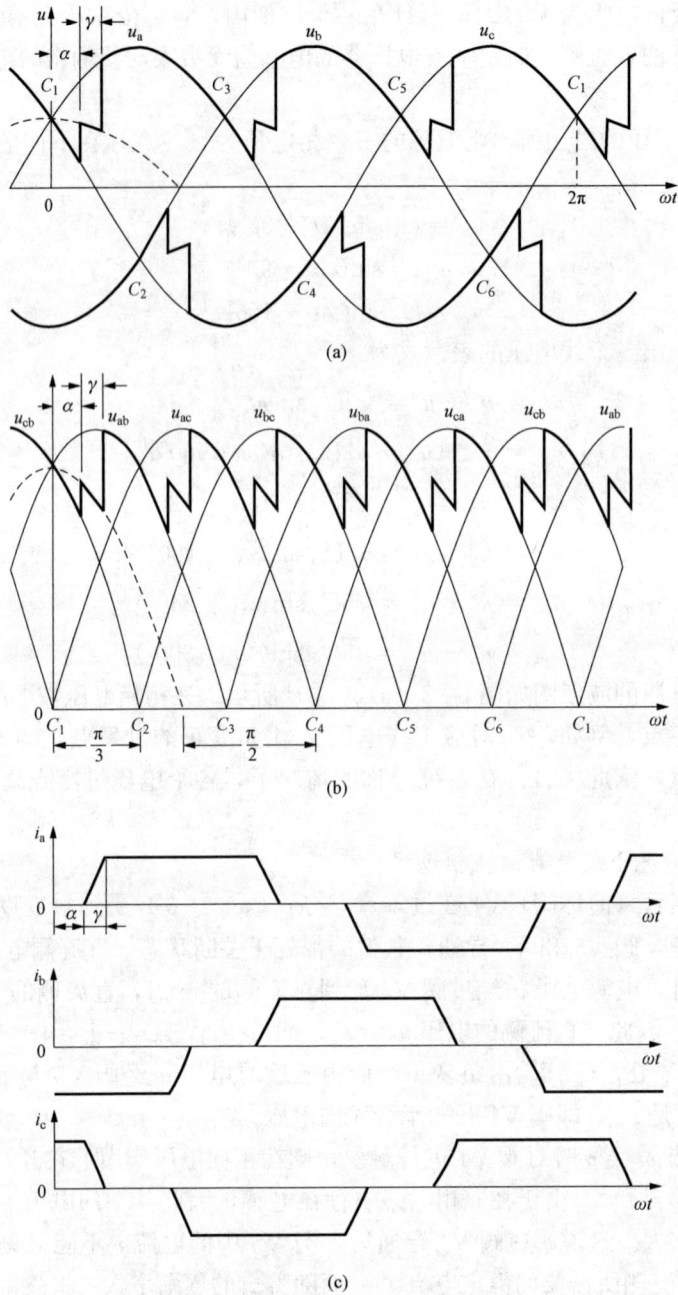

图 6 - 3　整流器的电压和电流波形图

(a) 相电压波形；(b) 线电压及直流电压波形；(c) 三相电流波形

即

$$2L_\gamma \frac{\mathrm{d}i_\gamma}{\mathrm{d}t} = \sqrt{3}U_\mathrm{m}\sin\omega t \qquad\qquad (6 - 3)$$

其通解为

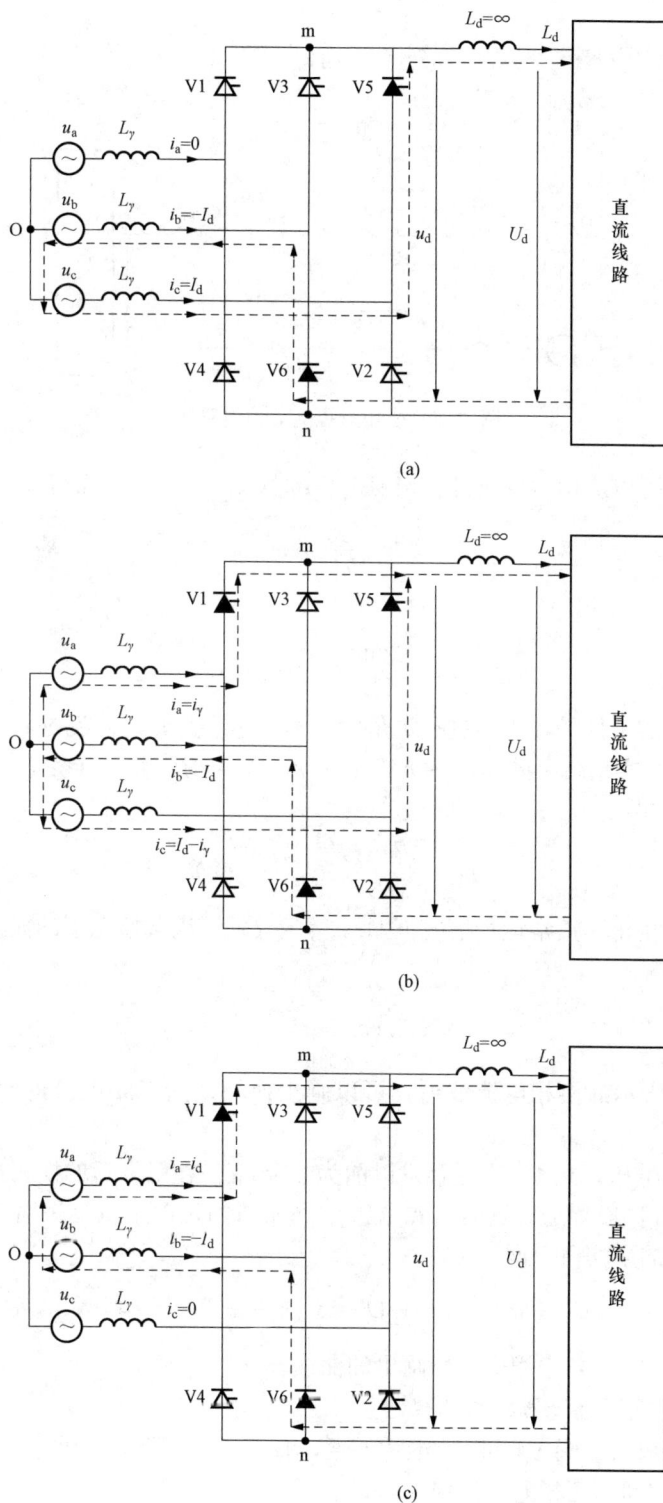

图 6-4　整流器在换相期间和非换相期间的电路图

（a）阀 V5 和 V6 导通时；（b）阀 V5 和 V1 换相时；（c）阀 V1 和 V6 导通时

$$i_a = i_\gamma = -\frac{\sqrt{3}U_m}{2\omega L_\gamma}\cos\omega t + k \tag{6-4}$$

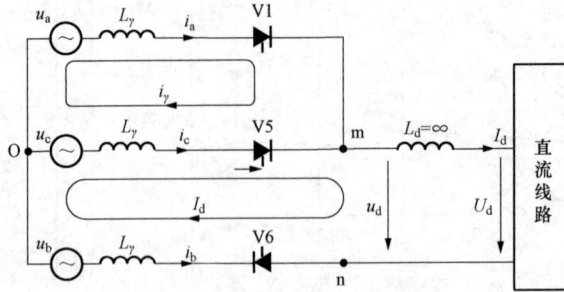

图 6-5　换相过程的等值电路图

其中的积分常数 k 可以应用边界条件：当 $\omega t = \alpha$ 时，$i_a = 0$，代入而得

$$k = \frac{\sqrt{3}U_m}{2\omega L_\gamma}\cos\alpha$$

再将它代入式（6-4），得

$$i_a = i_\gamma = \frac{\sqrt{3}U_m}{2\omega L_\gamma}(\cos\alpha - \cos\omega t) \tag{6-5}$$

换相过程结束的条件是，当经过一定角度 γ 后，i_a 等于 I_d，使流过阀 V5 的电流减少到零而使阀 V5 关断。换相结束的角度为 $\delta = \alpha + \gamma$，称为熄弧角。于是，在式（6-5）中令 $\omega t = \delta$ 和 $i_a = I_d$，得

$$I_d = \frac{\sqrt{3}U_m}{2\omega L_\gamma}(\cos\alpha - \cos\delta) \tag{6-6}$$

角度 γ 称为换相角，正常运行情况下，$0 < \gamma < 60°$，满载情况下的典型值为 $[15°, 25°]$。由式（6-6）可以解出

$$\gamma = \cos^{-1}\left(\cos\alpha - \frac{2\omega L_\gamma I_d}{\sqrt{3}U_m}\right) - \alpha \tag{6-7}$$

由式（6-5）表示的换相电流波形，可以画出换相期间三相电流的波形图，如图 6-3（c）所示。

对于直流侧的电压，在阀 V1 受触发以前为 $u_d = u_{cb}$。在触发后的换相过程中，由图 6-5 可知，阀 V1 和 V5 同时导通，这时电源电压 u_a 和 u_c 将通过两个电抗短路，于是，直流侧的电压应是 u_{ab} 与 u_{cb} 的平均值，即

$$u_d = (u_{ab} + u_{cb})/2 = \frac{3}{2}U_m\sin(\omega t + 90°) \quad (\alpha \leqslant \omega t \leqslant \delta) \tag{6-8}$$

其波形如图 6-3（b）中用虚线所画出的曲线。

2. 稳态运行情况下整流器的非换相过程

当换相过程结束后，阀 V1 和 V6 继续导通，直至下一个触发脉冲于 $\omega t = \alpha + 60°$ 加在阀 V2 上为止。在此期间，三相电流分别为

$$\left.\begin{aligned} i_a &= I_d \\ i_b &= -I_d \\ i_c &= 0 \end{aligned}\right\} \quad (\delta < \omega t < \alpha + 60°) \tag{6-9}$$

其直流侧的电压为线电压 u_{ab}，即

$$u_d = \sqrt{3}U_m\sin(\omega t - 300°) \quad (\delta < \omega t < \alpha + 60°) \tag{6-10}$$

3. 交流侧电流和直流侧电压的全部波形

当过了线电压过零点 C_2，在 $\omega t = \alpha + 60°$ 时对阀 V2 进行触发后，由于这时 u_{bc} 大于零即阀 V2 处于正向电压之下，因此它开始导通，直流电流开始经过阀 V2 流入 c 相电源。同理，由于 i_c 不能突变，因此阀 V2 和 V6 将同时导通而产生一个负极电流由 b 相转换至 c 相的换相过程。应用相同的方法，可以导出这一换相过程中的三相电流为

$$\left.\begin{aligned}
i_a &= I_d \\
i_b &= -I_d + \frac{\sqrt{3}U_m}{2\omega L_\gamma}[\cos\alpha - \cos(\omega t - 60°)] \\
i_c &= -\frac{\sqrt{3}U_m}{2\omega L_\gamma}[\cos\alpha - \cos(\omega t - 60°)]
\end{aligned}\right\} \quad (\alpha + 60° < \omega t < \delta + 60°) \tag{6-11}$$

换相过程于 $\omega t = \delta + 60°$ 时结束。在此期间，直流侧的电压为 u_{ab} 与 u_{ac} 的平均值

$$u_d = (u_{ab} + u_{ac})/2 = \frac{3}{2}U_m\sin(\omega t + 30°) \quad (\alpha + 60° \leqslant \omega t \leqslant \delta + 60°) \tag{6-12}$$

换相过程结束后，阀 V6 关断，而在此后的非换相期间，阀 V1 和阀 V2 继续导通，直至 $\omega t = \alpha + 120°$ 时阀 V3 受到触发为止。这一期间的三相电流和直流侧电压分别为

$$\left.\begin{aligned}
i_a &= I_d \\
i_b &= 0 \\
i_c &= -I_d
\end{aligned}\right\} \quad (\delta + 60° < \omega t < \alpha + 120°) \tag{6-13}$$

$$u_d = u_{ac} = U_m\sin\omega t \quad (\delta + 60° < \omega t < \alpha + 120°) \tag{6-14}$$

与式（6-11）～式（6-14）相应的三相电流和直流侧电压的波形图如图 6-3（c）、（b）所示。

此后，第 3、4 个触发脉冲发出后的情况与第 1、2 个触发脉冲发出的情况相似，只要在上面的分析中将 a、b、c 分别换成 b、c、a 便可得出相应的结果；而对于第 5、6 个触发脉冲发出后的情况，则需换成 c、a、b。在一个周期内，三相电流和直流侧电压的完整波形画于图 6-3（c）、（b）中。显然，当一个周波结束时，仍然回到阀 V5、V6 导通而其他阀都关断的状态。

4. 直流电压的平均值和谐波

由图 6-3（b）可见，直流侧电压的波形每隔 60° 重复一次，对它进行傅里叶级数分解，可以得出直流电压的平均值为

$$\begin{aligned}
U_d &= \frac{6}{2\pi}\left[\int_\alpha^\delta \frac{3}{2}U_m\sin(\omega t + 90°)\mathrm{d}\omega t + \int_\delta^{\alpha+60°}\sqrt{3}U_m\sin(\omega t - 300°)\mathrm{d}\omega t\right] \\
&= \frac{3\sqrt{3}U_m}{2\pi}(\cos\alpha + \cos\delta)
\end{aligned}$$

令 U 为电源线电压的有效值，即 $U = U_m \times \sqrt{3/2}$，则上式变为

$$U_d = \frac{3\sqrt{2}U}{2\pi}(\cos\alpha + \cos\delta) = \frac{U_{d0}}{2}(\cos\alpha + \cos\delta) \tag{6-15}$$

其中

$$U_{d0} = \frac{3\sqrt{2}}{\pi}U \qquad\qquad (6\text{-}16)$$

称为理想空载直流电压，显然，它是在 $\alpha = \delta = 0$ 情况下的直流电压的平均值。

应用式（6-6），可以将式（6-15）中的 $\cos\delta$ 用 I_d 代替，从而得出

$$U_d = U_{d0}\cos\alpha - \frac{3\omega L_\gamma}{\pi}I_d = U_{d0}\cos\alpha - R_\gamma I_d \qquad (6\text{-}17)$$

式中：$R_\gamma = 3\omega L_\gamma/\pi$ 称为等值换相电阻；$R_\gamma I_d$ 称为换相压降。

另外，根据直流侧电压的波形，应用傅里叶级数分解，还可以求出电压的谐波分量。由于直流侧的电压每隔 $60°$ 重复一次，因此，它只含 $6,12,18,\cdots,\ 6k(k=1,2,\cdots)$ 次谐波。

5. 交流侧的基波电流和谐波

由图 6-3（c）中的 a 相电流波形，可以列出它在半个周波内的电流表达式为

$$i_a(t) = \begin{cases} i_1(t) = \dfrac{\sqrt{3}U_m}{2\omega L_\gamma}(\cos\alpha - \cos\omega t) & (\alpha \leqslant \omega t \leqslant \delta) \\[2mm] i_2(t) = I_d & (\delta \leqslant \omega t \leqslant \alpha + 120°) \\[2mm] i_3(t) = I_d - \dfrac{\sqrt{3}U_m}{2\omega L_\gamma}\big[\cos\alpha - \cos(\omega t - 120°)\big] & (\alpha + 120° \leqslant \omega t \leqslant \delta + 120°) \\[2mm] i_4(t) = 0 & (\delta + 120° \leqslant \omega t \leqslant \alpha + 180°) \end{cases}$$

$$(6\text{-}18)$$

其中，$i_1(t)$ 由式（6-5）而来，$i_3(t)$ 的波形与 i_c 在换相期间 $\alpha \leqslant \omega t \leqslant \delta$ 内的波形相同，但相角上滞后 $120°$，I_d 与 α 和 γ 的关系见式（6-6）。另外，电流的波形满足 $i_a(\omega t + 180°) = -i_a(\omega t)$ 的条件。

对式（6-18）中的电流进行傅里叶级数分解，可以得出与式（6-1）中电压 u_a 同向的分量，这一分量即为电流的有功分量，其有效值为

$$I_1^{Re} = \frac{2}{\sqrt{2}\pi}\left[\int_\alpha^\delta i_1(t)\sin(\omega t + 30°)\mathrm{d}\omega t + \int_\delta^{\alpha+120°} i_2(t)\sin(\omega t + 30°)\mathrm{d}\omega t \right.$$
$$\left. + \int_{\alpha+120°}^{\delta+120°} i_3(t)\sin(\omega t + 30°)\mathrm{d}\omega t\right]$$

将式（6-18）代入上式进行积分运算后，可以求得

$$I_1^{Re} = \frac{\sqrt{6}}{\pi}I_d\,\frac{\cos\alpha + \cos\delta}{2} \qquad (6\text{-}19)$$

同理，电流的无功分量的有效值为

$$I_1^{Im} = \frac{2}{\sqrt{2}\pi}\left[\int_\alpha^\delta i_1(t)\cos(\omega t + 30°)\mathrm{d}\omega t + \int_\delta^{\alpha+120°} i_2(t)\cos(\omega t + 30°)\mathrm{d}\omega t \right.$$
$$\left. + \int_{\alpha+120°}^{\delta+120°} i_3(t)\cos(\omega t + 30°)\mathrm{d}\omega t\right]$$

即

$$I_1^{Im} = -\frac{\sqrt{6}}{\pi}I_d\,\frac{\gamma - \sin\gamma\cos(\alpha + \delta)}{2(\cos\alpha - \cos\delta)} \qquad (6\text{-}20)$$

三相可控桥式整流器从交流系统吸收的有功功率和无功功率分别为

$$\left.\begin{array}{l} P_{ac} = \sqrt{3}UI_1^{Re} \\[2mm] Q_{ac} = -\sqrt{3}UI_1^{Im} \end{array}\right\} \qquad (6\text{-}21)$$

忽略损耗，则交流有功功率与直流功率相等，即

$$P_{ac} = P_d = U_d I_d \tag{6-22}$$

$P_{ac} > 0$ 说明整流器从交流系统吸收有功功率。另外，由图 6-3（a）、（c）可以看出，a 相电流的基波分量总是滞后于电压，说明整流器总从交流系统吸收无功功率，即 $I_1^{lm} < 0$，$Q_{ac} > 0$，而且 α 越大，Q_{ac} 越大，功率因数越低。为了不使功率因数过低，应尽量减少 α，但为了保证阀的正常触发导通，α 应不小于 $5°$。正常运行情况下，$\alpha \in [10°, 20°]$。

除了基波电流以外，整流器的交流侧存在 $5, 7, 11, 13, 17, 19, \cdots$，即 $6k \pm 1 (k = 1, 2, \cdots)$ 次谐波电流，其数值可以通过傅里叶积分求得。

为了减少交流侧的谐波电流和直流侧的谐波电压，通常采用 12 脉冲换流电路。其结构是将两个三相可控桥式整流器的直流侧进行串联，交流侧分别由 Yy（Y/Y）和 Yd（Y/△）连接的换流变压器［或用 Yyd（Y/Y/△）连接的三绕组变压器］供电，使得两个整流器的供电电压彼此相差 $30°$，它们的触发脉冲之间也彼此相差 $30°$，即在一个周期内共发出 12 个触发脉冲。在这样的结构下，交流侧的总电流将只含 11，13，23，25，$\cdots$，即 $12k \pm 1 (k = 1, 2, \cdots)$ 次谐波，而直流侧电压只含 12，24，$\cdots$，$12k (k = 1, 2, \cdots)$ 次谐波。由于两个三相可控桥式整流器在直流侧进行串联，因此每一极的直流电压为每个桥直流电压的两倍，而从交流系统流出的交流电流为每桥交流电流的两倍。

（二）逆变器的工作原理和运行特性

三相可控桥式逆变器的等值电路如图 6-6 所示。从电路结构来讲，相当于将图 6-2 中的整流器等值电路垂直并水平翻转，而且改变直流电压的极性。在逆变工作状态下所用到的线电压波形如图 6-7 所示。

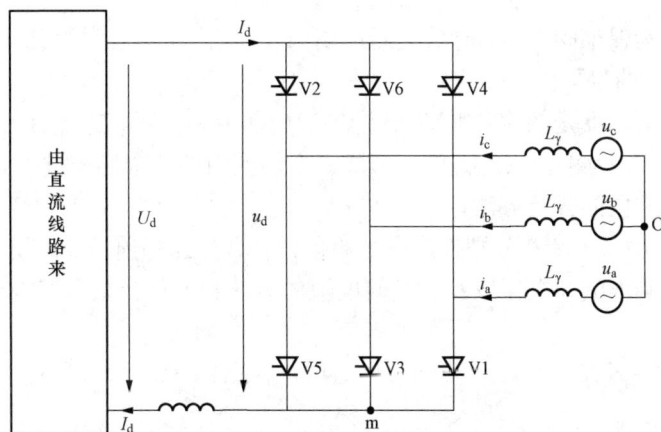

图 6-6　三相可控桥式逆变器的等值电路图

仍然从图 6-6 中的阀 V1 受触发开始来进行分析。在此之前，阀 V5 和 V6 导通，直流侧电压的正端通过阀 V6 与 b 相电压相连，c 相电压则经阀 V5 与直流侧电压的负端相连。如果在图 6-7 中的 $\omega t = \alpha$ 时对阀 V1 进行触发，则由图 6-7 可见，这时的 u_{ca} 小于零，说明阀 V1 处于正向电压之下，而其被触发后便开始导通。与整流器的换相过程相似，由于 a 相经过阀 V1 的电流不能突变，因此将存在电流由 c 相转换到 a 相的换相过程。在这一过程中，阀 V1 和 V5 同时导通，c 相和 a 相电源电压经两个电感短路，使直流侧电压为 u_{ab} 与 u_{cb} 的平

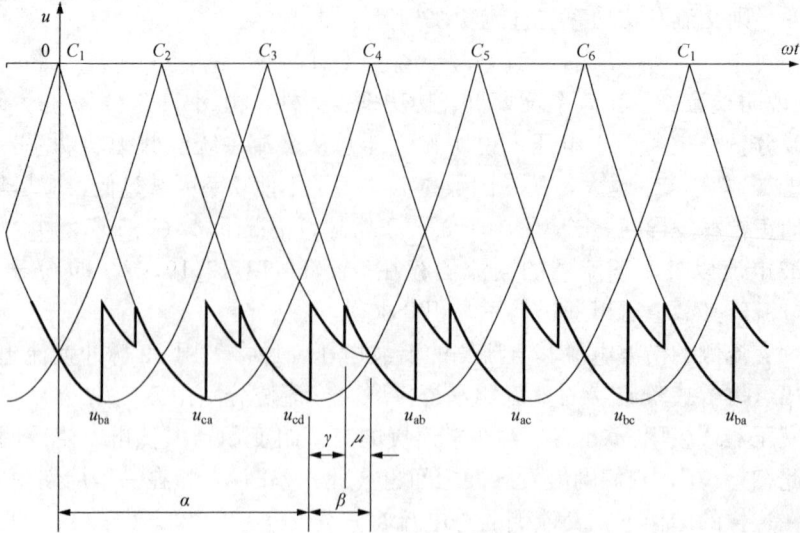

图 6-7　逆变器的线电压波形图

均值。当阀 V5 中的电流减少到零而关断，直流电流 I_d 完全转移到阀 V1，即 $\omega t = \delta$ 时，换相过程结束。当换相过程在过零点 C_4 以前（$\delta < 180°$）结束时，阀 V5 所承受的电压 $u_{ca} < 0$，在此情况下，一旦流过的电流为零，阀 V5 便能关断。然而，如果在过零点 C_4 以前换相过程尚不能结束，则阀 V5 将不能关断继续导通，其结果使换相失败。从换相过程结束到过零点 C_4 之间的相角差

$$\mu = 180° - \delta \tag{6-23}$$

称为熄弧超前角。为保证阀 V5 能有效关断，要求 $\mu > 0°$。逆变器常用触发超前角 $\beta = 180° - \alpha$ 的大小来表示触发的迟早。

换相过程结束后，便是阀 V1 和 V6 继续导通的非换相过程，直至在 $\omega t = \alpha + 60°$ 时第二个触发脉冲加到阀 V2 为止。依此类推，形成一个周期内的 6 个换相过程和非换相过程。

采用与整流器相同的分析方法，只要在式（6-6）、式（6-15）、式（6-17）、式（6-19）和式（6-20）中将 α 和 δ 分别换成触发超前角 β 和熄弧超前角 μ，便可得出逆变器的运行特性，包括直流侧电流和电压以及交流侧电流的有功和无功分量与交流电压、触发角及换相角之间的关系。

注意到 $\cos\alpha = -\cos\beta$，$\cos\delta = -\cos\mu$。这样，根据式（6-6）可得

$$I_d = \frac{U_{d0}}{2R_\gamma}(\cos\mu - \cos\beta) \tag{6-24}$$

根据式（6-15），并考虑逆变器电压极性与整流器相反，可得

$$U_d = \frac{U_{d0}}{2}(\cos\mu + \cos\beta) \tag{6-25}$$

式（6-24）和式（6-25）联立消去 $\cos\beta$，可得逆变侧的电压方程

$$U_d = U_{d0}\cos\mu - R_\gamma I_d \tag{6-26}$$

根据式（6-19）和式（6-20），可得逆变器交流侧电流的有功分量和无功分量为

$$I_1^{Re} = -\frac{\sqrt{6}}{\pi}I_d\frac{\cos\beta+\cos\mu}{2}$$

$$I_1^{Im} = -\frac{\sqrt{6}}{\pi}I_d\frac{\gamma-\sin\gamma\cos(\beta+\mu)}{2(\cos\mu-\cos\beta)}$$

$$\tag{6-27}$$

逆变器从交流系统吸收的有功功率和无功功率分别为

$$P_{ac} = \sqrt{3}UI_1^{Re}$$
$$Q_{ac} = \sqrt{3}UI_1^{Im}$$

$$\tag{6-28}$$

忽略损耗，则交流有功功率与直流功率之和为零，即

$$P_{ac} + P_d = P_{ac} + U_dI_d = 0 \tag{6-29}$$

$P_{ac}<0$ 说明逆变器为交流系统提供有功功率。另外，$I_1^{Im}<0$，$Q_{ac}>0$，说明逆变器总是从交流系统吸收无功功率，而且 μ 越大，Q_{ac} 越大，功率因数越低。应尽量减少 μ，使得功率因数不至于过低，但为了保证阀 V5 能有效关断，μ 一般取 15°或更大些。正常运行情况下，$\mu\in[15°,20°]$。

同样，在直流侧的电压和交流侧的电流中也存在谐波分量，它们的谐波次数与整流器相同。

三、双端直流输电系统的模型与控制原理

由整流器、逆变器和直流输电线路构成的双端直流输电系统的单线图如图 6-8 所示。

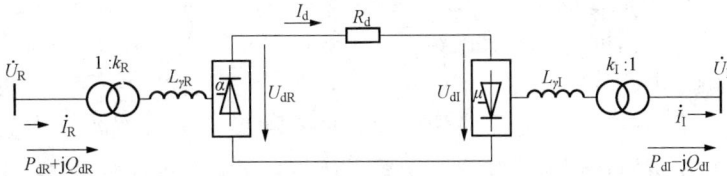

图 6-8　双端直流输电系统单线图

图 6-8 中，下标"d"代表直流侧，下标"R"和"I"分别代表整流侧和逆变侧。$\dot{U}_R$、$\dot{U}_I$ 分别为两端交流侧线电压，k_R、k_I 分别为两端换流变压器的变比，$L_{\gamma R}$、$L_{\gamma I}$ 分别为两端换流变压器的电感，α、μ 分别为整流器的触发延迟角和逆变器的熄弧超前角，U_{dR}、U_{dI} 分别为两端直流侧的平均直流电压，R_d、I_d 分别为直流线路的电阻和电流，P_{dR}、P_{dI} 分别为整流器从交流系统吸收的有功功率和逆变器提供给交流系统的有功功率，Q_{dR}、Q_{dI} 分别为整流器和逆变器从交流系统吸收的无功功率。

根据式（6-17）和式（6-26）以及图 6-8 可以得到双端直流系统的基本方程为

$$U_{dR} = \frac{3\sqrt{2}}{\pi}k_RU_R\cos\alpha - L_{\gamma R}I_d$$
$$U_{dR} = U_{dI} + R_dI_d$$
$$U_{dI} = \frac{3\sqrt{2}}{\pi}k_IU_I\cos\mu - L_{\gamma I}I_d$$

$$\tag{6-30}$$

式中，$L_{\gamma R} = 3\omega L_{\gamma R}/\pi$，$L_{\gamma I} = 3\omega L_{\gamma I}/\pi$。

在实际计算中，往往用 $\sqrt{3}UI_1$ 来计算换流器的视在功率，其中

$$I_1 = \sqrt{(I_1^{\text{Re}})^2 + (I_1^{\text{Im}})^2} = k_\gamma \frac{\sqrt{6}}{\pi} I_d \qquad (6-31)$$

在正常运行方式下，k_γ 的值接近于 1，为简化分析，常取 $k_\gamma = 0.995$。式（6-31）无论对整流器还是逆变器都是近似成立的。

因此，根据式（6-31）、式（6-22）和式（6-29）以及图 6-8 可得各换流站电流和功率的表达式为

$$\left.\begin{aligned}
&I_R = k_\gamma k_R \frac{\sqrt{6}}{\pi} I_d \,;\quad I_1 = k_\gamma k_1 \frac{\sqrt{6}}{\pi} I_d \\
&S_{dR} = \sqrt{3} U_R I_R = k_\gamma \frac{3\sqrt{2}}{\pi} k_R U_R I_d \,;\quad P_{dR} = U_{dR} I_d \,;\quad Q_{dR} = \sqrt{S_{dR}^2 - P_{dR}^2} \\
&S_{dI} = \sqrt{3} U_1 I_1 = k_\gamma \frac{3\sqrt{2}}{\pi} k_1 U_1 I_d \,;\quad P_{dI} = U_{dI} I_d \,;\quad Q_{dI} = \sqrt{S_{dI}^2 - P_{dI}^2}
\end{aligned}\right\} \qquad (6-32)$$

从式（6-30）和式（6-32）可以看出，通过调整换流器控制角 α、μ 及换流器变压器变比 k_R、k_1 就可以控制直流电流，进而控制直流线路上传输的功率。虽然直流系统两侧交流母线电压 U_R、U_1 对直流线路输送的功率也有影响，但是采取调控措施调节直流系统中换流器的触发角和变压器变比要方便得多，因此，在需要快速调整直流输送功率时并不采用调节 U_R、U_1 的方法。

调节换流变压器变比是通过调整变压器分接头实现的，由于变压器制造工艺的要求，分接头是按级调整的，并借助于机械装置实现，一般调整一级大约需要 5～6s。换流器触发角的调节是由调整触发电路的电气参数实现的，可以人工整定也可以按照一定的控制策略进行自动调整，因此触发角的调整速度非常快，大约只需要 1～10ms。触发角的这种可快速调整特性，使得直流输电可以快速调整输送的功率，从而为交流系统提供紧急功率支援。电力系统运行中一般的控制过程是，首先调整触发角使电力系统快速达到合适的运行状态，然后通过调整换流变压器分接头，使换流器触发角恢复到它们的正常运行范围，最后通过交流系统的优化调整使全系统运行在理想状态。

在实际的交直流电力系统的运行中，必须根据系统的运行要求指定直流系统中各个换流器的控制方式。换流器的主要控制方式有定触发角控制、定直流电流控制、定直流功率控制、定熄弧角控制、定直流电压控制、定变比控制等。此外，还可以有一些附加功能，如低压限流功能、交流系统调频、对交流系统进行紧急功率支援、阻尼低频振荡或次同步振荡的功能等。实际运行中，整流侧常用的基本调节方式有定电流和定功率两种，逆变侧的基本调节方式有定电压和定熄弧角两种。整流侧和逆变侧的基本调节方式将组合成整个直流输电系统的四种基本调节方式。

第二节 柔 性 直 流 输 电

由于晶闸管的关断通常依靠电网电压等外部条件来实现，因而当交流系统较弱时便容易发生换相失败，严重制约了传统高压直流输电的发展。全控型电力电子器件（GTO，IGBT 等）的出现为电力的变换带来更大的灵活性和方便性，导致第三代直流输电技术诞生，国际学术界称之为"基于电压源换流器的高压直流输电（VSC-HVDC）"，ABB 公司称之为"轻

型高压直流输电（HVDC Light）"，西门子公司称之为"增强型高压直流输电（HVDC Plus）"，阿尔斯通公司称之为"玛可辛高压直流输电（HVDC MaxSine）"，我国则称之为"柔性高压直流输电（HVDC Flexible）"。

通常，将由晶闸管构成的换流器称之为电网换相换流器（Line Commutated Converter，LCC）或电流源换流器（Current Source Converter，CSC）。而由全控型电力电子器件（如GTO、IGBT等）构成的换流器称之为电压源换流器（Voltage Source Converter，VSC）。与 CSC 相比，VSC 具有很多优点，如快速控制有功功率和无功功率，功率反转时直流电压极性不变，高电能质量，对环境的影响小，向无源网络供电，不存在换相失败问题等。因此，VSC 非常适用于可再生能源发电并网、城市供电、孤岛供电、异步交流系统互联、构成多端直流电网等关键领域。

自 1997 年 3 月 ABB 公司在瑞典赫尔斯扬（Hellsjon）建成第一个柔性直流输电实验性工程至今，世界上已有多个柔性直流输电工程相继投入商业运行。2011 年，上海南汇风电场柔性直流输电工程的顺利投运，标志着我国柔性直流输电领域零的突破。近几年来，柔性直流输电技术得到了迅速发展，输电容量和电压等级已从最初赫尔斯扬工程的 3MW/±10kV 发展到 2015 年厦门柔性直流输电科技示范工程的 1000MW/±320kV；目前，容量和电压等级达 2000MW/±500kV 工程的概念设计已经提出，展现了良好的发展前景。当然，柔性直流输电也存在一定的缺点，如损耗较大、设备成本高、输电容量小以及系统稳定性和可靠性有待工程验证等。

一、柔性直流输电系统的结构

目前柔性直流输电系统大都采用双极接线方式，其基本结构如图 6-9 所示。其中两组直流电容器的中点接地是为了降低直流线路对地的绝缘水平，正常运行情况下，两根极导线中的直流电流大小相等、方向相反，流过接地点的电流为零。换流站内的关键设备主要有电压源换流器、联结变压器、交流滤波器、相电抗器、直流电容器等。

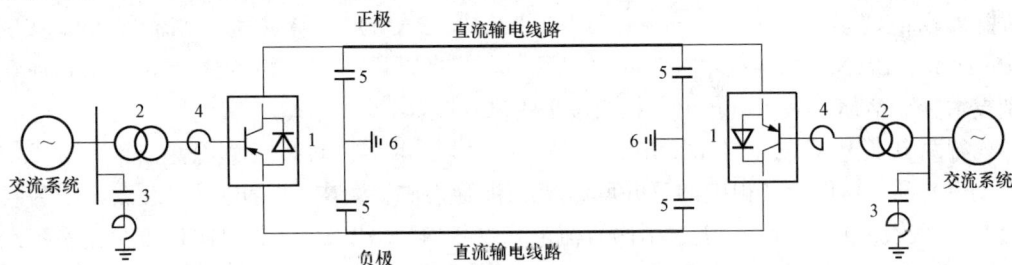

图 6-9 柔性直流输电系统的原理结构图

1—换流器；2—联结变压器；3—交流滤波器；4—相电抗器；5—直流电容器；6—接地极

（1）电压源换流器。根据换流器拓扑结构的不同，VSC 可分为两电平、三电平和模块化多电平换流器（Modular Multilevel Converter，MMC）。

（2）联结变压器。一般一次侧采用 Yn 接法，二次侧采用 Y 或 d 接法，采用这种接线方式能够防止由调制模式引起的零序谐波分量流向交流系统。此外联结变压器的作用还有：

1）向换流器提供交流功率或者从换流器接受交流功率。

2）通过选择适当的变比，并辅以变压器分接头的调整，将交流电压变换到一个合适的水平，使之与直流电压相匹配，以避免调制度过小，从而减小输出电压和电流的谐波分量。

（3）交流滤波器。与传统直流输电一样，由于开关器件的非线性，换流器交流侧的调制电压波形也包含有一定的正序、负序谐波分量和零序谐波分量，其中零序分量可以由联结变压器二次不接地绕组来隔离，但正序分量和负序分量会在交流侧产生一定的谐波电流。因此在两侧交流系统中需要安装相应的交流滤波器，它与相电抗器一起，共同消除换流器交流侧调制电压波形引起的交流谐波电流和谐波电压。必须指出，由于柔性直流输电的触发控制采用调制技术，换流阀的开关频率相对较高，换流器所产生的谐波大大减弱，主要为高次谐波分量。因而与传统直流输电相比，柔性直流输电系统所需的交流滤波器容量可以大大减小，其通常由调谐滤波器和高通滤波器组成。

（4）相电抗器。相电抗器是 VSC 交流侧的重要器件，它直接串联在换流器与交流电网之间（见图 6 - 9）。作为换流站与交流系统之间进行能量交流的纽带，相电抗器决定了换流站的功率传输能力。这是因为它两端基波电压的幅值和相位分别决定了交流系统与换流站之间的有功功率和无功功率交换方向。同时它作为换流器交流侧的调制波与交流系统正弦波之间的缓冲元件，起到交流滤波作用，也利于限制短路电流。

（5）直流电容器。对于两电平或三电平换流器而言，直流电容器跨接在换流器直流出口两极之间，如图 6 - 9 所示；而多电平换流器的直流电容器则分布在换流阀子模块中。直流电容器的主要作用是为换流站提供直流电压支撑，抑制直流电压脉动，减小直流侧电压谐波以及缓冲桥臂关断时的冲击电流等。电容器的容量越大，这种能力越强，但直流电压和有功功率的调节响应速度也会越慢。此外，对开关电流而言，直流电容器还能起到低感抗通路滤波的作用。

二、电压源换流器（VSC）的工作原理和运行特性

（一）VSC 的工作原理

VSC 中的换流阀为全控型开关器件，开关频率较高，其开通和关断的触发控制通常采用调制技术，远比 CSC 的触发控制复杂。根据主电路拓扑及开关器件类型的不同，VSC 主要有脉冲幅值调制（Pulse Amplitude Modulation，PAM）和脉冲宽度调制（Pulse Width Modulation，PWM）两种技术。为简明起见，本节将以目前应用最为广泛的正弦脉冲宽度调制技术（SPWM）为例，介绍三相两电平 VSC 的基本工作原理。

三相两电平 VSC 的主电路拓扑结构如图 6 - 10 所示。它共有三个桥臂，每个桥臂均由两组全控型开关器件及其相应的反并联续流二极管构成。图中 O 为电网中性点，O′ 为直流侧中点。直流侧电压为 U_d，上、下两直流电容电压均为 $U_d/2$。三相电源代表交流系统经联结变压器加在换流器相电抗器上的电压，三个电感代表换流器交流侧与交流电源之间的电感，包括相电抗器的电感、变压器漏感以及交流电源的内部电感。假定所有开关器件都是理想元件，即无损耗、无时延，开关状态切换瞬间完成，导通时正向电阻为零，关断后反向电阻为无穷大。

在 SPWM 调制方法中，将换流器输出的正弦波作为调制波，将接受调制的信号作为载波，载波一般采用等腰三角波，通过对载波的调制得到所期望的 SPWM 波形。如图 6 - 11（a）所示，当调制波与载波相交时，其交点决定了换流器开关器件的通断时刻。调制波的频率与电网频率相同，设各相调制波超前于对应电网相电压的角度为 θ，称之为移相角，三相调制波可表示为

$$\left.\begin{array}{l} u_{\mathrm{Ga}} = U_{\mathrm{Gm}}\sin(\omega t + \theta) \\ u_{\mathrm{Gb}} = U_{\mathrm{Gm}}\sin(\omega t - 120° + \theta) \\ u_{\mathrm{Gc}} = U_{\mathrm{Gm}}\sin(\omega t + 120° + \theta) \end{array}\right\} \tag{6-33}$$

设载波信号 u_{c} 的峰值为 U_{cm}，频率为 f_{c}，则 PWM 的脉宽调制比为

$$M = \frac{U_{\mathrm{Gm}}}{U_{\mathrm{cm}}} \tag{6-34}$$

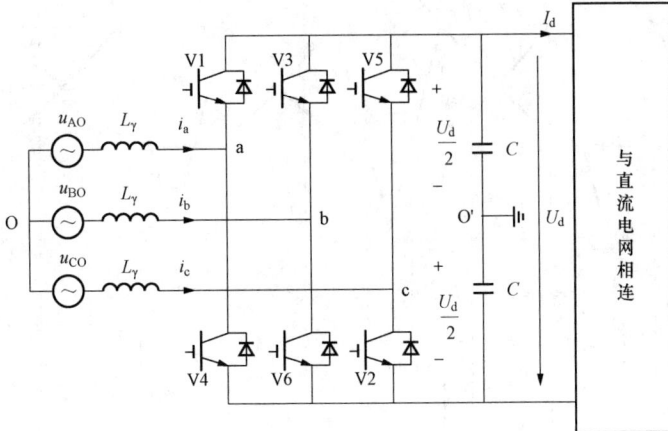

图 6-10　三相两电平换流器的主电路拓扑图

在正常工作时，同一桥臂上、下两个开关器件互补地导通与关断，输出脉冲在"正"和"负"之间变化，所得到的便是双极式 SPWM 波形，如图 6-11（b）所示。当 a 相的调制波电压 u_{Ga} 高于载波电压 u_{c} 时，如图 6-11 中的时区 2、3、4、5 等，开关器件 V1 导通 V4 关断，换流器交流侧 a 端与直流电源中点间 O′ 的脉冲电压 $u_{\mathrm{aO'}} = +U_{\mathrm{d}}/2$，$U_{\mathrm{d}}$ 为换流器的直流侧电压；当 u_{Ga} 低于 u_{c} 时，如图 6-11 中的时区 0、1、6 等，开关器件 V1 关断 V4 导通，换流器交流侧 a 端与直流电源中点 O′ 间的脉冲电压 $u_{\mathrm{aO'}} = -U_{\mathrm{d}}/2$。在上、下桥臂的开关器件交替导通与关断下，换流器交流侧 a 端的电压 $u_{\mathrm{aO'}}$ 将是以 $+U_{\mathrm{d}}/2$ 和 $-U_{\mathrm{d}}/2$ 为幅值作正、负跳变的脉冲序列。同理，$u_{\mathrm{bO'}}$ 是由 V3 和 V6 交替导通得到的，$u_{\mathrm{cO'}}$ 是由 V5 和 V2 交替导通得到的。将同一时区所得 $u_{\mathrm{aO'}}$ 和 $u_{\mathrm{bO'}}$ 相减，可得图 6-11（b）所示的线电压 u_{ab}，也就是换流器交流侧的线电压，其脉冲幅值为 $+U_{\mathrm{d}}$ 和 $-U_{\mathrm{d}}$。同理可得线电压 u_{ac} 和 u_{bc}。可见，线电压的 SPWM 波是由 $\pm U_{\mathrm{d}}$ 和 0 三种电平构成的。

注意到 $u_{\mathrm{aO'}}$、$u_{\mathrm{bO'}}$ 与 $u_{\mathrm{cO'}}$ 是换流器交流侧 a、b、c 端分别与直流电源中点 O′ 之间的电压，而 O′ 点与电网中性点 O 的电位不一定相等，所以不能用 $u_{\mathrm{aO'}}$、$u_{\mathrm{bO'}}$、$u_{\mathrm{cO'}}$ 来代表换流器交流侧的各相电压。若电网中性点 O 与直流电源中点 O′ 之间的电压为 $u_{\mathrm{OO'}}$，则换流器交流侧的各相电压可表示为

$$\left.\begin{array}{l} u_{\mathrm{aO}} = u_{\mathrm{aO'}} - u_{\mathrm{OO'}} \\ u_{\mathrm{bO}} = u_{\mathrm{bO'}} - u_{\mathrm{OO'}} \\ u_{\mathrm{cO}} = u_{\mathrm{cO'}} - u_{\mathrm{OO'}} \end{array}\right\} \tag{6-35}$$

将式（6-35）中的三式相加，并经整理可得

$$u_{\mathrm{OO'}} = \frac{1}{3}(u_{\mathrm{aO'}} + u_{\mathrm{bO'}} + u_{\mathrm{cO'}}) - \frac{1}{3}(u_{\mathrm{aO}} + u_{\mathrm{bO}} + u_{\mathrm{cO}}) \tag{6-36}$$

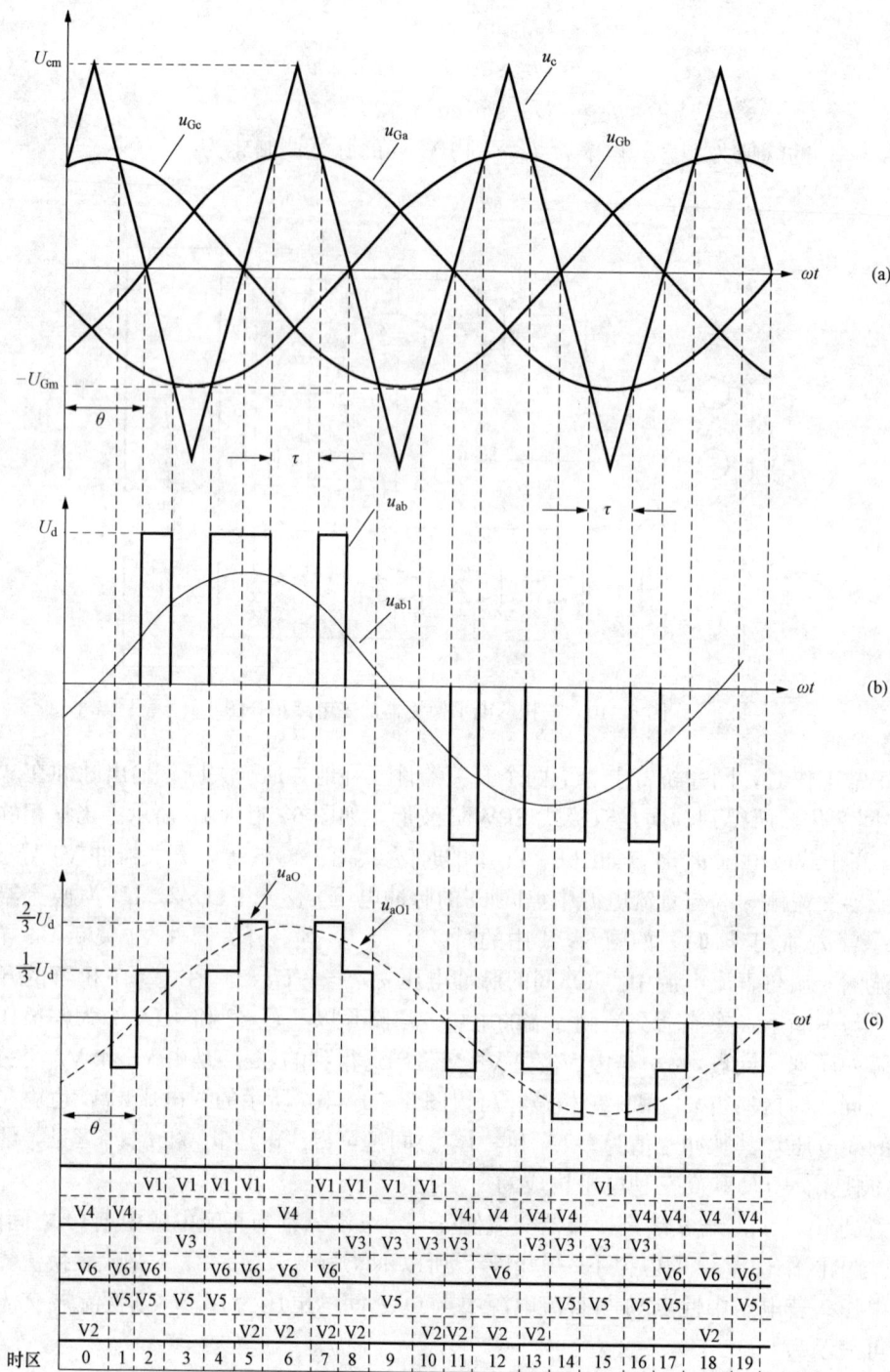

图 6-11　SPWM 整流电路线电压与相电压波形

由于交流系统的三相电压对称，即 $u_{aO} + u_{bO} + u_{cO} = 0$，因此式（6-36）可简化为

$$u_{OO'} = \frac{1}{3}(u_{aO'} + u_{bO'} + u_{cO'}) \qquad (6-37)$$

将式（6-37）代入式（6-35），便得到换流器交流侧的各相电压

$$u_{aO} = u_{aO'} - \frac{1}{3}(u_{aO'} + u_{bO'} + u_{cO'})$$

$$u_{bO} = u_{bO'} - \frac{1}{3}(u_{aO'} + u_{bO'} + u_{cO'}) \qquad (6\text{-}38)$$

$$u_{cO} = u_{cO'} - \frac{1}{3}(u_{aO'} + u_{bO'} + u_{cO'})$$

在时区 0 中，开关器件 V1 关断 V4 导通，有 $u_{aO'} = -U_d/2$，开关器件 V3 关断 V6 导通，有 $u_{bO'} = -U_d/2$，开关器件 V5 关断 V2 导通，有 $u_{cO'} = -U_d/2$。于是，由式（6-38）可以得出 a 相在时区 0 的相电压为 0，依此类推，便可算出 a 相电压在各时区的值，如图 6-11（c）所示。由图可知，u_{aO} 最大值为 $2U_d/3$，其相应的基波电压分量可表示为 u_{aO1}。由于 u_{aO1} 的相位与 a 相调制波 u_{Ga} 的相位相同，因此改变调制波 u_{Ga} 的相位便可调节 a 相电压的相位。此外，由图 6-11（b）可知，当降低调制波的幅值时，τ 的宽度变宽，使 u_{aO} 各段脉冲宽度变窄，其结果使基波电压 u_{aO1} 的幅值相应减小。因此通过改变调制波的相位和幅值便可以改变换流器交流侧基波电压的相位和幅值。

换流器交流侧各相电压还可以用开关函数描述，定义开关函数为

$$S_k = \begin{cases} 1/2 & \text{上桥臂导通，下桥臂关断} \\ -1/2 & \text{下桥臂导通，上桥臂关断} \end{cases} \quad (k = a, b, c)$$

采用 SPWM 调制时，换流器交流侧相电压和直流电压的关系为

$$u_{kO} = M S_k U_d \quad (k = a, b, c) \qquad (6\text{-}39)$$

一般情况下 $M \leqslant 1$。当 $M > 1$ 时，称为过调制，此时调制波幅值超过三角载波幅值，实际输出的基波电压幅值不再随调制度线性变化，控制器出现饱和，输出电压波形仅部分受控制。由于在此饱和区间上，VSC 控制系统会失去对输出电压的控制，因此输出电压波形将发生畸变，并且含有更多的低次谐波成分，VSC-HVDC 调制中一般不使用过调制。

开关函数 S_k 是周期函数，且开关频率远大于电网的基波频率，因此可以对其进行傅里叶分解，忽略其中的高频分量，仅保留基波分量，得到

$$S_a \approx \frac{1}{2} \sin(\omega t + \theta)$$

$$S_b \approx \frac{1}{2} \sin(\omega t + \theta - 2\pi/3) \qquad (6\text{-}40)$$

$$S_c \approx \frac{1}{2} \sin(\omega t + \theta + 2\pi/3)$$

将式（6-40）代入式（6-39）可得换流器交流侧各相电压的瞬时值为

$$\begin{bmatrix} u_{aO} \\ u_{bO} \\ u_{cO} \end{bmatrix} = \frac{M}{2} U_d \begin{bmatrix} \sin(\omega t + \theta) \\ \sin(\omega t + \theta - 2\pi/3) \\ \sin(\omega t + \theta + 2\pi/3) \end{bmatrix} \qquad (6\text{-}41)$$

由式（6-41）换流器交流侧各相电压与调制波的关系上可以看出，通过调节 PWM 的调制比 M 以及移相角 θ 便可控制调制波的幅值与相位，进而实现对换流器交流侧电压幅值和相位的独立控制。因此，从系统角度来看，VSC 可视为相位幅值均可调的电压源。

（二）VSC 的稳态模型和运行特性

假设换流器交流侧电压是三相对称的，那么 VSC 三相电路就可以用图 6-12 所示的单

相电路进行分析，并采用相量法。

在图 6-12 中，$\dot{U}_S$ 为变压器一次侧母线电压，$\dot{U}_f = U_f e^{j\theta_f}$ 为滤波器母线电压，$\dot{U}_c = U_c e^{j\theta_c}$ 为换流器交流侧电压，$\dot{I}_c$ 为换流器流出的电流，R_{pr} 和 X_{pr} 为相电抗器的电阻和电抗，$\theta = \theta_c - \theta_f$ 为 VSC 的移相角。为简单起见，设 $\theta_f = 0$，则有 $\theta_c = \theta$。

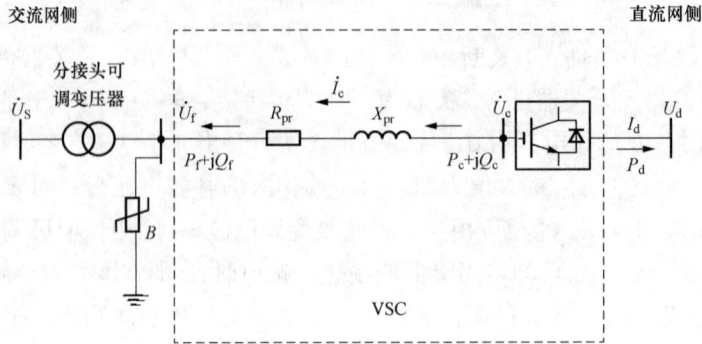

图 6-12　VSC 简化单相电路图

1. VSC 稳态模型

由图 6-12 可得到 VSC 在稳态情况下交流侧电压方程式

$$(R_{pr} + jX_{pr})\dot{I}_c = \dot{U}_c - \dot{U}_f \tag{6-42}$$

由式（6-41）可以得出换流器交流侧电压幅值 U_c 与直流电压 U_d 的稳态关系为

$$U_c = MU_d/2 \tag{6-43}$$

显然，U_c 的大小与调制比 M 和直流电压 U_d 的大小成正比。

根据式（6-42）可得到相电抗器中的电流为

$$\dot{I}_c = (U_c e^{j\theta} - U_f)Y_{pr}e^{j\alpha} \tag{6-44}$$

其中，$Y_{pr}e^{j\alpha} = 1/(R_{pr} + jX_{pr})$。换流器的输出功率可以表示为

$$S_c = P_c + jQ_c = \dot{U}_c \overset{*}{I}_c = U_c e^{j\theta}(U_c e^{-j\theta} - U_f)Y_{pr}e^{-j\alpha} \tag{6-45}$$

从而

$$P_c = U_c^2 Y_{pr}\cos\alpha - U_f U_c Y_{pr}\cos(\theta - \alpha) \tag{6-46}$$

$$Q_c = -U_c^2 Y_{pr}\sin\alpha - U_f U_c Y_{pr}\sin(\theta - \alpha) \tag{6-47}$$

若不计开关器件的损耗，则直流侧有功功率与注入换流器的有功功率相等，即

$$P_d = U_d I_d = -P_c \tag{6-48}$$

2. VSC 稳态运行特性

由于相电抗器的电阻远小于其基波电抗，为了分析方便，往往忽略电阻，从而图 6-12 可以简化为图 6-13。

由图 6-13 容易得到换流器与交流系统交换的功率为

$$P_f = \frac{U_f U_c}{X_{pr}}\sin\theta \tag{6-49}$$

图 6-13　VSC 简化等值电路

$$Q_f = \frac{U_f}{X_{pr}}(U_c\cos\theta - U_f) \tag{6-50}$$

由式（6-49）和式（6-50）可见，换流器与变换系统交换的有功功率主要由移相角 θ

决定，而无功功率主要由 U_c 决定。由于换流器控制系统能够通过对 θ 和 M 的调节实现对 $\dot{U}_c$ 幅值和相位的独立控制，即可以完成对有功功率和无功功率的解耦控制，因此，VSC 在理论上可以实现功率四象限运行。换流器稳态运行时的相量图如图 6-14 所示。

(1) 若 $\dot{U}_c$ 超前于 $\dot{U}_f$，即 $\theta > 0$，则有 $P_f > 0$，此时换流器向交流系统注入有功功率，工作于逆变状态；若 $\dot{U}_c$ 与 $\dot{U}_f$ 同相位，即 $\theta = 0$，则有 $P_f = 0$，此时换流器不传递有功功率；若 $\dot{U}_c$ 滞后于 $\dot{U}_f$，即 $\theta < 0$，则有 $P_f < 0$，此时换流器从交流系统吸收有功功率，工作于整流状态。

(2) 若 $U_c\cos\theta > U_f$，则 $Q_f > 0$，换流器向交流系统注入无功功率；若 $U_c\cos\theta = U_f$，则 $Q_f = 0$，换流器与交流系统没有无功功率交换；若 $U_c\cos\theta < U_f$，则 $Q_f < 0$，换流器从交流系统吸收无功功率。

图 6-14　VSC 四象限运行图

(3) 若 $P_f < 0$ 且 $Q_f > 0$，换流器工作于第一象限；若 $P_f > 0$ 且 $Q_f > 0$，换流器工作于第二象限；若 $P_f > 0$ 且 $Q_f < 0$，换流器工作于第三象限；若 $P_f < 0$ 且 $Q_f < 0$，换流器工作于第四象限。

由式（6-49）和式（6-50）可得

$$P_f^2 + \left(Q_f + \frac{U_f^2}{X_{pr}}\right)^2 = \left(\frac{U_f U_c}{X_{pr}}\right)^2 \tag{6-51}$$

所以，理想状态下 VSC 的工作点位于以 $(0, -U_f^2/X_{pr})$ 为圆心，半径为 $U_f U_c/X_{pr}$ 的圆上，如图 6-15 所示。但实际上 VSC 的运行点还受到以下两个因素的限制：

(1) 为了保护开关元件，换流器在额定电压下的工作电流应小于其最大允许电流 I_{cmax}，即 $I_c \leqslant I_{cmax}$。因此，换流站与交流系统交换的功率受到限制

$$P_f^2 + Q_f^2 \leqslant (U_{fN} I_{cmax})^2 \tag{6-52}$$

这个限制表明，VSC 必须运行在以原点为圆心，半径为 $U_{fN} I_{cmax}$ 的圆内，见图 6-15。

(2) 直流线路上的电流应小于其最大允许工作电流 I_{dmax}，即 $I_d \leqslant I_{dmax}$，在额定直流电压下，该最大电流限制等价于最大功率限制

$$-U_{dN} I_{dmax} \leqslant P_d = -P_c = -P_f \leqslant U_{dN} I_{dmax} \tag{6-53}$$

这个限制可以表示为垂直于 P_f 轴的直线，见图 6-15。

因此，VSC 只能在图 6-15 弧线上的加粗部分运行。当调整 VSC 交流侧电压 U_c 并使其增大时，弧线的圆心不变，但是半径增大，VSC 受到的限制和实际运行点也会相应发生变化，如图 6-15 所示。

3. VSC 控制原理

VSC 控制方式主要有幅相控制和矢量控制两大类。所谓幅相控制，就是按照反馈规律直接调节换流器交流侧电压基波的幅值和相位，这种控制方式结构简单，但存在着交流侧电

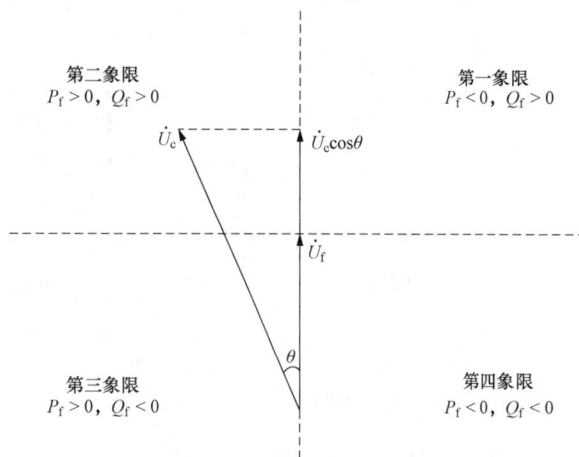

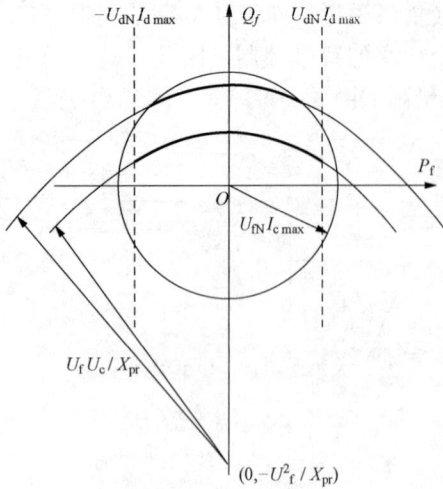

图 6-15 VSC 理想运行范围

流动态响应慢、难以实现过电流控制的缺点。目前主流的控制器大多采用矢量控制，它根据控制目标误差来调节 VSC 交流电流的参考直角坐标分量，因而能够有效限制电流，同时也具有良好的动态响应。

矢量控制一般都采用外环电压控制和内环电流控制结合的双闭环串级结构，如图 6-16 所示，其中外环控制器的输出为内环控制器输入的电流参考值，内环控制器根据该参考值对交流侧电流进行直接控制，它的输出信号经过触发脉冲发生器后，产生开关器件的触发信号来控制其工作，锁相环输出的相位信号为定向控制电压矢量和生成触发脉冲提供基准相位。在工程与研究中，按照被控量来分类，换流器外环控制有以下两类基本控制方式：

（1）有功类，即根据有功功率类物理量参考值与测量值间的偏差，调节换流站输出端电压与交流系统电压间的相角差，其调节量直接或间接地与有功功率相关，包括定有功功率控制、定直流电压控制、直流电压下垂控制和定频率控制。

（2）无功类，即根据无功功率类物理量参考值与测量值间的偏差，调节换流站输出电压幅值和相角，其调节量直接或间接地与无功功率相关，包括定无功功率控制和定交流电压控制。

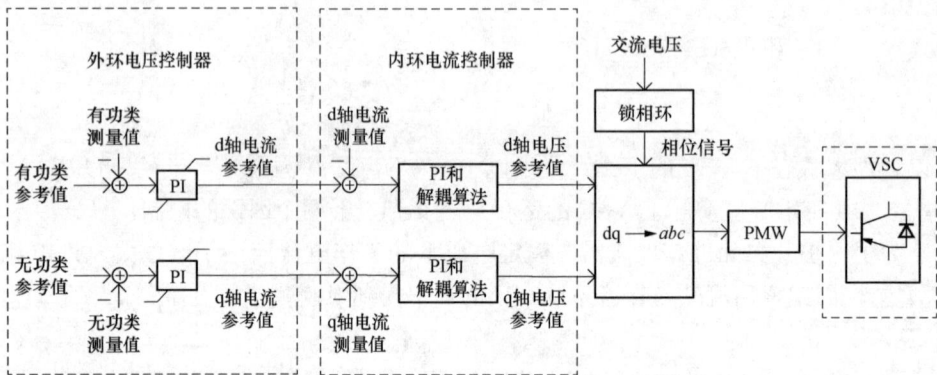

图 6-16 VSC 矢量控制器结构图

单个 VSC 只能够同时采用有功类控制和无功类控制中的一种。一般情况下，为了保证有功功率的传送和维持系统直流电压恒定，一端换流站必须采用定直流电压控制，另一端则根据所连系统是有源系统还是无源系统而定。当两端所连的系统均为有源系统时，另一端可以选择一种有功类控制方式；当受端连接无源系统时，受端侧需采用定交流电压控制以稳定换流器交流侧母线电压。

三、多端柔性直流输电系统

（一）多端直流输电系统的接线方式及特点

多端直流（Multi-terminal Direct Current，MTDC）输电概念最早于 20 世纪 60 年代被提出，它是由 3 个及以上换流站通过直流线路串联、并联或混联方式连接起来的直流输电系统。其中，并联接线方式能够保证多端直流系统中所有换流站都工作在同一直流电压等级下，只要通过改变各换流站的电流便可实现功率分配，控制简单、易于扩展且有最小运行问题，因此在实际工程应用中被广泛接受。并联连接的多端直流系统有两种基本拓扑结构：一种是星形拓扑（见图 6-17），另一种是环形拓扑（见图 6-18）。其他复杂的结构都可以看作是这两种基本结构的扩展或组合。

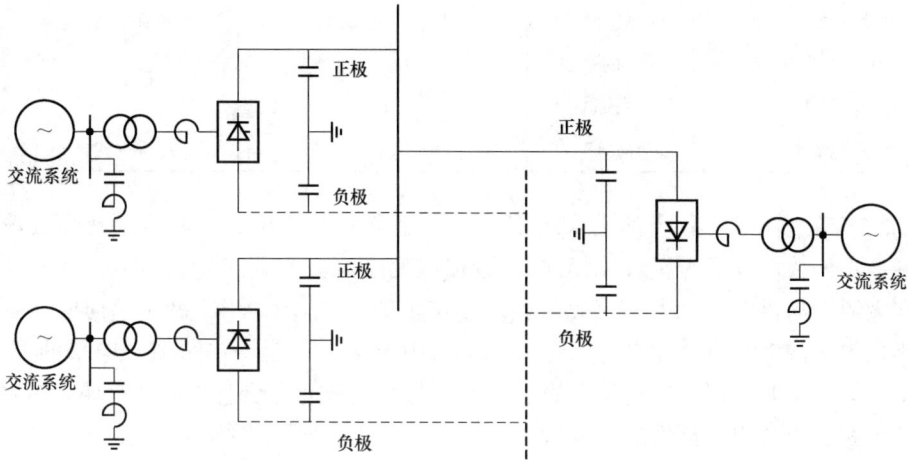

图 6-17　星形拓扑多端直流系统

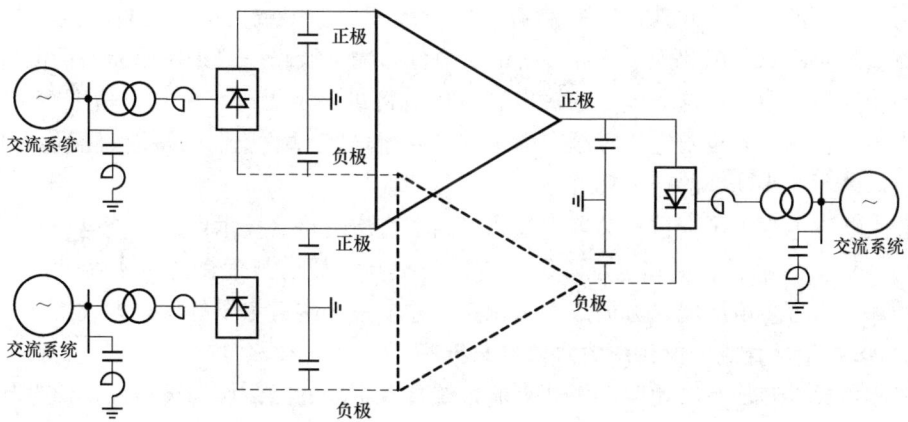

图 6-18　环形拓扑多端直流系统

多端直流系统能够实现多电源供电、多落点受电，比两端直流系统具有更好的经济性、灵活性及可靠性，它是解决大规模可再生能源并网、大容量远距离电能输送和城市高压直流配电等问题的有效技术手段之一。迄今为止，世界上已有多个多端直流输电工程投入商业运行，具体情况见表 6-1。

表 6-1　　　　　　　　　　　国内外多端直流输电工程概况

工程名称	换流站类型	端数	额定功率（MW）	额定电压（kV）	投运年限
加拿大纳尔逊河	CSC	四	3800	±500	1985
意大利科西嘉—撒丁岛	CSC	三	200	±200	1987

工程名称	换流站类型	端数	额定功率（MW）	额定电压（kV）	投运年限
美国太平洋联络线	CSC	四	3100	±500	1989
加拿大魁北克—新英格兰	CSC	五	2250	±500	1992
日本新信浓	VSC	三	153	±10.6	2000
广东南澳岛	MMC	三	200	±160	2014
浙江舟山	MMC	五	400	±200	2014
美国 Super Station	MMC	三	750	±345	2015
瑞典—挪威	MMC	三	2×720	±300	2016

早期的多端直流输电系统都是采用 CSC，但是电流源换流器在潮流翻转需要改变直流电压极性，不便控制；而 VSC 在潮流翻转直接改变电流方向即可，直流电压极性不变，并且具备向无源孤岛供电的能力。因此，相对于电流源换流器，VSC 更易于构成多端直流系统，近年来投运的多端直流输电工程也大都是采用 VSC。但是两电平或三电平的 VSC 所采用全控型电力电子开关器件的耐压等级、功率容量和通流能力仍有待提高；还有桥臂上大量开关器件串并联也会引发器件的一致触发性、动态均压和电磁干扰等问题。MMC 以半桥子模块为基本功率单元，采用单元级联的方式构成三相六桥臂，这种巧妙的结构设计消除了两电平或三电平换流器所固有的一致触发、动态均压和电磁干扰等问题，但子模块级联数量的增加也会带来其他问题。此外，VSC 存在二极管续流效应，致使其不能依靠自身快速控制实现直流故障自清除。因此为了提高系统的可靠性，输电线路一般采用故障率低但造价非常昂贵的高压直流电缆，而这种电缆的输电容量还有待进一步提高。总之，基于 VSC 的多端直流输电系统在输送容量及电压等级方面仍难与基于电流源换流器的多端直流输电相媲美，目前它仅局限于中小功率的输电场合。

随着大功率电力电子全控开关器件技术、高压直流断路器技术以及直流电缆制造水平的不断提高，VSC 的输送容量和电压等级会进一步提高，凭借其优良的技术特性，它将有可能在远距离、大容量电能输送方面成为多端直流输电系统中最主要的构成方式。

（二）多端柔性直流输电系统的协调控制策略

虽然多端柔性直流系统比两端柔性直流系统具有更高的经济性与灵活性，但是其在控制器的设计上更复杂。在并联接线方式下，所有换流站都工作在同一直流电压等级下，因此直流电压控制是多端柔性直流系统稳定运行的关键，类似于交流系统中的频率控制。这就要求在进行控制系统设计时，至少要安排一个换流站控制直流电压，此换流站相当于多端柔性直流系统的有功功率平衡点；此外，还要同时保证各换流站间有功功率的协调分配，以防止个别换流站过载。目前，比较典型的协调控制策略主要有主从控制、直流电压裕度控制和直流电压下垂控制三种。现已投入实际运行的多端直流输电工程中，广东南澳三端柔性直流输电工程，采用主从式控制；浙江舟山五端柔性直流输电工程则采用主从控制和直流电压裕度控制备份的模式。

主从控制中只有一个换流站负责直流电压的控制，其他换流站采用定功率控制。它具有控制特性好、直流电压质量高等优点，但换流器控制器与系统控制器之间需要具备高速通信条件，系统可靠性不高。

直流电压裕度控制基本原理是在直流电压控制换流站由于故障退出运行后，后备直流电压控制站检测到直流电压下降到特定值后而自动切换为直流电压控制模式。它具有扩展性好、无规模限制、无需站间通信以及能实现单个换流站定有功控制等优点，但是直流电压偏差较大。如果控制器参数选择不当，则可能会引起多端直流系统的振荡。

直流电压下垂控制是利用各换流站的直流功率与直流电压的斜率关系来实现多个站共同承担直流电压控制。该控制策略结构简单，无需通信负载功率便可在多个换流器间自动分配。由于系统的直流电压是由所有装有电压下垂控制器的换流器共同控制，系统可靠性较高且容易扩展。无论一个还是多个换流站故障退出运行，系统剩余部分通过调整各个换流站功率分配和直流电压参考值，仍能维持系统直流电压的稳定。但存在直流电压质量较差、功率分配不独立、参数设计困难等问题。

第三节　柔性交流输电

迄今为止，已提出了多种 FACTS 装置，它们按其在电力系统中的安装位置分为串联型、并联型和综合型，并以不同的形式通过控制系统的运行或网络参数来调节电力系统的运行状态。这些装置有的已经获得实际应用，有的尚在研究和试验阶段。随着电力电子元器件价格的降低和性能的提高，这类新型设备和装置将在系统中获得更多的应用。本节只介绍其中已在实际系统中应用的部分装置的基本原理和运行特性，并给出相应的数学模型。

一、静止无功补偿器

静止无功补偿器（Static Var Compensator，SVC）是并联在母线的一种 FACTS 装置，它可以用来对无功功率进行连续和快速的调节，其性能与同步调相机相同。由于它由静止元件所组成，因此维护比较容易。

静止无功补偿器由晶闸管调节电抗器（Thyristor Controlled Reactor，TCR）和晶闸管投切电容器（Thyristor Switching Capacitor，TSC）并联而成，其原理接线如图 6-19 所示。

TCR 的每一相由晶闸管 VT1 和 VT2 进行反并联

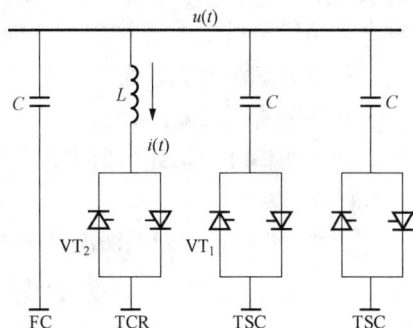

图 6-19　静止无功补偿器原理接线图

后再与电抗器 L 串联而成，VT1 和 VT2 每半个工频周期轮流被触发一次。通过对触发相角的控制，可以改变晶闸管的导通时间，从而改变流过 L 的电流，达到控制无功功率的目的。图 6-20 为母线电压 $u(t)$ 与流过 L 的电流 $i(t)$ 的波形图。在电压正半周，晶闸管 VT1 处在正向电压作用之下，如果在 $\omega t = \alpha$ 时对它进行触发（即触发相角为 α），则它开始导通使流过 L 的电流开始增加，直至 $\omega t = \pi/2$ 电压过零时达到最大。以后虽然电压变负而进入负半周，但由于流过 L 的电

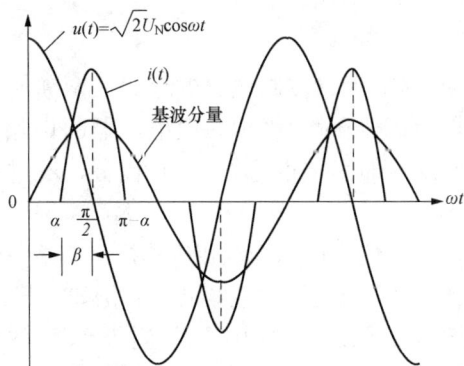

图 6-20　晶闸管调节电抗器的电压电流波形图

流不能突变至零，因此它不能立即关断，使 VT1 不能马上截止，但流过其中的电流将逐渐减小，直至电流减少到零，VT1 关断。以后，在 $\omega t = \pi + \alpha$ 时对 VT2 进行触发，其电流的变化情况正好相反。

　　下面具体分析电流的波形，在分析中假定母线电压 $u(t)$ 为正弦，这是因为在电力系统正常运行情况下，各个母线的电压虽然可能含有谐波，但其含量很小，必须限制在国家标准所限定的范围之内。在 VT1 导通期间，流过 L 的电流与电压之间的关系服从电路方程（忽略电阻）

$$L\frac{\mathrm{d}i(t)}{\mathrm{d}t} = u(t) = \sqrt{2}U_{\mathrm{N}}\cos\omega t \qquad (6\text{-}54)$$

其边界条件为：当 $\omega t = \alpha$ 时，$i(t) = 0$。应用这一边界条件，可以求得式（6-54）的解为

$$i(t) = \frac{\sqrt{2}U_{\mathrm{N}}}{\omega L}(\sin\omega t - \sin\alpha) \quad (\alpha \leqslant \omega t \leqslant \pi - \alpha) \qquad (6\text{-}55)$$

　　显然，式（6-55）满足上述边界条件，而且可以看出，当 $\omega t = \pi - \alpha$ 时 $i(t)$ 又重新减少到零，且 $i(t)$ 的波形对称于 $\omega t = \pi/2$。对于负半周，电流波形与正半周相反。可见整个电流波形呈周期性变化并满足 $i(\omega t + \pi) = -i(\omega t)$。对电流进行傅里叶分解，可以得出它的基波分量为

$$i_1(t) = \frac{\sqrt{2}U_{\mathrm{N}}}{\omega L} \times \frac{\pi - 2\alpha - \sin2\alpha}{\pi}\sin\omega t \qquad (6\text{-}56)$$

其波形如图 6-20 中标有基波分量的曲线所示。由式（6-56）可见，电抗器中流过的基波分量电流仍然滞后于电压 90°；当 $\alpha = 0$ 时，VT1 和 VT2 分别在触发后的半个周期内全部导通，相应的基波电流最大，且与一般不受控制的电抗器相同；随着触发的延迟，即 α 的增大，基波电流逐渐减小；而在 $\alpha = \pi/2$ 的情况下，基波电流为零，相当于电抗器被切除。另外，通过傅里叶分解还可以求出各次谐波（只含奇次）分量，而谐波电流的出现是 SVC 的一大缺点。

　　由式（6-56）可以得出 TCR 的基波等值电抗与触发相角之间的关系为

$$X_{\mathrm{L}} = \frac{\pi\omega L}{\pi - 2\alpha - \sin2\alpha} = \frac{\pi\omega L}{2\beta - \sin2\beta} \qquad (6\text{-}57)$$

其中

$$\beta = \frac{\pi}{2} - \alpha, \ \beta \in \left[0, \frac{\pi}{2}\right]$$

称为导通角。

　　TSC 由反并联的晶闸管与电容器串联而成，但晶闸管只控制电路的全通或全断而不起调节作用。当全通时，相当于一般的并联电容器，而全断时相当于并联电容器的切除。所以，在有些 SVC 中，TSC 用普通的开关投切电容器（即固定电容器 FC）代替，不过频繁的投切将影响开关的使用寿命。

　　对 TCR 和 TSC 两者的容量进行合理的配合，可以使它像同步调相机那样，从某一个吸收无功功率 Q_1 到另一发出无功功率 Q_2（$Q_2 \leqslant Q_1$）的全部范围内连续调节。例如，若 TCR 和 TSC 的容量都等于 Q_1，则在 TSC 的晶闸管处于全断状态的情况下，靠调节 TCR 的触发相角可以使 SVC 吸收的无功功率在 0 到 Q_1 范围内连续变化，而在 TSC 的晶闸管处于全通状态的情况下，靠调节 TCR 的触发相角又可以使 SVC 发出的无功功率在 Q_1 到 0 范围内连

续变化，这样，SVC 便可以从吸收无功功率 Q_1 到发出无功功率 Q_1 之间连续变化。另外，在必要时还可以将它们分别进行分组，使无功功率调节范围更大。

　　SVC 的等值伏安特性与它的组成情况和控制规律有关，下面以 TCR 与 FC 并联的情况为例加以说明。在导通角 $\beta = 0$ 的情况下，TCR 中的电流为零，这时整个 SVC 的电流便是 FC 中的电流，在此情况下 SVC 的伏安特性为图 5-14 中的直线 OD，其斜率为 $-1/\omega C$。在导通角 $\beta = \pi/2$ 的情况下，TCR 中的晶闸管处于全通状态，相当于 FC 与电抗器直接并联，在此情况下 SVC 的伏安特性为图 6-21 中的直线 OC，其斜率为 $\omega L/(1-\omega^2 LC)$（即电抗器的电抗 ωL 与电容器的电抗 $-1/\omega C$ 相并联后的电抗值）。在上述两种情况之间，TCR 中晶闸管的触发相角将由 SVC 的控制规律决定，而通常所采用的控制规律为

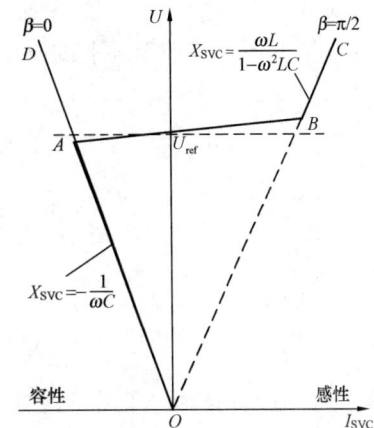

$$U = U_{\text{ref}} + X_e I_{\text{SVC}} \tag{6-58}$$

图 6-21　静止无功补偿器的伏安特性

与它相对应的伏安特性如图 6-21 中的线段 AB，其中，U_{ref} 为给定电压参考值，X_e 为 AB 的斜率。这段伏安特性意味着，当 SVC 所在母线的电压高于给定参考值 U_{ref} 时，SVC 所吸收的电流呈感性，即让它吸收无功功率，以便增大系统等值阻抗上的电压降落而使母线电压回落；反之，SVC 的电流呈容性，让它发出无功功率，以便使母线电压回升。U_{ref} 和 X_e 在运行过程中都可以根据需要加以整定，X_e 越小，线段 AB 越平坦，在相同的电压偏差下，SVC 的电流可以有更大的变化，从而可以使母线的电压偏差更小。但 X_e 的取值一般不等于零，否则线段 AB 为水平线，使 I_{SVC} 的取值不定，造成 SVC 运行不稳定。显然，在采用式（6-58）控制规律的情况下，SVC 相当于一个电动势为 U_{ref}、内电抗为 X_e 的同步调相机。由上面的分析可以看出，对于由 TCR 与 FC 并联所组成的 SVC，整个等值伏安特性为图 6-21 中的折线 OABC，其位置取决于 FC 的容量 Q_C 与 TCR 的容量 Q_L 之间的关系。Q_C 越大，该折线越向第 2 象限倾斜，如果 $Q_C > Q_L$，则它将全部在第 2 象限内；当 $Q_L = Q_C$ 时，线段 BC 与纵轴重合；若 $Q_C = 0$ 则它全部在第 1 象限内而线段 OA 与纵轴重合。

　　当 TCR 与 TSC 并联时，可以同理根据其具体组成情况而得出等值伏安特性，但应考虑到 TSC 的投切以及它们可能的分组和组合情况。

二、晶闸管控制的串联补偿器

　　晶闸管控制的串联补偿器（Thyristor Controlled Series Compensator，TCSC），简称可控串补，是由固定电容器和晶闸管控制的电抗器并联而成，它串联在输电线路上，其原理结构图如图 6-22 所示。其中，受反并联晶闸管控制的电抗器与静止无功补偿器中的晶闸管控制电抗器在结构上相同。可控串补的主要作用是，利用对晶闸管触发相角的控制，与电容器一起形成一个可以连续、快速调节的容抗，用它来补偿输电线路的感抗，从而实现潮流的调整和提高系统的稳定性。

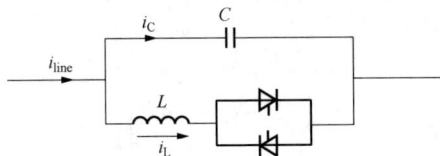

图 6-22　可控串补的原理结构图

　　可控串补的基波等值电抗与晶闸管触发相角

之间的关系，可以仿照静止无功补偿器中的推导过程来进行推导，所不同的是，对于静止无功补偿器，曾假定其电压波形为正弦，而对于可控串补而言，由于它与输电线路相串联，其中所通过的总电流应等于流过线路的电流，在高压输电系统中这一电流的波形基本上是正弦的，在此情况下，可控串补上的电压则含有谐波。这样，由图 6-22 可以列出下列电路方程

$$\left.\begin{aligned} i_C + i_L &= i_{line} = I_m \sin\omega t \\ C\frac{du}{dt} &= i_C \\ L\frac{di_L}{dt} &= u \end{aligned}\right\} \tag{6-59}$$

消去 u 和 i_C，得

$$i_L + LC\frac{d^2 i_L}{dt^2} = I_m \sin\omega t \tag{6-60}$$

应用在触发相角为 α 时晶闸管开始导通的条件，即将 $\omega t = \alpha$ 时，$i_L(t) = 0$ 作为边界条件，对式（6-60）进行求解，从而可以得出电抗器中的电流 $i_L(t)$，再将它代回式（6-59）得出电容器中的电流 $i_C(t)$ 和可控串补上的电压 $u(t)$；然后分别将它们进行傅里叶分解，得出其中的基波分量（推导过程略），它们的波形如图 6-23 所示。

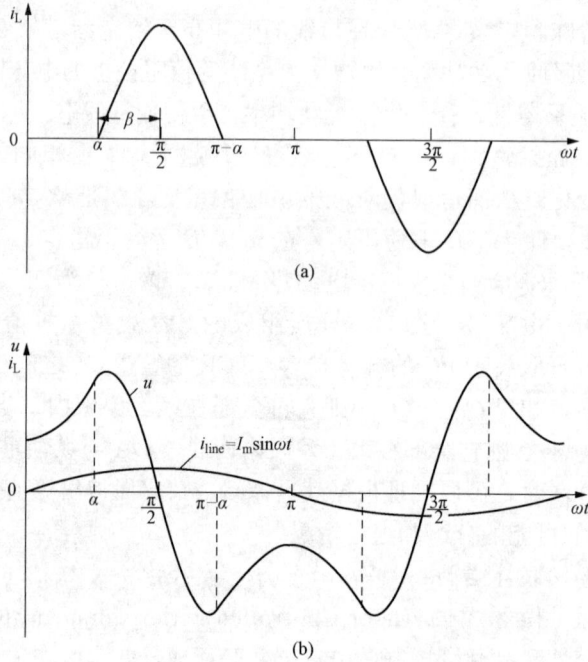

图 6-23　可控串补电压和电流波形图
（a）电抗器中的电流；（b）电容器电压和线路电流

由电压的基波分量和总电流的基波分量便可得出可控串补的等值基波电抗为

$$X_{TCSC} = -\frac{1}{\omega C}\left[1 - \frac{\lambda^2}{\lambda^2-1}\times\frac{2\beta+\sin2\beta}{\pi} + \frac{4\lambda^2\cos^2\beta}{(\lambda^2-1)^2}\times\frac{\lambda\tan\lambda\beta-\tan\beta}{\pi}\right] \tag{6-61}$$

其中

$$\lambda = \frac{1}{\omega \sqrt{LC}}$$

$$\beta = \frac{\pi}{2} - \alpha, \ \beta \in \left[0, \frac{\pi}{2}\right]$$

这一等值电抗与晶闸管触发相角之间的关系如图 6-24 所示。下面分三种情况来进行分析和说明，它们也正是可控串补实际运行的三种情况。

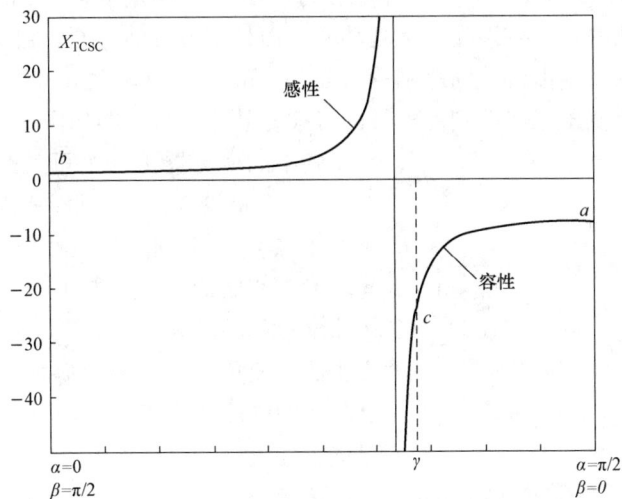

图 6-24　可控串补的基波等值电抗与触发相角的关系

（1）触发相角 $\alpha = \pi/2$，即 $\beta = 0$。在此情况下，电抗器中的电流为零，相当于电抗器开路，而由式（6-61）得 $X_{\mathrm{TCSC}} = -1/\omega C$，即等于电容器的容抗，它对应于图 6-24 中的 a 点。

（2）触发相角 $\gamma < \alpha < \pi/2$。当 α 从 $\pi/2$ 逐渐减小时，电抗器中的电流及其相应的基波分量逐渐加大，使晶闸管控制电抗器的基波等值电抗逐渐减小。由于电容器的容抗不变，因此，在一定的触发相角范围内，可控串补的基波等值电抗仍为容性，其数量随着触发相角的减小而逐渐加大，如图 6-24 中的曲线段 ac 所示。如果再减小触发相角，则在一定的条件下，电抗器的基波等值电抗与电容器的容抗有可能相等而产生并联谐振。

（3）触发相角 $\alpha = 0$。在此情况下，晶闸管将全部导通，电抗器中的电流与不加控制的情况相同，即其电抗为 ωL。在可控串补中，为了减小电抗器的体积，其电抗值通常比电容器的容抗值小得多，在此情况下，可控串补的基波等值电抗呈感性，如图 6-24 中的 b 点。

由于电容器所承受的基波电压就是可控串补两端的基波电压，它等于流过线路的总电流与可控串补等值电抗的乘积。如果在运行过程中可控串补的等值电抗过大，势必要求电容器承受更大的电压，即要求电容器具有更大的容量，这是不经济的。因此，在运行时需要根据电容器的容量和过载能力决定可控串补的最大基波等值容抗，当然更不能运行在并联谐振点附近。

例如，安装在美国 Slatt 变电站中的可控串补装置，电容器的总容抗为 8Ω，电抗器的感抗为 1.067Ω，是电容器容抗的 $1/7.5$。它的工作模式便是上面介绍的三种情况：①晶闸管阻断状态，容抗 8Ω；②晶闸管调整状态（或称容性微调状态），容抗的调节范围为 $8\sim24\Omega$（即相当于阻断状态下容抗的 $1\sim3$ 倍）；③晶闸管全通状态（或称晶闸管旁路状态），感抗 1.231Ω。

三、静止同步补偿器

静止同步补偿器（Static Synchronous Compensator，STATCOM），又称静止无功发生器（Static Var Generator，SVG），是并联在母线上的一种用变流器组成的无功补偿装置，它既可以发出无功功率，又可以吸收无功功率，而且调节灵活方便。目前已经投入运行的静止同步补偿器，大都采用由可关断晶闸管（Gate Turn Off Thyristor，GTO）组成的三相电压源型变流器，通过变压器连接到变电站的母线。其原理接线图如图 6-25 所示。

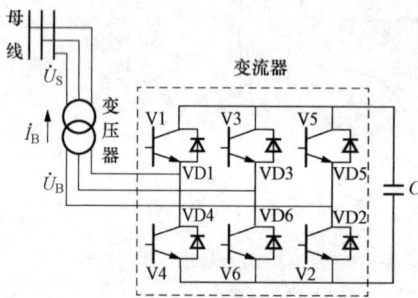

图 6-25 静止同步补偿器的原理接线图

其中的变流器由 6 个可关断晶闸管 V1～V6 和 6 个续流二极管 VD1～VD6 所组成，它实际上相当于电压源型逆变器。当 V1～V6 依次施加正负相间、间隔为 1/6 周期的电流脉冲时，在变流器的交流侧将输出对称的三相电压，其大小与电容器上的电压成比例，相角决定于电流脉冲发出的时刻。变流器交流侧的电流决定于交流母线的电压和变压器的漏阻抗。

当变流器交流侧的输出电压用相量 $\dot{U}_B = U_B\angle\theta_B$ 表示，交流母线电压为 $\dot{U}_S = U_S\angle\theta_S$，变压器的漏阻抗为 $R_T+\mathrm{j}X_T$ 时，由变流器送出的电流为

$$\dot{I}_B = (\dot{U}_B - \dot{U}_S)/(R_T + \mathrm{j}X_T) \tag{6-62}$$

显然，这一电流将取决于变流器交流输出电压的大小和相角，而对它们进行适当的控制，将可以改变变流器输出的电流和相应的功率。但是，由于变流器中的电容只能起稳定直流电压的作用，如果让变流器不断地吸收有功功率即不断地吸收能量，则这些能量只好存储在电容器中，其结果将使电容器两端的电压不断升高；反之，若变流器向系统送出有功功率，则所需能量将靠电容器释放其中所储存电场能量，结果使电容器的电压不断下降。因此，静止同步补偿器只能发出或吸收无功功率，即变流器的输出电流 $\dot{I}_B$ 的相角只能超前或滞后于其输出电压 $\dot{U}_B$ 的相角 $90°$，这两种情况下的相量图如图 6-26 所示。由于变压器的漏抗远大于电阻，因此，变流器交流侧输出电压与交流母线的电压几乎同相。另外，变流器交流侧电压越高，输出的无功功率越大；变流器交流侧电压与交流母线电压相同时，输出无功功率为零；而变流器交流侧电压越小则吸收的无功功率越大。

在三相对称情况下，由于三相功率瞬时值之和为常数，其大小等于有功功率，因此，无论静止同步补偿器发出还是吸收无功功率，在一个周期内都无须通过电容器来进行能量的存储和释放，而电容器的任务主要是提供和稳定直流电压。与补偿器本身吸收或发出的无功功率相比，电容器所需要的容量很小。在这一方面，由于静止无功补偿器需要靠庞大的电抗器和电容器来发出和吸收无功功率，相比之下，静止同步补偿器有很大的优越性。

静止同步补偿器所存在的谐波问题，可以采用桥式变流电路的多重化和多电平技术，或者应用脉冲调宽（PWM）技术加以解决。但是，由于高电压、大容量的可关断器件价格仍

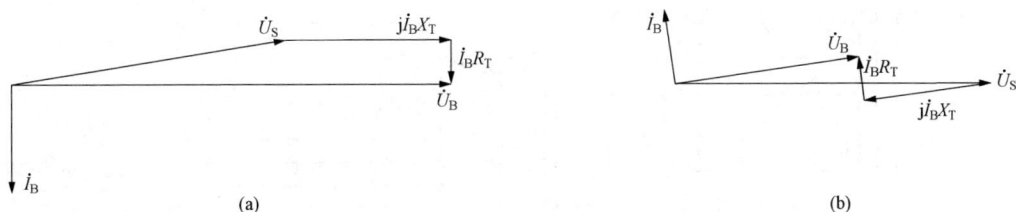

图 6-26　静止同步补偿器的相量图
(a) 发出无功功率；(b) 吸收无功功率

比较昂贵，因此限制了目前在电力系统中的广泛应用。

国外已投入运行的静止同步补偿器，最大容量为 ±100MVA，主电路由 8 个三相桥式变流器组成 48 脉冲的多重化结构，共使用 240 个 4.5kV、4kA 的 GTO 晶闸管。在国内，已有 ±20MVA 的装置在河南电力系统中运行。

四、统一潮流控制器

统一潮流控制器（Unified Power Flow Controller，UPFC）的功能：一方面，可以对系统的节点进行无功功率补偿；另一方面，在线路上串联一个幅值和相角都可以控制的电压，以改变线路上的潮流。UPFC 是一种综合型的 FACTS 装置，目前唯一投入运行的 UPFC 安装在美国肯特基州 AEP 系统的 Inez 变电站中，其原理结构如图 6-27 所示。它由两个电压源型变流器组成，分别称为并联变流器和串联变流器（容量分别为 ±160MVA），并联变流器的交流输出像静止同步补偿器那样通过变压器 TB 连接到变电站的母线，串联变流器则通过变压器 TL 将输出的交流电压串联到线路上，而两个变流器的直流侧则共用一个静电电容器作为直流电源。与前面介绍的静止同步补偿器不同，这两个电压源型变流器都采用脉宽调制控制技术，通过调制比的控制来改变它们输出电压的大小，即

$$\dot{U}_\mathrm{B} = k_\mathrm{B} m_\mathrm{B} U_\mathrm{B} \angle \theta_\mathrm{B} / 2\sqrt{2}$$

$$\dot{U}_\mathrm{L} = k_\mathrm{L} m_\mathrm{L} U_\mathrm{L} \angle \theta_\mathrm{L} / 2\sqrt{2}$$

式中：m_B、m_L 为并联和串联变流器的调制比，取值在 0～1 之间；θ_B、θ_L 为并联和串联变流器正弦控制波形的相角；k_B、k_L 为并联和串联变压器的变比。

由于两个变流器在直流侧直接并联，因此，现在的并联变流器不但可以通过变压器 TB 吸收或发出无功功率，而且也可以吸收（或送出）一定的有功功率，这一有功功率将通过串联变流器送回系统（或从系统吸收），使得在稳态运行时电容器仍不参与能量的交换，而只起维持变流器直流电压的作用。由于所要求的串联接入线路的电压与线路中流过的电流之间的相角差通常并不等于 90°，这就要求串联变压器 TL 能发出或吸收相应的有功功率，而现在所需要的有功功率正好可以由并联变流器提供或经过它送回系统。因此，统一潮流控制器在稳态运行情况下必须满足以下的有功功率平衡条件

$$\mathrm{Re}(\dot{U}_\mathrm{B}\dot{I}_\mathrm{B}^*) + \mathrm{Re}(\dot{U}_\mathrm{L}\dot{I}_\mathrm{L}^*) = 0$$

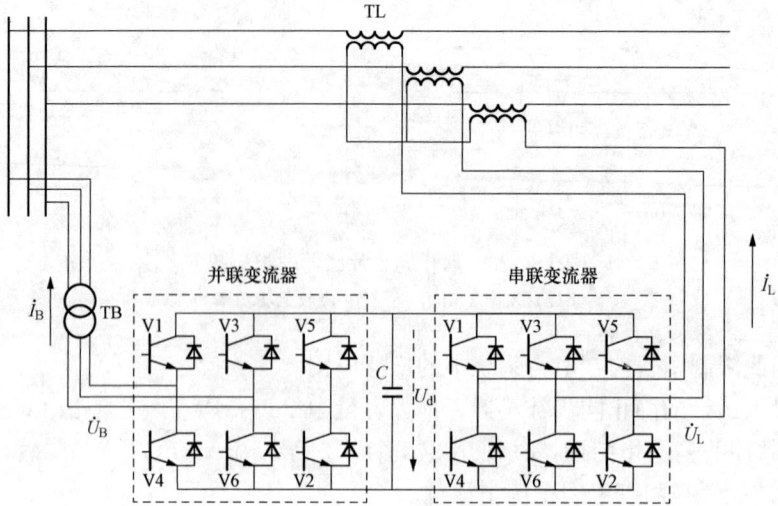

图 6 - 27　统一潮流控制器的原理结构图

第七章　同步电机的数学模型

在进行电力系统稳态分析时，认为发电机的功率和电压是恒定不变的。实际上，在电力系统运行过程中必然要遇到各种大大小小的干扰，例如负荷的变化，机组和变压器的突然故障，线路发生短路等。在干扰作用下，电力系统原来的功率平衡状态将被打破而使系统从稳态运行进入暂态过程（或称过渡过程）。在暂态过程中，发电机输出的有功功率、无功功率以及系统的频率和各个节点的电压有可能随时间剧烈变化从而严重恶化电能质量，使电力负荷无法正常工作。在严重情况下，可能使发电机之间失去同步，甚至使系统瓦解。因此，在电力系统规划、设计和运行中都必须分析和研究电力系统的暂态过程。后面几章将介绍电力系统暂态分析的基本内容和方法。

同步发电机的作用是将原动机的旋转机械能转换为同步发电机定子输出的电能，因而同步发电机是电力系统中最主要的电源。在电力系统稳态分析中，重点在确定系统中的潮流分布，而并不十分关心同步发电机内部的物理过程，因此主要涉及发电机的定子电压、电流、有功功率和无功功率以及励磁绕组的电流。但是，在暂态过程中，由于发电机组调节系统的作用以及机组以外的电力系统的动态行为，不但发电机输出的有功功率、无功功率以及转速都将随时间变化，而且在电机内部将产生一系列复杂的机械和电磁过程，它们互相作用，不但直接影响到同步电机自身的运行状态，而且进一步影响到整个电力系统的暂态行为，后者又反过来对同步发电机的运行产生影响。因而，掌握同步发电机内部的机械和电磁暂态过程所遵循的客观规律是分析电力系统暂态行为的基础。本章将在"电机学"课程的基础上介绍同步发电机的基本方程，建立同步发电机的数学模型。由于同步电动机和同步补偿机与同步发电机并无本质区别，因此，本章的介绍虽然针对同步发电机，但所建立的数学模型也可以推广应于同步电动机和同步补偿机。

第一节　同步电机的转子运动方程

同步电机的转子运动方程用于反映暂态过程中发电机的转子机械运动过程。为简单起见，这里只介绍忽略转子材料弹性而将转子看作刚体的转子运动方程。

一、用有名值表示的转子运动方程

设发电机转子按逆时针方向旋转，并规定逆时针方向为发电机转速的正方向。作用在同步发电机转子轴上的转矩主要有两个：一个是原动机产生的机械转矩，其方向与转子旋转方向相同，是发电机的动力转矩；另一个是同步发电机内由磁场与电流相互作用而产生的转矩，称为电磁转矩，其方向与转子旋转方向相反，是发电机的阻力转矩。除此以外，还有由于机械摩擦和风阻等所产生的阻力转矩，其方向与转子旋转方向相反。在稳态运行情况下，这些转矩相互平衡，即其代数和等于零，这时转子以恒定的转速旋转。在暂态过程中，考虑到这些转矩之间的不平衡，需要建立转矩与转速变化之间的关系，即转子运动方程。根据旋转动力学，可以写出同步电机的转子运动方程为

$$J \frac{\mathrm{d}\Omega}{\mathrm{d}t} = M \tag{7-1}$$

式中：Ω 为转子运动的机械角速度，rad/s；t 为时间，s；M 为作用在转子上所有转矩的代数和，即净转矩，其参考方向与转子转动方向一致，N·m；J 为转子的转动惯量，kg·m²。对于同步发电机来说，它还应包括原动机转子的转动惯量。

在电力系统分析中，常用时间常数来代替转动惯量。当转子以额定转速（即同步转速）Ω_0 旋转时，转子的旋转动能为

$$W_\mathrm{K} = \frac{1}{2} J \Omega_0^2 \tag{7-2}$$

将式（7-2）代入式（7-1），以消去转动惯量 J，可得

$$\frac{2W_\mathrm{K}}{\Omega_0^2} \frac{\mathrm{d}\Omega}{\mathrm{d}t} = M \tag{7-3}$$

将同步发电机的额定转矩和额定容量分别表示为 M_N 和 S_N，则由于转矩与转速的乘积为相应的功率，因此有

$$S_\mathrm{N} = M_\mathrm{N} \Omega_0 \tag{7-4}$$

在式（7-3）两边同时除以 M_N，并应用式（7-4），得

$$T_\mathrm{J} \frac{\mathrm{d}(\Omega/\Omega_0)}{\mathrm{d}t} = \frac{M}{M_\mathrm{N}} \tag{7-5}$$

其中

$$T_\mathrm{J} = \frac{2W_\mathrm{K}}{S_\mathrm{N}} \tag{7-6}$$

称为同步电机的转子机械惯性时间常数，简称惯性时间常数，由量纲分析可知其单位为 s。在国外文献中，转子的机械惯性时间常数常用 $H = W_\mathrm{k}/S_\mathrm{N}$ 来表示，在此情况下，应将式（7-5）中的 T_J 换成 $2H$。

如前所述，作用于转子轴上的净转矩包括原动机的机械转矩 M_m、发电机的电磁转矩 M_e 和机械阻力转矩（或称阻尼转矩）M_D 三部分，即

$$M = M_\mathrm{m} - M_\mathrm{e} - M_\mathrm{D} \tag{7-7}$$

与它们相应的功率 P_m、P_e 和 P_D 为转矩与机械转速的乘积，即

$$\left. \begin{aligned} P_\mathrm{m} &= M_\mathrm{m} \Omega \\ P_\mathrm{e} &= M_\mathrm{e} \Omega \\ P_\mathrm{D} &= M_\mathrm{D} \Omega \end{aligned} \right\} \tag{7-8}$$

将式（7-7）和式（7-8）代入式（7-5），得

$$\frac{T_\mathrm{J}}{\Omega_0} \frac{\mathrm{d}\Omega}{\mathrm{d}t} = \frac{M_\mathrm{m} - M_\mathrm{e} - M_\mathrm{D}}{M_\mathrm{N}} = \frac{P_\mathrm{m} - P_\mathrm{e} - P_\mathrm{D}}{\Omega M_\mathrm{N}} \tag{7-9}$$

它便是用机械转速表示的转子运动方程式。

同步发电机组的机械阻尼转矩与机组的机械转速有关。一般可以近似地认为它们之间呈线性关系，即

$$M_\mathrm{D} = D \frac{M_\mathrm{N} \Omega}{\Omega_0} \tag{7-10}$$

式中：D 常称为阻尼系数。

二、惯性时间常数的物理意义

如果作用在同步电机转子轴上的净转矩始终保持为它的额定转矩，即令 $M=M_N$，让同步发电机组转子从静止状态开始转动，则机械转速与时间的关系可由式（7-5）积分而得

$$\Omega = \frac{\Omega_0}{T_J} \int_0^t \mathrm{d}t = \frac{\Omega_0}{T_J} t$$

在上式中，如果令 $t=T_J$，则 $\Omega=\Omega_0$。这说明同步发电机组惯性时间常数的物理意义是，当转子轴上施加的净转矩为额定转矩时，机组由静止到额定转速所需要的时间。

三、用标幺值表示的转子运动方程

同步电机的转子运动方程一般也用标幺值表示。通常取机组的额定机械角速度 Ω_0 作为机械角速度 Ω 的基准值，取同步电气角速度（即电气角频率）$\omega_0 = 2\pi f_0$ 作为电气角速度 ω 的基准值。由"电机学"课程已知，电气角速度与机械角速度之间的关系为

$$\omega = p_r \Omega$$

式中：p_r 为同步电机的极对数。

有时，进一步将时间也用标幺值表示，其基准值取为 $t_B = 1/\omega_0$。当取同步电机本身的额定容量 S_N 作为功率的基准值时，各基准值之间有如下关系

$$\left.\begin{array}{l} S_N = \Omega_0 M_N \\ \omega_0 = p_r \Omega_0 \\ t_B = 1/\omega_0 \end{array}\right\} \tag{7-11}$$

应用式（7-11）并考虑到式（7-8）和式（7-10）的关系，可以将用有名值表示的转子运动方程式（7-9）转换成用标幺值表示的方程

$$T_{J*} \frac{\mathrm{d}\omega_*}{\mathrm{d}t_*} = M_{m*} - M_{e*} - D\omega_* = \frac{P_{m*} - P_{e*}}{\omega_*} - D\omega_* \tag{7-12}$$

其中

$$\left.\begin{array}{l} T_{J*} = T_J/t_B = \omega_0 T_J \\ t_* = t/t_B = \omega_0 t \\ \omega_* = \omega/\omega_0 \\ M_{m*} = M_m/M_N \\ M_{e*} = M_e/M_N \\ P_{m*} = P_m/S_N \\ P_{e*} = P_e/S_N \end{array}\right\} \tag{7-13}$$

在电力系统分析中，总是对全系统取统一的基准容量 S_B。在此情况下，需要将以发电机额定容量 S_N 为基准值时的标幺值转换成以 S_B 为基准值时的标幺值。显然，基准容量改变后，基准转矩也相应成比例地改变。因此，由式（7-6）和式（7-13）可见 T_J、T_{J*}、M_{m*}、M_{e*}、P_{m*} 和 P_{e*} 都需要进行折算，方法是将它们分别乘以 S_N/S_B，便可以得出以 S_B 为基准值时的相应数值。

四、同步电机转子的位置角

定义公共参考轴 x 为以同步电气角速度 ω_0 逆时针旋转的坐标轴，同步电机转子 q 轴与公共参考轴之间的夹角 δ 为转子的位置角，简称转子角，如图 7-1 所示。

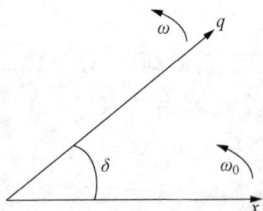

图 7-1　同步电机转子的位置角

由于转子的电气角速度是其电角度随时间的变化率，因而由图 7-1 可以得出

$$\frac{\mathrm{d}\delta}{\mathrm{d}t} = \omega - \omega_0$$

将上式两端同时除以 ω_0，得出用标幺值表示的方程

$$\frac{\mathrm{d}\delta_*}{\mathrm{d}t_*} = \omega_* - 1 \qquad (7-14)$$

式（7-14）和式（7-12）一起，组成常用的转子运动方程

$$\left.\begin{aligned} \frac{\mathrm{d}\delta_*}{\mathrm{d}t_*} &= \omega_* - 1 \\ T_{\mathrm{J}*}\frac{\mathrm{d}\omega_*}{\mathrm{d}t_*} &= \frac{P_{\mathrm{m}*} - P_{\mathrm{e}*}}{\omega_*} - D\omega_* \end{aligned}\right\} \qquad (7-15)$$

为了直观起见，常将时间 t 和时间常数 T_{J} 用有名值表示，而其他各量用标幺值表示，在此情况下，式（7-15）变为

$$\left.\begin{aligned} \frac{\mathrm{d}\delta}{\mathrm{d}t} &= \omega_0(\omega_* - 1) \\ T_{\mathrm{J}}\frac{\mathrm{d}\omega_*}{\mathrm{d}t} &= \frac{P_{\mathrm{m}*} - P_{\mathrm{e}*}}{\omega_*} - D\omega_* \end{aligned}\right\} \qquad (7-16)$$

注意，有时候只考虑转速变化量对阻尼的影响，即在式（7-15）和式（7-16）中用 $D(\omega_* - 1)$ 代替 $D\omega_*$，这相当于认为转子在同步转速下的机械损耗已从原动机机械功率中扣除。在此情况下，式（7-15）和式（7-16）分别变为

$$\left.\begin{aligned} \frac{\mathrm{d}\delta_*}{\mathrm{d}t_*} &= \omega_* - 1 \\ T_{\mathrm{J}*}\frac{\mathrm{d}\omega_*}{\mathrm{d}t_*} &= \frac{P_{\mathrm{m}*} - P_{\mathrm{e}*}}{\omega_*} - D(\omega_* - 1) \end{aligned}\right\}$$

和

$$\left.\begin{aligned} \frac{\mathrm{d}\delta}{\mathrm{d}t} &= \omega_0(\omega_* - 1) \\ T_{\mathrm{J}}\frac{\mathrm{d}\omega_*}{\mathrm{d}t} &= \frac{P_{\mathrm{m}*} - P_{\mathrm{e}*}}{\omega_*} - D(\omega_* - 1) \end{aligned}\right\} \qquad (7-17)$$

必须指出，以上定义的公共参考轴 x，实际上就是电力系统稳态分析中各个电压相量或电流相量的参考轴，这个公共参考轴在电力系统稳态和暂态分析中是唯一的。所有发电机转子的位置角 δ 都在这个唯一的公共参考轴下定义，这样它们之间的相对角度才有意义。

第二节　abc 坐标下的同步电机方程

从电磁方面来说，在暂态过程中，同步电机定子和转子各绕组的电压、电流和磁链都将发生变化。这些变化对机组本身的机械运动，外部系统的电压、电流，以及发电机的励磁系统之间都将产生相互影响。因此，必须建立同步电机各个绕组电压、电流和磁链之间的关系方程，即同步电机的数学模型，以便用这一数学模型进行全系统的暂态过程分析。

一、同步电机的理想化基本假设

在研究建立同步电机数学模型的历史中有两个重要的里程碑：一个是 20 世纪 20 年代双反应原理的建立，另一个是美国电气工程师派克（R. H. Park）在 20 世纪 30 年代提出的派克变换。派克在适当的理想化假设条件下，利用电机的双反应原理导出了采用 dq0 坐标系的同步电机基本方程。在随后的发展过程中，同步电机的数学模型基本上以派克的工作为基础，只是在模拟转子影响时采用的等值绕组个数、用电机试验结果表示同步电机方程中的参数时所采用的假设以及磁路饱和效应的处理方法等方面有所不同。这些数学模型在相关的书籍、文献中有详细的论述。这里将详细介绍目前在国内外比较广泛使用的数学模型。读者在阅读其他参考文献时，需要注意不同的作者可能采用不同的符号、各物理量不同的参考正方向、不同形式的坐标变换矩阵以及不同的基准值选择方法。

在建立同步电机基本方程的过程中，认为同步电机是理想的，即采用下列理想化同步电机假设条件：

（1）电机铁心的磁导系数为常数。这相当于忽略磁路饱和效应，从而可以应用叠加原理进行分析。

（2）电机定子三相绕组结构对称，它们的磁轴在空间位置上依次相差 120°（电角度）。

（3）电机转子对自身的直轴和交轴结构对称。

（4）定子电流产生的磁动势以及转子绕组和定子绕组间的互感磁通在气隙中按正弦分布，即假定通过适当安排绕组的分布和节距可以使气隙中磁动势和磁通的谐波分量完全消除。

（5）定子及转子具有光滑的表面，这相当于认为定子及转子的槽和通风沟不影响定子及转子的电感系数。

二、转子的阻尼绕组及各绕组磁轴、电流和电压的规定正方向

由同步电机的结构已知，转子上的励磁绕组是一个客观真实存在的绕组，而阻尼绕组则是一种等值绕组。对于水轮发电机等凸极同步电机而言，阻尼绕组用于模拟分布在转子上的阻尼条所产生的阻尼作用；对于汽轮发电机等隐极同步电机而言，阻尼绕组则用于模拟整块转子铁心中由涡流所产生的阻尼作用。由于它们是等值绕组，因而可以用一个或者多个绕组来等值。从理论上来讲，等值绕组的个数越多，模拟的精度就越高，而且从建立同步电机数学模型的角度来说采用较多的等值阻尼绕组并不困难。但是采用过多的等值绕组将带来两个问题：一是使数学模型中微分方程的阶数增高，从而使后续的求解计算量大大增加；二是难以准确地获取它们的电气参数。因此，除了在电机设计中有少量采用多个阻尼绕组来研究某些特殊问题以外，在目前应用比较广泛的数学模型中，等值阻尼绕组的个数一般不超过三个。凸极机的转子与隐极机的整块铁心转子相比，前者在转子上的阻尼条更接近于真实的绕组，但在转子的直轴（d 轴）和交轴（q 轴）两个方向的磁阻不同，而后者虽然在空气隙中的磁阻均匀，但整块铁心的阻尼作用比较复杂。故对于凸极机，一般在转子的直轴和交轴上各设置一个等值阻尼绕组，分别记为 D 绕组和 Q 绕组；而对于隐极机，除了 D、Q 绕组外，在交轴上再增加一个等值阻尼绕组，记为 g 绕组，而 g 绕组和 Q 绕组分别用于反映阻尼作用较强和较弱的涡流效应。为了一般起见，首先建立考虑转子为凸极并具有 D、g 和 Q 三个阻尼绕组的同步电机数学模型，而将隐极电机和转子仅有 D、Q 阻尼绕组的凸极机分别处理为它的特殊情况。其他阶数更低的模型则可以通过进一步的简化而得出。

　　图 7 - 2（a）、（b）分别为同步电机的结构示意图和各绕组的电路图。图中给出了本书所采用的定子三相绕组 a、b、c，转子励磁绕组 f 和阻尼绕组 D、g、Q 的电流、电压和磁轴的参考正方向，其规则如下：

　　（1）电压和电流的正方向。在等值电路中，定子按照发电机惯例，三相电流分别取从端点流向系统的方向为正方向，三相电压取相对于中性点的方向为正；励磁绕组按照负载惯例，电流取从励磁电源流出的方向为正。

　　（2）绕组磁轴的正方向。在空间，定子三相绕组磁轴的正方向分别与各绕组的正向电流所产生磁通的方向相反；转子各绕组磁轴的正方向，与其正向电流所产生磁通的方向相同。

　　（3）绕组磁链的正方向。定子和转子各绕组磁链的正方向与其磁轴的正方向相同；各绕组由磁链变化所产生的感应电动势服从楞次定律。

　　（4）转子 d、q 轴的正方向。转子 d 轴的正方向规定为励磁绕组磁链的正方向，转子 q 轴的正方向是沿转子旋转方向超前 d 轴 90°。

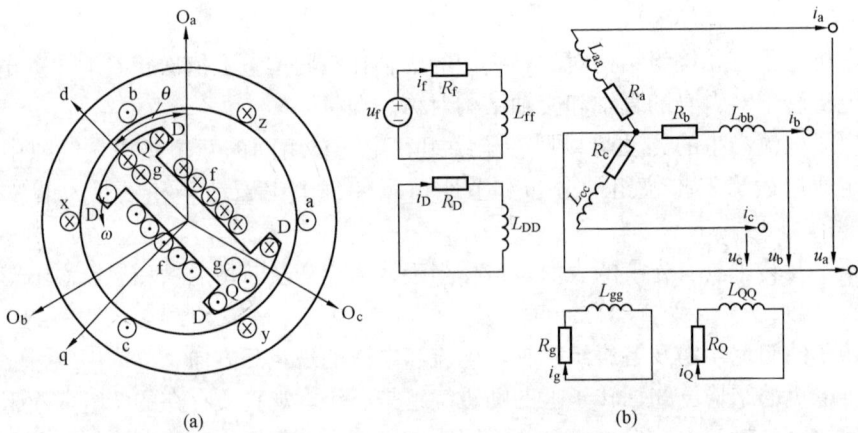

图 7 - 2　同步电机结构和电路图
(a) 结构图；(b) 等值电路图（图中未画出绕组间的互感）

　　另外，考虑到暂态过程中电压、电流和磁链都随时间变化，因此，用小写字母表示它们的瞬时值。

三、绕组的电压和磁链方程

　　由图 7 - 2（b），并结合各物理量的规定正方向，可以列出各绕组的电压平衡方程

$$
\begin{bmatrix} u_a \\ u_b \\ u_c \\ \hline u_f \\ 0 \\ 0 \\ 0 \end{bmatrix} = \begin{bmatrix} R_a & 0 & 0 & 0 & 0 & 0 & 0 \\ 0 & R_a & 0 & 0 & 0 & 0 & 0 \\ 0 & 0 & R_a & 0 & 0 & 0 & 0 \\ \hline 0 & 0 & 0 & R_f & 0 & 0 & 0 \\ 0 & 0 & 0 & 0 & R_D & 0 & 0 \\ 0 & 0 & 0 & 0 & 0 & R_g & 0 \\ 0 & 0 & 0 & 0 & 0 & 0 & R_Q \end{bmatrix} \begin{bmatrix} -i_a \\ -i_b \\ -i_c \\ \hline i_f \\ i_D \\ i_g \\ i_Q \end{bmatrix} + p \begin{bmatrix} \psi_a \\ \psi_b \\ \psi_c \\ \hline \psi_f \\ \psi_D \\ \psi_g \\ \psi_Q \end{bmatrix} \tag{7-18}
$$

　　式中：$p = \mathrm{d}/\mathrm{d}t$ 为微分算子；ψ 表示各绕组的磁链。

　　在不计磁路饱和的情况下，各绕组的磁链可以通过各绕组的自感 L 及绕组之间的互感

M 表示为以下的磁链方程

$$
\begin{bmatrix} \psi_a \\ \psi_b \\ \psi_c \\ \psi_f \\ \psi_D \\ \psi_g \\ \psi_Q \end{bmatrix} = \begin{bmatrix} L_{aa} & M_{ab} & M_{ac} & M_{af} & M_{aD} & M_{ag} & M_{aQ} \\ M_{ba} & L_{bb} & M_{bc} & M_{bf} & M_{bD} & M_{bg} & M_{bQ} \\ M_{ca} & M_{cb} & L_{cc} & M_{cf} & M_{cD} & M_{cg} & M_{cQ} \\ M_{fa} & M_{fb} & M_{fc} & L_{ff} & M_{fD} & M_{fg} & M_{fQ} \\ M_{Da} & M_{Db} & M_{Dc} & M_{Df} & L_{DD} & M_{Dg} & M_{DQ} \\ M_{ga} & M_{gb} & M_{gc} & M_{gf} & M_{gD} & L_{gg} & M_{gQ} \\ M_{Qa} & M_{Qb} & M_{Qc} & M_{Qf} & M_{QD} & M_{Qg} & L_{QQ} \end{bmatrix} \begin{bmatrix} -i_a \\ -i_b \\ -i_c \\ i_f \\ i_D \\ i_g \\ i_Q \end{bmatrix} \quad (7-19)
$$

注意，在式（7-18）中，各个电压、电流和磁链都是指它们的瞬时值。对于式（7-19），需要指出以下两点：一，由于规定定子三相绕组磁轴的正方向与各绕组正向电流所产生磁通的正方向相反，因此在右端的电流向量中，三相电流取 $-i_a$、$-i_b$ 和 $-i_c$。二，虽然式中的系数矩阵是对称的，即 $M_{ab}=M_{ba}$，$M_{af}=M_{fa}$，$M_{fD}=M_{Df}$，等等，然而由于转子的转动使得一些绕组之间的相对位置和气隙中各点的磁阻随时间变化，从而使一些绕组间的互感以及绕组本身的自感也随时间变化，这大大地增加了问题的复杂性。下面将分析自感和互感的变化规律。为了易于理解起见，将图 7-2（a）中的气隙展成平面，如图 7-3 所示，图中用虚线表示转子的运动。

1. 定子绕组的自感和定子绕组间的互感

以 a 相绕组 x-a 为例，当转子旋转时，相当于图 7-3 中的转子磁极向右平移，从而使 a 相绕组磁路的磁阻

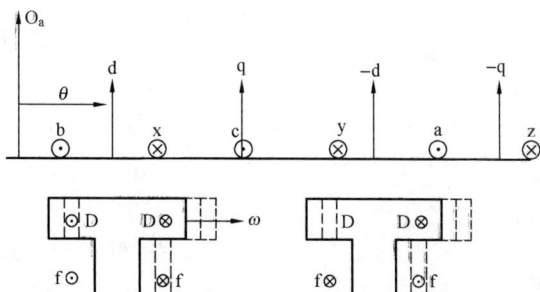

图 7-3　气隙展成平面时转子运动示意图
（未画出 Q 绕组和 g 绕组）

随着转子磁极的位置呈周期性的变化。当转子 d 轴与 a 相磁轴 O_a 重合时，磁阻最小，q 轴与 O_a 重合时最大。另外，由于 a 相绕组磁路的磁阻与转子磁极的极性无关，因此这一磁阻的变化将每旋转半转重复一次。b 相绕组和 c 相绕组的情况与 a 相相同，但它们在空间依次滞后于 a 相 120° 和 240°。因此，定子绕组的自感可以表示为

$$
\left. \begin{array}{l} L_{aa} = l_0 + l_2\cos 2\theta \\ L_{bb} = l_0 + l_2\cos 2(\theta - 2\pi/3) \\ L_{cc} = l_0 + l_2\cos 2(\theta + 2\pi/3) \end{array} \right\} \quad (7-20)
$$

式中：θ 为 O_a 与 d 轴之间的角度。

注意，由于转子的磁极对称于其磁轴，并应用理想化同步电机的假设条件（4），式（7-20）中只含 2θ 的余弦项。

同理，转子的运动使相绕组间互磁通路径的磁阻发生相同性质的变化，从而得出定子绕组间的互感为

$$
\left. \begin{array}{l} M_{ab} = M_{ba} = -[m_0 + m_2\cos 2(\theta + \pi/6)] \\ M_{bc} = M_{cb} = -[m_0 + m_2\cos 2(\theta - \pi/2)] \\ M_{ca} = M_{ac} = -[m_0 + m_2\cos 2(\theta + 5\pi/6)] \end{array} \right\} \quad (7-21)
$$

　　显然，对于隐极机，$l_2 = m_2 = 0$，即定子绕组的自感和互感都是常数。

　　2. 定子绕组与转子绕组之间的互感

　　同理，由于转子绕组随转子旋转，定子绕组与转子绕组间互磁通路径的磁阻也是周期性变化的，所不同的是现在必须考虑到转子绕组的极性，即转子每旋转一周磁路才重复一次。于是可以得出定子绕组与励磁绕组间的互感为

$$\left.\begin{aligned} M_{af} &= M_{fa} = m_{af}\cos\theta \\ M_{bf} &= M_{fb} = m_{af}\cos(\theta - 2\pi/3) \\ M_{cf} &= M_{fc} = m_{af}\cos(\theta + 2\pi/3) \end{aligned}\right\} \quad (7\text{-}22)$$

定子绕组与阻尼绕组间的互感为

$$\left.\begin{aligned} M_{aD} &= M_{Da} = m_{aD}\cos\theta \\ M_{bD} &= M_{Db} = m_{aD}\cos(\theta - 2\pi/3) \\ M_{cD} &= M_{Dc} = m_{aD}\cos(\theta + 2\pi/3) \end{aligned}\right\} \quad (7\text{-}23)$$

$$\left.\begin{aligned} M_{ag} &= M_{ga} = -m_{ag}\sin\theta \\ M_{bg} &= M_{gb} = -m_{ag}\sin(\theta - 2\pi/3) \\ M_{cg} &= M_{gc} = -m_{ag}\sin(\theta + 2\pi/3) \end{aligned}\right\} \quad (7\text{-}24)$$

$$\left.\begin{aligned} M_{aQ} &= M_{Qa} = -m_{aQ}\sin\theta \\ M_{bQ} &= M_{Qb} = -m_{aQ}\sin(\theta - 2\pi/3) \\ M_{cQ} &= M_{Qc} = -m_{aQ}\sin(\theta + 2\pi/3) \end{aligned}\right\} \quad (7\text{-}25)$$

　　3. 转子各绕组的自感和转子绕组之间的互感

　　由于各转子绕组都随转子一起旋转，这些绕组本身磁路的磁阻和绕组间互磁通路径的磁阻都不因转子位置的改变而变化。因此，转子绕组的自感及转子绕组之间的互感均为常数。

　　考虑到直轴上的 f、D 绕组与交轴上的 g、Q 绕组彼此正交，因而它们之间的互感为零，即

$$M_{fg} = M_{gf} = M_{fQ} = M_{Qf} = M_{Dg} = M_{gD} = M_{DQ} = M_{QD} = 0 \quad (7\text{-}26)$$

　　由于磁链随时间变化，因此，如果将磁链方程式（7-19）代入电压平衡方程式（7-18）将得到一个系数为时间 t 的函数的常微分方程组，即时变系数的常微分方程组。这类方程无论是进行分析或者是进行数值求解，都要比常系数微分方程困难得多。因此可以设想，如果能够将这个时变系数常微分方程组通过适当的数学变换，转化为常系数的常微分方程组，则可以给电力系统分析带来很大的好处。对此，在参考文献中先后提出过几种不同的坐标变换方法，而派克所提出的 dq0 坐标系是在电力系统分析中被普遍采用的一种。

第三节　派克变换及 dq0 坐标下的同步电机方程

一、派克变换

　　从数学上看，派克变换是一种坐标变换，它将定子电流、电压和磁链的 a、b、c 三相分量，通过一个线性坐标变换矩阵，分别变换成 d、q 和 0 三个分量。其变换关系式可以统一写成

$$\begin{bmatrix} A_{\mathrm{d}} \\ A_{\mathrm{q}} \\ A_0 \end{bmatrix} = \frac{2}{3} \begin{bmatrix} \cos\theta & \cos(\theta-2\pi/3) & \cos(\theta+2\pi/3) \\ -\sin\theta & -\sin(\theta-2\pi/3) & -\sin(\theta+2\pi/3) \\ 1/2 & 1/2 & 1/2 \end{bmatrix} \begin{bmatrix} A_{\mathrm{a}} \\ A_{\mathrm{b}} \\ A_{\mathrm{c}} \end{bmatrix} \tag{7-27}$$

式中：θ 是转子 d 轴与定子 a 相磁轴之间的夹角，如图 7-2（a）所示。

式（7-27）可以简写为

$$A_{\mathrm{dq}0} = PA_{\mathrm{abc}} \tag{7-28}$$

派克变换矩阵 P 是可逆矩阵，不难得出它的逆变换为

$$\begin{bmatrix} A_{\mathrm{a}} \\ A_{\mathrm{b}} \\ A_{\mathrm{c}} \end{bmatrix} = \begin{bmatrix} \cos\theta & -\sin\theta & 1 \\ \cos(\theta-2\pi/3) & -\sin(\theta-2\pi/3) & 1 \\ \cos(\theta+2\pi/3) & -\sin(\theta+2\pi/3) & 1 \end{bmatrix} \begin{bmatrix} A_{\mathrm{d}} \\ A_{\mathrm{q}} \\ A_0 \end{bmatrix} \tag{7-29}$$

或简写为

$$A_{\mathrm{abc}} = P^{-1} A_{\mathrm{dq}0} \tag{7-30}$$

式（7-27）～式（7-30）中的 A 分别代表电流、电压或磁链，即以下各式成立

$$i_{\mathrm{dq}0} = Pi_{\mathrm{abc}}, \; u_{\mathrm{dq}0} = Pu_{\mathrm{abc}}, \; \psi_{\mathrm{dq}0} = P\psi_{\mathrm{abc}} \tag{7-31}$$

$$i_{\mathrm{abc}} = P^{-1}i_{\mathrm{dq}0}, \; u_{\mathrm{abc}} = P^{-1}u_{\mathrm{dq}0}, \; \psi_{\mathrm{abc}} = P^{-1}\psi_{\mathrm{dq}0} \tag{7-32}$$

二、dq0 坐标下的同步电机方程

应用坐标变换关系式（7-31）和式（7-32），以及各绕组的自感和绕组间的互感表达式（7-20）～式（7-26），便可将式（7-18）和式（7-19）变换成 dq0 坐标系下的方程式（7-33）和式（7-34），其推导过程留给读者作为练习。在推导过程中需要用到 θ 对时间的导数，显然 $\mathrm{d}\theta/\mathrm{d}t = \omega$ 为转子的电气角速度。

$$\begin{bmatrix} u_{\mathrm{d}} \\ u_{\mathrm{q}} \\ u_0 \\ u_{\mathrm{f}} \\ 0 \\ 0 \\ 0 \end{bmatrix} = \begin{bmatrix} R_{\mathrm{a}} & 0 & 0 & 0 & 0 & 0 & 0 \\ 0 & R_{\mathrm{a}} & 0 & 0 & 0 & 0 & 0 \\ 0 & 0 & R_{\mathrm{a}} & 0 & 0 & 0 & 0 \\ 0 & 0 & 0 & R_{\mathrm{f}} & 0 & 0 & 0 \\ 0 & 0 & 0 & 0 & R_{\mathrm{D}} & 0 & 0 \\ 0 & 0 & 0 & 0 & 0 & R_{\mathrm{g}} & 0 \\ 0 & 0 & 0 & 0 & 0 & 0 & R_{\mathrm{Q}} \end{bmatrix} \begin{bmatrix} -i_{\mathrm{d}} \\ -i_{\mathrm{q}} \\ -i_0 \\ i_{\mathrm{f}} \\ i_{\mathrm{D}} \\ i_{\mathrm{g}} \\ i_{\mathrm{Q}} \end{bmatrix} + p \begin{bmatrix} \psi_{\mathrm{d}} \\ \psi_{\mathrm{q}} \\ \psi_0 \\ \psi_{\mathrm{f}} \\ \psi_{\mathrm{D}} \\ \psi_{\mathrm{g}} \\ \psi_{\mathrm{Q}} \end{bmatrix} - \begin{bmatrix} \omega\psi_{\mathrm{q}} \\ -\omega\psi_{\mathrm{d}} \\ 0 \\ 0 \\ 0 \\ 0 \\ 0 \end{bmatrix} \tag{7-33}$$

$$\begin{bmatrix} \psi_{\mathrm{d}} \\ \psi_{\mathrm{q}} \\ \psi_0 \\ \psi_{\mathrm{f}} \\ \psi_{\mathrm{D}} \\ \psi_{\mathrm{g}} \\ \psi_{\mathrm{Q}} \end{bmatrix} = \begin{bmatrix} L_{\mathrm{d}} & 0 & 0 & m_{\mathrm{af}} & m_{\mathrm{aD}} & 0 & 0 \\ 0 & L_{\mathrm{q}} & 0 & 0 & 0 & m_{\mathrm{ag}} & m_{\mathrm{aQ}} \\ 0 & 0 & L_0 & 0 & 0 & 0 & 0 \\ 3m_{\mathrm{af}}/2 & 0 & 0 & L_{\mathrm{f}} & m_{\mathrm{fD}} & 0 & 0 \\ 3m_{\mathrm{aD}}/2 & 0 & 0 & m_{\mathrm{fD}} & L_{\mathrm{D}} & 0 & 0 \\ 0 & 3m_{\mathrm{ag}}/2 & 0 & 0 & 0 & L_{\mathrm{g}} & m_{\mathrm{gQ}} \\ 0 & 3m_{\mathrm{aQ}}/2 & 0 & 0 & 0 & m_{\mathrm{gQ}} & L_{\mathrm{Q}} \end{bmatrix} \begin{bmatrix} -i_{\mathrm{d}} \\ -i_{\mathrm{q}} \\ -i_0 \\ i_{\mathrm{f}} \\ i_{\mathrm{D}} \\ i_{\mathrm{g}} \\ i_{\mathrm{Q}} \end{bmatrix} \tag{7-34}$$

其中

$$\left.\begin{aligned}
L_d &= l_0 + m_0 + 3l_2/2 \\
L_q &= l_0 + m_0 - 3l_2/2 \\
L_0 &= l_0 - 2m_0 \\
L_f &= L_{ff} \\
L_D &= L_{DD} \\
L_g &= L_{gg} \\
L_Q &= L_{QQ} \\
m_{fD} &= M_{fD} \\
m_{gQ} &= M_{gQ}
\end{aligned}\right\} \tag{7-35}$$

经过上述变换后，从形式上来看相当于将定子 a、b、c 三个相绕组变换成 d、q、0 三个绕组，但其物理本质完全不同，即 d、q、0 仅是数学上的等值绕组。

由于式（7-35）中的自感和互感都是常数，式（7-34）中的系数矩阵已成为常数矩阵，因而描述同步电机的数学模型已被变换成常系数常微分方程式（7-33）。然而，必须指出，式（7-33）中的前两式包含变量 ω 与 ψ_d 和 ψ_q 的乘积，因此它是一组非线性微分方程。另外，由式（7-33）可以看出，在 d、q、0 坐标系中，同步电机定子绕组的电压由三部分组成：一是定子绕组电阻上的压降；二是由于定子绕组的磁链随时间变化而感生的电动势，这一部分电动势通常称为同步电机的变压器电动势；三是与 ω 成正比，即由于发电机转子旋转而产生的电动势，这一部分电动势通常称为同步电机的旋转电动势或发电机电动势。

必须注意，式（7-34）的系数矩阵是不对称的，即定子 d、q、0 绕组与转子各绕组间的互感不可逆。这并不奇怪，因为它是数学变换造成的。如果要使变换后磁链方程的系数矩阵对称，可以将坐标变换矩阵 $\boldsymbol{P}$ 取为正交矩阵

$$\widetilde{\boldsymbol{P}} = \sqrt{\frac{2}{3}} \begin{bmatrix} \cos\theta & \cos(\theta-2\pi/3) & \cos(\theta+2\pi/3) \\ -\sin\theta & -\sin(\theta-2\pi/3) & -\sin(\theta+2\pi/3) \\ 1/\sqrt{2} & 1/\sqrt{2} & 1/\sqrt{2} \end{bmatrix} \tag{7-36}$$

相应的磁链方程留给读者自行推导。

当电流和电压取图 7-2（b）所示的正方向时，三相定子绕组输出的总瞬时功率为

$$p_o = u_a i_a + u_b i_b + u_c i_c = \boldsymbol{u}_{abc}^T \boldsymbol{i}_{abc} \tag{7-37}$$

同样对式（7-37）进行派克变换，由式（7-32）可以得出 dq0 坐标系下的定子绕组输出功率方程

$$p_o = (\boldsymbol{P}^{-1}\boldsymbol{u}_{dq0})^T(\boldsymbol{P}^{-1}\boldsymbol{i}_{dq0}) = \frac{3}{2}(u_d i_d + u_q i_q + 2u_0 i_0) \tag{7-38}$$

三、派克变换的物理解释

考虑在某一瞬间，a、b、c 三相绕组中分别流过电流 i_a、i_b 和 i_c 时气隙（即空间）的磁动势分布情况。需要指出的是，这三个电流都是瞬时电流，并且它们随时间的变化规律可以是任意的。换言之，它们是正弦变化也好，非正弦变化也好，甚至是非周期性变化都可以。

为了分析清楚起见，将气隙展成如图 7-4 所示的平面图。由理想化同步电机假设条件（4），并考虑到 a 相绕组磁轴的正方向与 a 相绕组正向电流所产生的磁通方向相反，则当 a 相绕组流过电流 $-i_a$ 时所产生的磁动势在空间的分布情况为图 7-4 中的正弦曲线 f_{ax}。于

是，在空间沿着转子旋转方向，距离磁轴 O_a 的角度为 x 处，由 a 相电流 i_a 所产生的磁动势为

$$f_{ax} = -N_a i_a \cos x \qquad (7-39)$$

式中：N_a 为相绕组的等值匝数。

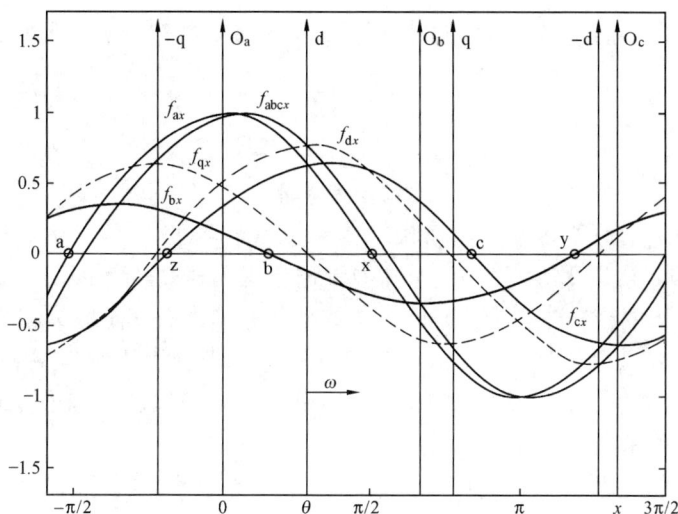

图 7-4 相绕组电流产生磁动势分布示意图

同理，b 相绕组流过电流 i_b 时，在空间也产生正弦分布的磁动势，见图 7-4 中的 f_{bx}，在同一点处的磁动势为

$$f_{bx} = -N_a i_b \cos(x - 120°) \qquad (7-40)$$

对于 c 相电流 i_c，有

$$f_{cx} = -N_a i_c \cos(x + 120°) \qquad (7-41)$$

这样，在这一瞬间，该点由于 i_a、i_b、i_c 所产生的合成磁动势为

$$f_{abcx} = f_{ax} + f_{bx} + f_{cx} = -N_a[i_a\cos x + i_b\cos(x-120°) + i_c\cos(x+120°)] \qquad (7-42)$$

显然，合成磁动势在空间也是正弦分布的。

假定在这一瞬间转子 d 轴与 O_a 之间的角度为 θ。现在，在定子上临时放置两个等值绕组 d 和 q，并规定其中的正向电流 i_d 和 i_q 所产生的磁通分别与转子 d 轴和 q 轴的方向相反，它们的等值匝数为 N_d。则由这两个等值绕组流过电流后所产生的磁动势分布如图 7-4 中的虚线 f_{dx} 和 f_{qx} 所示，在 x 点处所产生的磁动势应分别为

$$\left. \begin{aligned} f_{dx} &= -N_d i_d \cos(x-\theta) \\ f_{qx} &= -N_d i_q \cos(x-\theta-90°) \end{aligned} \right\}$$

它们相应的合成磁动势为

$$f_{dqx} = f_{dx} + f_{qx} = -N_d[i_d\cos(x-\theta) + i_q\sin(x-\theta)] \qquad (7-43)$$

显然，这一合成磁动势在空间也是正弦分布的。

现在，让 d、q 绕组中所流过的电流 i_d 和 i_q 与 i_a、i_b、i_c 之间的关系服从派克变换式（7-27），则将式（7-27）代入式（7-43）得

$$f_{\mathrm{dq}x} = -\frac{2}{3}N_{\mathrm{d}}[i_{\mathrm{a}}\cos\theta + i_{\mathrm{b}}\cos(\theta-120°) + i_{\mathrm{c}}\cos(\theta+120°)]\cos(x-\theta) +$$

$$\frac{2}{3}N_{\mathrm{d}}[i_{\mathrm{a}}\sin\theta + i_{\mathrm{b}}\sin(\theta-120°) + i_{\mathrm{c}}\sin(\theta+120°)]\sin(x-\theta) \quad (7\text{-}44)$$

$$= -\frac{2}{3}N_{\mathrm{d}}[i_{\mathrm{a}}\cos x + i_{\mathrm{b}}\cos(x-120°) + i_{\mathrm{c}}\cos(x+120°)]$$

比较式（7-42）和式（7-44），可以看出，只要等值绕组 d 和 q 的匝数满足条件

$$N_{\mathrm{d}} = \frac{3}{2}N_{\mathrm{a}} \quad (7\text{-}45)$$

则

$$f_{\mathrm{abc}x} = f_{\mathrm{dq}x} \quad (7\text{-}46)$$

这一结果说明，在任一瞬间，由三相绕组 a、b、c 流过电流 i_{a}、i_{b}、i_{c} 在气隙中所产生的合成磁动势分布，可以用等值绕组 d、q 中流过电流 i_{d}、i_{q} 所产生的合成磁动势分布来代替。d 绕组和 q 绕组的磁轴分别为此时的转子 d 轴和 q 轴，而其匝数为相绕组的 3/2 倍，其电流与相电流之间的关系为坐标变换式（7-27）。这一结果可以看作派克变换的物理解释。它表明，i_{a}、i_{b}、i_{c} 所产生的磁动势对 a、b、c 三相绕组本身以及对转子绕组所产生的作用与 i_{d} 和 i_{q} 所产生的作用相同。

但是，如果在这一瞬间三相电流 i_{a}、i_{b}、i_{c} 之和不等于零，则可以令

$$i_0 = \frac{1}{3}(i_{\mathrm{a}} + i_{\mathrm{b}} + i_{\mathrm{c}})$$

并在三相电流中分别扣除 i_0，得

$$\left. \begin{array}{l} i'_{\mathrm{a}} = i_{\mathrm{a}} - i_0 \\ i'_{\mathrm{b}} = i_{\mathrm{b}} - i_0 \\ i'_{\mathrm{c}} = i_{\mathrm{c}} - i_0 \end{array} \right\}$$

在此情况下，三相电流 i_{a}、i_{b}、i_{c} 可以看成是 i'_{a}、i'_{b}、i'_{c} 分别和 i_0 的叠加，并显然有 $i'_{\mathrm{a}} + i'_{\mathrm{b}} + i'_{\mathrm{c}} = 0$。由式（7-42）可见，定子三相绕组中同时流过电流 i_0 时 $f_{\mathrm{abc}x} = 0$，即由此产生的合成磁动势在空间分布为零。另外，由式（7-27）可知，相应的 i_{d} 和 i_{q} 也都等于零，而且由式（7-43）得 $f_{\mathrm{dq}x}$ 也等于零。这说明对于磁动势分布而言，定子中流过电流 i_{a}、i_{b}、i_{c} 与流过 i'_{a}、i'_{b}、i'_{c} 两者结果是相同的，因而由派克变换得到的 i_{d} 和 i_{q} 也是相同的。可见仅仅用 i_{d} 和 i_{q} 并不能充分反映定子三相电流。

实际上，当 i_{a}、i_{b}、i_{c} 之和不等于零时，需要引入一个 0 绕组。由于 i_0 产生的磁通属漏磁性质，因此在气隙中的合成磁动势为零。这就是派克变换关系式（7-27）中与 i_0 相关部分的含义。

以上的物理解释既然适合于每一瞬间的三相电流情况，它必然也适用于三相电流随时间变化的情况。下面举几个例子来说明定子三相电流的变化与 i_{d}、i_{q} 的相应变化之间的对应关系。

(1) a、b、c 三相电流为正序基波电流，即

$$\left. \begin{array}{l} i_{\mathrm{a}}(t) = I_{\mathrm{m+}}\cos(\omega_0 t + \varphi_+) \\ i_{\mathrm{b}}(t) = I_{\mathrm{m+}}\cos(\omega_0 t + \varphi_+ - 120°) \\ i_{\mathrm{c}}(t) = I_{\mathrm{m+}}\cos(\omega_0 t + \varphi_+ + 120°) \end{array} \right\} \quad (7\text{-}47)$$

将式（7-47）代入式（7-42）并经整理后，得磁动势的空间分布为

$$f_{abcr}(t) = -\frac{3}{2}N_a I_{m+}\cos(\omega_0 t + \varphi_+ - x) \tag{7-48}$$

由式（7-48）可见，如果令 $x=\omega_0 t+\varphi_+$，则 $f_{abcr}(t)=-\frac{3}{2}N_a I_{m+}$。这说明如果观察者的位置沿转子旋转方向以角速度 ω_0 旋转，则可以永远观察到最大磁动势，从而说明定子绕组流过正序基波电流时产生正序旋转磁动势。其实，这一点在"电机学"课程中已有介绍。从式（7-48）还可以得出另一个十分重要的结果。由式（7-48）可知，在 $t=0$ 时刻，最大磁动势在空间的位置为 $x=\varphi_+$，而由式（7-47）可知，φ_+ 为 a 相电流的初始相位。因此可以得出以下结论：三相正序电流所产生的旋转磁动势，在 $t=0$ 时刻其最大值在空间（相对于 a 相磁轴）的角度与 a 相电流的初始相位正好相等。这一结论非常重要，因为它给出了磁动势的空间位置与电流初相之间的关系。

如果 $t=0$ 时转子的 d 轴与 O_a 轴之间的角度为 θ_0，则在电流初相 φ_+ 等于 θ_0 的情况下，定子电流所产生旋转磁场的最大值将在转子 d 轴处；而如果 φ_+ 等于 $\theta_0+\pi/2$，则旋转磁场最大值在转子 q 轴处。推而广之，如果将式（7-47）中的 a 相电流分成两个分量，一个的初相位等于 θ_0 另一个初相位等于 $\theta_0+\pi/2$，则前者所产生旋转磁场的最大值在转子 d 轴处，而后者则在转子 q 轴处。于是便可以根据电流的相量找出转子的机械位置，详细情况将在第五节中介绍。

另外，将式（7-47）代入式（7-27），则当转子旋转速度与定子电流的电角速度同步，即 $\theta=\theta_0+\omega_0 t$ 时，可以求得

$$\left.\begin{aligned} i_d &= I_{m+}\cos(\varphi_+ - \theta_0)\\ i_q &= I_{m+}\sin(\varphi_+ - \theta_0)\\ i_0(t) &= 0 \end{aligned}\right\}$$

这一结果说明，三相系统中的正序基波电流经过派克变换后，所得出的等值 d 轴和 q 轴绕组电流为直流电流；或者说，三相绕组流过正序基波电流对应于 d、q 绕组流过直流电流。由于 abc 坐标系统与 dq0 坐标系统是可逆的变换，因此上述关系也是可逆的。

（2）a、b、c 三相电流为负序基波电流，即

$$\left.\begin{aligned} i_a(t) &= I_{m-}\cos(\omega_0 t + \varphi_-)\\ i_b(t) &= I_{m-}\cos(\omega_0 t + \varphi_- + 120°)\\ i_c(t) &= I_{m-}\cos(\omega_0 t + \varphi_- - 120°) \end{aligned}\right\}$$

在此情况下，将它代入式（7-27）并同样考虑到 $\theta=\theta_0+\omega_0 t$，得

$$\left.\begin{aligned} i_d(t) &= I_{m-}\cos(2\omega_0 t + \varphi_- + \theta_0)\\ i_q(t) &= -I_{m-}\sin(2\omega_0 t + \varphi_- + \theta_0)\\ i_0(t) &= 0 \end{aligned}\right\}$$

结果说明，三相绕组流过负序基波电流，与 d、q 绕组中流过二倍频率的电流相对应。

（3）a、b、c 三相绕组分别流过恒定电流 I_A、I_B、I_C，由式（7-27）得

$$i_d(t) = \frac{2}{3}\left[I_A\cos(\omega_0 t + \theta_0) + I_B\cos(\omega_0 t + \theta_0 - 120°) + I_C\cos(\omega_0 t + \theta_0 + 120°)\right]$$

$$i_q(t) = -\frac{2}{3}\left[I_A\sin(\omega_0 t + \theta_0) + I_B\sin(\omega_0 t + \theta_0 - 120°) + I_C\sin(\omega_0 t + \theta_0 + 120°)\right]$$

$$i_0(t) = \frac{1}{3}(I_A + I_B + I_C)$$

注意，三相绕组流过恒定电流并不意味着就是零序电流。在一般情况下，三相绕组流过恒定电流与 d、q 绕组流过基波电流相对应。

必须指出，上述三种情况都是针对转子的电角速度与定子基波电流相同步时的情况，对于两者不相同步的情况，以及定子电流含有谐波的情况，留给读者自行推导。

四、标幺制下的同步电机方程

同步电机的方程式一般也采用标幺值表示，而且适当地选取基准值可以使式（7 - 34）化成更简洁的形式。除了第二章和本章第一节所介绍的基准值以外，同步电机方程中涉及更多的物理量，由于定子绕组与转子绕组之间的相对位置不断变化，它们的关系比一般变压器复杂。在参考文献中提出过几种选择基准值的方法，这里只介绍其中的一种。下面先总结归纳几个公用基准值：

频率的基准值　　　　　　　　$f_B = f_0$（额定频率，Hz）

电气角速度的基准值　　　　　$\omega_B = 2\pi f_B$　　（rad/s）

机械角速度的基准值　　　　　$\Omega_B = \omega_B/p_r$　　（rad/s）

时间的基准值　　　　　　　　$t_B = \dfrac{1}{\omega_B}$

1. 定子侧的基准值

取定子电压的基准值 U_{sB} 为定子额定相电压的峰值（V），定子电流的基准值 I_{sB} 为定子额定相电流的峰值（A）。其中，下标 s 代表定子，下标 B 表示基准值。据此，可导出其他物理量的基准值如下：

阻抗基准值　　　　　　　　$Z_{sB} = \dfrac{U_{sB}}{I_{sB}}$　　（Ω）

电感基准值　　　　　　　　$L_{sB} = \dfrac{Z_{sB}}{\omega_B}$　　（H）

磁链基准值　　　　　　　　$\psi_{sB} = L_{sB}I_{sB} = \dfrac{U_{sB}}{\omega_B}$　　（Wb）

容量基准值　　　　$S_B = S_N = 3\dfrac{U_{sB}}{\sqrt{2}}\dfrac{I_{sB}}{\sqrt{2}} = \dfrac{3}{2}U_{sB}I_{sB}$　　（VA）

转矩基准值　　　　$M_B = \dfrac{S_B}{\Omega_B} = \dfrac{3}{2}p_r\psi_{sB}I_{sB}$　　（N·m）

2. 转子侧的基准值

取转子侧各绕组的容量基准值与定子侧容量基准值相等。这样，转子各绕组的基准电压 U_{fB}、U_{DB}、U_{gB}、U_{QB} 和基准电流 I_{fB}、I_{DB}、I_{gB}、I_{QB} 原则上可以分别任意选择其中的一个，而另一个由下式决定

$$U_{fB}I_{fB} = U_{DB}I_{DB} = U_{gB}I_{gB} = U_{QB}I_{QB} = S_B \tag{7 - 49}$$

另外，转子各绕组的电压基准、电流基准、阻抗基准和磁链基准应满足以下关系

$$\left.\begin{array}{l} U_{\mathrm{fB}} = Z_{\mathrm{fB}} I_{\mathrm{fB}} = \omega_{\mathrm{B}} \psi_{\mathrm{fB}} \\ U_{\mathrm{DB}} = Z_{\mathrm{DB}} I_{\mathrm{DB}} = \omega_{\mathrm{B}} \psi_{\mathrm{DB}} \\ U_{\mathrm{gB}} = Z_{\mathrm{gB}} I_{\mathrm{gB}} = \omega_{\mathrm{B}} \psi_{\mathrm{gB}} \\ U_{\mathrm{QB}} = Z_{\mathrm{QB}} I_{\mathrm{QB}} = \omega_{\mathrm{B}} \psi_{\mathrm{QB}} \end{array}\right\} \qquad (7\text{-}50)$$

3. 标幺值表示的方程

下面将同步电机的有名值方程式（7-33）和式（7-34）化为标幺值。将式（7-33）中的前三个定子绕组电压平衡方程两端分别除以定子电压基准值 U_{sB} 并利用各基准值之间的关系式，后四个转子绕组电压平衡方程两边同除以各自的电压基准值 U_{fB}、U_{DB}、U_{gB}、U_{QB} 并利用式（7-49）和式（7-50），可以导出

$$\begin{bmatrix} u_{\mathrm{d}*} \\ u_{\mathrm{q}*} \\ u_{0*} \\ u_{\mathrm{f}*} \\ 0 \\ 0 \\ 0 \end{bmatrix} = \begin{bmatrix} R_{\mathrm{a}*} & 0 & 0 & 0 & 0 & 0 & 0 \\ 0 & R_{\mathrm{a}*} & 0 & 0 & 0 & 0 & 0 \\ 0 & 0 & R_{\mathrm{a}*} & 0 & 0 & 0 & 0 \\ 0 & 0 & 0 & R_{\mathrm{f}*} & 0 & 0 & 0 \\ 0 & 0 & 0 & 0 & R_{\mathrm{D}*} & 0 & 0 \\ 0 & 0 & 0 & 0 & 0 & R_{\mathrm{g}*} & 0 \\ 0 & 0 & 0 & 0 & 0 & 0 & R_{\mathrm{Q}*} \end{bmatrix} \begin{bmatrix} -i_{\mathrm{d}*} \\ -i_{\mathrm{q}*} \\ -i_{0*} \\ i_{\mathrm{f}*} \\ i_{\mathrm{D}*} \\ i_{\mathrm{g}*} \\ i_{\mathrm{Q}*} \end{bmatrix} + p_* \begin{bmatrix} \psi_{\mathrm{d}*} \\ \psi_{\mathrm{q}*} \\ \psi_{0*} \\ \psi_{\mathrm{f}*} \\ \psi_{\mathrm{D}*} \\ \psi_{\mathrm{g}*} \\ \psi_{\mathrm{Q}*} \end{bmatrix} - \begin{bmatrix} \omega_* \psi_{\mathrm{q}*} \\ -\omega_* \psi_{\mathrm{d}*} \\ 0 \\ 0 \\ 0 \\ 0 \\ 0 \end{bmatrix}$$

$$(7\text{-}51)$$

其中

$$R_{\mathrm{a}*} = \frac{R_{\mathrm{a}}}{Z_{\mathrm{sB}}}; \ R_{\mathrm{f}*} = \frac{R_{\mathrm{f}}}{Z_{\mathrm{fB}}}; \ R_{\mathrm{D}*} = \frac{R_{\mathrm{D}}}{Z_{\mathrm{DB}}}; \ R_{\mathrm{g}*} = \frac{R_{\mathrm{g}}}{Z_{\mathrm{gB}}}; \ R_{\mathrm{Q}*} = \frac{R_{\mathrm{Q}}}{Z_{\mathrm{QB}}} \qquad (7\text{-}52)$$

微分算子 p 的标幺值为

$$p_* = \frac{\mathrm{d}}{\mathrm{d}t_*} = t_{\mathrm{B}} \frac{\mathrm{d}}{\mathrm{d}t}$$

应用相同的方法，在式（7-34）中七个绕组的磁链方程两边同时除以各自的磁链基准值并利用各基准值之间的关系，不难导出

$$\begin{bmatrix} \psi_{\mathrm{d}*} \\ \psi_{\mathrm{q}*} \\ \psi_{0*} \\ \psi_{\mathrm{f}*} \\ \psi_{\mathrm{D}*} \\ \psi_{\mathrm{g}*} \\ \psi_{\mathrm{Q}*} \end{bmatrix} = \begin{bmatrix} X_{\mathrm{d}*} & 0 & 0 & X_{\mathrm{af}*} & X_{\mathrm{aD}*} & 0 & 0 \\ 0 & X_{\mathrm{q}*} & 0 & 0 & 0 & X_{\mathrm{ag}*} & X_{\mathrm{aQ}*} \\ 0 & 0 & X_{0*} & 0 & 0 & 0 & 0 \\ X_{\mathrm{af}*} & 0 & 0 & X_{\mathrm{f}*} & X_{\mathrm{fD}*} & 0 & 0 \\ X_{\mathrm{aD}*} & 0 & 0 & X_{\mathrm{fD}*} & X_{\mathrm{D}*} & 0 & 0 \\ 0 & X_{\mathrm{ag}*} & 0 & 0 & 0 & X_{\mathrm{g}*} & X_{\mathrm{gQ}*} \\ 0 & X_{\mathrm{aQ}*} & 0 & 0 & 0 & X_{\mathrm{gQ}*} & X_{\mathrm{Q}*} \end{bmatrix} \begin{bmatrix} -i_{\mathrm{d}*} \\ -i_{\mathrm{q}*} \\ -i_{0*} \\ i_{\mathrm{f}*} \\ i_{\mathrm{D}*} \\ i_{\mathrm{g}*} \\ i_{\mathrm{Q}*} \end{bmatrix} \quad (7\text{-}53)$$

其中

$$\left.\begin{array}{l} X_{\mathrm{d}*} = \dfrac{\omega_{\mathrm{B}} L_{\mathrm{d}}}{Z_{\mathrm{sB}}}; \ X_{\mathrm{q}*} = \dfrac{\omega_{\mathrm{B}} L_{\mathrm{q}}}{Z_{\mathrm{sB}}}; \ X_{0*} = \dfrac{\omega_{\mathrm{B}} L_0}{Z_{\mathrm{sB}}} \\[3mm] X_{\mathrm{f}*} = \dfrac{\omega_{\mathrm{B}} L_{\mathrm{f}}}{Z_{\mathrm{fB}}}; \ X_{\mathrm{D}*} = \dfrac{\omega_{\mathrm{B}} L_{\mathrm{D}}}{Z_{\mathrm{DB}}}; \ X_{\mathrm{g}*} = \dfrac{\omega_{\mathrm{B}} L_{\mathrm{g}}}{Z_{\mathrm{gB}}}; \ X_{\mathrm{Q}*} = \dfrac{\omega_{\mathrm{B}} L_{\mathrm{Q}}}{Z_{\mathrm{QB}}} \end{array}\right\} \quad (7\text{-}54)$$

$$X_{af*} = \frac{\omega_B m_{af}}{Z_{sB}}\left(\frac{I_{fB}}{I_{sB}}\right); \ X_{aD*} = \frac{\omega_B m_{aD}}{Z_{sB}}\left(\frac{I_{DB}}{I_{sB}}\right); \ X_{ag*} = \frac{\omega_B m_{ag}}{Z_{sB}}\left(\frac{I_{gB}}{I_{sB}}\right)$$
$$X_{aQ*} = \frac{\omega_B m_{aQ}}{Z_{sB}}\left(\frac{I_{QB}}{I_{sB}}\right); \ X_{fD*} = \frac{\omega_B m_{fD}}{Z_{DB}}\left(\frac{I_{fB}}{I_{DB}}\right); \ X_{gQ*} = \frac{\omega_B m_{gQ}}{Z_{QB}}\left(\frac{I_{gB}}{I_{QB}}\right) \qquad (7\text{-}55)$$

注意，在式（7-53）中用电抗取代了电感。这是因为，在假定发电机转速接近于额定转速，即 $\omega \approx \omega_B$ 时，电抗的标幺值与电感的标幺值近似相等。例如

$$X_{d*} = \frac{X_d}{Z_{sB}} = \frac{\omega L_d}{\omega_B L_{sB}} \approx L_{d*}$$

另外，在式（7-38）两边同时除以 S_B，并利用基准容量的定义，可以得出用标幺值表示的同步电机输出功率

$$p_{o*} = u_{d*} i_{d*} + u_{q*} i_{q*} + 2u_{0*} i_{0*} \qquad (7\text{-}56)$$

注意，标幺制下同步电机的电压方程式（7-51）与有名制下的方程式（7-33）具有相同的形式。但标幺制下磁链方程式（7-53）的系数矩阵现在变成对称矩阵，即转子与定子之间的互感在用标幺值表示时是可逆的。另外，在标幺制下，电抗的标幺值与相应自感和互感的标幺值相等，这样，磁链方程的系数矩阵也可以用电感的标幺值来表示。

式（7-51）、式（7-53）和式（7-56）便是用标幺值表示的同步电机方程。为了简单起见，以后如无特殊说明，所有量都为标幺值但略去相应的下标"*"。顺便指出，对于时间 t，既可以采用标幺值，也可以采用有名值，这两种情况下，所有方程的形式基本相同，只是当时间取有名值时，所有的时间常数都要取有名值。

第四节　用电机参数表示的同步电机方程

一、电机参数与原始参数之间的关系

在同步电机基本方程式（7-51）和式（7-53）中，共涉及 R_a、R_f、R_D、R_g、R_Q、X_d、X_q、X_0、X_f、X_D、X_g、X_Q、X_{af}、X_{aD}、X_{ag}、X_{aQ}、X_{fD}、X_{gQ} 共 18 个参数，它们称为同步电机的原始参数，而一般要获取这些原始参数的准确值是比较复杂的。在电力系统分析中，通常采用的是由同步电机实验结果得出的参数，并称为电机参数，共 12 个。它们是定子绕组的电阻（R_a）、直轴和交轴同步电抗（X_d、X_q）、零序电抗（X_0）、直轴和交轴暂态电抗（X'_d、X'_q）、直轴和交轴次暂态电抗（X''_d、X''_q）以及 4 个时间常数（T'_{d0}、T'_{q0}、T''_{d0}、T''_{q0}）。由于电机参数的个数少于原始参数，因此从原始参数表示的方程转化成用电机参数表示时，需要采用一些假设条件。

首先，由于定子绕组中的零轴分量电流 i_0 在空间产生的磁动势为零，它对转子绕组不产生任何影响，而且从同步电机的基本方程式（7-51）和式（7-53）可以看出，零轴方程与其他方程互不相关，因而可以单独考虑而不再专门讨论。这样式（7-51）按 d、q 轴分开，可以写成

$$\begin{bmatrix} u_d \\ u_f \\ 0 \end{bmatrix} = \begin{bmatrix} R_a & 0 & 0 \\ 0 & R_f & 0 \\ 0 & 0 & R_D \end{bmatrix} \begin{bmatrix} -i_d \\ i_f \\ i_D \end{bmatrix} + p \begin{bmatrix} \psi_d \\ \psi_f \\ \psi_D \end{bmatrix} - \begin{bmatrix} \omega\psi_q \\ 0 \\ 0 \end{bmatrix} \qquad (7\text{-}57)$$

$$\begin{bmatrix} u_q \\ 0 \\ 0 \end{bmatrix} = \begin{bmatrix} R_a & 0 & 0 \\ 0 & R_g & 0 \\ 0 & 0 & R_Q \end{bmatrix} \begin{bmatrix} -i_q \\ i_g \\ i_Q \end{bmatrix} + p \begin{bmatrix} \psi_q \\ \psi_g \\ \psi_Q \end{bmatrix} + \begin{bmatrix} \omega\psi_d \\ 0 \\ 0 \end{bmatrix} \tag{7-58}$$

同样，式（7-53）写成

$$\begin{bmatrix} \psi_d \\ \psi_f \\ \psi_D \end{bmatrix} = \begin{bmatrix} X_d & X_{af} & X_{aD} \\ X_{af} & X_f & X_{fD} \\ X_{aD} & X_{fD} & X_D \end{bmatrix} \begin{bmatrix} -i_d \\ i_f \\ i_D \end{bmatrix} \tag{7-59}$$

$$\begin{bmatrix} \psi_q \\ \psi_g \\ \psi_Q \end{bmatrix} = \begin{bmatrix} X_q & X_{ag} & X_{aQ} \\ X_{ag} & X_g & X_{gQ} \\ X_{aQ} & X_{gQ} & X_Q \end{bmatrix} \begin{bmatrix} -i_q \\ i_g \\ i_Q \end{bmatrix} \tag{7-60}$$

从原始参数表示的同步电机方程转化为用电机参数表示，所采用的假设通常有两种。一种是认为在 d 轴的定、转子绕组 d、f、D 间和 q 轴的 q、g、Q 绕组间都不存在局部互磁通，即认为 $X_{af}=X_{aD}=X_{fD}=X_{ad}$ 和 $X_{ag}=X_{aQ}=X_{gQ}=X_{aq}$。另一种是认为电机原始参数间存在以下关系

$$\left.\begin{array}{r} X_{af}X_D = X_{aD}X_{fD} \\ X_{ag}X_Q = X_{aQ}X_{gQ} \end{array}\right\} \tag{7-61}$$

这两种假设各有优缺点。本书将介绍采用第二种假设下的方程。

对于 d 轴，电机参数与原始参数关系如下：

（1）d 轴同步电抗 X_d 的定义为：当 f、D 绕组开路，定子绕组中只流过单位 d 轴分量电流时，d 绕组中的磁链的数值。按此定义，在式（7-59）中，令 $i_f=i_D=0$，$i_d=1$ 时，则有

$$\psi_d = -X_d \tag{7-62}$$

由此可见，原始参数 X_d 正好是电机参数 X_d，即二者相同。注意 $i_d=1$ 的条件意味着转子以同步转速旋转而在定子绕组中通过仅含 d 轴分量的单位稳态电流。这就是"同步"一词的含义。事实上，由于磁链与电流之间呈线性关系，因此 X_d 在数值上可以看成是当电流 i_d 单独增加一个单位而 i_f 和 i_D 保持不变时，d 绕组所产生的磁链增量。从磁路角度来看，如图 7-5 所示，i_d 流过 d 绕组后所产生的磁通可以分为两部分：一部分是指匝链定子绕组本身的磁通（即定子绕组磁漏通，图中用 1 所指的部分），另一部分是经过气隙匝链 f 绕组和 D 绕组的磁通（图中用 2 所指的部分）。前者与定子绕组漏磁路径的磁阻成反比，后者与气隙磁阻成反比（忽略铁心磁阻）。因此，X_d 反比于两个磁路磁阻的并联。从电路角度来看，是将定子电流 i_d 在空间产生的旋转磁通切割定子绕组后在定子绕组中所产生的感应电动势用 i_d 在一个电抗上的压降米代替，这个电抗与定子漏抗之和便是 X_d。显然，这就是"电机学"课程中所说的 d 轴同步电抗。

（2）d 轴暂态电抗 X_d' 的定义为：当 D 绕组开路且 f 绕组磁链保持为零，定子绕组中只流过单位 d 轴分量电流时，d 绕组中的磁链。按此定义，由于 D 绕组开路，故有 $i_D=0$，f 绕组磁链恒为零，即 $\psi_f=0$，

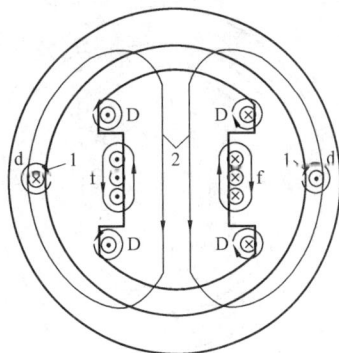

图 7-5　与 X_d 相应的磁路示意图

1—定子绕组磁漏通；2—匝链 f 和 D 绕组的磁通

于是式（7-59）成为

$$\left.\begin{aligned}\psi_d &= -X_d i_d + X_{af} i_f \\ \psi_f &= -X_{af} i_d + X_f i_f = 0\end{aligned}\right\} \qquad (7-63)$$

在式（7-63）中消去 i_f，得

$$\psi_d = -\left(X_d - \frac{X_{af}^2}{X_f}\right) i_d$$

于是有

$$X_d' = \frac{\psi_d}{-i_d} = X_d - \frac{X_{af}^2}{X_f} \qquad (7-64)$$

显然，d 轴暂态电抗 X_d' 小于 d 轴同步电抗 X_d。同样，由于磁链与电流之间呈线性关系，因此 X_d' 也可以看成是：当 i_d 增加一个单位，i_D 保持不变，同时 ψ_f 也保持不变时，d 绕组所产生的磁链增量。这样来看 X_d' 是有其物理背景的。实际上，如果不考虑 D 绕组的影响而认为 i_D 保持不变（考虑 D 绕组的情况将在后面介绍），则当 i_d 突然增加一个单位时，通过气隙匝链 f 绕组的磁通也将突然增加，但是 f 绕组的磁链不能突然变化，否则所产生的感应电动势将等于无穷大。因此，在 i_d 突然变化的前后（简称突变前后）瞬间，ψ_f 仍应保持不变，显然，这与上述条件一致。由此可见，X_d' 的物理背景是它能反映突变前后瞬间的实际情况，而暂态电抗的名称便是来源于此。然而，应该特别注意的是，虽然 X_d' 称为暂态电抗，但绝不能认为它只在暂态过程中存在，因为，由式（7-64）可见，它是同步电机的一个固有参数。为了进一步理解并解释它与磁路之间的关系，令

$$X_d = X_{d\sigma} + X_{af}$$
$$X_f = X_{f\sigma} + X_{af}$$

式中：$X_{d\sigma}$ 为定子 d 绕组漏抗；$X_{f\sigma}$ 为励磁绕组漏抗。

将上式代入式（7-64），可以导出

$$X_d' = X_{d\sigma} + \frac{1}{\dfrac{1}{X_{f\sigma}} + \dfrac{1}{X_{af}}} = X_{d\sigma} + \frac{X_{f\sigma} X_{af}}{X_{f\sigma} + X_{af}} \qquad (7-65)$$

由于电抗与相应的磁阻成反比，电抗的倒数与相应的磁阻成正比，因此，由式（7-65）可见，$1/X_{f\sigma}$ 正比于励磁绕组漏磁路径的磁阻，$1/X_{af}$ 正比于 d 绕组与 f 绕组互磁通路径的磁阻，即 d 轴气隙的磁阻，这两部分之和所对应的磁路路径为定子铁心—d 轴气隙—转子铁心—f 绕组漏磁路径—转子铁心—d 轴气隙—定子铁心，如图 7-6 中用 2 所指的部分。显然，现在经过这一路径的磁通便转变成为 d 绕组的漏磁通。另外，$X_{d\sigma}$ 对应于 d 绕组本身漏磁路径的磁阻。因此，X_d' 实际上反映了图 7-6 中两个磁路的并联。从电路角度来看，X_d' 也相当于将这两部分磁链在 d 绕组中所产生的电动势看成是在 X_d' 上的压降。

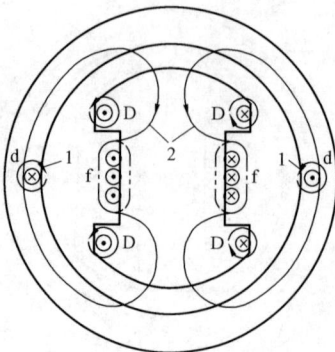

图 7-6　与 X_d' 相应的磁路示意图

1—定子绕组磁漏通；2—经励磁绕组漏磁路径的磁通

（3）d 轴次暂态电抗 X_d'' 的定义为：当 f、D 绕组的磁链都保持为零且定子绕组中只流过单位 d 轴分量电流时，绕组 d 的磁链。按此定义，在

式（7-59）中，令 $\psi_f = \psi_D = 0$，
得

$$\left.\begin{array}{l} \psi_d = -X_d i_d + X_{af} i_f + X_{aD} i_D \\ \psi_f = -X_{af} i_d + X_f i_f + X_{fD} i_D = 0 \\ \psi_D = -X_{ad} i_d + X_{fD} i_f + X_D i_D = 0 \end{array}\right\}$$

在上式中消去 i_f 和 i_D，得

$$\psi_d = -\left(X_d - \frac{X_D X_{af}^2 - 2X_{af} X_{fD} X_{aD} + X_f X_{aD}^2}{X_D X_f - X_{fD}^2}\right) i_d$$

于是有

$$X_d'' = \frac{\psi_d}{-i_d} = X_d - \frac{X_D X_{af}^2 - 2X_{af} X_{fD} X_{aD} + X_f X_{aD}^2}{X_D X_f - X_{fD}^2} \tag{7-66}$$

由假设条件式（7-61）中的第一式解出 X_{fD}，并代入式（7-66），得

$$X_d'' = X_d - \frac{X_{aD}^2}{X_D} \tag{7-67}$$

同理，X_d'' 也可以看成：当 i_d 增加一个单位而 ψ_f 和 ψ_D 都保持不变时，d 绕组所产生的磁链增量。这一电抗也具有类似于 X_d' 的物理背景，它进一步考虑到 D 绕组磁链也不能突变的因素。而且，可以对它进行与图 7-6 相类似的磁路解释，这时穿过气隙的磁通将同时通过 D 绕组和励磁绕组的漏磁路径。同样必须指出，X_d'' 也是同步电机的固有参数，由磁路分析可见它小于 X_d'。

实际上，还可以将 d 轴方向三个互相有磁耦合而相对静止的绕组 d、f 和 D 看成一个三绕组变压器，并用三绕组变压器的物理现象和过程对它们进行对偶性解释。

（4）d 轴开路暂态时间常数 T_{d0}' 的定义为：当 d、D 绕组都开路时，f 绕组电流 i_f 的衰减时间常数。按此定义，在式（7-57）和式（7-59）中，令 $i_d = i_D = 0$，得

$$\left.\begin{array}{l} u_f = R_f i_f + p\psi_f \\ \psi_f = X_f i_f \end{array}\right\}$$

注意在标幺制下 $X_f = L_f$，由上式得

$$u_f = R_f i_f + L_f \frac{di_f}{dt}$$

于是有

$$T_{d0}' = L_f / R_f = X_f / R_f \tag{7-68}$$

实际上，由于 d、D 绕组都开路，在 d 轴方向上只有 f 绕组，因而其电流的衰减时间常数就是 f 绕组自身的时间常数而与其他绕组无关。

（5）d 轴开路次暂态时间常数 T_{d0}'' 的定义为：当 d 绕组开路而 f 绕组磁链保持为零时，D 绕组电流 i_D 的衰减时间常数。按此定义，在式（7-57）和式（7-59）中，令 $i_d = 0$，$\psi_f = 0$，得

$$\left.\begin{array}{l} R_D i_D + p\psi_D = 0 \\ \psi_f = X_f i_f + X_{fD} i_D = 0 \\ \psi_D = X_{fD} i_f + X_D i_D \end{array}\right\}$$

消去电流 i_f 后，得

$$\left(X_D - \frac{X_{fD}^2}{X_f}\right) p i_D = -R_D i_D$$

于是有

$$T''_{d0} = \left(X_D - \frac{X^2_{fD}}{X_f} \right) / R_D \qquad\qquad (7\text{-}69)$$

至此，得到了 d 轴方向的 5 个电机参数与原始参数之间的关系式（7-62）、式（7-64）、式（7-67）～式（7-69）。同理，对 q 轴的各个电机参数也可作出相应的定义，并得到 q 轴的 5 个电机参数与原始参数之间的关系式，它们的物理解释可完全与 d 轴的相类比。为阅读方便起见，下边将除 X_0 以外的 11 个电机参数与 17 个原始参数之间的关系式一并列出如下（各式左边为电机参数，右边为原始参数）

$$\left.\begin{aligned} R_a &= R_a \\ X_d &= X_d \\ X_q &= X_q \end{aligned}\right\} \qquad\qquad (7\text{-}70)$$

$$\left.\begin{aligned} X'_d &= X_d - \frac{X^2_{af}}{X_f} \\ X'_q &= X_q - \frac{X^2_{ag}}{X_g} \end{aligned}\right\} \qquad\qquad (7\text{-}71)$$

$$\left.\begin{aligned} X''_d &= X_d - \frac{X^2_{aD}}{X_D} \\ X''_q &= X_q - \frac{X^2_{aQ}}{X_Q} \end{aligned}\right\} \qquad\qquad (7\text{-}72)$$

$$\left.\begin{aligned} T'_{d0} &= X_f / R_f \\ T'_{q0} &= X_g / R_g \end{aligned}\right\} \qquad\qquad (7\text{-}73)$$

$$\left.\begin{aligned} T''_{d0} &= \left(X_D - \frac{X^2_{fD}}{X_f} \right) / R_D \\ T''_{q0} &= \left(X_Q - \frac{X^2_{gQ}}{X_g} \right) / R_Q \end{aligned}\right\} \qquad\qquad (7\text{-}74)$$

应该指出的是以上给出的电机参数与原始参数之间的关系式依赖于所采用的简化假设条件。如果不用式（7-61）而用其他的简化条件，电机参数与原始参数间将有不同的关系式，而且用电机参数表示的同步电机方程的形式也不同。前已述及，原始参数的获取十分复杂甚至无法获取，因此，上述关系式并非用来计算电机参数。掌握这些关系式有三个基本意义：首先由这些关系式可以建立由电机参数表示的同步电机方程；其次，由这些关系式可以深刻理解电机参数的物理意义，进而有益于揭示和理解发生于电机内部的电磁物理过程；最后，由这些关系式可以设计电机参数的测量方法。顺便指出，电机参数的测量方法是一个专门的研究领域，在半个世纪以前基本原理已趋于成熟。有兴趣的读者可以参阅相关著作。作为电力系统分析，目前电机参数是由电机制造厂提供的。事实上，上述 12 个电机参数主要用于电力系统的电磁暂态和机电暂态分析。在分析电力系统的其他更为复杂的暂态问题时还要涉及更多的参数。这些内容已超出了本课程的范围。

同步电机的典型参数范围见表 7-1，其中所有电抗和电阻都是以同步电机额定容量和额定电压为基准时的标幺值，所有时间常数的单位为 s。另外，同步电机的参数之间存在以下关系

$$X_d \geqslant X_q > X'_q \geqslant X'_d > X''_q \geqslant X''_d$$

$$T'_{d0} > T''_{d0} ; \ T'_{q0} > T''_{q0}$$

表7-1　　　　　　　　　　　　同步电机的典型参数范围

参　数	汽轮发电机	水轮发电机
d轴同步电抗 X_d	1.0～2.3	0.6～1.5
q轴同步电抗 X_q	1.0～2.3	0.4～1.0
d轴暂态电抗 X'_d	0.15～0.4	0.2～0.5
q轴暂态电抗 X'_q	0.3～1.0	—
d轴暂次态电抗 X''_d	0.12～0.25	0.15～0.35
q轴暂次态电抗 X''_q	0.12～0.25	0.2～0.45
d轴开路暂态时间常数 T'_{d0}	3.0～10.0	1.5～9.0
q轴开路暂态时间常数 T'_{q0}	0.5～2.0	—
d轴开路次暂态时间常数 T''_{d0}	0.02～0.05	0.01～0.05
q轴开路次暂态时间常数 T''_{q0}	0.02～0.05	0.01～0.09
定子绕组电阻 R_a	0.0015～0.005	0.002～0.02

二、电机参数表示的方程式

现在，引入与各转子绕组电流成正比的空载电动势，以及与各转子绕组磁链成正比的暂态和次暂态电动势来简化电机方程。注意，这些电动势都是从定子侧看到的电动势。

定义空载电动势为

$$\left.\begin{array}{l} e_{q1} = X_{af}i_f \\ e_{d1} = -X_{ag}i_g \\ e_{q2} = X_{aD}i_D \\ e_{d2} = -X_{aQ}i_Q \end{array}\right\} \tag{7-75}$$

由于这四个电动势都仅与转子电流有关，而与定子电流无关，因此称它们为空载电动势。其中 e_{q1} 实际上与"电机学"课程中的空载电动势相同。

定义暂态电动势和次暂态电动势分别为

$$\left.\begin{array}{l} e'_q = \dfrac{X_{af}}{X_f}\psi_f \\[2mm] e'_d = -\dfrac{X_{ag}}{X_g}\psi_g \end{array}\right\} \tag{7-76}$$

$$\left.\begin{array}{l} e''_q = \dfrac{X_{aD}}{X_D}\psi_D \\[2mm] e''_d = -\dfrac{X_{aQ}}{X_Q}\psi_Q \end{array}\right\} \tag{7-77}$$

这四个电动势都是与磁链成正比的量。通常将与励磁绕组 f 和与阻尼绕组 g 的磁链成正比的电动势 e'_q 和 e'_d 分别称为 q 轴和 d 轴暂态电动势；而与阻尼绕组 D 和与阻尼绕组 Q 的磁链成正比的电动势 e''_q 和 e''_d 则分别称为 q 轴和 d 轴次暂态电动势。必须注意，由于这些电动势分别与各转子绕组的磁链成正比，而无论是稳态还是暂态过程当中各转子绕组的磁链总是存在的，因此，虽然这些电动势被加上了"暂态"或"次暂态"的头衔，也绝不能理解为它们只在暂态过程中出现，而是存在于稳态和暂态的全部过程中。

在用原始参数表示的同步电机基本方程式（7-57）～式（7-60）中，将所有转子绕组电流和转子绕组磁链用式 (7-75) ~式 (7-77) 定义的电动势表示，并注意到原始参数与电机参数之间的关系式 (7-70) ~式 (7-74) 和所采用的简化假设条件式 (7-61)，便可以导出以下用电机参数表示的同步电机方程。

定子绕组磁链方程

$$\left.\begin{array}{l} \psi_d = -X_d i_d + e_{q1} + e_{q2} \\ \psi_q = -X_q i_q - e_{d1} - e_{d2} \end{array}\right\} \tag{7-78}$$

转子绕组磁链方程

$$\left.\begin{array}{l} e_q' = -(X_d - X_d') i_d + e_{q1} + \dfrac{X_d - X_d'}{X_d - X_d''} e_{q2} \\[2mm] e_q'' = -(X_d - X_d'') i_d + e_{q1} + e_{q2} \\[2mm] e_d' = (X_q - X_q') i_q + e_{d1} + \dfrac{X_q - X_q'}{X_q - X_q''} e_{d2} \\[2mm] e_d'' = (X_q - X_q'') i_q + e_{d1} + e_{d2} \end{array}\right\} \tag{7-79}$$

定子绕组电压平衡方程

$$\left.\begin{array}{l} u_d = p\psi_d - \omega\psi_q - R_a i_d \\ u_q = p\varphi_q + \omega\psi_d - R_a i_q \end{array}\right\} \tag{7-80}$$

转子绕组电压平衡方程

$$\left.\begin{array}{l} T_{d0}' p e_q' = E_{fq} - e_{q1} \\[2mm] T_{d0}'' p e_q'' = -\dfrac{X_d' - X_d''}{X_d - X_d''} e_{q2} \\[2mm] T_{q0}' p e_d' = -e_{d1} \\[2mm] T_{q0}'' p e_d'' = -\dfrac{X_q' - X_q''}{X_q - X_q''} e_{d2} \end{array}\right\} \tag{7-81}$$

其中

$$E_{fq} = \frac{X_{af}}{R_f} u_f \tag{7-82}$$

称为同步电机的假想空载电动势。实际上，式 (7-82) 中的 u_f/R_f 是当励磁绕组外施电压为 u_f 时，仅由励磁绕组电阻 R_f 决定的励磁绕组电流；由式 (7-51) 可以看出，它相当于假定励磁电压 u_f 保持不变而让同步电机到达稳态（励磁绕组的磁链不再变化，即 $p\psi_f = 0$）时的励磁电流。另外，由式 (7-75) 可以看出，励磁电流与 X_{af} 的乘积为空载电动势 e_{q1}，而在第五节中将可以看出，在稳态运行情况下，e_{q1} 便是同步电机定子的空载电动势。因此，E_{fq} 为假定励磁绕组电压保持不变，在稳态运行情况下同步电机的空载电动势。这就是"假想空载电动势"这一名称的来源。

前面虽然指出励磁绕组的基准电压 U_{fB} 可以任意选定，但是选取合适的 U_{fB} 可以使式 (7-82) 变得非常简单。这里采用"单位励磁电压/单位定子电压"基值系统，即励磁绕组的基准电压 U_{fB} 取为，电机在稳态、空载且以同步转速运行情况下，使定子相绕组电压不饱和幅值正好等于定子基准电压 U_{sB} 时所应施加的励磁电压。这种情况下，X_{af} 的标幺值与 R_f 的标幺值相等（留给读者自行推导），式 (7-82) 简化为 $E_{fq} = u_f$。

式 (7-78) ~式 (7-81) 的同步电机方程可以进行如下的化简。由转子绕组磁链方程式 (7-79) 解出空载电动势 e_{q1}、e_{q2}、e_{d1} 和 e_{d2} 为

$$
\left.
\begin{aligned}
e_{q1} &= \frac{X_d - X''_d}{X'_d - X''_d}e'_q - \frac{X_d - X'_d}{X'_d - X''_d}e''_q \\[4pt]
e_{q2} &= -\frac{X_d - X''_d}{X'_d - X''_d}e'_q + \frac{X_d - X'_d}{X'_d - X''_d}e''_q + (X_d - X''_d)i_d \\[4pt]
e_{d1} &= \frac{X_q - X''_q}{X'_q - X''_q}e'_d - \frac{X_q - X'_q}{X'_q - X''_q}e''_d \\[4pt]
e_{d2} &= -\frac{X_q - X''_q}{X'_q - X''_q}e'_d + \frac{X_q - X'_q}{X'_q - X''_q}e''_d - (X_q - X''_q)i_q
\end{aligned}
\right\}
\tag{7-83}
$$

再将它们代入式（7-78）和式（7-81），得定子绕组磁链方程

$$
\left.
\begin{aligned}
\psi_d &= e''_q - X''_d i_d \\
\psi_q &= -e''_d - X''_q i_q
\end{aligned}
\right\}
\tag{7-84}
$$

和转子绕组电压平衡方程

$$
\left.
\begin{aligned}
T'_{d0}\,pe'_q &= -\frac{X_d - X''_d}{X'_d - X''_d}e'_q + \frac{X_d - X'_d}{X'_d - X''_d}e''_q + E_{fq} \\[4pt]
T''_{d0}\,pe''_q &= e'_q - e''_q - (X'_d - X''_d)i_d \\[4pt]
T'_{q0}\,pe'_d &= -\frac{X_q - X''_q}{X'_q - X''_q}e'_d + \frac{X_q - X'_q}{X'_q - X''_q}e''_d \\[4pt]
T''_{q0}\,pe''_d &= e'_d - e''_d + (X'_q - X''_q)i_q
\end{aligned}
\right\}
\tag{7-85}
$$

式（7-80）、式（7-84）和式（7-85）组成不含阻尼绕组电流和磁链以及励磁绕组磁链的同步电机方程。注意，同步电机的定子绕组与电力系统是电的连接关系；转子绕组与电力系统是磁的连接关系。因此，在这组方程中，发电机与外界联系的变量是定子电流 i_d 和 i_q、定子电压 u_d 和 u_q 以及励磁绕组电压 u_f。同步电机转子绕组的暂态电动势 e'_q 和 e'_d、次暂态电动势 e''_q 和 e''_d 以及定子绕组磁链 ψ_d 和 ψ_q 都可看作发电机内部的物理量。同步电机转子与原动机之间是力的联系，原动机为转子提供动力转矩，而作用在同步电机转子上的电磁转矩则是阻力转矩。所以，同步电机通过机械转矩 M_m 和电磁转矩 M_e 与机组的动力部分发生关系。

三、电磁转矩和电磁功率

在转子运动方程式（7-12）中涉及同步电机的电磁功率或电磁转矩，因此必须导出它们的标幺值表达式。在式（7-56）中已经给出了用标幺值表示的同步电机输出功率，但它并不是同步电机的电磁功率。

将同步电机电压方程式（7-51）代入定子绕组输出功率表达式（7-56），可以得出

$$
p_0 = \omega(\psi_d i_q - \psi_q i_d) - R_a(i_d^2 + i_q^2 + 2i_0^2) + (i_d p\psi_q + i_q p\psi_d + 2i_0 p\psi_0)
$$

由物理意义可以推知，同步电机定子输出的电能、定子绕组电阻中产生的热能以及储存在定子绕组中的磁能都来自于原动机的旋转机械能。因此，不难理解，穿过气隙而被转化为上述三类能量的原动机旋转机械能随时间的变化率便是同步电机的电磁功率。由上式显见其右边的第　项为电磁功率

$$
p_e = (\psi_d i_q - \psi_q i_d)\omega
\tag{7-86}
$$

相应的电磁转矩便是

$$
M_e = \psi_d i_q - \psi_q i_d
\tag{7-87}
$$

将式（7-80）代入式（7-86）以消去 ω，得电磁功率的表达式

$$
p_e = (u_d i_d + u_q i_q) + R_a(i_d^2 + i_q^2) - (i_d p\psi_d + i_q p\psi_q)
\tag{7-88}
$$

需要指出的是，在上式中不含零轴绕组的任何电气量，这是因为在同步电机理想化的假定下，定子绕组的零轴分量电流在空间的合成磁动势为零，从而对转子不发生任何力的作用。

第五节　同步电机的稳态方程式和相量图

同步电机的稳态是指定子三相完全对称且转子以同步转速（即 $\omega=1$）运行的状态。这时，所有定子和转子各个绕组的磁链都保持恒定；定子三相绕组的电压和电流都为对称基波量，可以用相量法加以描述（相应的电动势、电压、电流、磁链用大写字母表示），励磁电流在定子上感应电动势 e_{q1} 的稳态值用 E_q 表示；转子上各阻尼绕组的电流和相应的空载电动势都等于零，即 $i_D=i_g=i_Q=0$，$e_{q2}=e_{d1}=e_{d2}=0$。应用这些条件，可以导出同步电机的三个稳态方程。

（1）空载电动势的稳态方程。对于式（7-78），将 e_{q1} 的稳态值用 E_q 表示，得

$$\left.\begin{array}{l} \Psi_d = -X_d I_d + E_q \\ \Psi_q = -X_q I_q \end{array}\right\} \tag{7-89}$$

将上式代入定子电压平衡方程式（7-80），经整理后得

$$\left.\begin{array}{l} E_q = U_q + R_a I_q + X_d I_d \\ 0 = U_d + R_a I_d - X_q I_q \end{array}\right\} \tag{7-90}$$

（2）暂态电动势的稳态方程。由式（7-79）的第一、三两式，得

$$\left.\begin{array}{l} E'_q = -(X_d - X'_d) I_d + E_q \\ E'_d = (X_q - X'_q) I_q \end{array}\right\}$$

从其中解出 E_q 和 $X_q I_q$ 并代入式（7-89），得

$$\left.\begin{array}{l} \psi_d = E'_q - X'_d I_d \\ \psi_q = -E'_d - X'_q I_q \end{array}\right\}$$

再将它代入式（7-80），得

$$\left.\begin{array}{l} E'_q = U_q + R_a I_q + X'_d I_d \\ E'_d = U_d + R_a I_d - X'_q I_q \end{array}\right\} \tag{7-91}$$

（3）次暂态电动势的稳态方程。由式（7-79）的第二、四两式，得

$$\left.\begin{array}{l} E''_q = -(X_d - X''_d) I_d + E_q \\ E''_d = (X_q - X''_q) I_q \end{array}\right\}$$

与式（7-91）的推导过程相同，可以得出

$$\left.\begin{array}{l} E''_q = U_q + R_a I_q + X''_d I_d \\ E''_d = U_d + R_a I_d - X''_q I_q \end{array}\right\} \tag{7-92}$$

第一节已经指出，公共参考轴为 x，设超前于 x 轴 $90°$ 的轴为 y，则称 x-y 为公共参考坐标系。同理，d-q 为一台同步电机的坐标系。在电力系统稳态分析中，同步电机的端电压 $\dot{U}_t$ 和电流 $\dot{I}_t$ 就是在公共参考坐标系中的相量。下面先基于这两个相量确定该同步电机的 d-q 坐标系相对于 x-y 坐标系的位置，即 q 轴与 x 轴之间的夹角 δ，然后求出电压和电流的 d 轴分量和 q 轴分量，进而画出同步电机的稳态相量图。

由于同步电机的标幺值参数一般是以其额定容量和额定电压为基准值的参数，所以应先

将这些参数归算至电力系统稳态分析所用的统一基准值下，然后在 x-y 坐标下构造如下虚构电动势

$$\dot{E}_{Q}=\dot{U}_{t}+(R_{a}+jX_{q})\dot{I}_{t} \tag{7-93}$$

设 $\dot{U}_{t}$ 和 $\dot{I}_{t}$ 在 d-q 坐标下的表达式为

$$\left.\begin{array}{l}\dot{U}_{t}=U_{d}+jU_{q}\\ \dot{I}_{t}=I_{d}+jI_{q}\end{array}\right\} \tag{7-94}$$

将式（7-94）代入式（7-93），得到虚构电动势 $\dot{E}_{Q}$ 在 d-q 坐标下的表达式

$$\dot{E}_{Q}=U_{d}+jU_{q}+(R_{a}+jX_{q})(I_{d}+jI_{q})=(U_{d}+R_{a}I_{d}-X_{q}I_{q})+j(U_{q}+X_{q}I_{d}+R_{a}I_{q})$$

借助于式（7-90）可知，上式的实部为零而虚部不为零，从而说明虚构电动势 $\dot{E}_{Q}$ 恰好就在该机的 q 轴上，或者说 $\dot{E}_{Q}$ 所指的方向就是该电机的 q 轴在 x-y 坐标下的方向，即 $\dot{E}_{Q}=E_{Q}\angle\delta$，而落后于 q 轴 90°的方向就是该电机 d 轴的方向。

根据同步电机转子的位置角 δ，不难推导出任一电气量 A（电压相量或电流相量）在 x 轴和 y 轴的两个分量与在 d 轴和 q 轴的两个分量之间存在的关系式

$$\begin{bmatrix}A_{x}\\ A_{y}\end{bmatrix}=\begin{bmatrix}\sin\delta&\cos\delta\\ -\cos\delta&\sin\delta\end{bmatrix}\begin{bmatrix}A_{d}\\ A_{q}\end{bmatrix} \tag{7-95}$$

$$\begin{bmatrix}A_{d}\\ A_{q}\end{bmatrix}=\begin{bmatrix}\sin\delta&-\cos\delta\\ \cos\delta&\sin\delta\end{bmatrix}\begin{bmatrix}A_{x}\\ A_{y}\end{bmatrix} \tag{7-96}$$

根据式（7-90）～式（7-93），可画出如图7-7所示的同步电机稳态相量图。图中，同步电机空载电动势的稳态相量表达式由式（7-90）中的第一式乘以 j 以后与第二式相加得到

$$\dot{E}=0+jE_{q}=\dot{U}_{t}+R_{a}\dot{I}_{t}-X_{q}I_{q}+jX_{d}I_{d} \tag{7-97}$$

同理，可根据式（7-91）和式（7-92）得到同步电机暂态和次暂态电动势的稳态相量表达式

$$\dot{E}'=E_{d}'+jE_{q}'=\dot{U}_{t}+R_{a}\dot{I}_{t}-X_{q}'I_{q}+jX_{d}'I_{d} \tag{7-98}$$

$$\dot{E}''=E_{d}''+jE_{q}''=\dot{U}_{t}+R_{a}\dot{I}_{t}-X_{q}''I_{u}+jX_{d}''I_{d} \tag{7-99}$$

【例7-1】　已知一凸极同步发电机在稳态运行情况下的端电压、输出功率和参数的标幺值分别为 $\dot{U}_{t}=1.0\angle0°$，$P+jQ=1.0+j0.1$，$R_{a}=0$，$X_{d}=1.0$，$X_{q}=0.6$，$X_{d}'=0.3$，$X_{q}'=0.2$，$X_{d}''=0.15$，$X_{q}''=$

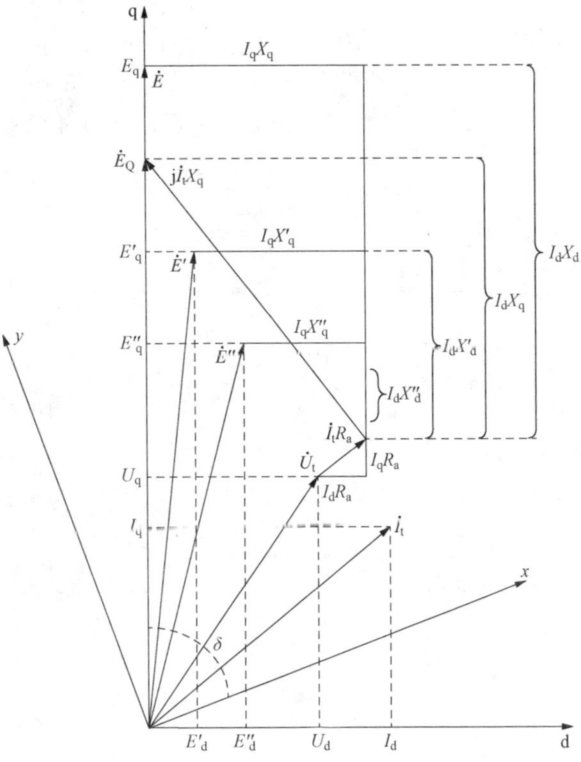

图7-7　同步电机的稳态相量图

0.1。试计算这台发电机的 E'_q、E'_d、E''_q 和 E''_q。

解　发电机电流

$$\dot{I}_t = \left(\frac{P+jQ}{\dot{U}_t}\right)^* = 1.0 - j0.1 = 1.005\angle -5.710°$$

功率因数角为

$$\phi = -5.710°$$

按式（7-93）计算虚构电动势

$$\dot{E}_Q = \dot{U}_t + jX_q\dot{I}_t = 1.0 + j0.6\times(1.0-j0.1) = 1.06 + j0.6 = 1.218\angle 29.511°$$

即转子 q 轴与 x 轴的夹角为

$$\delta = 29.511°$$

从而得

$$U_q = U_t\cos\delta = \cos 29.511° = 0.870$$
$$U_d = U_t\sin\delta = \sin 29.511° = 0.493$$
$$I_q = I_t\cos(\delta-\phi) = 1.005\cos(29.511°+5.710°) = 0.821$$
$$I_d = I_t\sin(\delta-\phi) = 1.005\sin(29.511°+5.710°) = 0.580$$

应用式（7-90）得

$$E_q = U_q + X_dI_d = 0.870 + 1.0\times0.580 = 1.45$$

应用式（7-91）得

$$E'_q = U_q + X'_dI_d = 0.870 + 0.3\times0.580 = 1.044$$
$$E'_d = U_d - X'_qI_q = 0.493 - 0.2\times0.821 = 0.329$$

应用式（7-92）得

$$E''_q = U_q + X''_dI_d = 0.870 + 0.15\times0.580 = 0.957$$
$$E''_d = U_d - X''_qI_q = 0.493 - 0.1\times0.821 = 0.411$$

第八章　电力系统对称故障分析

第一节　故障种类、发生原因及后果

电力系统在运行过程中常常会受到各种干扰，其中对电力系统运行影响较大的是系统中发生的各种故障。常见的故障有短路、断线和各种复杂故障（即在不同地点同时发生短路或断线），而最为常见和对电力系统影响最大的是短路故障。因此，故障分析重点是对短路故障的分析。

电力系统在正常运行时，除中性点以外，相与相、相与地之间是绝缘的，所谓短路是指相与相或相与地之间发生短接。

一、短路类型

简单短路故障共有四种类型，即三相短路、两相短路、单相接地短路和两相接地短路，见表 8 - 1。

表 8 - 1　　　　　　　　短　路　类　型

短路种类	示意图	符号	发生概率
三相短路		$f^{(3)}$	5%
两相短路		$f^{(2)}$	10%
单相接地短路		$f^{(1)}$	65%
两相接地短路		$f^{(1,1)}$	20%

注　发生概率是指不同故障种类所占的比例。

三相短路是对称的，其他三种短路都是不对称的。在四种短路类型中，单相接地短路故障发生的概率最高，可达 65%，两相短路约占 10%，两相接地短路约占 20%，三相短路约占 5%。虽然三相短路发生的概率最小，但它对电力系统的影响最严重。本章主要介绍三相短路，不对称短路将在第九章中介绍。

二、短路发生的原因

电力系统短路故障发生的原因很多，既有客观的，也有主观的，而且由于设备的结构和安装地点的不同，致使引发短路故障的原因也不相同。但是，根本原因是电气设备载流部分相与相之间或相与地之间的绝缘遭到破坏。例如，架空线路的绝缘子可能由于受到雷电过电压而发生闪络，或者由于绝缘子表面的污秽而在正常工作电压下放电。再如发电机、变压器、电缆等设备中载流部分的绝缘材料在运行中损坏。有时因鸟兽跨接在裸露的载流部分，或者因为大风、在导线上覆冰等，引起架空线路杆塔倒塌而造成短路。此外，线路检修后，在未拆除地线的情况下运行人员就对线路送电而发生的误操作，也会引起短路故障。

三、短路故障的危害

短路对电气设备和电力系统的正常运行都有很大的危害。

（1）在发生短路后，由于电源供电回路阻抗的减小以及产生的暂态过程，使短路回路中的电流急剧增加，其数值可能超过该回路额定电流的许多倍。短路点距发电机的电气距离越近，短路电流越大。例如，在发电机端发生短路时，流过定子绕组的短路电流最大瞬时值可能达到发电机额定电流的 10～15 倍。在大容量的电力系统中，短路电流可达几万安甚至几十万安。

（2）在短路点处产生的电弧可能会烧坏设备，而且短路电流流过导体时，所产生的热量可能会引起导体或绝缘损坏。另外，导体可能会受到很大的电动力冲击，致使其变形甚至损坏。

（3）短路将引起电网中的电压降低，特别是靠近短路点处的电压下降最多，使部分用户的供电受到影响。例如，负荷中的异步电动机，由于其电磁转矩与电压的平方成正比，当电压降低时，电磁转矩将显著减小，使电动机转速变慢或甚至完全停转，从而造成废品及设备损坏等严重后果。

（4）短路故障可能引起系统失去稳定，这一方面的情况将在第九章中介绍。

（5）不对称接地短路所引起的不平衡电流将在线路周围产生不平衡磁通，结果在邻近的通信线路中可能感应出相当大的感应电动势，造成对通信系统的干扰，甚至危及通信设备和人身安全。

四、短路故障分析的内容和目的

短路分析的主要内容包括故障后电流的计算、短路容量（短路电流与故障前电压的乘积）的计算、故障后系统中各点电压的计算以及其他的一些分析和计算，如故障时线路电流与电压之间的相位关系等。短路电流计算与分析的主要目的在于应用这些计算结果进行继电保护设计和整定值计算，开关电器、串联电抗器、母线、绝缘子等电气设备的设计，限制短路电流措施的制定和稳定性分析等。

五、限制短路故障危害的措施

电力系统设计和运行时，都要采取适当的措施来降低发生短路故障的概率，例如采用合理的防雷设施、降低过电压水平、使用结构完善的配电装置和加强运行维护管理等。同时，还要采取减少短路危害的措施，其中，最主要的是迅速将发生短路的元件从系统中切除，使无故障部分的电网继续正常运行。

在发电厂、变电站及整个电力系统的设计和运行中，需要合理地选择电气接线、合适地选用配电设备和断路器、正确地设计继电保护以及选择限制短路电流的措施等，而这些都必须以短路故障计算结果作为依据。

短路故障的计算与分析，主要是短路电流的计算和分析。短路电流的大小及其变化规律不仅与短路故障的类型有关，而且与电源特性、网络元件的电磁参数有关。本章将分别对无限大功率电源（简称无限大电源）发生三相短路、单台同步发电机发生三相短路，以及在多机电力系统中发生三相短路情况下，短路电流的变化规律和分析、计算方法作详细介绍。

第二节　无限大功率电源供电的三相短路电流分析

考虑图8-1所示的简单三相电路中，在f点突然发生三相短路的暂态过程，图中的电源为无限大三相对称电源。

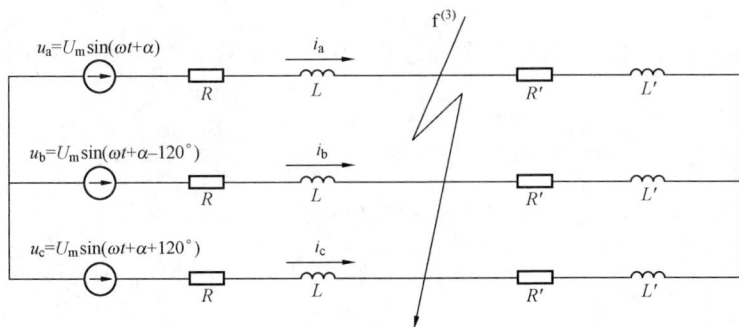

图8-1　无限大功率电源供电的三相电路突然短路

所谓无限大功率电源是指电源的电压幅值和频率在故障过程中仍能保持恒定。例如：

（1）电源的容量很大，当发生短路后引起的功率变化对于电源来说影响很小，从而电源的电压和频率都能基本上保持恒定。

（2）由很多个有限容量的发电机并联而成的电源，因其内阻抗很小，电源电压基本能保持恒定。

实际上，真正的无限大功率电源是不存在的，而它只不过是一种近似的处理手段。通常用供电电源的内阻抗与短路回路总阻抗的相对大小来判断能否将电源看成是无限大功率电源。一般认为，当供电电源的内阻抗小于短路回路总阻抗的10％时，可以将供电电源简化为无限大功率电源。在这种情况下，外电路发生短路时，可以近似认为电源的电压幅值和频率保持恒定。一般在配电系统中发生短路时，通常将输电系统看成是带有一定阻抗的无限大功率电源。

一、暂态过程分析

为了分析在图8-1中发生三相短路后的短路电流，首先分析短路前的稳态运行情况。设三相短路发生在$t=0$的时刻，这时无限大功率电源a相电动势的相位为α。为了表示清楚起见，在本章中用下标（0）表示短路以前各有关电气量的取值。由图8-1，在短路前a相的电流为

$$i_a = I_{m(0)} \sin(\omega t + \alpha - \varphi_{(0)}) \tag{8-1}$$

其中

$$I_{m(0)} = \frac{U_m}{\sqrt{(R+R')^2 + \omega^2 (L+L')^2}}$$

$$\varphi_{(0)} = \arctan \frac{\omega(L+L')}{R+R'}$$

发生突然三相短路后，网络被分成两个独立的部分。短路点的右部成为一个无源电路，

其中的电流将从短路瞬间的数值开始逐渐衰减到零，左部为由无限大电源供电的三相电路，其阻抗由原来的 $(R+R')+j\omega(L+L')$ 突然减小为 $R+j\omega L$。短路后的暂态过程分析和计算便是针对这一有源电路的。

由于短路后的电路仍然是三相对称的，因此只需分析其中一相的暂态过程。例如，a 相电流的变化将取决于微分方程

$$L\frac{di_a}{dt}+Ri_a=U_m\sin(\omega t+\alpha) \tag{8-2}$$

它是一个一阶常系数非齐次的线性常微分方程，其全部解由特解和通解两部分构成。

特解为

$$i_{pa}=\frac{U_m}{Z}\sin(\omega t+\alpha-\varphi)=I_m\sin(\omega t+\alpha-\varphi) \tag{8-3}$$

它实际上是稳态短路电流，或称短路电流的稳态分量，其中

$$Z=\sqrt{R^2+(\omega L)^2}\;;\;\varphi=\arctan\frac{\omega L}{R}$$

通解为

$$i_{\alpha a}=Ce^{-t/T_a} \tag{8-4}$$

式中：T_a 为时间常数，$T_a=L/R$；C 为积分常数。

它实际上是短路电流中的自由分量，其起始值为 C，以后按时间常数 T_a 衰减，并最终衰减到零。自由分量电流的存在是因为电感中的电流不能突变。

于是，由式（8-3）和式（8-4）得 a 相的短路电流为

$$i_a=I_m\sin(\omega t+\alpha-\varphi)+Ce^{-t/T_a} \tag{8-5}$$

其中的积分常数 C 由初始条件决定。即在短路瞬间（设短路发生在 $t=0$ 时刻），由于通过电感的电流不能突变，使短路前一瞬间的电流值必须与短路发生后一瞬间的电流值相等。

于是，令式（8-1）和式（8-5）中 $t=0$，并令它们相等，得

$$I_{m(0)}\sin(\alpha-\varphi_{(0)})=I_m\sin(\alpha-\varphi)+C$$

从而可以解出

$$C=I_{m(0)}\sin(\alpha-\varphi_{(0)})-I_m\sin(\alpha-\varphi) \tag{8-6}$$

将式（8-6）代入式（8-5），得

$$i_a=I_m\sin(\omega t+\alpha-\varphi)+[I_{m(0)}\sin(\alpha-\varphi_{(0)})-I_m\sin(\alpha-\varphi)]e^{-t/T_a} \tag{8-7}$$

由于三相电路对称，用 $\alpha-2\pi/3$ 和 $\alpha+2\pi/3$ 代替式（8-7）中的 α，便可分别得出 b 相和 c 相的短路电流为

$$i_b=I_m\sin\left(\omega t+\alpha-\frac{2\pi}{3}-\varphi\right)+\left[I_{m(0)}\sin\left(\alpha-\frac{2\pi}{3}-\varphi_{(0)}\right)-I_m\sin\left(\alpha-\frac{2\pi}{3}-\varphi\right)\right]e^{-t/T_a}$$

$$i_c=I_m\sin\left(\omega t+\alpha+\frac{2\pi}{3}-\varphi\right)+\left[I_{m(0)}\sin\left(\alpha+\frac{2\pi}{3}-\varphi_{(0)}\right)-I_m\sin\left(\alpha+\frac{2\pi}{3}-\varphi\right)\right]e^{-t/T_a}$$

$$\tag{8-8}$$

由式（8-7）和式（8-8）可以作出当电压初相为某一给定值 α 时，三相短路电流的波形图，如图 8-2 所示。由短路电流波形图和三相短路电流表达式可见，无限大功率电源供电的三相短路电流有以下特点：

（1）三相短路电流中含有一个稳态分量 i_{pa}、i_{pb}、i_{pc}，它们组成一组对称的正序电流，

其幅值恒定不变。因此，有时被称为短路电流中的交流分量或周期性分量。显然，它们大于短路前的稳态电流。

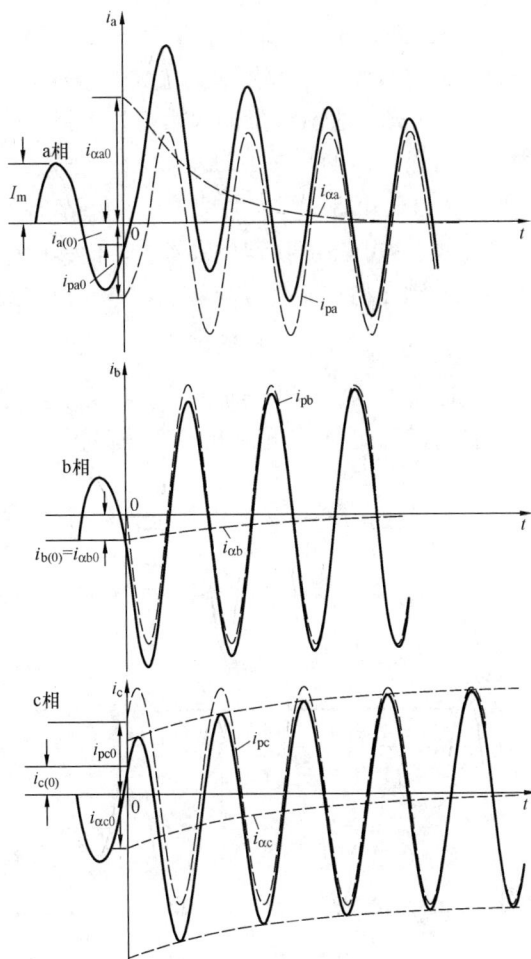

图 8 - 2 三相短路电流波形图

（2）三相短路电流中都含有一个自由分量电流 $i_{\alpha a}$、$i_{\alpha b}$、$i_{\alpha c}$，它们的存在是为了使短路电流在短路瞬间的数值保持不变，以后按时间常数 T_a 衰减，直至衰减到零。这一分量有时被称为短路电流中的（衰减）直流分量，或非周期性分量电流。显然，在 $t=0$ 时刻各相直流分量电流的初始值不等。

（3）各相短路电流的波形分别对称于其直流分量的曲线而不是对称于时间轴。利用这一特性，可以从计算或实测得出的短路电流曲线中将周期性分量与直流分量进行分离，方法是作出短路电流曲线的上、下两根包络线，然后对它们进行垂直等分，便可以得出直流分量，如图 8 - 2 中的 c 相电流所示。

（4）直流分量起始值越大，短路电流的最大瞬时值越大。在电源电压幅值和短路阻抗给定的情况下，由式（8 - 6）可见，直流分量的起始值与短路瞬间电源电压的相位 α 以及短路瞬间的电流值有关。

二、短路冲击电流和最大有效值电流

所谓冲击电流是指短路电流的最大瞬时值，而实际上所关心的是最大可能的瞬时值。冲击电流主要用于检验电气设备和载流导体在短路电流下的受力是否超过容许值，即所谓的动稳定度。由上述特性（4）可知，直流分量的起始值越大，该相短路电流的最大瞬时值越大。因此，具有最大短路电流瞬时值与直流分量起始值达最大的条件是一致的。

以 a 相为例，由式（8-6）可知，直流分量的起始值为短路前稳态电流在短路瞬间的瞬时值与短路后瞬间周期性分量短路电流的瞬时值之差，它们分别为代表正常稳态电流的相量 $\dot{I}_{ma(0)}$ 和代表短路电流周期性分量的相量 $\dot{I}_{ma}$ 之差 $\dot{I}_{ma(0)} - \dot{I}_{ma}$ 在时间参考轴 t 上的投影，如图 8-3（a）中的 i_{aa0}。如果改变 a 相电压的初相位 α（相当于发生短路的时刻不同），使这两个相量之差与时间参考轴平行，则 a 相直流分量起始值的绝对值将最大。在短路前为空载的情况下，这一相量差就为 $\dot{I}_{ma}$，它在 t 轴上的投影即为 i_{aa0}，如图 8-3（b）所示。在空载情况下，当满足 $|\alpha - \varphi| = \pi/2$ 时，$\dot{I}_{ma}$ 与时间 t 轴重合，直流分量起始值的绝对值达到最大值 I_{ma}。一般冲击电流便是指这种情况下短路电流的最大瞬时值。

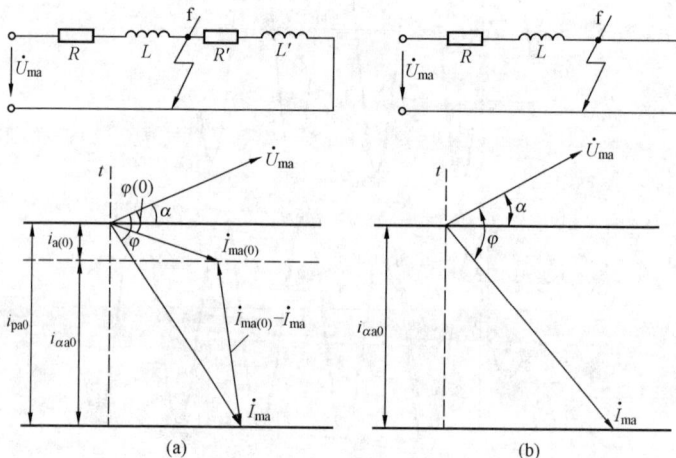

图 8-3　a 相初始状态电流相量图
(a) 短路前带负载；(b) 短路前空载

由于一般在短路回路中，电抗值要比电阻值大得多，即 $\omega L \gg R$，可以近似地认为 $\varphi \approx \pi/2$。于是，令 $I_{m(0)} = 0$，$\alpha = 0$，$\varphi = \pi/2$，代入式（8-7），可以得出 a 相短路电流的表达式为

$$i_a = -I_m\cos\omega t + I_m e^{-t/T_a} \tag{8-9}$$

其波形图如图 8-4 所示。由图可见，短路电流的最大瞬时值，即冲击电流，将在短路发生经过约半个周期（当 $f = 50\text{Hz}$ 时，约为 0.01s）出现。由此可得冲击电流为

$$i_M \approx I_m + I_m e^{-0.01/T_a} = (1 + e^{-0.01/T_a})I_m = K_M I_m \tag{8-10}$$

式中：K_M 称为冲击系数，即冲击电流值对于短路电流周期性分量幅值的倍数。K_M 的大小与时间常数 T_a 有关。在一般计算中，K_M 取 1.8，当短路发生在发电机附近（或大容量电动机附近）时，K_M 取 1.9。

短路电流的最大有效值主要用于检验开关电器等设备切断短路电流的能力。各个时刻短

路电流的有效值定义为：以计算时刻 t 为中心的一个周期内，短路电流的均方根值，即

$$I_t = \sqrt{\frac{1}{T}\int_{t-T/2}^{t+T/2} i^2(t)\,\mathrm{d}t}$$

在假定一个周期内直流分量保持为计算时刻 t 的取值 I_{at} 的情况下，有

$$I_t = \sqrt{(I_\mathrm{m}/\sqrt{2})^2 + I_{at}^2} \qquad (8\text{-}11)$$

显然，短路电流的最大有效值 I_M 是以最大瞬时值发生的时刻（即发生短路后约半个周期）为中心的短路电流有效值。在发生最大冲击电流的情况下，有

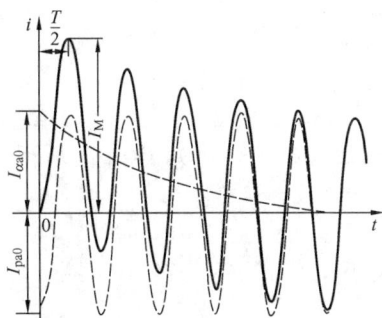

图 8-4　直流分量最大时的短路电流波形

$$I_\mathrm{M} = \sqrt{(I_\mathrm{m}/\sqrt{2})^2 + I_\mathrm{m}^2(K_\mathrm{M}-1)^2} = \frac{I_\mathrm{m}}{\sqrt{2}}\sqrt{1+2(K_\mathrm{M}-1)^2}$$

当 $K_\mathrm{M}=1.8$ 时，$I_\mathrm{M}=1.52\,(I_\mathrm{m}/\sqrt{2})$；当 $K_\mathrm{M}=1.9$ 时，$I_\mathrm{M}=1.62\,(I_\mathrm{m}/\sqrt{2})$。

第三节　不计阻尼绕组的同步电机突然三相短路分析

本节将介绍不计阻尼绕组的同步电机发生突然三相短路后，短路电流的分析和计算方法。首先介绍发生短路前同步电机为空载的情况，然后介绍带负载的同步电机发生短路的情况。在介绍过程中，先用第七章中导出的同步电机方程式建立分析短路电流的数学模型，从而求出准确解，然后说明它的近似求解方法。

在本节和下一节中，都只考虑在同步电机定子绕组端发生三相短路的情况，对于在更复杂的电力系统中发生三相短路的分析方法将在第五节中介绍。

一、空载情况下突然三相短路分析

（一）数学模型和准确解

在电力系统中发生短路后，为了防止短路电流对同步电机本身和其他电气设备造成危害，一般短路持续的时间都不允许很长，特别是在高压和超高压电力系统中，为了防止因短路而失去稳定，一般在 0.1s 以内或最多在零点几秒内必须将短路清除。在这样短的时间内，发电机的转速通常变化很小。因此，在本节和下一节的分析中，假定同步电机在短路过程中仍然维持同步转速，即 ω 保持等于 1。

1. 数学模型

在不考虑阻尼绕组的情况下，在第七章中已经说明，同步电机的方程式可以在式（7-78）~式（7-81）中令 $e_{q2}=e_{d1}=e_{d2}=0$，$i_\mathrm{D}=i_g=i_\mathrm{Q}=0$，$e''_q=e'_d=e''_d=0$ 而得，在转子为同步转速且不变的情况下，式（7-78）~式（7-81）变为

$$\left.\begin{array}{l}\psi_\mathrm{d}=-X_\mathrm{d}i_\mathrm{d}+e_{q1}\\ \psi_\mathrm{q}=-X_\mathrm{q}i_\mathrm{q}\end{array}\right\} \qquad (8\text{-}12)$$

$$e'_q=-(X_\mathrm{d}-X'_\mathrm{d})i_\mathrm{d}+e_{q1} \qquad (8\text{-}13)$$

$$\left.\begin{array}{l}u_\mathrm{d}=p\psi_\mathrm{d}-\psi_\mathrm{q}-R_\mathrm{a}i_\mathrm{d}\\ u_\mathrm{q}=p\psi_\mathrm{q}+\psi_\mathrm{d}-R_\mathrm{a}i_\mathrm{q}\end{array}\right\} \qquad (8\text{-}14)$$

$$T'_{d0}pe'_q = E_{fq} - e_{q1} \tag{8-15}$$

在上列各式中，先消去 e'_q 和 e_{q1}。为此，由式（8-15）解出

$$e'_q = \frac{E_{fq} - e_{q1}}{T'_{d0}p} \tag{8-16}$$

再将它代入式（8-13），经整理后得

$$e_{q1} = \frac{E_{fq} + (X_d - X'_d)T'_{d0}pi_d}{T'_{d0}p + 1} \tag{8-17}$$

最后，将式（8-17）代入式（8-12）中的第一式，从而将式（8-12）和式（8-14）化简为

$$\left.\begin{array}{l} u_d = p\psi_d - \psi_q - R_a i_d \\ u_q = p\psi_q + \psi_d - R_a i_q \\ \psi_d = G(p)E_{fq} - X_d(p)i_d \\ \psi_q = -X_q i_q \end{array}\right\} \tag{8-18}$$

其中

$$G(p) = \frac{1}{T'_{d0}p + 1} \tag{8-19}$$

$$X_d(p) = X_d - \frac{(X_d - X'_d)T'_{d0}p}{T'_{d0}p + 1} = \frac{X_d + X'_d T'_{d0}p}{T'_{d0}p + 1} \tag{8-20}$$

由于 $X_d(p)$ 是式（8-18）的第三式中 ψ_d 与 i_d 相关的比例系数，故习惯上称它为 d 轴运算电抗。相应地，在 q 轴方向由于假定没有阻尼绕组，因此 q 轴的运算电抗就是 X_q 本身。

2. 短路电流的准确解

假定在短路前励磁绕组的外施电压为 $u_{f(0)}$，并假定在短路过程中保持不变（相当于忽略励磁调节系统的影响），则由式（7-82）并在"单位励磁电压/单位定子电压"的励磁绕组电压基准值下，可以得出相应的假想空载电动势为

$$E_{fq(0)} = u_{f(0)} \tag{8-21}$$

于是，在短路前的空载运行情况下，由相量图 7-7 可以推知，同步电机的端电压 $U_{t(0)}$、端电压的 q 轴分量 $U_{q(0)}$ 和空载电动势 $E_{q(0)}$ 都等于 $E_{fq(0)}$，且其相位与转子的 q 轴方向相同，而端电压的 d 轴分量 $U_{d(0)}$ 为零，即

$$\left.\begin{array}{l} \dot{U}_{t(0)} = \dot{U}_{q(0)} = \dot{E}_{q(0)} \\ \dot{U}_{d(0)} = 0 \end{array}\right\} \tag{8-22}$$

为了便于将分析方法推广到带负载情况下的突然三相短路，在分析中应用叠加原理。首先，对于短路前的空载情况，其电路图如图 8-5（a）所示。注意，这里为了简单起见，将定子回路的 a、b、c 分量与其 d、q、0 分量表示在同一个图上。在图 8-5（a）中，励磁绕组的外施电压为 $u_{f(0)}$，定子端电压的 d、q 轴分量 $\dot{U}_{d(0)}$ 和 $\dot{U}_{q(0)}$ 取决于式（8-22）。定子端发生三相短路后，在励磁电压保持不变的情况下，其等值电路图如图 8-5（b）所示，这时在定子端引入两组三相电压，一组所对应的 d、q 分量为 $\dot{U}_{d(0)}$、$\dot{U}_{q(0)}$，另一组为 $-\dot{U}_{d(0)}$、$-\dot{U}_{q(0)}$，它们之和为零。显然，这相当于短路后定子三相端电压等于零的情况。现在，将前一组为 $\dot{U}_{d(0)}$、$\dot{U}_{q(0)}$ 的端电压与励磁电压 $u_{f(0)}$ 一起作为一个电路，并将它与图 8-5（c）

中由后一组为 $-\dot{U}_{\text{d}(0)}$、$-\dot{U}_{\text{q}(0)}$ 的端电压但励磁电压等于零的电路进行叠加，其结果与图 8-5（b）中的结果应完全相同，而前一个电路便是图 8-5（a）中的电路，其中的励磁电流为 $i_{\text{f}(0)}$，而定子电流 $I_{\text{d}(0)}=0$，$I_{\text{q}(0)}=0$。于是，突然三相短路后各绕组电流、电压和磁链的取值和变化规律，将可以由图 8-5（c）电路所得出的结果与短路前空载情况下相应的量进行相加而得。由图 8-5（c）所得出的电流、电压和磁链常称为短路分量（或称故障分量），并在后面将它们用增量形式表示，以示区别。

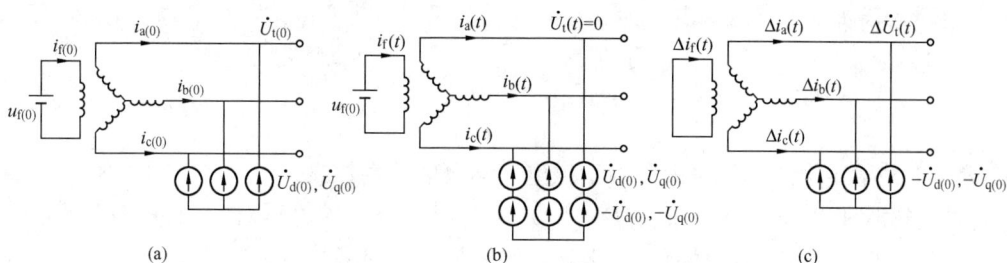

图 8-5　应用叠加原理分析空载情况下三相短路示意图
(a) 空载运行电路图；(b) 三相短路电路图；(c) 短路分量电路图

这样，对于短路分量而言，将式（8-18）中的各个量分别用它们的增量形式表示，并注意到 $\Delta E_{\text{fq}}=0$ 和 $\Delta U_{\text{d}}=0$，而且由于 ΔU_{q} 只在短路后才出现，故 $\Delta U_{\text{q}}=-U_{\text{q}(0)}\times 1(t)$，于是由式（8-18）可以得出

$$\left.\begin{array}{l} p\Delta\psi_{\text{d}}-\Delta\psi_{\text{q}}-R_{\text{a}}\Delta i_{\text{d}}=0 \\ p\Delta\psi_{\text{q}}+\Delta\psi_{\text{d}}-R_{\text{a}}\Delta i_{\text{q}}=-U_{\text{q}(0)}\times 1(t) \\ \Delta\psi_{\text{d}}=-X_{\text{d}}(p)\Delta i_{\text{d}} \\ \Delta\psi_{\text{q}}=-X_{\text{q}}\Delta i_{\text{q}} \end{array}\right\} \tag{8-23}$$

由式（8-23）可以解出

$$\left.\begin{array}{l} \Delta i_{\text{d}}(t)=\dfrac{X_{\text{q}}U_{\text{q}(0)}}{\Delta(p)}\times 1(t) \\[3mm] \Delta i_{\text{q}}(t)=\dfrac{[R_{\text{a}}+pX_{\text{d}}(p)]U_{\text{q}(0)}}{\Delta(p)}\times 1(t) \end{array}\right\} \tag{8-24}$$

其中

$$\Delta(p)=[R_{\text{a}}+pX_{\text{d}}(p)](R_{\text{a}}+pX_{\text{q}})+X_{\text{d}}(p)X_{\text{q}} \tag{8-25}$$

为了求解 $\Delta i_{\text{d}}(t)$ 和 $\Delta i_{\text{q}}(t)$，对式（8-24）进行拉氏变换，得到它们的象函数为

$$\left.\begin{array}{l} \Delta I_{\text{d}}(s)=\dfrac{N_{\text{d}}(s)}{M(s)}U_{\text{q}(0)} \\[3mm] \Delta I_{\text{q}}(s)=\dfrac{N_{\text{q}}(s)}{M(s)}U_{\text{q}(0)} \end{array}\right\} \tag{8-26}$$

其中的 $N_{\text{d}}(s)$、$N_{\text{q}}(s)$ 和 $M(s)$ 由式（8-24）、式（8-25）和式（8-20）导出为

$$\left.\begin{array}{l} N_{\text{d}}(s)=X_{\text{q}}T'_{\text{d0}}s+X_{\text{q}} \\ N_{\text{q}}(s)=X'_{\text{d}}T'_{\text{d0}}s^2+(X_{\text{d}}+R_{\text{a}}T'_{\text{d0}})s+R_{\text{a}} \\ M(s)=X'_{\text{d}}X_{\text{q}}T'_{\text{d0}}s^4+(X'_{\text{d}}R_{\text{a}}T'_{\text{d0}}+X_{\text{q}}R_{\text{a}}T'_{\text{d0}}+X_{\text{d}}X_{\text{q}})s^3 \\ \qquad+(X_{\text{d}}R_{\text{a}}+X_{\text{q}}R_{\text{a}}+X'_{\text{d}}X_{\text{q}}T'_{\text{d0}}+R_{\text{a}}^2T'_{\text{d0}})s^2+(R_{\text{a}}^2+X_{\text{d}}X_{\text{q}})s \end{array}\right\} \tag{8-27}$$

对于励磁电流的短路分量 Δi_f，可以先由空载电动势与励磁电流的关系式（7-75）得出

$$\Delta i_f = \frac{\Delta e_{q1}}{X_{af}} \tag{8-28}$$

并由式（8-17）得出 Δe_{q1} 与 Δi_d 的关系，再利用 Δi_d 的运算式（8-26），可以导出

$$\Delta I_f(s) = \frac{X_q(X_d - X'_d)T'_{d0}s}{X_{af}M(s)}U_{q(0)} \tag{8-29}$$

式中，X_{af} 可以按以下方法求出。由于在空载稳态运行情况下，定子端电压 $U_{t(0)}$ 与空载电动势 $E_{q(0)}$ 相等，若使定子空载端电压为 1 时的励磁绕组电流为 $I_{f(0)}$，则在空载电动势的定义式（7-75）中，令 $e_{q1}=1$，$i_f=I_{f(0)}$，得

$$X_{af} = \frac{1}{I_{f(0)}}$$

即 X_{af} 等于空载额定电压运行情况下，励磁电流标幺值的倒数。

这样，分别对式（8-26）和式（8-29）展开成部分分式，再对它们进行反拉氏变换，便可以求出定子 d、q 绕组和励磁绕组电流短路分量的时间函数 $\Delta i_d(t)$、$\Delta i_q(t)$ 和 $\Delta i_f(t)$。

【例 8-1】　给定 200MW 汽轮发电机以额定容量为基准时的参数标幺值为 $X_d=1.9323$，$X_q=1.9323$，$X'_d=0.2403$，$R_a=0.00514$，$T'_{d0}=2.067168\times10^3$（6.58s），在短路前定子空载电压 $U_{t(0)}=1$，若不计阻尼绕组影响，试求突然三相短路后定子绕组和励磁绕组电流的短路分量。另外，对 225MW 水轮发电机，其参数标幺值为 $X_d=0.9695$，$X_q=0.6605$，$X'_d=0.3120$，$R_a=0.00441$，$T'_{d0}=2.808584\times10^3$（8.94s），则结果又如何？

解　由短路前定子空载电压 $U_{t(0)}=1$ 可知，$U_{q(0)}=1$。

对于汽轮发电机，将电机参数代入式（7-27），得

$N_d(s) = 3994.388661s + 1.932300$

$N_q(s) = 496.740462s^2 + 12.557743s + 0.005140$

$M(s) = 959.851595s^4 + 26.818187s^3 + 959.926073s^2 + 3.733810s + 0$

计算式（8-26）的部分分式，得

$$\Delta I_d(s) = \frac{0.517514}{s} + \frac{3.644303}{s+0.003890} - \frac{2.080909+j0.017940}{s+0.012025+j0.999920} - \frac{2.080909-j0.017940}{s+0.012025-j0.999920}$$

$$\Delta I_q(s) = \frac{0.001377}{s} + \frac{0.009694}{s+0.003890} - \frac{0.005535-j0.258732}{s+0.012025+j0.999920} - \frac{0.005535+j0.258732}{s+0.012025-j0.999920}$$

$$\frac{\Delta I_f(s)}{I_{f(0)}} = \frac{7.041863}{s+0.003890} - \frac{3.520932+j0.028645}{s+0.012025+j0.999920} - \frac{3.520932-j0.028645}{s+0.012025-j0.999920}$$

对 $\Delta I_d(s)$ 和 $\Delta I_q(s)$ 进行反拉氏变换，得

$$\Delta i_d(t) = 0.517514 + 3.644303e^{-0.003890t} - 4.161817e^{-0.012025t}\cos0.999920t$$
$$- 0.035872e^{-0.012025t}\sin0.999920t$$

$$\Delta i_q(t) = 0.001377 + 0.009694e^{-0.003890t} - 0.011071e^{-0.012025t}\cos0.999920t$$
$$+ 0.517464e^{-0.012025t}\sin0.999920t$$

$$\frac{\Delta i_f(t)}{I_{f(0)}} = 7.041863e^{-0.003890t} - 7.041863e^{-0.012025t}\cos0.999920t$$
$$- 0.057289e^{-0.012025t}\sin0.999920t$$

对于水轮发电机，同理可以求得

$$\Delta i_{\mathrm{d}}(t) = 1.031428 + 2.173479\mathrm{e}^{-0.001106t} - 3.204907\mathrm{e}^{-0.010406t}\cos0.999988t$$
$$- 0.030945\mathrm{e}^{-0.010406t}\sin0.999988t$$

$$\Delta i_{\mathrm{q}}(t) = 0.006887 + 0.014512\mathrm{e}^{-0.001106t} - 0.021398\mathrm{e}^{-0.010406t}\cos0.999988t$$
$$+ 1.513816\mathrm{e}^{-0.010406t}\sin0.999988t$$

$$\frac{\Delta i_{\mathrm{f}}(t)}{I_{\mathrm{f(0)}}} = 2.107241\mathrm{e}^{-0.001106t} - 2.107241\mathrm{e}^{-0.010406t}\cos0.999988t$$
$$- 0.019596\mathrm{e}^{-0.010406t}\sin0.999988t$$

式（8-26）和式（8-29）的准确解可以表示成以下的一般形式

$$\left.\begin{array}{l}\Delta i_{\mathrm{d}}(t) = i_{\mathrm{d1}} + i_{\mathrm{d2}}\mathrm{e}^{\alpha t} + i_{\mathrm{d3}}\mathrm{e}^{\beta t}\sin(\gamma t + \varphi_{\mathrm{d}}) \\ \Delta i_{\mathrm{q}}(t) = i_{\mathrm{q1}} + i_{\mathrm{q2}}\mathrm{e}^{\alpha t} + i_{\mathrm{q3}}\mathrm{e}^{\beta t}\sin(\gamma t + \varphi_{\mathrm{q}}) \\ \Delta i_{\mathrm{f}}(t) = i_{\mathrm{f1}} + i_{\mathrm{f2}}\mathrm{e}^{\alpha t} + i_{\mathrm{f3}}\mathrm{e}^{\beta t}\sin(\gamma t + \varphi_{\mathrm{f}})\end{array}\right\} \qquad (8-30)$$

参照［例8-1］所得出的计算结果，可以对式（8-30）分析和归纳成以下几点，并进行解释。

（1）各分量的变化规律。在式（8-30）的解中，各电流都包含变化规律相同的三个分量（$i_{\mathrm{f1}}=0$），它们分别对应于式（8-26）和式（8-29）中分母多项式$M(s)$的根。实际上，由式（8-27）可见，$M(s)$是s的四次多项式，其常数项为零。对于实际的同步电机参数，$M(s)$的四个根分别为

$$s_1 = 0; \quad s_2 = \alpha; \quad s_3, s_4 = \beta \pm \mathrm{j}\gamma \qquad (8-31)$$

这四个根和相应的分量有如下性质：

1）对应于$s_1=0$的根，相应的分量i_{d1}、i_{q1}、$i_{\mathrm{f1}}(=0)$分别为常数，即不随时间变化。

2）对应于$s_2=\alpha$的根，由于同步电机中电阻的存在，使$\alpha<0$（以后可以看出，它主要由于励磁绕组电阻的存在），相应的分量$i_{\mathrm{d2}}\mathrm{e}^{\alpha}$、$i_{\mathrm{q2}}\mathrm{e}^{\alpha}$、$i_{\mathrm{f2}}\mathrm{e}^{\alpha}$在$t=0$时刻的起始值分别为$i_{\mathrm{d2}}$、$i_{\mathrm{q2}}$、$i_{\mathrm{f2}}$，而以后随时间呈指数衰减，衰减时间常数为$-1/\alpha$，并且在$t$趋近于无穷大（即到达稳态）时，它们都衰减为零。

3）对应于$s_3, s_4=\beta\pm\mathrm{j}\gamma$的根，由于电阻的存在，使$\beta<0$，而因为电阻比较小使$\gamma$接近于1，相应的分量$i_{\mathrm{d3}}\mathrm{e}^{\beta t}\sin(\gamma t+\varphi_{\mathrm{d}})$、$i_{\mathrm{q3}}\mathrm{e}^{\beta t}\sin(\gamma t+\varphi_{\mathrm{q}})$、$i_{\mathrm{f3}}\mathrm{e}^{\beta t}\sin(\gamma t+\varphi_{\mathrm{f}})$为幅值随时间衰减的正弦量，其角频率接近于同步角频率（$\omega_0=1$），它们的初始值分别为i_{d3}、i_{q3}、i_{f3}，以后随时间呈指数规律衰减，衰减时间常数为$-1/\beta$，而当t趋于无穷大时衰减为零。以后将会看到，衰减的原因主要是由于定子绕组电阻的存在，而且这一分量主要反映定子回路的电磁暂态过程。

（2）定子三相绕组中的同步角频率分量电流和励磁绕组中的直流分量电流。在式（8-30）中，对应于$s_1=0$的分量为恒定的直流，而对应于$s_2=\alpha$的分量为随时间衰减的直流，两者之和仍为衰减的直流。以后如无特殊说明，将它们之和称为衰减直流分量，或简称直流分量。对于$\Delta i_{\mathrm{d}}(t)$，这两个分量之和为$i_{\mathrm{d1}}+i_{\mathrm{d2}}\mathrm{e}^{\alpha}$，在$t=0$时刻的大小为$i_{\mathrm{d1}}+i_{\mathrm{d2}}$，$t=\infty$时为$i_{\mathrm{d1}}$。因此，$\Delta i_{\mathrm{d}}(t)$中的直流分量将从起始值$i_{\mathrm{d1}}+i_{\mathrm{d2}}$按指数规律$\mathrm{e}^{\alpha}$衰减到稳态值$i_{\mathrm{d1}}$，其变化情况如图8-6（a）所示（注意，图8-6是根据［例8-1］的结果所画）。相应的$\Delta i_{\mathrm{q}}(t)$中的直流分量则从起始值$i_{\mathrm{q1}}+i_{\mathrm{q2}}$按同一指数规律衰减到$i_{\mathrm{q1}}$，但它们分别与$i_{\mathrm{d1}}+i_{\mathrm{d2}}$和$i_{\mathrm{d1}}$相比要小得多。

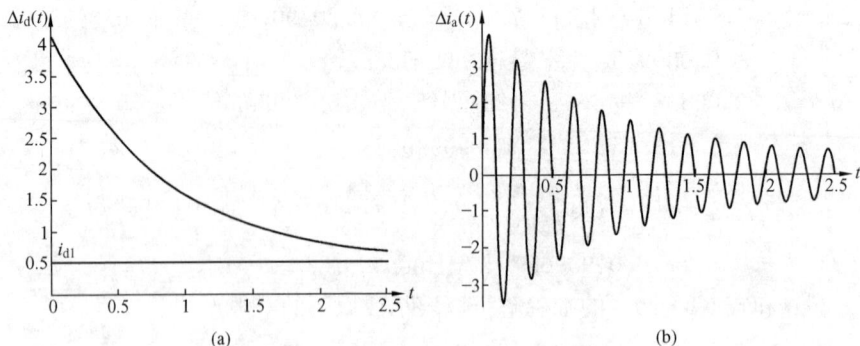

图 8-6 短路分量中与 $s_1=0$ 和 $s_2=\alpha$ 相对应的电流分量

(a) i_d 中的衰减直流分量；(b) i_a 中的同步角频率分量

在定子三相绕组中，对应于 $\Delta i_d(t)$ 和 $\Delta i_q(t)$ 中衰减直流分量的三个相电流，可以由它们应用式 (7-29) 变换而得。设在短路瞬间 ($t=0$)，转子 d 轴与定子 a 相磁轴 O_a 之间的角度为 θ_0（参阅图 7-2），则在式 (7-29) 中，$\theta=t+\theta_0$（同步转速的标幺值为 1），于是有

$$\left.\begin{aligned}
\Delta i_{a1}(t) &= (i_{d1}+i_{d2}e^{\alpha t})\cos(t+\theta_0) - (i_{q1}+i_{q2}e^{\alpha t})\sin(t+\theta_0) \\
\Delta i_{b1}(t) &= (i_{d1}+i_{d2}e^{\alpha t})\cos(t+\theta_0-2\pi/3) - (i_{q1}+i_{q2}e^{\alpha t})\sin(t+\theta_0-2\pi/3) \\
\Delta i_{c1}(t) &= (i_{d1}+i_{d2}e^{\alpha t})\cos(t+\theta_0+2\pi/3) - (i_{q1}+i_{q2}e^{\alpha t})\sin(t+\theta_0+2\pi/3)
\end{aligned}\right\} \quad (8\text{-}32)$$

它们是一组正序的按同步角频率变化，但幅值随时间衰减的三相电流。其中，a 相电流的波形如图 8-6 (b) 所示（注意，为了图形清晰起见，图中的一个周波代表实际的 10 个周波，即在 2.5s 内实际总共有 125 个周波）。

在励磁绕组中，由于假定短路后加在励磁绕组上的电压不变，因此，在短路后到达稳态时，励磁绕组中的电流与短路前相同，仍为 $u_{f(0)}/R_f$。于是在 $\Delta i_f(t)$ 中不应有稳态分量，即 $\Delta i_{f1}=0$。

(3) 定子三相绕组中的非同步角频率分量电流和励磁绕组中的交流分量电流。式 (8-30) 中，对应于 $s_3, s_4=\beta\pm j\gamma$ 的分量为随时间衰减的交流，其角频率为 γ，在 $t=\infty$ 时衰减为零，它们在定子绕组中相应的电流也可以应用式 (7-29) 进行变换而得。对于 a 相电流，有

$$\begin{aligned}
\Delta i_{a2}(t) &= i_{d3}e^{\beta t}\sin(\gamma t+\varphi_d)\cos(t+\theta_0) - i_{q3}e^{\beta t}\sin(\gamma t+\varphi_q)\sin(t+\theta_0) \\
&= \frac{1}{2}i_{d3}e^{\beta t}\{\sin[(1+\gamma)t+\theta_0+\varphi_d] - \sin[(1-\gamma)t+\theta_0-\varphi_d]\} \\
&\quad + \frac{1}{2}i_{q3}e^{\beta t}\{\cos[(1+\gamma)t+\theta_0+\varphi_q] - \cos[(1-\gamma)t+\theta_0-\varphi_q]\}
\end{aligned} \quad (8\text{-}33)$$

对于 b 相和 c 相电流 $\Delta i_{b2}(t)$ 和 $\Delta i_{c2}(t)$，可以在式 (8-33) 中将 θ_0 分别换成 $\theta_0-2\pi/3$ 和 $\theta_0+2\pi/3$ 而得。由此说明，在定子三相绕组中，与 s_3、s_4 对应的，将出现两个不同频率、幅值随时间衰减的电流，它们的角频分别为 $1-\gamma$ 和 $1+\gamma$。由 [例 8-1] 的计算结果可知，γ 非常接近于 1（但不等于 1），因此，前者频率很低，后者接近于两倍同步频率。当 $\gamma=1$ 时，前者变为衰减的直流分量，后者变为衰减的两倍频率分量。

在励磁绕组中，相应的电流为随时间衰减的交流，其角频为 γ。

　　针对发生突然短路后各绕组电流中的短路分量而言，其成分和变化规律可以作如下解释：

　　与第二节介绍的无限大电源经阻抗短路的情况相似，一方面，短路后在定子绕组中将流过三相对称、正序、按同步角频率变化的短路电流，但在同步电机短路中，这一电流的幅值将从起始值按指数规律衰减到稳态值，而与它相对应的是励磁绕组和定子d、q绕组中的衰减直流分量电流；另一方面，在定子绕组中由于电流不能突变，因此要流过自由分量电流，但在同步电机短路中，自由电流并非衰减的直流，而是一个频率很低的和另一个接近于两倍同步频率的衰减振荡电流之和，与它们相对应的是励磁绕组和d、q绕组中角频率接近于同步频率的自由电流。

　　实际上，如果在式（8-26）和式（8-29）中，先乘以s，然后再令$s=\infty$，则$s\Delta I_d(s)$、$s\Delta I_q(s)$和$s\Delta I_f(s)$都等于零。而由拉氏变换中的初值定理可知，象函数在乘以s后再令$s=\infty$时的取值与原函数在$t=0$时的取值相等，从而说明$\Delta i_d(t=0)$、$\Delta i_q(t=0)$和$\Delta i_f(t=0)$都等于零。这一结果表明，定子d、q绕组和励磁绕组电流中的短路分量在$t=0$瞬间都应等于零，从而，三相绕组中电流的短路分量在$t=0$瞬间也都等于零。换言之，所有绕组在突然短路瞬间的电流都不能突变。这一现象的物理解释，是由于所有绕组都具有电感，因此其中的电流在任何时刻都不能突变，否则将产生无穷大的感应电压。

（二）同时忽略定子绕组和励磁绕组电阻情况下的近似解

　　当同时忽略定子绕组电阻和励磁绕组电阻的影响时，由于$T'_{d0}=X_f/R_f$，于是可以在式（8-26）、式（8-27）和式（8-29）中先令$R_a=0$，再令$T'_{d0}=\infty$，从而导出

$$\left.\begin{aligned}
\Delta I_d(s) &= \frac{N_d(s)}{M(s)}U_{q(0)}\\
\Delta I_q(s) &= \frac{N_q(s)}{M(s)}U_{q(0)}\\
\Delta I_f(s) &= \frac{X_q(X_d-X'_d)s}{X_{af}M(s)}U_{q(0)}
\end{aligned}\right\} \tag{8-34}$$

其中

$$\left.\begin{aligned}
N_d(s) &= X_q s\\
N_q(s) &= X'_d s^2\\
M(s) &= X'_d X_q s^2(s^2+1)
\end{aligned}\right\} \tag{8-35}$$

在此情况下，分母多项式$M(s)$的根为

$$s_1=0;\ s_2=0;\ s_3,s_4=0\pm j1 \tag{8-36}$$

　　将式（8-34）分解成部分分式，得

$$\left.\begin{aligned}
\Delta I_d(s) &= \frac{U_{q(0)}}{X'_d s}-\frac{sU_{q(0)}}{X'_d(s^2+1)}\\
\Delta I_q(s) &= \frac{U_{q(0)}}{X_q(s^2+1)}\\
\Delta I_f(s) &= \frac{X_d-X'_d}{X_{af}X'_d}\left(\frac{U_{q(0)}}{s}-\frac{sU_{q(0)}}{s^2+1}\right)
\end{aligned}\right\}$$

然后进行反拉氏变换，得出各电流短路分量的时间解为

$$\left.\begin{array}{l} \Delta i_{\rm d}(t) = \dfrac{U_{\rm q(0)}}{X'_{\rm d}} - \dfrac{U_{\rm q(0)}}{X'_{\rm d}}\cos t \\[3mm] \Delta i_{\rm q}(t) = \dfrac{U_{\rm q(0)}}{X_{\rm q}}\sin t \\[3mm] \Delta i_{\rm f}(t) = \dfrac{X_{\rm d} - X'_{\rm d}}{X_{\rm af}}\left(\dfrac{U_{\rm q(0)}}{X'_{\rm d}} - \dfrac{U_{\rm q(0)}}{X'_{\rm d}}\cos t\right) \end{array}\right\} \qquad (8\text{-}37)$$

【例 8-2】   对 ［例 8-1］中的两个同步电机，在忽略定子绕组和励磁绕组电阻的情况下，分别计算突然三相短路后各电流的短路分量。

解   对于汽轮发电机，将参数 $X_{\rm d} = X_{\rm q} = 1.9323$，$X'_{\rm d} = 0.2403$ 代入式（8-37），得

$\Delta i_{\rm d}(t) = 4.161465 - 4.161465\cos t$

$\Delta i_{\rm q}(t) = 0.517518\sin t$

$\Delta i_{\rm f}(t) / I_{\rm f(0)} = 7.041199 - 7.041199\cos t$

对于水轮发电机，由 $X_{\rm d} = 0.9695$，$X_{\rm q} = 0.6605$，$X'_{\rm d} = 0.3120$，得

$\Delta i_{\rm d}(t) = 3.205128 - 3.205128\cos t$

$\Delta i_{\rm q}(t) = 1.514005\sin t$

$\Delta i_{\rm f}(t) / I_{\rm f(0)} = 2.107372 - 2.107372\cos t$

下面比较式（8-30）和式（8-37）以及相应的 ［例 8-1］ 和 ［例 8-2］ 的计算结果，说明它们的差异及其与绕组电阻之间的关系。

（1）由于忽略了绕组的电阻，使得 $\Delta i_{\rm d}$、$\Delta i_{\rm q}$ 和 $\Delta i_{\rm f}$ 中原本应衰减的直流分量电流成为恒定不变的直流，从而说明直流分量电流的衰减是由于绕组电阻的存在。然而，对于 $\Delta i_{\rm d}$ 和 $\Delta i_{\rm f}$ 中直流分量的起始值而言，两者的差却非常小（在 0.01% 以下）。对于 $\Delta i_{\rm q}$ 中的直流分量而言，虽然在近似计算中变为零，但在准确计算中它与 $\Delta i_{\rm d}$ 的直流分量起始值相比，所占比例在 1% 以下，因此忽略电阻对 $\Delta i_{\rm q}$ 本身的直流分量可能造成一定的误差，但对定子绕组三相电流的同步角频率分量而言，所引起的误差将在 1% 以下（如果是经过一段阻抗后短路，则误差可能会大些）。这一结果说明，如果只计算定子三相短路电流中同步角频率分量的起始值和励磁绕组直流分量的起始值，则完全可以忽略绕组的电阻，但是如果要计算它们的衰减情况，则必须计及绕组的电阻。

（2）当忽略绕组电阻后，$\Delta i_{\rm d}$、$\Delta i_{\rm q}$ 和 $\Delta i_{\rm f}$ 中幅值随时间衰减而频率接近于同步角频率的分量（以下简称交流分量）电流，将变为不衰减的、按同步角频率变化的交流电流，它对应于定子三相绕组中的恒定直流与按两倍同步频率变化的电流分量之和。但是，电阻的忽略对它们初始值的影响较小，因此，如果只需要计算这些电流分量的初始值，也完全可以忽略绕组的电阻，而如果需要考虑它们的衰减情况则必须计及绕组的电阻。

顺便指出，如果忽略定子绕组的电磁暂态过程，则相当于在式（8-14）和式（8-18）中令 $p\psi_{\rm d} = p\psi_{\rm q} = 0$，在此情况下，式（8-27）和式（8-35）中的分母多项式 $M(s)$ 将降为二次多项式，相应的两个根为 $s_1 = 0$，$s_2 = \alpha$，而没有共轭复根。可见 $\Delta i_{\rm d}$、$\Delta i_{\rm q}$ 和 $\Delta i_{\rm f}$ 中的交流分量和 $\Delta i_{\rm a}$、$\Delta i_{\rm b}$、$\Delta i_{\rm c}$ 中的直流分量和两倍同步频率分量反映的是定子绕组的电磁暂态过程。

（三）计及励磁绕组电阻或定子绕组电阻的解

1. 计及励磁绕组电阻

当只考虑励磁绕组电阻而忽略定子绕组电阻时，可以在式（8-27）中令 $R_{\rm a} = 0$，得

$$\Delta I_d(s) = \frac{N_d(s)}{M(s)}U_{q(0)}$$

$$\Delta I_q(s) = \frac{N_q(s)}{M(s)}U_{q(0)}$$

$$N_d(s) = X_q T'_{d0}s + X_q$$

$$N_q(s) = X'_d T'_{d0}s^2 + X_d s$$

$$M(s) = X'_d X_q T'_{d0}s^4 + X_d X_q s^3 + X'_d X_q T'_{d0}s^2 + X_d X_q s$$

$$= X_q s(X'_d T'_{d0}s + X_d)(s^2 + 1)$$

(8 - 38)

在此情况下，分母多项式 $M(s)$ 的根为

$$s_1 = 0; \quad s_2 = -\frac{X_d}{X'_d T'_{d0}}; \quad s_3, s_4 = 0 \pm j1 \tag{8 - 39}$$

这说明式（8 - 31）中的衰减系数 α 近似为

$$\alpha = -\frac{X_d}{X'_d T'_{d0}} \tag{8 - 40}$$

由式（8 - 38）可以解出相应的电流为

$$\begin{aligned}
\Delta i_d(t) &= \frac{1}{X_d}U_{q(0)} + \left(\frac{1}{X'_d} - \frac{1}{X_d}\right)\frac{T'^2_d}{1 + T'^2_d}U_{q(0)}\,\mathrm{e}^{-t/T'_d} \\
&\quad - \left[\frac{1}{X_d} + \left(\frac{1}{X'_d} - \frac{1}{X_d}\right)\frac{T'^2_d}{1 + T'^2_d}\right]U_{q(0)}\cos t \\
&\quad + \left(\frac{1}{X'_d} - \frac{1}{X_d}\right)\frac{U_{q(0)}}{T'_d + 1/T'_d}\sin t \\
\Delta i_q(t) &= \frac{1}{X_q}U_{q(0)}\sin t
\end{aligned} \tag{8 - 41}$$

其中

$$T'_d = -\frac{1}{\alpha} = T'_{d0}\frac{X'_d}{X_d} \tag{8 - 42}$$

应用 X'_d 与 X_d 的关系式（7 - 63）和 T'_{d0} 的定义式（7 - 67），可以导出

$$T'_d = \frac{1}{R_f}\left[(X_f - X_{af}) + \frac{X_{af}(X_d - X_{af})}{X_{af} + (X_d - X_{af})}\right] \tag{8 - 43}$$

它相当于等值电路图 8 - 7 中 i_f 变化的时间常数，而这一等值电路相当于定子绕组短路的情况。因此，一般将 T'_d 称为定子绕组短路情况下励磁绕组的时间常数。

由于通常励磁绕组的电阻很小，T'_d 很大（几百弧度），因此，式（8 - 41）可以简化为

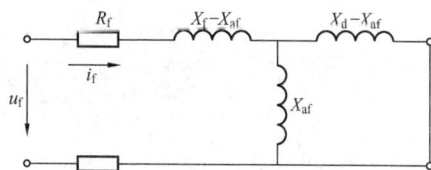

图 8 - 7　时间常数 T'_d 的等值电路

$$\begin{aligned}
\Delta i_d(t) &= \frac{1}{X_d}U_{q(0)} + \left(\frac{1}{X'_d} - \frac{1}{X_d}\right)U_{q(0)}\,\mathrm{e}^{-t/T'_d} \\
&\quad - \frac{1}{X'_d}U_{q(0)}\cos t \\
\Delta i_q(t) &= \frac{1}{X_q}U_{q(0)}\sin t
\end{aligned} \tag{8 - 44}$$

将它与式（8-37）相比，式（8-44）不但计及了直流分量的衰减，而且分开了其中的稳态值和衰减分量。很自然，在稳态短路情况下，短路电流只取决于同步电机的 d 轴同步电抗 X_d。

2. 计及定子绕组电阻

当计及定子绕组电阻而忽略励磁绕组电阻时，可以在式（8-26）和式（8-27）中令 $T'_{d0} = \infty$，得

$$\left.\begin{aligned} N_d(s) &= X_q s \\ N_q(s) &= X'_d s^2 + R_a s \\ M(s) &= s^2[X'_d X_q s^2 + R_a(X'_d + X_q)s + X'_d X_q + R_a^2] \end{aligned}\right\} \qquad (8-45)$$

这时，分母多项式 $M(s)$ 的根为

$$s_1, s_2 = 0; \quad s_3, s_4 = -\frac{R_a}{2}\left(\frac{1}{X'_d} + \frac{1}{X_q}\right) \pm \mathrm{j}\sqrt{1 - \frac{R_a^2}{4}\left(\frac{1}{X'_d} - \frac{1}{X_q}\right)^2} \qquad (8-46)$$

它说明式（8-30）中的衰减系数 β 近似为

$$\beta = -\frac{R_a}{2}\left(\frac{1}{X'_d} + \frac{1}{X_q}\right) \qquad (8-47)$$

在实际计算中，常用相应的时间常数 T_a 将 $\mathrm{e}^{\beta t}$ 表示成 e^{-t/T_a}，即

$$T_a = -\frac{1}{\beta} = \frac{2X'_d X_q}{R_a(X'_d + X_q)} \qquad (8-48)$$

以上分析结果表明，在 $\Delta i_d(t)$、$\Delta i_q(t)$ 和 $\Delta i_f(t)$ 中，直流分量的衰减主要与励磁绕组存在电阻有关，其衰减时间常数 T'_d 可以由式（8-42）近似决定；交流分量的衰减主要与定子绕组的电阻有关，其衰减时间常数 T_a 近似由式（8-48）决定。［例 8-3］的结果将说明，这样求得的两个时间常数在本例中与准确值完全相等，而按式（8-41）计算出的 $\Delta i_d(t)$ 中直流分量的稳态值与准确值几乎相等。

【例 8-3】 对于［例 8-1］中的同步电机，计算 α 和 β 的近似值，以及按式（8-41）计算直流电流起始值，并与［例 8-1］的结果进行比较。

解 对于汽轮发电机，按式（8-40）和式（8-47）分别求得（括号内的数字为［例 8-1］中计算得出的准确结果）

$$\alpha = -\frac{X_d}{X'_d T'_{d0}} = -0.003890 \quad (-0.003890)$$

$$\beta = -\frac{R_a}{2}\left(\frac{1}{X'_d} + \frac{1}{X_q}\right) = -0.012025 \quad (-0.012025)$$

相应的时间常数为

$$T'_d = -1/\alpha = 257.072123\mathrm{rad} = 0.818286\mathrm{s}$$

$$T_a = -1/\beta = 83.160181\mathrm{rad} = 0.264707\mathrm{s}$$

$i_d(t)$ 中直流分量的稳态值为

$$\frac{1}{X_d}U_{q(0)} = 0.517518 \quad (0.517514)$$

对于水轮发电机，有

$$\alpha = -0.001106 \quad (-0.001106); \quad \beta = -0.010406 \quad (-0.010406)$$

相应的时间常数为

$$T'_d = 903.933673 \text{rad} = 2.877310 \text{s}$$
$$T_a = 96.101289 \text{rad} = 0.305890 \text{s}$$

$i_d(t)$ 中直流分量的稳态值为

$$\frac{1}{X_d}U_{q(0)} = 1.031460 \quad (1.031428)$$

（四）通常采用的计算方法

虽然计算短路电流的准确解并不困难，但实际工程计算中仍希望计算更为简单。在通常所采用的近似计算方法中，主要采用的简化原则是：

（1）计算 $\Delta i_d(t)$、$\Delta i_q(t)$ 和 $\Delta i_f(t)$ 中各短路分量的起始值时，忽略全部绕组的电阻。在无阻尼绕组同步电机空载短路的情况下，按式（8-37）计算。

（2）计算各衰减直流分量稳态值及衰减时间常数时，忽略定子绕组的电阻。按式（8-42）计算 T'_d，并由式（8-44）得

$$\Delta i_d(t=\infty) = \frac{U_{q(0)}}{X_d}$$
$$\Delta i_q(t=\infty) = 0$$

显然，计及励磁绕组电阻可以得到

$$\Delta i_f(t=\infty) = 0$$

（3）计算 $\Delta i_d(t)$、$\Delta i_q(t)$ 和 $\Delta i_f(t)$ 中交流分量的衰减时间常数时，忽略励磁绕组的电阻。在现在情况下，按式（8-48）计算 T_a。

这样，无阻尼绕组同步电机在空载短路下的短路电流计算公式为

$$\left. \begin{array}{c} \Delta i_d(t) = \dfrac{1}{X_d}U_{q(0)} + \left(\dfrac{1}{X'_d} - \dfrac{1}{X_d}\right)U_{q(0)}\,e^{-t/T'_d} - \dfrac{1}{X'_d}U_{q(0)}\,e^{-t/T_a}\cos t \\[3mm] \Delta i_q(t) = \dfrac{1}{X_q}U_{q(0)}\,e^{-t/T_a}\sin t \\[3mm] \Delta i_f(t) = \dfrac{X_d - X'_d}{X_{af}} \times \dfrac{U_{q(0)}}{X'_d}\,e^{-t/T'_d} - \dfrac{X_d - X'_d}{X_{af}} \times \dfrac{U_{q(0)}}{X'_d}\,e^{-t/T_a}\cos t \end{array} \right\} \quad (8\text{-}49)$$

$$\Delta i_a(t) = \left[\frac{1}{X_d} + \left(\frac{1}{X'_d} - \frac{1}{X_d}\right)e^{-t/T'_d}\right]U_{q(0)}\cos(t+\theta_0)$$
$$- \frac{U_{q(0)}}{2}\left(\frac{1}{X'_d} + \frac{1}{X_q}\right)e^{-t/T_a}\cos\theta_0 - \frac{U_{q(0)}}{2}\left(\frac{1}{X'_d} - \frac{1}{X_q}\right)e^{-t/T_a}\cos(2t+\theta_0) \quad (8\text{-}50)$$

$\Delta i_b(t)$ 和 $\Delta i_c(t)$ 由式（8-50）中分别令 θ_0 为 $\theta_0 - 2\pi/3$ 和 $\theta_0 + 2\pi/3$ 而得。$\Delta i_a(t)$ 和 $\Delta i_f(t)$ 的波形如图8-8所示。

二、负载情况下突然三相短路分析

（一）数学模型

考虑同步电机在短路前带有负载的情况，其电路图如图8-9（a）所示。如果在短路前与电力系统相连，则图中的三相负载阻抗是它的等值。在短路前的稳态运行情况下，由发电机的端电压 $\dot{U}_{t(0)}$ 和电流 $\dot{I}_{t(0)}$（或输出功率 $P_{G(0)} + jQ_{G(0)}$）可以得出端电压的 d、q 轴分量 $U_{d(0)}$、$U_{q(0)}$，电流的 d、q 轴分量 $I_{d(0)}$、$I_{q(0)}$，以及空载电动势 $E_{q(0)}$ 和暂态电动势 $E'_{q(0)}$（参阅第七章第五节）。

与空载情况下的突然三相短路相同，本节也采用叠加原理进行分析。在短路期间的等值

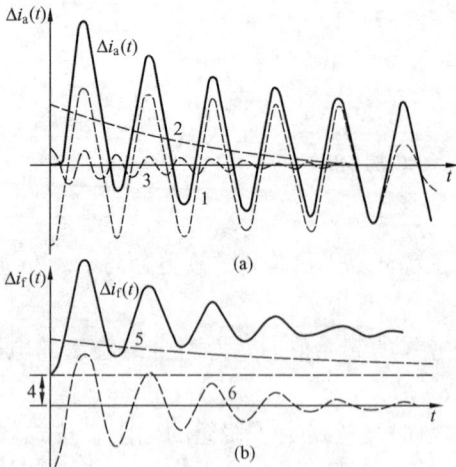

图 8-8　无阻尼同步电机空载情况下突然
三相短路后的电流波形（$\theta_0=\pi$）

（a）a 相绕组电流；（b）励磁绕组电流

1—同步角频率分量；2—直流分量；3—两倍频率分量；

4—短路前空载励磁电流；5—励磁电流中的直流分量；

6—励磁电流中的同步角频率分量

电路图如图 8-9（b）所示，图中在短路点接入大小相等、符号相反的两组三相电压，其中一组为短路前的端电压，两组之和等于零。于是，短路期间的等值电路便成为图 8-9（a）中的短路前运行电路图与图 8-9（c）中短路分量电路图的叠加。

注意，如果只计算定子绕组和励磁绕组中流过的短路电流而不计算流过短路点的短路电流，则在图 8-9（c）中流过网络的电流不必考虑。

在不计阻尼绕组影响的情况下，同步电机的方程式仍可用式（8-18）～式（8-20），但是在现在的情况下，式（8-18）中的 ΔU_{d} 和 ΔU_{q} 的增量应分别为

$$\Delta u_{\mathrm{d}}=-U_{\mathrm{d(0)}}\times 1(t)$$
$$\Delta u_{\mathrm{q}}=-U_{\mathrm{q(0)}}\times 1(t)$$

于是，与式（8-23）相对应的方程为

$$\left.\begin{aligned}
-U_{\mathrm{d(0)}}\times 1(t)&=p\Delta\psi_{\mathrm{d}}-\Delta\psi_{\mathrm{q}}-R_{\mathrm{a}}\Delta i_{\mathrm{d}}\\
-U_{\mathrm{q(0)}}\times 1(t)&=p\Delta\psi_{\mathrm{q}}+\Delta\psi_{\mathrm{d}}-R_{\mathrm{a}}\Delta i_{\mathrm{q}}\\
\Delta\psi_{\mathrm{d}}&=-X_{\mathrm{d}}(p)\Delta i_{\mathrm{d}}\\
\Delta\psi_{\mathrm{q}}&=-X_{\mathrm{q}}\Delta i_{\mathrm{q}}
\end{aligned}\right\}\qquad(8\text{-}51)$$

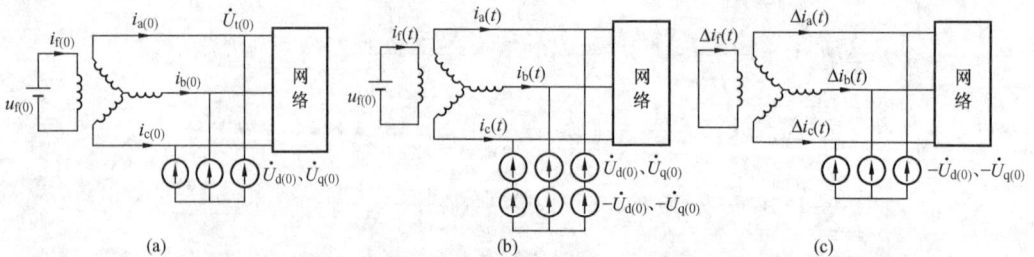

图 8-9　带负荷情况下突然三相短路分析示意图

（a）短路前运行电路图；（b）三相短路电路图；（c）短路分量电路图

并可解出

$$\left.\begin{aligned}
\Delta i_{\mathrm{d}}&=\frac{[R_{\mathrm{a}}+pX_{\mathrm{q}}]U_{\mathrm{d(0)}}+X_{\mathrm{q}}U_{\mathrm{q(0)}}}{\Delta(p)}1(t)\\
\Delta i_{\mathrm{q}}&=\frac{-X_{\mathrm{d}}(p)U_{\mathrm{d(0)}}+[R_{\mathrm{a}}+pX_{\mathrm{d}}(p)]U_{\mathrm{q(0)}}}{\Delta(p)}1(t)
\end{aligned}\right\}\qquad(8\text{-}52)$$

其中的 $\Delta(p)$ 仍由式（8-25）决定。

式（8-52）的拉氏变换式为

$$\Delta I_{d}(s) = \frac{L_{d}(s)}{M(s)}U_{d(0)} + \frac{N_{d}(s)}{M(s)}U_{q(0)} \left.\begin{array}{c}\\\\\end{array}\right\}$$

$$\Delta I_{q}(s) = \frac{L_{q}(s)}{M(s)}U_{d(0)} + \frac{N_{q}(s)}{M(s)}U_{q(0)}$$

(8-53)

其中的 $N_{d}(s)$、$N_{q}(s)$ 和 $M(s)$ 仍为式 (8-27)，而

$$L_{d}(s) = X_{q}T'_{d0}s^{2} + (X_{q} + R_{a}T'_{d0})s + R_{a} \left.\begin{array}{c}\\\\\end{array}\right\}$$

$$L_{q}(s) = -X'_{d}T'_{d0}s - X_{d}$$

(8-54)

对于励磁绕组中的电流，可应用式 (8-28)、式 (8-17) 和式 (8-53) 导出

$$\Delta I_{f}(s) = \frac{(X_{d}-X'_{d})(R_{a}+X_{q}s)T'_{d0}s}{X_{af}M(s)}U_{d(0)} + \frac{X_{q}(X_{d}-X'_{d})T'_{d0}s}{X_{af}M(s)}U_{q(0)}$$

(8-55)

分别比较式 (8-53) 与式 (8-26)，以及式 (8-55) 与式 (8-29)，可以看出，$\Delta I_{d}(s)$、$\Delta I_{q}(s)$ 和 $\Delta I_{f}(s)$ 中与 $U_{q(0)}$ 有关的部分在短路前空载和短路前带负载两种情况下的表达式完全相同，因此，式 (8-53) 的解 $\Delta i_{d}(t)$、$\Delta i_{q}(t)$ 和式 (8-55) 的解 $\Delta i_{f}(t)$ 中与 $U_{q(0)}$ 有关的部分与短路前空载情况下的解完全相同，只是 $U_{q(0)}$ 的取值两者可能不同。

这样，只要分析和给出式 (8-53) 和式 (8-55) 中与 $U_{d(0)}$ 有关部分的解，再与 $U_{q(0)}$ 有关的部分的解相加，便可以得出图 8-9 (c) 电路中的全部解。下面将介绍与 $U_{d(0)}$ 有关的解。

（二）短路分量中与 $U_{d(0)}$ 有关的解

由式 (8-53) 和式 (8-55) 可以看出，分母多项式 $M(s)$ 仍为式 (8-27) 所示的四次多项式，因此，与 $U_{d(0)}$ 有关的准确解仍具有式 (8-30) 的形式，并可以先求出其部分分式再进行反拉氏变换而得。

下面导出近似解。

(1) 同时忽略定子绕组电阻和励磁绕组电阻的近似解。在忽略定子绕组电阻和励磁绕组电阻的情况下，可以在式 (8-53) 和式 (8-55) 中先令 $R_{a}=0$，再令 $T'_{d0}=\infty$，然后进行反拉氏变换，得

$$\Delta i_{d}(t) = \frac{U_{d(0)}}{X'_{d}}\sin t \left.\begin{array}{c}\\\\\\\\\\\end{array}\right\}$$

$$\Delta i_{q}(t) = -\frac{U_{d(0)}}{X_{q}} + \frac{U_{d(0)}}{X_{q}}\cos t$$

$$\Delta i_{f}(t) = \frac{X_{d}-X'_{d}}{X_{af}X'_{d}}U_{d(0)}\sin t$$

(8-56)

(2) 只忽略定子绕组电阻的情况。当只忽略定子绕组电阻时，分母多项式 $M(s)$ 的根便是式 (8-39)，在此情况下，令式 (8-53) 和式 (8-55) 中 $R_{a}=0$，可以求得解为

$$\Delta i_{d}(t) = -\frac{X_{d}-X'_{d}}{X'^{2}_{d}T'_{d0}} \times \frac{T'^{2}_{d}}{1+T'^{2}_{d}}U_{d(0)}\,\mathrm{e}^{-t/T'_{d}} + \frac{X_{d}-X'_{d}}{X'^{2}_{d}T'_{d0}}$$

$$\times \frac{T'^{2}_{d}}{1+T'^{2}_{d}}U_{d(0)}\cos t + \frac{X_{d}+X'_{d}T'^{2}_{d0}}{X^{2}_{d}+X'^{2}_{d}T'^{2}_{d0}}U_{d(0)}\sin t \left.\begin{array}{c}\\\\\\\\\\\end{array}\right\}$$

$$\Delta i_{q}(t) = -\frac{U_{d(0)}}{X_{q}} + \frac{U_{d(0)}}{X_{q}}\cos t$$

(8-57)

(3) 只忽略励磁绕组电阻的情况。当只忽略励磁绕组电阻时，分母多项式 $M(s)$ 的根由式 (8-46) 决定，从而可以得出 $\Delta i_{d}(t)$、$\Delta i_{q}(t)$ 中同步频角率分量的衰减时间常数，即式 (8-48) 中的 T_{a}。

下面的例题给出了准确解和三种近似解。

【例 8 - 4】 对 [例 8 - 1] 中的水轮发电机，计算与 $U_{d(0)}$ 有关部分的准确解和近似解，假定 $U_{d(0)} = 1.0$。

解 （1）式（8 - 53）和式（8 - 55）的准确解为

$\Delta i_d(t) = 0.006887 + 0.012107e^{-0.001106t} - 0.018994e^{-0.010406t}\cos 0.999988t +$
$\qquad\qquad 3.204983e^{0.010406t}\sin 0.999988t$

$\Delta i_q(t) = -1.513959 + 0.000081e^{-0.001106t} + 1.513878e^{-0.101406t}\cos 0.999988t +$
$\qquad\qquad 0.015753e^{-0.010406t}\sin 0.999988t$

$\Delta i_f(t)\ /I_{f(0)} = 0.011738e^{0.001106t} - 0.011738e^{-0.010406t}\cos 0.999988t +$
$\qquad\qquad 2.107288e^{-0.010406t}\sin 0.999988t$

（2）按式（8 - 56）计算忽略定子绕组及励磁绕组电阻情况下的近似解，得

$\Delta i_d(t) = 3.205128\sin t$

$\Delta i_q(t) = -1.154005 + 1.154005\cos t$

$\Delta i_f(t)\ /I_{f(0)} = 2.107372\sin t$

（3）按式（8 - 57）计算忽略定子绕组电阻情况下的近似解，得

$\Delta i_d(t) = -0.002405e^{-0.001106t} + 0.002405\cos t + 3.205125\sin t$

$\Delta i_q(t) = -1.514005 + 1.514005\cos t$

$\Delta i_f(t)\ /I_{f(0)} = -0.002332e^{-0.001106t} + 0.02332\cos t + 2.107369\sin t$

（4）只忽略励磁绕组电阻时，按式（8 - 47）和式（8 - 48）计算 β 和 T_a，得

$\beta = -0.010406$

$T_a = 96.101289\text{rad} = 0.305890\text{s}$

（5）通常所采用的计算方法。在通常所采用的计算方法中，考虑的简化原则与空载情况下的短路相同，对于与 $U_{d(0)}$ 有关的分量而言，具体为：

1）$\Delta i_d(t)$、$\Delta i_q(t)$ 和 $\Delta i_f(t)$ 中各分量的起始值按式（8 - 56）计算。

2）各衰减直流分量的稳态值按式（8 - 57）计算，得

$$\left.\begin{array}{l} \Delta i_d(t = \infty) = 0 \\ \Delta i_q(t = \infty) = -U_{d(0)}/X_q \end{array}\right\}$$

而 $\Delta i_f(t = \infty) = 0$。在现在情况下，直流分量只有稳态值。

3）$\Delta i_d(t)$、$\Delta i_q(t)$ 和 $\Delta i_f(t)$ 中交流分量的衰减时间常数 T_a 按式（8 - 48）计算。这样，可以得出与 $U_{d(0)}$ 有关的短路分量为

$$\left.\begin{array}{l} \Delta i_d(t) = \dfrac{U_{d(0)}}{X_d'}e^{-t/T_a}\sin t \\[2mm] \Delta i_q(t) = -\dfrac{U_{d(0)}}{X_q} + \dfrac{U_{d(0)}}{X_q}e^{-t/T_a}\cos t \\[2mm] \Delta i_f(t) = \dfrac{X_d - X_d'}{X_{af}X_d'}U_{d(0)}e^{-t/T_a}\sin t \end{array}\right\} \tag{8 - 58}$$

（三）总短路电流计算式

对应于通常所采用的简化计算，可以将与 $U_{q(0)}$ 有关的短路分量式（8 - 49）和与 $U_{d(0)}$ 有关的短路分量式（8 - 58）相加，便得出短路电流中的短路分量，然后再与短路前的负载电

流，即图 8 - 9（a）中与 $i_{a(0)}$、$i_{b(0)}$、$i_{c(0)}$ 相对应的电流 $I_{d(0)}$、$I_{q(0)}$ 相加，便可得出带负载情况下突然短路后的总电流。在推导过程中需要用到以下与短路前稳态下相量图有关的关系。

（1）忽略定子绕组电阻时，有

$$\left.\begin{array}{l} U_{q(0)} + I_{d(0)} X_d = E_{q(0)} \\ U_{q(0)} + I_{d(0)} X'_d = E'_{q(0)} \\ U_{d(0)} - I_{q(0)} X_q = 0 \end{array}\right\} \tag{8-59}$$

从而可以解出 $I_{d(0)}$ 和 $I_{q(0)}$。

（2）用 $\delta_{(0)}$ 表示 q 轴与 $\dot{U}_{t(0)}$ 之间的角度，即 $\dot{U}_{q(0)}$ 与 $\dot{U}_{t(0)}$ 之间的相位差，则有

$$\left.\begin{array}{l} U_{d(0)} = U_{t(0)} \sin\delta_{(0)} \\ U_{q(0)} = U_{t(0)} \cos\delta_{(0)} \end{array}\right\} \tag{8-60}$$

于是，合并式（8 - 49）和式（8 - 58）并与 $I_{d(0)}$ 和 $I_{q(0)}$ 相加，再经整理后，得

$$\left.\begin{array}{l} i_d(t) = \dfrac{E_{q(0)}}{X_d} + \left(\dfrac{E'_{q(0)}}{X'_d} - \dfrac{E_{q(0)}}{X_d} \right) e^{-t/T'_d} \\ \qquad - \dfrac{U_{t(0)}}{X'_d} e^{-t/T_a} \cos(t + \delta_{(0)}) \\ i_q(t) = \dfrac{U_{t(0)}}{X_q} e^{-t/T_a} \sin(t + \delta_{(0)}) \end{array}\right\} \tag{8-61}$$

应用派克变换式（7 - 29），可以得出定子相绕组的短路电流为

$$\begin{aligned} i_a(t) = & \left[\dfrac{E_{q(0)}}{X_d} + \left(\dfrac{E'_{q(0)}}{X'_d} - \dfrac{E_{q(0)}}{X_d} \right) e^{-t/T'_d} \right] \cos(t + \theta_0) \\ & - \dfrac{U_{t(0)}}{2} \left(\dfrac{1}{X'_d} + \dfrac{1}{X_q} \right) e^{-t/T_a} \cos(\delta_{(0)} - \theta_0) \\ & - \dfrac{U_{t(0)}}{2} \left(\dfrac{1}{X'_d} - \dfrac{1}{X_q} \right) e^{-t/T_a} \cos(2t + \delta_{(0)} + \theta_0) \end{aligned} \tag{8-62}$$

式（8 - 62）说明，定子相绕组短路电流中同步角频率分量（又称周期性分量）的起始值取决于短路前的暂态电动势 $E'_{q(0)}$ 与电机 d 轴暂态电抗 X'_d 之比，其稳态值取决于短路前的空载电动势与 d 轴同步电抗之比。

最后必须指出，当同步电机经过简单的电阻—电抗支路短路时，可以将支路的电阻 R 加到发电机的定子绕组的电阻 R_a 中去，将支路的电抗 X 同时加到 X_d、X'_d、X''_d、X_q、X'_q 和 X''_q 中，即将支路的电阻和电抗看成是同步电机本身电阻和电抗的一部分，然后按发电机端短路来计算其短路电流。

第四节 计及阻尼绕组的同步电机突然三相短路分析

一、数学模型和准确解

（一）数学模型

对于计及阻尼绕组的同步电机，突然三相短路后的数学模型也可以从第六章所介绍的同步电机方程式推导而得，推导过程与无阻尼绕组同步电机相似。本节将直接介绍短路前带有负载情况下的突然三相短路，而空载短路情况可作为它的特例。

首先，在式（7 - 78）～式（7 - 81）中消去暂态电动势和次暂态电动势 e'_q、e''_q、e'_d、e''_d 以及

空载电动势 e_{q1}、e_{q2}、e_{d1}、e_{d2}，并令 $\omega=1$，可以得出

$$
\left.
\begin{aligned}
u_d &= p\psi_d - \psi_q - R_a i_d \\
u_q &= p\psi_q + \psi_d - R_a i_q \\
\psi_d &= G(p)E_{fq} - X_d(p)i_d \\
\psi_q &= -X_q(p)i_q
\end{aligned}
\right\}
\tag{8-63}
$$

其中

$$
G(p) = \frac{1}{\Delta_d(p)} \times \frac{X'_d - X''_d}{X_d - X''_d}
\tag{8-64}
$$

$$
\left.
\begin{aligned}
X_d(p) &= X_d - \frac{\Gamma_d(p)}{\Delta_d(p)} \\
\Delta_d(p) &= \frac{X'_d - X''_d}{X_d - X''_d}T'_{d0}T''_{d0}p^2 + \left(\frac{X'_d - X''_d}{X_d - X''_d}T'_{d0} + T''_{d0}\right)p + \frac{X'_d - X''_d}{X_d - X''_d} \\
\Gamma_d(p) &= (X'_d - X''_d)T'_{d0}T''_{d0}p^2 + \frac{(X_d - X'_d)(X'_d - X''_d)}{X_d - X''_d}T'_{d0}p + (X_d - X''_d)T''_{d0}p
\end{aligned}
\right\}
\tag{8-65}
$$

$$
\left.
\begin{aligned}
X_q(p) &= X_q - \frac{\Gamma_q(p)}{\Delta_q(p)} \\
\Delta_q(p) &= \frac{X'_q - X''_q}{X_q - X''_q}T'_{q0}T''_{q0}p^2 + \left(\frac{X'_q - X''_q}{X_q - X''_q}T'_{q0} + T''_{q0}\right)p + \frac{X'_q - X''_q}{X_q - X''_q} \\
\Gamma_q(p) &= (X'_q - X''_q)T'_{q0}T''_{q0}p^2 + \frac{(X_q - X'_q)(X'_q - X''_q)}{X_q - X''_q}T'_{q0}p + (X_q - X''_q)T''_{q0}p
\end{aligned}
\right\}
\tag{8-66}
$$

如果 q 轴只有一个阻尼绕组，则

$$
\left.
\begin{aligned}
\Delta_q(p) &= T''_{q0}p + 1 \\
\Gamma_q(p) &= (X_q - X''_q)T''_{q0}p
\end{aligned}
\right\}
\tag{8-67}
$$

在消去过程中，还可以得出

$$
\begin{aligned}
i_f = \frac{e_{q1}}{X_{af}} &= \frac{1}{X_{af}T'_{d0}T''_{d0}p^2}\left(T''_{d0}p + \frac{X'_d - X''_d}{X_d - X''_d}\right)E_{fq} \\
&+ \frac{1}{X_{af}T''_{d0}p} \times \frac{(X_d - X'_d)(X'_d - X''_d)}{X_d - X''_d}i_d
\end{aligned}
\tag{8-68}
$$

其次，与无阻尼绕组同步电机的短路分析相同，仍应用叠加原理，将短路后的电路图 8-9（b）处理为短路前的稳态运行情况图 8-9（a）与短路分量电路图 8-9（c）的叠加。对于短路分量，有

$$
\begin{aligned}
\Delta U_d &= -U_{d(0)} \times 1(t) \\
\Delta U_q &= -U_{q(0)} \times 1(t)
\end{aligned}
$$

并将其代入式（8-63），得

$$
\left.
\begin{aligned}
-U_{d(0)} \times 1(t) &= p\Delta\psi_d - \Delta\psi_q - R_a\Delta i_d \\
-U_{q(0)} \times 1(t) &= p\Delta\psi_q + \Delta\psi_d - R_a\Delta i_q \\
\Delta\psi_d &= -X_d(p)\Delta i_d \\
\Delta\psi_q &= -X_q(p)\Delta i_q
\end{aligned}
\right\}
\tag{8-69}
$$

然后从中解出

$$\left.\begin{aligned}\Delta i_{\mathrm{d}} &= \frac{[R_{\mathrm{a}}+pX_{\mathrm{q}}(p)]U_{\mathrm{d(0)}}+X_{\mathrm{q}}(p)U_{\mathrm{q(0)}}}{\Delta(p)}1(t)\\\Delta i_{\mathrm{q}} &= \frac{-X_{\mathrm{d}}(p)U_{\mathrm{d(0)}}+[R_{\mathrm{a}}+pX_{\mathrm{d}}(p)]U_{\mathrm{q(0)}}}{\Delta(p)}1(t)\end{aligned}\right\} \tag{8-70}$$

其中

$$\Delta(p)=[R_{\mathrm{a}}+pX_{\mathrm{d}}(p)][R_{\mathrm{a}}+pX_{\mathrm{q}}(p)]+X_{\mathrm{d}}(p)X_{\mathrm{q}}(p) \tag{8-71}$$

对式（8-69）进行拉氏变换，得

$$\left.\begin{aligned}\Delta I_{\mathrm{d}}(s) &= \frac{L_{\mathrm{d}}(s)}{M(s)}U_{\mathrm{d(0)}}+\frac{N_{\mathrm{d}}(s)}{M(s)}U_{\mathrm{q(0)}}\\\Delta I_{\mathrm{q}}(s) &= \frac{L_{\mathrm{q}}(s)}{M(s)}U_{\mathrm{d(0)}}+\frac{N_{\mathrm{q}}(s)}{M(s)}U_{\mathrm{q(0)}}\end{aligned}\right\} \tag{8-72}$$

其中

$$\begin{aligned}M(s)=&\{[(X_{\mathrm{d}}s+R_{\mathrm{a}})\Delta_{\mathrm{d}}(s)-s\Gamma_{\mathrm{d}}(s)][(X_{\mathrm{q}}s+R_{\mathrm{a}})\Delta_{\mathrm{q}}(s)-s\Gamma_{\mathrm{q}}(s)]\\&+[X_{\mathrm{d}}\Delta_{\mathrm{d}}(s)-\Gamma_{\mathrm{d}}(s)][X_{\mathrm{q}}\Delta_{\mathrm{q}}(s)-\Gamma_{\mathrm{q}}(s)]\}s\end{aligned} \tag{8-73}$$

$$\left.\begin{aligned}L_{\mathrm{d}}(s) &= [(X_{\mathrm{q}}s+R_{\mathrm{a}})\Delta_{\mathrm{q}}(s)-s\Gamma_{\mathrm{q}}(s)]\Delta_{\mathrm{d}}(s)\\L_{\mathrm{q}}(s) &= -[X_{\mathrm{d}}\Delta_{\mathrm{d}}(s)-\Gamma_{\mathrm{d}}(s)]\Delta_{\mathrm{q}}(s)\\N_{\mathrm{d}}(s) &= [X_{\mathrm{q}}\Delta_{\mathrm{q}}(s)-\Gamma_{\mathrm{q}}(s)]\Delta_{\mathrm{d}}(s)\\N_{\mathrm{q}}(s) &= [(X_{\mathrm{d}}s+R_{\mathrm{a}})\Delta_{\mathrm{d}}(s)-s\Gamma_{\mathrm{d}}(s)]\Delta_{\mathrm{q}}(s)\end{aligned}\right\} \tag{8-74}$$

在式（8-73）和式（8-74）中，对于 d 轴有 1 个阻尼绕组 D，q 轴有两个阻尼绕组 g、q 的同步电机，$\Delta_{\mathrm{d}}(s)$、$\Gamma_{\mathrm{d}}(s)$、$\Delta_{\mathrm{q}}(s)$ 和 $\Gamma_{\mathrm{q}}(s)$ 都是 s 的二次多项式，$L_{\mathrm{d}}(s)$ 和 $N_{\mathrm{q}}(s)$ 为 s 的五次多项式，$L_{\mathrm{q}}(s)$ 和 $N_{\mathrm{d}}(s)$ 为 s 的四次多项式，$M(s)$ 为 s 的 7 次多项式；d 轴和 q 轴各有一个阻尼绕组的同步电机，除 $\Delta_{\mathrm{d}}(s)$ 和 $\Gamma_{\mathrm{d}}(s)$ 仍为 s 的二次多项式以外，其他都各减少一次。

式（8-72）便是应用叠加原理计算短路分量的数学模型。

（二）准确解

为了简单起见，以下的分析主要针对 d、q 轴各有一个阻尼绕组的情况。在已知短路前端电压的 d、q 轴分量 $U_{\mathrm{d(0)}}$ 和 $U_{\mathrm{q(0)}}$ 的情况下，d、q 轴电流的短路分量 $\Delta i_{\mathrm{d}}(t)$ 和 $\Delta i_{\mathrm{q}}(t)$ 便可以通过对式（8-72）进行求解而得。为此，先看下面的一个例题。

【例 8-5】　给定 225MW 水轮发电机，其参数为 $R_{\mathrm{a}}=0.00441$，$X_{\mathrm{d}}=0.9695$，$X'_{\mathrm{d}}=0.3120$，$X''_{\mathrm{d}}=0.2004$，$X_{\mathrm{q}}=0.6605$，$X''_{\mathrm{q}}=0.2037$，$T'_{\mathrm{d0}}=2808.5838\mathrm{rad}$（8.94s），$T''_{\mathrm{d0}}=29.4053\mathrm{rad}$（0.0936s），$T''_{\mathrm{q0}}=67.5442\mathrm{rad}$（0.215s），计算在机端突然三相短路后 $i_{\mathrm{d}}(t)$ 和 $i_{\mathrm{q}}(t)$ 的短路分量，已知短路前的端电压 $U_{\mathrm{d(0)}}$ 和 $U_{\mathrm{q(0)}}$。

解　将电机参数代入式（8-65）和式（8-67），得

$$\Delta_{\mathrm{d}}(s)=11983.7984s^2+436.9439s+0.1451$$

$$\Gamma_{\mathrm{d}}(s)=9216.7394s^2+290.5723s+0$$

$$\Delta_{\mathrm{q}}(s)=67.5442s+1$$

$$\Gamma_{\mathrm{q}}(s)=30.8542s+0$$

按式（8-74）和式（8-73），求得

$$L_{\mathrm{d}}(s)=164882.2320s^4+17496.7218s^3+473.5990s^2+2.0660s+0.0006$$

$$L_q(s) = -162211.0913s^3 - 11387.9684s^2 - 142.5469s - 0.1407$$

$$N_d(s) = 164882.2319s^3 + 13927.1065s^2 + 290.5979s + 0.0958$$

$$N_q(s) = 162211.0913s^4 + 14957.5837s^3 + 325.5480s^2 + 2.1108s + 0.0006$$

$$M(s) = 33042.3993s^6 + 4859.2402s^5 + 33259.5925s^4$$
$$+ 3419.5688s^3 + 89.8214s^2 + 0.0929s + 0$$

由此可以得到分母多项式的 6 个根

$$s_1 = 0; \quad s_2 = -0.0011; \quad s_3 = -0.0481; \quad s_4 = -0.0543; \quad s_5, s_6 = -0.0218 \pm j0.9994$$

求解式（8-72），得

$$
\begin{aligned}
\Delta i_d(t) = & [0.0069 + 0.0119e^{-0.0011t} - 0.1453e^{-0.0481t} + 0.1399e^{-0.0543t} \\
& + e^{-0.0218t}(-0.0133\cos0.9994t + 4.9932\sin0.9994t)]U_{d(0)} \\
& + [1.0314 + 2.2636e^{-0.0011t} - 0.0132e^{-0.0481t} + 1.7106e^{-0.0543t} \\
& + e^{-0.0218t}(-4.9924\cos0.9994t - 0.0142\sin0.9994t)]U_{q(0)} \\
\Delta i_q(t) = & [-1.5140 + 0.0001e^{-0.0011t} - 3.4169e^{-0.0481t} + 0.0191e^{-0.0543t} \\
& + e^{-0.0218t}(4.9117\cos0.9994t - 0.0561\sin0.9994t)]U_{d(0)} \\
& + [0.0069 + 0.0143e^{-0.0011t} - 0.3102e^{-0.0481t} + 0.2338e^{-0.0543t} \\
& + e^{-0.0218t}(0.0552\cos0.9994t + 4.9110\sin0.9994t)]U_{q(0)}
\end{aligned}
$$

在 d、q 轴各有一个阻尼绕组的情况下，式（8-72）中的分母多项式 $M(s)$ 为 6 次，其常数项等于零，它的 6 个根分别为

$$s_1 = 0; \quad s_2 = \alpha_1; \quad s_3 = \alpha_2; \quad s_4 = \alpha_3; \quad s_5, s_6 = \beta \pm j\gamma \qquad (8-75)$$

与无阻尼绕组情况下的式（8-31）相比，在式（8-75）中 $s_1 = 0$ 为 $\Delta i_d(t)$ 和 $\Delta i_q(t)$ 中不随时间变化的直流分量，$s_5, s_6 = \beta \pm j\gamma$ 对应于 $\Delta i_d(t)$ 和 $\Delta i_q(t)$ 中衰减正弦分量，其频率接近于同步角频率。其他三个分量 $s_2 = \alpha_1$，$s_3 = \alpha_2$，$s_4 = \alpha_3$ 都对应于衰减直流分量，即 α_1、α_2 和 α_3 都小于零，它们都主要与励磁绕组及阻尼绕组电阻有关。

如果考虑转子 q 轴有两个阻尼绕组，则分母多项式 $M(s)$ 将多一个负实根，即多增加一个衰减直流分量。

二、近似解

前面介绍的准确解法除了稍微复杂一点以外，并无任何困难。为了进一步了解其中的各个分量及其变化规律，下面将像分析无阻尼绕组同步电机突然短路那样，介绍各种简化情况，并进一步介绍通常使用的计算公式。

（一）忽略定子绕组电阻的情况

当忽略定子绕组电阻时，式（8-71）简化为

$$\Delta(p) = (p^2 + 1)X_d(p)X_q(p) \qquad (8-76)$$

将它代入式（8-70）并进行拉氏变换后，得

$$
\left.
\begin{aligned}
\Delta I_d(s) &= \frac{U_{d(0)}}{(s^2+1)X_d(s)} + \frac{U_{q(0)}}{s(s^2+1)X_d(s)} \\
\Delta I_q(s) &= -\frac{U_{d(0)}}{s(s^2+1)X_q(s)} + \frac{U_{q(0)}}{(s^2+1)X_q(s)}
\end{aligned}
\right\} \qquad (8-77)
$$

式（8-77）分母多项式的根，除了 $s_1 = 0$，$s_5, s_6 = 0 \pm j1$ 以外，将取决于 $X_d(s)$ 和 $X_q(s)$ 的零点。

由式（8-77）可以看出，Δi_d 中直流分量的衰减主要取决于 $X_d(s)$ 的零点，而 Δi_q 中直流分量的衰减将主要决定于 $X_q(s)$ 的零点。对于 $X_d(s)$，由式（8-65）可以导出

$$X_d(s) = X_d - \Gamma_d(s)/\Delta_d(s) = \frac{1}{(X'_d - X''_d)\Delta_d(s)}\big[X''_d(X'_d - X''_d)T'_{d0}T''_{d0}s^2$$
$$+ X'_d(X'_d - X''_d)T'_{d0}s + X''_d(X_d - X''_d)T''_{d0}s + X_d(X'_d - X''_d)\big]$$

由于一般同步电机的 T'_{d0} 约比 T''_{d0} 大两个数量级，因此，$X_d(s)$ 的零点近似为

$$s_2 = -\frac{X_d}{T'_{d0}X'_d}; \quad s_3 = -\frac{X'_d}{T''_{d0}X''_d} \tag{8-78}$$

与它们相对应的衰减时间常数为

$$\left.\begin{array}{l} T'_d = -\dfrac{1}{s_2} = T'_{d0}\dfrac{X'_d}{X_d} \\[3mm] T''_d = -\dfrac{1}{s_3} = T''_{d0}\dfrac{X'_d}{X''_d} \end{array}\right\} \tag{8-79}$$

对于 $X_q(s)$，由式（8-66）可以导出相应的衰减时间常数为

$$T'_q = T'_{q0}\frac{X'_q}{X_q}; \quad T''_q = T''_{q0}\frac{X'_q}{X''_q} \tag{8-80}$$

若 q 轴只有一个阻尼绕组，则由式（8-67）得

$$T''_q = T''_{q0}\frac{X''_q}{X_q} \tag{8-81}$$

由［例8-6］将可以看出，因简化而产生的误差非常之小。

【例8-6】　对于［例8-5］中的同步电机，计算因忽略定子绕组电阻对衰减时间常数所造成的误差。

　解　由［例8-5］所得 $\Delta_d(s)$ 和 $\Gamma_d(s)$，计算 $X_d(s)$ 的分母多项式为
$$X_d\Delta_d(s) - \Gamma_d(s) = 2401.553209s^2 + 133.044872s + 0.140679$$
其根为（括号内为准确结果）
$$s_2 = -0.00107837(-0.00107831)$$
$$s_3 = -0.05432114(-0.05428785)$$
$$T'_d = 927.324848\text{rad} = 2.951767\text{s}$$
$$T''_d = 18.409039\text{rad} = 0.058598\text{s}$$

对于 $X_q(s)$，相应的根为
$$s_4 = -0.048006(-0.048071)$$
$$T''_q = 20.830828\text{rad} = 0.066307\text{s}$$

由以上结果可以看出，忽略定子绕组电阻对衰减时间常数所造成的误差很小。

由式（8-77）可以看出，忽略定子绕组电阻后，在 $\Delta i_d(t)$ 中的直流分量将分为两部分，分别按时间常数 T'_d 和 T''_d 衰减；$\Delta i_q(t)$ 中的直流分量按时间常数 T''_q 衰减（在 q 轴有两个阻尼绕组的情况下，分为两部分，分别按 T'_q 和 T''_q 衰减）。

另外，为了计算 $\Delta i_d(t)$ 和 $\Delta i_q(t)$ 中衰减直流分量的稳态值，可应用拉氏变换的终值定理得

$$\Delta i_d(t = \infty) = \lim_{s \to 0}s\Delta I_d(s) = \frac{U_{q(0)}}{X_{d(0)}}$$

$$\Delta i_q(t=\infty)=\lim_{S\to 0}s\Delta I_q(s)=-\frac{U_{d(0)}}{X_{q(0)}}$$

而由式（8-65）和式（8-66）可以分别得出 $X_{d(0)}=X_d$ 和 $X_{q(0)}=X_q$，故有

$$\left.\begin{array}{l}\Delta i_d(t=\infty)=\dfrac{U_{q(0)}}{X_d}\\[2mm]\Delta i_q(t=\infty)=-\dfrac{U_{d(0)}}{X_q}\end{array}\right\}\qquad(8-82)$$

（二）忽略转子绕组电阻的情况

当忽略转子绕组电阻时，可以令 $T'_{d0}=T''_{d0}=T'_{q0}=T''_{q0}=\infty$，在此情况下，由式（8-65）和式（8-66）得

$$X_d(p)=X''_d;\ X_q(p)=X''_q$$

从而式（8-71）可简化为

$$\Delta(p)=(R_a+X''_dp)(R_a+X''_qp)+X''_dX''_q\qquad(8-83)$$

而式（8-70）的拉氏变换式为

$$\left.\begin{array}{l}\Delta I_d(s)=\dfrac{R_a+X''_qs}{s\Delta(s)}U_{d(0)}+\dfrac{X''_q}{s\Delta(s)}U_{q(0)}\\[3mm]\Delta I_q(s)=-\dfrac{X''_d}{s\Delta(s)}U_{d(0)}+\dfrac{R_a+X''_ds}{s\Delta(s)}U_{q(0)}\end{array}\right\}\qquad(8-84)$$

其中分母多项式的根，除了 $s=0$ 以外，由式（8-83）得

$$s_5,s_6=-\frac{R_a}{2}\left(\frac{1}{X''_d}+\frac{1}{X''_q}\right)\pm j\sqrt{1-\frac{R_a^2}{4}\left(\frac{1}{X''_d}-\frac{1}{X''_q}\right)^2}$$

相应的衰减时间常数为

$$T_a=\frac{2X''_dX''_q}{R_a(X''_d+X''_q)}\qquad(8-85)$$

对于［例8-5］中的同步电机，经计算 $T_a=45.813272\text{rad}$（准确解为 45.846623rad）。

（三）忽略所有绕组电阻的情况

当忽略所有绕组电阻时，可以在忽略转子绕组电阻的情况下，再令 $R_a=0$。在此情况下，在式（8-83）和式（8-84）中令 $R_a=0$，得

$$\left.\begin{array}{l}\Delta i_d(s)=\dfrac{1}{X''_d(s^2+1)}U_{d(0)}+\dfrac{1}{X''_ds(s^2+1)}U_{q(0)}\\[3mm]\Delta i_q(s)=-\dfrac{1}{X''_qs(s^2+1)}U_{d(0)}+\dfrac{1}{X''_q(s^2+1)}U_{q(0)}\end{array}\right\}\qquad(8-86)$$

对它进行反拉氏变换，便可得出 $\Delta i_d(t)$ 和 $\Delta i_q(t)$ 的解

$$\left.\begin{array}{l}\Delta i_d(t)=\dfrac{U_{d(0)}}{X''_d}\sin t+\dfrac{U_{q(0)}}{X''_d}-\dfrac{U_{q(0)}}{X''_d}\cos t\\[3mm]\Delta i_q(t)=-\dfrac{U_{q(0)}}{X''_q}+\dfrac{U_{d(0)}}{X''_q}\cos t+\dfrac{U_{q(0)}}{X''_q}\sin t\end{array}\right\}\qquad(8-87)$$

显然，由于忽略了所有绕组的电阻，所以由式（8-87）所得出的各个电流分量都不衰减，换言之，它们都是各个电流分量的起始值。

三、通常采用的计算方法

与无阻尼绕组同步电机相同，有阻尼绕组同步电机突然短路通常也采用近似计算方法，

其简化原则与无阻尼绕组相同，即：

（1）计算 $\Delta i_d(t)$ 和 $\Delta i_q(t)$ 各短路分量起始值时，忽略全部绕组电阻，即按式（8-87）计算。

（2）计算 $\Delta i_d(t)$ 和 $\Delta i_q(t)$ 中衰减直流分量的时间常数及稳态值时，忽略定子绕组电阻，即按式（8-79）计算 T_d' 和 T_d''，按式（8-80）计算 T_q' 和 T_q''［或按式（8-81）计算 T_q''］；稳态值由式（8-82）决定。由于直流分量按两个时间常数衰减，因此，按 T_d' 衰减的分量，其起始值取不考虑阻尼绕组情况下的起始值，按 T_q' 衰减的分量也按相同的方法决定。

（3）计算 $\Delta i_d(t)$ 和 $\Delta i_q(t)$ 中交流分量的衰减时间常数时，忽略各转子绕组电阻，即按式（8-85）计算 T_a。

另外，除了稳态关系式（8-60）以外，在式（8-59）中还需增加下列关系

$$\left.\begin{aligned}
U_{q(0)} + I_{d(0)}X_d'' &= E_{q(0)}'' \\
U_{d(0)} - I_{q(0)}X_q' &= E_{d(0)}' \\
U_{d(0)} - I_{q(0)}X_q'' &= E_{d(0)}''
\end{aligned}\right\} \tag{8-88}$$

这样，将 $\Delta i_d(t)$ 和 $\Delta i_q(t)$ 分别与 $I_{d(0)}$ 和 $I_{q(0)}$ 相加后，可以得出

$$\left.\begin{aligned}
i_d(t) &= \frac{E_{q(0)}}{X_d} + \left(\frac{E_{q(0)}'}{X_d'} - \frac{E_{q(0)}}{X_d}\right)e^{-t/T_d'} + \left(\frac{E_{q(0)}''}{X_d''} - \frac{E_{q(0)}'}{X_d'}\right)e^{-t/T_d''} \\
&\quad - \frac{U_{t(0)}}{X_d''}e^{-t/T_a}\cos(t+\delta_{(0)}) \\
i_q(t) &= -\frac{E_{d(0)}'}{X_q'}e^{-t/T_q'} - \left(\frac{E_{d(0)}''}{X_q''} - \frac{E_{d(0)}'}{X_q'}\right)e^{-t/T_q''} \\
&\quad + \frac{U_{t(0)}}{X_q''}e^{-t/T_a}\sin(t+\delta_{(0)})
\end{aligned}\right\} \tag{8-89}$$

如果 q 轴只有一个阻尼绕组，则在式（8-89）的第二式中令 $E_{d(0)}' = E_{d(0)}$，相应的定子绕组的短路电流为

$$\begin{aligned}
i_a(t) &= \left[\frac{E_{q(0)}}{X_d} + \left(\frac{E_{q(0)}'}{X_d'} - \frac{E_{q(0)}}{X_d}\right)^{-t/T_d'} + \left(\frac{E_{q(0)}''}{X_d''} - \frac{E_{q(0)}'}{X_d'}\right)e^{-t/T_d''}\right]\cos(t+\theta_0) \\
&\quad + \left[\frac{E_{d(0)}'}{X_q'}e^{-t/T_q'} + \left(\frac{E_{d(0)}''}{X_q''} - \frac{E_{d(0)}'}{X_q'}\right)e^{-t/T_q''}\right]\sin(t+\theta_0) \\
&\quad - \frac{U_{t(0)}}{2}\left(\frac{1}{X_d''} + \frac{1}{X_q''}\right)e^{-t/T_a}\cos(\delta_{(0)} - \theta_0) \\
&\quad - \frac{U_{t(0)}}{2}\left(\frac{1}{X_d''} - \frac{1}{X_q''}\right)e^{-t/T_a}\cos(2t+\delta_{(0)} + \theta_0)
\end{aligned} \tag{8-90}$$

b 相和 c 相短路电流可将式（8-90）中的 θ_0 分别换成 $\theta_0 - 2\pi/3$ 和 $\theta_0 + 2\pi/3$。

由式（8-90）可以看出，相短路电流中，d 和 q 轴方向同步角频率周期性分量电流的起始值分别取决于短路前的 q 轴次暂态电动势 $E_{q(0)}''$ 与次暂态电抗 X_d'' 之比以及 d 轴次暂态电动势 $E_{d(0)}''$ 与次暂态电抗 X_q'' 之比。

第五节　发电机励磁调节系统对短路电流影响的定性分析

在前两节的分析中都假定在短路前励磁绕组的外施电压在短路过程中保持不变，从而

忽略了励磁调节系统对短路电流的影响。实际上，短路后由于发电机端电压的降低，其励磁调节器将产生调节作用，使得加在发电机励磁绕组上的电压和流入其中的电流增大，并试图恢复发电机的端电压。发电机的励磁调节系统主要由励磁电源和自动电压调节器两部分所组成，要定量分析它们对短路电流的影响需要列出其中各个环节的微分方程式（或者用传递函数框图来表示），然后与同步电机方程联立求解。但是，由于励磁调节系统的组成和结构比较复杂，而且有的还包含一些非线性的环节（例如饱和与限幅环节），因此，要想用解析方法求得计及励磁调节系统影响的短路电流结果将比较困难。这里先对一种最简单的励磁调节系统进行分析，然后定性地说明励磁调节系统对短路电流的一般影响。

图 8-10 所示为一种用直流发电机作为励磁电源并具有继电强行励磁装置的励磁系统示意图。当发电机附近发生短路使端电压下降到一定程度时（例如额定电压的 85%），低电压继电器的触点闭合使接触器动作，将副励磁机的磁场调节电阻 R_C 短接，从而使加在副励磁机励磁绕组 pf 上的电压突然升高并使其中的电流逐渐增大，其结果使励磁机励磁绕组 ff 中的电流以及励磁机的输出电压，即加在发电机励磁绕组上的电压随之增高。由于绕组 pf 和 ff 都具有电感，因此其中的电流不能突变而只能逐渐变化，由此造成的发电机励磁电压的增量 $\Delta u_f(t)$ 可以近似地认为按图 8-11 所示的指数规律变化，即

$$\Delta u_f(t) = u_f - u_{f(0)} = \Delta u_{fmax}(1 - e^{-t/T_{ff}}) \qquad (8-91)$$

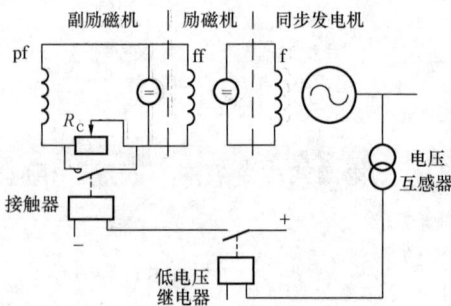

图 8-10　带强行励磁装置的直流励磁机励磁　　图 8-11　发电机励磁电压随时间变化曲线
系统示意图

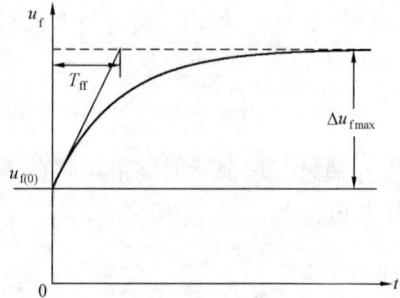

为简单起见，下面对空载情况下的突然三相短路进行分析，假定发电机无阻尼绕组，并忽略定子回路的电阻和电磁暂态过程，即认为

$$\left. \begin{array}{r} R_a = 0 \\ p\psi_d = p\psi_q = 0 \end{array} \right\} \qquad (8-92)$$

仍采用图 8-5 所示的叠加原理进行分析。但应注意，在现在情况下，图 8-5（a）中的励磁电压应为 $u_f = u_{f(0)} + \Delta u_f(t)$ 而不是 $u_{f(0)}$，图 8-5（c）的励磁绕组应加上励磁电压 $\Delta u_f(t)$ 而不是短接。另外，应用式（7-82）中 E_{fq} 与 u_f 的关系，可以将式（8-18）中的 E_{fq} 写成

$$E_{fq} = E_{fq(0)} + \Delta E_{fq} = u_{f(0)} + \Delta u_f \qquad (8-93)$$

这样，仿照式（8-23）的推导过程，可以得出

$$\left.\begin{array}{l} -\Delta\psi_q = 0 \\ \Delta\psi_d = -U_{q(0)} \times 1(t) \\ \Delta\psi_d = G(p)\Delta E_{fq} - X_d(p)\Delta i_d \\ \Delta\psi_q = -X_q\Delta i_q \end{array}\right\} \tag{8-94}$$

注意，在推导过程中应用了式（8-92）中的简化假设。由式（8-94）得

$$\left.\begin{array}{l} \Delta i_q = 0 \\ \Delta i_d = \dfrac{G(p)\Delta E_{fp} + U_{q(0)} \times 1(t)}{X_d(p)} \end{array}\right\} \tag{8-95}$$

将式（8-91）代入式（8-93），再将所得出的 ΔE_{fq} 以及式（8-19）和式（8-20）代入式（8-95），得

$$\Delta i_d = \frac{(T'_{d0}p + 1)U_{q(0)} \times 1(t) + \Delta E_{fqmax}(1 - e^{-t/T_{ff}})}{X_d + X'_d T'_{d0}p} \tag{8-96}$$

其中

$$\Delta E_{fqmax} = \Delta u_{fmax}\frac{X_{af}}{R_f}$$

对式（8-96）进行拉氏变换，得到它的象函数为

$$\Delta i_d(s) = \frac{\dfrac{T'_{d0}s + 1}{s}U_{q(0)} + \Delta E_{fqmax} \times \left(\dfrac{1}{s} - \dfrac{T_{ff}}{1 + T_{ff}s}\right)}{X_d(1 + T'_d s)} \tag{8-97}$$

然后对式（8-97）进行反拉氏变换，并应用式（8-22），得出其原函数为

$$\Delta i_d(t) = \Delta i_{d1}(t) + \Delta i_{d2}(t) = \frac{U_{t(0)}}{X_d} + \left(\frac{U_{t(0)}}{X'_d} - \frac{U_{t(0)}}{X_d}\right)e^{-t/T'_d}$$
$$+ \frac{\Delta E_{fqmax}}{X_d}\left(1 - \frac{T'_d e^{-t/T'_d} - T_{ff}e^{-t/T_{ff}}}{T'_d - T_{ff}}\right) \tag{8-98}$$

其中

$$\left.\begin{array}{l} \Delta i_{d1}(t) = \dfrac{U_{t(0)}}{X_d} + \left(\dfrac{U_{t(0)}}{X'_d} - \dfrac{U_{t(0)}}{X_d}\right)e^{-t/T'_d} \\ \Delta i_{d2}(t) = \dfrac{\Delta E_{fqmax}}{X_d}\left(1 - \dfrac{T'_d e^{-t/T'_d} - T_{ff}e^{-t/T_{ff}}}{T'_d - T_{ff}}\right) \end{array}\right\} \tag{8-99}$$

显然，$\Delta i_{d1}(t)$ 是不考虑励磁调节系统影响的情况下，d轴分量电流中的直流分量部分〔参阅式（8-44）〕，它对应于三相短路电流中的同步角频率分量；$\Delta i_{d2}(t)$ 是励磁调节系统使其增加的部分。为了观察励磁调节系统的影响，取 $U_{t(0)} = 1$，$X_d = 1.8$，$X'_d = 0.23$，$T'_d = 0.85$，$\Delta E_{fqmax} = 1.4$，并分别取 $T_{ff} = 0.50$ 和 $T_{ff} = 0.25$，应用式（8-98）得出 $\Delta i_{d1}(t)$、$\Delta i_{d2}(t)$ 和 $i_d(t) = \Delta i_d(t)$ 的计算结果，如图8-12所示。由图可以得出以下几点规律：

（1）当不考虑励磁调节系统影响时（曲线1），d轴分量电流中的直流分量部分 $\Delta i_{d1}(t)$ 随时间不断衰减，直至到达稳态时（如果短路持续存在）最小，其值为 $U_{t(0)}/X_d$。

（2）励磁调节系统的作用使 $\Delta i_{d2}(t)$ 从零开始不断增加（曲线2和曲线3），T_{ff} 越小增加越快，其最终数值与 u_{fmax} 或 E_{fqmax} 有关。

（3）d轴分量电流中直流分量部分 $i_d(t) = \Delta i_{d1}(t) + \Delta i_{d2}(t)$ 的起始值，即对应的三相短路电流周期性分量的起始值，不受励磁调节系统的影响；而由于励磁调节系统的作用使它

们的衰减变慢，并使稳态值显著地增大，有时甚至超过变化过程中的数值。

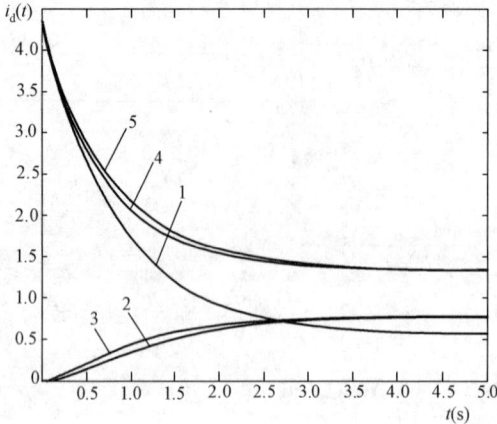

图 8-12　$\Delta i_{d1}(t)$、$\Delta i_{d2}(t)$ 和 $i_d(t)=\Delta i_d(t)$
的变化曲线

1—$\Delta i_{d1}(t)$ 的变化；2—$T_{ff}=0.50$ 时 $\Delta i_{d2}(t)$ 的变化；
3—$T_{ff}=0.25$ 时 $\Delta i_{d2}(t)$ 的变化；4—$T_{ff}=0.50$ 时 $\Delta i_d(t)$ 的变化；
5—$T_{ff}=0.25$ 时 $\Delta i_d(t)$ 的变化

上述分析方法可以推广到具有阻尼绕组以及在负载情况下的突然三相短路。

必须指出，采用直流励磁机作为励磁电源的发电机组的容量大都在 50MW 及以下，100MW 及以上的大、中型发电机组都采用交流励磁机或由发电机本身提供励磁电源（无励磁机的自励系统），它们的自动电压调节器也要复杂得多，而且调节作用更加迅速和有效，这些励磁系统对短路电流的影响将难以用解析方法来进行分析，而需要借助于数值方法，不过从定性角度来说，其对短路电流的影响基本符合上述规律。

第六节　电力系统三相短路电流计算方法

在多机电力系统中，要像单个同步电机那样列出方程式来精确求解三相短路电流，是十分复杂的，这是因为：

（1）如果要计及发电机定子回路电磁暂态过程的影响，则不但在同步电机定子回路电压平衡方程中需要计及 $p\psi_d$ 和 $p\psi_q$，而且与之相对应的，网络中的各个电感和电容元件都必须用微分方程式来描述其电压、电流关系，而不能用简单的阻抗来模拟。

（2）应该计及短路前各个发电机转子 d（或 q）轴之间存在相对角度，而且要考虑到短路后在调速系统的作用下，各个发电机转子速度的不同变化使转子间相对角度发生变化。

（3）在短路过程中，由于发电机端电压的下降，它们的励磁调节系统将产生调节作用，从而影响到短路电流的变化。

（4）负载在突然短路后由于电压的变化，其中的暂态过程所造成的影响也应计及，但负载的组成比较复杂而且难以准确掌握。

因此，在实用上往往根据对计算精度的不同要求采取不同程度的简化。下面将介绍两种计算机算法和一种手工算法。

一、不计发电机定子回路电磁暂态过程影响的计算机算法

当不计发电机定子回路电磁暂态过程的影响时，要准确计算三相短路电流中的同步角频率周期性分量电流（以下简称周期性分量电流），需要联立求解一组微分和代数方程，它们包括：

（1）各同步发电机的微分和代数方程式，例如式（8-78）～式（8-81），但在定子绕组电压平衡方程式（8-80）中忽略反映定子回路电磁暂态过程的 $p\psi_d$ 和 $p\psi_q$。

（2）各发电机励磁调节系统的方程式。

（3）各原动机及其调速系统的方程式以及发电机转子运动方程式。

（4）反映各节点电压、电流关系的网络方程式（由于忽略电磁暂态过程，网络中的各元件用阻抗来模拟）。

（5）反映各节点负荷所吸收的电流与节点电压关系的方程式，当不计负荷中感应电动机暂态过程的影响时，负荷可以用恒定阻抗来模拟，否则还应包括描述感应电动机暂态过程的微分方程。

将上述微分—代数方程组以短路点在短路时刻电压等于零作为初值条件进行求解，便可以得出短路后周期性分量电流，包括其初始值及随时间的变化。由于这组微分—代数方程十分复杂，而且是非线性的，因此不像单台发电机发生短路那样可以求得其解析解，而是只能用数值方法进行求解。实际上，学习第九章时就会发现，这里计算周期性分量短路电流所涉及的微分和代数方程与计算系统暂态稳定所用的完全相同，因此，直接用计算暂态稳定的程序便可以准确地计算出周期性分量短路电流及其随时间的变化，这里就不再详细介绍了。

必须指出，在多机电力系统中，由于描述暂态过程的微分—代数方程是非线性的，因此短路电流的周期性分量变化规律比较复杂，它不能像单台发电机发生短路那样准确地分解成若干个按不同时间常数衰减的分量，如有必要，只能在计算出短路电流随时间变化的具体结果后，通过拟合的方法近似地进行分解。特别应该指出，多机电力系统发生短路时，短路电流中的其他分量也不像单台发电机发生短路那样单纯，而是由多个衰减的直流分量和其他频率分量所组成。不过，如果只是为了计算短路电流最大有效值和冲击电流，一般可以近似地认为只含一个衰减的直流分量，其时间常数采取一个适当估计的数值。如果要准确计算其他分量，则必须计及发电机定子回路和网络中的电磁暂态过程，即在同步电机定子回路电压平衡方程中计及 $p\psi_d$ 和 $p\psi_q$，网络中各电感和电容元件用微分方程式来描述，在此情况下，可以采用电力系统电磁暂态过程计算程序（例如，Electromagnetic Transient Program，EMTP）来进行计算。然而，其所需要的计算时间较长，而且系统往往需要进行简化。

二、同步角频率周期性分量电流起始值的计算机算法

在系统设计和运行中，往往需要知道短路电流周期性分量的起始值，从而估计最严重的情况和后果。随着快速继电保护的广泛应用，在发生短路后，故障元件被很快地从系统中切除，这时短路电流中的周期性分量衰减得不多，因此在不需要结果十分准确的情况下，可以近似地认为在短路后较短时间内的周期性分量电流等于它的起始值。此外，在计算周期性分量电流起始值时，常采用一些简化。

1. 主要简化假设

将同步电机次暂态电动势的稳态方程式（7-99）改写为

$$\dot{E}'' = \dot{U}_t + (R_a + jX_d'')\dot{I}_t + (X_d'' - X_q'')I_q \tag{8-100}$$

对于隐极机，由于 $X_q'' = X_d''$，式（8-100）简化为

$$\dot{E}'' = \dot{U}_t + (R_a + jX_d'')\dot{I}_t \tag{8-101}$$

对于凸极机，虽然 $X_q'' > X_d''$，但当假定 $X_q'' = X_d''$ 时，同样可得如式（8-101）所示的同步电机稳态方程。这种假设带来的误差是，用式（8-101）计算的 $\dot{E}''$ 与用式（8-100）计算出的 $\dot{E}''$ 在实部上少了 $(X_d'' - X_q'')I_q$，这在工程上是可以接受的。

这样，由短路前的端电压 $\dot{U}_{t(0)}$ 和电流 $\dot{I}_{t(0)}$，就可以根据式（8-101）计算出故障前电

机的次暂态电动势 $\dot{E}''_{(0)}$。

2. 计算方法

用计算机计算多机系统三相短路电流周期性分量起始值时仍然采用叠加原理，如图 8-13 所示。其中，图 8-13（a）为三相短路期间的网络，在短路点 f 串联连接两个相反的电压，$\dot{U}_{f(0)}$ 为短路前短路点的电压，由短路前的潮流计算而得；这一网络可以分解成图 8-13（b）、（c）中两个网络的叠加，图 8-13（b）便是短路前的正常运行情况，而图 8-13（c）是短路分量（即故障分量）的网络。在短路分量网络中，只有短路点处有电源 $-\dot{U}_{f(0)}$，只要求出其中各处的电压和电流分布，然后与图 8-13（b）中短路前对应的电压和电流相加，便能得出短路后实际的电压和电流分布。注意，在短路前短路点的电流等于零，如图 8-13（b）所示。

在短路分量网络中，各个负荷的等值阻抗 Z_{Li}（$i=1,2,\cdots,l$）可以由短路前系统潮流计算所得出的负荷节点电压 U_{Li} 和负荷所吸收的功率 $P_{Li}+jQ_{Li}$ 求得，$Z_{Li}=U_{Li}^2/(P_{Li}-jQ_{Li})$，即负荷用恒定阻抗来模拟，也可以考虑负荷中感应电动机对暂态过程的影响，其方法将在后面介绍。

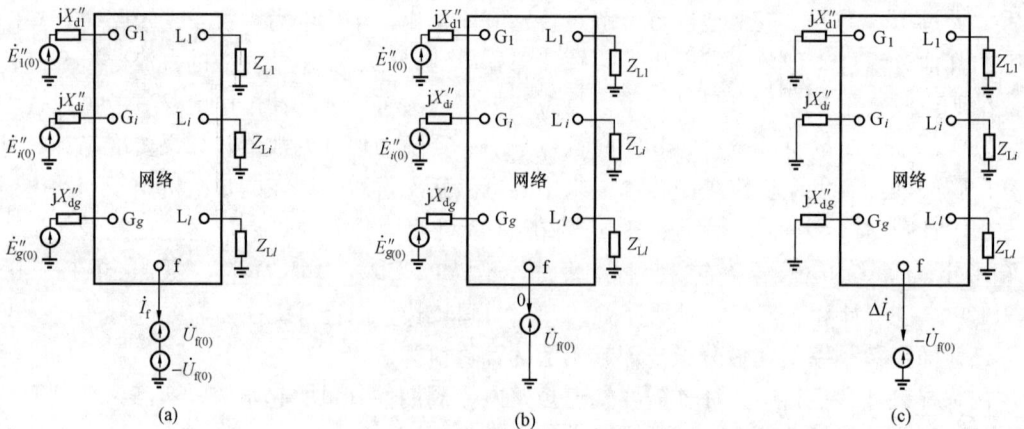

图 8-13 用叠加原理计算三相短路电流周期性分量起始值示意图
(a) 三相短路网络；(b) 短路前网络；(c) 短路分量网络

短路分量网络既可以用节点导纳矩阵表示的网络方程式来进行求解，也可以用节点阻抗矩阵表示的网络方程式求解，下面将介绍前者。由图 8-13（c），可以列出下列方程

$$
\begin{bmatrix} 0 \\ 0 \\ \vdots \\ -\Delta\dot{I}_f \\ \vdots \\ 0 \end{bmatrix} = \begin{bmatrix} \widetilde{Y}_{11} & Y_{12} & \cdots & Y_{1f} & \cdots & Y_{1n} \\ Y_{21} & \widetilde{Y}_{22} & \cdots & Y_{2f} & \cdots & Y_{2n} \\ \vdots & \vdots & \ddots & \vdots & \ddots & \vdots \\ Y_{f1} & Y_{f2} & \cdots & \widetilde{Y}_{ff} & \cdots & Y_{fn} \\ \vdots & \vdots & \ddots & \vdots & \ddots & \vdots \\ Y_{n1} & Y_{n2} & \cdots & Y_{nf} & \cdots & \widetilde{Y}_{nn} \end{bmatrix} \begin{bmatrix} \Delta\dot{U}_1 \\ \Delta\dot{U}_2 \\ \vdots \\ \Delta\dot{U}_f \\ \vdots \\ \Delta\dot{U}_n \end{bmatrix} \qquad (8-102)
$$

或写成矩阵形式

$$
\Delta\dot{I} = \widetilde{Y}\,\Delta\dot{U} \qquad (8-103)
$$

式（8-103）中的导纳矩阵 $\widetilde{Y}$ 与第四章潮流计算中节点导纳矩阵 Y 的区别在于发电机节点和负荷节点的自导纳有所不同，在 $\widetilde{Y}$ 中，各发电机节点的自导纳需要增加与次暂态电抗相应的导纳 $1/jX''_{di}$，各负荷节点的自导纳需要增加与负荷等值阻抗相应的导纳 $1/Z_{Li}$。在注入电流向量 $\Delta\dot{I}$ 中，除故障节点 f 的注入电流为 $-\Delta\dot{I}_f$ 以外，其他节点都等于零。另外，故障节点 f 的电压为已知量，$\Delta\dot{U}_f=-\dot{U}_{f(0)}$，其他节点的电压都未知。

由式（8-102）改写

$$\begin{bmatrix}\Delta\dot{U}_1\\\Delta\dot{U}_2\\\vdots\\\Delta\dot{U}_f\\\vdots\\\Delta\dot{U}_n\end{bmatrix}=-\Delta\dot{I}_f\times\begin{bmatrix}\widetilde{Y}_{11}&Y_{12}&\cdots&Y_{1f}&\cdots&Y_{1n}\\Y_{21}&\widetilde{Y}_{22}&\cdots&Y_{2f}&\cdots&Y_{2n}\\\vdots&\vdots&&\vdots&&\vdots\\Y_{f1}&Y_{f2}&\cdots&\widetilde{Y}_{ff}&\cdots&Y_{fn}\\\vdots&\vdots&&\vdots&&\vdots\\Y_{n1}&Y_{n2}&\cdots&Y_{nf}&\cdots&\widetilde{Y}_{nn}\end{bmatrix}^{-1}\begin{bmatrix}0\\0\\\vdots\\1\\\vdots\\0\end{bmatrix}\leftarrow f$$

或简写为

$$\Delta\dot{U}=-\Delta\dot{I}_f\widetilde{Y}^{-1}e_f \qquad(8-104)$$

其中，e_f 为单位矩阵的第 f 列。由于 $\widetilde{Y}^{-1}e_f=\widetilde{Z}e_f=\widetilde{Z}_f$，即阻抗矩阵 $\widetilde{Z}$ 的第 f 列，因此，式（8-104）又可简写为

$$\Delta\dot{U}_i=-\widetilde{Z}_{if}\Delta\dot{I}_f;\ i=1,\cdots,n \qquad(8-105)$$

于是，由式（8-105）便可以得出

$$\Delta\dot{I}_f=-\Delta\dot{U}_f/\widetilde{Z}_{ff}=\dot{U}_{f(0)}/\widetilde{Z}_{ff} \qquad(8-106)$$

由于短路前正常运行方式下短路点的电流等于零，如图8-13（b）所示。因此，式（8-106）得出的结果便是从短路点流出的短路电流。如果希望知道短路后各个节点电压的周期性分量起始值，则可以将得出的 $\Delta\dot{I}_f$ 代回式（8-105），从而得出各节点电压的短路分量，再将它们与短路前的电压分别相加。另外，得出各节点的电压以后，各支路短路电流起始值的计算方法就无须再赘述了。

在实际系统中，有时需要考虑短路点经过某一阻抗 Z_g 短路的情况，例如考虑短路时电弧的存在。在此情况下，图8-13（a）、（b）、（c）的 f 点与地之间应串联接入这一阻抗，相应的短路电流计算式（8-106）变为

$$\Delta\dot{I}_f=-\frac{\Delta\dot{U}_f}{\widetilde{Z}_{ff}+Z_g} \qquad(8-107)$$

另外，有时需要计算线路上某一中间点处发生短路时的短路电流。对此，一种显而易见的方法是在网络中额外增加一个短路节点 f，将潮流计算中 n 个节点的导纳矩阵扩展成 $n+1$ 个节点的矩阵，然后便可以用前面所介绍的方法来进行计算。

下面介绍一种不增加节点，利用网络阻抗矩阵 $\widetilde{Z}$ 两列元素计算线路上某一中间点处发生短路时的短路电流计算方法。图8-14所示短路点 f 距离线路一端的距离为线路总长的 α 倍，这时线路的总阻抗 z_{jk} 将被分成 αz_{jk} 和 $(1-\alpha)z_{jk}$ 两部分。

由第四章第一节所介绍的节点阻抗矩阵元素的物理意义可知，当在网络的节点 i 注入单

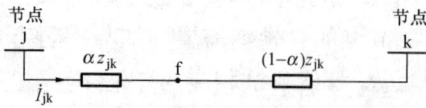

图 8-14　短路发生在线路上离一侧 α 倍时的情况

位电流时，$\dot{U}_j = \widetilde{Z}_{ji}$，$\dot{U}_k = \widetilde{Z}_{ki}$。由图 8-14 可求出此时 f 点的电压为

$$\dot{U}_f = \dot{U}_j - \dot{I}_{jk}\alpha z_{jk} = \dot{U}_j - \frac{\dot{U}_j - \dot{U}_k}{z_{jk}}\alpha z_{jk}$$

$$= (1-\alpha)\dot{U}_j + \alpha\dot{U}_k$$

并且 $\dot{U}_f = \widetilde{Z}_{fi}$。将上式中各电压用对应的阻抗代替，并利用阻抗矩阵的对称性，得

$$\widetilde{Z}_{if} = (1-\alpha)\widetilde{Z}_{ij} + \alpha\widetilde{Z}_{ik} \quad (i=1,2,\cdots,n) \tag{8-108}$$

由自阻抗的物理意义可知，当在网络的 f 点注入单位电流时，$\dot{U}_f = \widetilde{Z}_{ff}$，$\dot{U}_j = \widetilde{Z}_{jf}$，$\dot{U}_k = \widetilde{Z}_{kf}$，并且由图 8-14 可以列出这三个电压之间的关系式

$$\frac{\dot{U}_f - \dot{U}_j}{\alpha z_{jk}} + \frac{\dot{U}_f - \dot{U}_k}{(1-\alpha)z_{jk}} = 1$$

将上式中的电压用对应的阻抗代替，得

$$\frac{\widetilde{Z}_{ff} - \widetilde{Z}_{jf}}{\alpha z_{jk}} + \frac{\widetilde{Z}_{ff} - \widetilde{Z}_{kf}}{(1-\alpha)z_{jk}} = 1$$

并可解出

$$\widetilde{Z}_{ff} = (1-\alpha)\widetilde{Z}_{jf} + \alpha\widetilde{Z}_{kf} + \alpha(1-\alpha)z_{jk} \tag{8-109}$$

其中的 $\widetilde{Z}_{jf}$ 和 $\widetilde{Z}_{kf}$ 在式（8-108）中已经求出。若仅需要计算故障点的自阻抗而不需要计算它与其他节点之间的互阻抗时，可用式（8-108）消去上式的 $\widetilde{Z}_{jf}$ 和 $\widetilde{Z}_{kf}$，得

$$\widetilde{Z}_{ff} = (1-\alpha)^2\widetilde{Z}_{jj} + \alpha^2\widetilde{Z}_{kk} + 2\alpha(1-\alpha)\widetilde{Z}_{jk} + \alpha(1-\alpha)z_{jk} \tag{8-110}$$

这样，在用式（8-108）求出各节点与故障点的互阻抗，并用式（8-109）或式（8-110）求出故障点的自阻抗后，就可以用前面介绍的方法计算短路电流了。值得注意的是，式（8-108）互阻抗的计算需要用到网络阻抗矩阵的第 j 列 $\widetilde{Z}_j$ 和第 k 列 $\widetilde{Z}_k$，只要对 $\widetilde{Y}$ 进行一次三角分解，$\widetilde{Z}_j$ 和 $\widetilde{Z}_k$ 的计算只需两次前代和回代便可完成。由前面的论述可知，母线发生短路时，短路电流计算的主要工作量是求出阻抗矩阵的一列，那么用这种方法进行线路某一中间点处的短路电流计算仅比一个母线短路电流稍微多花费一些时间。当对线路中间多个不同点进行短路电流计算时，由于只需对 $\widetilde{Z}_j$ 和 $\widetilde{Z}_k$ 计算一次，使得这种方法更加简便。

【例 8-7】　计算图 8-15 所示系统中母线 2 发生三相短路时，短路点处和各发电机的短路电流周期性分量起始值。其中，发电机 G1 的参数为：$P_N = 25MW$，$\cos\varphi_N = 0.8$，$X''_d = 0.12$；发电机 G2 的参数为：$P_N = 50MW$，$\cos\varphi_N = 0.8$，$X''_d = 0.12$；变压器的参数为：变压器 T1 的容量为 31500kVA，额定电压为 10.5/121kV，短路电压百分数 $U_k\% = 10.5$，在主接头上运行；变压器 T2 的容量为 63000kVA，额定电压为 10.5/121kV，短路电压百分数 $U_k\% = 10.5$，在主接头上运行。其他元件的参数与［例 4-1］相同。

解　（1）计算参数。当取基准容量为 100MVA，基准电压等于网络额定电压时，元件参数的标幺值为

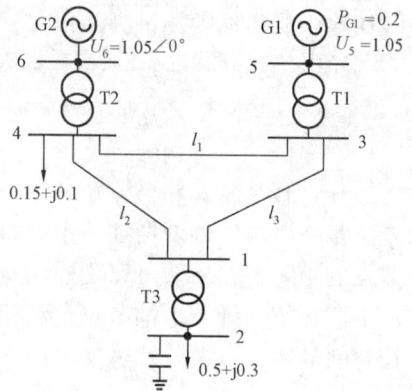

图 8-15　［例 8-7］中的系统接线图

$$X''_{d1} = 0.12 \times \frac{100}{25/0.8} \times \frac{10.5^2}{10^2} = 0.42336$$

$$X''_{d2} = 0.12 \times \frac{100}{50/0.8} \times \frac{10.5^2}{10^2} = 0.21168$$

$$X_{T1} = 0.105 \times \frac{100}{31.5} \times \frac{10.5^2}{10^2} = 0.3675; \quad k_{T1} = \frac{121}{110} / \frac{10.5}{10} = 1.04762$$

$$X_{T2} = 0.105 \times \frac{100}{63} \times \frac{10.5^2}{10^2} = 0.18375; \quad k_{T2} = \frac{121}{110} / \frac{10.5}{10} = 1.04762$$

其他元件参数的标幺值见［例 4-1］。

（2）短路前正常运行方式下的潮流计算。计算潮流时的网络节点导纳矩阵为

$$Y = \begin{bmatrix} 2.9049-j11.5031 & 0.0000+j5.3182 & -1.6600+j3.1618 & -1.2450+j2.3714 & 0.0000+j0.0000 & 0.0000+j0.0000 \\ 0.0000+j5.3182 & 0.0000-j4.6638 & 0.0000+j0.0000 & 0.0000+j0.0000 & 0.0000+j0.0000 & 0.0000+j0.0000 \\ -1.6600+j3.1618 & 0.0000+j0.0000 & 2.4899-j7.1833 & -0.8300+j1.5809 & 0.0000+j2.5974 & 0.0000+j0.0000 \\ -1.2450+j2.3714 & 0.0000+j0.0000 & -0.8300+j1.5809 & 2.0750-j8.8679 & 0.0000+j5.1948 & 0.0000+j5.1948 \\ 0.0000+j0.0000 & 0.0000+j0.0000 & 0.0000+j2.5974 & 0.0000+j5.1948 & 0.0000-j2.7211 & 0.0000+j0.0000 \\ 0.0000+j0.0000 & 0.0000+j0.0000 & 0.0000+j0.0000 & 0.0000+j5.1948 & 0.0000+j0.0000 & 0.0000-j5.4422 \end{bmatrix}$$

注意，这一导纳矩阵与［例 4-1］中导纳矩阵的差别在于本系统比［例 4-1］中的系统多了 T1 和 T2 两台变压器。潮流计算的结果列于表 8-2 中。同样，与图 4-8 所示［例 4-3］的潮流结果相比，两者也有少许差别。

表 8-2　　　　　　　　　　　　例［8-7］系统的节点电压计算结果

节点	有效值	相位（°）	相量
1	0.96919	−8.35186	0.95891−j0.14078
2	1.03839	−13.71222	1.00879−j0.24615
3	1.04352	−6.12561	1.03756−j0.11135
4	1.05788	−4.74438	1.05425−j0.08750
5	1.05000	−2.09582	1.04930−j0.03840
6	1.05000	0.00000	1.05000+j0.00000

发电机 G1 的输出功率为 0.20000+j0.16108；发电机 G2 的输出功率为 0.47726+j0.24952。

由潮流结果所得出的节点电压，可以求出负荷的等值阻抗为

$$Z_{L2} = 1.03839^2 / (0.5-j0.3) = 1.58567+j0.95140$$

$$Z_{L4} = 1.05788^2 / (0.15-j0.1) = 5.16512+j3.44342$$

（3）短路电流和电压周期性分量起始值计算。将发电机次暂态电抗和负荷等值阻抗加到图 8-13（c）的短路分量网络中，得式中的导纳矩阵

$$\tilde{Y} = \begin{bmatrix} 2.9049-j11.5031 & 0.0000+j5.3182 & -1.6600+j3.1618 & -1.2450+j2.3714 & 0.0000+j0.0000 & 0.0000+j0.0000 \\ 0.0000+j5.3182 & 0.4637-j4.9421 & 0.0000+j0.0000 & 0.0000+j0.0000 & 0.0000+j0.0000 & 0.0000+j0.0000 \\ -1.6600+j3.1618 & 0.0000+j0.0000 & 2.4899-j7.1833 & -0.8300+j1.5809 & 0.0000+j2.5974 & 0.0000+j0.0000 \\ -1.2450+j2.3714 & 0.0000+j0.0000 & -0.8300+j1.5809 & 2.2090-j8.9572 & 0.0000+j5.1948 & 0.0000+j5.1948 \\ 0.0000+j0.0000 & 0.0000+j0.0000 & 0.0000+j2.5974 & 0.0000+j0.0000 & 0.0000-j5.0831 & 0.0000+j0.0000 \\ 0.0000+j0.0000 & 0.0000+j0.0000 & 0.0000+j0.0000 & 0.0000+j5.1948 & 0.0000+j0.0000 & 0.0000-j10.1663 \end{bmatrix}$$

对于母线 2 短路，单位向量为 $e_f = [0\ 1\ 0\ 0\ 0\ 0]^T$，用消去法求得

$$\widetilde{Y}^{-1} e_f = \begin{bmatrix} 0.18366 + j0.36186 \\ 0.25095 + j0.56820 \\ 0.09975 + j0.27705 \\ 0.06728 + j0.23147 \\ 0.05097 + j0.14157 \\ 0.03438 + j0.11828 \end{bmatrix}$$

从而得出 $\widetilde{Z}_{ff} = 0.25095 + j0.56820$。

由表（8-2），$\dot{U}_{f(0)} = 1.00879 - j0.24615$，按式（8-106）计算得

$$\Delta \dot{I}_f = \frac{\dot{U}_{f(0)}}{\widetilde{Z}_{ff}} = \frac{1.00879 - j0.24615}{0.25095 + j0.56820} = 0.29364 - j1.64573$$

于是，短路电流周期性分量起始值的有名值为

$$I_f = \sqrt{0.29364^2 + 1.64573^2} \times 100/(\sqrt{3} \times 10) = 9.65169 (kA)$$

将 $\Delta \dot{I}_f$ 代入式（8-105），得各节点电压的短路分量所组成的向量为

$$\Delta \dot{U} = \begin{bmatrix} -0.64946 + j0.19600 \\ -1.00879 + j0.24615 \\ -0.48524 + j0.08280 \\ -0.40070 + j0.04276 \\ -0.24795 + j0.04231 \\ -0.20475 + j0.02185 \end{bmatrix}$$

然后将它叠加到短路前的电压上，得出各节点电压的周期性分量起始值为

$$\dot{U}_{t=0} = \begin{bmatrix} 0.95891 - j0.14078 \\ 1.00879 - j0.24615 \\ 1.03756 - j0.11135 \\ 1.05425 - j0.08750 \\ 1.04930 - j0.03840 \\ 1.05000 + j0.00000 \end{bmatrix} + \begin{bmatrix} -0.64946 + j0.19600 \\ -1.00879 + j0.24615 \\ -0.48524 + j0.08280 \\ -0.40070 + j0.04276 \\ -0.24795 + j0.04231 \\ -0.20475 + j0.02185 \end{bmatrix} = \begin{bmatrix} 0.30945 + j0.05522 \\ 0.00000 - j0.00000 \\ 0.55232 - j0.02855 \\ 0.65355 - j0.04474 \\ 0.80135 + j0.00391 \\ 0.84525 + j0.02185 \end{bmatrix}$$

发电机 1 和发电机 2 短路电流周期性分量起始值的标幺值和有名值分别为

$$\dot{I}_{G1} = \frac{0.20000 - j0.16108}{1.04930 + j0.03840} - \frac{-0.24795 + j0.04231}{j0.42336} = 0.08480 - j0.74595$$

$$I_{G1} = \sqrt{0.08480 + 0.74595} \times 100/(\sqrt{3} \times 10) = 4.33448 (kA)$$

$$\dot{I}_{G2} = \frac{0.47726 - j0.24952}{1.05000 - j0.00000} - \frac{-0.20475 + j0.02185}{j0.21168} = 0.35131 - j1.20490$$

$$I_{G2} = \sqrt{0.35131^2 + 1.20490^2} \times 100/(\sqrt{3} \times 10) = 7.24615 (kA)$$

三、手工算法

在计算机广泛应用之前，人们不得不靠手工来计算短路电流，并在 20 世纪四五十年代提出了一套三相短路电流的实用计算方法，在国内一些单位至今仍被沿用。

1. 一般算法

为了避免计算过程中出现错误并减少计算时间，手工计算必然要进行不同程度的简化，

包括系统级的和元件级的。

元件级的简化通常包括以下几种，它们部分或全部地被采用。

(1) 忽略同步发电机（及同步调相机）次暂态参数的不对称，即令 $X''_q = X''_d$；假定发电机的次暂态电动势都等于 $1+j0$。

(2) 忽略线路对地电容的影响，即不计线路 Π 形等值电路中的并联导纳。

(3) 在高压电力系统中忽略线路的电阻，在低压系统中线路阻抗用其模值 $Z = \sqrt{R^2 + X^2}$ 代替，其目的是避免复数运算。

(4) 认为变压器的变比等于各侧网络的平均额定电压（分别为 6.3、10.5、37、115、230、345、525kV 等）之比而不考虑其实际分接头位置，而且，在整个标幺值计算中都取网络平均额定电压作为电压的基准值。

(5) 除短路点附近的大型感应电动机以外，忽略负荷对短路电流的影响，即将负荷断开。

系统级的简化（系统简化）是指将系统中的某些部分简化成带等值阻抗和恒定电压源的简单电路。实际上对短路电流影响较大的是短路点附近的网络，例如，当短路点为 110kV 变电站的 10kV 低压母线时，220kV 及以上的系统（包括线路、变压器和发电机等）便可以简化成上述简单电路。图 8-16 为系统简化示意图。在手工计算中，等值电动势 E_{S1} 和 E_{S2} 常假定为 $1+j0$；等值阻抗 X_{S1} 和 X_{S2}（标幺值）可以通过它与其余部分接口点 J1 和 J2 的短路（三相短路）容量 S_{f1} 和 S_{f2} 分别计算而得

$$X_{Si*} = S_B/S_{fi} = 1/S_{fi*} \quad (i = 1, 2, \cdots) \tag{8-111}$$

式中：S_B 为系统的基准容量。

实际上，当图 8-16 中 J1 处发生三相短路时，在 $E_{S1} = 1$ 的情况下，短路电流的标幺值为 $1/X_{S1}$，相应的短路容量标幺值与短路电流标幺值相等，这便是式（8-111）的来源。在短路容量未知的情况下，可以用接口点处断路器的开断容量（额定开断电流与额定电压的乘积）来代替，因为在选择断路器时其额定开断电流便是根据当地的短路容量来决定的，当然两者不一定正好相等。

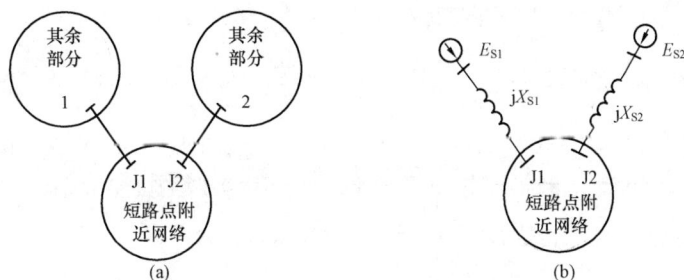

图 8-16　系统简化示意图
(a) 简化前网络；(b) 简化后网络

在手工计算短路电流时，首先对网络进行简化处理得出等值网络。如果需要同时计算各个发电机的短路电流和短路点的短路电流，则可以通过元件阻抗的串、并联和星—网变换，逐步消去等值网络中所有的中间节点而只保留各发电机次暂态电动势的节点（或称内电动势节点）和短路点；否则可以通过网络化简和合并发电机，求出等值发电机与短路点之间的总

等值阻抗。具体方法见［例8-8］。简化过程中所用到的星—网变换和三角形—星形变换公式分别为

$$z_{ij} = z_i z_j \sum_{k=1}^{m} \frac{1}{z_k} (i,j = 1,2,\cdots,m; j \neq i) \tag{8-112}$$

$$z_1 = \frac{z_{31}z_{12}}{z_{12}+z_{23}+z_{31}}; \quad z_2 = \frac{z_{12}z_{23}}{z_{12}+z_{23}+z_{31}}; \quad z_3 = \frac{z_{23}z_{31}}{z_{12}+z_{23}+z_{31}} \tag{8-113}$$

其中，z_i 和 z_{ij} 分别为星形和网形网络中各支路的阻抗。

【例8-8】　　用手工算法计算图8-15所示系统中母线2发生三相短路时，短路点处和各发电机的短路电流周期性分量起始值。计算中可以采用全部上述元件级简化。

解　（1）取基准容量为100MVA，计算元件参数的近似标幺值（原始参数见［例4-1］和［例8-7］）。

$$X''_{d1} = 0.12 \times \frac{100}{25/0.8} = 0.3840, \quad X''_{d2} = 0.12 \times \frac{100}{50/0.8} = 0.1920$$

$$X_{T1} = 0.105 \times \frac{100}{31.5} = 0.3333, \quad X_{T2} = 0.105 \times \frac{100}{63} = 0.1667$$

$$X_{T3} = 0.105 \times \frac{100}{63} = 0.1667, \quad X_{L1} = 150 \times 0.4 \times \frac{100}{115^2} = 0.4537$$

$$X_{L2} = 100 \times 0.4 \times \frac{100}{115^2} = 0.3025, \quad X_{L3} = 75 \times 0.4 \times \frac{100}{115^2} = 0.2268$$

按图8-15所示系统接线图，可以作出其等值网络，如图8-17（a）所示。

（2）对等值网络进行化简。

1）对图8-17（a）中由节点1、3和4组成的三角形网络，应用式（8-113）化成星形网络，得出图8-17（b）中的等值网络，其中

$$X_{19} = \frac{0.3025 \times 0.2268}{0.3025 + 0.2268 + 0.4537} = 0.0698$$

$$X_{39} = \frac{0.4537 \times 0.2268}{0.3025 + 0.2268 + 0.4537} = 0.1047$$

$$X_{49} = \frac{0.3025 \times 0.4537}{0.3025 + 0.2268 + 0.4537} = 0.1396$$

2）将图8-17（b）中的 X''_{d1}、X_{T1} 和 X_{39}，X''_{d2}、X_{T2} 和 X_{49}，以及 X_{T3} 和 X_{19} 分别进行串联合并，然后将由节点2、7和8组成的星形网络应用式（8-112）化成三角形网络，从而消去节点9，得出图8-17（c）中的等值网络，其中

$$\left.\begin{array}{l} X_{27} = 0.2365 \times 0.8220 \times \left(\dfrac{1}{0.2365} + \dfrac{1}{0.8220} + \dfrac{1}{0.4983}\right) = 1.4486 \\[2mm] X_{28} = 0.2365 \times 0.4983 \times \left(\dfrac{1}{0.2365} + \dfrac{1}{0.8220} + \dfrac{1}{0.4983}\right) = 0.8782 \\[2mm] X_{78} = 0.8220 \times 0.4983 \times \left(\dfrac{1}{0.2365} + \dfrac{1}{0.8220} + \dfrac{1}{0.4983}\right) = 3.0522 \end{array}\right\}$$

（3）计算结果。

在发电机次暂态电动势都等于 $1+j0$ 的情况下，由图8-17（c）中节点7与2之间的电抗和节点8与2之间的电抗，便可以得出各发电机的短路电流分别为

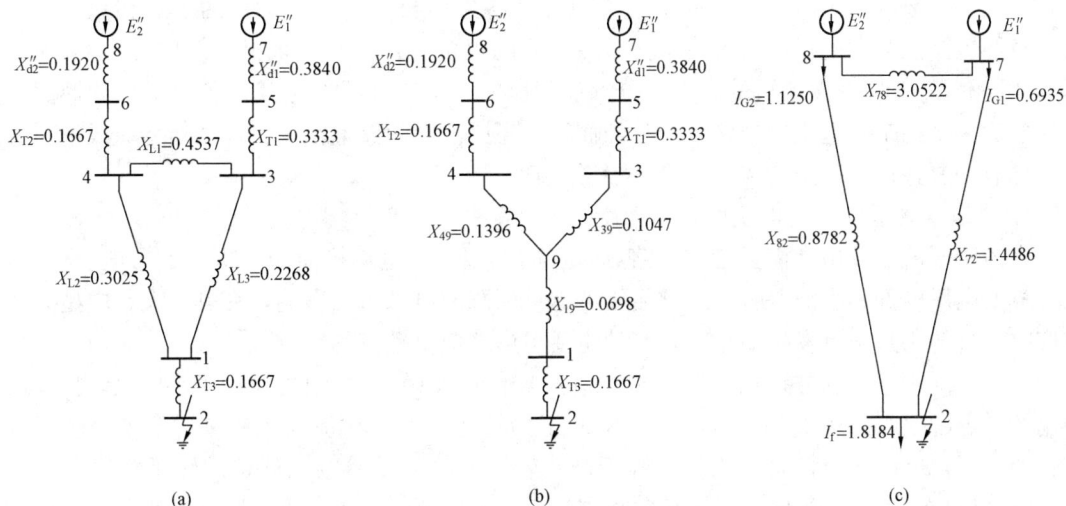

图 8-17　[例 8-8]中手工计算短路电流过程图

(a) 系统等值网络；(b) 中间网络；(c) 最后结果

$$\left.\begin{array}{l} I_{G1} = 1/1.4486 = 0.6903 \\ I_{G2} = 1/0.8782 = 1.1387 \end{array}\right\}$$

两者相加得短路点的短路电流为

$$I_f = 0.6903 + 1.1387 = 1.8290$$

各短路电流的有名值为

$$\left.\begin{array}{l} I_{G1} = 0.6903 \times \dfrac{100}{\sqrt{3} \times 10.5} = 3.9854(\text{kA}) \\[3mm] I_{G2} = 1.1387 \times \dfrac{100}{\sqrt{3} \times 10.5} = 6.5743(\text{kA}) \\[3mm] I_f = 1.8290 \times \dfrac{100}{\sqrt{3} \times 10.5} = 10.5597(\text{kA}) \end{array}\right\}$$

这一结果与[例 8-7]中的结果（分别为 4.33448、7.24615kA 和 9.65169kA）相比，误差分别为 -8.05%、-9.27% 和 9.41%。

注意，如果只需要计算短路点的短路电流，则在形成等值网络后便可以将所有发电机的次暂态电动势节点都并联在一起，这样，网络化简一般要简单得多。例如在本算例中，将图 8-17 中的节点 7 和 8 并联在一起，从而在图 8-17 (b) 中可将节点 7 至 9 节点之间的串联支路与节点 8 至 9 节点之间的串联支路相并联，然后再与节点 9 至 2 节点之间的支路相串联，便可以得出发电机的次暂态电动势节点与短路点之间的总等值阻抗，显然计算要简单些。

2. 短路电流实用计算法简介

前面所提到的短路电流实用计算法可以用来近似计算短路后任意时刻的短路电流，并且可以考虑发电机类型（汽轮发电机组和水轮发电机组）的不同对短路电流的不同影响。其主要方法是，对于不同的机组类型和典型参数，提前计算好它们经过不同大小的电抗短路时，短路电流随时间的变化曲线，并将其结果整理成一套"运算曲线"；实际进行短路电流计算时，在消去等值网络中所有的中间节点而只保留各发电机次暂态电动势的节点和短路点以后，按照短路点与发电机次暂态电动势节点之间的阻抗〔称为转移阻抗，例如图 8 - 17（c）中的 X_{72} 和 X_{82}〕以及发电机的类型，分别在相应的"运算曲线"上找出各个时刻的短路电流，然后再将各个发电机的短路电流相加而得出短路点的短路电流。具体的运算曲线不再介绍，如有需要，读者可查阅本书所列的参考文献。

3. 感应电动机对短路电流的影响

在短路电流计算中常需要考虑短路点附近的大型感应电动机对短路电流的影响。例如，在计算发电厂内部发生短路时，通常需要考虑厂用感应电动机的影响，在具有大、中型高压感应电动机的用户附近发生短路时，有的也要考虑感应电动机的影响。

其实，同步电机的方程式，例如式（8-78）～式（8-81），也可以用于感应电动机，所不同的是定子绕组电压平衡方程式（8-80）中的转速 ω 对于感应电动机来说要考虑转子存在转差 s（即 $\omega=1-s$），而不能认为等于同步转速，另外，感应电动机的转子绕组（或鼠笼）完全对称。因此，当感应电动机定子端发生三相短路时，也可以像同步电机那样进行分析和计算，从而得出电动机定子绕组流出的短路电流。实际上，由于定、转子之间的电磁耦合，突然短路后，定、转子绕组内也都存在随时间衰减的周期性分量和直流分量电流，但定子绕组中周期性分量电流的频率由于转子存在转差而低于同步频率，而且由于电动机转子绕组的电阻相对较大，因此，定子绕组中的周期性分量电流衰减较快，并最终随着转子绕组直流分量衰减至零而消失。发生短路后感应电动机供给短路电流的现象有的称为"感应电动机反馈电流现象"。

在近似计算中，感应电动机也可以像同步电机那样用次暂态电抗 X'' 和次暂态电动势 $E''_{(0)}$ 组成的等值电路来近似计算由它供给的三相短路电流周期性分量起始值。次暂态电抗可以用图 8 - 18 中的等值电路来进行计算，其中的 X_σ 和 $X_{r\sigma}$ 分别为定子绕组和转子等值绕组的漏抗；X_{ad} 为定子绕组和转子绕组之间的互电抗，即

$$X'' = X_\sigma + \frac{X_{r\sigma}X_{ad}}{X_{r\sigma} + X_{ad}}$$

实际上，感应电动机定子端突然三相短路的情况与它直接启动瞬间的情况相同，因此可以认为次暂态电抗与启动时的电抗相等。这样，X'' 的标幺值可以根据启动电流的标幺值 I_{st} 来计算，而启动电流通常是可以测量的。于是有

$$X'' = 1/I_{st}$$

例如，若启动电流为额定电流的 5 倍，则次暂态电抗可以近似地取 0.2。

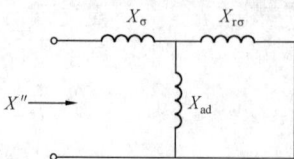

图 8 - 18　感应电动机短路瞬间的等值电路

由于次暂态电动势在短路前后瞬间也保持不变，因此它可以由短路前正常运行方式下的电压和电流计算而得

$$\dot{E}''_{(0)} = \dot{U}_{(0)} - jX''\dot{I}_{(0)} \tag{8-114}$$

【例 8 - 9】　设图 8 - 15 系统在节点 2 处的负荷 0.5+j0.3 中有 20% 的负荷为大型感应电动机，其总额定容量为 14MVA，以额定容量为基准的次暂态电抗标幺值为 0.2，求电动机所供给的短路电流周期性分量起始值。

解　在全系统基准容量为 100MVA 的情况下，电动机次暂态电抗的标幺值为

$$X''=0.2\times100/14=1.4286$$

在近似计算中认为短路前节点 2 的电压标幺值为 1，应用式（8 - 114）得

$$\dot{E}''_{(0)}=(1+\mathrm{j}0)-\mathrm{j}1.4286\times(0.5-\mathrm{j}0.3)\times0.2/(1-\mathrm{j}0)=0.9143-\mathrm{j}0.1429$$

电动机所供给短路电流的有名值为

$$I_{\mathrm{D}}=\frac{\sqrt{0.9143^2+0.1429^2}}{1.4286}\times\frac{100}{\sqrt{3}\times10.5}=3.5618(\mathrm{kA})$$

第九章　电力系统简单不对称故障分析

电力系统简单不对称故障包括不对称短路和不对称断线两类。本章主要介绍不对称故障分析的基本原理和基本方法。在分析中所引入的一些简化假设，主要是为了适应简单电力系统进行手工计算的需要。另外，将主要介绍发电机定子回路和电网中的同步角频率周期性分量故障电流和电压的计算方法。对于复杂电力系统的计算方法将在本章第六节中加以简单介绍。对于不对称故障，通常关注的是故障后发电机定子回路和网络中同步角频率周期性分量电流和电压的大小及它们的特性，因此本章将主要介绍这些分量的计算方法。

第一节　对称分量法原理和分析方法

分析三相短路时，在系统结构对称的情况下，短路电流的周期性分量也是对称的，因此只需要分析其中的一相。当系统发生不对称故障时，由于系统的对称性受到破坏，网络中出现了不对称的电流和电压。对于这种不对称的电路，比较简单的分析方法是采用对称分量法。

一、对称分量法的基本原理

对称分量法是将不对称的三相电流和电压各自分解为三组分别对称的分量，再利用线性电路的叠加原理，对这三组对称分量分别按对称三相电路进行求解，然后将其结果进行叠加。

在三相系统中，任意一组不对称的三个相量总可以分解成如下的三组对称分量。

（1）正序分量：三相正序分量的大小相等，相位彼此相差 $2\pi/3$，相序与系统正常运行方式下的相同。

（2）负序分量：三相负序分量的大小相等，相位彼此相差 $2\pi/3$，相序与正序相反。

（3）零序分量：三相零序分量的大小相等，相位相同。

为了清楚起见，除了仍按习惯用下标 a、b 和 c 表示三个相分量外，以后用下标 1、2、0 分别表示正序、负序分量和零序分量。设 $\dot{F}_{a}$、$\dot{F}_{b}$、$\dot{F}_{c}$ 分别代表 a、b、c 三相不对称的电压或电流相量，$\dot{F}_{a1}$、$\dot{F}_{a2}$、$\dot{F}_{a0}$ 分别表示其 a 相的正序、负序分量和零序分量；$\dot{F}_{b1}$、$\dot{F}_{b2}$、$\dot{F}_{b0}$ 和 $\dot{F}_{c1}$、$\dot{F}_{c2}$、$\dot{F}_{c0}$ 分别表示 b 相和 c 相的正、负、零序分量，则 b 相和 c 相的正、负、零序分量与 a 相的正、负、零序分量之间的关系为

$$\left.\begin{aligned} \dot{F}_{b1} &= a^2 \dot{F}_{a1};\ \dot{F}_{c1} = a\dot{F}_{a1} \\ \dot{F}_{b2} &= a\dot{F}_{a2};\ \dot{F}_{c2} = a^2 \dot{F}_{a2} \\ \dot{F}_{b0} &= \dot{F}_{c0} = \dot{F}_{a0} \end{aligned}\right\} \tag{9-1}$$

式中

$$a = e^{j2\pi/3} = -\frac{1}{2} + j\frac{\sqrt{3}}{2};\ a^2 = e^{j4\pi/3} = -\frac{1}{2} - j\frac{\sqrt{3}}{2}$$

并有

$$a^3 = 1; \quad 1 + a + a^2 = 0$$

在对称分量法中，通常取 a 相作为基准相，即取 a 相的正、负、零序分量作为代表，并记

$$\dot{F}_1 = \dot{F}_{a1}; \quad \dot{F}_2 = \dot{F}_{a2}; \quad \dot{F}_0 = \dot{F}_{a0}$$

在此情况下，三相的相量与对称分量之间的关系为

$$\begin{bmatrix} \dot{F}_a \\ \dot{F}_b \\ \dot{F}_c \end{bmatrix} = \begin{bmatrix} 1 & 1 & 1 \\ a^2 & a & 1 \\ a & a^2 & 1 \end{bmatrix} \begin{bmatrix} \dot{F}_{a1} \\ \dot{F}_{a2} \\ \dot{F}_{a0} \end{bmatrix} = \begin{bmatrix} 1 & 1 & 1 \\ a^2 & a & 1 \\ a & a^2 & 1 \end{bmatrix} \begin{bmatrix} \dot{F}_1 \\ \dot{F}_2 \\ \dot{F}_0 \end{bmatrix} \tag{9-2}$$

或简写为

$$\dot{F}_{abc} = T\dot{F}_{120} \tag{9-3}$$

其中的矩阵 T 为变换矩阵，显然，它是可逆矩阵。于是，可以得出式（9-2）的逆关系为

$$\begin{bmatrix} \dot{F}_1 \\ \dot{F}_2 \\ \dot{F}_0 \end{bmatrix} = \begin{bmatrix} \dot{F}_{a1} \\ \dot{F}_{a2} \\ \dot{F}_{a0} \end{bmatrix} = \frac{1}{3} \begin{bmatrix} 1 & a & a^2 \\ 1 & a^2 & a \\ 1 & 1 & 1 \end{bmatrix} \begin{bmatrix} \dot{F}_a \\ \dot{F}_b \\ \dot{F}_c \end{bmatrix} \tag{9-4}$$

或简写为

$$\dot{F}_{120} = T^{-1}\dot{F}_{abc}$$

式（9-4）说明，三个不对称的相量可以唯一地分解成三组对称的相量（简称对称分量），而式（9-2）则说明，由三组对称分量可以进行合成而得到唯一的三个不对称相量，其分解和合成的相量关系如图 9-1 所示。

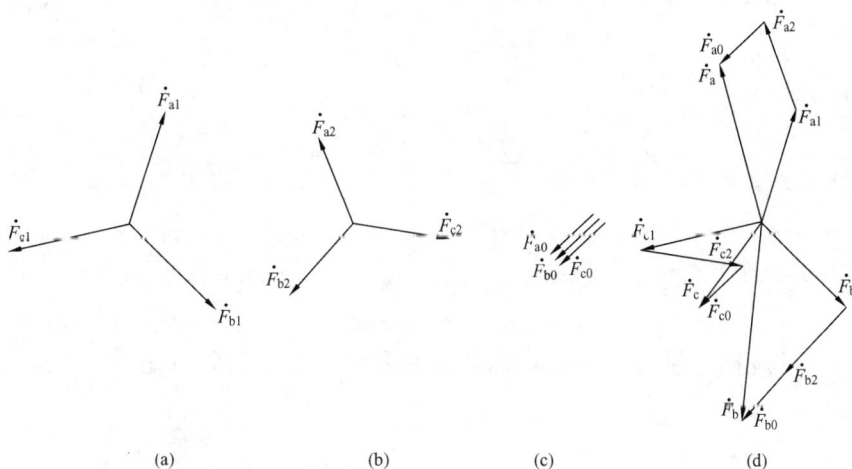

图 9-1　对称分量中的相量关系

(a) 正序分量；(b) 负序分量；(c) 零序分量；(d) 合成相量

对于零序分量而言，由式（9-4）中的零序分量关系式可以看出，在三相系统中，若三相相量之和为零，则其对称分量中将不含零序分量。由此可以推知，在线电压中不含零序电

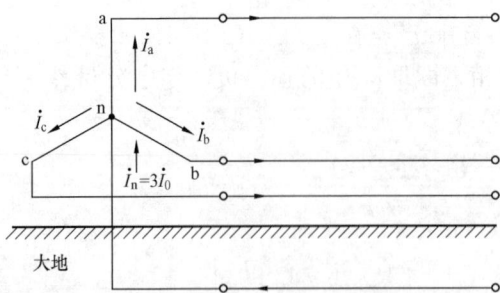

图 9-2　以中性线为通路的零序电流分布情况

压分量；在三角形接法中，由于线电流是两个相电流之差，因此，如果相电流中有零序分量，则它们将在闭合的三角形中形成环流，而在线电流中则不存在零序电流分量。在星形接法中，零序电流的通路必须以大地（或中性线）为回路，否则线电流中也不存在零序分量，而通过大地的零序电流将等于一相零序电流的 3 倍（见图 9-2），即由式（9-4）得

$$\dot{I}_n = \dot{I}_a + \dot{I}_b + \dot{I}_c = 3\dot{I}_0$$

二、序阻抗

以图 9-3 所示的三相电路为例，说明序阻抗的概念。假定这一三相电路本身完全对称，每一相的自阻抗为 z_s，相间的互阻抗为 z_m。当电路中流过三相电流时，有

$$\begin{bmatrix} \Delta\dot{U}_a \\ \Delta\dot{U}_b \\ \Delta\dot{U}_c \end{bmatrix} = \begin{bmatrix} z_s & z_m & z_m \\ z_m & z_s & z_m \\ z_m & z_m & z_s \end{bmatrix} \begin{bmatrix} \dot{I}_a \\ \dot{I}_b \\ \dot{I}_c \end{bmatrix}$$

或写为矩阵形式

$$\Delta\dot{U}_{abc} = \mathbf{Z}_{abc}\dot{I}_{abc} \qquad (9-5)$$

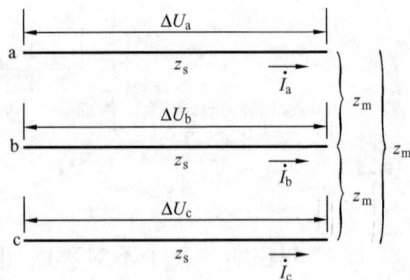

图 9-3　具有自阻抗和互阻抗的三相电路

将式（9-5）中的三相电压降和三相电流用式（9-3）变换成对称分量，得

$$\mathbf{T}\Delta\dot{U}_{120} = \mathbf{Z}_{abc}\mathbf{T}\dot{I}_{120}$$

两边左乘 $\mathbf{T}^{-1}$，得

$$\Delta\dot{U}_{120} = \mathbf{T}^{-1}\mathbf{Z}_{abc}\mathbf{T}\dot{I}_{120} = \mathbf{Z}_{120}\dot{I}_{120} \qquad (9-6)$$

式中

$$\mathbf{Z}_{120} = \mathbf{T}^{-1}\mathbf{Z}_{abc}\mathbf{T} = \begin{bmatrix} z_s - z_m & 0 & 0 \\ 0 & z_s - z_m & 0 \\ 0 & 0 & z_s + 2z_m \end{bmatrix} = \begin{bmatrix} z_1 & 0 & 0 \\ 0 & z_2 & 0 \\ 0 & 0 & z_0 \end{bmatrix} \qquad (9-7)$$

为反映电压降的对称分量与电流的对称分量两者之间关系的阻抗矩阵。将式（9-6）展开，得

$$\left. \begin{array}{l} \Delta\dot{U}_{a1} = (z_s - z_m)\dot{I}_{a1} = z_1\dot{I}_{a1} \\ \Delta\dot{U}_{a2} = (z_s - z_m)\dot{I}_{a2} = z_2\dot{I}_{a2} \\ \Delta\dot{U}_{a0} = (z_s + 2z_m)\dot{I}_{a0} = z_0\dot{I}_{a0} \end{array} \right\} \qquad (9-8)$$

它表明，在三相结构对称、参数相同的线性电路中，各序对称分量之间的电流、电压关系是相互独立的。也就是说，当电路中流过某一序分量的电流时，只产生同一序分量的电压降。

反之，当电路施加某一序分量的电压时，电路中也只产生同一序分量的电流。这样就可以对正序、负序分量和零序分量分别进行计算。由于正序、负序和零序本身都是对称的，因此对于每一序分量来说只要计算其中的一相（a 相），其他两相便可以按式（9-1）的关系求得。

如果三相结构不对称或参数不等，则式（9-7）中矩阵 $\boldsymbol{Z}_{120}$ 的非对角元素将不全为零，在此情况下，各序对称分量将不独立。也就是说，在由正序电流所产生的电压降中，不仅包含正序分量，还可能有负序分量或零序分量，或者负序分量和零序分量兼而有之。对于这种情况，本书将不作介绍。

式（9-8）可以推广到一般情况，从而得出：三相对称元件各序的序阻抗，分别为元件两端同一序的电压降与电流的比值，即

$$
\left.\begin{array}{l}
z_1 = \Delta \dot{U}_{a1} / \dot{I}_{a1} \\
z_2 = \Delta \dot{U}_{a2} / \dot{I}_{a2} \\
z_0 = \Delta \dot{U}_{a0} / \dot{I}_{a0}
\end{array}\right\}
$$

并分别称它们为元件的正序阻抗、负序阻抗和零序阻抗。同理，也可以定义元件的序导纳，包括正序导纳、负序导纳和零序导纳。

由序阻抗的概念还可得出以下结论：电力系统中的任何静止元件只要三相对称，其正序阻抗和正序导纳分别与负序阻抗和负序导纳相等。这是因为当流过正序电流和负序电流时，b、c 两相对 a 相的电磁感应关系相同。然而，零序阻抗和零序导纳则通常与正序阻抗和正序导纳不等。

第二节　元件序阻抗和电力系统序网络的形成

在第二章中已经介绍过线路和变压器的正序参数和等值电路，本章将介绍它们的零序参数以及同步电机的负序参数和零序参数；然后介绍用于电力系统不对称故障分析的正序、负序网络和零序网络的形成。

一、架空线路的零序阻抗和零序导纳

（一）架空线路的零序阻抗

当线路中流过正序电流或负序电流时，由于三相电流之和为零，三相导线互为回路，这时线路周围的磁场只取决于三相导线本身，而大地对它的影响很小。然而，当流过零序电流时，由于零序电流必须经过大地才能形成回路（参阅图 9-2），因此三相导线周围的磁场不仅取决于三相导线本身，同时还受到地中电流的影响。可见，线路的零序阻抗与正、负序阻抗完全不同。为了分析零序阻抗，可以将它想象为图 9-4 所示的三相导线以大地为回路的情况，从而形成三个"导线—大地"回路，但它们的大地回路为同一根导线。显然，这三个回路不但本身具有自阻抗，而且回路与回路之间具有互阻抗。下面将分析这些自阻抗和互阻抗。

1. 单个"导线—大地"回路的自阻抗

考虑由单根导线 aa′中的电流 $\dot{I}_a$ 经大地返回而形成的"导线—大地"回路。由于集肤效应和邻近效应，电流在大地中的分布情况十分复杂，它与电流的频率、土壤电导率和导线的高度有关。对于这种回路的阻抗参数，1926 年卡尔逊（J. R. Carson）提出用一根与导线

平行的假想地中导线 gg′ 来代替大地，它与导线 aa′ 之间的距离为 D_{ag}，如图 9-5 所示。

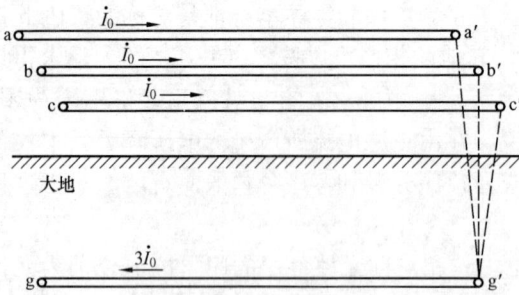

图 9-4　三相架空线路的"导线—大地"回路示意图

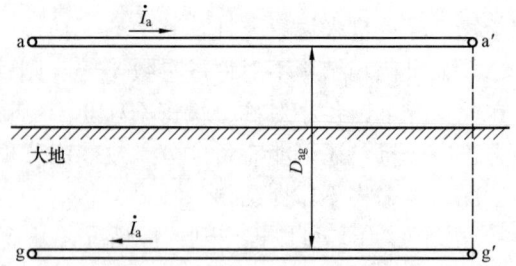

图 9-5　单个"导线—大地"回路

对于地导线的电阻 r_{gd}，根据卡尔逊的推导，为

$$r_{gd} = \pi^2 \times 10^{-4} \times f = 9.869 \times 10^{-4} \times f (\Omega/km)$$

当 $f=50$Hz 时，$r_{gd}=0.05\Omega/km$。

用 r_g 表示地导线的等值半径，r 表示架空导线的半径，则利用式（2-4）和式（2-3）可以导出这一"导线—大地"回路所匝链的磁链为

$$\psi = \left(2\ln\frac{D_{ag}}{r} + 2\ln\frac{D_{ag}}{r_g}\right)I_a \times 10^{-7} \tag{9-9}$$

相应的每千米电抗为

$$x = \frac{\omega\psi}{I_a} = 2\pi f \times 2 \times 10^{-4}\ln\frac{D_{ag}^2}{rr_g} = 0.1445\lg\frac{D_{ag}^2}{rr_g} = 0.1445\lg\frac{D_g}{r}(\Omega/km) \tag{9-10}$$

式中，D_g 为等值深度，由卡尔逊推导出

$$D_g = \frac{D_{ag}^2}{r_g} = \frac{660}{\sqrt{f\gamma}}$$

式中：γ 为土壤电导率，S/m；f 为电流的频率。

在 $f=50$Hz 时，对于干燥泥土（$\gamma=10^{-3}$S/m），$D_g=2950$m；对于潮湿泥土（$\gamma=10^{-2}$S/m），$D_g=933$m；对于海水（$\gamma=1$S/m），$D_g=93$m。在一般计算中可取 $D_g=1000$m。

这样，单个"导线—大地"回路单位长度的自阻抗为

$$z_s = \left(r_a + r_{gd} + j0.1445\lg\frac{D_g}{r}\right) \tag{9-11}$$

2. 两个"导线—大地"回路间的互阻抗

图 9-6 为两个"导线—大地"回路的示意图。显然，当 b-b′-g′-g 回路（简称 b-g 回路）流过电流 $\dot{I}_b$ 时，所产生的磁通将匝链 a-a′-g′-g 回路（简称 a-g 回路），在 a-g 回路中产生感应电动势。同时，电流 $\dot{I}_b$ 流过地中导线的电阻 r_{gd} 时，所产生的电压降也会影响到 a-g 回路。同理，当 a-g 回路流过电流 $\dot{I}_a$ 时，对 b-g 回路也产生相应的影响。因此，两回路之间既存在互电感，也存在互电阻。

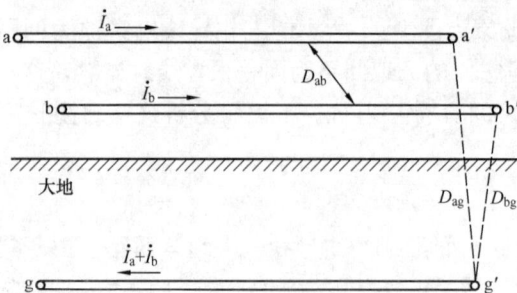

图 9-6　两个"导线—大地"回路

当回路 b-g 中流过电流 $\dot{I}_b$ 时，在回路 a-g 中所产生的磁链由两部分组成，一部分由 bb′ 中流过电流 $\dot{I}_b$ 所产生，另一部分由 gg′ 中流过电流 $\dot{I}_b$ 所产生。利用式（2-3）可以导出回路 b-g 中流过电流 $\dot{I}_b$ 时，匝链 a-g 回路的磁链为

$$\psi_{ab} = 2 \times 10^{-7} \times \left(\dot{I}_b \ln \frac{D_{bg}}{D_{ab}} + \dot{I}_b \ln \frac{D_{ag}}{r_g} \right) = 2 \times 10^{-7} \times \dot{I}_b \ln \frac{D_{bg} D_{ag}}{D_{ab} r_g}$$

考虑到 $D_{ag} \approx D_{bg}$，有 $D_{ag} D_{bg}/r_g \approx D_g$，将其代入上式并将自然对数化为常用对数后，可以导出两回路之间的互阻抗为

$$z_m = r_{gd} + j0.1445 \lg \frac{D_g}{D_{ab}} \quad (\Omega/\text{km}) \tag{9-12}$$

3. 单回路三相架空线路的零序阻抗

对于图 9-4 所示的单回路三相架空线路，当三相导线排列不对称，线间距离分别为 D_{ab}、D_{bc} 和 D_{ca} 时，三个"导线—大地"回路的自阻抗仍然彼此相等，同为 z_s，但每两个"导线—大地"回路之间的互阻抗将不相等，它们分别为由式（9-12）决定，即

$$z_{ab} = r_{gd} + j0.1445 \lg \frac{D_g}{D_{ab}}$$

$$z_{ac} = r_{gd} + j0.1445 \lg \frac{D_g}{D_{ac}}$$

$$z_{bc} = r_{gd} + j0.1445 \lg \frac{D_g}{D_{bc}}$$

若三相导线经过均匀换位，则"导线—大地"回路之间的平均互阻抗便相同，而且有

$$z_m = r_{gd} + j \frac{1}{3}(x_{ab} + x_{bc} + x_{ca}) = r_{gd} + j0.1445 \lg \frac{D_g}{D_m} \tag{9-13}$$

式中：$D_m = \sqrt[3]{D_{ab} D_{ac} D_{bc}}$ 为互几何均距。在此情况下，应用式（9-7）便可以得出单回路三相架空线路的零序阻抗为

$$z_0 = z_s + 2z_m = r_a + r_{gd} + j0.1445 \lg \frac{D_g}{r'} + 2r_{gd} + j2 \times 0.1445 \lg \frac{D_g}{D_m}$$

$$= (r_a + 3r_{gd}) + j0.4335 \lg \frac{D_g}{\sqrt[3]{r' D_m^2}}$$

$$= (r_a + 3r_{gd}) + j0.4335 \lg \frac{D_g}{D_s} \tag{9-14}$$

式中：$D_s = \sqrt[3]{r' D_m^2}$ 称为组合导线的等值半径，或称几何平均半径。

不难看出，如果按式（9-11）和式（9-13）求出 z_s 和 z_m，再计算 $z_s - z_m$，则其结果与线路的电阻和由式（2-11）得出的正序电抗相等，这与式（9-7）的结果一致。

4. 平行架设两回线路的零序阻抗及等值电路

对于图 9-7（a）所示同杆架设的两回三相线路，或虽不同杆但距离较近的两回三相线路，当它们同时流过零序电流时，两回线路导线间的零序互感将产生相互作用。

设两回线路都经过均匀换位，则仿照式（9-12）的推导可以得出一回线路中任一相的"导线—大地"回路与另一回线中任一相的"导线—大地"回路之间的平均互阻抗为

$$z_{12} = r_{gd} + j0.1445 \lg \frac{D_g}{D_{12}}$$

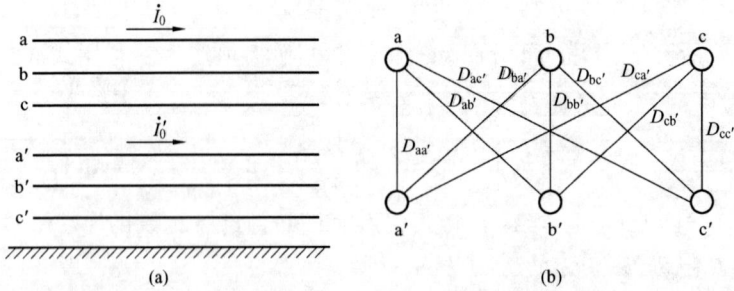

图 9-7 平行架设两回线路的零序电路

(a) 示意图；(b) 两回线路导线间的距离

式中：D_{12} 为两回线路间的几何均距。按照图 9-7 (b) 所示的尺寸，这一几何均距为

$$D_{12} = \sqrt[9]{D_{aa'}D_{ab'}D_{ac'}D_{ba'}D_{bb'}D_{bc'}D_{ca'}D_{cb'}D_{cc'}}$$

于是，第一回线路（a、b、c）的三个"导线—大地"回路对第二回线路（a'、b'、c'）中某一相的"导线—大地"回路之间的互阻抗 z_{120} 应为 z_{12} 的 3 倍，即

$$z_{120} = 3r_{gd} + j0.4335\lg\frac{D_g}{D_{12}} \tag{9-15}$$

这样，对于图 9-7 (a) 所示的两回线路，便可以用图 9-8 中的电路来描述其零序电

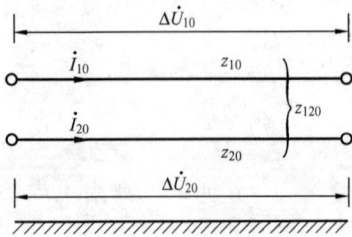

图 9-8 两回线路的零序电路

路，图中的 z_{10} 和 z_{20} 分别为两回线路本身每相的"导线—大地"回路的零序自阻抗，它们分别按式（9-14）求得；z_{120} 为一回线路的三个"导线—大地"回路对另一回线路中一相"导线—大地"回路间的零序互阻抗，即式（9-15）。由图 9-8 可以分别列出两回线路的零序电压方程

$$\Delta\dot{U}_{10} = z_{10}\dot{I}_{10} + z_{120}\dot{I}_{20}$$

$$\Delta\dot{U}_{20} = z_{20}\dot{I}_{20} + z_{120}\dot{I}_{10}$$

实际上，平行架设的两回线路可能有一端并联连接于同一母线，如图 9-9 (a) 所示。在此情况下可以导出图 9-9 (b) 中的等值电路，其中两回线路各自的零序漏抗分别为

$$z_{1\sigma0} = \left(r_{a1} + 3r_{gd} + j0.4335\lg\frac{D_g}{D_{S1}}\right) - \left(3r_{gd} + j0.4335\lg\frac{D_g}{D_{12}}\right)$$

$$= r_{a1} + j0.4335\lg\frac{D_{12}}{D_{s1}}$$

$$z_{2\sigma0} = \left(r_{a2} + 3r_{gd} + j0.4335\lg\frac{D_g}{D_{S2}}\right) - \left(3r_{gd} + j0.4335\lg\frac{D_g}{D_{12}}\right)$$

$$= r_{a2} + j0.4335\lg\frac{D_{12}}{D_{s2}}$$

式中：r_{a1}、r_{a2} 分别为两回线路每相单位长度电阻；D_{s1}、D_{s2} 分别为两回线路各自的几何平均半径。

另外，如果两回线路两端都分别并联，则等值电路更为简单，建议读者自行推导。

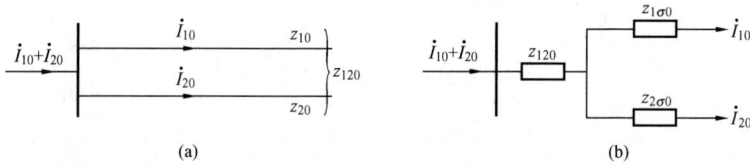

图 9 - 9　一端并联的双回线路

(a) 接线图；(b) 等值电路

5. 带有架空地线（避雷线）的线路零序阻抗及等值电路

在高压架空输电线路中，为了防止线路遭受雷击，常安装架空地线，或称避雷线，在此情况下，导线中的零序电流将同时以大地和架空地线为回路。为简单起见，考虑三相线路带有一根架空地线的情况，如图 9 - 10（a）所示。设流经大地的电流为 $\dot{I}_{\mathrm{g}}$，流经架空地线的电流为 $\dot{I}_{\mathrm{w}}$，则有

$$\dot{I}_{\mathrm{g}} + \dot{I}_{\mathrm{w}} = 3\dot{I}_0$$

实际上，架空地线也形成一个"导线—大地"回路，而且架空地线的两端直接接地，如图 9 - 10（b）所示。这一"导线—大地"回路的自阻抗以及它与各相导线的"导线—大地"回路之间的互阻抗可以参照式（9 - 14）和式（9 - 15）的推导而得。由于架空地线中流过 3 倍零序电流，故在用一相表示的等值电路中，其自阻抗和互阻抗都应放大 3 倍。于是，架空地线的零序自阻抗为

$$z_{\mathrm{w}} = 3r_{\mathrm{wa}} + 3r_{\mathrm{gd}} + \mathrm{j}0.4335\lg\frac{D_{\mathrm{g}}}{r'_{\mathrm{w}}}$$

式中：r_{wa} 为架空地线的电阻；r'_{w} 为架空地线的几何平均半径。

三相导线和架空地线间的零序互阻抗为

$$z_{\mathrm{cw0}} = 3r_{\mathrm{gd}} + \mathrm{j}0.4335\lg\frac{D_{\mathrm{g}}}{D_{\mathrm{c-w}}}$$

式中：$D_{\mathrm{c-w}}$ 为三相导线和架空地线间的几何均距，$D_{\mathrm{c-w}} = \sqrt[3]{D_{\mathrm{aw}}D_{\mathrm{bw}}D_{\mathrm{cw}}}$。

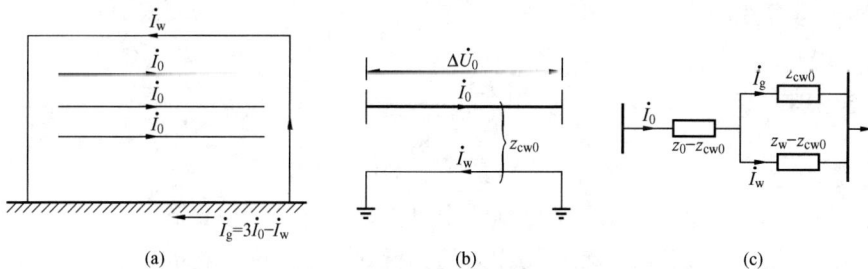

图 9 - 10　具有避雷线的架空线路

（a）示意图；（b）零序电路图；（c）零序等值电路图

对于图 9 - 10（b）中的电路可以写出一相导线和架空地线的回路零序电压方程为

$$\Delta\dot{U}_0 = z_0\dot{I}_0 - z_{\mathrm{cw0}}\dot{I}_{\mathrm{w}}$$

$$0 = z_{\mathrm{w}}\dot{I}_{\mathrm{w}} - z_{\mathrm{cw0}}\dot{I}_0$$

在其中消去 $\dot{i}_w$ 便可得出带有架空地线的单回线路每相的零序阻抗为

$$z_0^{(w)} = z_0 - \frac{z_{cw0}^2}{z_w} = (z_0 - z_{cw0}) + \frac{z_{cw0}(z_w - z_{cw0})}{z_{cw0} + (z_w - z_{cw0})}$$

相应的零序等值电路如图 9-10（c）所示。

实际上，架空地线的存在相当于在三相导线附近放置了一个具有磁耦合的短路线圈，其结果使架空线路的零序阻抗减小。

由前面的分析可以看出，线路的零序参数与线路的结构、大地的电导率、有无架空地线以及有无其他的平行线路等因素有关。一般零序电抗都大于正序电抗。表 9-1 列出了各类线路的零序电抗与正序电抗的典型比值。

表 9-1　　　　　　　　　　　　　零序电抗与正序电抗的典型比值

线路种类	x_0/x_1	线路种类	x_0/x_1
单回架空线路（无架空地线）	3.5	双回架空线路（无架空地线）	5.5
单回架空线路（有架空地线）	2.0～3.0	双回架空线路（有架空地线）	3.0～4.7

（二）线路的零序电纳

当三相线路施加零序电压 $u_{a0} = u_{b0} = u_{c0}$ 时，由式（2-24）可以得出

$$\frac{q_{a0}}{u_{a0}} = \frac{q_{b0}}{u_{b0}} = \frac{q_{c0}}{u_{c0}} = C_s + 2C_m = C_0$$

仿照正序电容的推导，每相等值零序电容为

$$C_0 = \frac{1}{1.8\ln\dfrac{H_{sm}H_{mm}^2}{rD_m^2}\times 10^{10}} = \frac{1}{1.8\times 3\ln\left(\dfrac{H_1 H_2 H_3 H_{12}^2 H_{23}^2 H_{13}^2}{r^3 D_m^6}\right)^{\frac{1}{9}}\times 10^{10}}$$

$$= \frac{1}{1.8\times 3\ln\dfrac{H_{aa}}{D_s}\times 10^{10}}$$

式中：H_{aa} 为三相导线对其镜像的互几何均距，$H_{aa} = \sqrt[9]{H_1 H_2 H_3 H_{12}^2 H_{23}^2 H_{31}^2}$；$D_s$ 为由三相导线组成的组合导线的自几何均距，$D_s = \sqrt[3]{rD_m^2}$。

当 $f=50\text{Hz}$，并将上式中的自然对数换算成常用对数，长度米化成千米时，线路单位长度的零序电纳为

$$b_0 = \frac{7.58}{3\lg(H_{aa}/D_s)}\times 10^{-6} \tag{9-16}$$

如果线路设有架空地线，则在架空地线中也会感应电荷。在此情况下可将三相导线和架空线分别用两个组合导线代替，然后用相同的分析方法，便可得到带架空地线时线路的零序等值电纳。

对于电缆线路，如果采用单相电缆，则由于每相电缆分别受到包皮的屏蔽，其零序电纳与正序相同。如果采用三芯电缆，则零序电纳可从产品手册中直接查得，或者通过试验而得。

【例 9-1】　试计算［例 2-1］中线路的零序电抗和零序电纳，该线路架设处的土壤为一般耕地，其电导率 $\gamma = 10^{-2}\text{S/m}$。

解　（1）计算零序电抗。等值深度为

$$D_{\mathrm{g}} = \frac{660}{\sqrt{f\gamma}} = \frac{660}{\sqrt{50 \times 10^{-2}}} = 933(\mathrm{m})$$

导线的几何平均半径为

$$D_{\mathrm{s}} = \sqrt[3]{r'D_{\mathrm{m}}^2} = \sqrt[3]{0.81 \times 0.0166 \times 10.1^2} = 1.11(\mathrm{m})$$

单回路架空线单位长度的零序电抗为

$$x_0 = 0.4335\lg\frac{D_{\mathrm{g}}}{D_{\mathrm{s}}} = 0.4335\lg\frac{933}{1.11} = 1.268(\Omega/\mathrm{km})$$

可见，零序电抗约为正（负）序电抗的 3 倍。

当每相采用二分裂导线时，导线的几何平均半径为

$$D_{\mathrm{s}} = \sqrt[3]{r_{\mathrm{eq}}D_{\mathrm{m}}^2} = \sqrt[3]{0.0689 \times 10.1^2} = 1.916(\mathrm{m})$$

单回路架空线单位长度的零序电抗为

$$x_0 = 0.4335\lg\frac{D_{\mathrm{g}}}{D_{\mathrm{s}}} = 0.4335\lg\frac{933}{1.916} = 1.165(\Omega/\mathrm{km})$$

（2）计算每相的零序电纳

$$H_1 = H_2 = H_3 = 60(\mathrm{m})$$

$$H_{12} = H_{23} = \sqrt{60^2 + 8^2} = 60.53(\mathrm{m})$$

$$H_{13} = \sqrt{60^2 + 16^2} = 62.097(\mathrm{m})$$

$$H_{\mathrm{aa}} = \sqrt[9]{H_1 H_2 H_3 H_{12}^2 H_{13}^2 H_{23}^2} = 60.7(\mathrm{m})$$

采用 LGJQ—600 导线时

$$D_{\mathrm{s}} = \sqrt[3]{rD_{\mathrm{m}}^2} = \sqrt[3]{0.0166 \times 10.1^2} = 1.192(\mathrm{m})$$

$$b_0 = \frac{7.58}{3 \times \lg\dfrac{H_{\mathrm{aa}}}{D_{\mathrm{s}}}} \times 10^{-6} = 1.480 \times 10^{-6}(\mathrm{S/km})$$

采用 LGJQ—2×300 分裂导线时

$$D_{\mathrm{s}} = \sqrt[3]{r_{\mathrm{eq}}D_{\mathrm{m}}^2} = \sqrt[3]{0.0689 \times 10.1^2} = 1.916(\mathrm{m})$$

$$b_0 = \frac{7.58}{3 \times \lg\dfrac{H_{\mathrm{aa}}}{D_{\mathrm{s}}}} \times 10^{-6} = 1.684 \times 10^{-6}(\mathrm{S/km})$$

可见，零序电纳比正序电纳小。

二、变压器的零序等值电路

变压器是静止的元件，当外施电压为正序或负序时，将通过正序或负序电流，三相电压和三相电流之和都等于零，各绕组之间的电压和电流关系以及磁通的分布和匝链情况，除了相序关系不同以外，其他没有什么差异，所以变压器的正序和负序等值电路及参数完全相同。当变压器施加零序电压时，由于三相零序电压和三相零序电流之和都不等于零，因此变压器的磁通分布情况与正、负序情况可能完全不同，而且三相零序电流的通路也与正、负序电流不同。这些差异与变压器的结构和三相绕组的连接方式有关，下面分别加以讨论。

（一）双绕组变压器零序等值电路

从形式上来讲，三相双绕组变压器的零序等值电路，仍然可以用图 2-15 所示的 T 形等值电路，但是其中的励磁导纳与变压器的结构以及中性点的接地情况有关，而且等值电路中

两侧端点与外电路之间的关系取决于绕组的连接方式。

对于励磁导纳而言，当三相变压器由三个单相变压器组成时，每相变压器的铁心都是独立的，在此情况下，不管三相电流的相序如何，主磁通都以铁心为通路，因此零序励磁导纳与正、负序完全相同。对于三相五柱式及三相壳式变压器，情况与单相变压器组相同。在零序等值电路中，常用励磁阻抗 $Z_{m0} = R_m + jX_m$ 表示。另外，以上三种变压器的主磁通都以铁心为通路，相应的励磁电抗 X_{m0} 很大，在近似计算中认为励磁支路开路。

如果采用三相三柱式变压器，则对于正序和负序而言，由于三相正、负序电压之和都等于零，因此励磁磁通仍然以铁心为通路，即在铁心中的三相磁通彼此互为通路，因此正、负序等值参数相同。但对于零序而言，由于三相零序电压彼此相等，相应的三相零序励磁磁通也彼此大小相等、相位相同，它们之和为每相励磁磁通的 3 倍，结果使得这三个磁通不能以铁心为回路，而必须经过气隙由油箱壁返回，如图 9-11 所示。在此情况下，零序励磁磁通所遇到的磁阻增大，磁导变小，从而使零序励磁电抗远小于正、负序的励磁电抗。对于这类变压器来说，其零序 T 形等值电路中的励磁阻抗一般不能忽略。

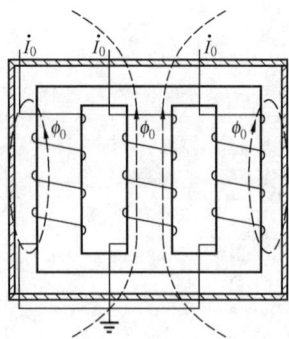

图 9-11　三相三柱式变压器零序
磁通路径

与正、负序等值电路不同，在变压器零序等值电路中两侧端点与外电路之间的关系取决于零序电流能否通过变压器的三相绕组。在正序或负序情况下，由于三相电流之和等于零，即三相之间互为通路而与绕组的连接方式无关。然而，在零序情况下，由于三相零序电流之和不等于零，它们必须通过中性点经过大地（或中性线）构成回路。因此，如果三相绕组接成三角形或者中性点不接地的星形，则零序电流不可能流过三相绕组，在此情况下，从电路关系来讲，相当于变压器等值电路中相应的端点与外电路断开的情况。

下面分别介绍几种具体的变压器接线方式。

1. YNyn 接线方式的变压器

对于图 9-12（a）所示的 YNyn（即 Y_0/Y_0）接线变压器，其等值电路如图 9-12（b）所示。由于两侧绕组都接成星形且中性点接地，因此两侧绕组中都可以通过零序电流，即等值电路中的两侧端点都可以与外电路相连。因为零序电流所产生的漏磁通仍然以油为通路，所以，零序等值电路中的漏阻抗与正、负序等值电路相同。至于零序励磁阻抗 Z_{m0} 则由变压器的结构来决定。

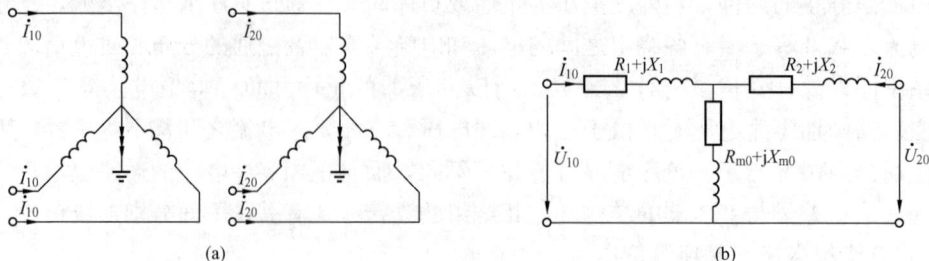

(a)　　　　　　　　　　　　　　　　　　(b)

图 9-12　YNyn 接线变压器的零序等值电路
(a) 接线图；(b) 等值电路图

2. YNy 接线方式的变压器

对于图 9 - 13（a）所示的 YNy（即 Y_0/Y）接线的变压器，在 YN 侧可以通过零序电流，其零序等值电路中相应的端点将直接与外电路相连，但在 y 侧的绕组中虽然可能有零序感应电动势，但因其中性点不接地，零序电流不能形成通路，因此在零序等值电路中，y 侧端点与外电路断开。在此情况下，等值电路如图 9 - 13（b）所示，其 YN 接线侧的零序等值阻抗为 1 侧的漏阻抗与励磁阻抗相串联，而后者的大小则应根据变压器铁心的结构来决定；对于 y 侧，即使有外施零序电压，也不会有零序电流，相应的零序阻抗为无穷大。

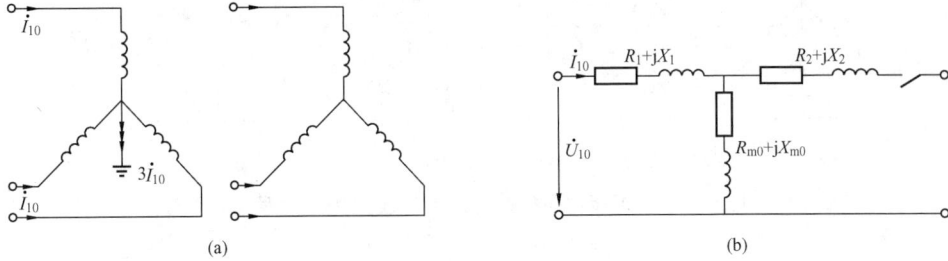

图 9 - 13　YNy 接线变压器的零序等值电路
（a）接线图；（b）等值电路图

3. YNd 接线方式的变压器

对于图 9 - 14（a）中的 YNd（即 $Y_0/\triangle$）接线变压器，如果在 YN 侧施加零序电压，则由于其中性点接地而流过零序电流，从而在 d 绕组中产生零序感应电动势，它们的大小和相位都彼此相等，结果在 d 绕组中形成环流，使每相绕组中的感应电动势与该相绕组漏阻抗上的电压降相平衡，而在线电流中则不存在零序电流。对于这种接线方式的变压器，在零序等值电路中相当于将 d 绕组通过漏阻抗短路，而其端点与外电路断开，如图 9 - 14（b）所示。

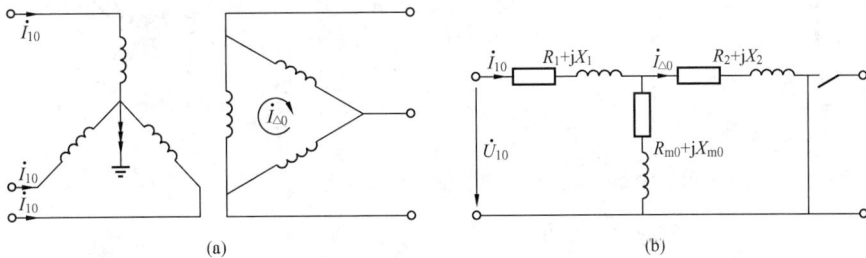

图 9 - 14　YNd 接线变压器的零序等值电路
（a）接线图；（b）等值电路图

由等值电路可以看出，YN 侧的等值零序阻抗为 d 侧的漏阻抗与励磁阻抗并联后，再与 YN 侧的漏阻抗相串联，即

$$Z_{10} = (R_1 + jX_1) + \frac{(R_2 + jX_2)(R_{m0} + jX_{m0})}{(R_2 + R_{m0}) + j(X_2 + X_{m0})}$$

由于一般 X_{m0} 比 X_2 大得多，所以上列等值阻抗近似为两侧绕组漏阻抗之和。

建议读者自行导出 Yyn、Dyn、Yy 和 Yd 等接线方式的变压器零序等值电路。

4. 含中性点接地阻抗的变压器零序等值电路

在实际电力系统中，有的变压器中性点经阻抗 $Z_n = R_n + jX_n$ 接地，如图 9 - 15（a）所示。在此情况下，当 YN 侧的绕组流过零序电流 $\dot{I}_{10}$ 时，在中性点接地阻抗中将流过 3 倍零序电流 $3\dot{I}_{10}$，结果使中性点产生 $3Z_n\dot{I}_0$ 对地的电压。由于零序等值电路是反映一相的零序电压与零序电流之间的关系，其中流过零序电流 $\dot{I}_0$，所以等值电路中需要用 $3Z_n$ 来与绕组的漏阻抗相串联，以反映接地阻抗中的 $3Z_n\dot{I}_0$ 电压降，相应的等值电路如图 9 - 15 (b) 所示。

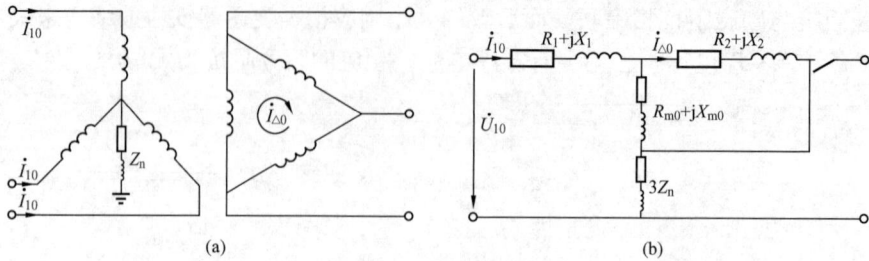

图 9 - 15　含中性点接地阻抗的变压器接线图和零序等值电路图
(a) 接线图；(b) 零序等值电路图

以上的分析方法和结果不难推广到 YNy 和 YNyn 接线方式的变压器中性点经阻抗接地的情况。

（二）三绕组变压器零序等值电路

采用相同的原理和方法，可以作出三绕组变压器的零序等值电路。在三绕组变压器中，为了改善因磁路饱和而产生的波形畸变，一般至少有一个绕组接成三角形。图 9 - 16～图 9 - 18 中画出了接线方式具有代表性的三种三绕组变压器的零序等值电路。

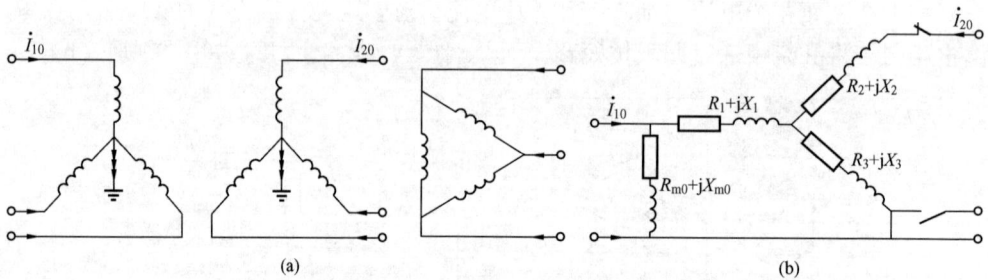

图 9 - 16　YNynd 接线方式三绕组变压器的接线图和零序等值电路图
(a) 接线图；(b) 零序等值电路图

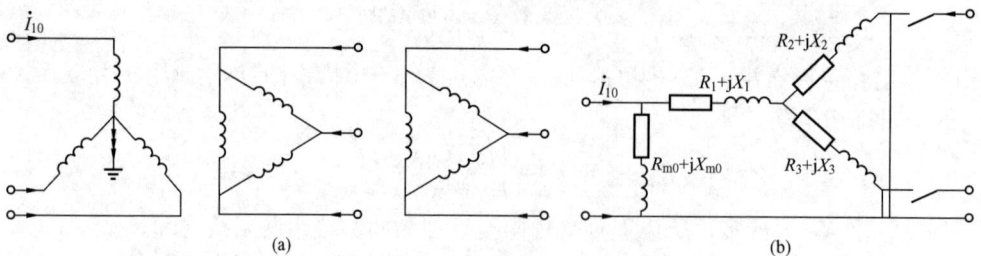

图 9 - 17　YNdd 接线方式三绕组变压器的接线图和零序等值电路图
(a) 接线图；(b) 零序等值电路图

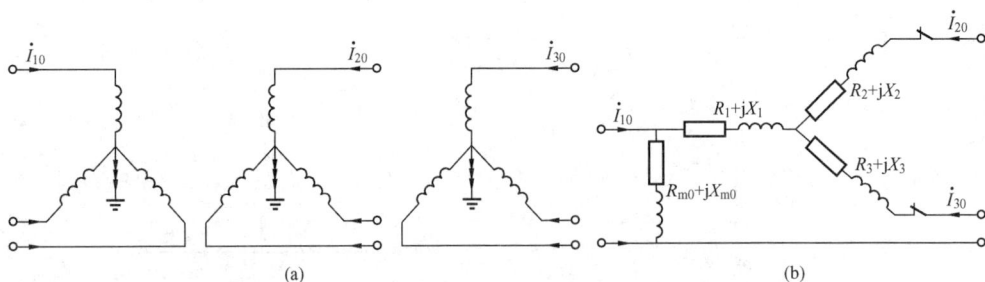

图 9 - 18　YNynyn 接线方式三绕组变压器的接线图和零序等值电路图

(a) 接线图；(b) 零序等值电路图

希望读者自行作出其中的中性点经过阻抗接地，或者中性点不接地等情况下的零序等值电路。

另外，必须指出，由于绕组的漏阻抗比变压器的零序励磁阻抗小得多（包括三相三柱式变压器在内），因此对于具有 d 绕组的变压器，其零序等值电路中的励磁阻抗通常略去不计以简化计算。

（三）自耦变压器零序等值电路

自耦变压器的中性点一般都直接接地，或者经过阻抗接地。如果有第三个绕组，则通常都采用三角形接线。

1. 中性点直接接地的自耦变压器

当中性点直接接地时，接线方式为 YNa（即 Y_0/Y_0）和 YNad（即 $Y_0/Y_0/\triangle$）两种自耦变压器的零序等值电路，分别与普通 YNyn 双绕组和 YNynd 三绕组变压器的零序等值电路相同，如图 9 - 19 和图 9 - 20 所示。需要注意的是，由于自耦变压器绕组间直接有电的联系，因此，从已折算到同一侧的等值电路中不能直接求得流入中性点的电流，而必须先计算出两侧流过的实际零序电流 $\dot{I}_{10}$ 和 $\dot{I}_{20}$，然后才能计算出流过中性点的电流 $3(\dot{I}_{10}+\dot{I}_{20})$。图 9 - 19 中的 Z_{1-2} 为双绕组变压器 1、2 侧绕组端点间折算到 1 侧的零序等值阻抗。图 9 - 20 中 Z_1、Z_2 和 Z_3 分别为三绕组变压器各绕组折算到 1 侧的零序等值阻抗。

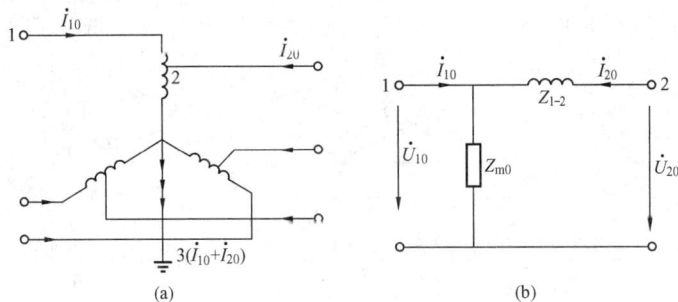

图 9 - 19　中性点直接接地的 YNa 接线方式自耦变压器的接线图和零序等值电路图

(a) 接线图；(b) 零序等值电路图

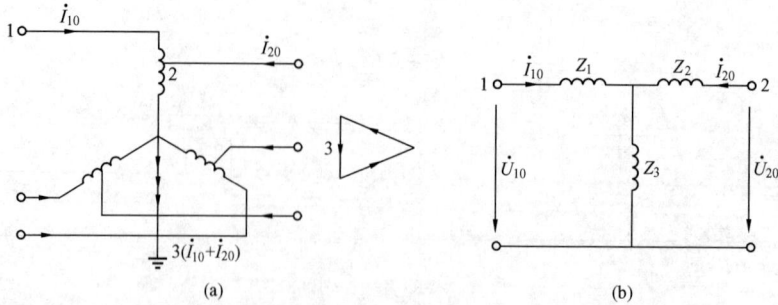

图 9-20　中性点直接接地的 YNad 接线方式自耦变压器的接线图和零序等值电路图
(a) 接线图；(b) 零序等值电路图

2. 中性点经阻抗接地的自耦变压器

当自耦变压器的中性点经阻抗接地时，虽然其正、负序等值电路与普通变压器相同，但零序等值电路则完全不同，这是因为普通变压器流过中性点的电流只是一侧各相零序电流的 3 倍，而自耦变压器中流过中性点的零序电流为两侧实际零序电流之和的 3 倍，而且接地阻抗上的电压降同时影响两侧的零序电压。

下面先分析接线方式为 YNa 的自耦变压器。设 1、2 侧绕组端点与中性点之间的实际零序电压（未经折算的电压）分别为 $\dot{U}_{1n}$ 和 $\dot{U}_{2n}$，1、2 侧实际零序电流（未经折算的电流）分别为 $\dot{I}_{10}$ 和 $\dot{I}_{20}$，则中性点的零序电压为 $\dot{U}_n = 3(\dot{I}_{10} + \dot{I}_{20})Z_n$。

如果中性点直接接地，则 $\dot{U}_n = 0$，在此情况下，折算到 1 侧的 1 侧绕组和 2 侧绕组端点之间的电压为

$$\dot{U}'_{12} = \dot{U}'_{1n} - \dot{U}'_{2n}\frac{U_{1N}}{U_{2N}}$$

式中：U_{1N} 为自耦变压器 1 侧额定电压；U_{2N} 为自耦变压器 2 侧额定电压。

因此，折算到 1 侧的 1、2 侧绕组端点间的零序等值阻抗为

$$Z_{1-2} = \frac{\dot{U}'_{12}}{\dot{I}_{10}} = \frac{\dot{U}'_{1n} - \dot{U}'_{2n}\frac{U_{1N}}{U_{2N}}}{\dot{I}_{10}}$$

当中性点经阻抗接地时（$U_n \neq 0$），如图 9-21 (a) 所示，折算到 1 侧的零序等值阻抗为

$$Z'_{1-2} = \frac{(\dot{U}'_{1n} + \dot{U}'_n) - (\dot{U}'_{2n} + \dot{U}'_n)\frac{U_{1N}}{U_{2N}}}{\dot{I}_{10}} = \frac{\dot{U}'_{1n} - \dot{U}'_{2n}\frac{U_{1N}}{U_{2N}}}{\dot{I}_{10}} + \frac{\dot{U}'_n}{\dot{I}_{10}}\left(1 - \frac{U_{1N}}{U_{2N}}\right)$$

$$= Z_{1-2} + \frac{3Z_n(\dot{I}_{10} + \dot{I}_{20})}{\dot{I}_{10}}\left(1 - \frac{U_{1N}}{U_{2N}}\right) = Z_{1-2} + 3Z_n\left(1 + \frac{\dot{I}_{20}}{\dot{I}_{10}}\right)\left(1 - \frac{U_{1N}}{U_{2N}}\right)$$

$$= Z_{1-2} + 3Z_n(1 - k_{12})^2 \tag{9-17}$$

式中：k_{12} 为变压器 1 侧额定电压与 2 侧额定电压之比。

这样，对于中性点经阻抗接地的 YNa 自耦变压器便可得出图 9-21 (b) 所示的等值电路。

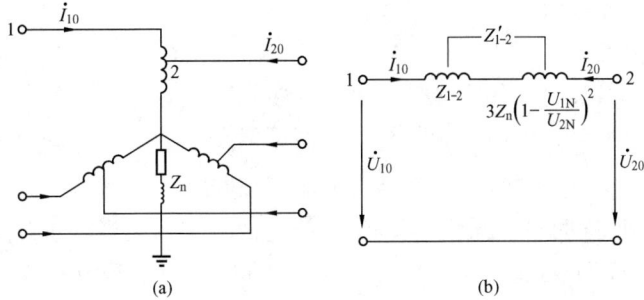

图 9-21 中性点经阻抗接地的两绕组自耦变压器的零序等值电路图

(a) 三相接线图；(b) 等值电路图

对于图 9-22（a）所示的中性点经阻抗接地的 YNad 接线方式变压器，当 3 侧绕组断开时，便相当于 YNa 接线方式的变压器，其 1、2 侧绕组间折算到 1 侧的零序等值阻抗即为式（9-17）中的 Z'_{1-2}。当 2 侧绕组开路时，便相当于 YNd 接线方式的变压器，这时折算到 1 侧的 1、3 两侧绕组之间的零序阻抗 Z'_{1-3} 与中性点经阻抗接地的 YNd 接线方式普通双绕组变压器的零序阻抗相同，即有

$$Z'_{1-3} = Z_{1-3} + 3Z_n$$

式中：Z_{1-3} 为中性点直接接地的普通三绕组变压器绕组 1 和绕组 3 折算到 1 侧的阻抗之和。

当 1 侧绕组开路时，仍相当于 YNd 接线方式的普通变压器，折算到 1 侧的 2、3 两侧绕组间的零序等值阻抗为

$$Z'_{2-3} = Z_{2-3} + 3Z_n\left(\frac{U_{1N}}{U_{2N}}\right)^2 = Z_{2-3} + 3Z_n k_{12}^2$$

式中：Z_{2-3} 为中性点直接接地的普通三绕组变压器折算到 1 侧的 2、3 两侧绕组的阻抗之和。

由以上三式可以求得三绕组自耦变压器零序等值电路中折算到 1 侧各绕组的零序等值阻抗值

$$\left.\begin{aligned} Z'_1 &= \frac{1}{2}(Z'_{1-2} + Z'_{1-3} - Z'_{2-3}) = Z_1 + 3Z_n(1 - k_{12}) \\ Z'_2 &= \frac{1}{2}(Z'_{1-2} + Z'_{2-3} - Z'_{1-3}) = Z_2 + 3Z_n(k_{12} - 1)k_{12} \\ Z'_3 &= \frac{1}{2}(Z'_{1-3} + Z'_{2-3} - Z'_{1-2}) = Z_3 + 3Z_n k_{12} \end{aligned}\right\}$$

注意，上式中的阻抗为有名值，如果需要用标幺值表示，则可以将其中的各项同时除以对应于 1 侧的阻抗基准值。等值电路如图 9-22（b）所示。

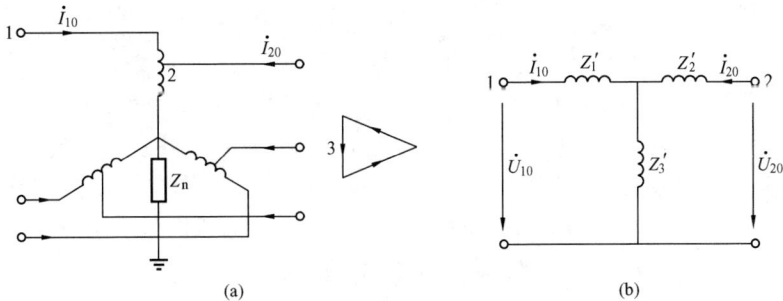

图 9-22 中性点经阻抗接地的自耦变压器零序等值电路图

(a) 三相接线图；(b) 等值电路图

三、旋转电机的序阻抗

当发生不对称故障时，同步电机中的暂态过程比三相短路时的要复杂得多，但是在工程近似计算中，当计算故障电流的同步角频率周期性分量起始值时，所用的同步发电机正序等值电路与三相短路近似计算中所采用的相同，即等值电抗为发电机的次暂态电抗 X_d''，等值电动势为 X_d'' 后的次暂态电动势 $\dot{E}''$。发电机的负序阻抗相当于在发电机端施加基波负序电压时，它与定子绕组流过的基波负序电流分量的比值。实际上当定子绕组流过负序电流时，所产生的旋转磁通与转子的旋转方向相反，它们之间的相对转速为两倍同步转速，在一个周期内磁通最大值所在的位置将两度在转子 d 轴和 q 轴之间变化。因此，严格地讲，同步电机的负序阻抗不是一个恒定的数值。在实用计算中，发电机的负序电抗通常近似地采用 X_d'' 和 X_q'' 的算术平均值 $(X_d'' + X_q'')/2$ 或者它们的几何平均值。同步电机的零序电抗相当于第六章同步电机方程中零序绕组的电抗 X_0，由于定子绕组流过零序电流时只产生漏磁通，因此它比 X_d'' 还小，一般在 $(0.15\sim0.6)\,X_d''$ 范围内。

故障后，异步电动机中的暂态过程与同步电机相似，也十分复杂。当分析和计算故障电流起始值时，异步电动机的正序电抗也近似地采用其次暂态电抗 X''。由于异步电动机的转子完全对称，因此常认为其负序电抗与正序电抗相等。至于异步电动机的零序电抗，由于异步电动机的绕组通常接成三角形或不接地星形，因此零序电流无通路，即 $X_0 = \infty$。

实际上，在负荷中除了异步电动机以外还有其他的负荷成分，在此情况下，综合负荷的负序等值阻抗十分复杂，如何决定这一等值阻抗至今还是一个未解决的问题。

四、正序和负序网络

在不对称故障分析中，系统正序网络的形成和序网方程式与第二章和第四章中用于潮流计算的等值电路形成方法和网络方程基本相同，而主要的区别在于，不对称故障分析中的正序网络需要在各个发电机端的节点处增加相应的发电机正序阻抗和电动势。如果需要考虑负荷的影响，则还要在各个负荷节点增加相应的负荷等值电路。当发电机用 X_d'' 和 E' 模拟时，正序网络如图 9-23 所示，其中各个发电机的电动势和负荷的等值阻抗可以由故障前的潮流计算结果求出。由图 9-23 便可以形成正序网络的导纳矩阵和阻抗矩阵，从而得出正序网络方程。

图 9-23　不对称故障分析用的正序网络

负序网络的形成与正序网络基本相同，主要的区别在于发电机无负序电动势，因此发电机端的节点处经过负序阻抗接地。另外，各负荷节点的接地阻抗应采用负荷的负序等值阻抗。

在近似计算，特别是手工计算时，常近似地认为发电机的负序阻抗与正序等值阻抗相等，而且不计负荷的影响或认为负荷的负序阻抗与正序阻抗相等。在此情况下，除了发电机电动势以外，正序网络和负序网络的结构和参数完全相同。

五、零序网络

零序网络的结构一般与正序网络有很大的不同，这一方面是因为零序电流的通路与变压器绕组的接线方式和中性点接地情况有关，从而在一些发电机、线路和变压器中可能根本就不存在零序电流的通路，在这种情况下零序网络中相应的支路被开断。另一方面，由于流过变压器中性点接地阻抗中的零序电流是一相零序电流的 3 倍，因此，在零序网络中为了反映接地阻抗中零序电流造成的电压降落，需要用 3 倍的接地阻抗接入零序网络。

零序网络的形成，可以首先从故障点（短路点或断线处）开始，逐个检查零序电流的通路，然后，对于有零序电流通路的各个元件，按照它们的零序参数形成相应的等值电路。当然也可以从任意一个元件开始依次检查全部元件的零序电流通路，而不管具体的故障地点。

以图 9 - 24（a）所示的系统为例，对于故障点 f，零序电流的通路情况为：在 f 点的左边，由于线路 L1 与变压器 T1 的 YN 侧绕组相连且其中性点经阻抗接地，故线路 L1 中可以流过零序电流，其通路为线路 L1→变压器 T1 的 YN 侧绕组→接地阻抗；变压器 T1 的 d 侧绕组中，零序电流将形成环流，而不管发电机中性点是否接地，在线电流中都不存在零序电流。在右边，线路 L2 与变压器 T2 的 1 侧 YN 绕组相连且其中性点直接接地，故线路 L2 中可以流过零序电流；变压器 T2 的 2 侧 yn 绕组中性点经阻抗接地，其中也可以通过零序电流，并以线路 L3 和变压器 T3 的 YN 侧绕组为回路，变压器 T3 的 d 侧绕组中零序电流则形成环流；对于变压器 T2 的 3 侧为 d 绕组，零序电流也在其中形成环流而在线电流中无零序电流；另外，由于线路 L4 与变压器 T4 的 Y 绕组相连，因此这一部分无零序电流通路。全部零序电流的通路如图 9 - 24（b）中的箭头所示。

找出零序电流的通路以后，便可以用第二节中所介绍的线路和变压器的零序参数和零序等值电路来形成零序网络，如图 9 - 24（c）所示。注意，由于变压器 T1 的 YN 侧绕组中性点经阻抗 X_{n1} 接地，因此要以 3 倍的接地阻抗 $3X_{n1}$ 接入零序网络，同样，对于变压器 T2 的中性点接地阻抗 X_{n2} 也需要用其 3 倍接入零序网络。

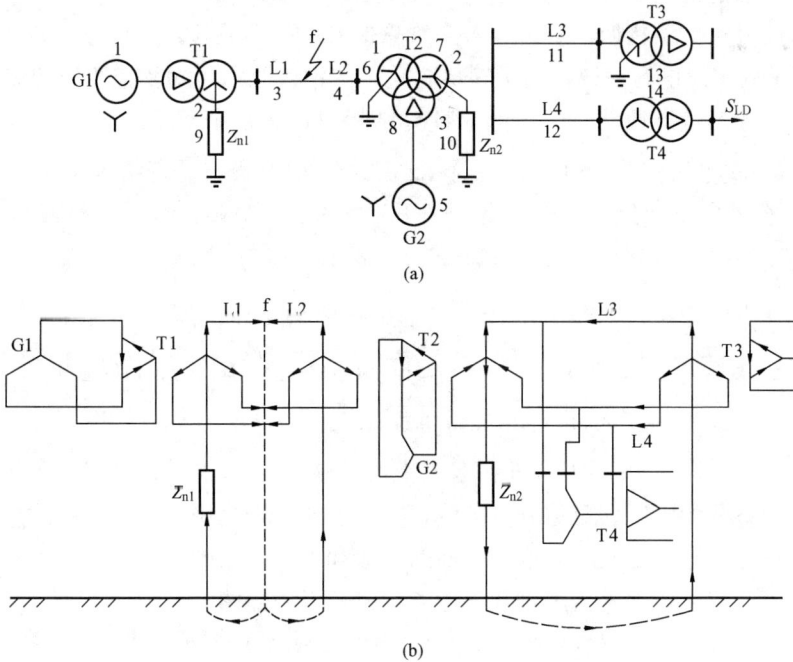

(a)

(b)

图 9 - 24　零序网络形成示意图（一）

(a) 系统接线图；(b) 零序电流通路

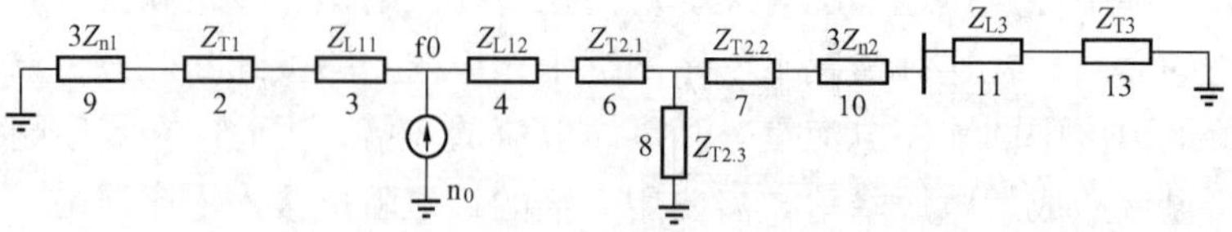

图 9 - 24　零序网络形成示意图（二）

(c) 零序网络

对于图 9 - 24 所示系统，当线路 L4 上发生不对称接地故障时，系统中流过零序电流的元件与在 L1 和 L2 之间发生故障时的情形相同，零序等值网络的结构与图 9 - 24（c）一致，只是零序网络中故障点的位置不同。然而，如果不对称故障发生在发电机 G2 的母线上，则系统的所有元件中都不存在零序电流，在此情况下，零序网络的等值阻抗为无穷大。

第三节　不对称短路故障情况下短路点的电流和电压

在简单不对称分析中，通常取故障特殊相作为参考相，即以该相在故障点的各序电压和电流作为待求量，并用于表示故障的边界条件，使其形式最为简单和便于计算。这样，对于单相接地短路，将认为发生在 a 相，而对于两相短路和两相短路接地，则认为发生在 b 相和 c 相之间。如果不对称故障发生在其他相，则不难由发生在特殊相时所得出的计算结果简单地推得，具体方法将留给读者思考。

一、叠加原理的应用

和三相短路分析方法相似，不对称短路故障也采用叠加原理来进行分析和计算。考虑图 9 - 25（a）所示的一般电力系统，为了简单起见，图中仅画出了短路点 f 处的三相电压和电流。在故障前的稳态运行情况下，由潮流计算结果可以得出节点 f 的三相电压，分别为图 9 - 25（a）中的 $\dot{U}_{fa(0)}$、$\dot{U}_{fb(0)}$ 和 $\dot{U}_{fc(0)}$。由于在故障前的稳态运行情况下节点 f 的三相电压是对称的，它只含正序分量，因此有（带下标 f 的表示故障点处的电流或电压）

$$\dot{U}_{f(0)} = \dot{U}_{fa1(0)} = \dot{U}_{fa(0)} \tag{9 - 18}$$

现在，在 f 点串联接入四组电压，一组是短路前的正序电压 $\dot{U}_{fa(0)}$、$\dot{U}_{fb(0)}$、$\dot{U}_{fc(0)}$ 其他的三组是对称分量电压 $\Delta\dot{U}_{fa1}$、$\Delta\dot{U}_{fb1}$、$\Delta\dot{U}_{fc1}$，$\Delta\dot{U}_{fa2}$、$\Delta\dot{U}_{fb2}$、$\Delta\dot{U}_{fc2}$ 和 $\Delta\dot{U}_{fa0}$、$\Delta\dot{U}_{fb0}$、$\Delta\dot{U}_{fc0}$，并认为从短路点流出三组对称分量电流 $\Delta\dot{I}_{fa1}$、$\Delta\dot{I}_{fb1}$、$\Delta\dot{I}_{fc1}$，$\Delta\dot{I}_{fa2}$、$\Delta\dot{I}_{fb2}$、$\Delta\dot{I}_{fc2}$ 和 $\Delta\dot{I}_{fa0}$、$\Delta\dot{I}_{fb0}$、$\Delta\dot{I}_{fc0}$，用这些电压和电流来反映所发生的不对称故障，如图 9 - 25（b）所示。后三组对称分量电压和对称分量电流，实际上便分别是用序分量表示的短路点电压和从短路点流出的短路电流之故障分量，它们的数值和相互之间的关系决定于不对称短路的种类，即由短路点的边界条件来决定，其具体方法将在以后介绍。

然后，便可以应用叠加原理，将图 9 - 25（b）的网络变成图 9 - 25（a）和图 9 - 25（c）两个网络的叠加，前者为故障前的正常运行情况，后者反映不对称短路故障的故障分量之间的关系。

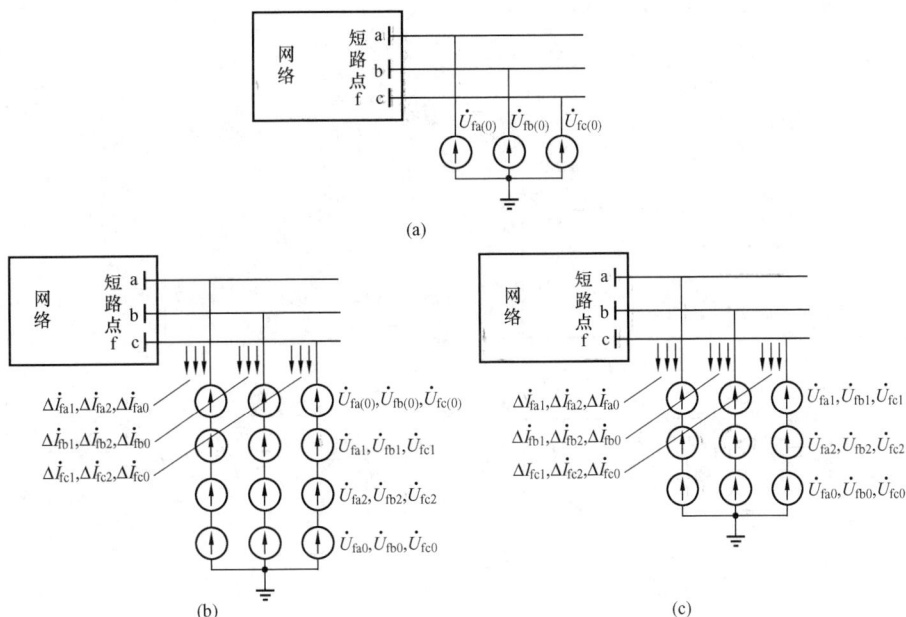

图 9-25　用叠加原理分析不对称短路故障的示意图
(a) 正常运行情况；(b) 不对称短路故障情况；(c) 短路后电压和电流的故障分量

注意，由于图 9-25 (c) 只反映故障分量，因此其中不含发电机的电动势，即相当于发电机端经相应的序阻抗接地。另外，由于在图 9-25 (a) 中节点 f 流出的电流为零，因此，在图 9-25 (c) 中，从短路点流出的故障分量电流本身就是短路电流，而不必再与正常电流相叠加，即有

$$\dot{I}_{f1} = \dot{I}_{fa1} = \Delta\dot{I}_{fa1}; \quad \dot{I}_{fb1} = \Delta\dot{I}_{fb1}; \quad \dot{I}_{fc1} = \Delta\dot{I}_{fc1} \\ \dot{I}_{f2} = \dot{I}_{fa2} = \Delta\dot{I}_{fa2}; \quad \dot{I}_{fb2} = \Delta\dot{I}_{fb2}; \quad \dot{I}_{fc2} = \Delta\dot{I}_{fc2} \\ \dot{I}_{f0} = \dot{I}_{fa0} = \Delta\dot{I}_{fa0}; \quad \dot{I}_{fb0} = \Delta\dot{I}_{fb0}; \quad \dot{I}_{fc0} = \Delta\dot{I}_{fc0}$$ 　　(9-19)

但是，对于其他支路来讲，还是需要与图 9-25 (a) 中正常运行情况下的电流相叠加，才能得到故障后各支路真正流过的电流。

同理，由于在图 9-25 (a) 中节点 f 只有正序电压分量而没有负序和零序电压分量，因此，短路点电压的负序和零序故障分量本身就是短路点的负序和零序电压，即有

$$\dot{U}_{f2} = \dot{U}_{fa2} = \Delta\dot{U}_{fa2}; \quad \dot{U}_{fb2} = \Delta\dot{U}_{fb2}; \quad \dot{U}_{fc2} = \Delta\dot{U}_{fc2} \\ \dot{U}_{f0} = \dot{U}_{fa0} = \Delta\dot{U}_{fa0}; \quad \dot{U}_{fb0} = \Delta\dot{U}_{fb0}; \quad \dot{U}_{fc0} = \Delta\dot{U}_{fc0}$$ 　　(9-20)

对于图 9-25 (c) 中的故障分量，将再次采用叠加原理，将它分解成正序、负序和零序三个分量的叠加，而这三个序分量中的电流和电压之间的关系，将分别取决于正序、负序和零序网络。在以 a 相为代表相的情况下，正序、负序网络和零序网络分别如图 9-26 (a)、(b)、(c) 所示。

对于短路点的电压和电流，可以将图 9-26 (a)、(b)、(c) 中的网络分别等值成图 9-26 (d)、(e)、(f) 所示的等值正序网络、等值负序网络和等值零序网络，其中的 $Z_{\Sigma1}$、$Z_{\Sigma2}$ 和 $Z_{\Sigma0}$ 分别为从短路点（即短路端口）向各序网络看进去的等值阻抗。对于这三个等值序

网，可以分别列出其电压和电流之间的关系式

$$
\left.\begin{array}{l}
\Delta \dot{U}_{f1} = - Z_{\Sigma1}\Delta \dot{I}_{f1} \\
\Delta \dot{U}_{f2} = - Z_{\Sigma2}\Delta \dot{I}_{f2} \\
\Delta \dot{U}_{f0} = - Z_{\Sigma0}\Delta \dot{I}_{f0}
\end{array}\right\}
\tag{9-21}
$$

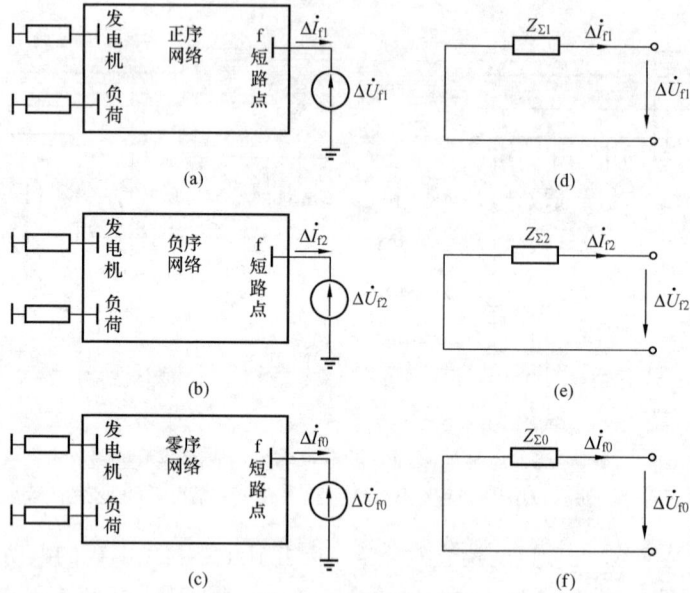

图 9-26　不对称短路故障计算用各序网络及其等值

(a) 正序网络（故障分量）；(b) 负序网络；(c) 零序网络；(d) 等值正序网络（故障分量）；
(e) 等值负序网络；(f) 等值零序网络

现在，将图 9-26（d）中短路点正序电压的故障分量 $\Delta\dot{U}_{f1}$ 与图 9-25（a）中系统正常运行情况下短路点的电压 $\dot{U}_{f(0)}$ 相叠加，便可得出短路点的正序电压为

$$
\dot{U}_{f1} = \dot{U}_{f(0)} + \Delta\dot{U}_{f1}
\tag{9-22}
$$

再考虑到系统正常运行情况下没有负序和零序电压和电流，于是，应用式（9-19）和式（9-20），由式（9-21）和式（9-22）可以导出

$$
\left.\begin{array}{l}
\dot{U}_{f(0)} - \dot{U}_{f1} = Z_{\Sigma1}\dot{I}_{f1} \\
0 - \dot{U}_{f2} = Z_{\Sigma2}\dot{I}_{f2} \\
0 - \dot{U}_{f0} = Z_{\Sigma0}\dot{I}_{f0}
\end{array}\right\}
\tag{9-23}
$$

显然，式（9-23）可以用图 9-27 中的三个等值序网来直接反映短路点各序电压和电流之间的关系。实际上，图 9-27（a）便是从短路点向系统看进去的正序戴维南等值电路。

以上便是应用叠加原理分析和计算不对称短路故障的一般原理和方法，下面将具体介绍各种不对称短路故障的分析方法和结果。

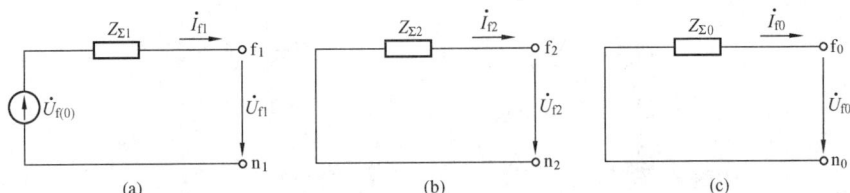

图 9 - 27　反映短路点各序电压、电流关系的等值序网

（a）正序等值序网；（b）负序等值序网；（c）零序等值序网

二、单相接地短路

（一）短路点直接接地

1. 短路点的电压和电流

当系统中的 f 点发生单相（a 相）直接短路接地故障时，其短路点的不对称电流和电压可以用图 9 - 28 表示。很明显，短路点的边界条件为 a 相在短路点 f 的对地电压为零，b 相和 c 相从短路点流出的电流为零，即

$$\dot{U}_{fa} = 0; \quad \dot{I}_{fb} = \dot{I}_{fc} = 0 \qquad (9 - 24)$$

应用式（9 - 2）和式（9 - 4），将式（9 - 24）转换成各个序分量之间的关系。对于 $\dot{U}_{fa}=0$，有

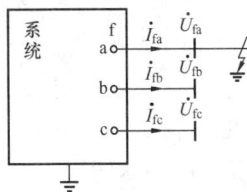

图 9 - 28　单相短路接地时短路点的电流和电压

$$\dot{U}_{fa} = \dot{U}_{f1} + \dot{U}_{f2} + \dot{U}_{f0} = 0$$

对于 $\dot{I}_{fb} = \dot{I}_{fc} = 0$ 可以得出

$$\begin{bmatrix} \dot{I}_{f1} \\ \dot{I}_{f2} \\ \dot{I}_{f0} \end{bmatrix} = \frac{1}{3} \begin{bmatrix} 1 & a & a^2 \\ 1 & a^2 & a \\ 1 & 1 & 1 \end{bmatrix} \begin{bmatrix} \dot{I}_{fa} \\ 0 \\ 0 \end{bmatrix} = \frac{1}{3} \begin{bmatrix} \dot{I}_{fa} \\ \dot{I}_{fa} \\ \dot{I}_{fa} \end{bmatrix}$$

于是，单相短路接地时，用序分量表示的边界条件为

$$\dot{U}_{f1} + \dot{U}_{f2} + \dot{U}_{f0} = 0; \quad \dot{I}_{f1} = \dot{I}_{f2} = \dot{I}_{f0} \qquad (9 - 25)$$

将式（9 - 23）和式（9 - 25）联立求解，即可以得出短路点的各序电流分量

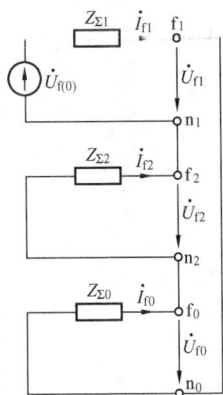

$$\dot{I}_{f1} = \dot{I}_{f2} = \dot{I}_{f0} = \frac{\dot{U}_{f(0)}}{Z_{\Sigma 1} + Z_{\Sigma 2} + Z_{\Sigma 0}} \qquad (9 - 26)$$

上述用解析求解的方法还可以用求解复合序网的方法进行。复合序网是指在短路端口按照用序分量表示的边界条件，将正序、负序和零序三个序网相互连接而形成的等值网络。从 a 相短路接地的序分量边界条件式（9 - 25）可见，它相当于将三序序网的端口进行串联，如图 9 - 29 所示。

复合序网直观地表达了不对称短路故障的地点和类型。显然对复合序网进行计算与上述对式（9 - 23）和式

图 9 - 29　a 相接地短路的复合序网

（9 - 25）联立求解所得结果一致。由复合序网可以解出短

路点处的各序电压分量为

$$\left.\begin{aligned}
\dot{U}_{f1} &= \dot{U}_{f(0)} - Z_{\Sigma1}\dot{I}_{f1} = (Z_{\Sigma2} + Z_{\Sigma0})\dot{I}_{f1} \\
\dot{U}_{f2} &= 0 - Z_{\Sigma2}\dot{I}_{f2} = -Z_{\Sigma2}\dot{I}_{f1} \\
\dot{U}_{f0} &= 0 - Z_{\Sigma0}\dot{I}_{f0} = -Z_{\Sigma0}\dot{I}_{f1}
\end{aligned}\right\}
\qquad(9\text{-}27)$$

应用式（9-2）便可以求出短路点的三相电流为

$$\left.\begin{aligned}
\dot{I}_{fa} &= \dot{I}_{f1} + \dot{I}_{f2} + \dot{I}_{f0} = 3\dot{I}_{f1} = \frac{3\dot{U}_{f(0)}}{Z_{\Sigma1} + Z_{\Sigma2} + Z_{\Sigma0}} \\
\dot{I}_{fb} &= a^2\dot{I}_{f1} + a\dot{I}_{f2} + \dot{I}_{f0} = (a^2 + a + 1)\dot{I}_{f1} = 0 \\
\dot{I}_{fc} &= a\dot{I}_{f1} + a^2\dot{I}_{f2} + \dot{I}_{f0} = (a + a^2 + 1)\dot{I}_{f1} = 0
\end{aligned}\right\}
\qquad(9\text{-}28)$$

同理，短路点的三相电压为

$$\left.\begin{aligned}
\dot{U}_{fa} &= \dot{U}_{f1} + \dot{U}_{f2} + \dot{U}_{f0} = 0 \\
\dot{U}_{fb} &= a^2\dot{U}_{f1} + a\dot{U}_{f2} + \dot{U}_{f0} = [(a^2 - a)Z_{\Sigma2} + (a^2 - 1)Z_{\Sigma0}]\dot{I}_{f1} \\
\dot{U}_{fc} &= a\dot{U}_{f1} + a^2\dot{U}_{f2} + \dot{U}_{f0} = [(a - a^2)Z_{\Sigma2} + (a - 1)Z_{\Sigma0}]\dot{I}_{f1}
\end{aligned}\right\}
\qquad(9\text{-}29)$$

2. 电压和电流的特点

在实际电力系统中，一般 $Z_{\Sigma1}$ 和 $Z_{\Sigma2}$ 接近相等，因此，故障相的短路电流除了与 $Z_{\Sigma1}$ 有关外，还将随着 $Z_{\Sigma0}$ 的增大而减小。由于 $Z_{\Sigma0}$ 与系统中变压器的接线方式和中性点接地的位置和数目有关，一般来说，接地中性点越多，则 $Z_{\Sigma0}$ 越小，从而单相短路电流越大。不难看出，在 $Z_{\Sigma0} < Z_{\Sigma1}$ 的情况下，单相短路电流 $I_f^{(1)}$ 将大于同一地点的三相短路电流 $I_f^{(3)}$（$=U_{f(0)}/Z_{\Sigma1}$）；反之，则 $I_f^{(1)} < I_f^{(3)}$。对于中性点不接地系统，在忽略电容电流的情况下，$Z_{\Sigma0} = \infty$，单相短路电流为零。

对于非故障相的电压，可以近似分析如下：

忽略系统中各元件的电阻，将式（9-28）代入式（9-29），可以得出

$$\dot{U}_{fb} = a^2\dot{U}_{f1} + a\dot{U}_{f2} + U_{f0} = a^2(\dot{U}_{f(0)} - \mathrm{j}X_{\Sigma1}\dot{I}_{f1}) + a(-\mathrm{j}X_{\Sigma2}\dot{I}_{f2}) + (-\mathrm{j}X_{\Sigma0}\dot{I}_{f0})$$

在 $X_{\Sigma1} = X_{\Sigma2}$ 的情况下，有

$$\begin{aligned}
\dot{U}_{fb} &= a^2\dot{U}_{f(0)} - \mathrm{j}(a^2 + a)X_{\Sigma1}\dot{I}_{f1} - \mathrm{j}X_{\Sigma0}\dot{I}_{f1} = \dot{U}_{fb(0)} + \mathrm{j}\dot{I}_{f1}(X_{\Sigma1} - X_{\Sigma0}) \\
&= \dot{U}_{fb(0)} + \frac{\dot{U}_{fa(0)}}{2X_{\Sigma1} + X_{\Sigma0}}(X_{\Sigma1} - X_{\Sigma0}) = \dot{U}_{fb(0)} - \dot{U}_{fa(0)}\frac{k_0 - 1}{2 + k_0}
\end{aligned}$$

其中

$$k_0 = X_{\Sigma0}/X_{\Sigma1}$$

同理可得

$$\dot{U}_{fc} = \dot{U}_{fc(0)} - \dot{U}_{fa(0)}\frac{k_0 - 1}{2 + k_0}$$

当 $k_0 < 1$，即 $X_{\Sigma0} < X_{\Sigma1}$ 时，非故障相的电压较故障前有所降低。在 $k_0 = 0$ 的极端情况下，有

$$\dot{U}_{fb} = \dot{U}_{fb(0)} + \frac{1}{2}\dot{U}_{fa(0)} = \frac{\sqrt{3}}{2}\dot{U}_{fb(0)}\angle\frac{\pi}{6}; \quad \dot{U}_{fc} = \frac{\sqrt{3}}{2}\dot{U}_{fc(0)}\angle\frac{\pi}{6}$$

而当 $k_0 = 1$，即 $X_{\Sigma0} = X_{\Sigma1}$ 时，有 $\dot{U}_{fb} = \dot{U}_{fb(0)}$ 和 $\dot{U}_{fc} = \dot{U}_{fc(0)}$，即短路点处的非故障相电压不

变。当 $k_0 > 1$，即 $X_{\Sigma 0} > X_{\Sigma 1}$ 时，短路点的非故障相电压较故障前升高，最严重的情况为 $X_{\Sigma 0} = \infty$，此时有

$$\dot{U}_{\mathrm{fb}} = \dot{U}_{\mathrm{fb}(0)} - \dot{U}_{\mathrm{fa}(0)} = \sqrt{3}\dot{U}_{\mathrm{fb}(0)} \angle -\frac{\pi}{6}$$

$$\dot{U}_{\mathrm{fc}} = \dot{U}_{\mathrm{fc}(0)} - \dot{U}_{\mathrm{fa}(0)} = \sqrt{3}\dot{U}_{\mathrm{fc}(0)} \angle \frac{\pi}{6}$$

这相当于在中性点不接地的电力系统中发生单相接地短路时，中性点电压升高到相电压，而非故障相电压升高到线电压。

图 9 - 30（a）、（b）分别画出了 a 相接地短路时，在 $X_{\Sigma 0} > X_{\Sigma 1}$ 的情况下，短路点电流和电压的各序相量，以及由各序分量合成的三相相量。图 9 - 30（c）给出了不同 k_0 下非故障相电压的变化轨迹。

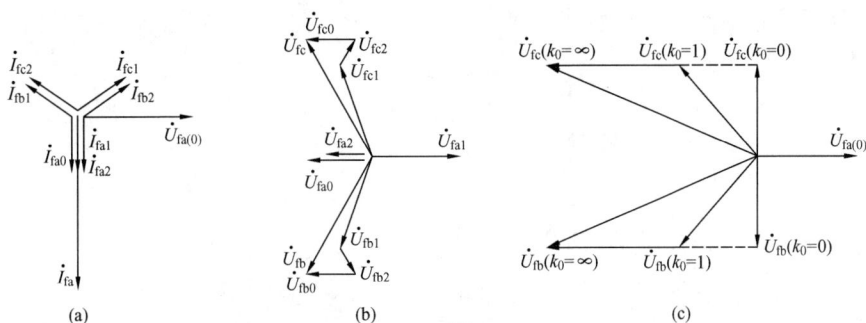

图 9 - 30　a 相接地短路点的相量图

（a）电流相量图；（b）电压相量图；（c）非故障相电压变化轨迹

（二）短路点经过阻抗接地

在一般情况下，接地点往往产生电弧，这相当于故障点经过阻抗接地。在此情况下，短路点的电压和电流如图 9 - 31（a）所示，从而可以列出短路点的边界条件为

$$\dot{U}_{\mathrm{fa}} = \dot{I}_{\mathrm{fa}}Z_{\mathrm{g}}; \quad \dot{I}_{\mathrm{fb}} = \dot{I}_{\mathrm{fc}} = 0$$

将它转换成序分量，有

$$\dot{U}_{\mathrm{f1}} + \dot{U}_{\mathrm{f2}} + \dot{U}_{\mathrm{f0}} = (\dot{I}_{\mathrm{f1}} + \dot{I}_{\mathrm{f2}} + \dot{I}_{\mathrm{f0}})Z_{\mathrm{g}};$$

$$\dot{I}_{\mathrm{f1}} = \dot{I}_{\mathrm{f2}} = \dot{I}_{\mathrm{f0}} \quad (9 - 30)$$

显然，满足这一边界条件的复合序网如图 9 - 31（b）所示。

由复合序网，可以求得短路点的各序电流分量为

$$\dot{I}_{\mathrm{f1}} = \dot{I}_{\mathrm{f2}} = \dot{I}_{\mathrm{f0}} = \frac{\dot{U}_{\mathrm{f}(0)}}{Z_{\Sigma 1} + Z_{\Sigma 2} + Z_{\Sigma 0} + 3Z_{\mathrm{g}}} \quad (9 - 31)$$

注意，由于通过电弧中的零序电流为一相零序电流的 3 倍，因此，在式（9 - 31）分母中，将零序网络的等值阻抗增加了 3 倍

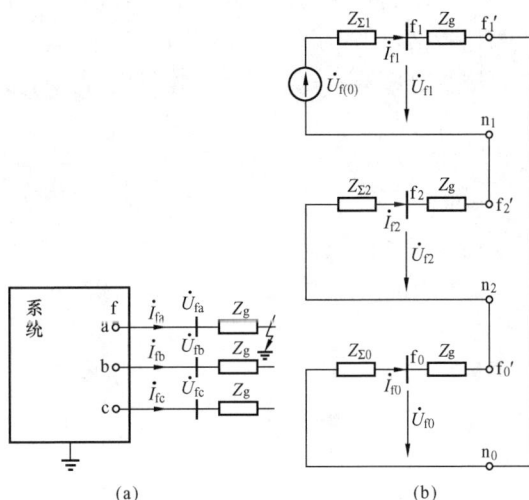

图 9 - 31　a 相经阻抗接地

（a）故障情况；（b）复合序网

的接地阻抗。电压序分量的计算与式（9-27）相同。

三、两相短路

（一）两相直接短路

当系统中 f 点发生两相（b、c 相）直接短路时，短路点处的电流和电压可以用图 9-32

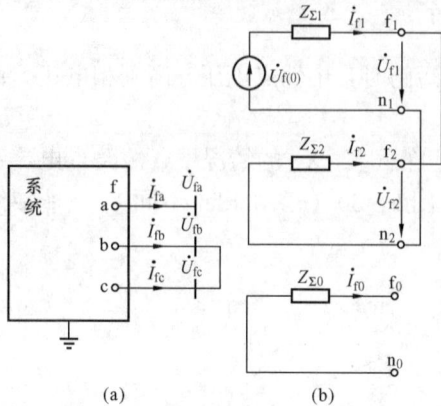

图 9-32　b、c 两相直接短路故障
（a）短路点电流和电压；（b）复合序网

（a）表示，并由此可以列出短路点的边界条件为

$$\dot{I}_{fa} = 0;\quad \dot{I}_{fb} = -\dot{I}_{fc};\quad \dot{U}_{fb} = \dot{U}_{fc}$$

$$\text{(9-32)}$$

应用序分量与相分量之间的关系式（9-4），可以得出边界条件中序电流的关系为

$$\begin{bmatrix} \dot{I}_{f1} \\ \dot{I}_{f2} \\ \dot{I}_{f0} \end{bmatrix} = \frac{1}{3} \begin{bmatrix} 1 & a & a^2 \\ 1 & a^2 & a \\ 1 & 1 & 1 \end{bmatrix} \begin{bmatrix} 0 \\ \dot{I}_{fb} \\ -\dot{I}_{fb} \end{bmatrix} = \frac{1}{\sqrt{3}} \begin{bmatrix} \dot{I}_{fb} \\ -\dot{I}_{fb} \\ 0 \end{bmatrix}$$

并由上式可以得出用电流序分量表示的边界条件为

$$\dot{I}_{f0} = 0;\quad \dot{I}_{f1} + \dot{I}_{f2} = 0 \qquad \text{(9-33)}$$

对于边界条件中的电压关系，同理有

$$\begin{bmatrix} \dot{U}_{f1} \\ \dot{U}_{f2} \\ \dot{U}_{f0} \end{bmatrix} = \frac{1}{3} \begin{bmatrix} 1 & a & a^2 \\ 1 & a^2 & a \\ 1 & 1 & 1 \end{bmatrix} \begin{bmatrix} \dot{U}_{fa} \\ \dot{U}_{fb} \\ \dot{U}_{fb} \end{bmatrix} = \frac{1}{3} \begin{bmatrix} \dot{U}_{fa} + a\dot{U}_{fb} + a^2\dot{U}_{fb} \\ \dot{U}_{fa} + a^2\dot{U}_{fb} + a\dot{U}_{fb} \\ \dot{U}_{fa} + \dot{U}_{fb} + \dot{U}_{fb} \end{bmatrix}$$

从而得出用电压序分量表示的边界条件为

$$\dot{U}_{f1} = \dot{U}_{f2} \qquad \text{(9-34)}$$

由式（9-33）和式（9-34）可以看出，复合序网是正序网络和负序网络在其端口的并联，而零序网络则在端口开路，说明在短路电流中不含零序分量，如图 9-32（b）所示。从这里可以看出，当考虑 b、c 两相短路时，复合序网的组成比较简单，而如果考虑其他两相短路，则复合序网要复杂一些（建议读者自行推导）。

由复合序网可以直接解出短路点处的各序电流分量为

$$\dot{I}_{f1} = -\dot{I}_{f2} = \frac{\dot{U}_{f(0)}}{Z_{\Sigma 1} + Z_{\Sigma 2}};\quad \dot{I}_{f0} = 0 \qquad \text{(9-35)}$$

短路点的各序电压分量为

$$\dot{U}_{f1} = \dot{U}_{f2} = \dot{U}_{f(0)} - Z_{\Sigma 1}\dot{I}_{f1} = -Z_{\Sigma 2}\dot{I}_{f2} = \frac{\dot{U}_{f(0)}}{Z_{\Sigma 1} + Z_{\Sigma 2}}Z_{\Sigma 2} \qquad \text{(9-36)}$$

然后，应用式（9-2），可以得出故障相的短路电流和各相电压

$$\left. \begin{aligned} \dot{I}_{fb} &= a^2\dot{I}_{f1} + a\dot{I}_{f2} = (a^2 - a)\dot{I}_{f1} = -j\sqrt{3}\dot{I}_{f1} = \frac{-j\sqrt{3}\dot{U}_{f(0)}}{Z_{\Sigma 1} + Z_{\Sigma 2}} \\ \dot{I}_{fc} &= a\dot{I}_{f1} + a^2\dot{I}_{f2} = (a - a^2)\dot{I}_{f1} = j\sqrt{3}\dot{I}_{f1} = \frac{j\sqrt{3}\dot{U}_{f(0)}}{Z_{\Sigma 1} + Z_{\Sigma 2}} \end{aligned} \right\} \qquad \text{(9-37)}$$

$$\left.\begin{array}{l}\dot{U}_{\text{fa}} = \dot{U}_{\text{f1}} + \dot{U}_{\text{f2}} = 2\dot{U}_{\text{f1}} = \dfrac{2\dot{U}_{\text{f(0)}}}{Z_{\Sigma 1} + Z_{\Sigma 2}} Z_{\Sigma 2} \\[3mm] \dot{U}_{\text{fb}} = \dot{U}_{\text{fc}} = (a^2 + a)\dot{U}_{\text{f1}} = -\dot{U}_{\text{f1}} = -\dfrac{\dot{U}_{\text{f(0)}}}{Z_{\Sigma 1} + Z_{\Sigma 2}} Z_{\Sigma 2}\end{array}\right\} \tag{9-38}$$

如果令 $Z_{\Sigma 1} = Z_{\Sigma 2}$，则由式（9-37）和式（9-38）可见，两相短路电流大约是三相短路电流的 $\sqrt{3}/2$ 倍。因此，一般而言，电力系统中的两相短路电流小于三相短路电流，而对于电压来说，故障相的电压幅值约降低一半，非故障相的电压约等于故障前的电压。

图 9-33 给出了 b、c 两相短路时，短路点处的各序电流和电压相量以及经合成而得出的各相电流和电压，其中假定各序阻抗为纯电抗，且 $X_{\Sigma 1} = X_{\Sigma 2}$。

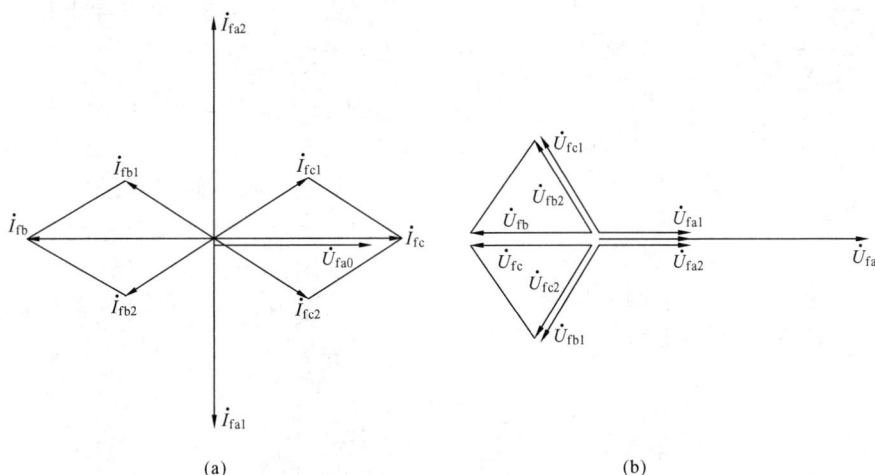

图 9-33　两相短路故障点相量图

(a) 电流相量图；(b) 电压相量图

（二）两相经阻抗短路

如果两相经阻抗 Z_{g} 短路，如图 9-34（a）所示，则边界条件为

$$\dot{I}_{\text{fa}} = 0; \quad \dot{I}_{\text{fb}} = -\dot{I}_{\text{fc}}; \quad \dot{U}_{\text{fb}} - \dot{U}_{\text{fc}} = Z_{\text{g}}\dot{I}_{\text{fb}} \tag{9-39}$$

转换成序分量为

$$\dot{I}_{\text{f0}} = 0; \quad \dot{I}_{\text{f1}} = -\dot{I}_{\text{f2}};$$

$$\dot{U}_{\text{f1}} - \dot{U}_{\text{f2}} = Z_{\text{g}}\dot{I}_{\text{f1}} \quad (9-40)$$

将边界条件式（9-40）与三序电压平衡方程式（9-23）联立求解，便可得出短路点电流和电压的序分量。实际上，可以将经阻抗 Z_{g} 短路的情况，看成是在 f 点串联阻抗 $Z_{\text{g}}/2$ 后的 f′ 点发生两相直接短路的情况。于是便可以直接得出图 9-34（b）所示的复合序网，从而有

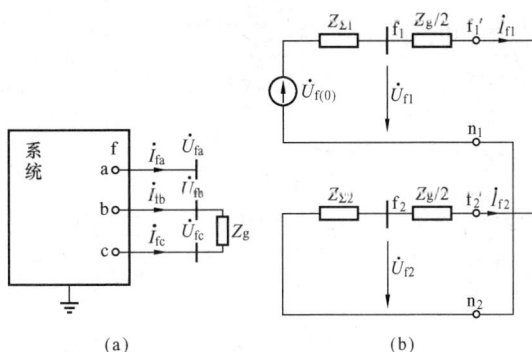

图 9-34　两相经阻抗短路的复合序网

(a) 故障情况；(b) 复合序网

$$\dot{I}_{f1} = -\dot{I}_{f2} = \frac{\dot{U}_{f(0)}}{Z_{\Sigma 1} + Z_{\Sigma 2} + Z_g} \tag{9-41}$$

$$\dot{I}_{fb} = -\dot{I}_{fc} = \frac{-j\sqrt{3}\dot{U}_{f(0)}}{Z_{\Sigma 1} + Z_{\Sigma 2} + Z_g} \tag{9-42}$$

四、两相短路接地

（一）两相直接短路接地

当系统中发生 b、c 两相直接短路接地时，短路点处的电压和电流可以用图 9-35（a）表示，从而可以列出相分量的边界条件为

$$\dot{I}_{fa} = 0; \quad \dot{U}_{fb} = \dot{U}_{fc} = 0 \tag{9-43}$$

由式（9-43）可以导出相应的序分量边界条件为

$$\dot{U}_{f1} = \dot{U}_{f2} = \dot{U}_{f0}; \quad \dot{I}_{f1} + \dot{I}_{f2} + \dot{I}_{f0} = 0 \tag{9-44}$$

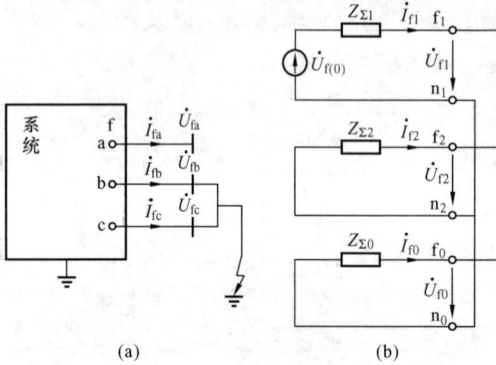

图 9-35　b、c 两相短路接地
（a）短路点的电流和电压；（b）复合序网

显然，满足此边界条件的复合序网为正序、负序、零序三个序网在短路点处并联，如图 9-35（b）所示。

直接由复合序网可以求得短路点各序电流分量

$$\left.\begin{aligned}
\dot{I}_{f1} &= \frac{\dot{U}_{f(0)}}{Z_{\Sigma 1} + \dfrac{Z_{\Sigma 2}Z_{\Sigma 0}}{Z_{\Sigma 2} + Z_{\Sigma 0}}} \\[2mm]
\dot{I}_{f2} &= -\dot{I}_{f1}\frac{Z_{\Sigma 0}}{Z_{\Sigma 2} + Z_{\Sigma 0}} \\[2mm]
\dot{I}_{f0} &= -\dot{I}_{f1}\frac{Z_{\Sigma 2}}{Z_{\Sigma 2} + Z_{\Sigma 0}}
\end{aligned}\right\} \tag{9-45}$$

和故障点各序电压分量为

$$\dot{U}_{f1} = \dot{U}_{f2} = \dot{U}_{f0} = \dot{I}_{f1}\frac{Z_{\Sigma 2}Z_{\Sigma 0}}{Z_{\Sigma 2} + Z_{\Sigma 0}} = \dot{U}_{f(0)}\frac{Z_{\Sigma 2}Z_{\Sigma 0}}{Z_{\Sigma 1}Z_{\Sigma 2} + Z_{\Sigma 1}Z_{\Sigma 0} + Z_{\Sigma 2}Z_{\Sigma 0}} \tag{9-46}$$

故障相的短路电流为

$$\left.\begin{aligned}
\dot{I}_{fb} &= a^2\dot{I}_{f1} + a\dot{I}_{f2} + \dot{I}_{f0} = \dot{I}_{f1}\left(a^2 - \frac{Z_{\Sigma 2} + aZ_{\Sigma 0}}{Z_{\Sigma 2} + Z_{\Sigma 0}}\right) \\[2mm]
\dot{I}_{fc} &= a\dot{I}_{f1} + a^2\dot{I}_{f2} + \dot{I}_{f0} = \dot{I}_{f1}\left(a - \frac{Z_{\Sigma 2} + a^2Z_{\Sigma 0}}{Z_{\Sigma 2} + Z_{\Sigma 0}}\right)
\end{aligned}\right\} \tag{9-47}$$

若忽略各序阻抗中的电阻分量，即认为它们为纯电抗，则故障相短路电流的有效值为

$$I_{fb} = I_{fc} = \sqrt{3} \times \sqrt{1 - \frac{X_{\Sigma 2}X_{\Sigma 0}}{(X_{\Sigma 2} + X_{\Sigma 0})^2}} I_{f1} \tag{9-48}$$

在 $X_{\Sigma 1} = X_{\Sigma 2}$ 的情况下，令 $k_0 = X_{\Sigma 0}/X_{\Sigma 2}$，则有

$$I_{fb} = I_{fc} = \sqrt{3} \times \sqrt{1 - \frac{k_0}{(1+k_0)^2}} \times \frac{1+k_0}{1+2k_0} I_f^{(3)} \tag{9-49}$$

式中的 $I_f^{(3)}$ 为 f 点三相短路时的短路电流。

由式（9-49）可见，故障相的短路电流将随着 k_0 的增大而减小，如：

（1）当 $k_0=0$ 时，$I_{fb}=I_{fc}=\sqrt{3}I_f^{(3)}$。

（2）当 $k_0=1$ 时，$I_{fb}=I_{fc}=I_f^{(3)}$。

（3）当 $k_0=\infty$ 时，$I_{fb}=I_{fc}=\sqrt{3}I_f^{(3)}/2$。

另外，两相短路接地时，流入大地的电流为

$$\dot{I}_g=\dot{I}_{fb}+\dot{I}_{fc}=3\dot{I}_{f0}=-3\dot{I}_{f1}\frac{Z_{\Sigma2}}{Z_{\Sigma2}+Z_{\Sigma0}} \qquad (9-50)$$

在短路点处，非故障相的电压为

$$\dot{U}_{fa}=\dot{U}_{f1}+\dot{U}_{f2}+\dot{U}_{f0}=3\dot{U}_{f1} \qquad (9-51)$$

略去网络中的电阻且 $X_{\Sigma1}=X_{\Sigma2}$ 的情况下，有

$$\dot{U}_{fa}=3\dot{U}_{f(0)}\frac{k_0}{1+2k_0} \qquad (9-52)$$

显然，当 $k_0=0$ 时，$\dot{U}_{fa}=0$；$k_0=1$ 时，$\dot{U}_{fa}=\dot{U}_{fa(0)}$；$k_0=\infty$ 时，$\dot{U}_{fa}=1.5\dot{U}_{fa(0)}$。注意，$k_0=\infty$ 相当于中性点不接地系统（或零序电流不能形成通路），在此情况下当发生两相短路接地时，非故障相的电压可能升高到正常电压的 1.5 倍，但仍小于单相接地短路情况下可能的电压升高。

图 9-36 画出了两相短路接地故障时，短路点短路电流、电压的相量图。

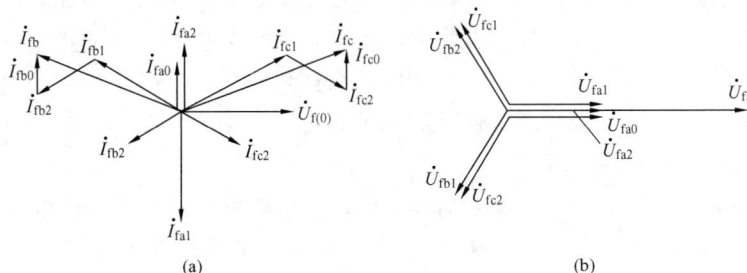

图 9-36　两相短路接地短路点电流、电压相量图
(a) 电流相量图；(b) 电压相量图

（二）两相经阻抗接地短路

如果 b、c 两相经阻抗接地，如图 9-37（a）所示，则故障点的边界条件为

$$\dot{U}_{fb}=\dot{U}_{fc}=(\dot{I}_{fb}+\dot{I}_{fc})Z_g;\quad \dot{I}_{fa}=0 \qquad (9-53)$$

相应的序分量边界条件为

$$\dot{U}_{f1}=\dot{U}_{f2}=\dot{U}_{f0}-3Z_g\dot{I}_{f0};$$

$$\dot{I}_{f1}+\dot{I}_{f2}+\dot{I}_{f0}=0 \qquad (9-54)$$

其复合序网如图 9-37（b）所示，即零序网络串联 $3Z_g$ 后在短路点与正序序网和负序序网相并联。零序网络中串联

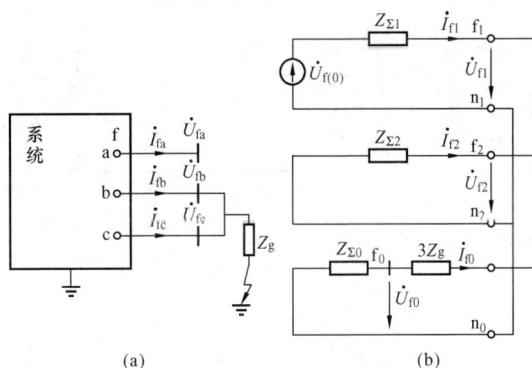

图 9-37　b、c 两相短路经阻抗接地
(a) 故障情况；(b) 复合序网

$3Z_g$ 的原因与单相经过阻抗接地的情况相同。

显然，b、c 两相短路经阻抗接地情况下的电流和电压计算可利用式 (9-45)、式 (9-46)、和式 (9-50)，只需将式中的 $Z_{\Sigma 0}$ 换成 $Z_{\Sigma 0} + 3Z_g$。

五、正序等效定则

从以上三种不对称短路的分析结果可以看出，三种情况下短路电流正序分量的计算式 (9-26)、式 (9-35) 和式 (9-45) 与三相短路电流 $\dot{U}_{f(0)} / Z_{\Sigma 1}$ 在形式上相似，可以综合表示为

$$\dot{I}_{f1}^{(n)} = \frac{\dot{U}_{f(0)}}{Z_{\Sigma 1} + Z_{\Delta}^{(n)}} \qquad (9-55)$$

式中的 $Z_{\Delta}^{(n)}$ 称为附加阻抗，上标 (n) 表示短路类型，即分别为 (3)、(1)、(2) 和 (1,1)。

将式 (9-55) 与式 (9-26)、式 (9-35) 和式 (9-45) 进行对比，或直接由复合序网可见，三相短路时，附加阻抗为零；单相短路接地时，附加阻抗为 $Z_{\Sigma 2} + Z_{\Sigma 0}$（或 $Z_{\Sigma 2} + Z_{\Sigma 0} + 3Z_g$）；两相短路时，附加阻抗为 $Z_{\Sigma 2}$（或 $Z_{\Sigma 2} + Z_g$）；两相短路接地时，附加阻抗为 $Z_{\Sigma 2}$ 与 $Z_{\Sigma 0}$（或 $Z_{\Sigma 2}$ 与 $Z_{\Sigma 0} + 3Z_g$）的并联。

式 (9-55) 表明，只针对简单不对称短路时的正序电流分量而言，它与在短路点串联一个附加阻抗并在其后发生三相短路时的短路电流相等。这一关系常称为正序等效定则，并可以用图 9-38 所示的正序增广网络表示。

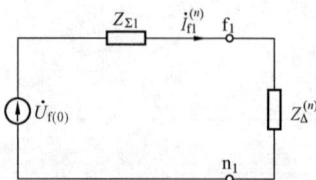

图 9-38 正序增广网络

注意，这个定则从表面上来看似乎比较简单，但它却是复杂电力系统不对称短路分析和计算的重要依据。

由前面的分析还可看出，故障相的短路电流与其中的正序分量之间的关系可以归结为

$$I_f^{(n)} = M^{(n)} I_{f1}^{(n)} \qquad (9-56)$$

式中：$M^{(n)}$ 为故障相短路电流对正序分量的倍数。

表 9-2 列出了各种短路情况下的 $Z_{\Delta}^{(n)}$ 和 $M^{(n)}$，其中对于两相短路接地，$M^{(1,1)}$ 只适用于纯电抗的情况。

表 9-2 各种短路情况下的附加阻抗和电流倍数

短路种类	$Z_{\Delta}^{(n)}$	$M^{(n)}$	短路种类	$Z_{\Delta}^{(n)}$	$M^{(n)}$
三相短路	0	1	两相短路	$Z_{\Sigma 2} + Z_g$	$\sqrt{3}$
单相短路	$Z_{\Sigma 2} + (Z_{\Sigma 0} + 3Z_g)$	3	两相短路接地	$\dfrac{Z_{\Sigma 2}(Z_{\Sigma 0} + 3Z_g)}{Z_{\Sigma 2} + Z_{\Sigma 0} + 3Z_g}$	$\sqrt{3}\sqrt{1 - \dfrac{x_{\Sigma 2}(x_{\Sigma 0} + 3x_g)}{(x_{\Sigma 2} + x_{\Sigma 0} + 3x_g)^2}}$

【例 9-2】 在图 9-39 (a) 所示电力系统中，已知各元件的接线和参数的标幺值为：

发电机 G1 和 G2 中性点均不接地，它们的次暂态电抗分别为 0.1 和 0.05，负序电抗近似等于次暂态电抗；

变压器 T1 和 T2 均为 YNd11 接线（发电机侧为三角形），它们的电抗分别为 0.05 和 0.025；

三条线路完全相同，其正序电抗为 0.1，零序电抗为 0.2，忽略线路电阻和电容。

假定短路前系统为空载，计算当节点 3 分别发生单相短路接地、两相短路和两相短路接

地时，短路点电流和电压的起始值。

解　（1）形成系统的正序、负序和零序等值网络，如图 9 - 39 （b）、（c）、（d）所示。注意，由于发电机的中性点不接地，且变压器在发电机侧为三角形接线，因此，在零序网络中，变压器的等值阻抗在发电机侧接地。

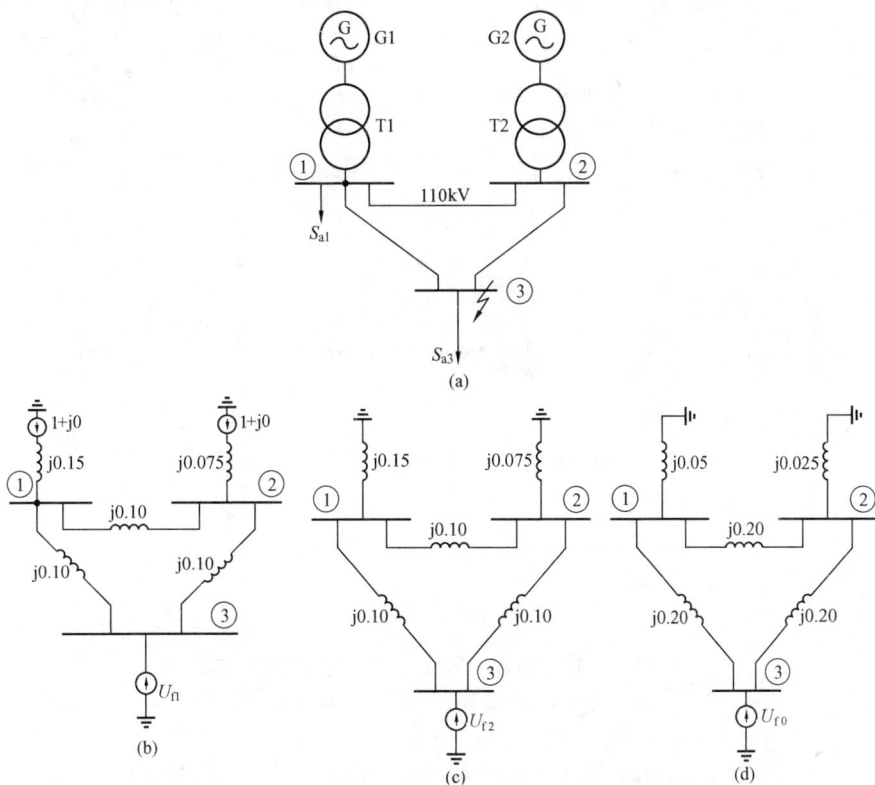

图 9 - 39　［例 9 - 2］系统的接线图及各序等值网络
（a）系统接线图图；（b）正序等值网络；（c）负序等值网络；（d）零序等值网络

（2）短路前的系统运行状态。由于假定短路前为空载，因此，在短路前所有节点的电压都相等（假定电压标幺值为1），电流均为 0，即 $\dot{E}''_{G1} = \dot{E}''_{G2} = 1 + j0$ 而且 $\dot{U}_{f(0)} = 1 + j0$。

（3）计算三个序网对故障端口的等值阻抗。将正序网络中各电源短路，并逐步消去除短路点以外的所有其他节点，其过程如图 9 - 40 （a）所示，从而得正序网络等值阻抗 $Z_{\Sigma 1} = j0.1015$，负序等值阻抗与正序相等，零序等值阻抗如图 9 - 40 （b）所示，$Z_{\Sigma 0} = j0.1179$。

（4）计算短路点各序和各相电流。

1）a 相短路接地

$$\dot{I}_{f1} = \dot{I}_{f2} = \dot{I}_{f0} = \frac{1}{j(0.1015 + 0.1015 + 0.1179)} = -j3.12$$

$$\dot{I}_{fa} = 3\dot{I}_{f1} = 3 \times (-j3.12) = -j9.36; \quad \dot{I}_{fb} = \dot{I}_{fc} = 0$$

2）b、c 两相短路时，各序电流为

$$\dot{I}_{f1} = -\dot{I}_{f2} = \frac{1}{j(0.1015 + 0.1015)} = -j4.93; \quad \dot{I}_{f0} = 0$$

(a)

(b)

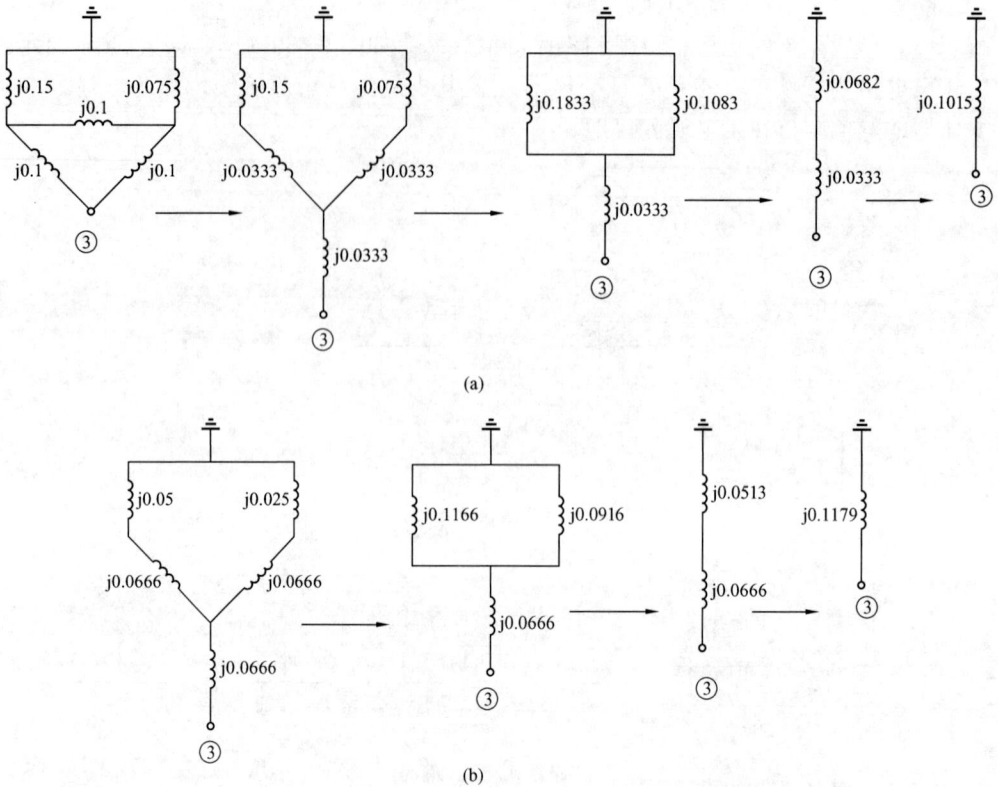

图 9-40　正序（负序）零序等值电抗的计算示意图
（a）正序（负序）等值电抗；（b）零序等值电抗

$$\dot{I}_{\text{fa}} = 0; \quad \dot{I}_{\text{fb}} = -\text{j}\sqrt{3}\,\dot{I}_{\text{f1}} = -8.54; \quad \dot{I}_{\text{fc}} = 8.54$$

3）b、c 两相短路接地时，各序电流为

$$\dot{I}_{\text{f1}} = \frac{1}{\text{j}0.1015 + \dfrac{\text{j}0.1015 \times \text{j}0.1179}{\text{j}0.1015 + \text{j}0.1179}} = -\text{j}6.41$$

$$\dot{I}_{\text{f2}} = \text{j}6.41 \times \frac{\text{j}0.1179}{\text{j}0.1015 + \text{j}0.1179} = \text{j}3.44$$

$$\dot{I}_{\text{f0}} = \text{j}6.41 \times \frac{\text{j}0.1015}{\text{j}0.1015 + \text{j}0.1179} = \text{j}2.97$$

$$\dot{I}_{\text{fa}} = 0$$

$$\dot{I}_{\text{fb}} = (a^2\,\dot{I}_{\text{f1}} + a\,\dot{I}_{\text{f2}} + \dot{I}_{\text{f0}}) = -8.53 + \text{j}4.45$$

$$\dot{I}_{\text{fc}} = (a\,\dot{I}_{\text{f1}} + a^2\,\dot{I}_{\text{f2}} + \dot{I}_{\text{f0}}) = 8.53 + \text{j}4.45$$

（5）计算短路点处非故障相的相电压。

1）a 相短路接地

$$\dot{U}_{\text{f1}} = \dot{U}_{\text{f(0)}} - Z_{\Sigma 1}\,\dot{I}_{\text{f1}} = 1 - \text{j}0.1015\,(-\text{j}3.12) = 1 - 0.316 = 0.684$$

$$\dot{U}_{\text{f2}} = -Z_{\Sigma 2}\,\dot{I}_{\text{f2}} = -\text{j}0.1015\,(-\text{j}3.12) = -0.316$$

$$\dot{U}_{\text{f0}} = -Z_{\Sigma 0}\,\dot{I}_{\text{f0}} = -\text{j}0.1179\,(-\text{j}3.12) = -0.368$$

$$\dot{U}_{\text{fb}} = a^2 \dot{U}_{\text{f1}} + a \dot{U}_{\text{f2}} + \dot{U}_{\text{f0}} = -0.551 - \text{j}0.866$$

$$\dot{U}_{\text{fc}} = -0.551 + \text{j}0.866$$

2）b、c 两相短路

$$\dot{U}_{\text{f1}} = \dot{U}_{\text{f2}} = -\text{j}4.93 \times \text{j}0.1015 = 0.5$$

$$\dot{U}_{\text{fa}} = \dot{U}_{\text{f1}} + \dot{U}_{\text{f2}} = 1$$

$$\dot{U}_{\text{fb}} = (a^2 + a) \dot{U}_{\text{f1}} = -0.5$$

$$\dot{U}_{\text{fc}} = -0.5$$

3）b、c 两相短路接地

$$\dot{U}_{\text{f1}} = \dot{U}_{\text{f2}} = \dot{U}_{\text{f0}} = -\text{j}3.44 \times \text{j}0.1015 = 0.35$$

$$\dot{U}_{\text{fa}} = 3 \dot{U}_{\text{f1}} = 3 \times 0.35 = 1.05$$

【例 9-3】　图 9-41 所示简单系统中，如母线 3 的 a 相经电阻接地短路，试计算短路点各相电流和电压。已知各元件参数的标幺值为：发电机 $X_1 = X_2 = 0.05$，$X_0 = \infty$；变压器 T1 和 T2 均为 YNd11 接线（发电机侧为三角形），它们的电抗分别为 0.035 和 0.05；线路正序阻抗为 $0.05 + \text{j}0.1$；零序阻抗为 $0.088 + \text{j}0.35$；负荷正序和负序阻抗均为 $1.6 + \text{j}0.8$，接地阻抗 Z_{g} 为 $0.146 + \text{j}0$。正常运行时，负荷端电压为 $1 + \text{j}0$。

解　（1）正序网络等值阻抗和开路电压。正序网络如图 9-41（b）所示，对于短路点③的等值正序阻抗为

$$Z_{\Sigma 1} = \frac{(0.05 + \text{j}0.185) \times (1.6 + \text{j}0.85)}{1.65 + \text{j}1.035} = 0.179 \angle 70.8^\circ = 0.059 + \text{j}0.169$$

$$\dot{U}_{\text{f(0)}} = \dot{U}_{\text{D(0)}} + \text{j} \dot{I}_{\text{D(0)}} x_{\text{T2}}$$

在短路前的正常运行情况下，以负荷端电压为参考相量时，负荷电流为

$$\dot{I}_{\text{D(0)}} = (1.0 + \text{j}0) / (1.6 + \text{j}0.8) = 0.5 - \text{j}0.25$$

从而短路点的开路电压为

$$\dot{U}_{\text{f(0)}} = (1 + \text{j}0) + (0.5 - \text{j}0.25) \times (\text{j}0.05) = 1.0125 \angle 1.41^\circ$$

在短路计算时，为简单起见，改取 $\dot{U}_{\text{f(0)}}$ 为参考相量，即令 $\dot{U}_{\text{f(0)}} = 1.0125 \angle 0^\circ$

（2）负序网络等值阻抗。由于假定发电机和负荷的负序阻抗与正序相等，因此序网络等值阻抗 $Z_{\Sigma 2} = Z_{\Sigma 1} = 0.059 + \text{j}0.169$。

（3）零序网络等值阻抗。零序网络如图 9-41（c）所示。零序阻抗为 $Z_{\Sigma 0} = 0.088 + \text{j}0.385$。

（4）短路点各相电流和电压。复合序网为三个序网络各经 Z_{f} 后串联，由此可知短路点的各序电流为

$$\dot{I}_{\text{f1}} = \dot{I}_{\text{f2}} = \dot{I}_{\text{f0}} = \frac{\dot{U}_{\text{f(0)}}}{z_{\Sigma 1} + z_{\Sigma 2} + z_{\Sigma 0} + 3z_{\text{f}}} = \frac{1.0125}{0.968 \angle 48.3^\circ} = 1.046 \angle -48.3^\circ$$

因此，短路点处故障相（a 相）电流为

$$\dot{I}_{\text{fa}} = 3 \dot{I}_{\text{fa1}} = 3.138 \angle 48.3^\circ$$

短路点的各序电压分量为

$$\dot{U}_{\text{fa1}} = \dot{U}_{\text{fa(0)}} - Z_{\Sigma 1} \dot{I}_{\text{f1}} = 1.0125 - (0.179 \angle 70.8^\circ) \times (1.046 \angle -48.3^\circ)$$

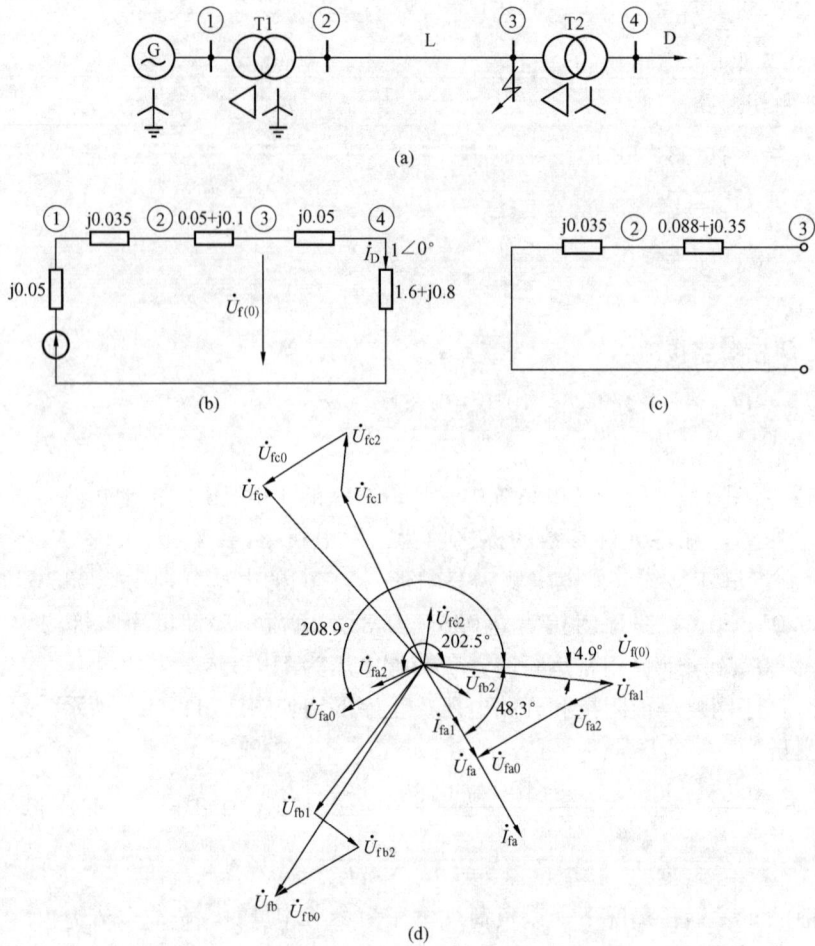

图 9-41　［例 9-3］系统的接线图和序网

（a）系统接线图；（b）正序网络；（c）零序网络；（d）相量图

$$= 0.84 - j0.072 = 0.843 \angle -4.9°$$

$$\dot{U}_{fa2} = -Z_{\Sigma2}\dot{I}_{f2} = -\ (0.179 \angle 70.8°) \times (1.046 \angle -48.3°)$$

$$= -0.1725 - j0.072 = 0.187 \angle 202.5°$$

$$\dot{U}_{fa0} = -Z_{\Sigma0}\dot{I}_{f0}$$

$$= -\ (0.395 \angle 77.2°) \times (1.046 \angle -48.3°)\ = -0.361 - j0.199 = 0.413 \angle 208.9°$$

由此可以得短路点故障相电压为

$$\dot{U}_{fa} = \dot{U}_{fa1} + \dot{U}_{fa2} + \dot{U}_{fa0} = 0.3065 - j0.343 = 0.46 \angle -48.3°$$

非故障相的电压为

$$\dot{U}_{fb} = a^2\dot{U}_{fa1} + a\dot{U}_{fa2} + \dot{U}_{fa0} = 0.843 \angle 235.1° + 0.187 \angle 322.5° + 0.413 \angle 208.9°$$

$$= 1.22 \angle 235.3°$$

$$\dot{U}_{fc} = a\dot{U}_{fa1} + a^2\dot{U}_{fa2} + \dot{U}_{fa0} = 0.843 \angle 115.1° + 0.187 \angle 82.5° + 0.413 \angle 208.9°$$

$$= 1.022 \angle 132.8°$$

短路点各相电压的相量图如图 9-41 (d) 所示。

第四节　非故障点的电流和电压计算

在本章第三节中只介绍了不对称短路时故障点处短路电流和电压的计算方法，而在电力系统的设计和运行中，还需要知道系统中某些支路中的电流和某些节点的电压。支路电流和节点电压的计算方法，一般是先求出故障点处的正序、负序和零序短路电流和电压分量，然后分别由各序网络求出相应支路的各序电流分量和相应节点的各序电压分量，最后再经合成得到支路的三相电流和节点的三相电压。但应注意，在非故障点处，电流和电压一般不满足故障点的边界条件。

一、各序网络中电流和电压分布计算

由故障点流出的三序电流 $\dot{I}_{f1}$、$\dot{I}_{f2}$、$\dot{I}_{f0}$ 计算其他各支路电流和节点电压序分量的方法如下。

对于正序网络，设置一个由短路点流出的电流源 $\dot{I}_{f1}$，用它来替代复合序网中的负序网络和零序网络。然后，应用叠加原理，将它分解为正常运行情况和故障分量两个网络，如图 9-42 (a)、(b) 所示。对于正常运行情况的网络，各节点的电压和支路电流可以由稳态潮流计算结果而得，但在短路电流的近似计算中，通常当作短路前系统空载运行。对于故障分量的计算，可以由图 9-42 (b) 中故障分量网络的网络方程，即

$$\dot{U}_1 = \mathbf{Z}_{f1} \dot{I}_1$$

求解而得，其中的正序网络阻抗矩阵 $\mathbf{Z}_{f1}$ 应包括与发电机的正序阻抗和负荷的正序阻抗相对应的接地支路，电流相量中只有故障节点 f 处存在注入电流 $-\dot{I}_{f1}$，其他节点的注入电流都等于零。这样，对于任一节点 i，可以得出由 $-\dot{I}_{f1}$ 产生的正序电压为 $-Z_{if1}\dot{I}_{f1}$，$\mathbf{Z}_{f1}$ 为阻抗矩阵 $\mathbf{Z}_{f1}$ 第 i 行、第 f 列的元素。

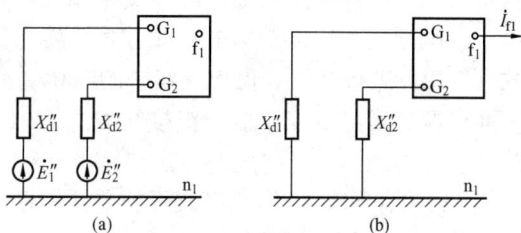

图 9-42　正序网络的分解
(a) 正常运行情况；(b) 故障分量网络

同理，对于负序网络，因为其中没有电源，因此，可以用故障节点 f 处的注入电流 $-\dot{I}_{f2}$，和负序网络阻抗矩阵 $\mathbf{Z}_{f2}$ 中第 i 行、第 f 列的元素 Z_{if2} 相乘而得。对于零序网络，也可以应用同样的方法。

这样，任意节点 i 的各序电压分量为

$$\left.\begin{aligned}
\dot{U}_{i1} &= \dot{U}_{i(0)} - Z_{if1}\dot{I}_{f1} \\
\dot{U}_{i2} &= -Z_{if2}\dot{I}_{f2} \\
\dot{U}_{i0} &= -Z_{if0}\dot{I}_{f0}
\end{aligned}\right\} \tag{9-57}$$

式中：$\dot{U}_{i(0)}$ 为短路前正常运行情况下节点 i 的电压。

求得各节点的各序电压后，便可进一步求出支路电流的各序分量为

$$
\left.
\begin{aligned}
\dot{I}_{ij1} &= \frac{\dot{U}_{i1} - \dot{U}_{j1}}{z_{ij1}} \\[2mm]
\dot{I}_{ij2} &= \frac{\dot{U}_{i2} - \dot{U}_{j2}}{z_{ij2}} \\[2mm]
\dot{I}_{ij0} &= \frac{\dot{U}_{i0} - \dot{U}_{j0}}{z_{ij0}}
\end{aligned}
\right\}
\qquad (9-58)
$$

式中：z_{ij1}、z_{ij2} 和 z_{ij0} 分别为节点 i、j 间支路的正序、负序阻抗和零序阻抗。

由式（9-57）可以看出，各序电压在系统中的分布大致有下列规律：

（1）电源点的正序电压最高，而越靠近短路点，正序电压数值越低，而短路点的正序电压最低。三相短路时，短路点的正序电压为零；两相短路接地时，正序电压降低的情形次于三相短路；单相短路接地时电压降低最少。

（2）在负序和零序网络中，短路点的负序和零序电压分量相当于电源，因此短路点的负序和零序电压值最高，离短路点越远，负序和零序电压越低。

二、支路三相电流和节点三相电压的计算

在各个序网中求得支路电流的序分量和节点电压的序分量以后，从表面上来看，似乎可以应用式（9-2）将三个序分量合成而得出支路中的三相电流和节点的三相电压。然而，由于在各个序网中是将三相电路等值成星形连接的电路，再用其中的 a 相来参与计算，而没有考虑到变压器两侧 a 相电压和电流相位之间由于绕组连接方式的不同而产生的差异。在实际电力系统中，变压器各侧的三相绕组是根据实际运行需要而采用不同的接线方式，在经过不同绕组接法的变压器后，相位将发生改变。因此，在求得支路电流和节点电压的序分量后，对于与短路点之间存在变压器的那些支路和节点，则由各个序网求得的支路三序电流和节点三序电压，必须按变压器绕组的接线方式，将它们转换成实际的三序电流和电压，然后才能应用式（9-2）进行合成，得出支路中的三相电流和节点的三相电压。

下面以两种常见的变压器绕组接线方式 Yy12 和 YNd11 为例来分析两侧序分量的相位关系。

（一）YNd11（或 Yd11）接线变压器两侧序分量的相位关系

图 9-43 所示 YNd11 变压器的接线图中，$\dot{U}_{A}$、$\dot{U}_{B}$、$\dot{U}_{C}$ 和 $\dot{I}_{A}$、$\dot{I}_{B}$、$\dot{I}_{C}$ 为变压器 YN 侧的相电压和线电流，$\dot{I}_{\alpha}$、$\dot{I}_{\beta}$、$\dot{I}_{\gamma}$ 为 d 侧各相绕组中的电流。由于采用标幺值计算，而且变压器的阻抗和非标准变比已经在序网的等值电路中计及，因此图 9-43 中的变压器是 1:1 的理想变压器，而只用它来反映两侧电流和两侧电压之间的相位关系。由图 9-43 可以列出两侧线电流之间的关系为

$$
\left.
\begin{aligned}
\dot{I}_{a} &= \dot{I}_{\alpha} - \dot{I}_{\beta} = (\dot{I}_{A} - \dot{I}_{B})/\sqrt{3} \\
\dot{I}_{b} &= \dot{I}_{\beta} - \dot{I}_{\gamma} = (\dot{I}_{B} - \dot{I}_{C})/\sqrt{3} \\
\dot{I}_{c} &= \dot{I}_{\gamma} - \dot{I}_{\alpha} = (\dot{I}_{C} - \dot{I}_{A})/\sqrt{3}
\end{aligned}
\right\}
\qquad (9-59)
$$

应用相—序分量关系式（9-4）和式（9-2），可以得出变压器 d 侧与 YN 侧正序电流之间的关系为

$$
\dot{I}_{a1} = \frac{1}{3}(\dot{I}_{a} + a\dot{I}_{b} + a^{2}\dot{I}_{c}) = \frac{\dot{I}_{A} + a\dot{I}_{B} + a^{2}\dot{I}_{C}}{3\sqrt{3}} - \frac{a^{2}\dot{I}_{A} + \dot{I}_{B} + a\dot{I}_{C}}{3\sqrt{3}} = \dot{I}_{A1}e^{j\pi/6}
$$

$$
(9-60)
$$

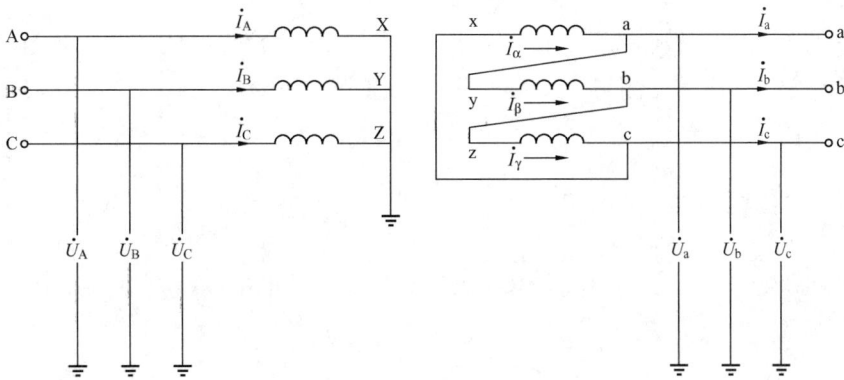

图 9 - 43　YNd11 变压器接线图

同理可以得出 d 侧的负序电流为

$$\dot{I}_{a2} = \frac{1}{3}(\dot{I}_a + a^2 \dot{I}_b + a \dot{I}_c) = \frac{\dot{I}_A + a^2 \dot{I}_B + a \dot{I}_C}{3\sqrt{3}} - \frac{a \dot{I}_A + \dot{I}_B + a^2 \dot{I}_C}{3\sqrt{3}} = \dot{I}_{A2} e^{-j\pi/6}$$

而 d 侧的零序电流 $\dot{I}_{a0} = 0$。这样，YNd11（或 Yd11）变压器两侧序分量之间的相位关系为

$$\left.\begin{array}{l} \dot{I}_{a1} = \dot{I}_{A1} e^{j\pi/6} = \dot{I}_{A1} e^{-j11\pi/6} \\ \dot{I}_{a2} = \dot{I}_{A2} e^{-j\pi/6} = \dot{I}_{A2} e^{j11\pi/6} \\ \dot{I}_{a0} = 0 \end{array}\right\} \tag{9 - 61}$$

由此可以看出，YNd11（或 Yd11）变压器 d 侧的正序电流，在相位上超前于 YN 侧正序电流 $\pi/6$（即 30°），这与 YNd11 接线方式的定义相符（YN 侧 $\dot{I}_{A1}$ 电流相量置于钟面 12 点位置，d 侧 $\dot{I}_{a1}$ 电流处于 11 点位置）；与之相反，d 侧的负序电流则在相位上滞后于 YN 侧负序电流 $\pi/6$；而 YN 侧零序电流不能流到 d 侧的线电流中，只能在 d 侧绕组中形成环流。式（9-61）为 a 相序分量电流之间的关系，对于 b 相和 c 相的序分量电流也有同样的关系式。两侧电流正、负序分量之间的关系如图 9-44 所示。

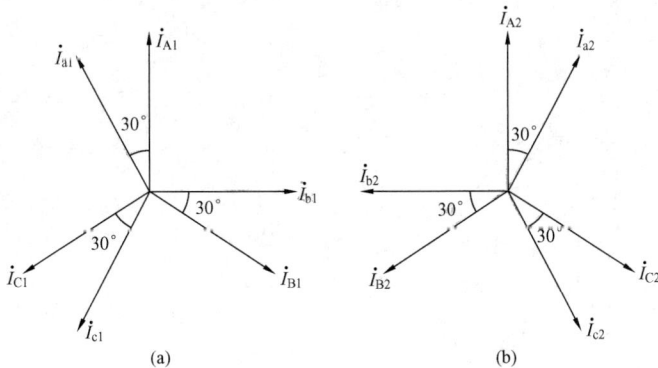

图 9 - 44　YNd11 接线变压器两侧电流序分量之间的相位关系

(a) 正序分量；(b) 负序分量

对于两侧的三相电压，有

$$\dot{U}_A = (\dot{U}_a - \dot{U}_c)/\sqrt{3}; \quad \dot{U}_B = (\dot{U}_b - \dot{U}_a)/\sqrt{3}; \quad \dot{U}_A = (\dot{U}_c - \dot{U}_b)/\sqrt{3}$$

并可用同样的方法导出 YN 侧与 d11 侧各序电压之间的关系为

$$\left.\begin{array}{l} \dot{U}_{A1} = \dot{U}_{a1}\,e^{-j\pi/6} \\ \dot{U}_{A2} = \dot{U}_{a2}\,e^{j\pi/6} \end{array}\right\} \tag{9-62}$$

或

$$\left.\begin{array}{l} \dot{U}_{a1} = \dot{U}_{A1}\,e^{j\pi/6} = \dot{U}_{A1}\,e^{-j11\pi/6} \\ \dot{U}_{a2} = \dot{U}_{A2}\,e^{-j\pi/6} = \dot{U}_{A2}\,e^{j11\pi/6} \\ \dot{U}_{a0} = 0 \end{array}\right\} \tag{9-63}$$

比较式（9-61）和式（9-63）可见，YNd11 变压器两侧电压序分量之间的相位关系与电流序分量完全相同，如图 9-45 所示。对于零序分量电压而言，由于 d 侧无零序线电流，因此 $\dot{I}_{a0}=0$，$\dot{U}_{a0}=0$。

（二）Yy12（或 Yyn12）接线变压器两侧序分量的相位关系

图 9-46（a）表示 Yy12 接线方式的变压器，其中 A、B、C 表示变压器 1 侧绕组的出线端，a、b、c 表示 2 侧绕组的出线端。由于两侧绕组的接线方式完全相同，因此两侧相电压之间彼此不存在相位差，说明两侧

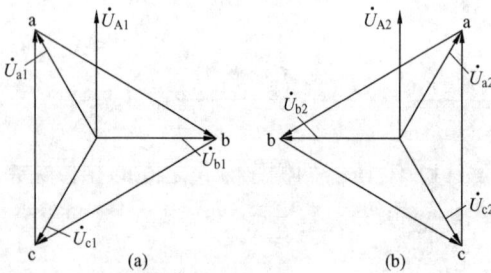

图 9-45　YNd11 接线变压器两侧电压序
分量之间的相位关系
（a）正序分量；（b）负序分量

的同序分量之间也都不存在相位差，如图 9-46（b）、（c）所示，即有

$$\left.\begin{array}{l} \dot{U}_{a1} = \dot{U}_{A1} \\ \dot{U}_{a2} = \dot{U}_{A2} \end{array}\right\} \tag{9-64}$$

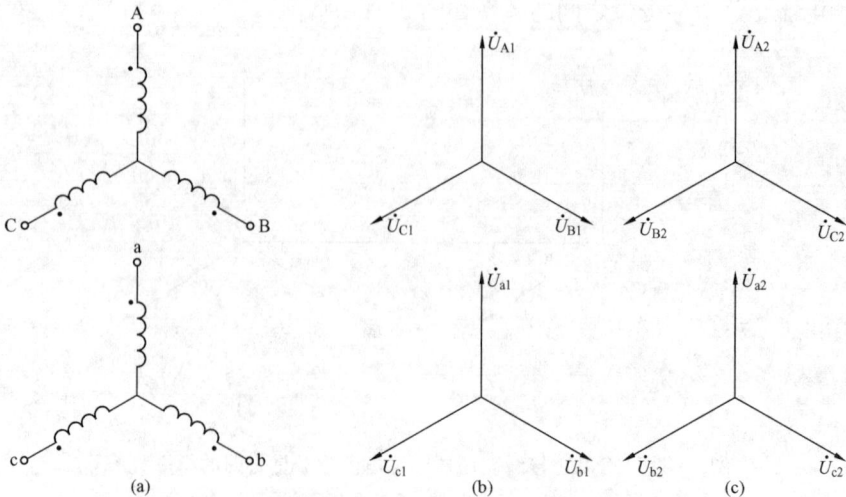

图 9-46　Yy12 接线变压器两侧正、负序电压相量关系
（a）接线方式；（b）正序电压相量；（c）负序电压相量

对于两侧电流的正序和负序分量，也存在上述关系。

如果变压器绕组接线方式为 YNyn12，而又存在零序电流的通路，则变压器两侧的零序电流和电压也是同相位的。

以上的分析方法可以推广到其他各种绕组接线方式，并可用变压器的钟点数 N 来表示两侧正序分量和负序分量之间的一般相位关系

$$\left.\begin{array}{ll}\dot{U}_{a1}=\dot{U}_{A1}\,e^{-jN\pi/6}; & \dot{U}_{a2}=\dot{U}_{A2}\,e^{jN\pi/6}\\[2mm]\dot{I}_{a1}=\dot{I}_{A1}\,e^{-jN\pi/6}; & \dot{I}_{a2}=\dot{I}_{A2}\,e^{jN\pi/6}\end{array}\right\}\qquad(9-65)$$

有时将两侧序电压的相位关系附加到变压器的非标准变比上，分别采用变压器的正序分量和负序分量的复变比，用它们来直接形成包含两侧变比和相位关系的变压器等值电路。

【例 9-4】　已知图 9-47（a）中变压器绕组的接线方式为 YNd11，YN 侧 A 相接地短路电流为 $\dot{I}_f$，试分析 d 侧 a、b、c 三相的线电流。

解　根据单相接地短路的边界条件，YN 侧故障相的三序电流与故障相电流 $\dot{I}_f$ 的关系为 $\dot{I}_{A1}=\dot{I}_{A2}=\dot{I}_{A0}=\dot{I}_f/3$，即 $\dot{I}_f=3\dot{I}_{A1}$。由已知的 $\dot{I}_f$ 可以画出 YN 侧三序电流的相量，如图 9-47（b）所示。再取 $N=11$，由式（9-61）可知，d 侧 a 相电流的正序分量 $\dot{I}_{a1}$ 比 $\dot{I}_{A1}$ 的相位滞后 $11\pi/6$（即超前 $\pi/6$），负序分量 $\dot{I}_{a2}$ 比 $\dot{I}_{A2}$ 超前 $11\pi/6$（即滞后 $\pi/6$），如图 9-47（c）所示。然后，再由 $\dot{I}_{a1}$ 和 $\dot{I}_{a2}$ 分别得出 $\dot{I}_{b1}$、$\dot{I}_{c1}$ 和 $\dot{I}_{b2}$、$\dot{I}_{c2}$。最后，分别将 a、b 和 c 的各个序分量电流进行相加，其结果为

$$\dot{I}_a=-\dot{I}_c=\sqrt{3}\dot{I}_{a1}=\dot{I}_f/\sqrt{3};\qquad \dot{I}_b=0$$

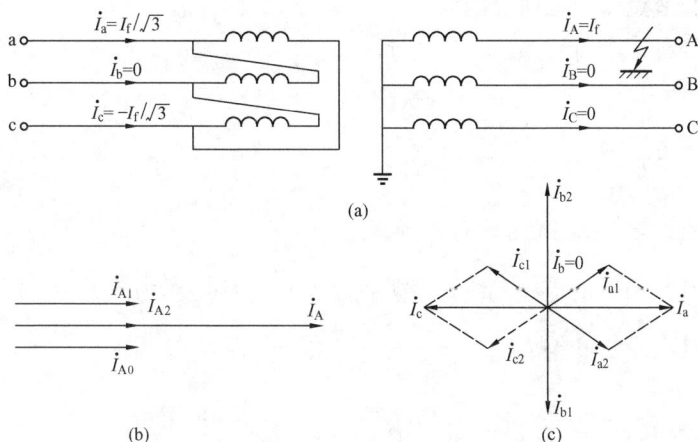

图 9-47　［例 9-4］的接线图和电流相量图
（a）接线图；（b）YN 侧电流相量图；（c）d 侧电流相量图

【例 9-5】　计算［例 9-2］中节点③单相短路接地瞬间的以下各量：

（1）节点①和②的电压；

（2）线路①-③中的电流；

（3）发电机 G1 的端电压。

解　（1）计算节点①和节点②的电压。由［例 9-2］的结果可知，故障点的正、负、零

序短路电流均为-j3.12。按图 9-48（a）中的故障分量正序网络（负序网络与它相同），计算两台发电机的正序和负序故障电流为

$$\Delta \dot{I}_{G11} = \Delta \dot{I}_{G12} = -j3.12 \times \frac{j0.1083}{j0.1833 + j0.1083} = -j1.159$$

$$\Delta \dot{I}_{G21} = \Delta \dot{I}_{G22} = -j3.12 \times \frac{j0.1833}{j0.1833 + j0.1083} = -j1.961$$

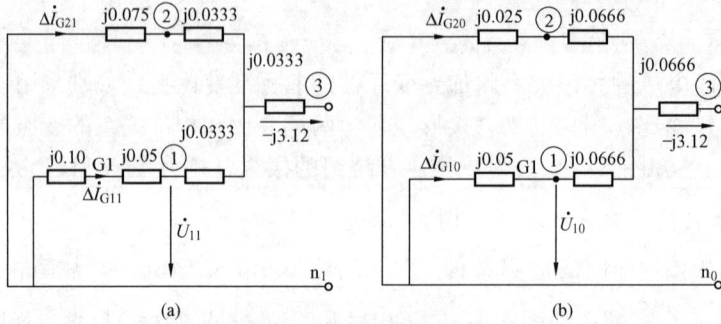

图 9-48   各序网络中的电流分布
（a）正、负序网络；（b）零序网络

并计算节点①和节点②的正序电压故障分量为

$$\Delta \dot{U}_{11} = 0 - (-j1.159) \times j0.15 = -0.174$$

$$\Delta \dot{U}_{21} = 0 - (-j1.961) \times j0.075 = -0.147$$

从而得出节点①和节点②的正序电压为

$$\dot{U}_{11} = \dot{U}_{1(0)} + \Delta \dot{U}_{11} = 1 + \Delta \dot{U}_{11} = 0.826$$

$$\dot{U}_{21} = \dot{U}_{2(0)} + \Delta \dot{U}_{21} = 1 + \Delta \dot{U}_{21} = 0.853$$

两节点的负序电压为

$$\dot{U}_{12} = \Delta \dot{U}_{12} = \Delta \dot{U}_{11} = -0.174$$

$$\dot{U}_{22} = \Delta \dot{U}_{22} = \Delta \dot{U}_{21} = -0.147$$

由图 9-48（b）所示的零序网络，计算两节点的零序电压为

$$\dot{U}_{10} = -\left(-j3.12 \times \frac{j0.0916}{j0.01916 + j0.1166}\right) \times j0.05 = -0.069$$

$$\dot{U}_{20} = -\left(-j3.12 \times \frac{j0.1166}{j0.0916 + j0.1166}\right) \times j0.025 = -0.044$$

于是，两个节点的三相电压分别为

$$\begin{bmatrix} \dot{U}_{1a} \\ \dot{U}_{1b} \\ \dot{U}_{1c} \end{bmatrix} = \begin{bmatrix} 1 & 1 & 1 \\ a^2 & a & 1 \\ a & a^2 & 1 \end{bmatrix} \begin{bmatrix} 0.826 \\ -0.174 \\ -0.069 \end{bmatrix} = \begin{bmatrix} 0.583 \\ -0.395 - j0.866 \\ -0.395 + j0.866 \end{bmatrix}$$

$$
\begin{bmatrix} \dot{U}_{2a} \\ \dot{U}_{2b} \\ \dot{U}_{2c} \end{bmatrix} = \begin{bmatrix} 1 & 1 & 1 \\ a^2 & a & 1 \\ a & a^2 & 1 \end{bmatrix} \begin{bmatrix} 0.853 \\ -0.147 \\ -0.044 \end{bmatrix} = \begin{bmatrix} 0.662 \\ -0.40-j0.866 \\ -0.40+j0.866 \end{bmatrix}
$$

其有效值分别为

$$
\begin{bmatrix} U_{1a} \\ U_{1b} \\ U_{1c} \end{bmatrix} = \begin{bmatrix} 0.583 \\ 0.952 \\ 0.952 \end{bmatrix} ; \quad \begin{bmatrix} U_{2a} \\ U_{2b} \\ U_{2c} \end{bmatrix} = \begin{bmatrix} 0.662 \\ 0.954 \\ 0.954 \end{bmatrix}
$$

由这一结果可见，非故障点 a 相电压并不等于零，而 b、c 相电压较故障点低。

（2）线路①-③中的电流。应用式（9-58），求出各序分量为

$$
\dot{I}_{1\text{-}3,1} = \frac{\dot{U}_{11}-\dot{U}_{31}}{Z_{1-3,1}} = \frac{0.826-0.683}{j0.10} = -j1.43
$$

$$
\dot{I}_{1\text{-}3,2} = \frac{\dot{U}_{12}-\dot{U}_{32}}{Z_{1-3,2}} = \frac{-0.174+0.316}{j0.10} = -j1.43
$$

$$
\dot{I}_{1\text{-}3,0} = \frac{\dot{U}_{10}-\dot{U}_{30}}{Z_{1-3,0}} = \frac{-0.069+0.368}{j0.20} = -j1.50
$$

于是，线路①-③中的三相电流为

$$
\begin{bmatrix} \dot{I}_{1\text{-}3a} \\ \dot{I}_{1\text{-}3b} \\ \dot{I}_{1\text{-}3c} \end{bmatrix} = \begin{bmatrix} 1 & 1 & 1 \\ a^2 & a & 1 \\ a & a^2 & 1 \end{bmatrix} \begin{bmatrix} -j1.43 \\ -j1.43 \\ -j1.50 \end{bmatrix} = \begin{bmatrix} -j4.36 \\ -j0.07 \\ -j0.07 \end{bmatrix}
$$

（3）由图 9-48（a）求出发电机 G1 端电压的正序故障分量和负序分量

$$
\Delta\dot{U}_{G1} = \dot{U}_{G12} = -(-j1.159)\times(j0.10) = -0.116
$$

从而得

$$
\dot{U}_{G1} = 1 + \Delta\dot{U}_{G1} = 1 - 0.116 = 0.884
$$

由于发电机侧的变压器为三角形接线，发电机端电压的零序电压分量为零。另外，从短路点到发电机母线之间经过 YNd11 变压器，因此发电机母线处正序和负序电压的相位需要按式（9-65）的关系加以改变，即正序电压的相位应增加 $-11\pi/6$，负序电压的相位增加 $11\pi/6$，从而得

$$
\begin{bmatrix} \dot{U}_a \\ \dot{U}_h \\ \dot{U}_c \end{bmatrix} = \begin{bmatrix} 1 & 1 & 1 \\ a^2 & a & 1 \\ a & a^2 & 1 \end{bmatrix} \begin{bmatrix} 0.884e^{-j11\pi/6} \\ -0.116e^{j11\pi/6} \\ 0 \end{bmatrix} = \begin{bmatrix} 0.665+j0.5 \\ -j1 \\ -0.665+j0.5 \end{bmatrix}
$$

其有效值为

$$
\begin{bmatrix} U_a \\ U_b \\ U_c \end{bmatrix} = \begin{bmatrix} 0.831 \\ 1 \\ 0.831 \end{bmatrix}
$$

第五节　非全相运行的分析和计算

非全相运行是指系统中某一支路上三相中的一相或者两相断开的运行情况。造成非全相运行的原因较多，例如，高压线路在单相接地短路后，只将故障相的断路器跳闸，而其他两相在短时间内仍然继续运行；线路中单相或两相导线断线等。电力系统在非全相运行时，一般情况下不会产生危险的大电流和高电压（某些情况下，例如带有并联电抗器的超高压线路，在一定条件下可能会产生工频谐振过电压），但是，负序电流和零序电流仍然产生一定的危害。

断线情况的分析也以 a 相作为特殊相，即考虑 a 相断线和 b、c 两相断线的情况，分别如图 9-49（a）、（b）所示。发生断线后，将引起三相线路在断口处的结构不对称，而系统的其余部分仍然是对称的。一般将引起纵向（断口）电气量不对称的非全相运行称为纵向故障，而将短路故障称为横向故障。

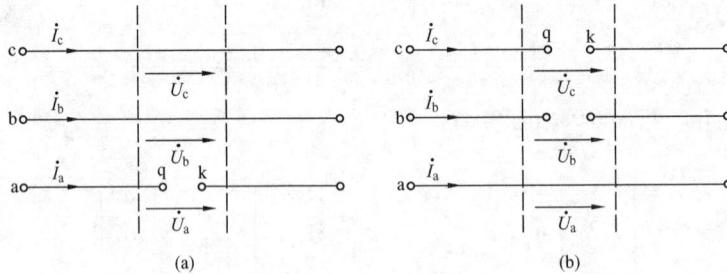

图 9-49　非全相运行示意图
(a) a 相单相断线；(b) b、c 两相断线

一、基于电流源的叠加原理

非全相运行的分析和计算一般也采用叠加原理。但是，它与不对称短路故障的分析方法有所不同。不对称短路故障分析是在短路点处引入电压源，然后进行叠加；而在不对称断线故障分析中，则常在断线的断口处引入电流源。其主要原因是因为在断线前的稳态运行情况下，断口处的电流便是流过断线元件的电流，它可以从断线前的潮流计算结果得出，而断线前断口两端的电压为零，断线后的电压则正是待求的量。

用基于电流源的叠加原理进行断线分析的具体原理是：在断线的断口 q、k 处引入四组电流源，一组是断线前流过的三相电流 $\dot{I}_{a(0)}$、$\dot{I}_{b(0)}$、$\dot{I}_{c(0)}$（注意，为了清晰起见，在本节中所有电流和电压符号都是指断口处的而不另加下标），它们是一组正序电流，即有

$$\dot{I}_{(0)} = \dot{I}_{1(0)} = \dot{I}_{a(0)} \tag{9-66}$$

其他三组是对称分量电流 $\Delta\dot{I}_{a1}$、$\Delta\dot{I}_{b1}$、$\Delta\dot{I}_{c1}$，$\Delta\dot{I}_{a2}$、$\Delta\dot{I}_{b2}$、$\Delta\dot{I}_{c2}$ 和 $\Delta\dot{I}_{a0}$、$\Delta\dot{I}_{b0}$、$\Delta\dot{I}_{c0}$，它们相当于断线后三相电流中的故障分量，而在断口处将产生三组对称分量电压 $\Delta\dot{U}_{a1}$、$\Delta\dot{U}_{b1}$、$\Delta\dot{U}_{c1}$，$\Delta\dot{U}_{a2}$、$\Delta\dot{U}_{b2}$、$\Delta\dot{U}_{c2}$ 和 $\Delta\dot{U}_{a0}$、$\Delta\dot{U}_{b0}$、$\Delta\dot{U}_{c0}$，用这些电压和电流来反映所发生的不对称断线故障，如图 9-50（b）所示。后三组对称分量电流和对称分量电压，实际上分别是用三个序分量表示的断口处流过的电流和断口处电压之故障分量，它们的数值和相

互之间的关系将由断口处的边界条件决定，其具体方法将在以后介绍。

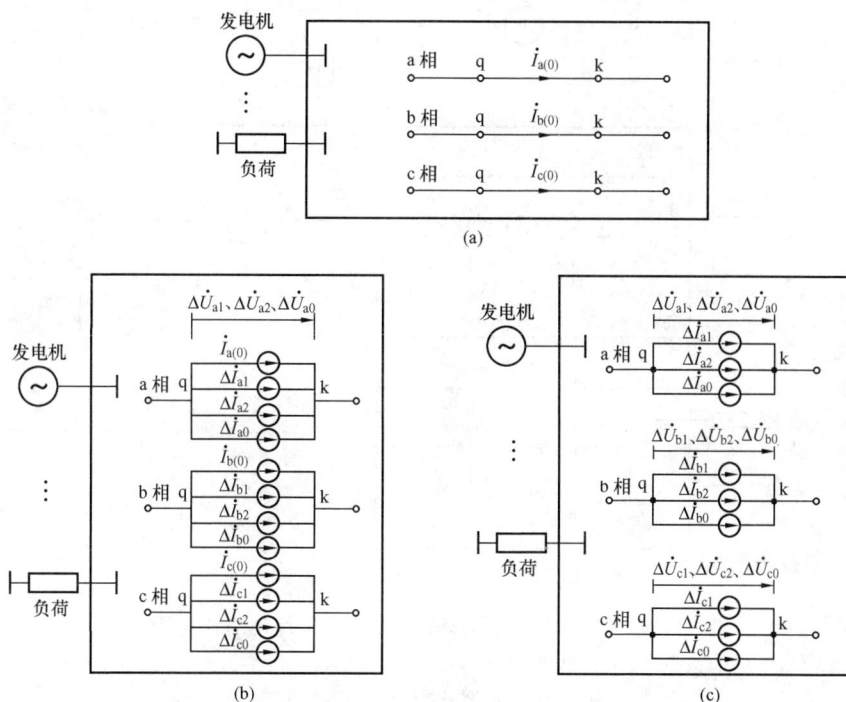

图 9 - 50　用叠加原理分析不对称断线故障的示意图

(a) 系统正常运行情况；(b) 不对称断线故障情况；(c) 断线后电流和电压的故障分量

　　然后，和不对称短路故障分析相似，应用叠加原理将图 9 - 50 (b) 的网络变成图 9 - 50 (a) 和图 9 - 50 (c) 两个网络的叠加，前者为断线前的正常运行情况，后者反映不对称断线故障的故障分量之间的关系。

　　注意，由于在图 9 - 50 (a) 中的系统正常运行情况下断口间的电压为零，因此，在图 9 - 50 (c) 中，断口两端的故障电压分量本身就是断口电压，即有

$$\left.\begin{array}{l} \dot{U}_1 = \dot{U}_{a1} = \Delta\dot{U}_{a1}；\quad \dot{U}_{b1} = \Delta\dot{U}_{b1}；\quad \dot{U}_{c1} = \Delta\dot{U}_{c1} \\ \dot{U}_2 = \dot{U}_{a2} = \Delta\dot{U}_{a2}；\quad \dot{U}_{b2} = \Delta\dot{U}_{b2}；\quad \dot{U}_{c2} = \Delta\dot{U}_{c2} \\ \dot{U}_0 = \dot{U}_{a0} = \Delta\dot{U}_{a0}；\quad \dot{U}_{b0} = \Delta\dot{U}_{b0}；\quad \dot{U}_{c0} = \Delta\dot{U}_{c0} \end{array}\right\} \qquad (9 - 67)$$

　　同理，由于在图 9 - 50 (a) 中只有正序电流而没有负序和零序电流分量，因此，由图 9 - 50 (c)，断口流过的负序和零序故障分量电流本身就是断口的负序和零序电流，即有

$$\left.\begin{array}{l} \Delta\dot{I}_1 = \Delta\dot{I}_{a1} \\ \dot{I}_2 = \dot{I}_{a2} = \Delta\dot{I}_2 = \Delta\dot{I}_{a2}；\quad \dot{I}_{b2} = \Delta\dot{I}_{b2}；\quad \dot{I}_{c2} = \Delta\dot{I}_{c2} \\ \dot{I}_0 = \dot{I}_{a0} = \Delta\dot{I}_a = \Delta\dot{I}_{a0}；\quad \dot{I}_{b0} = \Delta\dot{I}_{b0}；\quad \dot{I}_{c0} = \Delta\dot{I}_{c0} \end{array}\right\} \qquad (9 - 68)$$

　　对于图 9 - 50 (c) 中的故障分量，将再次采用叠加原理，将它分解成正序、负序和零序三个分量的叠加，而这三个序分量中的电流和电压之间的关系，将分别取决于正序、负序网络和零序网络，分别如图 9 - 51 (a)、(b)、(c) 所示。

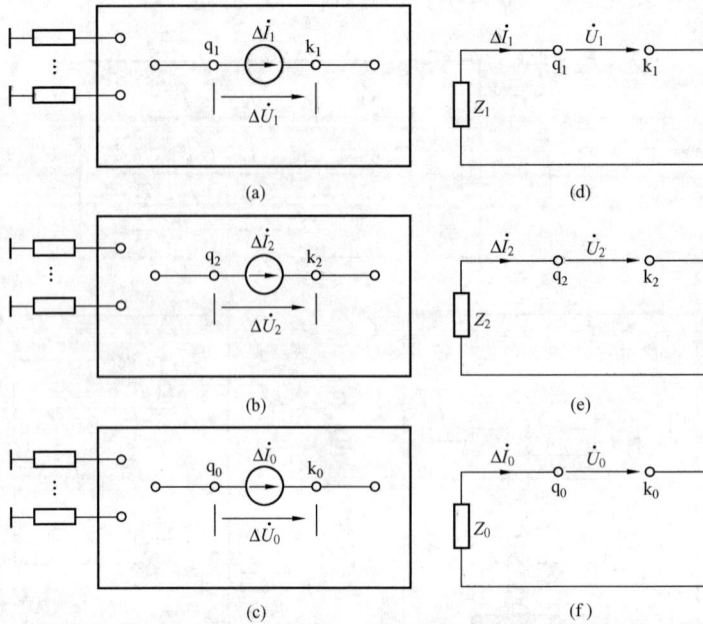

图 9 - 51　不对称断线故障计算用负序和零序网络及其等值

(a) 正序网络（故障分量）；(b) 负序网络；(c) 零序网络；(d) 等值正序网络（故障分量）；
(e) 等值负序网络；(f) 等值零序网络

对于断口的电压和电流，可以将图 9 - 51（a）、（b）、（c）中的网络分别等值成图 9 - 51（d）、（e）、（f）所示的等值正序网络、等值负序网络和等值零序网络，其中的 Z_1、Z_2 和 Z_0 分别为从断线的断口处向各序网络看进去的等值阻抗。对于负序和零序等值序网，并考虑到式（9 - 67）和式（9 - 68）的关系，可以分别列出其电压和电流之间的关系式

$$\left.\begin{array}{l}\dot{U}_2 = -Z_2\Delta\dot{I}_2\\\dot{U}_0 = -Z_0\Delta\dot{I}_0\end{array}\right\}\tag{9-69}$$

至于图 9 - 50（c）中有关正序故障分量的部分，将它直接与图 9 - 50（a）进行叠加，即将正序故障分量电流 $\Delta\dot{I}_{a1}=\Delta\dot{I}_1$，与图 9 - 50（a）中系统正常运行情况下的电流 $\dot{I}_{(0)}=\dot{I}_{a(0)}$ 相加，其和便是断线后断口所流过的实际正序电流

$$\dot{I}_1 = \dot{I}_{(0)} + \Delta\dot{I}_1\tag{9-70}$$

这样，应用式（9 - 69）和式（9 - 70）以及断线处的边界条件，便可以进行求解。以上便是应用叠加原理分析和计算不对称断线故障的一般原理和方法，下面将具体介绍各种不对称断线故障的分析方法和结果。

二、一相断线

设在图 9 - 50（a）所示的系统中，在支路上的 q 和 k 之间发生 a 相断线，并假定断口两端相距很近，从而可以认为元件的总阻抗并不因断口的出现而减少，则由图可以看出，在断线后，a 相流过断口的电流等于零，而且 b 相和 c 相断口的电压都等于零，即相当于图 9-49（a）的情况，从而可以列出断口的边界条件

$$\dot{I}_a = 0;\quad \dot{U}_b = \dot{U}_c = 0\tag{9-71}$$

它和 b、c 两相短路接地情况下的边界条件式（9-43）在形式上完全相同。但要注意的是，在现在情况下，断线故障处的电流是流过断线支路上的电流，故障处的电压则是断口间的电压。因此，相应的序分量边界条件可以比照式（9-44）的推导而得

$$\dot{I}_1 + \dot{I}_2 + \dot{I}_0 = 0; \quad \dot{U}_1 = \dot{U}_2 = \dot{U}_0 \tag{9-72}$$

将式（9-68）和式（9-70）代入式（9-72），得

$$\left.\begin{array}{l} \dot{I}_{(0)} + \Delta\dot{I}_1 + \Delta\dot{I}_2 + \Delta\dot{I}_0 = 0 \\ \dot{U}_1 = \dot{U}_2 = \dot{U}_0 \end{array}\right\} \tag{9-73}$$

显然，联立求解式（9-73）和反映负序及零序电压、电流之间关系的式（9-69），相当于将负序网络和零序网络并联后接入正序网络的断口，从而形成图 9-52 所示的复合序网。

由图 9-52 中的复合序网，不难得出各序的故障分量电流为

$$\left.\begin{array}{l} \Delta\dot{I}_1 = -\dfrac{\dot{I}_{(0)}}{\dfrac{1}{Z_1} + \dfrac{1}{Z_2} + \dfrac{1}{Z_0}} \times \dfrac{1}{Z_1} \\[3ex] \Delta\dot{I}_2 = -\dfrac{\dot{I}_{(0)}}{\dfrac{1}{Z_1} + \dfrac{1}{Z_2} + \dfrac{1}{Z_0}} \times \dfrac{1}{Z_2} \\[3ex] \Delta\dot{I}_0 = -\dfrac{\dot{I}_{(0)}}{\dfrac{1}{Z_1} + \dfrac{1}{Z_2} + \dfrac{1}{Z_0}} \times \dfrac{1}{Z_0} \end{array}\right\} \tag{9-74}$$

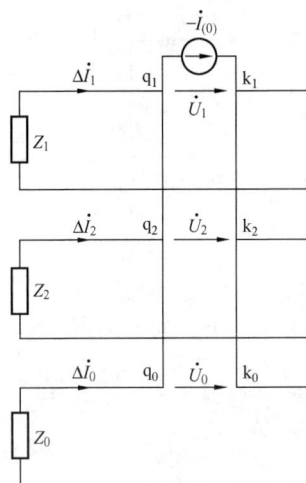

图 9-52　a 相单相断线故障的复合序网

应用式（9-70），将正序故障分量电流与断线前流过支路的正序电流相加，便可得出支路上的各序电流分量为

$$\left.\begin{array}{l} \dot{I}_1 = \Delta\dot{I}_1 + \dot{I}_{(0)} \\ \dot{I}_2 = \Delta\dot{I}_2 \\ \dot{I}_0 = \Delta\dot{I}_0 \end{array}\right\} \tag{9-75}$$

在断口处的各序电压分量为

$$\dot{U}_1 = \dot{U}_2 = \dot{U}_0 = \dfrac{\dot{I}_{(0)}}{\dfrac{1}{Z_1} + \dfrac{1}{Z_2} + \dfrac{1}{Z_0}} \tag{9-76}$$

三、两相断线

设在图 9-50（a）所示的系统中，支路上的 q 和 k 点之间发生 b 相和 c 相两相断线，即相当于图 9-49（b）的情况，则由图可以看出，在断线后，a 相断口两端的电压等于零，而 b 相和 c 相流过断口的电流都等于零，从而可以列出断口的边界条件为

$$\dot{U}_a = 0; \quad \dot{I}_b = \dot{I}_c = 0 \tag{9-77}$$

它与 a 相短路接地情况下的边界条件式（9-24）在形式上完全相同，因此，比照式（9-25）可以得出相应的序分量边界条件为

$$\dot{U}_1 + \dot{U}_2 + \dot{U}_0 = 0; \quad \dot{I}_1 = \dot{I}_2 = \dot{I}_0 \tag{9-78}$$

应用式（9-68）和式（9-70），式（9-78）变为

$$\left. \begin{array}{l} \dot{U}_1 + \dot{U}_2 + \dot{U}_0 = 0 \\ \dot{I}_{(0)} + \Delta\dot{I}_1 = \Delta\dot{I}_2 = \Delta\dot{I}_0 \end{array} \right\} \tag{9-79}$$

联立求解式（9-79）和式（9-69），相当于将负序网络和零序网络串联后接入正序网络的断口，从而形成图9-53所示的复合序网，并可以从中求出各序的故障分量电流为

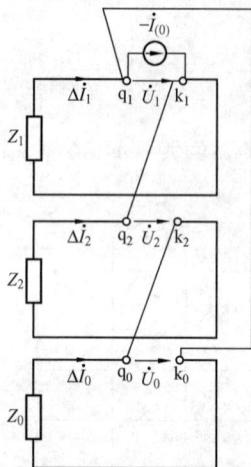

图9-53　b、c两相断线故障的
　　　　复合序网

$$\left. \begin{array}{l} \Delta\dot{I}_1 = -\dfrac{\dot{I}_{(0)}}{\dfrac{1}{Z_1} + \dfrac{1}{Z_2 + Z_0}} \times \dfrac{1}{Z_1} = -\dot{I}_{(0)}\dfrac{Z_2 + Z_0}{Z_1 + Z_2 + Z_0} \\[4mm] \Delta\dot{I}_2 = \Delta\dot{I}_0 = \dfrac{\dot{I}_{(0)}Z_1}{Z_1 + Z_2 + Z_0} \end{array} \right\} \tag{9-80}$$

应用式（9-70）和式（9-68），得出支路上的各序电流分量为

$$\dot{I}_1 = \dot{I}_2 = \dot{I}_0 = \dfrac{\dot{I}_{(0)}Z_1}{Z_1 + Z_2 + Z_0} \tag{9-81}$$

由式（9-80）求得断口的各序故障分量电流 $\Delta\dot{I}_1$、$\Delta\dot{I}_2$ 和 $\Delta\dot{I}_0$ 后，断口的各序电压分量为

$$\left. \begin{array}{l} \dot{U}_1 = -\Delta\dot{I}_1 Z_1 \\ \dot{U}_2 = -\Delta\dot{I}_2 Z_2 \\ \dot{U}_0 = -\Delta\dot{I}_0 Z_0 \end{array} \right\} \tag{9-82}$$

四、非故障点的电流和电压计算

在一相断线或两相断线情况下，求得断口的各序故障分量电流 $\Delta\dot{I}_1$、$\Delta\dot{I}_2$ 和 $\Delta\dot{I}_0$ 后，要计算非故障点的电压和非故障支路的电流，所采用的方法与第四节中对于不对称短路故障所介绍的方法相似。不同之处有：

（1）断线情况下形成正序、负序网络和零序网络的阻抗矩阵时，断口处的 q 和 k 应分别为两个节点，而在短路情况下，短路点为一个节点。

（2）在短路情况下用阻抗矩阵求各个节点电压时，只令短路点流出相应的序分量电流，而在断线情况下用阻抗矩阵求各个节点电压时，应令断口的 q 节点流出相应的序故障分量电流，并同时令断口的 k 节点注入相同的电流。

除此以外，在计算电流和电压的相分量时，也需要考虑因经过变压器而使正序和负序分量分别引起相位的改变。

另外，在不对称短路故障分析中介绍的正序等效定则，在不对称断线中也有相应的定则：只就简单不对称断线时的正序电流分量而言，它与在正序网络端口处接入一个附加阻抗的情况相等，单相断线时，附加阻抗为 Z_2 与 Z_0 的并联，两相断线时，附加阻抗为 Z_2 与 Z_0 的串联。

将简单不对称短路故障的分析和简单不对称断线故障的分析进行对比，可以发现它们之间存在一些"对偶关系"，建议读者自己加以整理以利于记忆。

【例 9 - 6】 对于图 9 - 54 所示的系统，计算线路末端 a 相断线时 b、c 两相的电流、a 相的断口电压以及发电机母线的三相电压（变压器为 YNd11 接线）。

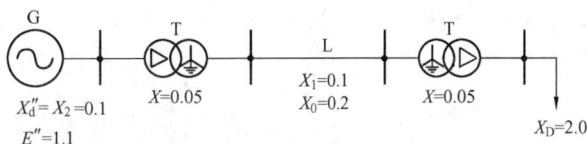

图 9 - 54　［例 9 - 6］的系统接线图

解 （1）对故障前的正常网络进行潮流计算求得

$$\dot{I}_{(0)} = \frac{\dot{E}''}{Z_1} = \frac{1.1}{j(0.1+0.05+0.1+0.05+2.0)} = \frac{1.1}{j2.30} = -j0.4783$$

$$\dot{U}_{G(0)} = \dot{E}'' - jX''_d\dot{I}_{(0)} = 1.1 - j0.1 \times (-j0.4783) = 1.0522$$

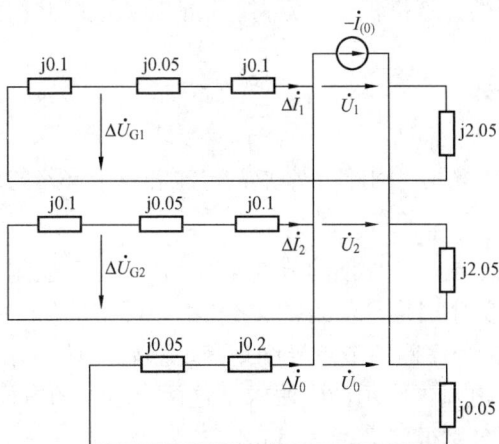

图 9 - 55　［例 9 - 6］的复合序网

（2）作出复合序网如图 9 - 55 所示。

注意，在本例中，$Z_1=Z_2=$j2.30，$Z_0=$j0.3。

（3）由复合序网或按式（9 - 74）求出三序电流的故障分量

$$\Delta\dot{I}_1 = \Delta\dot{I}_2 = j0.4783 \times \frac{1}{\frac{1}{j2.30}+\frac{1}{j2.30}+\frac{1}{j0.3}} \times \frac{1}{j2.30} = j0.0495$$

$$\Delta\dot{I}_0 = j0.4783 \times \frac{1}{\frac{1}{j2.30}+\frac{1}{j2.30}+\frac{1}{j0.3}} \times \frac{1}{j0.3} = j0.3793$$

按式（9 - 75），三序电流为

$$\dot{I}_1 = \dot{I}_{(0)} + \Delta\dot{I}_1 = -j0.4783 + j0.0495 = -j0.4288$$

$$\dot{I}_2 = \Delta\dot{I}_2 = j0.0495$$

$$\dot{I}_0 = \Delta\dot{I}_0 = j0.3793$$

（4）按式（9 - 76），断口处三序电压为

$$\dot{U}_1 = \dot{U}_2 = \dot{U}_0 = \frac{\dot{I}_{(0)}}{\frac{1}{Z_1}+\frac{1}{Z_2}+\frac{1}{Z_0}} = \frac{-j0.4783}{\frac{1}{j2.30}+\frac{1}{j2.30}+\frac{1}{j0.3}} = -j0.4783 \times j0.2379 = 0.1138$$

（5）发电机母线三序电压。

故障分量为

$$\Delta\dot{U}_{G1} = \Delta\dot{U}_{G2} = -j0.0495 \times j0.1 = 0.00495$$

$$\Delta\dot{U}_{G0} = 0$$

三序总电压

$$\dot{U}_{G1} = \dot{U}_{G(0)} + \Delta\dot{U}_{G1} = 1.0522 + 0.00495 = 1.05715$$

$$\dot{U}_{G2} = \Delta\dot{U}_{G2} = 0.00495$$

$$\dot{U}_{G0} = 0$$

发电机三相母线电压为

$$
\begin{bmatrix}
\dot{U}_{Ga} \\
\dot{U}_{Gb} \\
\dot{U}_{Gc}
\end{bmatrix}
=
\begin{bmatrix}
1 & 1 & 1 \\
a^2 & a & 1 \\
a & a^2 & 1
\end{bmatrix}
\begin{bmatrix}
\dot{U}_{G1}\,e^{j30°} \\
\dot{U}_{G2}\,e^{-j30°} \\
\dot{U}_{G0}
\end{bmatrix}
=
\begin{bmatrix}
1.0596\angle 29.77° \\
1.0522\angle -90.00° \\
1.0596\angle 150.23°
\end{bmatrix}
$$

第六节　电力系统简单故障的计算机算法简介

在电力系统规划、设计和运行过程中，往往需要进行大量的不对称故障计算。对于复杂电力系统的不对称故障计算，目前已有一些专门的计算机程序，但它们只能计算故障开始瞬间电压和电流的同步角频率周期性分量。

简单不对称故障计算程序的主要计算步骤为：

（1）输入原始数据。

（2）进行故障前系统稳态运行方式下的潮流计算，得出各个节点的电压和各个支路的电流，并从而得到短路点的电压 $\dot{U}_{f(0)}$ 或断线支路的电流 $\dot{I}_{(0)}$。

（3）对于不对称短路，按给定的短路点分别形成三个序网的节点导纳矩阵，然后应用消去法分别求解短路点的正序网络等值阻抗 $Z_{\Sigma1}$、负序网络等值阻抗 $Z_{\Sigma2}$ 和零序网络等值阻抗 $Z_{\Sigma0}$；对于不对称断线，按给定的断口分别形成三个序网的节点导纳矩阵；然后，对于每个序网，在断口的两个节点处分别注入和吸收单位电流，应用消去法求解这两个节点的电压，由其差值得出该序网对于断口的等值阻抗，从而分别得到 Z_1、Z_2 和 Z_0。

（4）对于不对称短路，由已求得的 $\dot{U}_{f(0)}$、$Z_{\Sigma1}$、$Z_{\Sigma2}$ 和 $Z_{\Sigma0}$，按照给定的短路类型计算短路点的三序电流和电压的故障分量 $\dot{I}_{f1}$、$\dot{I}_{f2}$、$\dot{I}_{f0}$ 和 $\Delta\dot{U}_{f1}$、$\Delta\dot{U}_{f2}$、$\Delta\dot{U}_{f0}$；对于不对称断线，则由已求得的 $\dot{I}_{(0)}$、Z_1、Z_2 和 Z_0，按照给定的断线类型计算断口的三序电流和电压的故障分量 $\Delta\dot{I}_1$、$\Delta\dot{I}_2$、$\Delta\dot{I}_0$ 和 $\dot{U}_1$、$\dot{U}_2$、$\dot{U}_0$。

（5）对于不对称短路，由短路点的三序电流和电压的故障分量并将正序故障分量电压与 $\dot{U}_{f(0)}$ 叠加后，按式（9-2）计算三相电压和电流；对于不对称断线，由断口的三序电压和电流的故障分量并将正序电流的故障分量与 $\dot{I}_{(0)}$ 叠加后，按式（9-2）计算三相电压和电流。

（6）如果要计算故障后节点的电压和支路的电流，对于不对称短路，应用所形成的三个序网的节点导纳矩阵，在短路点分别注入 $-\dot{I}_{f1}$、$-\dot{I}_{f2}$ 和 $-\dot{I}_{f0}$，求出有关节点的三序电压故障分量，并将其正序与故障前潮流计算所得电压叠加，得出节点的三序电压。对于支路的三序电流则按式（9-47）由两端节点的三序电压之差除以支路相应的序阻抗而得。然后，按变压器两侧相位关系式（9-54）对正序和负序分量改变其相位，最后，再按式（9-2）计算三相电压和电流。对于不对称断线，则应用所形成的三个序网的节点导纳矩阵，在断口的节点 q 和 k 处分别对正序注入 $-\Delta\dot{I}_1$ 和 $\Delta\dot{I}_1$、对负序注入 $-\Delta\dot{I}_2$ 和 $\Delta\dot{I}_2$、对零序注入 $-\Delta\dot{I}_0$ 和 $\Delta\dot{I}_0$，求出有关节点的三序电压故障分量，以后的计算与不对称短路的情况相同。

最后必须指出，如果要计算故障后某一时刻的电压和电流，则也可以应用暂态稳定计算程序进行计算。

第十章 电力系统稳定性分析

第一节 电力系统稳定性的基本理论和数学模型

电力系统是一个用常微分方程描述的复杂动力学系统。电力系统的理想运行情况是，在任何时刻系统都能以恒定的电压和频率连续不断地向负荷供电。然而在实际系统中，情况并非如此理想。实际上，负荷的规律性和随机性变化以及相应的发电机组的调节时刻存在，一些大的变化也时有发生，例如网络中的短路故障，大容量发电机和重要输变电设备的投入或切除等。一般将上述各种变化因素统称为干扰或者扰动。处于稳态运行情况下的电力系统在遭受干扰后，原来的平衡状态将被打破，从而使系统经历一个动态过程。电力系统的稳定性问题就是研究这些动态过程的结局如何，是否会危及系统的安全运行。从本质上来讲，这一问题属于动力学系统稳定性的范畴。因此，首先对动力学系统的稳定性理论作简要的介绍，以便对电力系统稳定性问题在理论上有一个正确的认识。

一、动力学系统稳定性理论

稳定性理论是研究动力学系统中的运动过程对于干扰是否具有自我保持能力的理论。研究动力学系统的稳定性，特别是非线性系统的稳定性，最经典的是李雅普诺夫稳定性理论。下面将介绍与电力系统稳定性直接有关的部分。

1. 无扰运动和受扰运动

考虑用常微分方程描述的一般非线性自治系统

$$\frac{\mathrm{d}x}{\mathrm{d}t} = f(x) \tag{10-1}$$

式中：$x = [x_1, x_2, \cdots, x_n]^\mathrm{T}$ 为 n 维状态向量；$f(x) = [f_1(x), f_2(x), \cdots, f_n(x)]^\mathrm{T}$ 为 n 维向量函数（该函数中不显含时间 t，常称为自治系统），假定它们连续且满足微分方程解的存在和唯一性条件。

对于任意一个给定的初始条件 $x(t_0)$，式（10-1）有唯一解 $x(t)$，它通常对应于状态空间中时间 t 从 t_0 变化到无穷大时的一条曲线，称这一曲线为系统的状态轨线。显然，每一条状态轨线对应系统的一种运动，而对于系统的全部初始条件，式（10-1）的解将对应于系统所有的运动。特别地，在全部解 $x(t)$ 中，将存在一类解 x_e，它们不随时间变化，即满足

$$f(x_e) = 0 \quad (t \geqslant t_0) \tag{10-2}$$

这类解所对应的运动称为系统的平衡状态（或平衡点）。平衡点意味着，如果系统在 t_0 时刻的状态是 x_e，则在无任何干扰（或输入）的情况下，对于一切 $t \geqslant t_0$，总有 $x(t) = x_e$。

在稳定性分析中，所关心的通常是某一个给定的平衡点 x_e，它对应于式（10-1）的一个特解，并称它为未被干扰的运动，简称无扰运动。与它相对应的，式（10-1）的其他所有解 $x(t)$（包括其他平衡点在内）都称为受到干扰后的运动，简称受扰运动。

在初始时刻 t_0，受扰运动 $x(t)$ 与无扰运动 x_e 之间的差 $x(t_0) - x_e$，称为对无扰运动 x_e 的初始干扰，简称干扰。

动力学系统的稳定性所研究的内容之一，便是研究受扰运动与无扰运动之间的关系，或者说初始干扰对无扰运动的影响。

对于给定的无扰运动，即平衡点 x_e，常引入一个新的状态向量

$$\Delta x(t) = x(t) - x_e \tag{10-3}$$

并将 $x(t) = \Delta x(t) + x_e$ 代入式（10-1），得出关于状态向量 $\Delta x(t)$ 的微分方程

$$\frac{\mathrm{d}\Delta x}{\mathrm{d}t} = f(x_e + \Delta x) \tag{10-4}$$

显然，式（10-1）的解 $x = x_e$ 对应于式（10-4）的解 $\Delta x = 0$，即由 Δx 所组成的新的状态空间的原点。因此，式（10-1）在平衡点 x_e 的稳定性与式（10-4）在原点的稳定性相一致。

2. 稳定性的定义和概念

定义 1   如果对于任意给定的值 $\varepsilon > 0$，存在数 $\delta(\varepsilon, t_0) > 0$，使得当

$$\| \Delta x(t_0) \| < \delta$$

时，对于一切 $t > t_0$，所有受扰运动 $\Delta x(t)$ 都满足

$$\| \Delta x(t) \| < \varepsilon$$

则称式（10-4）的无扰运动 $\Delta x = 0$ 为稳定的，或者称原点是稳定平衡点。

这个稳定性的定义也称为李雅普诺夫意义下的稳定性。它在本质上意味着，若系统在足够靠近原点处开始运动（即初始干扰足够小），则系统的状态轨线以后就可以保持在任意接近原点的一个邻域之内。更确切地说，如果系统是稳定的，那么要想让状态轨线保持在原点的 ε 邻域内，只要限定初始干扰小于 δ 便可。当然，这包含要求 $\delta \leqslant \varepsilon$。

定义 2   如果无扰运动是稳定的，并且存在数 $\delta'(t_0) > 0$，使得当任何一组初始干扰 $\Delta x(t_0)$ 满足不等式

$$\| \Delta x(t_0) \| < \delta'(t_0)$$

时，系统的受扰运动均满足

$$\lim_{t \to \infty} \| \Delta x(t) \| = 0$$

则称式（10-4）的无扰运动 $\Delta x = 0$ 为渐近稳定的，或者称原点是渐近稳定平衡点。

渐近稳定性意味着，如果系统在包围原点的某一个域内的任一点处开始运动（即初始干扰在包围原点的某一域内），则该系统的状态轨线最终将收敛于原点，即最终成为无扰运动 $\Delta x = 0$。

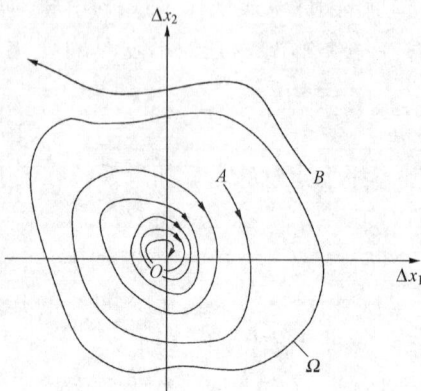

显然，如果无扰运动 $\Delta x = 0$ 是渐近稳定的，则至少在初始干扰的各个分量都足够小的情况下，系统可以最终到达并且保持在原点。于是，一个显而易见的问题是，初始干扰可以大到什么程度，使系统仍然可以最终到达原点。对此，引入下面关于渐近稳定域的定义。

定义 3   渐近稳定域是在由 Δx 组成的状态空间中包围原点的一个域，当且仅当初始干扰 $\Delta x(t_0)$ 处于域内时，原点是渐近稳定的。渐近稳定域也称为吸引域。

图 10-1   渐近稳定域的几何意义

渐近稳定域的几何意义可以用图 10-1 来

说明。为了简单起见，考虑状态空间 Δx 为二维的情况。若图中包围原点的域 Ω 为渐近稳定域，则当初始干扰在域内的任何一点，例如 A 点，则在这一初始干扰下的状态轨线最终将到达原点；反之，若初始干扰在域外的任何一点，例如 B 点，则状态轨线将不能到达原点。

实际上，系统的渐近稳定域问题包含两方面的内容：一是，在初始干扰任意微小（在数学上为无穷小量）的情况下，给定的平衡点是否渐近稳定；二是，平衡点的渐近稳定域如何确定，或者说某一个给定的、有一定大小的初始干扰是否在该平衡点的渐近稳定域内。前者属于小干扰稳定性问题，后者则属于大干扰稳定性问题。

显然，对于一个实际系统而言，给定的平衡点至少必须是小干扰稳定的。这是因为任何系统总是经常受到各种干扰，而如果在任意微小的干扰下平衡点尚不是渐近稳定的，则任何初始干扰都将使受扰运动离开平衡点而不再返回，这说明给定的平衡点在实际中根本不可能存在。当然，除了要求给定的平衡点小干扰稳定以外，还必须具有一定大小的渐近稳定域。小干扰稳定的平衡点常称为稳定平衡点，否则称为不稳定平衡点。

必须指出，由于式（10-1）和式（10-4）中的函数不显含时间 t，因此初始时刻 t_0 的大小对于系统的运动稳定性并无影响，因而通常取 $t_0=0$。

二、稳定性的主要分析方法

对于如何得到平衡点的渐近稳定域，目前还没有通用的分析和计算方法。但是，对于一个给定的初始干扰，要判断它是否在原点的稳定域之内，通常有两类方法。一类是将给定的初始干扰作为微分方程式（10-1）的初值，对它进行求解，从而根据解来判断在时间 t 趋于无穷大时 $x(t)$ 是否趋近于常数，即趋于某个平衡点，这类方法称为间接法。式（10-1）右端的函数为非线性函数，一般不能得到解析解，因此通常用数值积分方法获得微分方程在离散点上的解，然后用它们判断系统的稳定性。另一类是通过构造一种特殊性质的李雅普诺夫函数，按函数沿运动轨线对时间导数的符号属性来判断稳定性。由于这类方法不需要求解微分方程式，因此常称为直接法。在电力系统稳定性分析中，这两类方法都有研究和应用，但间接法的应用更为广泛。

对于平衡点的小干扰稳定性，通常采用李雅普诺夫线性化方法进行分析和判别。

（一）暂态稳定性分析的数值积分方法

电力系统的暂态稳定性分析可归结为常微分方程的初值问题，有多种数值积分方法可以求得其数值解，这里只介绍其中最简单的欧拉法和改进欧拉法。

考虑常微分方程

$$\frac{\mathrm{d}x}{\mathrm{d}t}=f(t,x) \tag{10-5}$$

求其在已知初值 $x(t_0)=x_0$ 下的解。

数值积分法的主要思想是，从初始时刻 t_0 开始，将时间 t 按一定的规则分成一系列的离散时刻。例如，最简单的是取相同的时间间隔 h（称为步长），得出离散时刻 $t_n=t_0+nh$（$n=0$，1，2，…），然后从已知的初值开始，依次对每一个步长应用某种数值积分公式求出各个离散时刻的近似解 x_n。因此，数值积分方法又称为逐步积分法。

1. 欧拉法

对于微分方程式（10-5），由已知初值 $x(t_0)=x_0$ 计算导数

$$\left.\frac{\mathrm{d}x}{\mathrm{d}t}\right|_{t_0}=f(t_0,x(t_0))$$

并用差商 $\dfrac{x(t_1)-x(t_0)}{h}$ 近似地代替 $x(t)$ 在 t_0 时刻的导数，即令

$$\frac{\mathrm{d}x}{\mathrm{d}t}\bigg|_{t_0}\approx\frac{x(t_1)-x(t_0)}{h}$$

从而得出

$$x(t_1)\approx x(t_0)+hf(t_0,x(t_0))$$

然后取

$$x_1=x_0+hf(t_0,x_0)$$

为 $x(t_1)$ 的近似值，从而完成第一个步长的数值积分计算。对于第二个步长，应用 x_1 和 t_1 计算导数 $f(t_1,x_1)$，并取

$$x_2=x_1+hf(t_1,x_1)$$

作为 $x(t_2)$ 的近似值。依此类推，可得到各个时刻的近似解为

$$x_{n+1}=x_n+hf(t_n,x_n)\quad(n=0,1,2,\cdots)\tag{10-6}$$

这便是求解微分方程式（10-5）的欧拉法。

可以证明，欧拉法每一步的计算误差（又称局部截断误差）与 h^2 成正比，因此它是一种计算精度较低的方法。为了减小欧拉法的计算误差需要适当选择较小的步长 h。

2. 改进欧拉法

在欧拉法中，实际上是将各个时段由起始点计算出的导数值（即斜率）$f(x_n,t_n)$ 用于整个步长 $[t_n,t_{n+1}]$。显然，如果能求出终点处导数的近似值，并将该时段起始点导数与终点导数的平均值用于整个时段，则便可望得到略精确一点的计算结果。改进欧拉法就是根据这个思想提出来的计算方法。

对于微分方程式（10-5），为了求得 x_1，首先用欧拉法求 x_1 的近似值

$$x_1^{(0)}=x_0+hf(t_0,x_0)\tag{10-7}$$

然后用 $x_1^{(0)}$ 求出 t_1 时刻导数的近似值 $f(t_1,x_1^{(0)})$，最后用 $f(t_0,x_0)$ 和 $f(t_1,x_1^{(0)})$ 的平均值来求 x_1 改进值

$$x_1=x_0+\frac{h}{2}[f(t_0,x_0)+f(t_1,x_1^{(0)})]\tag{10-8}$$

这样求得的 x_1 比单纯用欧拉法求得的 $x_1^{(0)}$ 更接近微分方程的准确解 $x(t_1)$。

因此，用改进欧拉法由 (t_n,x_n) 到 (t_{n+1},x_{n+1}) 进一步计算的公式为

$$\left.\begin{array}{l}x_{n+1}^{(0)}=x_n+hf(t_n,x_n)\\[2mm]x_{n+1}=x_n+\dfrac{h}{2}[f(t_n,x_n)+f(t_{n+1},x_{n+1}^{(0)})]\end{array}\right\}\quad(n=0,1,\cdots)\tag{10-9}$$

同样可以证明，改进欧拉法的局部截断误差与 h^3 成正比。图 10-2 是欧拉法和改进欧拉法求解过程的示意图。

【例 10-1】　用欧拉法和改进欧拉法求解微分方程

$$\frac{\mathrm{d}x}{\mathrm{d}t}=-x+t^2+1$$

给定初值为 $t_0=0$，$x_0=1$。

解　这个微分方程式的解析解为 $x=-2\mathrm{e}^{-t}+t^2-2t+3$。

取步长为 0.1，应用两种方法计算的结果以及与精确解的对比见表 10-1。

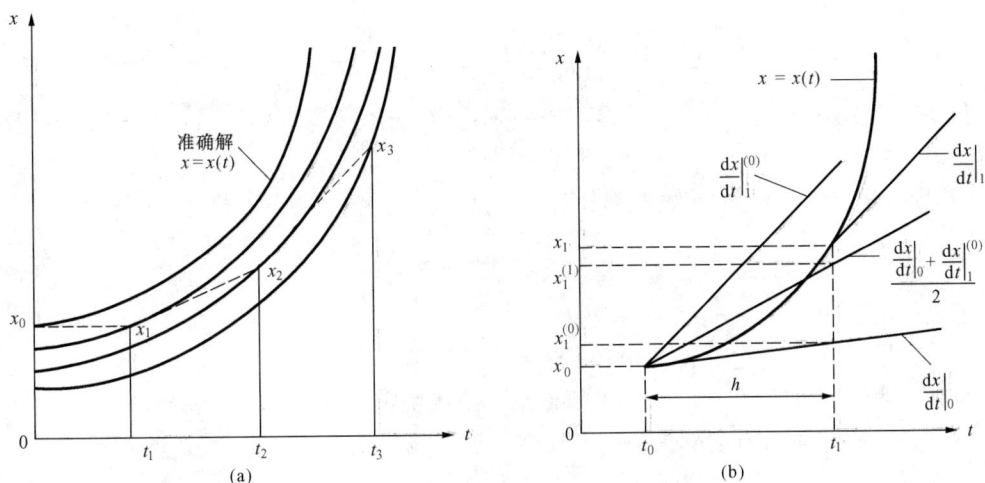

图 10 - 2　欧拉法和改进欧拉法求解过程示意图

(a) 欧拉法；(b) 改进欧拉法

表 **10 - 1**　　　　　　　　　　　　　**两种方法的计算结果**

n	t_n	精确解	欧拉法 $h=0.1$		改进欧拉法 $h=0.1$		改进欧拉法 $h=0.2$	
			计算值	误差	计算值	误差	计算值	误差
0	0.0	1.0000000	1.0000000	0.0000000	1.0000000	0.0000000	1.0000000	0.0000000
1	0.1	1.0003252	1.0000000	0.0003252	1.0005000	−0.0001748		
2	0.2	1.0025385	1.0010000	0.0015385	1.0029025	−0.0003640	1.0040000	−0.0014615
3	0.3	1.0083636	1.0049000	0.0034636	1.0089268	−0.0005632		
4	0.4	1.0193599	1.0134100	0.0059499	1.0201287	−0.0007688	1.0224800	−0.0031201
5	0.5	1.0369387	1.0280690	0.0088697	1.0379165	−0.0009778		
6	0.6	1.0623767	1.0502621	0.0121146	1.0635644	−0.0011877	1.0672336	−0.0048569
7	0.7	1.0968294	1.0812359	0.0155935	1.0982258	−0.0013964		
8	0.8	1.1413421	1.1221123	0.0192298	1.1429444	−0.0016023	1.1479316	−0.0065895
9	0.9	1.1968607	1.1739011	0.0229596	1.1986646	−0.0018040		
10	1.0	1.2642411	1.2375110	0.0267302	1.2662415	−0.0020004	1.2725039	−0.0082628

由表 10 - 1 可以看出，当取相同步长时，改进欧拉法的计算误差要比欧拉法的小得多。当改进欧拉法用两倍于欧拉法的计算步长时，它们的计算量基本相同，但改进欧拉法的计算精度还是高于欧拉法，这说明要获得同样的计算精度，改进欧拉法可以使用大于欧拉法两倍的步长，因而其计算量要小于欧拉法。

（二）小干扰稳定性分析的李雅普诺夫线性化方法

将式（10 - 4）右端的函数 $f(x_e + \Delta x)$ 在平衡点 x_e 附近展开成泰勒级数，并结合式（10 - 2），得

$$\frac{\mathrm{d}\Delta x}{\mathrm{d}t} = A\Delta x + h(\Delta x) \tag{10 - 10}$$

式中

$$A = \frac{\mathrm{d}\boldsymbol{f}(\boldsymbol{x}_\mathrm{e} + \Delta\boldsymbol{x})}{\mathrm{d}\Delta\boldsymbol{x}}\bigg|_{\Delta x=0} = \frac{\mathrm{d}\boldsymbol{f}(\boldsymbol{x})}{\mathrm{d}\boldsymbol{x}}\bigg|_{x=x_\mathrm{e}}$$

为函数 $\boldsymbol{f}(\boldsymbol{x}_\mathrm{e} + \Delta\boldsymbol{x})$ 在 $\Delta\boldsymbol{x} = 0$ 点的雅可比矩阵；$\boldsymbol{h}(\Delta\boldsymbol{x})$ 代表泰勒级数中 $\Delta\boldsymbol{x}$ 的二次及以上各项。

当只取式（10 - 10）中的线性部分时，便得出线性化微分方程

$$\frac{\mathrm{d}\Delta\boldsymbol{x}}{\mathrm{d}t} = \boldsymbol{A}\Delta\boldsymbol{x} \tag{10 - 11}$$

可以严格证明：

（1）如果矩阵 $\boldsymbol{A}$ 的全部特征值都具有负实部，那么线性化系统（10 - 11）是渐近稳定的，原来的非线性系统（10 - 4）在平衡点是小干扰稳定的；

（2）如果矩阵 $\boldsymbol{A}$ 含有实部为正的特征值，那么线性化系统（10 - 11）是不稳定的，原来的非线性系统（10 - 4）在平衡点是小干扰不稳定的；

（3）如果矩阵 $\boldsymbol{A}$ 不含实部为正的特征值，但具有实部为零的特征值，那么线性化系统（10 - 11）处于临界状态，原非线性系统（10 - 4）在平衡点的小干扰稳定性将取决于高次项 $\boldsymbol{h}(\Delta\boldsymbol{x})$。

以上结果说明，要判断非线性系统（10 - 4）在平衡点的小干扰稳定性，只要对式（10 - 4）进行线性化，然后求出其系数矩阵 $\boldsymbol{A}$ 的特征值，进而便可以根据其中是否含有实部为正的特征值来判断原非线性系统在平衡点的小干扰稳定性。至于临界情况下的系统稳定性，虽然不能加以判别，但对于电力系统来说并不十分重要，而是将它看成系统稳定的极限情况。

这里需要特别注意的是，虽然线性化系统方程式（10 - 11）对于原来的非线性系统方程式（10 - 4）来说是近似的，但是用线性化系统系数矩阵 $\boldsymbol{A}$ 的特征值来判断原非线性系统在平衡点的小干扰稳定性在理论上是完全严格的。这一点非常重要。

线性系统（10 - 11）的通解可以表示为

$$\Delta x_i(t) = \sum_j a_{ij}\mathrm{e}^{\alpha_j t} + \sum_k b_{ik}\mathrm{e}^{\alpha_k t}\sin(\beta_k t + \theta_k) \tag{10 - 12}$$

其中的 α_j 和 $\alpha_k \pm \mathrm{j}\beta_k$ 分别为矩阵 $\boldsymbol{A}$ 的实特征值和复共轭特征值。显然，如果全部特征值的实部 α_j 和 α_k 都小于零，则式（10 - 12）中的各个分量当时间趋于无穷时都最终衰减至零，即最终到达原点 $\Delta\boldsymbol{x} = \boldsymbol{0}$；而如果有一个特征值的实部为正，例如 α_j 中有一个为正，则相应的分量将随时间按指数增大；或者在 α_k 中有一个为正，则相应分量的幅值将随时间按指数增大，呈现为增幅振荡。显然，这两种情况最终都不能到达原点 $\Delta\boldsymbol{x} = \boldsymbol{0}$，从而都说明平衡点是不稳定的，前者常称为单调不稳定，后者则称为振荡不稳定。

上述对于线性系统的稳定性与系数矩阵 $\boldsymbol{A}$ 特征值之间关系的分析，可以用来帮助对非线性系统按特征值判断小干扰稳定性这一理论的理解，或者有时可以用它来近似分析非线性系统在原点附近的其他动态行为，但绝对不要误解为非线性系统按特征值判断稳定性是线性系统的近似推广。

三、电力系统稳定性的基本概念和定义

根据动力学系统的稳定性理论，对遭受干扰后电力系统的稳定性问题作如下阐述。

虽然电力系统稳定性问题都可以用动力学系统稳定性理论和方法来进行解释、分析和计算，但是，由于电力系统十分复杂，元件及其控制系统的种类和数量众多，使得在不稳定情

况下所反映出来的物理现象各不相同，它们相当于图 10 - 1 中从 B 点出发的轨线在状态空间中的变化情况有所不同。例如，一类不稳定现象主要表现为发电机之间失去同步，造成发电机转子之间角度的单调增加或增幅振荡，由于发电机的转子位置角通常可以反映发电机的功率特性，因此也称它为功角，因此常称这类稳定性问题为功角稳定性。另一类不稳定现象主要表现为系统中某些节点电压的持续降低，以致使负荷中的感应电动机堵转或引起其他保护装置的动作，这类稳定性问题常称为电压稳定性。此外，还有次同步谐振问题，它主要表现为发电机组轴系上各质量块之间的扭转振荡。

本章将主要介绍功角稳定性。如前所述，功角稳定性也按干扰的大小分成两类，即小干扰稳定性和大干扰稳定性。

（1）小干扰稳定性。电力系统小干扰稳定性（以前称为静态稳定性）实质上是要求系统的给定平衡点（即给定的稳态运行方式）遭受微小干扰后能够保持渐近稳定性。由于负荷情况和系统接线情况的不同，系统的稳态运行方式也各不相同，因此，实际上要求系统在各种可能的稳态运行情况下都能满足小干扰稳定性。而且，为了适应负荷和其他因素的随机变化，还要求系统具有一定的小干扰稳定性裕度。

（2）大干扰稳定性（暂态稳定性）。在电力系统中，大干扰稳定性习惯上称为暂态稳定性。在我国所制定的《电力系统安全稳定导则》中，定义：

"暂态稳定性是指电力系统受到大干扰后，各同步电机保持同步运行并过渡到新的或恢复到原来稳态运行方式的能力。"

其他国家也有类似的定义。

实际上，这一定义与前面所介绍的动力学系统大干扰稳定性是一致的。定义中所说的"新的或原来的稳态运行方式"相当于给定的无扰运动（平衡点）；"过渡或恢复到"意味着时间趋近于无穷大时的情况；而"大干扰后"则意味着经过扰动后系统的状态，即相对于无扰运动的初始扰动，关于这一点将详细说明如下。

电力系统运行中遭遇的大干扰，包括发生各种短路故障、大容量发电机和重要输电设备的投入或切除等。而且一些干扰发生后，将可能伴随着一系列的操作，例如，故障线路经保护装置和开关的动作而被切除，当有自动重合闸装置时，可能使故障线路重新投入并在永久性故障下再次被切除。另外，为了使电力系统不失去稳定或者为了提高系统的稳定性，其间还可能伴随着切除发电机、切除负荷、投入强行励磁、快速关闭汽门等控制措施。因此，对于电力系统而言，遭受初始干扰和后续一系列操作后，最后一次操作时刻系统所处的状态，才是上述相对于无扰运动的初始干扰。

这样，电力系统的暂态稳定，实际上是要求在遭受初始干扰和一系列操作后，系统最终能过渡到一个可以接受的稳定平衡点，并常将它称为扰动后的稳定平衡点。显然，这一方面要求最后一次操作后的系统存在稳定平衡点，另一方面要求最后一次操作时的系统状态在这个稳定平衡点的渐近稳定域之内。

m 台发电机同步运行意味着

$$\omega_1 = \omega_2 = \cdots = \omega_m = \omega \tag{10 - 13}$$

式中：ω_i 为第 i 台发电机转子的电气角速度（$i = 1, 2, \cdots, m$）；ω 为电力系统的电气角速度。

由于各发电机转子位置角 δ 为该发电机 q 轴与公共旋转参考轴 x 之间的夹角，因此式

（10-13）的等价关系式为

$$\delta_{ij} = \delta_i - \delta_j = C_{ij} \quad (i \neq j; i, j = 1, \cdots, m) \tag{10-14}$$

式中：C_{ij} 为不同的常数。

这样，就可以用式（10-14）来判断处于平衡状态的系统在遭受干扰后的功角稳定性。

四、电力系统稳定性分析的数学模型

在电力系统稳定性分析中，各元件所采用的数学模型，不但与分析结果的准确性直接相关，而且对分析的复杂性有很大的影响。因此，采用适当的数学模型描述各个元件的特性，使得稳定性分析的结果可信并且计算简单，是电力系统稳定性分析中一个至关重要的问题。

下面将简要介绍电力系统功角稳定性分析中通常所采用的数学模型。

（一）网络方程

功角稳定性分析主要关注在遭受干扰后各发电机的转子运动规律。由于各发电机组的惯性时间常数相对于电力网络电磁暂态过程（电压、电流中的非同步频率分量的变化）的时间常数要大得多，因此在功角稳定性分析中，一般忽略电力网络的电磁暂态过程，即认为它们在瞬时完成。这样，网络中就仅含电压和电流的同步角频率周期性分量，并考虑到这个频率接近于额定值，从而电力网络方程可以用稳态下的节点电压方程（4-12）来描述，即

$$\boldsymbol{Y}\dot{\boldsymbol{U}} = \dot{\boldsymbol{I}} \tag{10-15}$$

式中：$\dot{\boldsymbol{I}}$、$\dot{\boldsymbol{U}}$ 分别为节点注入电流和节点电压组成的列向量；$\boldsymbol{Y}$ 为节点导纳矩阵，它由网络的结构和元件参数所决定。

在稳定性计算中，常将网络方程式（10-15）写成如下实数形式

$$\begin{bmatrix} \begin{bmatrix} G_{11} & -B_{11} \\ B_{11} & G_{11} \end{bmatrix} & \cdots & \begin{bmatrix} G_{1i} & -B_{1i} \\ B_{1i} & G_{1i} \end{bmatrix} & \cdots & \begin{bmatrix} G_{1n} & -B_{1n} \\ B_{1n} & G_{1n} \end{bmatrix} \\ & \vdots & & & \vdots \\ \begin{bmatrix} G_{i1} & -B_{i1} \\ B_{i1} & G_{i1} \end{bmatrix} & \cdots & \begin{bmatrix} G_{ii} & -B_{ii} \\ B_{ii} & G_{ii} \end{bmatrix} & \cdots & \begin{bmatrix} G_{in} & -B_{in} \\ B_{in} & G_{in} \end{bmatrix} \\ & \vdots & & & \vdots \\ \begin{bmatrix} G_{n1} & -B_{n1} \\ B_{n1} & G_{n1} \end{bmatrix} & \cdots & \begin{bmatrix} G_{ni} & -B_{ni} \\ B_{ni} & G_{ni} \end{bmatrix} & \cdots & \begin{bmatrix} G_{nn} & -B_{nn} \\ B_{nn} & G_{nn} \end{bmatrix} \end{bmatrix} \begin{bmatrix} U_{1x} \\ U_{1y} \\ \vdots \\ U_{ix} \\ U_{iy} \\ \vdots \\ U_{nx} \\ U_{ny} \end{bmatrix} = \begin{bmatrix} I_{1x} \\ I_{1y} \\ \vdots \\ I_{ix} \\ I_{iy} \\ \vdots \\ I_{nx} \\ I_{ny} \end{bmatrix}$$

$$\tag{10-16}$$

式中的下标 x 和 y 分别表示电压和电流的实部和虚部，即

$$\left. \begin{aligned} \dot{U}_i &= U_{ix} + jU_{iy} \\ \dot{I}_i &= I_{ix} + jI_{iy} \end{aligned} \right\}$$

（二）发电机组的数学模型

发电机组的数学模型包括三部分，一是同步电机本身的数学模型，另外两个分别是励磁调节系统和原动机及其调速系统的数学模型。

1. 发电机的数学模型

发电机本身的数学模型已在第六章中介绍，包括转子运动方程式（7-17），电流、电压、电动势、磁链之间的关系式（7-77）～式（7-80）。

在稳定性分析中，通常对发电机定子电压方程式（7-80）进行两个简化。一个是忽略

定子绕组的电磁暂态过程，即令 $p\psi_d$ 和 $p\psi_q$ 都等于零。这一简化与忽略网络中的电磁暂态过程相一致，使得定子绕组中仅含基波交流分量，从而定子电压平衡方程式（7-79）变为代数方程。另一个是在定子电压平衡方程式（7-79）中近似取 $\omega=1$。注意，这并不是意味着在暂态过程中发电机的转速不变，而只是认为转速变化很小，以至于它对定子电压方程的影响不大。基于这两个简化，定子上的所有电动势、电压、电流都可以用相量表示，发电机的转矩也为平均转矩。

对转子电压方程的简化主要是减少转子绕组的个数。在实际应用中，常根据对分析和计算精度要求的不同，对同步电机的转子电压方程进行不同程度的简化。这些简化模型都可以从转子具有四个绕组的模型中导出，下面直接给出简化的结果，建议读者自行推导，以加深理解和便于应用。

对式（7-77）～式（7-80）采用上述简化后，可以得出不计饱和影响情况下的六种发电机数学模型。在这些模型中，所有电动势、电压、电流都为相量在 d 轴和 q 轴的分量，因而都用大写字母表示。

（1）E'_q、E''_q、E'_d、E''_d 变化模型。直接从式（7-84）得到转子电压方程为

$$
\left.
\begin{aligned}
T'_{d0}pE'_q &= E_{fq} - \frac{X_d - X''_d}{X'_d - X''_d}E'_q + \frac{X_d - X'_d}{X'_d - X''_d}E''_q \\
T''_{d0}pE''_q &= E'_q - E''_q - (X'_d - X''_d)I_d \\
T'_{q0}pE'_d &= -\frac{X_q - X''_q}{X'_q - X''_q}E'_d + \frac{X_q - X'_q}{X'_q - X''_q}E''_d \\
T''_{q0}pE''_d &= E'_d - E''_d + (X'_q - X''_q)I_q
\end{aligned}
\right\}
\tag{10-17}
$$

将式（7-83）代入式（7-79），得到定子电压方程

$$
\left.
\begin{aligned}
U_d &= E''_d - R_aI_d + X''_qI_q \\
U_q &= E''_q - X''_dI_d - R_aI_q
\end{aligned}
\right\}
\tag{10-18}
$$

将式（7-83）代入式（7-86），得到电磁转矩的表达式为

$$
M_e = E''_dI_d + E''_qI_q - (X''_d - X''_q)I_dI_q \tag{10-19}
$$

（2）E'_q、E''_q、E''_d 变化模型。忽略阻尼绕组 g，按照式（7-75）和式（7-76）的定义有 $e_{d1}=e'_d=0$。仿照模型转子四绕组模型的推导，可以得到转子电压方程为

$$
\left.
\begin{aligned}
T'_{d0}pE'_q &= E_{fq} - \frac{X_d - X''_d}{X'_d - X''_d}E'_q + \frac{X_d - X'_d}{X'_d - X''_d}E''_q \\
T''_{d0}pE''_q &= E'_q - E''_q - (X'_d - X''_d)I_d \\
T''_{q0}pE''_d &= -E''_d + (X_q - X''_q)I_q
\end{aligned}
\right\}
\tag{10-20}
$$

定子电压方程为

$$
\left.
\begin{aligned}
U_d &= E''_d - R_aI_d + X''_qI_q \\
U_q &= E''_q - X''_dI_d - R_aI_q
\end{aligned}
\right\}
\tag{10-21}
$$

电磁转矩的表达式为

$$
M_e = E''_dI_d + E''_qI_q - (X''_d - X''_q)I_dI_q \tag{10-22}
$$

（3）E'_q、E'_d 变化模型（双轴模型）。忽略阻尼绕组 D 和 Q，按照式（7-75）和式（7-77）的定义有 $e_{d2}=e_{q2}=e''_d=e''_q=0$。仿照转子四绕组模型的推导，可以得到转子电压方程为

$$T'_{d0} pE'_q = E_{fq} - E'_q - (X_d - X'_d)I_d \biggr\}$$
$$T'_{q0} pE'_d = -E'_d + (X_q - X'_q)I_q$$
（10 - 23）

定子电压方程为

$$U_d = E'_d - R_a I_d + X'_q I_q \biggr\}$$
$$U_q = E'_q - X'_d I_d - R_a I_q$$
（10 - 24）

电磁转矩的表达式为

$$M_e = E'_d I_d + E'_q I_q - (X'_d - X'_q)I_d I_q \qquad (10 - 25)$$

（4）E'_q 变化模型。忽略所有阻尼绕组，按照式（7 - 75）～式（7 - 77）的定义有 $e_{d1} = e_{d2} = e_{q2} = e'_d = e''_d = e''_q = 0$，仿照转子四绕组模型的推导，可以得到转子电压方程为

$$T'_{d0} pE'_q = E_{fq} - E'_q - (X_d - X'_d)I_d \qquad (10 - 26)$$

定子电压方程为

$$U_d = -R_a I_d + X_q I_q \biggr\}$$
$$U_q = E'_q - X'_d I_d - R_a I_q$$
（10 - 27）

电磁转矩的表达式为

$$M_e = E'_q I_q + (X_q - X'_d)I_d I_q \qquad (10 - 28)$$

（5）E'_q 恒定模型。忽略所有阻尼绕组，并假定励磁调节器的作用使得 E'_q 在暂态过程中保持不变。这个模型可由模型（4）直接得到。定子电压方程为

$$U_d = -R_a I_d + X_q I_q \biggr\}$$
$$U_q = E'_q - X'_d I_d - R_a I_q$$
（10 - 29）

电磁转矩的表达式为

$$M_e = E'_q I_q + (X_q - X'_d)I_d I_q \qquad (10 - 30)$$

（6）E' 恒定模型（经典模型）。在模型（5）中，忽略发电机的凸极效应，即令 $X_q = X'_d$，将相应暂态电动势的幅值表示为 E'，并假定励磁调节器的作用使得 E' 在暂态过程中保持不变，其相位近似认为与转子角度相同，即可得到发电机的 E' 恒定模型，即经典模型。定子电压方程为

$$U_d = -R_a I_d + X'_d I_q \biggr\}$$
$$U_q = E' - X'_d I_d - R_a I_q$$
（10 - 31）

将式（10 - 31）第一式加上第二式乘以 j，得

$$\dot{E}' = \dot{U} + (R_a + jX'_d)\dot{I} \qquad (10 - 32)$$

设发电机的端电压为 $\dot{U} = U\angle\theta$，那么

$$P_e = \text{Re}(\dot{E}'\hat{I}) = \frac{R_a E'[E' - U\cos(\delta - \theta)] + X'_d E'U\sin(\delta - \theta)}{(R_a)^2 + (X'_d)^2}$$

$$= \frac{R_a(E')^2}{(R_a)^2 + (X'_d)^2} + \frac{E'U}{\sqrt{(R_a)^2 + (X'_d)^2}}\sin(\delta - \gamma) \qquad (10 - 33)$$

$$= P_C + P_M\sin(\delta - \gamma)$$

其中

$$\tan\gamma = \frac{R_a\cos\theta + X'_d\sin\theta}{X'_d\cos\theta - R_a\sin\theta}$$

当 $R_a = 0$ 时，$P_e = \dfrac{E'U}{X'_d} \sin(\delta - \theta)$。

发电机的电磁功率等于输出功率加上定子铜耗

$$P_e = U_x I_x + U_y I_y + (I_x^2 + I_y^2) R_a \tag{10-34}$$

在忽略转速变化影响下，$M_e = P_e$，$M_m = P_m$，这时发电机的转子运动方程式（7-17）为

$$\left. \begin{array}{l} \dfrac{\mathrm{d}\delta}{\mathrm{d}t} = \omega_0(\omega - 1) \\[3mm] T_J \dfrac{\mathrm{d}\omega}{\mathrm{d}t} = P_m - D(\omega - 1) - P_e \end{array} \right\} \tag{10-35}$$

式中：ω_0 为同步角速度，$\omega_0 = 2\pi f_0 \mathrm{rad/s}$（弧度/秒）；$\delta$ 为功角 rad（弧度）；所有时间的单位为 s（秒），其余变量均用标幺值。

2. 励磁系统的数学模型

发电机励磁系统的种类较多，主要有直流励磁机励磁系统、交流励磁机励磁系统和自并励静止励磁系统三大类。为了简单起见，下面仅介绍自并励静止励磁系统的数学模型。

图 10-3（a）所示为自并励静止励磁系统的基本结构，即发电机端电压经励磁变压器降压后，再经可控整流器供给发电机励磁绕组，可控整流器的触发角由励磁调节器控制。图 10-3（b）为自并励静止励磁系统的简化传递函数框图。发电机端电压 U 与参考电压 U_{ref} 比较后得出电压偏差，经放大器放大后供给发电机励磁绕组（其中的输入信号 U_{PSS} 将在第二节中加以解释，这里暂不考虑）。K_A 为放大器的放大倍数，T_A 为放大器的时间常数，E_{fqmax} 和 E_{fqmin} 分别为励磁系统的输出限制。

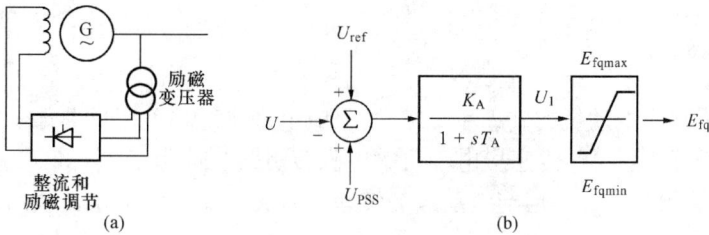

图 10-3　自并励静止励磁系统
(a) 结构示意图；(b) 简化的传递函数框图

由图 10-3 的传递函数框图可以列出以下方程

$$\left. \begin{array}{l} E_{fq} = E_{fqmax}(U_1 \geqslant E_{fqmax}) \\[3mm] \dfrac{\mathrm{d}E_{fq}}{\mathrm{d}t} = \dfrac{1}{T_A}\left[K_A(U_{ref} - U) - E_{fq}\right](E_{fqmin} < U_1 < E_{fqmax}) \\[3mm] E_{fq} = E_{fqmin}(U_1 \leqslant E_{fqmin}) \end{array} \right\} \tag{10-36}$$

对于其他形式的励磁系统以及发电机组的原动机及其调速系统的数学模型，也可以根据其结构和工作原理得出，这里将不再介绍。

（三）负荷的数学模型

负荷节点的电压和频率对负荷从系统中吸收的功率有明显的影响。在暂态过程中，当节点电压和频率变化时，负荷吸收的功率将随之而变，它们的变化又反过来影响系统的频率和各节点的电压。负荷的数学模型就是描述负荷功率与节点电压及频率之间的数学关系式。由

于在电力系统稳定性分析中负荷节点往往包含大量分散的、不同性质的负荷（即综合负荷），而且它们的组成又随时变化，因此，要建立准确、合适的负荷数学模型非常困难，但却又非常重要。目前，在电力系统稳定性分析中所采用的负荷模型大致可以分为三种类型。

1. 用恒定阻抗模拟负荷

由潮流计算得出的负荷节点电压 $\dot{U}_L$ 和负荷所吸收的功率 $\tilde{S}_L$，求出负荷的等值导纳

$$Y_L = G_L + jB_L = \frac{\overset{*}{S}_L}{U_L^2} = \frac{P_L - jQ_L}{U_L^2} \tag{10-37}$$

并认为它们在暂态过程中保持不变。

2. 用综合负荷的电压静态特性模拟负荷

这种负荷模型相当于假定在暂态过程中负荷吸收的功率只与节点电压的大小有关，即用负荷的电压静态特性来模拟负荷。常用的静态特性为式（5-18）表示的二次多项式，即

$$\left.\begin{aligned} P_L &= P_{LN}\left[a_p\left(\frac{U_L}{U_{LN}}\right)^2 + b_p\left(\frac{U_L}{U_{LN}}\right) + c_p\right] \\ Q_L &= Q_{LN}\left[a_q\left(\frac{U_L}{U_{LN}}\right)^2 + b_q\left(\frac{U_L}{U_{LN}}\right) + c_q\right] \end{aligned}\right\} \tag{10-38}$$

3. 考虑综合负荷中感应电动机的动态过程

在这种负荷模型中，认为一部分负荷为感应电动机，并考虑它们的动态过程；另一部分负荷用恒定阻抗或电压静态特性模拟。

与同步电机的转子运动方程相似，感应电动机的转子运动方程可以写成

$$T_J\frac{ds}{dt} = M_m - M_e \tag{10-39}$$

$$s = \frac{\omega_0 - \omega}{\omega_0} \tag{10-40}$$

以上两式中：s 为感应电动机的转差率；T_J 为感应电动机的惯性时间常数；M_m 为感应电动机拖动的机械负载转矩；M_e 为感应电动机的电磁转矩。

机械负载转矩的大小，不但与电动机的转差率有关，而且与机械负载的种类有关，其关系一般可以表示为

$$M_m = K[\alpha + (1-\alpha)(1-s)^\beta] \tag{10-41}$$

式中：α 为机械负载转矩中与转速无关部分所占的比例；β 为机械负载转矩中与转速有关部分的指数；K 为感应电动机的负荷率，即实际负荷与额定容量的比值。

当不计感应电动机的电磁暂态过程时，由感应电动机的等值电路图5-9，在忽略励磁阻抗和定子绕组电阻的情况下，可以导出感应电动机的电磁转矩为

$$M_e = \frac{2M_{emax}}{\dfrac{s}{s_{cr}} + \dfrac{s_{cr}}{s}} \tag{10-42}$$

$$M_{emax} = \frac{U^2}{2(X_1 + X_2)}; \quad s_{cr} = \frac{R_2}{X_1 + X_2} \tag{10-43}$$

以上两式中：M_{emax} 为感应电动机的最大转矩；s_{cr} 为感应电动机转矩最大时对应的转差率，即临界转差率。

（四）全系统的数学模型

图10-4给出了全系统数学模型的框架及各元件之间的相互关系。其中包括描述同步发

电机及与同步发电机相关的励磁系统和原动机及其调速系统、负荷、其他动态装置等动态元件的数学模型以及电力网络的数学模型。一般而言，系统中的各个动态元件彼此之间不发生直接作用，而是通过网络将它们联系在一起。

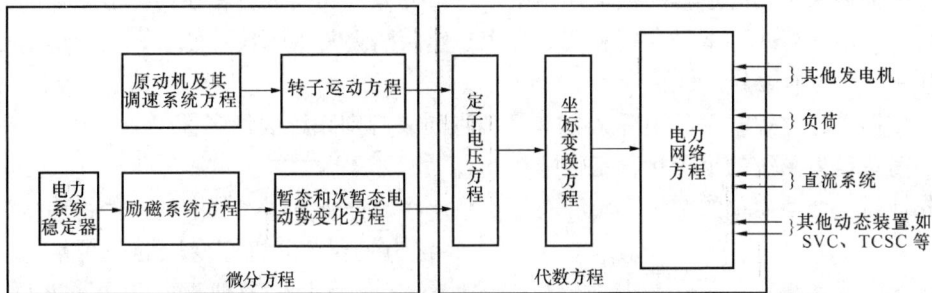

图 10 - 4　电力系统稳定性分析中全系统数学模型的框架

整个系统的模型在数学上可以统一描述成如下一般形式的微分—代数方程组

$$\frac{\mathrm{d}\boldsymbol{x}}{\mathrm{d}t} = \boldsymbol{f}(\boldsymbol{x}, \boldsymbol{y}) \tag{10 - 44}$$

$$\boldsymbol{0} = \boldsymbol{g}(\boldsymbol{x}, \boldsymbol{y}) \tag{10 - 45}$$

其中的 $\boldsymbol{x}$ 为描述系统动态过程的状态变量，$\boldsymbol{y}$ 为系统中的代数变量。

微分方程组（10 - 44）一般包括：

（1）描述各同步发电机暂态和次暂态电动势变化规律的微分方程。

（2）描述各同步发电机转子运动的微分方程。

（3）描述各同步发电机组中励磁调节系统动态过程的微分方程。

（4）描述各同步发电机组中原动机及其调速系统动态过程的微分方程。

（5）描述各负荷中感应电动机和同步电动机动态过程的微分方程。

（6）描述直流输电系统整流器和逆变器控制行为的微分方程。

（7）描述其他装置（如 SVC、TCSC 等）动态过程的微分方程。

代数方程组（10 - 45）主要包括：

（1）网络方程，即描述在公共参考坐标系 x - y 下节点电压与节点注入电流之间的关系式（10 - 16）。

（2）各同步发电机定子电压平衡方程（建立在各自的 d - q 坐标系下）以及联系各同步发电机 d - q 坐标系与全系统统一坐标系 x - y 的坐标变换方程。

（3）各直流线路的电压方程。

（4）负荷的电压静态特性方程等。

实际应用中，常根据对计算结果精度要求的不同，对元件选用不同复杂程度的数学模型。

在本章中，用下标"（0）"表示受扰前瞬间的稳态值，下标"（t）"表示在暂态过程中 t 时刻的值。

第二节　电力系统小干扰稳定性分析

在第一节中已经说明，电力系统小干扰稳定性实质上是指系统在某一给定的稳态运行情况（即平衡点）下，遭受微小干扰后的渐近稳定性。因此它的基本分析方法和步骤可以归结为：

（1）计算给定稳态运行情况下各变量的取值，即求出对应于无扰运动的平衡点。

（2）在描述系统动态过程的数学模型中，将微分方程和代数方程在稳态值（平衡点）附近线性化，得出一组线性微分方程和代数方程，然后消去其中的代数变量，从而得出一组形如式（10-11）的纯微分方程。

（3）根据微分方程式系数矩阵 $\boldsymbol{A}$ 的特征值性质来判别系统的稳定性。

一、简单电力系统的小干扰稳定性分析

首先针对一个最简单的系统来说明小干扰稳定性的分析方法和其中的一些物理概念。该

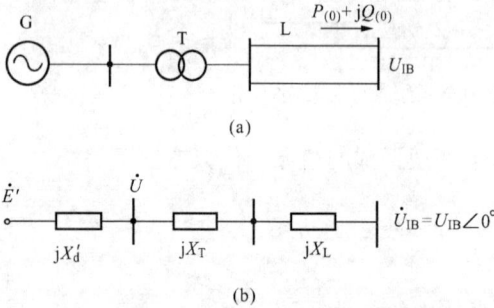

(a)

(b)

图 10-5　简单电力系统

(a) 系统接线图；(b) 等值电路图

系统为一台发电机经变压器和线路与无穷大系统（电路上称为理想电压源）并联运行，并习惯上称之为单机无穷大系统。其接线图如图 10-5（a）所示。

在对该系统进行小干扰稳定性分析时，为简单起见，发电机采用暂态电抗 X'_{d} 后的电动势 E' 维持恒定的经典模型，即式（10-33）的描述，并忽略各元件的电阻，可以得出系统的等值电路如图 10-5（b）所示。

设所给定的系统稳态运行情况为，线路末端向无穷大母线输送功率为 $P_{(0)}+\mathrm{j}Q_{(0)}$，无穷大母线的电压 U_{IB} 保持为常数。在此情况下，由图 10-4（b），可以得出

$$\dot{E}'_{(0)} = E'_{(0)} \angle \delta_{(0)} = U_{\mathrm{IB}} + \mathrm{j}\frac{P_{(0)} - \mathrm{j}Q_{(0)}}{U_{\mathrm{IB}}}X_{\Sigma} \qquad (10-46)$$

式中，$X_{\Sigma} = X'_{\mathrm{d}} + X_{\mathrm{T}} + X_{\mathrm{L}}$。

发电机的转子运动方程为式（10-35），其中的电磁功率 P_{e} 表达式可以将式（10-33）中的 X'_{d} 改为 X_{Σ} 而得

$$P_{\mathrm{e}} = \frac{E'U_{\mathrm{IB}}}{X_{\Sigma}}\sin\delta = P_{\mathrm{M}}\sin\delta \qquad (10-47)$$

显然，在稳态运行情况下，有 $\omega_{(0)}=1$，$P_{\mathrm{m}(0)}=P_{\mathrm{e}(0)}=P_{(0)}$。在暂态过程中假设原动机的机械功率 $P_{\mathrm{m}}=P_{\mathrm{m}(0)}$ 保持不变，而且发电机的暂态电动势 $E'=E'_{(0)}$ 恒定。

下面分析系统在给定稳态运行情况下的小干扰稳定性。

1. 不考虑阻尼作用（$D=0$）

在稳态运行点 $\delta_{(0)}$、$\omega_{(0)}$ 将式（10-35）线性化，并写成如下矩阵形式

$$\begin{bmatrix} \dfrac{\mathrm{d}\Delta\delta}{\mathrm{d}t} \\[2mm] \dfrac{\mathrm{d}\Delta\omega}{\mathrm{d}t} \end{bmatrix} = \begin{bmatrix} 0 & \omega_0 \\[2mm] -\dfrac{K_{\mathrm{S}}}{T_{\mathrm{J}}} & 0 \end{bmatrix} \begin{bmatrix} \Delta\delta \\[2mm] \Delta\omega \end{bmatrix} \qquad (10-48)$$

应用式（10-47），式（10-48）中的

$$K_{\mathrm{S}} = \left.\frac{\partial P_{\mathrm{e}}}{\partial \delta}\right|_{\delta=\delta_{(0)}} = P_{\mathrm{M}}\cos\delta_{(0)} \qquad (10-49)$$

称为同步转矩系数。相应地，$K_S \Delta \delta$ 称为同步转矩。

容易得出式（10-48）中系数矩阵的特征方程为

$$\lambda^2 + \omega_0 K_S / T_J = 0$$

其特征值为

$$\lambda_{1,2} = \pm \sqrt{-\frac{\omega_0 K_S}{T_J}} \qquad (10\text{-}50)$$

由式（10-50），并考虑到式（10-49），可以明显地看出：

（1）当给定的平衡点（即运行点）属于 $\delta_{(0)} > 90°$，即当 $K_S < 0$ 时，特征值为一个正实数 $+\sqrt{|\omega_0 K_S / T_J|}$ 和一个负实数 $-\sqrt{|\omega_0 K_S / T_J|}$。显然，正实特征值的存在说明相应的给定平衡点是小干扰不稳定的。实际上，按照线性微分方程的解式（10-12），正实特征值的存在，使 $\Delta \delta$ 和 $\Delta \omega$ 有随时间呈指数单调增加的趋势，其结果将使发电机与无穷大系统之间非周期性地失去同步。

（2）当给定的平衡点属于 $\delta_{(0)} < 90°$，即当 $K_S > 0$ 时，特征值为一对纯虚数 $\pm j\omega_n$，$\omega_n = \sqrt{\omega_0 K_S / T_J}$。如果按照线性微分方程的解式（10-12），则相当于 $\Delta \delta$ 和 $\Delta \omega$ 不断地作等幅振荡，振荡的频率为

$$f_n = \frac{\omega_n}{2\pi} = \frac{1}{2\pi} \sqrt{\frac{\omega_0 K_S}{T_J}} \qquad (10\text{-}51)$$

这一结果看起来似乎系统处于临界状态，但其实它是由于忽略阻尼作用而造成的。后面将说明，当考虑阻尼影响时，特征值将变为实部为负的一对共轭复数。

下面将对上述结果作适当的物理解释。由式（10-47），发电机的电磁功率 P_e 与功角 δ 之间的关系曲线如图 10-6 所示。当输送功率为 $P_{(0)}$ 时，系统可能有两个运行点（即平衡点）a（$\delta_{(0)} < 90°$）和 b（$\delta_{(0)} > 90°$）。

首先分析系统在 a 点运行的情况。如果系统遭受到一个小干扰，使得 δ 有微小的增加 $\Delta \delta$，则发电机的电磁功率达到图中 a' 点所对应的值。由于此时发电机输出的电磁功率大于原动机的机械功率，由转子运动方程可知，发电机转子将开始减速，结果使得 δ 减小而趋于回到原来的平衡点。同样，如果小干扰使得 δ 有微小的减少，则发电机的电磁功率达到图中 a'' 点所对应的值，这时发电机输出的电磁功率小于原动机的机械功率，转子将开始加速，使得 δ 增大从而也趋于回到原来的平衡点 a。在上述两种情况下，系统都将在 a 点附近作等幅振荡。如果考虑到发电机转子在运动过程中受到阻尼的作用，则经过一系列衰减振荡后系统将回到运行点 a。这意味着对于 $\delta_{(0)} < 90°$ 的全部平衡点，当系统遭受到微小干扰后都能够渐近稳定，即回到原先的平衡状态。

再看系统在 b 点运行的情况。

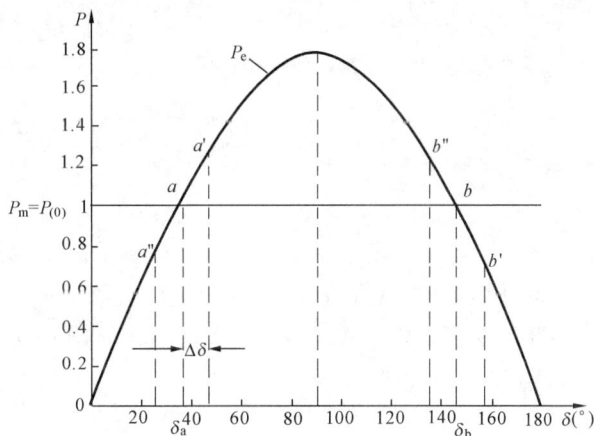

图 10-6　简单电力系统的功率特性

这时如果遭受到一个小干扰使得 δ 有微小的增加 $\Delta\delta$，则发电机的电磁功率达到图中 b' 点所对应的值。在此情况下，发电机输出的电磁功率小于原动机的机械功率，结果使发电机转子开始加速，δ 进一步增大，随之而来的是电磁功率进一步减小，使得发电机加速功率更大。如此继续下去，δ 将不断增大，以致逐渐远离 $\delta_{(0)}$ 而不再回到 b 点，结果造成发电机与无穷大系统之间非周期性地失去同步。另外，如果小干扰使得 δ 有微小的减小，则发电机的电磁功率达到图中 b'' 点所对应的值，这时发电机输出的电磁功率大于原动机的机械功率，转子开始减速使 δ 减小，而且以后仍不断减速并使 δ 继续减小，直至减小到 $\delta<\delta_a$ 以后，转子又重新获得加速，然后在 a 点附近振荡。如果考虑到发电机转子在振荡过程中受到阻尼的作用，则经过一系列衰减振荡后系统将稳定在运行点 a。由此可见，对于平衡点 b，当系统遭受到微小干扰后，要么转移至运行点 a，要么发电机与系统失去同步，因此平衡点 b 是小干扰不稳定的。

由以上的数学分析结果和物理解释可知，对于单机无穷大系统，且发电机用经典模型的情况下，同步转矩系数 $K_S>0$ 是保证系统小干扰稳定的充要条件。通过观察图 10-6 中的功率曲线可知，当系统运行于功率曲线上升部分的任意一点时，系统是小干扰稳定的，此时有 $K_S>0$；当运行于功率曲线下降部分的任意一点时，系统是小干扰不稳定的，此时有 $K_S<0$。在 $0°<\delta<90°$ 范围内，随着 δ 的增大，K_S 的数值将逐渐减小，相应地系统的小干扰稳定程度逐渐降低。显然，$\delta=90°$ 是系统稳定和不稳定的分界点，即系统小干扰稳定性的临界点。

利用同步转矩系数 K_S 不但能够判断系统的小干扰稳定性，而且 K_S 的数值大小还可以用来衡量系统小干扰稳定性的程度，K_S 越大，表明系统稳定性越好。

如前所述，为了适应负荷和其他因素的随机变化，要求系统具有一定的稳定裕度，即稳定储备。稳定储备系数定义为

$$K_P=\frac{P_M-P_{(0)}}{P_{(0)}}\times100\% \tag{10-52}$$

我国在《电力系统安全稳定导则》中规定，系统在正常运行方式下的 K_P 应满足 $15\%\sim20\%$；在事故后的运行方式下 K_P 应不小于 10%。

2. 考虑阻尼作用（$D\neq0$）

当考虑阻尼作用时，将式（10-35）在稳态运行点 $\delta_{(0)}$、$\omega_{(0)}$ 线性化，得

$$\begin{bmatrix}\dfrac{\mathrm{d}\Delta\delta}{\mathrm{d}t}\\[2mm]\dfrac{\mathrm{d}\Delta\omega}{\mathrm{d}t}\end{bmatrix}=\begin{bmatrix}0 & \omega_0\\[2mm]-\dfrac{K_S}{T_J} & -\dfrac{K_D}{T_J}\end{bmatrix}\begin{bmatrix}\Delta\delta\\[2mm]\Delta\omega\end{bmatrix} \tag{10-53}$$

其中

$$K_D=D \tag{10-54}$$

称为阻尼转矩系数。相应地，称 $K_D\Delta\omega$ 为阻尼转矩。

在此情况下，式（10-53）中系数矩阵的特征值为

$$\lambda_{1,2}=-\frac{K_D}{2T_J}\pm\frac{1}{2T_J}\sqrt{K_D^2-4\omega_0T_JK_S} \tag{10-55}$$

可以看出：

（1）当 $K_S<0$，即 $\delta_{(0)}>90°$ 时，由于 $\sqrt{K_D^2-4\omega_0T_JK_S}>K_D$，因而特征值中总存在一个

正实数和一个负实数，说明平衡点是小干扰不稳定的，这一结果与不考虑阻尼的情况相同。

（2）当 $K_S>0$，即 $\delta_{(0)}<90°$ 时，又可以分为两种情况：一种是 $4\omega_0 T_J K_S<K_D^2$，特征值为两个负实数，相应的平衡点是小干扰稳定的；另一种是 $4\omega_0 T_J K_S>K_D^2$，相应的特征值为一对共轭复数 $\sigma_d \pm j\omega_d$，其中

$$\sigma_d = -\frac{K_D}{2T_J}; \quad \omega_d = \frac{1}{2T_J}\sqrt{4\omega_0 T_J K_S - K_D^2}$$

对应的振荡的频率为

$$f_d = \frac{\omega_d}{2\pi} = \frac{1}{2\pi}\sqrt{\frac{\omega_0 K_S}{T_J} - \left(\frac{K_D}{2T_J}\right)^2} \tag{10-56}$$

在这种情况下，系统在给定运行点的稳定性由阻尼转矩系数 K_D 的符号来决定。

对于发电机组本身而言，由于转子转动时摩擦和风阻的存在，阻尼系数总大于零，即 $K_D>0$。在此情况下，λ 是一对实部为负的共轭复数，说明在阻尼的作用下，$\Delta\delta$ 和 $\Delta\omega$ 作衰减振荡，所给定的系统稳态运行情况是小干扰稳定的。

从物理概念上也不难理解阻尼的作用。对于 $K_D>0$ 的情况，当转子角速度大于同步角速度时，$K_D\Delta\omega>0$，由式（10-53）可知阻尼的存在将使得 $d\Delta\omega/dt$ 减小，从而可以减缓发电机的加速甚至导致减速；当转子角速度小于同步角速度时，$K_D\Delta\omega<0$，由式（10-53）可知阻尼的存在将使得 $d\Delta\omega/dt$ 增大，从而助长发电机的加速。

然而，在实际的单机无穷大系统中，可能由于其他一些因素的影响，例如，重负荷状况和励磁系统中放大器的放大倍数过高，使得等值的阻尼系数小于零，即 $K_D<0$。在此情况下，λ 是一对实部为正的共轭复数，$\Delta\delta$ 和 $\Delta\omega$ 呈增幅振荡，给定的稳态运行情况是小干扰不稳定的。

综合以上的分析结果可以看出，在发电机用经典模型描述的简单电力系统中，能保持小干扰稳定性的运行点处于功率特性曲线的上升部分，稳定极限运行情况（即临界运行点）下系统所传输的功率与功率曲线上的最大值（即传输功率极限）相等。但必须指出，在发电机采用更详细的数学模型，特别是在考虑到励磁调节系统影响的情况下，这一结论并不一定正确。

显然，在简单电力系统中，如果减少发电机、变压器和线路等元件的电抗，便可使 X_Σ 减少，并从而使稳定极限增大。这一规律对复杂电力系统而言通常也是适用的。

最后必须强调，上述对单机无穷大系统小干扰稳定性分析所得出的具体结果和物理解释绝不要简单地推广到多机复杂系统，也不要试图对多机复杂系统的小干扰稳定性分析结果作物理解释，否则将可能得到不正确的结论或误入歧途。对于多机复杂系统的小干扰稳定性而言，唯一能相信和依赖的是第一节中所介绍的李雅普诺夫渐近稳定性理论和分析方法，以及电力系统具体所采用的数学模型和推导计算过程的准确性。

【例 10-2】　图 10-5 所示简单电力系统中，各元件的参数和系统的运行方式如下：

元件参数　发电机 $T_J=8s$，$X'_d=0.3$；变压器 $X_T=0.15$；线路 $X_L=0.4$；

系统运行方式　$f_0=50Hz$，$U_{IB}=1.0$，$P_{(0)}+jQ_{(0)}=1.0+j0.2$。

计算当 D 分别取 0、-6.0、6.0 时系统的小干扰稳定性。

解　$\dot{U}_{IB}=1.0\angle0°$，$X_\Sigma=0.3+0.15+0.4=0.85$

$\dot{E}'_{(0)}=1.0+j0.85\,(1.0-j0.2)=1.17+j0.85=1.4462\angle35.9982°$

$$P_M = \frac{1.4462 \times 1.0}{0.85} = 1.7014, \quad K_S = 1.7014\cos35.9982° = 1.3765$$

按式（10-55）可得

$$\lambda_{1,2} = -0.0625D \pm j0.0625 \sqrt{13837.79164 - D^2}$$

当 $D=0$ 时，$\lambda_{1,2} = \pm j7.3521$；

当 $D=6.0$ 时，$\lambda_{1,2} = -0.375 \pm j7.3426$；

当 $D=-6.0$ 时，$\lambda_{1,2} = 0.375 \pm j7.3426$。

即在 $D=0$（无阻尼）情况下，$\Delta\delta$ 和 $\Delta\omega$ 作等幅振荡；$D=6.0$（正阻尼）情况下，$\Delta\delta$ 和 $\Delta\omega$ 作衰减振荡，系统小干扰稳定；$D=-6.0$（负阻尼）情况下，$\Delta\delta$ 和 $\Delta\omega$ 作增幅振荡，系统小干扰不稳定。

二、复杂电力系统小干扰稳定性分析

（一）数学模型和平衡点的计算

1. 数学模型

图 10-4 中已经介绍过电力系统稳定性分析中涉及的元件和全系统的数学模型。但为了简单易懂起见，本节中所考虑的数学模型将经过较多的简化。读者掌握了其基本分析方法以后，将可以容易地学习采用复杂数学模型时的分析方法。具体模型如下：

（1）发电机采用 E_q' 变化模型，其相应的转子电压方程、定子电压方程和电磁转矩的表达式分别如式（10-26）～式（10-28）所示。

（2）发电机转子运动方程采用式（10-35），其中的 $D(\omega-1)$ 综合考虑机械阻尼和阻尼绕组的阻尼作用。

（3）考虑发电机励磁系统的作用，其方程为式（10-36）。

（4）不考虑原动机及其调速系统的作用。

（5）负荷用恒定阻抗模型。

（6）网络方程采用式（10-16）。

2. 平衡点的计算

在进行电力系统小干扰稳定性分析前，首先需要进行系统的潮流计算，得出给定稳态运行情况下各发电机和负荷节点的电压和功率，进而计算出各个变量的取值，它们组成了无扰运动即平衡点状态变量和代数变量的取值。

对于各个发电机，由潮流计算所得出的端电压和送入系统的功率，可以计算出注入网络的电流

$$\dot{I}_{(0)} = I_{x(0)} + jI_{y(0)} = \frac{\overset{*}{S}_{(0)}}{\overset{*}{U}_{(0)}} = \frac{P_{(0)} - jQ_{(0)}}{U_{x(0)} - jU_{y(0)}} \tag{10-57}$$

然后，用式（7-92）求出虚构电动势 $\dot{E}_{Q(0)}$，即

$$\dot{E}_{Q(0)} = E_{Qx(0)} + jE_{Qy(0)} = \dot{U}_{(0)} + (R_a + jX_q)\dot{I}_{(0)} \tag{10-58}$$

从而确定发电机的转子角度

$$\delta_{(0)} = \arctan\left(\frac{E_{Qy(0)}}{E_{Qx(0)}}\right) \tag{10-59}$$

再应用坐标变换式（7-95）求出发电机定子电压和电流的 d、q 分量

$$\begin{bmatrix} U_{d(0)} \\ U_{q(0)} \end{bmatrix} = \begin{bmatrix} \sin\delta_{(0)} & -\cos\delta_{(0)} \\ \cos\delta_{(0)} & \sin\delta_{(0)} \end{bmatrix} \begin{bmatrix} U_{x(0)} \\ U_{y(0)} \end{bmatrix}; \quad \begin{bmatrix} I_{d(0)} \\ I_{q(0)} \end{bmatrix} = \begin{bmatrix} \sin\delta_{(0)} & -\cos\delta_{(0)} \\ \cos\delta_{(0)} & \sin\delta_{(0)} \end{bmatrix} \begin{bmatrix} I_{x(0)} \\ I_{y(0)} \end{bmatrix}$$

$$(10-60)$$

并进而按式（10-27）计算出暂态电动势

$$E'_{q(0)} = U_{q(0)} + R_a I_{q(0)} + X'_d I_{d(0)} \tag{10-61}$$

再按式（10-26）计算出假想空载电动势

$$E_{fq(0)} = E'_{q(0)} + (X_d - X'_d)I_{d(0)} \tag{10-62}$$

另外，在稳态运行点，按式（10-34）和式（10-35）可计算出

$$\left.\begin{array}{l} \omega_{(0)} = 1 \\ P_{m(0)} = P_{e(0)} = P_{(0)} + (I^2_{x(0)} + I^2_{y(0)})R_a \end{array}\right\} \tag{10-63}$$

最后，按式（10-36）计算出励磁系统的参考电压

$$U_{ref} = U_{(0)} + \frac{E_{fq(0)}}{K_A} \tag{10-64}$$

（二）线性化方程

如前所述，在进行电力系统小干扰稳定性分析时，需要用到全系统的线性化微分方程。下面首先导出各动态元件和网络的线性化方程，最后形成全系统的线性化微分方程。

1. 同步发电机组的线性化方程

将转子运动方程式（10-35）、暂态电动势变化方程式（10-26）和定子电压平衡方程式（10-27）在给定的稳态值附近线性化，可以得出同步发电机的线性化方程

$$\left.\begin{array}{l} \dfrac{d\Delta\delta}{dt} = \omega_0\Delta\omega \\[2mm] \dfrac{d\Delta\omega}{dt} = \dfrac{1}{T_J}\{-D\Delta\omega - I_{q(0)}\Delta E'_q + (X'_d - X_q)I_{q(0)}\Delta I_d + [(X'_d - X_q)I_{d(0)} - E'_{q(0)}]\Delta I_q\} \\[2mm] \dfrac{d\Delta E'_q}{dt} = \dfrac{1}{T'_{d0}}[\Delta E_{fq} - \Delta E'_q - (X_d - X'_d)\Delta I_d] \end{array}\right\} \tag{10-65}$$

$$\left.\begin{array}{l} \Delta U_d = -R_a\Delta I_d + X_q\Delta I_q \\ \Delta U_q = \Delta E'_q - X'_d\Delta I_d - R_a\Delta I_q \end{array}\right\} \tag{10-66}$$

发电机的端电压与其 d、q 轴分量之间的关系为

$$U^2 = U^2_d + U^2_q \tag{10-67}$$

将它在稳态值附近线性化，得

$$\Delta U = \frac{U_{d(0)}}{U_{(0)}}\Delta U_d + \frac{U_{q(0)}}{U_{(0)}}\Delta U_q \tag{10-68}$$

在进行小干扰稳定性分析时，通常不考虑所有控制装置中限制环节的影响，这是因为在正常稳态运行情况下，控制装置中各变量的稳态值一般在其限制环节的上、下界之内。当干扰足够小时，各状态变量的变化也足够小，它们的变化不会超出其限制环节的范围。这样，将式（10-36）在稳态值附近线性化，并将式（10-68）代入，从而消去变量 ΔU，得出的励磁系统的线性化方程为

$$\frac{d\Delta E_{fq}}{dt} = \frac{1}{T_A}\left(-\Delta E_{fq} - K_A\frac{U_{d(0)}}{U_{(0)}}\Delta U_d - K_A\frac{U_{q(0)}}{U_{(0)}}\Delta U_q\right) \tag{10-69}$$

2. 同步发电机组线性化方程的矩阵描述及坐标变换

（1）发电机组方程的矩阵描述。当发电机组采用微分方程式（10-65）和式（10-69）描述时，将其中的状态变量按如下顺序组成向量（其中下标"g"指发电机组）

$$\Delta \boldsymbol{x}_g = \left[\Delta\delta, \Delta\omega, \Delta E'_q, \Delta E_{fq}\right]^T \tag{10-70}$$

并定义

$$\Delta \boldsymbol{U}_{dqg} = \left[\Delta U_d, \Delta U_q\right]^T; \quad \Delta \boldsymbol{I}_{dqg} = \left[\Delta I_d, \Delta I_q\right]^T \tag{10-71}$$

则各发电机组的线性化微分方程式可以写成如下矩阵形式

$$\frac{d\Delta \boldsymbol{x}_g}{dt} = \bar{\boldsymbol{A}}_g \Delta \boldsymbol{x}_g + \bar{\boldsymbol{B}}_{Ig} \Delta \boldsymbol{I}_{dqg} + \bar{\boldsymbol{B}}_{Ug} \Delta \boldsymbol{U}_{dqg} \tag{10-72}$$

定子电压方程式的线性化方程式（10-66）可表示为

$$\Delta \boldsymbol{U}_{dqg} = \bar{\boldsymbol{P}}_g \Delta \boldsymbol{x}_g + \bar{\boldsymbol{Z}}_g \Delta \boldsymbol{I}_{dqg} \tag{10-73}$$

式（10-72）和式（10-73）中系数矩阵 $\bar{\boldsymbol{A}}_g$、$\bar{\boldsymbol{B}}_{Ig}$、$\bar{\boldsymbol{B}}_{Ug}$、$\bar{\boldsymbol{P}}_g$、$\bar{\boldsymbol{Z}}_g$ 的元素可以很容易地通过比较（10-72）式与式（10-65）和式（10-69）及比较式（10-73）与式（10-66）而得

$$\bar{\boldsymbol{A}}_g = \begin{bmatrix} 0 & \omega_0 & 0 & 0 \\ 0 & -\dfrac{D}{T_J} & -\dfrac{I_{q(0)}}{T_J} & 0 \\ 0 & 0 & -\dfrac{1}{T'_{d0}} & \dfrac{1}{T'_{d0}} \\ 0 & 0 & 0 & -\dfrac{1}{T_A} \end{bmatrix}$$

$$\bar{\boldsymbol{B}}_{Ig} = \begin{bmatrix} 0 & 0 \\ \dfrac{X'_d - X_q}{T_J}I_{q(0)} & \dfrac{(X'_d - X_q)I_{q(0)} - E'_{q(0)}}{T_J} \\ \dfrac{X'_d - X_d}{T'_{d0}} & 0 \\ 0 & 0 \end{bmatrix}; \quad \bar{\boldsymbol{B}}_{Ug} = \begin{bmatrix} 0 & 0 \\ 0 & 0 \\ 0 & 0 \\ -\dfrac{K_A}{T_A}\dfrac{U_{d(0)}}{U_{(0)}} & -\dfrac{K_A}{T_A}\dfrac{U_{q(0)}}{U_{(0)}} \end{bmatrix}$$

$$\bar{\boldsymbol{P}}_g = \begin{bmatrix} 0 & 0 & 0 & 0 \\ 0 & 0 & 1 & 0 \end{bmatrix}; \quad \bar{\boldsymbol{Z}}_g = \begin{bmatrix} -R_a & X_q \\ -X'_d & -R_a \end{bmatrix}$$

顺便指出，当同步发电机和励磁系统采用其他数学模型，并考虑原动机及其调速系统的影响时，应用同样的方法，也可以先写出各自的线性化方程，然后表示成式（10-72）和式（10-73）的形式。另外，还需注意，式（10-70）中各状态变量的次序也不是唯一的，不同的排序将得出不同的矩阵，但不影响最后的分析结果。

（2）坐标变换。由于式（10-71）中的 $\Delta \boldsymbol{U}_{dqg}$ 和 $\Delta \boldsymbol{I}_{dqg}$ 为各发电机组本身 d、q 轴电压和电流分量的偏差，因此必须将它们转换成统一的同步旋转坐标系 $x\text{-}y$ 下的相应分量，然后才能用这些电流、电压分量通过电力网络联系起来。

对于发电机端电压，由坐标变换式（7-95）得

$$\begin{bmatrix} U_d \\ U_q \end{bmatrix} = \begin{bmatrix} \sin\delta & -\cos\delta \\ \cos\delta & \sin\delta \end{bmatrix} \begin{bmatrix} U_x \\ U_y \end{bmatrix} \tag{10-74}$$

平衡点的稳态值 $U_{d(0)}$、$U_{q(0)}$、$U_{x(0)}$、$U_{y(0)}$ 和 $\delta_{(0)}$ 也应满足式（10-74），即

$$\begin{bmatrix} U_{d(0)} \\ U_{q(0)} \end{bmatrix} = \begin{bmatrix} \sin\delta_{(0)} & -\cos\delta_{(0)} \\ \cos\delta_{(0)} & \sin\delta_{(0)} \end{bmatrix} \begin{bmatrix} U_{x(0)} \\ U_{y(0)} \end{bmatrix} \tag{10-75}$$

将式（10-74）在稳态值附近线性化，得

$$\begin{bmatrix} \Delta U_d \\ \Delta U_q \end{bmatrix} = \begin{bmatrix} \sin\delta_{(0)} & -\cos\delta_{(0)} \\ \cos\delta_{(0)} & \sin\delta_{(0)} \end{bmatrix} \begin{bmatrix} \Delta U_x \\ \Delta U_y \end{bmatrix} + \begin{bmatrix} \cos\delta_{(0)} & \sin\delta_{(0)} \\ -\sin\delta_{(0)} & \cos\delta_{(0)} \end{bmatrix} \begin{bmatrix} U_{x(0)} \\ U_{y(0)} \end{bmatrix} \Delta\delta \tag{10-76}$$

利用式（10-75），式（10-76）可以表示为

$$\begin{bmatrix} \Delta U_d \\ \Delta U_q \end{bmatrix} = \begin{bmatrix} \sin\delta_{(0)} & -\cos\delta_{(0)} \\ \cos\delta_{(0)} & \sin\delta_{(0)} \end{bmatrix} \begin{bmatrix} \Delta U_x \\ \Delta U_y \end{bmatrix} + \begin{bmatrix} U_{q(0)} \\ -U_{d(0)} \end{bmatrix} \Delta\delta \tag{10-77}$$

并简写成

$$\Delta U_{dqg} = T_{g(0)} \Delta U_g + R_{Ug} \Delta x_g \tag{10-78}$$

其中

$$\Delta U_g = \begin{bmatrix} \Delta U_x \\ \Delta U_y \end{bmatrix}; R_{Ug} = \begin{bmatrix} U_{q(0)} & 0 & 0 & 0 \\ -U_{d(0)} & 0 & 0 & 0 \end{bmatrix}; T_{g(0)} = \begin{bmatrix} \sin\delta_{(0)} & -\cos\delta_{(0)} \\ \cos\delta_{(0)} & \sin\delta_{(0)} \end{bmatrix}$$

很明显，$T_{g(0)}$ 为正交矩阵，即满足

$$T_{g(0)}^{-1} = T_{g(0)}^{T} \tag{10-79}$$

同理，对发电机电流也可得出以下关系

$$\Delta I_{dqg} = T_{g(0)} \Delta I_g + R_{Ig} \Delta x_g \tag{10-80}$$

式中

$$\Delta I_g = \begin{bmatrix} \Delta I_x \\ \Delta I_y \end{bmatrix}; R_{Ig} = \begin{bmatrix} I_{q(0)} & 0 & 0 & 0 \\ -I_{d(0)} & 0 & 0 & 0 \end{bmatrix}$$

将式（10-78）和式（10-80）代入式（10-73），消去 ΔU_{dqg} 和 ΔI_{dqg}，可以得出

$$\Delta I_g = C_g \Delta x_g + D_g \Delta U_g \tag{10-81}$$

式中

$$\left. \begin{array}{l} C_g = T_{g(0)}^{T} \left[\bar{Z}_g^{-1}(R_{Ug} - \bar{P}_g) - R_{Ig} \right] \\ D_g = T_{g(0)}^{T} \bar{Z}_g^{-1} T_{g(0)} \end{array} \right\} \tag{10-82}$$

同样，将式（10-78）和式（10-80）代入式（10-72），消去 ΔU_{dqg} 和 ΔI_{dqg}，并利用式（10-81）和式（10-82）消去 ΔI_g，得出

$$\frac{d\Delta x_g}{dt} = A_g \Delta x_g + B_g \Delta U_g \tag{10-83}$$

式中

$$\left. \begin{array}{l} A_g = \bar{A}_g + \bar{B}_{Ig}\bar{Z}_g^{-1}(R_{Ug} - \bar{P}_g) + \bar{B}_{Ug}R_{Ug} \\ B_g = (\bar{B}_{Ig}\bar{Z}_g^{-1} + \bar{B}_{Ug})T_{g(0)} \end{array} \right\} \tag{10-84}$$

式（10-83）和式（10-81）便组成每个发电机组的线性化方程，它类似于一般线性定常系统的状态方程和输出方程。

3. 全系统线性化微分方程的形成

（1）网络方程。为了叙述方便起见，将网络方程式（10-16）写成分块矩阵形式，并注意到网络方程本身是线性的，因而可以直接写出在 $x\text{-}y$ 坐标下节点注入电流偏差与节点电压偏差之间的线性化方程

$$\begin{bmatrix}\Delta\boldsymbol{I}_1\\ \vdots\\ \Delta\boldsymbol{I}_i\\ \vdots\\ \Delta\boldsymbol{I}_n\end{bmatrix}=\begin{bmatrix}\boldsymbol{Y}_{11}&\cdots&\boldsymbol{Y}_{1i}&\cdots&\boldsymbol{Y}_{1n}\\ \vdots&\ddots&\vdots&\ddots&\vdots\\ \boldsymbol{Y}_{i1}&\cdots&\boldsymbol{Y}_{ii}&\cdots&\boldsymbol{Y}_{in}\\ \vdots&\ddots&\vdots&\ddots&\vdots\\ \boldsymbol{Y}_{n1}&\cdots&\boldsymbol{Y}_{ni}&\cdots&\boldsymbol{Y}_{nn}\end{bmatrix}\begin{bmatrix}\Delta\boldsymbol{U}_1\\ \vdots\\ \Delta\boldsymbol{U}_i\\ \vdots\\ \Delta\boldsymbol{U}_n\end{bmatrix} \tag{10-85}$$

其中

$$\Delta\boldsymbol{I}_i=\begin{bmatrix}\Delta I_{ix}\\ \Delta I_{iy}\end{bmatrix};\ \Delta\boldsymbol{U}_i=\begin{bmatrix}\Delta U_{ix}\\ \Delta U_{iy}\end{bmatrix};\ \boldsymbol{Y}_{ij}=\begin{bmatrix}G_{ij}&-B_{ij}\\ B_{ij}&G_{ij}\end{bmatrix}\ (i,j=1,2,\cdots,n) \tag{10-86}$$

对各负荷节点，在负荷按恒定阻抗模拟的情况下，可以用负荷在给定稳态运行情况下所吸收的功率和节点电压，按式（10-37）求出负荷的等值导纳，然后追加到上述导纳矩阵的相应对角块上，从而完成对负荷的处理。

不失一般性，假定网络中节点编号的次序为：先是各个发电机所在节点，然后是其他节点。则计入负荷导纳后的网络方程可写成如下分块矩阵形式

$$\begin{bmatrix}\Delta\boldsymbol{I}_{\mathrm{G}}\\ \boldsymbol{0}\end{bmatrix}=\begin{bmatrix}\boldsymbol{Y}_{\mathrm{GG}}&\boldsymbol{Y}_{\mathrm{GL}}\\ \boldsymbol{Y}_{\mathrm{LG}}&\boldsymbol{Y}_{\mathrm{LL}}\end{bmatrix}\begin{bmatrix}\Delta\boldsymbol{U}_{\mathrm{G}}\\ \Delta\boldsymbol{U}_{\mathrm{L}}\end{bmatrix} \tag{10-87}$$

式中：$\Delta\boldsymbol{I}_{\mathrm{G}}$ 和 $\Delta\boldsymbol{U}_{\mathrm{G}}$ 分别为由全部发电机节点注入电流和节点电压偏差组成的向量；$\Delta\boldsymbol{U}_{\mathrm{L}}$ 为由其他节点电压偏差组成的向量。这些向量可以表示为（假定系统中有 m 台发电机）

$$\left.\begin{aligned}\Delta\boldsymbol{I}_{\mathrm{G}}=\begin{bmatrix}\Delta\boldsymbol{I}_{g1}&\Delta\boldsymbol{I}_{g2}&\cdots&\Delta\boldsymbol{I}_{gn}\end{bmatrix}^{\mathrm{T}};\ \Delta\boldsymbol{U}_{\mathrm{G}}=\begin{bmatrix}\Delta\boldsymbol{U}_{g1}&\Delta\boldsymbol{U}_{g2}&\cdots&\Delta\boldsymbol{U}_{gn}\end{bmatrix}^{\mathrm{T}}\\ \Delta\boldsymbol{U}_{\mathrm{L}}=\begin{bmatrix}\Delta\boldsymbol{U}_{m+1}&\Delta\boldsymbol{U}_{m+2}&\cdots&\Delta\boldsymbol{U}_n\end{bmatrix}^{\mathrm{T}}\end{aligned}\right\} \tag{10-88}$$

（2）全系统线性化微分方程。由各个发电机组的方程式（10-83）式（10-81）可以组成全部发电机组的方程式

$$\frac{\mathrm{d}\Delta\boldsymbol{x}}{\mathrm{d}t}=\boldsymbol{A}_{\mathrm{G}}\Delta\boldsymbol{x}+\boldsymbol{B}_{\mathrm{G}}\Delta\boldsymbol{U}_{\mathrm{G}} \tag{10-89}$$

$$\Delta\boldsymbol{I}_{\mathrm{G}}=\boldsymbol{C}_{\mathrm{G}}\Delta\boldsymbol{x}+\boldsymbol{D}_{\mathrm{G}}\Delta\boldsymbol{U}_{\mathrm{G}} \tag{10-90}$$

其中

$$\left.\begin{aligned}\Delta\boldsymbol{x}=\begin{bmatrix}\Delta\boldsymbol{x}_{g1}^{\mathrm{T}}&\Delta\boldsymbol{x}_{g2}^{\mathrm{T}}&\cdots&\Delta\boldsymbol{x}_{gm}^{\mathrm{T}}\end{bmatrix}^{\mathrm{T}}\\ \boldsymbol{A}_{\mathrm{G}}=\mathrm{diag}\{\boldsymbol{A}_{g1}\ \boldsymbol{A}_{g2}\ \cdots\ \boldsymbol{A}_{gm}\};\ \boldsymbol{B}_{\mathrm{G}}=\mathrm{diag}\{\boldsymbol{B}_{g1}\ \boldsymbol{B}_{g2}\ \cdots\ \boldsymbol{B}_{gm}\}\\ \boldsymbol{C}_{\mathrm{G}}=\mathrm{diag}\{\boldsymbol{C}_{g1}\ \boldsymbol{C}_{g2}\ \cdots\ \boldsymbol{C}_{gm}\};\ \boldsymbol{D}_{\mathrm{G}}=\mathrm{diag}\{\boldsymbol{D}_{g1}\ \boldsymbol{D}_{g2}\ \cdots\ \boldsymbol{D}_{gm}\}\end{aligned}\right\} \tag{10-91}$$

将式（10-90）代入式（10-97）消去 $\Delta\boldsymbol{I}_{\mathrm{G}}$，所得结果与式（10-89）一起组成如下关系式

$$\begin{bmatrix}p\Delta\boldsymbol{x}\\ \boldsymbol{0}\\ \boldsymbol{0}\end{bmatrix}=\left[\begin{array}{c|cc}\boldsymbol{A}_{\mathrm{G}}&\boldsymbol{B}_{\mathrm{G}}&\boldsymbol{0}\\ \hline-\boldsymbol{C}_{\mathrm{G}}&\boldsymbol{Y}_{\mathrm{GG}}-\boldsymbol{D}_{\mathrm{G}}&\boldsymbol{Y}_{\mathrm{GL}}\\ \boldsymbol{0}&\boldsymbol{Y}_{\mathrm{LG}}&\boldsymbol{Y}_{\mathrm{LL}}\end{array}\right]\begin{bmatrix}\Delta\boldsymbol{x}\\ \Delta\boldsymbol{U}_{\mathrm{G}}\\ \Delta\boldsymbol{U}_{\mathrm{L}}\end{bmatrix} \tag{10-92}$$

在式（10-92）中消去 $\Delta\boldsymbol{U}_{\mathrm{G}}$ 和 $\Delta\boldsymbol{U}_{\mathrm{L}}$，得出如下的全系统线性化微分方程组

$$p\Delta\boldsymbol{x}=\boldsymbol{A}\Delta\boldsymbol{x} \tag{10-93}$$

其中

$$\begin{aligned}\boldsymbol{A}&=\boldsymbol{A}_{\mathrm{G}}-\begin{bmatrix}\boldsymbol{B}_{\mathrm{G}}&\boldsymbol{0}\end{bmatrix}\begin{bmatrix}\boldsymbol{Y}_{\mathrm{GG}}-\boldsymbol{D}_{\mathrm{G}}&\boldsymbol{Y}_{\mathrm{GL}}\\ \boldsymbol{Y}_{\mathrm{LG}}&\boldsymbol{Y}_{\mathrm{LL}}\end{bmatrix}^{-1}\begin{bmatrix}-\boldsymbol{C}_{\mathrm{G}}\\ \boldsymbol{0}\end{bmatrix}\\ &=\boldsymbol{A}_{\mathrm{G}}+\boldsymbol{B}_{\mathrm{G}}[\boldsymbol{Y}_{\mathrm{GG}}-\boldsymbol{D}_{\mathrm{G}}-\boldsymbol{Y}_{\mathrm{GL}}\boldsymbol{Y}_{\mathrm{LL}}^{-1}\boldsymbol{Y}_{\mathrm{LG}}]^{-1}\boldsymbol{C}_{\mathrm{G}}\end{aligned} \tag{10-94}$$

便是全系统线性微分方程组的系数矩阵。

（3）小干扰稳定性判断。得出式（10-94）中的系数矩阵后，便可根据矩阵 A 的特征值性质来判断所给定的系统稳态运行情况是否小干扰稳定。计算矩阵全部特征值目前常用的方法是 QR 算法（参看 Matlab 中的函数 eig），其具体原理和方法将不作介绍。

实际上，形成矩阵 A 的方法多种多样，它与状态变量的次序安排、网络方程的形式、各动态元件的代数方程和网络方程的协调处理方法等有关。不同的方法将影响到程序实现的复杂性和灵活性，但并不影响其特征值的计算结果。另外，以上系统方程的形成仅考虑了发电机组这一种动态元件，实际上对于系统中的其他动态元件也可以进行类似处理。

必须指出，按照以上方法形成的系数矩阵 A 中，与各转子角度对应的列之和为零向量，这意味着 A 中必有一个零特征值。其存在的原因是状态变量中取各个发电机转子的绝对角度而不是发电机转子间的相对角度作为状态，换言之，系统中存在一个冗余的转子角度。事实上，由于各发电机间的功率分配取决于各发电机转子之间的相对角度，如果各发电机转子的绝对角度都同时加上一个固定的值，并不改变各发电机间的功率分配，因而不影响系统的稳定性。这一点与第四章潮流计算中需要取一个节点电压相角作为参考在原理上是相同的。若要去除这个零特征值，只需选定任意一台发电机的转子角度作为参考，用其余机组与该机转子的相对角度作为新的状态变量即可，这时矩阵 A 将降低一阶。因此，在用式（10-94）得出矩阵 A 并求得其特征值后，应先去除一个零特征值，然后用余下的特征值来判断系统稳定性。

三、电力系统低频振荡现象及电力系统稳定器

在现代电力系统中，小干扰不稳定在数学上表现为全系统线性化微分方程系数矩阵 A 中至少出现一对实部为正的复共轭特征值，从而在物理上各发电机转子的相对角呈现出增幅振荡现象。由于振荡的频率较低，一般在 $0.1 \sim 2.5\text{Hz}$ 范围内，故习惯上称为低频振荡现象。下面首先对图 10-5 所示简单电力系统的低频振荡现象进行分析，然后说明发电机励磁调节系统对低频振荡的影响，进而给出利用 PSS 抑制低频振荡的原理，最后讨论多机电力系统的低频振荡现象和控制策略。

1. 电力系统低频振荡现象

式（10-51）所示频率 f_n 是系统无阻尼振荡的自然频率，而式（10-56）所示频率 f_d 是系统有阻尼振荡的频率。虽然 f_d 相对于 f_n 有所减小，但由于一般情况下 $\omega_0 K_S / T_J$ 比 $[K_D / (2T_J)]^2$ 大很多，因此 $f_d \approx f_n$。

由式（10-51）可以看出，振荡频率 f 与发电机组惯性时间常数 T_J 的方根成反比，而与系统同步转矩系数 K_S 的方根成正比。K_S 的大小与机组间的电气距离 X_Σ 和运行方式 $\delta_{(0)}$ 有关，并主要取决于 X_Σ 的大小，X_Σ 越大，K_S 越小，f 越小。

若设 $T_J = 6 \sim 12\text{s}$；并设 $E' U \cos\delta_{(0)} \approx 1$，$X_\Sigma = 0.2 \sim 10$，即 $K_S = 0.1 \sim 5$。则对于 50Hz 系统而言，振荡频率为 $f_{\min} = \sqrt{(50 \times 0.1) / (2\pi \times 12)} \approx 0.2575$（Hz），$f_{\max} = \sqrt{(50 \times 5) / (2\pi \times 6)} \approx 2.575$（Hz）。

对于系统的振荡模式 $\sigma \pm j\omega$，定义阻尼比为

$$\xi = \frac{-\sigma}{\sqrt{\sigma^2 + \omega^2}} \tag{10-95}$$

阻尼比 ξ 决定了振荡幅值的衰减率和衰减特性。

由式（10-55）可以看出，当 $K_D = D > 0$，则 $\sigma < 0$，$\xi > 0$，这时我们就说系统对振荡具

有正阻尼，否则具有负阻尼（$\xi < 0$）。一般认为机电振荡的阻尼比 $\xi > 0.05$ 时才可以接受系统的运行状况，在特殊情况下 $\xi > 0.03$ 也就足够了。

在［例 10 - 2］中，系统在 D 取三种不同值时的特征见表 10 - 2。

表 10 - 2   **D 在三种不同取值情况下系统的特征**

D	0	6.0	-6.0
特征值 λ	$\pm j7.3521$	$-0.375 \pm j7.3426$	$0.375 \pm j7.3426$
振荡频率 f_d（Hz）	1.1701	1.1686	1.1686
阻尼比 ξ	0.0	0.0510	-0.0510

由表 10 - 2 可以看出，在无阻尼（$D = 0$）情况下，系统自然振荡的频率为 $f_n = 1.1701\text{Hz}$；在正阻尼（$D = 6.0$）情况下，系统振荡的频率 $f_d = 1.1686\text{Hz}$，与 f_n 相比略有下降，阻尼比 $\xi = 0.051$，满足系统的一般要求；在负阻尼（$D = -6.0$）情况下，系统呈现增幅振荡。

2. 考虑励磁调节系统和 PSS 的单机无穷大系统模型

发电机采用 E'_q 变化模型；忽略定子电阻，即取 $R_a = 0$；考虑自并励励磁系统的作用；不计原动机及其调速系统的影响。

如图 10 - 5 所示，发电机的端电压为 $\dot{U} = U_{IB} + jX\dot{I}$（其中 $X = X_T + X_L$），它可以在直角坐标形式下写成如下矩阵形式

$$\begin{bmatrix} U_x \\ U_y \end{bmatrix} - \begin{bmatrix} U_{IB} \\ 0 \end{bmatrix} = X \begin{bmatrix} 0 & -1 \\ 1 & 0 \end{bmatrix} \begin{bmatrix} I_x \\ I_y \end{bmatrix} \tag{10 - 96}$$

利用坐标变换式（7 - 94）将式（10 - 96）变换为 d—q 坐标下的方程

$$\begin{bmatrix} \sin\delta & \cos\delta \\ -\cos\delta & \sin\delta \end{bmatrix} \begin{bmatrix} U_d \\ U_q \end{bmatrix} - \begin{bmatrix} U_{IB} \\ 0 \end{bmatrix} = \begin{bmatrix} 0 & -X \\ X & 0 \end{bmatrix} \begin{bmatrix} \sin\delta & \cos\delta \\ -\cos\delta & \sin\delta \end{bmatrix} \begin{bmatrix} I_d \\ I_q \end{bmatrix} \tag{10 - 97}$$

将式（10 - 97）和式（10 - 28）联立求解，消去 U_d 和 U_q 后，得

$$\begin{bmatrix} I_d \\ I_q \end{bmatrix} = \frac{1}{(X'_d + X)(X_q + X)} \begin{bmatrix} 0 & X_q + X \\ -X'_d - X & 0 \end{bmatrix} \begin{bmatrix} -U_{IB}\sin\delta \\ E'_q - U_{IB}\cos\delta \end{bmatrix} \tag{10 - 98}$$

将式（10 - 98）线性化，得

$$\left. \begin{aligned} \Delta I_d &= \frac{U_{IB}\sin\delta_{(0)}}{X'_d + X}\Delta\delta + \frac{1}{X'_d + X}\Delta E'_q \\ \Delta I_q &= \frac{U_{IB}\cos\delta_{(0)}}{X_q + X}\Delta\delta \end{aligned} \right\} \tag{10 - 99}$$

假设在励磁调节系统的电压比较环节上增加附加的输入信号 U_{PSS}（其用途在以后解释），相应地，式（10 - 36）变为

$$T_A \frac{dE_{fq}}{dt} = -E_{fq} + K_A(U_{ref} + U_{PSS} - U) \tag{10 - 100}$$

式（10 - 100）的线性化方程为

$$T_A \frac{d\Delta E_{fq}}{dt} = -\Delta E_{fq} + K_A \Delta U_{PSS} - K_A \frac{U_{d(0)}}{U_{(0)}}\Delta U_d - K_A \frac{U_{q(0)}}{U_{(0)}}\Delta U_q \tag{10 - 101}$$

将式（10 - 99）代入式（10 - 65），将式（10 - 99）代入式（10 - 66）求得 ΔU_d 和 ΔU_q 后

代入式（10-101），得

$$\frac{\mathrm{d}\Delta\delta}{\mathrm{d}t} = \omega_0\Delta\omega$$

$$T_{\mathrm{J}}\frac{\mathrm{d}\Delta\omega}{\mathrm{d}t} = -K_1\Delta\delta - D\Delta\omega - K_2\Delta E'_{\mathrm{q}}$$

$$T'_{\mathrm{d0}}\frac{\mathrm{d}\Delta E'_{\mathrm{q}}}{\mathrm{d}t} = -K_3\Delta\delta - K_4\Delta E'_{\mathrm{q}} + \Delta E_{\mathrm{fq}}$$

$$T_{\mathrm{A}}\frac{\mathrm{d}\Delta E_{\mathrm{fq}}}{\mathrm{d}t} = -K_{\mathrm{A}}K_5\Delta\delta + K_{\mathrm{A}}\Delta U_{\mathrm{PSS}} - K_{\mathrm{A}}K_6\Delta E'_{\mathrm{q}} - \Delta E_{\mathrm{fq}}$$

$$(10-102)$$

式中

$$K_1 = \frac{U_{\mathrm{IB}}\sin\delta_{(0)}}{X'_{\mathrm{d}} + X}(X_{\mathrm{q}} - X'_{\mathrm{d}})I_{\mathrm{q}(0)} + \frac{U_{\mathrm{IB}}\cos\delta_{(0)}}{X_{\mathrm{q}} + X}[E'_{\mathrm{q}(0)} + (X_{\mathrm{q}} - X'_{\mathrm{d}})I_{\mathrm{d}(0)}]$$

$$K_2 = \frac{X_{\mathrm{q}} + X}{X'_{\mathrm{d}} + X}I_{\mathrm{q}(0)}; \quad K_3 = \frac{X_{\mathrm{d}} - X'_{\mathrm{d}}}{X'_{\mathrm{d}} + X}U_{\mathrm{B}}\sin\delta_{(0)}$$

$$K_4 = \frac{X_{\mathrm{d}} + X}{X'_{\mathrm{d}} + X}; \quad K_6 = \frac{X}{X'_{\mathrm{d}} + X}\frac{U_{\mathrm{q}(0)}}{U_{(0)}}$$

$$K_5 = \frac{X_{\mathrm{q}}}{X_{\mathrm{q}} + X}\frac{U_{\mathrm{d}(0)}}{U_{(0)}}U_{\mathrm{B}}\cos\delta_{(0)} - \frac{X'_{\mathrm{d}}}{X'_{\mathrm{d}} + X}\frac{U_{\mathrm{q}(0)}}{U_{(0)}}U_{\mathrm{B}}\sin\delta_{(0)}$$

$$(10-103)$$

在正常运行情况下，$K_1\sim K_4$、K_6 均为正值，K_5 在 $\delta_{(0)}$ 较小时（即轻负荷时）为正值，而在 $\delta_{(0)}$ 较大时（即重负荷时）可能为负值。

3. 励磁调节系统对低频振荡的影响

对式（10-102）的第一式做拉普拉斯变换，得

$$s\Delta\delta = \omega_0\Delta\omega \tag{10-104}$$

对式（10-102）的第三、四式进行拉普拉斯变换，然后消去 ΔE_{fq}，得

$$\Delta E'_{\mathrm{q}} = -\frac{K_3(1 + sT_{\mathrm{A}}) + K_{\mathrm{A}}K_5}{K_{\mathrm{A}}K_6 + (K_4 + sT'_{\mathrm{d0}})(1 + sT_{\mathrm{A}})}\Delta\delta$$

$$+ \frac{K_{\mathrm{A}}}{K_{\mathrm{A}}K_6 + (K_4 + sT'_{\mathrm{d0}})(1 + sT_{\mathrm{A}})}\Delta U_{\mathrm{PSS}} \tag{10-105}$$

暂不考虑附加信号的作用，即取 $\Delta U_{\mathrm{PSS}}=0$。考虑到一般情况下自并励励磁系统的 T_{A} 较小而 K_{A} 很大，并在略去较小的项后可得

$$\Delta E'_{\mathrm{q}} \approx -\frac{K_{\mathrm{A}}K_5}{K_{\mathrm{A}}K_6 + sT'_{\mathrm{d0}}}\Delta\delta \tag{10-106}$$

式（10-106）代入式（10-102）的第二式，并考虑式（10-104），得

$$T_{\mathrm{J}}\frac{\mathrm{d}\Delta\omega}{\mathrm{d}t} = -\left[K_1 - \frac{K_{\mathrm{A}}^2 K_2 K_5 K_6}{(K_{\mathrm{A}}K_6)^2 - (sT'_{\mathrm{d0}})^2}\right]\Delta\delta - \left[D + \frac{K_{\mathrm{A}}K_2 K_5 \omega_0 T'_{\mathrm{d0}}}{(K_{\mathrm{A}}K_6)^2 - (sT'_{\mathrm{d0}})^2}\right]\Delta\omega$$

$$(10-107)$$

假定系统发生低频振荡，振荡的角频率为 ω，在式（10-107）中取 $s=\mathrm{j}\omega$，得

$$T_{\mathrm{J}}\frac{\mathrm{d}\Delta\omega}{\mathrm{d}t} = -K_{\mathrm{S}}\Delta\delta - K_{\mathrm{D}}\Delta\omega \tag{10-108}$$

式中

$$K_{\mathrm{S}} = K_1 - \frac{K_{\mathrm{A}}^2 K_2 K_5 K_6}{(K_{\mathrm{A}}K_6)^2 + (\omega T'_{\mathrm{d0}})^2}; \quad D_{\mathrm{E}} = \frac{K_{\mathrm{A}}K_2 K_5 \omega_0 T'_{\mathrm{d0}}}{(K_{\mathrm{A}}K_6)^2 + (\omega T'_{\mathrm{d0}})^2}; \quad K_{\mathrm{D}} = D + D_{\mathrm{E}}$$

$$(10-109)$$

由式（10-103）、式（10-108）和式（10-109）可以看出，在负荷较轻时，$K_5>0$，因此 $D_E>0$，$K_D>0$；而在重负荷运行情况下，可能出现 $K_5<0$，$D_E<0$，使得 K_D 变小，即系统对振荡的阻尼变小，在严重情况下可能出现 $K_D<0$ 的情况，导致系统发生增幅振荡。高放大倍数的励磁调节器（很大的 K_A）对 D_E 的变化起着助长作用。

4. PSS 抑制低频振荡分析

根据前面的分析可知，减少输送容量（即增大 K_5）可以避免阻尼不足甚至增幅低频振荡的发生，但降低了系统运行的经济性。一种简单有效的策略是，通过某种控制使发电机产生一个正的阻尼转矩，从而抑制低频振荡，这种控制称为电力系统稳定器（Power System Stabilizer，PSS），其传递函数框图如图 10-7 所示。输入信号为发电机的角速度 ω，或机端频率 f，或者发电机的输出功率 P；输出信号即为前面提到的 U_{PSS}（参考图 10-3）。

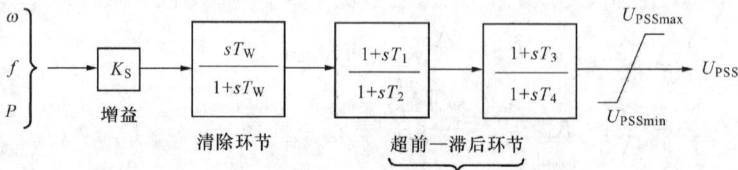

图 10-7 电力系统稳定器的传递函数框图

PSS 的输入取为 $\Delta\omega$，其传递函数设为 $G_{PSS}(s)$，则有

$$\Delta U_{PSS} = G_{PSS}(s)\Delta\omega \tag{10-110}$$

将式（10-110）代入式（10-105），并作类似于式（10-106）的简化，得

$$\Delta E'_q \approx -\frac{K_A K_5}{K_A K_6 + sT'_{d0}}\Delta\delta + K_A\frac{G_{PSS}(s)}{d(s)}\Delta\omega \tag{10-111}$$

其中

$$d(s) = T'_{d0}T_A s^2 + (K_4 T_A + T'_{d0})s + (K_4 + K_A K_6) \tag{10-112}$$

将式（10-111）代入式（10-102）的第二式，并考虑式（10-104），得

$$T_J\frac{d\Delta\omega}{dt} = -\left[K_1 - \frac{K_A^2 K_2 K_5 K_6}{(K_A K_6)^2 - (sT'_{d0})^2}\right]\Delta\delta$$
$$- \left[D + \frac{K_A K_2 K_5 \omega_0 T'_{d0}}{(K_A K_6)^2 - (sT'_{d0})^2} + K_A K_2\frac{G_{PSS}(s)}{d(s)}\right]\Delta\omega \tag{10-113}$$

同样，在式（10-113）中取 $s=j\omega$，得

$$T_J\frac{d\Delta\omega}{dt} = -K_S\Delta\delta - K_D\Delta\omega \tag{10-114}$$

式中

$$\left.\begin{array}{l}K_S = K_1 - \dfrac{K_A^2 K_2 K_5 K_6}{(K_A K_6)^2 + (\omega T'_{d0})^2}; \quad K_D = D + D_E + D_{PSS} \\[3mm] D_E = \dfrac{K_A K_2 K_5 \omega_0 T'_{d0}}{(K_A K_6)^2 + (\omega T'_{d0})^2}; \quad D_{PSS} = K_A K_2\dfrac{G_{PSS}(j\omega)}{d(j\omega)}\end{array}\right\} \tag{10-115}$$

前面已经指出，在重负荷情况下，可能出现 $K_5<0$，使得 $D_E<0$，导致 $K_D>0$ 但较小甚至 $K_D<0$ 的情况。由式（10-115）可以看出，只要选择合适的 $G_{PSS}(j\omega)$，使它的相角和 $d(j\omega)$ 的相角相同，那么就可以获得正实的 D_{PSS}，即获得一个正的阻尼转矩，并通过选取适当的 PSS 的放大倍数使 D_{PSS} 足够大，从而保证 K_D 足够大，达到抑制低频振荡的目的。

根据式（10 - 112），$d(\mathrm{j}\omega)$ 可表示为

$$d(\mathrm{j}\omega) = (K_4 + K_A K_6 - \omega^2 T'_{d0} T_A) + \mathrm{j}\omega(K_4 T_A + T'_{d0}) \qquad (10 - 116)$$

它的相角为

$$\varphi = \arctan \frac{\omega(K_4 T_A + T'_{d0})}{K_4 + K_A K_6 - \omega^2 T'_{d0} T_A} \qquad (10 - 117)$$

由式（10 - 116）可以看出，$d(\mathrm{j}\omega)$ 的虚部恒大于零；而实部在 T_A 较小时（快速励磁系统）大于零，在 T_A 较大时（慢速励磁系统）小于零。因此，在采用快速励磁系统时 $d(\mathrm{j}\omega)$ 处于复平面的第 I 象限，在采用慢速励磁系统时 $d(\mathrm{j}\omega)$ 处于第 II 象限。

实际系统上配置的 PSS 并不要求 $G_{PSS}(\mathrm{j}\omega)$ 完全抵消 $d(\mathrm{j}\omega)$ 的相角，如果它们的相角不同，D_{PSS} 就为一复数量。为了提高系统对振荡的阻尼，只要保证 D_{PSS} 的实部足够大，从而产生足够的阻尼转矩。

【例 10 - 3】　对于图 10 - 5 所示简单电力系统。发电机采用 E'_q 变化模型，考虑带有 PSS 的自并励励磁系统的作用，不计原动机及其调速系统的影响。其元件参数和系统初始运行方式如下：

发电机　$T_J = 8\mathrm{s}$，$T'_{d0} = 8\mathrm{s}$，$X_d = X_q = 1.76$，$X'_d = 0.3$；

励磁系统　$K_A = 200$，$T_A = 0.02\mathrm{s}$；

变压器　$X_T = 0.15$；线路：$X_L = 0.4$；

初始运行方式　$f_0 = 50\mathrm{Hz}$，$U_B = 1.0$，$P_{(0)} = 1.0$，$Q_{(0)} = 0.2$；

试分析系统的小干扰稳定性。

解　$\dot{U}_{IB} = 1.0\angle 0°$，$X = 0.15 + 0.4 = 0.55$

（1）初值计算

$$\omega_0 = 2\pi f_0 = 314.15926$$

依据式（10 - 57）～式（10 - 62）可以计算出

$$\dot{I}_{(0)} = 1 - \mathrm{j}0.2,\ \dot{U}_{(0)} = 1.2388\angle 26.3582°$$

$$\dot{E}_{Q(0)} = 2.7338\angle 57.6703°,\ \delta_{(0)} = 57.6703°,\ \omega_{(0)} = 1$$

$$U_{d(0)} = 0.6438,\ U_{q(0)} = 1.0584,\ I_{d(0)} = 0.9519,\ I_{q(0)} = 0.3658$$

$$E'_{q(0)} = 1.3439,\ E_{fq(0)} = 2.7338$$

（2）根据式（10 - 103）可以计算出系数

$K_1 = 1.1638, K_2 = 0.9941, K_3 = 1.4514, K_4 = 2.7176, K_5 = -0.0430, K_6 = 0.5528$

（3）取 $D = 6.0$，式（10 - 102）的状态矩阵为

$$\boldsymbol{A} = \begin{bmatrix} 0 & 314.1593 & 0 & 0 \\ -0.1455 & -0.75 & -0.1243 & 0 \\ -0.1814 & 0 & -0.3397 & 0.125 \\ 430.3607 & 0 & -552.8144 & -50.0 \end{bmatrix}$$

矩阵 $\boldsymbol{A}$ 的特征值为 $\lambda_{1,2} = -0.2895 \pm \mathrm{j}6.9027$，$\lambda_{3,4} = -25.2554 \pm \mathrm{j}8.7552$。系统存在两个衰减振荡模式，振荡频率分别为 $1.0986\mathrm{Hz}$ 和 $1.3934\mathrm{Hz}$。其中的振荡模式（$\lambda_{1,2}$）为机电振荡模式（即发电机之间的机械—电气振荡），其阻尼比为 0.0419。

当加重负荷至 $P_{(0)} = 2.21$，$Q_{(0)} = 0.442$ 的情况下，系数 $K_1 \sim K_6$ 变为

$K_1 = 1.5177, K_2 = 1.0939, K_3 = 1.5971, K_4 = 2.7176, K_5 = -0.1854, K_6 = 0.5909$

相应地，式（10-102）的状态矩阵变为

$$\boldsymbol{A} = \begin{bmatrix} 0 & 314.1593 & 0 & 0 \\ -0.1897 & -0.75 & -0.1367 & 0 \\ -0.1996 & 0 & -0.3397 & 0.125 \\ 1854.13 & 0 & -5909.088 & -50.0 \end{bmatrix}$$

矩阵 $\boldsymbol{A}$ 的特征值为 $\lambda_{1,2}=0.000131\pm j8.3459$，$\lambda_{3,4}=-25.5450\pm j11.4363$。系统存在一个增幅振荡模式和一个衰减振荡模式，振荡频率分别为 1.3283Hz 和 1.8201Hz。机电振荡模式（$\lambda_{1,2}$）的阻尼比为 $-0.0000157<0$。因此，在重负荷情况下导致了系统增幅振荡的发生，快速高放大倍数的励磁调节器对此起到助长作用。

（4）PSS 抑制增幅低频振荡。针对（3）中重负荷情况下系统出现的增幅振荡，考虑用 PSS 来抑制低频振荡。取振荡的角频率为 $\omega=8.3459$。从式（10-117）可以计算出 $d(j\omega)$ 的相角 $\phi=31.486°$。

假设 PSS 采用两级相同的相位补偿环节，则每级应该补偿 $31.486°/2=15.743°$。根据自动控制理论中的方法可以求出补偿环节中的参数

$$\alpha = \frac{1+\sin\varphi}{1-\sin\varphi} = \frac{1+\sin15.743°}{1-\sin15.743°} = 1.7447$$

$$T_2 = T_4 = \frac{1}{\omega\sqrt{\alpha}} = \frac{1}{8.3459\times\sqrt{1.7447}} = 0.0907(\text{s})$$

$$T_1 = T_3 = \alpha T_2 = 1.7447\times0.0907 = 0.1583(\text{s})$$

另外，取 $T_{\text{w}}=8\text{s}$，$K_{\text{S}}=3$。

列出 PSS 的微分方程，并推导出其线性化方程，然后和式（10-102）一起组成全系统的线性化微分方程。其状态矩阵为

$$\boldsymbol{A} = \begin{bmatrix} 0 & 314.1593 & 0 & 0 & 0 & 0 & 0 \\ -0.1897 & -0.75 & -0.1367 & 0 & 0 & 0 & 0 \\ -0.1996 & 0 & -0.3397 & 0.125 & 0 & 0 & 0 \\ 1854.13 & 0 & -5909.088 & -50 & 0 & 0 & 10000 \\ -0.5691 & -2.25 & -0.4102 & 0 & -0.125 & 0 & 0 \\ -0.9933 & -3.9270 & -0.7159 & 0 & 10.8072 & -11.0254 & 0 \\ -1.7337 & -6.8538 & -1.2495 & 0 & 18.8619 & -8.2174 & -11.0254 \end{bmatrix}$$

矩阵 $\boldsymbol{A}$ 的特征值为 $\lambda_1=-19.1996$，$\lambda_2=-9.4734$，$\lambda_3=-0.1251$，$\lambda_{4,5}=-0.5539\pm j8.2946$，$\lambda_{6,7}=-21.6798\pm j7.5528$。系统存在三个单调衰减模式和两个衰减振荡模式，两个振荡模式的振荡频率分别为 1.3201Hz 和 1.2021Hz，机电振荡模式（$\lambda_{4,5}$）的阻尼比为 0.0666。因此，当重负荷情况下系统发生增幅振荡时，通过配置适当的 PSS 能够使系统保持小干扰稳定，并且阻尼比也达到了一定的要求。

值得注意的是，PSS 的放大倍数 K_{S} 是通过试验后确定的。例如，当取 $K_{\text{S}}=1$ 时，相应状态矩阵的特征值为 $\lambda_1=-13.2109$，$\lambda_2=-9.9709$，$\lambda_3=-0.1250$，$\lambda_{4,5}=-0.1811\pm j8.3374$，$\lambda_{6,7}=-24.7982\pm j10.4250$。系统同样存在三个单调衰减模式和两个衰减振荡模式，两个振荡模式的振荡频率分别为 1.3269Hz 和 1.660Hz，机电振荡模式（$\lambda_{4,5}$）的阻尼比为 0.022。这说明了 K_{S} 的大小对抑制低频振荡的效果有很大的作用。

5. 多机电力系统的低频振荡

以上分析了单机无穷大系统发生低频振荡的原因，并讨论了 PSS 抑制低频振荡的原理。这对多机电力系统的低频振荡分析和抑制具有一定的启发意义。

一般认为，m 台发电机组成的互联电力系统中有 $m-1$ 个机电振荡模式，它们按振荡所涉及的范围大致分为两种类型：局部模式（Local Modes）和区域之间模式（Interarea Modes）。

（1）局部模式涉及一个发电厂内的发电机组与电力系统其他部分之间的振荡。由于各发电机组的惯性时间常数和它们之间的电气距离都较小，因此这种振荡模式的频率大致在 1～2.5Hz 范围内。

（2）区域之间模式涉及系统中一个区域内的多台发电机与另一个区域内的多台发电机之间的摇摆。联系薄弱的互联系统中接近耦合的两台或多台发电机之间常发生这种振荡。由于各区域的等值发电机具有更大的惯性常数，并且各区域之间的电气距离较大，因此这种模式的振荡频率要比局部模式的振荡频率低，大致在 0.1～0.7Hz 范围内。当系统表现为两群发电机之间振荡时，振荡的频率大致在 0.1～0.3Hz 范围内；当系统表现为多群发电机之间的振荡时，振荡的频率大致在 0.4～0.7Hz 范围内。

然而，值得注意的是，基于单机无穷大系统得到的这些结论并不能简单、直接地推广到多机电力系统。事实上，多机电力系统结构复杂，并包含有很多台发电机、其他动态元件和众多的控制装置（包括 PSS）。显然，所有这些控制装置的联合作用决定了它们对电力系统中出现的低频振荡的抑制效果。因此，在多机电力系统中 PSS 的配置及参数整定不能按单机无穷大系统中 PSS 参数整定的方式进行，而需考虑多个 PSS 的参数协调，从而达到抑制低频振荡的目的。

第三节　电力系统暂态稳定性分析

一、电力系统遭受大干扰后的物理过程

稳态运行情况下，电力系统中各发电机组输出的电磁转矩和原动机输入的机械转矩相平衡，各机组的转速保持恒定。在遭受大的干扰后，由于系统的结构或参数发生了较大的变化，使得系统的潮流及各发电机的输出功率也随之发生变化，从而打破了原动机和发电机之间的功率平衡，在发电机转轴上产生不平衡转矩，导致转子加速或减速。一般情况下，受扰后各发电机组的功率不平衡状况并不相同，加之各发电机组的转动惯量也不相同，使得各机组转速变化的情况各不相同。这样，各发电机转子之间将产生相对运动，使得转子之间的相对角度发生变化，而转子之间相对角度的变化又通过电网的联系（参阅图 10 - 4）反过来影响各发电机的输出功率，从而使各个发电机的功率、转速和转子之间的相对角度继续发生变化。

与此同时，发电机端电压和定子电流的变化，将引起励磁调节系统的调节过程；机组转速的变化，将引起调速系统的调节过程；电网中母线电压的变化，将引起负荷功率的变化，等等。这些变化都将直接或间接地影响发电机转轴上的功率平衡状况。

以上各种变化过程既相互联系又相互影响，形成了一个以各发电机转子机械运动和电磁功率变化为主体的机（械）电（气）暂态过程，简称为机电暂态过程。

　　电力系统遭受大干扰后所发生的机电暂态过程可能有两种不同的结局。一种是各发电机转子之间的相对角度随时间的变化呈振荡（或者称摇摆）状态。如果振荡的幅值逐渐衰减，各发电机之间的相对运动将逐渐消失，使得系统恢复到干扰前的稳态运行情况（或者过渡到一个新的稳态运行情况），此时各发电机仍然保持同步运行，电力系统是暂态稳定的；如果振荡的幅值不断增大，使得发电机之间的相对运动越来越剧烈，此时各发电机振荡失步，电力系统是暂态不稳定的。另一种结局是在暂态过程中某些发电机转子之间不但始终存在着相对运动，而且转子间的相对角度随时间不断增大，导致这些发电机之间失去同步，这时电力系统是暂态不稳定的。这里所说的干扰前的稳态运行情况（或者干扰后新的稳态运行情况）便相当于本章第一节中所说的无扰运动，而这里所说的是否暂态稳定与第一节中所说的初始干扰是否在平衡点的渐近稳定域内是一致的。暂态稳定和不稳定两种情况下的发电机转子间相对角度的变化情况分别如图 10-8 （a）、（b）所示。暂态稳定必是衰减振荡，而暂态不稳定既可能是单调失步也可能是增幅振荡。发电机失去同步后，系统中的功率和电压将产生强烈的振荡，使得一些发电机和负荷被迫切除，严重情况下甚至导致系统的解列或瓦解。

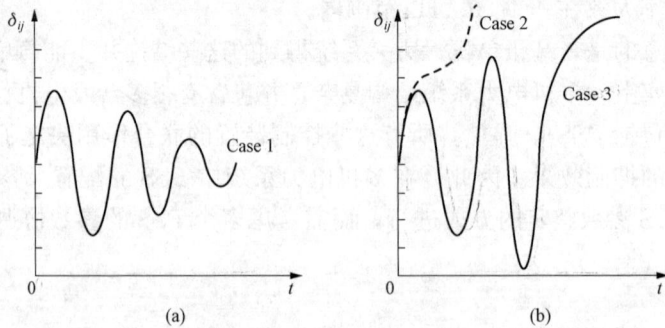

图 10-8　暂态过程中两台发电机的相对功角曲线
(a) 稳定情况；(b) 不稳定情况

二、电力系统暂态稳定性分析的目的和意义

　　电力系统发生大干扰是人们所不希望，但事实上又是无法避免的。由于系统在遭受大干扰后失去稳定的后果往往很严重，有的甚至是灾难性的，因此通常希望规划、设计出一个强壮的系统，使它能够承受一定强度的干扰冲击。显然，要求系统能够承受所有可能发生的干扰既不必要，也不经济。事实上，电力系统遭受到的各种大干扰，特别是短路故障，是以一定的概率随机地发生的，因此系统的设计和运行方式的制定都只需要保证在按某些原则决定的预想事故下能够保持稳定便可，而不需要在所有可能的事故下都保持稳定。与经济和社会状况有关，各国对系统稳定性的要求有所不同，因此对预想事故的选择原则也有不同的标准。我国对系统稳定性的要求反映在《电力系统安全稳定导则》中。

　　电力系统在预想事故下能否稳定运行，一般需要经过暂态稳定性计算后方可得知。当系统不稳定时，则需要研究提高系统稳定性的有效措施；而在系统发生重大稳定破坏事故后，需要进行事故分析，找出系统的薄弱环节，并提出相应的对策。

三、暂态稳定性分析的基本流程

　　目前，电力系统暂态稳定性分析的主要方法是对遭受大干扰后系统的微分方程式进行求解，进而判断系统是否稳定，即本章第一节中介绍的间接法。由于描述电力系统暂态稳定性的微分和代数方程组中含有非线性的方程，一般不能求出其解析解，因此只能用数值积分方法求出其数值解。

事实上，在系统遭受干扰后的整个暂态过程中，描述系统动态过程的微分—代数方程式（10-44）和式（10-45）在各个阶段有所不同。在某些情况下，整个过程可能经历多个阶段，例如，先是某一线路发生短路故障，经一定时间后故障线路被切除，以后又进行自动重合闸，并在重合不成功的情况下再次切除故障线路，有时还需要切除发电机或负荷，等等。这样，全部过程将包含多次故障和操作，而每经一次故障或操作，由于网络结构和参数的变化，需要相应地改变微分—代数方程式。除了故障或操作以外，一些调节系统限幅环节的存在也导致在暂态过程中微分方程和代数方程的改变。

在进行暂态稳定性分析中，根据故障或操作发生的时刻将整个暂态过程划分为若干个时段。在同一个时段内，函数 f 和 g 的结构和内容不变，而在各个时段之间的 f 或 g 则可能发生变化。根据微分方程解对初值的连续依赖性定理可知，状态变量 $x(t)$ 在整个暂态过程中不能突变（否则对时间的导数为无穷大），因此一个时段结束时刻状态变量的取值将作为下一时段开始时刻状态变量的初值。对于代数变量 $y(t)$ 而言，由于忽略电网和定子绕组的电磁暂态过程，它们在故障或操作瞬间将可能发生突变，因此新时段代数变量的初值需要重新计算。用数值积分方法依次求解出各个时段微分—代数方程的解，它们一起构成了整个暂态过程的解，用这个解就可以判断系统的稳定性。

例如，对于在 $t=0\text{s}$ 系统发生故障，$t=t_c$ 时刻切除故障的简单情况，暂态稳定性计算的示意图如图 10-9 所示。

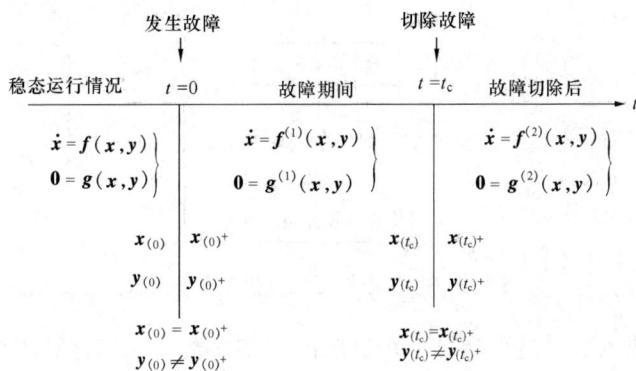

图 10-9　简单情况下暂态稳定性计算中方程和变量变化示意图

整个电力系统暂态稳定性计算的基本流程如图 10-10 所示，其中各部分的内容解释如下。

在进行暂态稳定计算前，首先应用潮流计算程序求出受扰前给定的系统运行状态。即由潮流计算得出各节点的电压及注入功率，然后求出系统的运行参数 $y_{(0)}$，并由它计算出状态变量的初始值 $x_{(0)}$。即图中的框①和框②。

框③是根据各元件所采用的数学模型形成相应的微分方程，并根据所用的求解方法形成相应的网络方程。应当注意的是，在暂态稳定计算中的网络模型和潮流计算所采用的有所区别，前者还要考虑到发电机和负荷的影响。

① 输入原始数据和信息
计算扰动前系统的潮流，并计算初值 $y_{(0)}$

② 计算状态变量的初值 $x_{(0)}$

③ 形成微分方程和代数方程

④ 置 $t=0$

⑤ 是否有故障或操作？ —N→

⑥ 修改微分方程或代数方程

⑦ 是否网络故障或操作？ —N→

⑧ 解网络方程并重新计算 $y_{(t)}$

⑨ 计算 $y_{(t+\Delta t)}$，$x_{(t+\Delta t)}$

⑩ 判断系统是否稳定？ —N→

⑪ 置 $t=t+\Delta t$

⑫ N← $t \geqslant t_{max}$？

⑬ 停止计算并输出结果

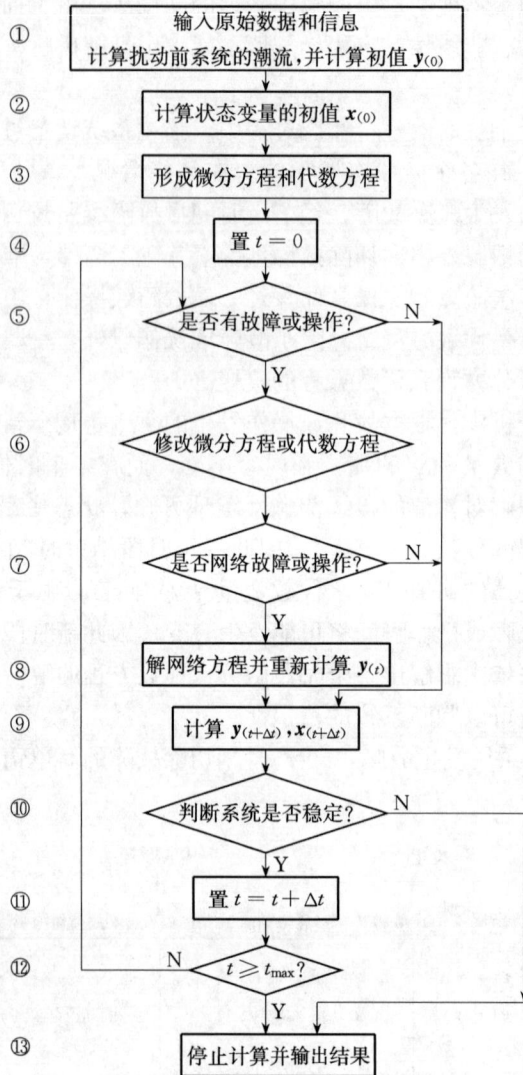

图 10-10 暂态稳定性分析的基本流程

  从框④开始，进入暂态过程计算。在目前的大多数暂态稳定计算程序中，积分步长 Δt 取为固定不变的常数。假定暂态过程的计算已进行到时刻 t，这时的 $x_{(t)}$ 和 $y_{(t)}$ 为已知量。在计算 $t+\Delta t$ 时刻的 $x_{(t+\Delta t)}$ 和 $y_{(t+\Delta t)}$ 时，应首先检查在 t 时刻系统有无故障或操作；如果有故障或操作，则需对微分或/和代数方程式进行修改，见图中的⑤、⑥两框。而且当故障或操作发生在网络内时，系统的运行参数 $y_{(t)}$ 可能发生突变，因此必须重新求解网络方程，以便得出故障或操作后的运行参数 $y_{(t)}{}^+$，见图中⑦、⑧两框。由于状态变量不会发生突变，因此故障或操作前后的 $x_{(t)}$ 和 $x_{(t)}{}^+$ 相同。

  在网络发生故障或操作时，一般通过改变网络的导纳矩阵来改变网络方程式。对于元件的三相开断或三相投入，可以处理成对应的接地支路或不接地支路的参数发生相应的变化，从而很容易地改变导纳矩阵中的元素；对于三相短路，如果计及短路点电弧阻抗的影响，可以在短路点处接入相应的阻抗，否则可接入一个足够大的接地导纳，使短路点的对地阻抗接近于零。对于不对称短路或断线，则通常忽略负序和零序分量电压、电流对发电机电磁转矩的影响，而只考虑它们对网络中正序电压、电流的影响。这是因为发电机的负序电压和负序电流所产生的电磁转矩是随时间交变的，在一个基波周期内的平均值很小（主要是在电阻中的损耗），可以忽略不计。至于零序电流，则除了在定子回路中引起不大的损耗以外，其他别无影响。因此，对于不对称短路，可以应用第九章所介绍的正序等效定则，在短路点接入一个由短路类型决定的附加接地阻抗 Z_Δ，以反映负序网络和零序网络对正序分量的影响。对于按相开断或不对称断线，则同理在断口处串联接入一个由断线类型决定的附加阻抗，以反映负序网络和零序网络对正序分量的影响。短路点的附加阻抗已在表 9-2 中列出，断线时断口的附加阻抗与断线类型之间的关系见表 10-3。

表 10-3　　　　　　　　　　断线时断口的附加阻抗

断线类型	附加阻抗
单相断线	$Z^{(2)}Z^{(0)}/(Z^{(2)}+Z^{(0)})$
两相断线	$Z^{(2)}+Z^{(0)}$

注　$Z^{(2)}$ 为负序网中断口处的等值阻抗；

　　　$Z^{(0)}$ 为零序网中断口处的等值阻抗。

框⑨是对微分—代数方程组在 t 到 $t+\Delta t$ 时间段内进行一步数值积分的计算，它由 $x_{(t)}$ 和 $y_{(t)}$ 求出 $x_{(t+\Delta t)}$ 和 $y_{(t+\Delta t)}$ 的取值。然后在框⑩中利用适当的判据进行系统稳定性的判断（若任意两台发电机转子之间的相对角度不断增大，则也判为系统不稳定）。如果已经能够判断系统将失去稳定，则停止计算，并输出计算结果（框⑬）；否则，经框⑪将时间向前推进 Δt，进行下一步的计算，直至到达预定的时刻 t_{max}（框⑫）。

t_{max} 大小与所研究问题的性质有关。当仅关注第一摇摆周期的系统稳定性时，通常取 $t_{max}=1\sim1.5s$。对于这种情况，暂态稳定性计算容许采用较多的简化。例如，由于原动机及调速系统的时间常数较大，因而可以忽略调速器的作用而假定原动机的机械功率保持不变；将励磁调节系统的作用近似地考虑为在暂态过程中保持发电机暂态电动势不变，等等。对于大规模互联电力系统，失去暂态稳定的过程发展较慢，往往需要计算到几秒甚至十几秒才可能判断出系统是否稳定。在这种情况下，必须采用更复杂的数学模型来模拟系统的暂态过程，例如计及发电机组励磁调节系统和原动机调速系统的作用，考虑直流输电系统和其他控制装置的作用等，这些在本书中不再详细介绍。

目前，在大型电力系统的暂态稳定性计算中，都采用精度更高和数值稳定性更好的数值积分方法，如龙格—库塔法和隐式梯形积分法等。

在进行电力系统暂态稳定性分析时，在每一步长的计算中，需要同时求解微分方程和代数方程组。下面介绍采用式（10-9）的改进欧拉法联立求解微分方程组和代数方程组，即式（10-44）和式（10-45）的交替求解方法。

对于一个步长的计算，即已知 t 时刻变量 $x_{(t)}$ 和 $y_{(t)}$ 的取值，求 $t+\Delta t$ 时刻的变量 $x_{(t+\Delta t)}$ 和 $y_{(t+\Delta t)}$，计算步骤为：

（1）计算向量 $f(x_{(t)},y_{(t)})$，并计算 $x_{(t+\Delta t)}^{(0)}=x_{(t)}+\Delta t f(x_{(t)},y_{(t)})$。

（2）求解代数方程组 $g(x_{(t+\Delta t)}^{(0)},y_{(t+\Delta t)}^{(0)})=0$，得出 $y_{(t+\Delta t)}^{(0)}$。

（3）计算向量 $f(x_{(t+\Delta t)}^{(0)},y_{(t+\Delta t)}^{(0)})$，并计算

$$x_{(t+\Delta t)} = x_{(t)} + \frac{\Delta t}{2}\big[f(x_{(t)}, y_{(t)}) + f(x_{(t+\Delta t)}^{(0)}, y_{(t+\Delta t)}^{(0)})\big]$$

（4）求解代数方程组 $0 = g(x_{(t+\Delta t)}, y_{(t+\Delta t)})$ 得出 $y_{(t+\Delta t)}$。

四、简单电力系统的暂态稳定性分析

1. 功率方程式

考虑图 10-11 所示的简单电力系统，正常运行时发电机经过变压器和双回输电线路向无穷大母线送电。

这里先用最简单的数学模型来分析遭受大干扰后系统的动态过程，用它来说明电力系统暂态稳定性的基本物理现象。为此，忽略所有的电阻，发电机采用暂态电抗 X_d' 后电动势 E' 恒定的经典模型，不考虑阻尼的作用，并忽略调速器的影响。

假定在某一个给定的稳态运行情况下，系统在 0 秒时刻一回线路的始端发生短路故障，t_c 时刻继电保护装置动作跳开故障线路两端的断路器，分析这种情况下系统的暂态稳定性。

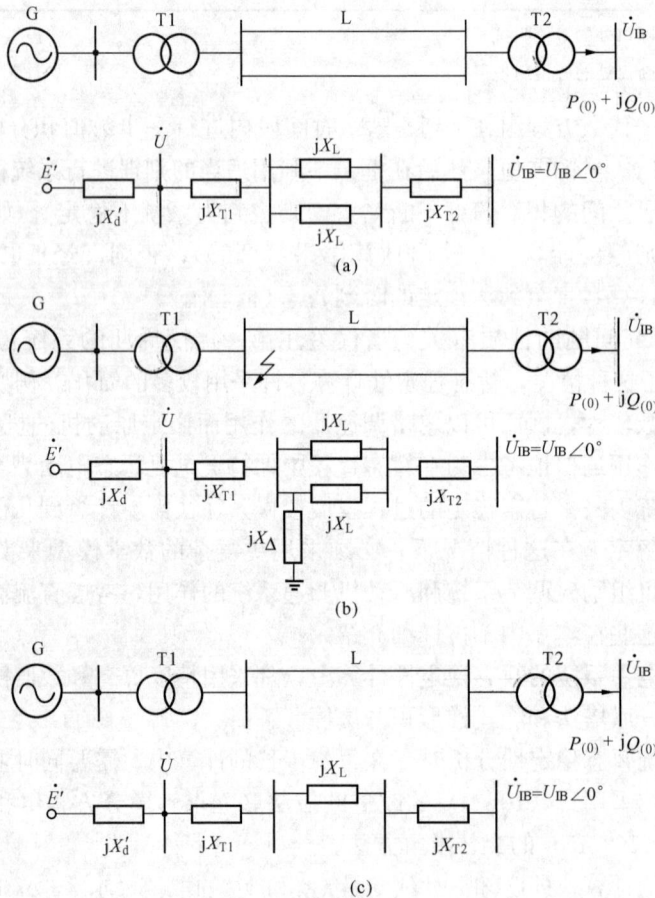

图 10-11 简单电力系统各个期间的接线图和等值电路

（a）稳态运行方式及其等值电路；（b）故障期间系统及其等值电路；（c）故障切除后系统及其等值电路

正常稳态运行情况下系统的等值电路如图 10-11（a）所示。电动势 $\dot{E}' = E' \angle \delta$ 与无穷

大母线之间的转移电抗为

$$X_{\mathrm{I}} = X_{\mathrm{d}}' + X_{\mathrm{T1}} + \frac{X_{\mathrm{L}}}{2} + X_{\mathrm{T2}} \tag{10 - 118}$$

由给定的系统稳态运行情况，可以求得

$$\dot{E}_{(0)}' = E_{(0)}' \angle \delta_{(0)} = \dot{U}_{\mathrm{IB}} + \mathrm{j}\frac{P_{(0)} - \mathrm{j}Q_{(0)}}{\overset{*}{U}_{\mathrm{IB}}} X_{\mathrm{I}} \tag{10 - 119}$$

另外，由式（10 - 35）可知，$\omega_{(0)} = 1$，$P_{\mathrm{m}(0)} = P_{\mathrm{e}(0)} = P_{(0)}$。而且由于发电机采用经典模型，暂态电动势 $E' = E_{(0)}'$ 在以后的暂态过程中保持不变。

与式（10 - 47）相同，正常运行情况下，发电机电磁功率的表达式为

$$P_{\mathrm{I}}(\delta) = \frac{E' U_{\mathrm{IB}}}{X_{\mathrm{I}}}\sin\delta = P_{\mathrm{IM}}\sin\delta \tag{10 - 120}$$

故障期间系统的等值电路如图 10 - 11（b）所示。根据短路的类型，在正序网络的故障点处接入一附加的接地阻抗 $\mathrm{j}X_{\Delta}$。这样，通过星三角变换，可以求得故障期间电动势 $\dot{E}'$ 与无穷大系统之间的转移电抗为

$$X_{\mathrm{II}} = (X_{\mathrm{d}}' + X_{\mathrm{T1}}) + \left(\frac{X_{\mathrm{L}}}{2} + X_{\mathrm{T2}}\right) + \frac{(X_{\mathrm{d}}' + X_{\mathrm{T1}})\left(\frac{X_{\mathrm{L}}}{2} + X_{\mathrm{T2}}\right)}{X_{\Delta}} \tag{10 - 121}$$

相应地，发电机电磁功率的表达式为

$$P_{\mathrm{II}}(\delta) = \frac{E' U_{\mathrm{IB}}}{X_{\mathrm{II}}}\sin\delta = P_{\mathrm{IIM}}\sin\delta \tag{10 - 122}$$

故障切除后系统的等值电路如图 10 - 5（c）所示，这时电动势 $\dot{E}'$ 与无穷大系统之间的转移电抗为

$$X_{\mathrm{III}} = X_{\mathrm{d}}' + X_{\mathrm{T1}} + X_{\mathrm{L}} + X_{\mathrm{T2}} \tag{10 - 123}$$

相应地，发电机电磁功率的表达式为

$$P_{\mathrm{III}}(\delta) = \frac{E' U_{\mathrm{IB}}}{X_{\mathrm{III}}}\sin\delta = P_{\mathrm{IIIM}}\sin\delta \tag{10 - 124}$$

2. 计算过程及稳定和不稳定情况

下面先通过一个具体的例子来说明简单系统暂态稳定性计算的基本过程，然后进行分析。

【例 10 - 4】 如图 10 - 12 所示的简单电力系统，设输电线路某一回线的始端发生两相短路接地，试分析该系统的暂态稳定性。

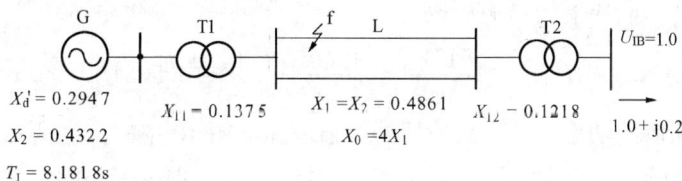

图 10 - 12 ［例 10 - 4］的系统图（图中的参数为标幺值）

解 正常运行时的等值电路和负序、零序等值电路中的参数分别如图 10 - 13 中的（a）、（b）所示。

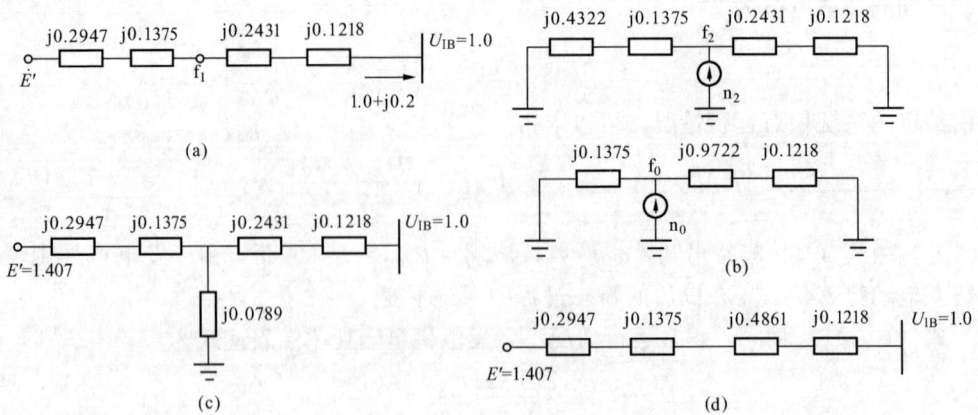

图 10 - 13　［例 10 - 4］中系统的等值电路

(a) 正常运行等值电路；(b) 负序和零序等值电路；(c) 故障期间的等值电路；(d) 故障切除后系统的等值电路

(1) 计算各变量的初值。给定稳态运行情况下，$\dot{E}'$ 与无穷大母线之间的总电抗为

$$X_{\mathrm{I}} = 0.2947 + 0.1375 + 0.2431 + 0.1218 = 0.7971$$

取 $\dot{U}_{\mathrm{IB}} = 1\angle 0°$，得

$$\dot{I}_{(0)} = \frac{P_{(0)} - \mathrm{j}Q_{(0)}}{U_{\mathrm{IB}}} = 1 - \mathrm{j}0.2$$

于是

$$\dot{E}' = E'\angle \delta_0 = \dot{U} + \mathrm{j}X_{\mathrm{I}}\dot{I} = 1.1594 + \mathrm{j}0.7971 = 1.4070\angle 34.5073°$$

即 $E' = 1.4070$，$\delta_{(0)} = 34.5073°$，$\omega_{(0)} = 1$。

(2) 故障期间的功率特性。按图 10 - 13 (b) 可以得出

$$X_{\Sigma}^{(2)} = \frac{(0.4322 + 0.1375)(0.2431 + 0.1218)}{(0.4322 + 0.1375) + (0.2431 + 0.1218)} = 0.2224$$

$$X_{\Sigma}^{(0)} = \frac{0.1375(0.9722 + 0.1218)}{0.1375 + (0.9722 + 0.1218)} = 0.1222$$

由表 10 - 2，接在正序网故障点上的附加阻抗为 $X_{\Sigma}^{(2)}$ 和 $X_{\Sigma}^{(0)}$ 的并联，即

$$X_{\Delta} = \frac{0.2224 \times 0.1222}{0.2224 + 0.1222} = 0.0789$$

于是，得出图 10 - 13 (c) 的故障期间等值电路。按式 (10 - 121) 可以求出

$$X_{\mathrm{II}} = (0.2947 + 0.1375) + (0.2431 + 0.1218)$$
$$+ \frac{(0.2947 + 0.1375)(0.2431 + 0.1218)}{0.0789} = 2.7968$$

发电机功率特性曲线上的最大功率为

$$P_{\mathrm{IIM}} = \frac{E'U_{\mathrm{IB}}}{X_{\mathrm{II}}} = \frac{1.4070 \times 1}{2.7968} = 0.5031$$

(3) 故障切除后的功率特性。故障后的等值电路如图 10 - 13 (d) 所示，可以求得

$$X_{\mathrm{III}} = 0.2947 + 0.1375 + 0.4861 + 0.1218 = 1.0401$$

发电机功率特性曲线上的最大功率为

$$P_{\mathrm{IIIM}} = \frac{E'U_{\mathrm{IB}}}{X_{\mathrm{III}}} = \frac{1.4070 \times 1}{1.0401} = 1.3527$$

对应于故障切除后两个平衡点的角度分别为

$$\delta_{\mathrm{k}} = \sin^{-1}\frac{1}{1.3527} = 47.6685°; \quad \delta_{\mathrm{h}} = 180° - \delta_{\mathrm{k}} = 132.3315°$$

（4）通过求解转子运动方程得出系统的运动轨线，进而判断系统的暂态稳定性。

分别计算以下三种扰动情况：

1）0s 发生两相短路接地，故障持续存在。系统的运动轨线为下列微分方程的解

$$\left.\begin{array}{l} \dfrac{\mathrm{d}\delta}{\mathrm{d}t} = \omega_0(\omega - 1) \\[2mm] T_{\mathrm{J}}\dfrac{\mathrm{d}\omega}{\mathrm{d}t} = P_{\mathrm{m}} - P_{\mathrm{IIM}}\sin\delta \end{array}\right\} \quad (\delta_{(0)},\omega_{(0)} \text{ 给定}) \qquad (10\text{-}125)$$

取步长 $\Delta t = 0.0005\mathrm{s}$，用欧拉法求解式（10-125），每个步长的计算公式为

$$\left.\begin{array}{l} \delta_{(t+\Delta t)} = \delta_{(t)} + \Delta t\omega_0(\omega_{(t)} - 1) \\[2mm] \omega_{(t+\Delta t)} = \omega_{(t)} + \Delta t\dfrac{P_{\mathrm{m}} - P_{\mathrm{IIM}}\sin\delta_{(t)}}{T_{\mathrm{J}}} \end{array}\right\}$$

从 $t = 0$ 开始一直计算至 $t_{\max} = 2.5\mathrm{s}$。其中，前 0.25s 的计算结果见表 10-4。运动轨线 $\delta(t)$、$\omega(t)$，以及发电机电磁功率变化曲线 $P_{\mathrm{e}}(t)$ 和发电机端电压变化曲线 $U(t)$ 分别如图 10-14（a）～（d）中的曲线 1 所示。

表 10-4　　　　　　　　　　　0～0.25s 的计算结果

t（s）	步号	δ（°）	ω	$\Delta P = P_{\mathrm{m}} - P_{\mathrm{e}}$	U
0	0	34.507	1.0	0.0→0.7150	1.2097→0.6623
0.05	100	36.448	1.00434	0.7011	0.6615
0.10	200	42.234	1.00852	0.6619	0.6547
0.15	300	51.656	1.01240	0.6055	0.6435
0.20	400	64.409	1.01592	0.5463	0.6256
0.25	500	80.177	1.01911	0.5043	0.5998

由表 10-4 可以看出，在故障瞬间，发电机转子上的不平衡功率由 0.0 突然增加至 0.7510，发电机端电压由 1.2097 突然减少至 0.6623。另外，从图 10-14 中的曲线 1 可以看出，发电机转子开始加速，随着时间的推移，功角 δ 和角速度 ω 持续增大，系统发生非周期性的失步。此时，发电机电磁功率 P_{e} 和端电压 U 的数值很低，并持续振荡。

2）0s 发生两相短路接地，0.15s 切除故障线路。在故障期间，即 $t \in [0, t_{\mathrm{c}}]$，$t_{\mathrm{c}} = 0.15\mathrm{s}$，系统的运动方程仍为式（10-125）。当取步长 $\Delta t = 0.0005\mathrm{s}$ 时，求得在 t_{c} 时刻的状态为 $\delta_{\mathrm{c}} = \delta_{(t_{\mathrm{c}})} = 51.6557°$，$\omega_{\mathrm{c}} = \omega_{(t_{\mathrm{c}})} = 1.0124$

在故障切除后，即 $t \in [t_{\mathrm{c}}, t_{\max}]$，$t_{\max} = 2.5\mathrm{s}$，系统的运动轨线为下列微分方程的解

$$\left.\begin{array}{l} \dfrac{\mathrm{d}\delta}{\mathrm{d}t} = \omega_0(\omega - 1) \\[2mm] T_{\mathrm{J}}\dfrac{\mathrm{d}\omega}{\mathrm{d}t} = P_{\mathrm{m}} - P_{\mathrm{IIIM}}\sin\delta \end{array}\right\} \quad (\delta_{(t_{\mathrm{c}})},\omega_{(t_{\mathrm{c}})} \text{ 已知}) \qquad (10\text{-}126)$$

仍取步长 $\Delta t = 0.0005\mathrm{s}$，以 δ_{c} 和 ω_{c} 为初值，用欧拉法继续求解式（10-126），得出的 $\delta(t)$、$\omega(t)$、$P_{\mathrm{e}}(t)$ 和 $U(t)$ 如图 10-14 中的曲线 2 所示。其中，0.15～0.6s 的计算结果见表 10-5。由曲线 2 可以看出，随着时间的推移，发电机的角度 δ 和角速度 ω 发生持续周期性振荡。以后将会看到，如果计及阻尼的作用，它们将衰减到一个新的稳态值，即新的平衡点为 $\delta_{(\infty)} = 47.6685°$，$\omega_{(\infty)} = 1$。

表 10-5   0.15～0.6s 的计算结果

t（s）	步号	δ（°）	ω	$\Delta P = P_m - P_e$	U
0.15	300	51.656	1.01240	0.6055→−0.0609	0.6435→1.2048
0.20	400	62.5137	1.01158	−0.2000	1.1665
0.25	500	72.3014	1.01006	−0.2887	1.1272
0.30	600	80.5249	1.00814	−0.3342	1.0913
0.35	700	86.9250	1.00604	−0.3508	1.0619
0.40	800	91.4032	1.00389	−0.3523	1.0407
0.45	900	93.9455	1.00174	−0.3495	1.0284
0.50	1000	94.5646	0.99961	−0.3484	1.0254
0.55	1100	93.2660	0.99748	−0.3505	1.0317
0.60	1200	90.0395	0.99533	−0.3527	1.0472

3）0s 发生两相短路接地，0.21s 切除故障线路。和情形 2）相似，只是故障切除时间改为 $t_c = 0.21\text{s}$。轨线 $\delta(t)$ 和 $\omega(t)$ 以及 $P_e(t)$、$U(t)$ 如图 10-14 中的曲线 3 所示。由曲线 3 可以看出，随着时间的推移，发电机的功角 δ 和角速度 ω 持续增大，系统仍然发生非周期性的失步。在此情况下，发电机的电磁功率 P_e 和端电压 U 发生大幅度的周期性振荡。

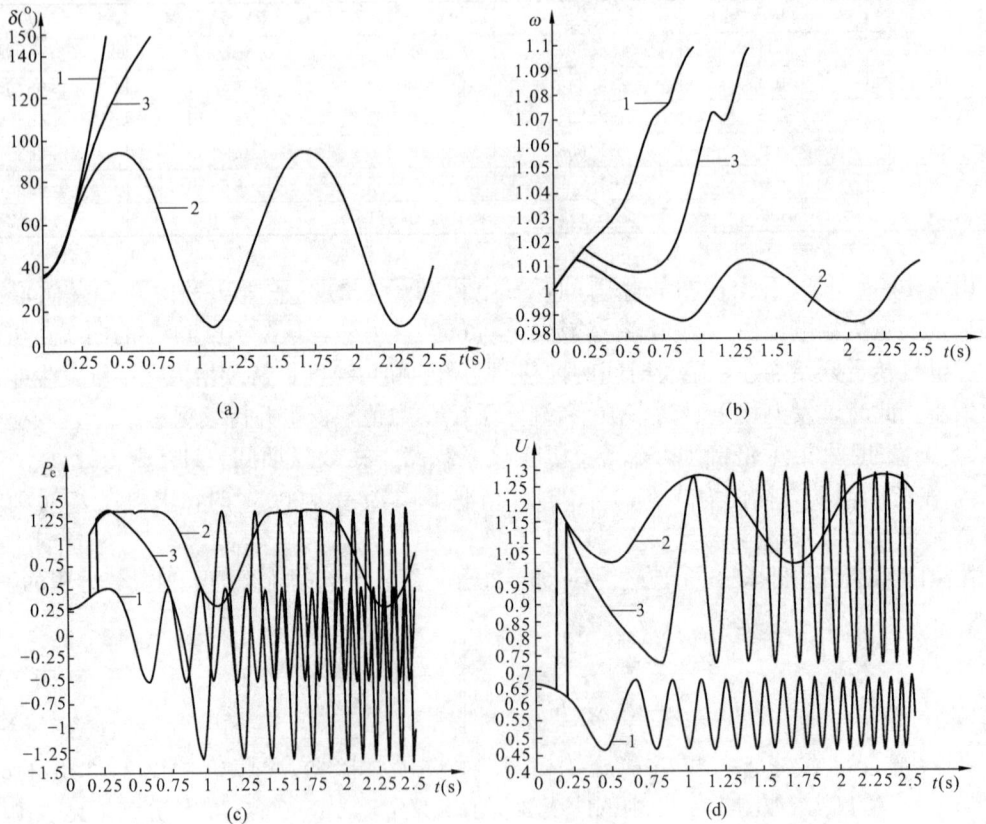

图 10-14   ［例 10-4］系统的变量变化曲线
(a) 功角曲线；(b) 角速度曲线；(c) 电磁功率曲线；(d) 发电机端电压曲线

由以上三种情形可以看出，如果不清除故障，则系统暂态不稳定；如果故障切除得较早（0.15s），则系统稳定；故障清除得较晚（0.21s），则系统也不稳定。为了使系统保持暂态稳定，所容许最长的故障切除时间称为极限切除时间（或称临界切除时间）。在本系统中，极限切除时间为 0.15～0.21s。

3. 物理过程分析

下面结合［例10-4］的具体情况和计算结果，分析某一给定运行情况下系统遭受一系列干扰后的物理过程。在图10-15中画出了故障前（Ⅰ）、故障期间（Ⅱ）和故障切除后（Ⅲ）三种情况下发电机的功率特性曲线。

显然，图中的 a 点为给定的稳态运行点（$\delta_{(0)} = 34.5073°$，$\omega_{(0)} = 1$，$P_e = 1.0$，$U = 1.2097$）。发生突然短路后，状态变量 δ 和 ω 不能突变，而功率特性曲线变为 $P_{\text{Ⅱ}}$，因此运行点由 a 点突变至 b 点（$P_e = 0.285$，$U = 0.6623$）。由于 P_m 不变，故发电机转子上产生较大的不平衡转矩而使转子加速，从而 δ 和 ω 不断增大，运行点沿着曲线 $P_{\text{Ⅱ}}$ 由 b 点向 c 点移动，在此期间 $\omega > \omega_0$。如果故障永远存在，则始终存在过剩转矩，结果使转子持续加速，最终导致

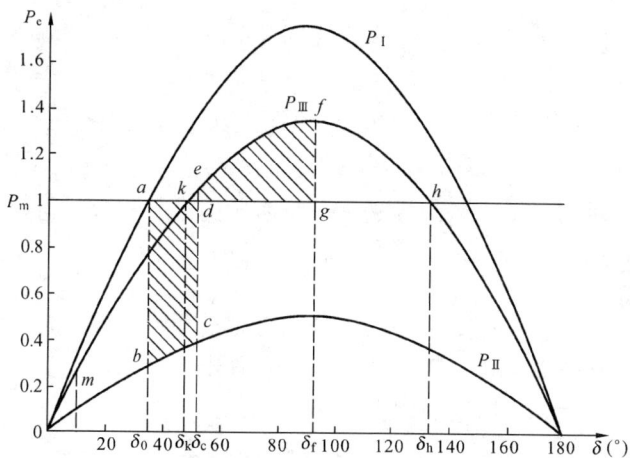

图 10-15　简单系统故障前、故障期间和故障切除后的发电机功率特性曲线

发电机和无穷大母线之间失去同步，即图10-14（a）和（b）中的曲线1。

当故障在 $t_c = 0.15$s 时刻切除时（即图10-15中的 c 点，$\delta_c = 51.6557°$，$\omega_c = 1.0124$，$P_e = 0.3945$，$U = 0.6435$），由于状态变量 δ 和 ω 不能发生突变，而功率曲线突变为 $P_{\text{Ⅲ}}$，因此运行点就由 c 点突变至 e 点（$P_e = 1.0609$，$U = 1.2048$）。这时发电机的电磁功率大于原动机的机械功率，因此使转子开始减速。但是由于此时的转子角速度 ω 已大于同步角速度 ω_0，故 δ 还要继续增大，相应的运行点沿着曲线 $P_{\text{Ⅲ}}$ 由 e 点向 f 点移动，在此期间仍有 $\omega > \omega_0$，直至到达 f 点，转子角速度减小至同步角速度（$t_f = 0.4915$s，$\delta_f = 94.5947°$，$\omega_f = 1$，$P_e = 1.3484$，$U = 1.0253$），而 δ 不再继续增大。然而，在 f 点处发电机的输出功率仍大于原动机的机械功率，因此转子仍将继续减速，使 δ 开始减小，运行点沿着曲线 $P_{\text{Ⅲ}}$ 由 f 点向 e 点和 k 点（$\delta_k = 47.6685°$）移动。在到达 k 点前转子一直减速，$\omega < \omega_0$，而在 k 点虽然发电机的输出功率等于其机械功率，但由于这时 $\omega < \omega_0$，故 δ 将继续减少。在越过 k 点后，发电机的机械功率又大于输出功率，转子又开始加速而使 δ 继续减小，直至到达 m 点使 $\omega = \omega_0$ 时（$t_m = 1.09$s，$\delta_m = 12.6733°$，$\omega_m = 1$，$P_e = 0.2968$，$U = 1.2863$）δ 再重新开始增大。由于没有考虑振荡过程中的能量损耗，此后，运行点将沿着曲线 $P_{\text{Ⅲ}}$ 在 k 点周围（m 点和 f 点之间）来回振荡。上述物理过程中各变量随时间的变化情况便是图10-14中的曲线2。

在故障线路切除得较晚（$t_c = 0.21$s）的情况下，与 $t_c = 0.15$s 的情况相比，δ_c 将增大，结果使故障切除瞬间的运行点在 e 点的右面，从而可能使得在到达 h 点（$t_h = 0.5565$s，$\omega_h =$

1.0066) 时 ω 仍然大于 ω_0。在此情况下，δ 将继续增大，从而越过 h 点所对应的角度 δ_h。在越过 h 点以后，发电机的机械功率又重新大于输出功率，导致转子继续加速，δ 继续增大，最终使得发电机和无穷大母线之间失去同步。上述物理过程中各变量随时间的变化情况便是图 10-14 中的曲线 3。

　　4. 等面积定则

　　简单电力系统的暂态稳定性可以从能量的角度来进行解释和判断。

　　忽略阻尼的作用，即取 $D=0$，则转子运动方程式（10-35）变为

$$\left.\begin{array}{l} \dfrac{\mathrm{d}\delta}{\mathrm{d}t} = \omega_0(\omega-1) \\[2mm] T_J\dfrac{\mathrm{d}\omega}{\mathrm{d}t} = P_m - P_e \end{array}\right\} \tag{10-127}$$

　　将式（10-127）的第二式两边同乘以 $\mathrm{d}\delta$，然后将第一式代入其中，得

$$T_J\omega_0(\omega-1)\mathrm{d}\omega = (P_m - P_e)\mathrm{d}\delta \tag{10-128}$$

　　对式（10-128）两边在一个时段内进行积分，得

$$\frac{1}{2}T_J\omega_0(\omega-1)^2\bigg|_{\omega_{start}}^{\omega_{end}} = \int_{\delta_{start}}^{\delta_{end}}(P_m - P_e)\mathrm{d}\delta \tag{10-129}$$

式中：ω_{start}、ω_{end}、δ_{start}、δ_{end} 分别为时段开始和结束时刻转子的角速度和角度。

　　在故障期间，$P_e = P_{\mathrm{II}}(\delta)$。故障开始时刻，$\omega_{start}=1$，$\delta_{start}=\delta_0$；故障切除时刻，$\omega_{end}=\omega_c$，$\delta_{end}=\delta_c$。将它们代入式（10-129），得

$$\frac{1}{2}T_J\omega_0(\omega_c-1)^2 = \int_{\delta_0}^{\delta_c}[P_m - P_{\mathrm{II}}(\delta)]\mathrm{d}\delta \tag{10-130}$$

式中，左边为故障期间转子角速度由 1 加速至 ω_c 时动能的增加量，右边对应于过剩转矩对于相对角位移所做的功，而且它正好就是图 10-15 中由 $abcd$ 所包围的面积，称之为加速面积。

　　在故障切除直至运行到 f 点期间，$P_e = P_{\mathrm{III}}(\delta)$。故障切除时刻，$\omega_{start}=\omega_c$，$\delta_{start}=\delta_c$；在 f 点，有 $\omega_{end}=\omega_f$，$\delta_{end}=\delta_f$。将它们代入式（10-129），得

$$\frac{1}{2}T_J\omega_0[(\omega_f-1)^2-(\omega_c-1)^2] = \int_{\delta_c}^{\delta_f}[P_m - P_{\mathrm{III}}(\delta)]\mathrm{d}\delta \tag{10-131}$$

　　如果在 f 点转子的角速度正好恢复到同步角速度，即 $\omega_f=1$，这时式（10-131）变为

$$\frac{1}{2}T_J\omega_0(\omega_c-1)^2 = \int_{\delta_c}^{\delta_f}[P_{\mathrm{III}}(\delta) - P_m]\mathrm{d}\delta \tag{10-132}$$

式中，左边为故障切除后转子角速度由 ω_c 减速至 1 时动能的减少量，右边表示制动转矩所做的功，它正好就是图 10-15 中由 $defg$ 所包围的面积，称它为减速面积。

　　显然，故障切除后转子由 ω_c 减速至 1 引起的动能减少量应该正好等于故障期间转子由 1 加速至 ω_c 引起的动能增加量。在此情况下，由式（10-130）和式（10-132）可以推得

$$\int_{\delta_0}^{\delta_c}[P_m - P_{\mathrm{II}}(\delta)]\mathrm{d}\delta = \int_{\delta_c}^{\delta_f}[P_{\mathrm{III}}(\delta) - P_m]\mathrm{d}\delta \tag{10-133}$$

它习惯上被称为等面积定则（Equal Area Criterion）。这一定则说明，如果系统是暂态稳定的，则在故障切除后所形成的减速面积（$defg$ 所包围的面积）正好等于故障期间所形成的加速面积（$abcd$ 所包围的面积）的情况下，转子角速度恢复到同步角速度。

　　显然，如果故障切除较慢，即 δ_c 较大，以致最大可能的减速面积（deh 所包围的面积）

仍小于加速面积（*abcd* 所包围的面积），则到达运行点 *h* 时的发电机转子角速度仍大于同步角速度，以后便又重新加速而失去同步。

利用上述等面积定则还可以决定极限切除时间和相应的极限切除角度，即保证系统不失去稳定的最大切除角 δ_{cm}。根据前面的分析，为了保证系统不失去稳定，必须在到达 *h* 点以前使转子恢复到同步角速度。因此，极限情况是在 *h* 点转子正好恢复至同步角速度。应用等面积定则有

$$\int_{\delta_0}^{\delta_{\mathrm{cm}}} \left[P_{\mathrm{m}} - P_{\mathrm{II}}(\delta) \right] \mathrm{d}\delta = \int_{\delta_{\mathrm{cm}}}^{\delta_{\mathrm{h}}} \left[P_{\mathrm{III}}(\delta) - P_{\mathrm{m}} \right] \mathrm{d}\delta \tag{10 - 134}$$

将式（10 - 122）和式（10 - 124）代入式（10 - 134），可以导出

$$\cos\delta_{\mathrm{cm}} = \frac{P_{\mathrm{m}}(\delta_{\mathrm{h}} - \delta_0) + P_{\mathrm{III M}}\cos\delta_{\mathrm{h}} - P_{\mathrm{II M}}\cos\delta_0}{P_{\mathrm{III M}} - P_{\mathrm{II M}}} \tag{10 - 135}$$

由式（10 - 135）不难算出［例 10 - 4］中系统的极限切除角为

$$\cos\delta_{\mathrm{cm}} = \frac{1 \times \dfrac{\pi}{180}(132.3315 - 34.5073) + 1.3527\cos132.3315^\circ - 0.5031\cos34.5073^\circ}{1.3527 - 0.5031}$$

$$= 0.4494$$

$$\delta_{\mathrm{cm}} = 63.2917^\circ$$

并可从图 10 - 14（a）中的曲线 1 上查得相应的极限切除时间为 $t_{\mathrm{cm}} = 0.195 \sim 0.20\mathrm{s}$。

必须指出，对于单机无穷大系统或两机系统这类简单系统来而言，用等面积定则来分析暂态稳定性从理论上而言是严格的，但对于复杂电力系统而言，没有相应的理论。

5. 考虑阻尼作用情况下的暂态稳定性

实际系统中总存在阻尼作用，包括发电机转子的机械阻尼和阻尼绕组的电气阻尼等，因而振荡过程中总有能量损耗。这样，如果系统在运动到 *h* 点以前转子角速度能够恢复至同步角速度，则振荡就会逐渐衰减，最终使得发电机停留在新的运行点（即平衡点 *k*）。

在［例 10 - 4］系统中，考虑如式（10 - 35）所示的发电机转子运动方程，取 $D = 8.0$，则 $t_{\mathrm{c}} = 0.15\mathrm{s}$ 情况下的轨线 $\delta(t)$ 和 $\omega(t)$ 以及 $P_{\mathrm{e}}(t)$、$U(t)$ 如图 10 - 16 所示。由图可以看出，随着时间的推移，各物理量的振荡在逐渐衰减。

6. 电力系统暂态稳定性与渐近稳定域的关系

对于简单电力系统，考虑图 10 - 15 中的两个平衡点，一个是故障前的运行点 $\delta = \delta_0$，$\omega = 1$，另一个是在保持暂态稳定情况下故障切除后的运行点 $\delta = \delta_{\mathrm{k}}$，$\omega = 1$。它们在由 δ 和 $\Delta\omega$ 组成的状态空间中的位置为图 10 - 17 中的 *a* 点和 *k* 点。由于在故障切除后的运行点 *k* 位于图 10 - 15 中故障切除后功率曲线的上升段，因此，运行点 *k* 是小干扰稳定的，即状态空间图 10 - 17 中的 *k* 点是渐近稳定的。于是，在它的周围必将存在一个渐近稳定域，如图 10 - 17 中的域 Ω。

当系统在运行点 *a* 遭受短路干扰后，δ 和 ω 将逐渐增大。如果故障不被切除而持续存在（相当于［例 10 - 4］中的情况 1），则系统将沿着图 10 - 17 中的 $a - n - m - p - u$ 轨线运动，这一轨线与图 10 - 14（a）和（b）中反映 δ 和 ω 变化的曲线 1 相对应。如果故障线路在 $t_{\mathrm{c}} = 0.15\mathrm{s}$ 被切除，则在故障期间系统将沿同样的轨线运动，而在故障切除瞬间到达状态空间中的 *n* 点 $(\delta_{\mathrm{c}},\ \omega_{\mathrm{c}})$，在此情况下，故障切除以后，系统将沿着 $n - n_1 - n_2 - n_3 - n_4 \cdots$ 轨线作衰减振荡，它与图 10 - 14（a）和（b）中反映 δ 和 ω 变化的曲线 2 相对应，并最终到达状态空

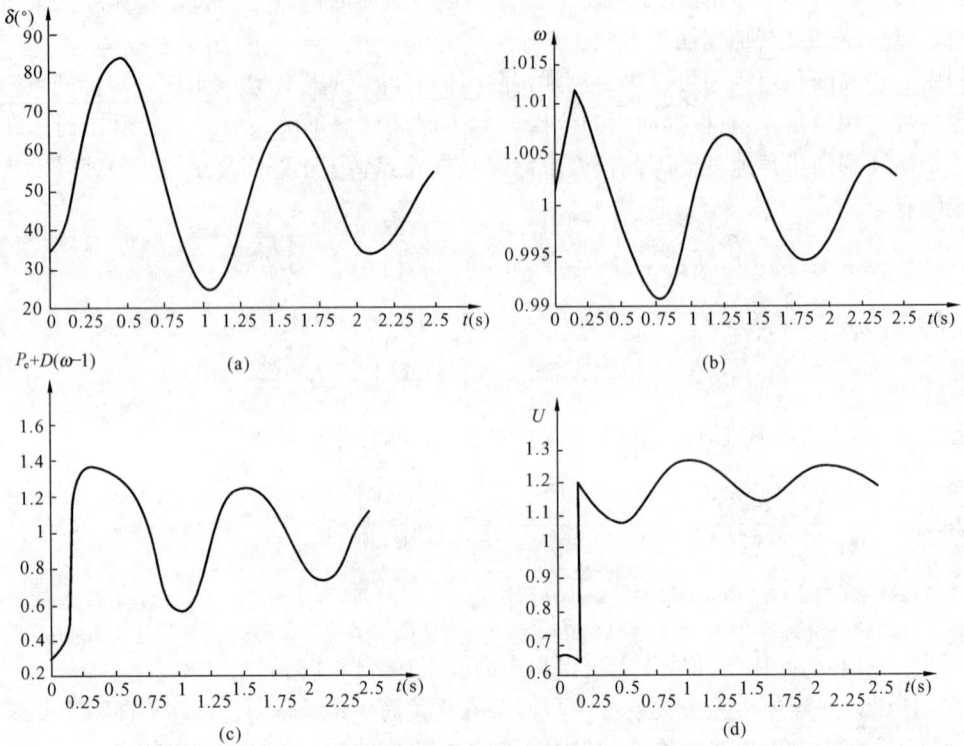

图 10-16 考虑阻尼作用下［例 10-4］中系统各变量的变化曲线
(a) 功角曲线；(b) 角速度曲线；(c) 电磁功率曲线；(d) 发电机端电压曲线

间中的 k 点。按照渐近稳定域的定义，显然点 n 应该在平衡点 k 的吸引域之内，而 n 点与 k 点状态变量之差 $(\delta_c - \delta_k, \omega_c - 1)$ 便相当于对平衡点 k 的初始扰动。如果故障切除时间为

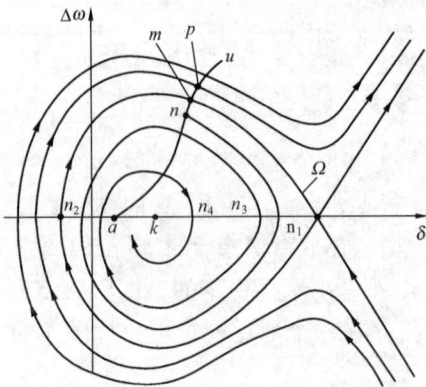

图 10-17 暂态稳定性与渐近稳定域的
关系示意图 ($\Delta\omega = \omega - 1$)

$t_c = 0.21\text{s}$，则故障切除瞬间系统的状态在图 10-17 中的 p 点，它相当于初始扰动在稳定域 Ω 之外，在此情况下系统最终将不能到达平衡点 k，即系统是暂态不稳定的。

显然，在图 10-17 中，m 点对应于短路在临界切除时间 t_{cm} 清除的情况。

由以上分析可以看出，电力系统的暂态稳定性与一般动力学系统无扰运动的渐近稳定域在理论上有严格的对应关系。在［例 10-4］的情况下，故障切除后的平衡点 k 对应于给定的无扰运动，这一平衡点是小干扰稳定的，故常称为稳定平衡点（与 k 点相对应的，图 10-15 中的 h 点称为不稳定平衡点）。故障切除瞬间系统的状态 $(\delta_c$,

$\omega_c)$ 相对于无扰运动 $(\delta_k, 1)$ 来说相当于初始扰动。如果初始扰动在无扰运动的渐近稳定域之内，则系统最终将到达无扰运动，即故障切除后的稳定平衡点，与它相对应的，电力系统是暂态稳定的；反之，如果初始扰动在无扰运动的渐近稳定域之外，则系统最终不可能到

达无扰运动，相应地，电力系统是暂态不稳定的。以上便是电力系统暂态稳定性与渐近稳定域的关系。这里要注意以下两点：

（1）如果系统相继遭受多次干扰，例如，线路发生短路故障，继而切除故障线路，过一定时间后对线路进行重合闸，并在永久性故障的情况下再次切除线路。在这样的情况下，系统最后一次故障或操作（在现在的情况下便是再次切除故障）瞬间的状态才是相对于无扰运动的初始状态，只要它在无扰运动的渐近稳定域内，系统是暂态稳定的，而不管前面的过程和状态如何。

（2）在一些情况下，无扰运动平衡点可能与干扰前系统的平衡点一致，即图 10 - 15 中的 k 点与 a 点相同。例如，在上面所提到的对线路进行重合闸，如果重合成功，便属于这种情况。然而，在大部分情况下，特别是对复杂系统而言，无扰运动平衡点与干扰前系统的平衡点并不相同。

上述电力系统暂态稳定性与渐近稳定域之间的关系，完全可以推广到复杂电力系统的情况，只不过在复杂系统中状态空间的维数高，而且渐近稳定域的结构非常复杂，其稳定平衡点和不稳定平衡点的个数甚多。

五、复杂电力系统暂态稳定性分析

为了简单起见，对于复杂电力系统的暂态稳定性分析，采用复杂系统小干扰稳定性分析中所用的电力系统简化数学模型。各状态变量的初值与小干扰稳定性分析中对给定平衡点的计算完全相同。

1. 网络方程

在暂态稳定计算中，可以将发电机定子电压平衡方程式与网络方程合并。在所采用的简化模型下，将式（10 - 27）中的发电机定子电压方程写成如下矩阵形式

$$\begin{bmatrix} U_{\mathrm{d}} \\ U_{\mathrm{q}} \end{bmatrix} = \begin{bmatrix} 0 \\ E'_{\mathrm{q}} \end{bmatrix} - \begin{bmatrix} R_{\mathrm{a}} & -X_{\mathrm{q}} \\ X'_{\mathrm{d}} & R_{\mathrm{a}} \end{bmatrix} \begin{bmatrix} I_{\mathrm{d}} \\ I_{\mathrm{q}} \end{bmatrix} \tag{10 - 136}$$

然后，应用坐标变换式（7 - 95），得出 x - y 坐标系下的定子电压平衡方程

$$\begin{bmatrix} \sin\delta & -\cos\delta \\ \cos\delta & \sin\delta \end{bmatrix} \begin{bmatrix} U_{\mathrm{x}} \\ U_{\mathrm{y}} \end{bmatrix} = \begin{bmatrix} 0 \\ E'_{\mathrm{q}} \end{bmatrix} - \begin{bmatrix} R_{\mathrm{a}} & -X_{\mathrm{q}} \\ X'_{\mathrm{d}} & R_{\mathrm{a}} \end{bmatrix} \begin{bmatrix} \sin\delta & -\cos\delta \\ \cos\delta & \sin\delta \end{bmatrix} \begin{bmatrix} I_{\mathrm{x}} \\ I_{\mathrm{y}} \end{bmatrix} \tag{10 - 137}$$

再经整理后，得出发电机节点注入电流的表达式为

$$\begin{bmatrix} I_{\mathrm{x}} \\ I_{\mathrm{y}} \end{bmatrix} = \begin{bmatrix} b_{\mathrm{x}} \\ g_{\mathrm{y}} \end{bmatrix} E'_{\mathrm{q}} - \begin{bmatrix} G_{\mathrm{x}} & B_{\mathrm{x}} \\ B_{\mathrm{y}} & G_{\mathrm{y}} \end{bmatrix} \begin{bmatrix} U_{\mathrm{x}} \\ U_{\mathrm{y}} \end{bmatrix} \tag{10 - 138}$$

其中

$$\left. \begin{aligned} b_{\mathrm{x}} &= \frac{R_{\mathrm{a}}\cos\delta + X_{\mathrm{q}}\sin\delta}{R_{\mathrm{a}}^3 + X'_{\mathrm{d}}X_{\mathrm{q}}}; \quad g_{\mathrm{y}} = \frac{R_{\mathrm{a}}\sin\delta - X_{\mathrm{q}}\cos\delta}{R_{\mathrm{a}}^3 + X'_{\mathrm{d}}X_{\mathrm{q}}} \\ G_{\mathrm{x}} &= \frac{R_{\mathrm{a}} - (X'_{\mathrm{d}} - X_{\mathrm{q}})\sin\delta\cos\delta}{R_{\mathrm{a}}^2 + X'_{\mathrm{d}}X_{\mathrm{q}}}; \quad B_{\mathrm{x}} = \frac{X'_{\mathrm{d}}\cos^2\delta + X_{\mathrm{q}}\sin^2\delta}{R_{\mathrm{a}}^2 + X'_{\mathrm{d}}X_{\mathrm{q}}} \\ B_{\mathrm{y}} &= \frac{-X'_{\mathrm{d}}\sin^2\delta - X_{\mathrm{q}}\cos^2\delta}{R_{\mathrm{a}}^2 + X'_{\mathrm{d}}X_{\mathrm{q}}}; \quad G_{\mathrm{y}} = \frac{R_{\mathrm{a}} + (X'_{\mathrm{d}} - X_{\mathrm{q}})\sin\delta\cos\delta}{R_{\mathrm{a}}^2 + X'_{\mathrm{d}}X_{\mathrm{q}}} \end{aligned} \right\} \tag{10 - 139}$$

将式（10 - 138）代入网络方程式（10 - 16），并将式（10 - 37）所示的各负荷等值导纳并入网络，可以得出暂态稳定性计算中的网络方程（以节点 i 具有发电机和负荷为例，其他具有发电机和负荷的节点可以进行类似处理）。

$$\begin{bmatrix} \begin{bmatrix} G_{11x} & -B_{11x} \\ B_{11y} & G_{11y} \end{bmatrix} & \cdots & \begin{bmatrix} G_{1i} & -B_{1i} \\ B_{1i} & G_{1i} \end{bmatrix} & \cdots & \begin{bmatrix} G_{1n} & -B_{1n} \\ B_{1n} & G_{1n} \end{bmatrix} \\ \vdots & & \vdots & & \vdots \\ \begin{bmatrix} G_{i1} & -B_{i1} \\ B_{i1} & G_{i1} \end{bmatrix} & \cdots & \begin{bmatrix} G_{iix} & -B_{iix} \\ B_{iiy} & G_{iiy} \end{bmatrix} & \cdots & \begin{bmatrix} G_{in} & -B_{in} \\ B_{in} & G_{in} \end{bmatrix} \\ \vdots & & \vdots & & \vdots \\ \begin{bmatrix} G_{n1} & -B_{n1} \\ B_{n1} & G_{n1} \end{bmatrix} & \cdots & \begin{bmatrix} G_{ni} & -B_{ni} \\ B_{ni} & G_{ni} \end{bmatrix} & \cdots & \begin{bmatrix} G_{nnx} & -B_{nnx} \\ B_{nny} & G_{nny} \end{bmatrix} \end{bmatrix} \begin{bmatrix} \begin{bmatrix} U_{1x} \\ U_{1y} \end{bmatrix} \\ \vdots \\ \begin{bmatrix} U_{ix} \\ U_{iy} \end{bmatrix} \\ \vdots \\ \begin{bmatrix} U_{nx} \\ U_{ny} \end{bmatrix} \end{bmatrix} = \begin{bmatrix} \begin{bmatrix} 0 \\ 0 \end{bmatrix} \\ \vdots \\ \begin{bmatrix} I'_{ix} \\ I'_{iy} \end{bmatrix} \\ \vdots \\ \begin{bmatrix} 0 \\ 0 \end{bmatrix} \end{bmatrix}$$

(10 - 140)

其中

$$\begin{bmatrix} G_{iix} & -B_{iix} \\ B_{iiy} & G_{iiy} \end{bmatrix} = \begin{bmatrix} G_{ii}+G_{Li}+G_{xi} & -B_{ii}-B_{Li}+B_{xi} \\ B_{ii}+B_{Li}+B_{yi} & G_{ii}+G_{Li}+G_{yi} \end{bmatrix} \quad (i=1,2,\cdots,n)$$

显然，在式（10 - 140）中，仅发电机节点有注入电流，其余节点的注入电流都等于零。由式（10 - 138）可知，发电机节点的注入电流为

$$\begin{bmatrix} I'_{x} \\ I'_{y} \end{bmatrix} = \begin{bmatrix} b_{x} \\ g_{y} \end{bmatrix} E'_{q}$$

(10 - 141)

并常称它为虚拟注入电流，因为它不是发电机真正的注入电流 I_x 和 I_y。注意，将发电机定子电压平衡方程与网络方程合并后，在暂态过程中的各个时刻虽然式（10 - 140）为线性方程，但由式（10 - 139）和式（10 - 141）可见，其中的发电机虚拟注入电流及相应的导纳矩阵元素是发电机本身的状态变量 E'_q、δ 的函数，因此这个线性方程的系数是随时间变化的。但当已求得某个时刻的 E'_{qi} 和 δ_i 后，式（10 - 140）的系数矩阵便为已知，于是便可用高斯消去法求得各节点的电压，并利用式（10 - 138）求得各发电机的实际注入电流，然后用式（10 - 34）求出发电机的电磁功率 P_e。

2. 用欧拉法求解微分方程组

应用数值积分法计算复杂电力系统暂态稳定性的方法已在图 10 - 10 中给出了其基本流程，这里只介绍框⑨中的 $x_{(t+\Delta t)}$ 的计算方法。

对于含有 m 个发电机节点的电力系统，可以列出各发电机组的微分方程

$$\left. \begin{aligned} \frac{d\delta_i}{dt} &= \omega_0(\omega_i-1) \\ \frac{d\omega_i}{dt} &= \frac{1}{T_{Ji}}[P_{mi}-D_i(\omega_i-1)-P_{ei}] \\ \frac{dE'_{qi}}{dt} &= \frac{1}{T'_{d0i}}[E_{fqi}-E'_{qi}-(X_{di}-X'_{di})I_{di}] \\ \frac{dE_{fqi}}{dt} &= \frac{1}{T_{Ai}}[-E_{fqi}+K_{Ai}(U_{refi}-U_i)] \end{aligned} \right\} \quad (i=1,2,\cdots,m)$$

(10 - 142)

式中

$$\left. \begin{aligned} I_{di} &= I_{ix}\sin\delta_i - I_{iy}\cos\delta_i \\ U_i &= \sqrt{U_{ix}^2+U_{iy}^2} \end{aligned} \right\} \quad (i=1,2,\cdots,m)$$

(10 - 143)

在 t 到 $t+\Delta t$ 的步长中，应用由前一个步长得出的各个变量在 t 时刻的取值，先按式

（10-142）计算出在 t 时刻各个状态变量的导数，然后仿照式（10-6）用欧拉法计算 $t+\Delta t$ 时刻的解，即

$$\left.\begin{aligned}
\delta_{i(t+\Delta t)} &= \delta_{i(t)} + \frac{\mathrm{d}\delta_i}{\mathrm{d}t}\bigg|_t \Delta t \\
\omega_{i(t+\Delta t)} &= \omega_{i(t)} + \frac{\mathrm{d}\omega_i}{\mathrm{d}t}\bigg|_t \Delta t \\
E'_{qi(t+\Delta t)} &= E'_{qi(t)} + \frac{\mathrm{d}E'_{qi}}{\mathrm{d}t}\bigg|_t \Delta t \\
E^{[0]}_{fqi(t+\Delta t)} &= E_{fqi(t)} + \frac{\mathrm{d}E_{fqi}}{\mathrm{d}t}\bigg|_t \Delta t
\end{aligned}\right\} \quad (i=1,\cdots,m) \qquad (10\text{-}144)$$

注意，由式（10-144）求得的 $E^{[0]}_{fq(t+\Delta t)}$ 并不一定是 $E_{fq(t+\Delta t)}$ 的实际值，这是因为 E_{fq} 的取值要受到其上界 E_{fqmax} 和下界 E_{fqmin} 的限制［参阅式（10-36）］。因此，$E_{fq(t+\Delta t)}$ 的取值实际上应由下式决定

$$\left.\begin{aligned}
E_{fq(t+\Delta t)} &= E_{fqmax} && (E^{[0]}_{fq(t+\Delta t)} \geqslant E_{fqmax}) \\
E_{fq(t+\Delta t)} &= E^{[0]}_{fq(t+\Delta t)} && (E_{fqmin} < E^{[0]}_{fq(t+\Delta t)} < E_{fqmax}) \\
E_{fq(t+\Delta t)} &= E_{fqmin} && (E^{[0]}_{fq(t+\Delta t)} \leqslant E_{fqmin})
\end{aligned}\right\} \qquad (10\text{-}145)$$

这样，按照图 10-10 中给出的流程，便可从第一次干扰开始，按步长 Δt 逐步进行计算，得出暂态过程中各个状态变量和代数变量的变化情况。

读者可以自行列出用改进欧拉法进行计算的有关公式。

3. 复杂系统暂态稳定性的判断

在复杂电力系统中，采用数值积分方法求得状态变量随时间变化的结果以后，原则上可以用它们来进行暂态稳定性的判断，即在稳定情况下它们应趋于干扰后的稳定平衡点。然而实际上存在困难和问题，这是因为用数值积分方法不可能计算很长时间的动态过程，更不可能计算到时间趋于无穷大，否则不但需要大量的计算时间，而且计算的精度也难以保证。一般，在不考虑各种调节器和控制器作用的情况下，通常只计算到最后一次故障或操作以后的 $1\sim1.5\mathrm{s}$（大体上相当于第一个摇摆周期），而在考虑它们的作用时则计算到 15s 左右。然后根据发电机转子间相对角度的变化情况来判断暂态稳定性。常用的准则是：

（1）如果所有发电机转子间的相对角度都呈衰减振荡，例如图 10-8（a）中所示的情况，则可判定为系统暂态稳定。

（2）如果发现任意两台发电机转子之间的相对角度随时间单调增大，例如图 10-8（b）中所示的 $\delta_{14}=\delta_1-\delta_4$ 和 $\delta_{24}=\delta_2-\delta_4$，则判定为系统暂态不稳定；或者在振荡过程中出现两台发电机转子之间的相对角度超过一定数值（一般取 $180°\text{-}240°$），则也判为不稳定。注意，这一点与简单系统完全不同。在简单系统情况下，当发电机与无穷大系统之间的相对角度超过图 10-15 中的 δ_h 时便失去稳定，而 δ_h 却远小于 $180°$。

第四节　提高电力系统稳定性的基本措施及其原理

为了防止电力系统失去稳定，通常需要采取适当的提高稳定性的措施。下面将对提高稳定性的基本措施作简要介绍。

1. 提高电力系统小干扰稳定性的措施

在第二节中分析单机无穷大系统小干扰稳定性时已经说明，减小 X_Σ 可以提高系统的小干扰稳定极限。其物理意义是，电抗 X_Σ 的大小反映了发电机与无穷大系统之间的"电气距离"。因此，在电力系统规划设计阶段，加强电气联系，即缩短"电气距离"，就成为提高电力系统小干扰稳定性的基本措施。减小"电气距离"可以由以下几种途径来实现。

（1）采用分裂导线。在第二章中已经介绍，采用分裂导线不但可以避免发生电晕而且可以减少线路的电抗。

（2）采用更高电压等级的线路。采用更高电压等级的线路可以更有效地减小线路电抗的标幺值。当选取线路的额定电压（U_N）为基准电压，即 $U_B = U_N$ 时，在统一基准容量下线路电抗的标幺值为

$$X_{L*} = x \frac{S_B}{U_B^2} l$$

由此可见，线路电抗的标幺值与其额定电压的平方成反比。

当然，提高线路的电压等级必然要加强线路的绝缘、加大杆塔的尺寸并增加变电站的投资。因此，一定的输送功率和输送距离对应于一个经济上合理的线路电压等级。

（3）采用串联电容补偿。在输电线路上串联电容可以补偿线路的电抗，从而用来提高系统的稳定性。电容器容抗 X_C 和线路电抗 X_L 的比值称为补偿度 K_C，即 $K_C = X_C/X_L$。

一般来说，补偿度 K_C 越大，线路等值电抗越小，对提高稳定性越有利。但 K_C 的上限要受到很多条件的制约，主要是自励磁和次同步谐振的限制。串联电容器一般都集中安装在输电线路的中间变电站内。

（4）采用励磁调节器。在前面对简单系统小干扰稳定性的分析中，发电机采用的是经典模型，粗略地说，这一数学模型相当于假设在暂态过程中电枢反应和励磁调节的综合效应可以使得发电机暂态电抗 X_d' 后的电动势 E' 保持恒定。如果没有励磁调节系统的作用，则在暂态过程中将是发电机空载电动势保持恒定，与其对应的是同步电抗 X_d。由于 $X_d' < X_d$，因此可以说，励磁调节系统的作用相当于将发电机与无穷大系统之间的电气距离减小 $X_d - X_d'$。如果采用更为有效的励磁调节器，还可以使发电机的等值阻抗比 X_d' 更小。

此外，采用电力系统稳定器 PSS 或其他措施来抑制系统的低频振荡，也是一种经济且有效的提高电力系统小干扰稳定的措施。

在有高压直流输电和其他 FACTS 元件的系统中，对它们进行适当的控制也有助于提高电力系统的小干扰稳定性。

2. 提高电力系统暂态稳定性的措施

前面介绍的提高电力系统小干扰稳定性的措施，对于提高暂态稳定性也是有效的。除此之外，还有下列措施：

（1）快速切除故障和自动重合闸。快速切除故障可以减小故障期间发电机转子动能的增加量，从而减少故障切除瞬间发电机转子角度和角速度的变化量。另外，也能使负荷端的电压迅速回升，从而可以提高发电机的输出功率，并减少电动机失速和停顿的危险。但是，切除故障的速度受到继电保护装置的反应速度和开关动作速度的制约而不能无限制地提高。

电力系统的短路故障特别是输电线路上所发生的短路故障大多是临时性的。因此，在发生故障后，可以先切除故障线路，经过一定的时间后再将线路重新投入。图 10-18 是简单

系统中采用重合闸而且重合成功的等面积定则示意图，图中 δ_R 对应于重合时刻的转子角度，δ_f 为转子回到同步角速度时的转子角度。由图 10-18 可以明显看出，重合成功将显著增加减速面积，因而有利于系统的暂态稳定性。然而，在永久性故障情况下，由于重合不成功将对电力系统暂态稳定性造成不利的影响，具体情况读者可自行分析。

另外，高压输电线路上所发生的短路故障大多是单相接地故障，因此在故障发生后，可以只切除故障所在相而保留其他两相，让系统在短时期间非全相运行。由于其他两相尚能传输一定的功率，因此有利于系统的暂态稳定性。

（2）发电机强行励磁。在故障发生后，发电机端电压降低，电磁功率减小。如果在此期间能快速、大幅度地增加励磁，则可以提高发电机电动势，从而增加发电机的电磁功率，达到提高系统暂态稳定性的目的。这便是发电机的强行励磁，参阅第八章第五节。

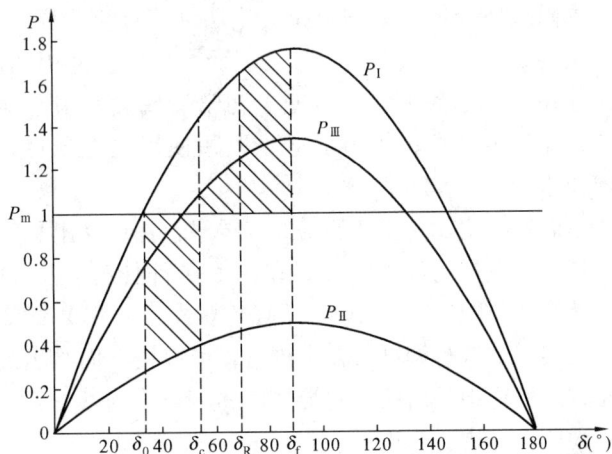

图 10-18　简单系统有重合闸且重合成功时的等面积示意图

强行励磁的效果与励磁电压的顶值倍数（最大可能的励磁电压与额定励磁电压之比）以及励磁电压的增长速度有关。励磁电压的顶值倍数越大、增长速度越快，对提高系统暂态稳定性的效果越明显。现有的强行励磁中，励磁电压的顶值倍数可以达 2.5～3.0，而达到顶值电压所需要的时间可以小于 0.1s。

（3）电气制动。所谓电气制动，就是当系统中发生故障后迅速投入已安装好的电气负荷，从而增大发电机的电磁功率，以便缓解发电机的加速。

电气制动的一种形式是投入并联电阻器，这主要用于水电厂。当然也可以用串联电阻器，但实际很少使用。

还有一种针对不对称故障的电气制动，即将变压器中性点经过小电阻接地。在正常运行情况下，中性点接地电阻中无电流流过。当发生单相接地短路或者两相接地短路这样的不对称故障时，零序电流将流过中性点接地电阻而产生附加的功率损耗，从而达到电气制动的目的。

（4）快速汽门控制。快速汽门控制是用于火力发电机组的一种控制措施。它包括快速关闭和打开汽门，从而调节原动机的机械功率，减小发电机组的不平衡功率。

（5）切机、切负荷。在暂态过程中，可以有选择地切除一些发电机组，或者切除一部分负荷以减少一些关键输电线路上传送的功率，从而提高系统的暂态稳定性。由于发电机组和负荷都可以快速地被切除，因此切机和切负荷是提高系统暂态稳定性有效的辅助性措施。

（6）系统解列。尽管电力系统在规划设计和运行中都采取了一系列提高稳定性的措施，但可靠性和经济性综合权衡的结果是，系统仅能承受一定程度的预想事故。当有些发生概率很小的非预想事故出现时，系统仍然可能失去稳定。系统解列就是在失去稳定后将联合运行的大规模电力系统人为地分割为若干个独立的子系统，以保全一些子系统继续稳定运行，避免系统由于失去稳定而全部崩溃或瓦解。

附录　牛顿—拉夫逊法潮流计算程序

　　本附录所介绍的牛顿—拉夫逊法潮流计算程序采用极坐标形式，其中所涉及的计算公式与第四章中的式（4-44）～式（4-61）完全相同，计算程序框图与图4-5基本一致。程序采用C语言编制。为了便于初学者阅读，节点导纳矩阵和雅可比矩阵都用满阵存储而未采用稀疏技巧；但为了适当照顾使用的方便性，在输入数据中对节点编号次序不作任何要求。

　　下面先介绍输入文件的格式和要求，然后列出程序，最后说明潮流结果的输出。建议读者先从原始数据的输入中了解和熟悉它们在程序中对应的变量、结构体数组及其成员的名称，然后对照图4-5和式（4-44）～式（4-61）仔细和耐心地阅读程序，最好能在计算机上亲自实现和进行调试。在调试时，可以用下面给出的对应于［例4-3］系统的输入数据，以及程序运行中得出的中间结果，逐步与［例4-3］中所给出的中间结果进行对比，从而查找错误所在并进行改正。

一、原始数据的输入

程序通过"输入数据.txt"文件输入以下5个数据段。

（1）信息（共6个）。

1）总节点数（变量 num_node）。

2）线路和并联电容器总数（变量 num_line）。

3）变压器支路总数（变量 num_tran）。

4）发电机节点总数（变量 num_gene）。

5）负荷节点总数（变量 num_load）。

6）节点功率不平衡量的容许误差（变量 error）。

（2）线路和并联电容器数据（结构体数组 line）：每一线路或并联电容器包括5个数据，见附表1。

附表1　　　　　　　　　　　　　　　　　　线路和并联电容器数据

线　路	并联电容器	成　员
I侧节点编号	所接节点编号	i
J侧节点编号	所接节点编号	j
Ⅱ形等值电路电阻	电容器电阻	a
Ⅱ形等值电路电抗	电容器电抗（负数）	b
Ⅱ形等值电路一端电纳	0.0	c

　　I侧节点编号和J侧节点编号可以对换；线路和并联电容器之间的次序可以任意，而且允许多条线路或多个电容器并联。

　　（3）变压器支路数据（结构体数组 tran）：每一变压器支路包括5个数据，见附表2。

附表 2　　　　　　　　　　　　变 压 器 支 路 数 据

变压器支路	成　员	变压器支路	成　员
1 侧节点编号	i	电抗	b
2 侧节点编号	j	非标准变比	c
电阻	a		

变压器电阻、电抗和非标准变比与两侧节点编号之间的关系服从图 2-29，即电阻和电抗在 1 侧而非标准变比在 2 侧；三绕组变压器需按图 2-26 化成 3 个变压器支路，其中 3 侧变压器支路的非标准变比为 1。变压器支路之间的次序可以任意。

（4）发电机节点数据（结构体数组 gene）：每一发电机节点包括 5 个数据，见附表 3。

附表 3　　　　　　　　　　　　发 电 机 节 点 数 据

发电机节点	成　员	发电机节点	成　员
所在节点编号	i	发出无功功率	b
节点种类	j	电压	c
发出有功功率	a		

对于 PQ 节点，节点种类为 1，电压可给任意值；对于 PV 节点，节点种类为 -1，发出无功功率可给任意值；对于平衡节点，节点种类为 0，发出有功功率和发出无功功率都可给任意值。发电机节点之间的次序可以任意。

（5）负荷节点数据（结构体数组 load）：每一负荷节点包括 3 个数据，见附表 4。

附表 4　　　　　　　　　　　　负 荷 节 点 数 据

负荷节点	成　员	负荷节点	成　员
所在节点编号	i	吸收无功功率	b
吸收有功功率	a		

负荷节点之间的次序可以任意。

对于［例 4-3］中的电力系统，输入数据如下：

```
4    4    1    2    2    0.000 01
4    3    0.260 331    0.495 868    0.025 864
1    4    0.173 554    0.330 579    0.017 243
2    2    0.000 000   -20.000 000    0.000 000
3    1    0.130 165    0.247 934    0.012 932

1    2    0.000 000    0.166 667    1.128 205

4    0    0.0    0.0    1.05
3   -1    0.2    0.0    1.05

2    0.5    0.3
4    0.15    0.1
```

二、计算程序

```
/* * * * * *      牛顿—拉夫逊法潮流计算程序      * * * * * */
#include <stdio.h>
#include <math.h>
#include <stdlib.h>

#define pnt        1      //1——输出中间结果

void read_data ();            // 输入始数据
void admt_matrix ();          // 形成导纳矩阵
void form_Jacobian ();        // 形成雅可比矩阵，计算功率误差
void solv_Eqn ();             // 求解修正方程式
void node_flow ();            // 输出节点潮流
void branch_flow ();          // 输出支路潮流
double **newSpaceDouble2 (int, int);
void deleteSpaceDouble2 (double **, int);

int num_node, num_line, num_tran, num_gene, num_load, iter;
struct data *line, *tran, *gene, *load;
double **G, **B, **Jacob;
double *Um, *Ua, *P, *Q;
double error_max;
FILE *fin, *fou, *chk;

struct data
{
    int i;
    int j;
    double a;
    double b;
    double c;
};

void main ()
{
    int i, j, conv;
    double a, error;
    fin=fopen (" 输入数据.txt"," r");
    if (fin==NULL)
    {
        printf (" 注意! 没有"输入数据.txt"文件 \n");
        exit (0);
    }
```

```
        fou=fopen ("潮流输出.txt"," w");
        if (pnt==1) chk=fopen ("中间结果.txt"," w");
//输入原始数据和形成节点导纳矩阵
        read_data ();
        G=newSpaceDouble2 (num_node, num_node);
        B=newSpaceDouble2 (num_node, num_node);
        for (i=1; i<=num_node; i++)
               for (j=1; j<=num_node; j++)
                      G [i] [j] =B [i] [j] =0.0;
        admt_matrix ();
//给定电压有效值和相位初值
        Um=new double [num_node+1];
        Ua=new double [num_node+1];
        for (i=1; i<=num_node; i++)
         {
               Um [i] =1.0;
               Ua [i] =0.0;
         }
        for (i=1; i<=num_gene; i++)
               if (gene [i] .j<=0) Um [gene [i] .i] =gene [i] .c;
        iter=0;
//形成雅可比矩阵计算功率误差
        Jacob=newSpaceDouble2 (2 * num_node, 2 * num_node+1);
        P=new double [num_node+1];
        Q=new double [num_node+1];
R2:    form_Jacobian ();
//收敛判断
        error=0.0;
        for (i=1; i<=2 * num_node; i++)
               if (fabs (Jacob [i] [2 * num_node+1]) >error)
                      error=fabs (Jacob [i] [2 * num_node+1]);
        fprintf (fou," \n        迭代次数：%2d        最大功率误差：%11.6f",
               iter+1, error);
        if (error<error_max) //潮流计算收敛
         {
               conv=1;
               goto R1;
         }
        if ( (iter>10) || (error>1.0e4)) //潮流计算不收敛
         {
               fprintf (fou," \n \n        潮流不收敛");
               goto nd;
         }
```

```
// 求解修正方程式并修正电压
        solv_Eqn ();
        for (i=1; i<=num_node; i++)
         {
                a=Jacob [i] [2 * num_node+1];
                Ua [i] =Ua [i] + (-1 * a);
                a=Jacob [num_node+i] [2 * num_node+1];
                Um [i] =Um [i] - (Um [i] * a);
         }
        if ( (pnt==1) && (iter<2))
         {
                fprintf (chk," \n\n  电压相位和有效值新值, 迭代 %d\n\n", iter+1);
                for (i=1; i<=num_node; i++)
                        fprintf (chk," %3d   %10.5f   %8.5f \n", i, Ua [i], Um [i]);
         }
        iter=iter+1;
        goto R2;
// 输出潮流结果
R1:    node_flow ();
        branch_flow ();
nd:    fclose (fin);
        fclose (fou);
        if (pnt==1) fclose (chk);
        free (line); free (tran); free (gene); free (load);
        deleteSpaceDouble2 (G, num_node);
        deleteSpaceDouble2 (B, num_node);
        deleteSpaceDouble2 (Jacob, 2 * num_node);
        free (Um); free (Ua); free (P); free (Q);
}
void read_data () // 输入始数据
{
        int i;
        fscanf (fin,"%d %d %d %d %d %lf", &num_node, &num_line,
                &num_tran, &num_gene, &num_load, &error_max);
        line= (struct data *) calloc (num_line+1, sizeof (struct data));
        tran= (struct data *) calloc (num_tran+1, sizeof (struct data));
        gene= (struct data *) calloc (num_gene+1, sizeof (struct data));
        load= (struct data *) calloc (num_load+1, sizeof (struct data));
        for (i=1; i<=num_line; i++) fscanf (fin,"%d %d %lf %lf %lf",
        &line [i] .i, &line [i] .j, &line [i] .a, &line [i] .b, &line [i] .c);
        for (i=1; i<=num_tran; i++) fscanf (fin,"%d %d %lf %lf %lf",
                &tran [i] .i, &tran [i] .j, &tran [i] .a, &tran [i] .b, &tran [i] .c);
        for (i=1; i<=num_gene; i++) fscanf (fin,"%d %d %lf %lf %lf",
```

```
            &gene [i] .i, &gene [i] .j, &gene [i] .a, &gene [i] .b, &gene [i] .c);
        for (i=1; i<=num_load; i++) fscanf (fin,"%d%lf %lf",
                &load [i] .i, &load [i] .a, &load [i] .b);
}
void admt_matrix ()// 形成导纳矩阵
{
        int i, j;
        double r, x, b, kt;
        struct data * p, * end;
        end=line+num_line;
        for (p=line+1; p<=end; p++)// 线路
         {
                i=p->i;
                j=p->j;
                r=p->a;
                x=p->b;
                b=r*r+x*x;
                r=r/b;
                x=-x/b;
                if (i==j)
                 {
                        G [i] [i] +=r;
                        B [i] [i] +=x;
                        continue;
                 }
                b=p->c;
                G [i] [j] =G [i] [j] -r;
                B [i] [j] =B [i] [j] -x;
                G [j] [i] =G [i] [j];
                B [j] [i] =B [i] [j];
                G [i] [i] =G [i] [i] +r;
                B [i] [i] =B [i] [i] +x+b;
                G [j] [j] =G [j] [j] +r;
                B [j] [j] =B [j] [j] +x+b;
         }
        end=tran+num_tran; // 变压器
        for (p=tran+1; p<=end; p++)
         {
                i=p->i;
                j=p->j;
                r=p->a;
                x=p->b;
                b=r*r+x*x;
```

```
        r=r/b;
        x=-x/b;
        kt=p->c;
        G [i] [i] +=r;
        B [i] [i] +=x;
        G [i] [j] =G [i] [j] -r/kt;
        B [i] [j] =B [i] [j] -x/kt;
        G [j] [i] =G [i] [j];
        B [j] [i] =B [i] [j];
        r=r/kt/kt;
        x=x/kt/kt;
        G [j] [j] +=r;
        B [j] [j] +=x;
    }
    if (pnt==1)
    {
        fprintf (chk," \ n \ n          导纳矩阵中的非零元素 \ n \ n");
        for (i=1; i<=num _ node; i++) for (j=i; j<=num _ node; j++)
            if ( (G [i] [j]! =0.0) | | (B [i] [j]! =0.0))
                fprintf (chk," % 3d % 4d % 16.5f % 16.5f \ n", i, j, G [i] [j], B [i] [j]);
    }
}
void form _ Jacobian () // 形成雅可比矩阵，计算功率误差
{
    int i, j, nu, ii, k, n2, kk;
    double vi, di, dij, vj, dj, p, q, b, g, gp, gq, lp, lq;
    double Hij, Lij, Nij, Mij, Hii, Nii, Mii, Lii, dp, dq;
    nu=2 * num _ node+1;
    n2=2 * num _ node;
    for (i=1; i<=n2; i++)
        for (j=1; j<=nu; j++)
            Jacob [i] [j] =0.0;
    for (i=1; i<=num _ node; i++)
    {
        vi=Um [i];
        di=Ua [i];
        dp=0.0;
        dq=0.0;
        for (j=1; j<=num _ node; j++) // 非对角元素
        {
            if (j==i) continue;
            g=G [i] [j];
            b=B [i] [j];
```

```
            vj=Um [j];
            dj=Ua [j];
            dij=di−dj;
            Hij=−Um [i] ＊Um [j] ＊ (g＊sin (dij) −b＊cos (dij));
            Lij=Hij;
            Jacob [i] [j] =Hij;
            Jacob [i+num_node] [j+num_node] =Lij;
            Nij=−Um [i] ＊Um [j] ＊ (g＊cos (dij) +b＊sin (dij));
            Mij=−Nij;
            Jacob [i] [j+num_node] =Nij;
            Jacob [i+num_node] [j] =Mij;
            p=Um [j] ＊ (g＊cos (dij) +b＊sin (dij));
            q=Um [j] ＊ (g＊sin (dij) −b＊cos (dij));
            dp=dp+p;
            dq=dq+q;
        }
        g=G [i] [i];
        b=B [i] [i];
        Hii=vi＊dq;
        Nii=−vi＊dp−2＊vi＊vi＊g;
        Mii=−vi＊dp;
        Lii=−vi＊dq+2＊vi＊vi＊b;
        Jacob [i] [i] =Hii;
        Jacob [i] [i+num_node] =Nii;
        Jacob [i+num_node] [i] =Mii;
        Jacob [i+num_node] [i+num_node] =Lii;
        Jacob [i] [nu] =−vi＊ (dp+vi＊g);
        Jacob [i+num_node] [nu] =−vi＊ (dq−vi＊b);
        P [i] =vi＊ (dp+vi＊g); // 节点注入有功
        Q [i] =vi＊ (dq−vi＊b); // 节点注入无功
    }
for (i=1; i<=num_load, i++)
    {
        kk=load [i] .i;
        lp=load [i] .a;
        lq=load [i] .b;
        Jacob [kk] [nu] =−lp+Jacob [kk] [nu];
        Jacob [kk+num_node] [nu] =−lq+Jacob [kk+num_node] [nu];
    }
for (i=1; i<=num_gene; i++)
    {
        kk=gene [i] .i;
        gp=gene [i] .a;
```

```
            gq=gene [i] .b;
            Jacob [kk] [nu] =gp+Jacob [kk] [nu];
            Jacob [kk+num _ node] [nu] =gq+Jacob [kk+num _ node] [nu];
        }
    for (k=1; k<=num _ gene; k++) // 去掉 PV 及平衡节点
        {
            ii=gene [k] .i;
            kk=gene [k] .j;
            if (kk==0) // 平衡节点
                {
                    for (j=1; j<=n2; j++)
                        {
                            Jacob [ii] [j] =0.0;
                            Jacob [num _ node+ii] [j] =0.0;
                            Jacob [j] [ii] =0.0;
                            Jacob [j] [num _ node+ii] =0.0;
                        }
                    Jacob [ii] [ii] =1.0;
                    Jacob [num _ node+ii] [num _ node+ii] =1.0;
                    Jacob [ii] [nu] =0.0;
                    Jacob [num _ node+ii] [nu] =0.0;
                }
            if (kk<0) // PV 节点
                {
                    for (j=1; j<=n2; j++)
                        {
                            Jacob [num _ node+ii] [j] =0.0;
                            Jacob [j] [num _ node+ii] =0.0;
                        }
                    Jacob [num _ node+ii] [num _ node+ii] =1.0;
                    Jacob [num _ node+ii] [nu] =0.0;
                }
        }
    if ( (pnt==1) && (iter<2))
        {
            fprintf (chk," \n\n 雅可比矩阵中的非零元素，迭代 %d\n\n", iter+1);
            for (i=1; i<=2*num _ node; i++)
                for (j=1; j<=2*num _ node+1; j++)
                    if ( (Jacob [i] [j]! =0.0) && (Jacob [i] [j]! =1.0))
                        fprintf (chk," %3d %3d %15.5f \n", i, j, Jacob [i] [j]);
        }
}
void solv _ Eqn () // 求解修正方程式
```

```
{
    int i, j, n2, nu, i1, k;
    double d, e;
    n2=2*num_node;
    nu=n2+1;
    for (i=1; i<=n2; i++) // 消去
     {
        i1=i+1;
        d=1.0/Jacob [i] [i];
        for (j=i1; j<=nu; j++)
         {
            e=Jacob [i] [j];
            if (e==0.0) continue;
            Jacob [i] [j] =e*d;
         }
        if (i==n2) continue;
        for (j=i1; j<=n2; j++)
         {
            e=Jacob [j] [i];
            if (e==0.0) continue;
            for (k=i1; k<=nu; k++)
                Jacob [j] [k] =Jacob [j] [k] —Jacob [i] [k] *e;
         }
     }
    for (k=2; k<=n2; k++) // 回代
     {
        i=n2—k+1;
        i1=i+1;
        for (j=i1; j<=n2; j++)
            Jacob [i] [nu] =Jacob [i] [nu] —Jacob [i] [j] *Jacob [j] [nu];
     }
    if ( (pnt==1) && (iter<2))
     {
        fprintf (chk," \n\n 电压相位和有效值修正量, 迭代 %d\n\n", iter+1);
        for (i=1; i<=num_node; i++)
        fprintf (chk," %3d  %10.5f  %8.5f \n",
            i, —Jacob [i] [2*num_node+1], —Jacob [i+num_node] [2*num_node+1]);
     }
}
void node_flow () // 输出节点潮流
{
    int i, j, k, ii, kk;
    double b1, b2, c1, c2;
```

```
fprintf (fou," \n\n\n                    *-*-*- 潮 流 计 算 结 果 *-*-*-");
fprintf (fou," \n\n                  ——— 节 点 潮 流 ———");
fprintf (fou," \n\n    no.i      Um      Ua      PG      QG");
fprintf (fou,"           PL      QL\n\n");
for (i=1; i<=num_node; i++)
  {
        b1=b2=c1=c2=0.0;
        for (j=1; j<=num_gene; j++)
          {
              ii=gene [j] .i;
              kk=gene [j] .j;
              if ( (i==ii) && (kk==0))    // 平衡节点
                {
                    b1=P [ii];
                    b2=Q [ii];
                    for (k=1; k<=num_load; k++)
                      {
                          ii=load [k] .i;
                          if (i==ii)
                            {
                                c1=load [k] .a;
                                c2=load [k] .b;
                                b1=b1+c1;
                                b2=b2+c2;
                            }
                      }
                    break;
                }
              if ( (i==ii) && (kk==-1))// PV 节点
                {
                    b1=gene [j] .a;
                    b2=Q [ii];
                    for (k=1; k<=num_load; k++)
                      {
                          ii=load [k] .i;
                          if (i==ii)
                            {
                                c1=load [k] .a;
                                c2=load [k] .b;
                                b2=b2+c2;
                            }
                      }
                    break;
```

```
                      }
                }
                for (j=1; j<=num_load; j++)
                 {
                        ii=load [j] .i;
                        if (i==ii)
                         {
                                c1=load [j] .a;
                                c2=load [j] .b;
                                break;
                         }
                 }
                fprintf (fou," %6d %10.5f %10.5f %10.5f %10.5f %10.5f %10.5f \n",
                        i, Um [i], Ua [i] * 180.0/3.141 592 654, b1, b2, c1, c2);
        }
}
void brabch_flow () // 输出支路潮流
{
        int i, j;
        double r, x, t, b, dij, cd, sd, ri, rj, xi, xj;
        double vi, vj, vij, pij, qij, pji, qji, dpb, dqb, ph, qh;
        struct data * p, * end;
        fprintf (fou," \n\n                      ——— 支 路 潮 流 ———");
        fprintf (fou," \n\n   i    j      Pij       Qij        Pji");
        fprintf (fou,"        Qji        dP      dQ \n\n");
        ph=0.0;
        qh=0.0;
        for (end=line+num_line, p=line+1; p<=end; p++)
         {
                i=p->i;
                j=p->j;
                r=p->a;
                x=p->b;
                b=r * r+x * x;
                if (i==j)
                 {
                        vi=Um [i];
                        b=vi * vi/b;
                        pij=r * b;
                        qij=x * b;
                        pji=0.0;
                        qji=0.0;
                        dpb=pij;
```

```
            ph=ph+dpb;
            dqb=qij;
            qh=qh+dqb;
        }
        else
        {
            r=r/b;
            x=-x/b;
            b=p->c;
            dij=Ua [i] -Ua [j];
            vi=Um [i];
            vj=Um [j];
            vij=vi*vj;
            vi=vi*vi;
            vj=vj*vj;
            cd=vij*cos (dij);
            sd=vij*sin (dij);
            pij=vi*r-r*cd-x*sd;
            pji=vj*r-r*cd+x*sd;
            dpb=pij+pji;
            ph=ph+dpb;
            qij=-vi* (b+x) +x*cd-r*sd;
            qji=-vj* (b+x) +x*cd+r*sd;
            dqb=qij+qji;
            qh=qh+dqb;
        }
        fprintf (fou," %3d  %3d %10.5f %10.5f %10.5f %10.5f %10.5f %10.5f \n",
            i, j, pij, qij, pji, qji, dpb, dqb);
    }
    for (end=tran+num _ tran, p=tran+1; p<=end; p++)
    {
        i=p->i;
        j=p->j;
        r=p->a;
        x=p->b;
        t=p->c;
        b=t* (r*r+x*x);
        r/=b;
        x/=-b;
        b=t-1.0;
        ri=r*b;
        xi=x*b;
        rj=-ri/t;
```

```
        xj=−xi/t;
        vi=Um [i];
        vj=Um [j];
        vij=vi * vj;
        vi * =vi;
        vj * =vj;
        dij=Ua [i] −Ua [j];
        cd=vij * cos (dij);
        sd=vij * sin (dij);
        pij=vi * (ri+r) −r * cd−x * sd;
        pji=vj * (rj+r) −r * cd+x * sd;
        dpb=pij+pji;
        ph+=dpb;
        qij=−vi * (xi+x) +x * cd−r * sd;
        qji=−vj * (xj+x) +x * cd+r * sd;
        dqb=qij+qji; qh+=dqb;
        fprintf (fou," %3d  %3d %10.5f %10.5f %10.5f %10.5f %10.5f %10.5f \ n",
            i, j, pij, qij, pji, qji, dpb, dqb);
    }
    fprintf (fou," \ n \ n     系统总损耗：−  有功功率：%8.5f   无功功率：%8.5f",
        ph, qh);
}
// 分配二维双精度型数组
double * * newSpaceDouble2 (int n1, int n2)
{
    int i;
    double * * a=new double * [n1+1];
    for (i=0; i<=n1; i++)
        a [i] =new double [n2+1];
    return a;
}
// 释放二维双精度型数组
void deleteSpaceDouble2 (double * * a, int n1)
{
    for (int i=0; i<=n1; i++)
        delete [] a [i];
    delete [] a;
}
```

三、输出潮流结果

程序运行后在"潮流输出 . txt"文件中输出迭代过程的信息以及节点和支路潮流。
对于 [例 4 - 3] 中的电力系统，输出结果如附图所示。

迭代次数：1   最大功率误差：0.500 000
迭代次数：2   最大功率误差：0.052 346
迭代次数：3   最大功率误差：0.001 633
迭代次数：4   最大功率误差：0.000 002

* — * — * —潮 流 计 算 结 果 * — * — * —

—— 节 点 潮 流 ——

no. i	Um	Ua	PG	QG	PL	QL
1	0.969 50	−3.873 78	0.000 00	0.000 00	0.000 00	0.000 00
2	1.038 77	−9.230 44	0.000 00	0.000 00	0.500 00	0.300 00
3	1.050 00	−1.841 20	0.200 00	0.196 87	0.000 00	0.000 00
4	1.050 00	0.000 00	0.477 69	0.144 30	0.150 00	0.100 00

—— 支 路 潮 流 ——

i	j	Pij	Qij	Pji	Qji	dP	dQ
4	3	0.056 47	−0.057 02	−0.055 53	0.001 79	0.000 94	−0.055 23
1	4	−0.257 35	−0.110 14	0.271 21	0.101 32	0.013 86	−0.008 82
2	2	0.000 00	−0.053 95	0.000 00	0.000 00	0.000 00	−0.053 95
3	1	0.255 53	0.195 08	−0.242 65	−0.196 96	0.012 88	−0.001 87
1	2	0.500 00	0.307 10	−0.500 00	−0.246 05	0.000 00	0.061 05

系统总损耗：— 有功功率：0.027 69 无功功率：−0.058 83

附图　潮流输出结果

另外，为了调试程序方便起见，在"中间结果.txt"文件中还输出了"导纳矩阵中的非零元素"，以及前两次迭代过程中的"雅可比矩阵中的非零元素"、"电压相位和有效值修正量"和"电压相位和有效值新值"等中间结果，可以用它们与［例 4-3］中所给出的中间结果进行对比，以便核对或查找程序中存在的错误所在。

读者如有兴趣，还可以进一步做以下工作：

（1）将输入数据中所有的节点编号改成节点名称（汉字和/或汉语拼音），让程序自动进行节点编号。

（2）加入节点编号优化。

（3）对节点导纳矩阵和雅可比矩阵采用稀疏技巧存储和运算。

（4）改成直角坐标形式的牛顿—拉夫逊法潮流计算程序。

思 考 题

第二章

1. 本章所导出的架空线路电感和电容的计算公式，是否可以应用于电压、电流为非正弦变化的情况，为什么？如果能则有哪些限制或需要注意的地方？如果用于暂态过程分析（电压和电流随时间任意变化）又如何？

2. 在同一杆塔上架设双回线路的情况下，如果要计及两回线路之间的互感，试导出每回线路的自感和两回线路之间的互感（考虑双回线路不换位和均匀换位两种情况）。对电容也作相应的推导。

3. 假设各绕组导线的截面积按照同一个电流密度来决定，而且各绕组每一匝的平均长度相等。在此情况下，如果变压器在某一分接头下运行，则是否能用主接头下的参数来估算分接头下参数？试分别用折算到 1 侧和 2 侧的等值电路来进行分析。

4. 当变压器各侧绕组按同一电流密度决定导线截面积，而且绕组的平均长度相等时，试证明归算到同一侧时，容量相同的绕组其电阻相等，容量为 50％的绕组其电阻比容量为 100％的大一倍。

5. 能否用 Ⅱ 形等值电路直接反映变压器两侧电压、电流有名值之间的关系？

6. 如果变压器的串联阻抗在非标准变比侧，其 Ⅱ 形等值电路的参数如何计算？

第三章

1. 在复功率表达式 $P+jQ$ 中，Q 本身取正值和取负值之间的区别为何？$R+jX$ 中，X 本身取正、负值的区别如何？$G+jB$ 中的 B 又如何？

2. 试推导计及电阻和电容时输电线路传输的有功功率与两端电压及相位之间的关系式。在两端电压固定不变的情况下，用图形表示传输有功功率与两端电压相位之间的关系。

3. 如果要想改变环形网络中的潮流分布，有哪些可能的方法？

第四章

1. 试说明电压用直角坐标表示时的节点功率方程式和牛顿法潮流计算中雅可比矩阵各元素表达式的推导过程。

2. 如果在潮流计算结果中发现某个作为 PV 节点的发电机所发出的无功功率超出了它的容许数值，如何在此基础上重新进行潮流计算，使该发电机发出的无功功率在容许范围内。

3. 在潮流计算中是否可以设置两个或以上的平衡节点，若可以，如何决定和改变平衡节点之间的有功功率分配？

第五章

1. 在具有 n 个区域的联合电力系统中，如所有区域都按式（5-16）中的区域控制误差进行负荷频率控制，其中前 $n-1$ 个区域的 ACE_i 中 K_i 的取值准确地等于各区域系统本身的单位调节功率，而第 n 个区域的 ACE_n 中 K_n 的取值大于（或小于）该区域系统本身的单位调节功率，试分析当区域 n（或其他区域）负荷变化时的控制结果。

2. 在图 5-18 所示系统中，如果最大和最小负荷期间发电机的端电压都保持为 10.5kV，升压变压器采用固定分接头，在变电站 10kV 母线上不采用并联电容器，则在降压变压器采用带负荷调整分接头的情况下，是否可以使各个母线的电压都能满足要求，如果可以，则最大负荷和最小负荷时分接头位置为何？

第六章

1. 分析基于晶闸管的换流器在哪些情况下不能完成换相过程。
2. 试根据开关函数的定义推导出其基波分量的表达式（6-41）。
3. 根据电压的基波分量和总电流的基波分量推导可控串补的等值基波电抗表达式（6-57）。

第七章

1. 试列出式（7-33）和式（7-34）的具体推导过程。
2. 如果采用式（7-36）中的正交矩阵进行坐标变换，试导出相应的磁链方程式。
3. 如何选择基准电压 U_{fB}，使 X_{af} 的标幺值与 R_f 的标幺值相等，从而使式（7-82）得到简化。

第八章

1. 如果无限大功率电源经过双绕组变压器发生突然三相短路，并计及变压器的暂态过程，试导出短路电流的计算公式，并将它与同步电机突然三相短路的电流分量进行对比。

2. 是否可以不采用叠加原理而直接用拉氏变换进行带负荷情况下同步电机的突然三相短路分析？试列出相应的过程和公式。

3. 如果要计及发电机定子回路电磁暂态过程的影响，则不但需要在同步电机定子回路电压平衡方程中计及 $p\psi_d$ 和 $p\psi_q$，而且在与之相对应的网络中的各个电感和电容元件都必须用微分方程式来描述其电压、电流关系，而不能用简单的阻抗来模拟，为什么？

4. 是否可以像同步电机那样列出方程式来分析感应电动机端突然三相短路，如何进行？具体结果。

第九章

1. 如果不对称故障发生在非特殊相，则如何由发生在特殊相时所得出的计算结果简单地推得？

2. 如果变压器用复变比来反映两侧相电压和相电流之间的相位关系，试作出带复变比的变压器 Ⅱ 形等值电路，并考虑如何用这种等值电路进行不对称故障分析？

3. 能否用电力系统暂态稳定计算程序准确计算不对称短路情况下的同步角频率周期性分量电流（不计定子回路的电磁暂态过程）？

第十章

1. 推导式（10-17）～式（10-35）所描述的电力系统稳定性分析中的各种同步电机模型。

2. "既然电力系统小干扰稳定性是指系统遭受微小干扰下的稳定性，而暂态稳定性是指系统遭受大干扰情况的稳定性，似乎能承受大干扰便一定能承受小干扰，这样一来好像就没有必要分析电力系统的小干扰稳定性了"，这种说法是否正确，原因何在？

3. 在单机无穷大系统中，按照等面积定则，发电机转子相对于无穷大系统的最大角度不能超过图 10-15 中的 h 点，显然该点的角度在 180°以内。然而，在多机系统中，有时发电机转子之间的角度在暂态过程中甚至超过 200°仍然不失去暂态稳定，如何解释？

4. 设系统由两台有限容量的发电机组成，它们之间通过纯电抗相互连接，发电机采用经典模型，试列出每台机组的转子运动方程，证明该系统可以简化为一台等值发电机与无穷大母线相连的系统，并求出等值机组的惯性时间常数、机械输入功率以及电磁功率表达式。

参 考 文 献

[1] 陈珩. 电力系统稳态分析.4 版. 北京：中国电力出版社，2017.

[2] 李光琦. 电力系统暂态分析.4 版. 北京：中国电力出版社，2017.

[3] 张炜. 电力系统分析. 北京：中国水利水电出版社，1999.

[4] 西安交通大学主编. 电力系统工程基础. 北京：电力工业出版社，1981.

[5] 肖登明. 电气工程概论.2 版. 北京：中国电力出版社，2012.

[6] 陈慈萱. 电气工程基础（上下册）.3 版. 北京：中国电力出版社，2016.

[7] 刘笙. 电气工程基础. 北京：科学出版社，2002.

[8] 熊信银，张步涵. 电气工程基础. 武汉：华中科技大学出版社，2005.

[9] 曹绳敏. 电力系统课程设计及毕业设计参考资料. 北京：水利电力出版社，1995.

[10] A. R. Bergen. Power System Analysis. London：Prentice-Hall，1986.

[11] B. M. Weedy，B. J. Cory. Electric Power Systems，Forth Edition. New York：John Wiley & Sons，1998.

[12] 邱关源. 电路.2 版. 北京：高等教育出版社，1995.

[13] 冯慈璋，马西奎. 工程电磁场导论. 北京：高等教育出版社，2000.

[14] 吴大榕. 电机学. 北京：水利水电出版社，1979.

[15] 王兆安，黄俊. 电力电子技术.2 版. 北京：机械工业出版社，2000.

[16] 西安交通大学等编. 电力系统计算. 北京：水利电力出版社，1978.

[17] 刘万顺. 电力系统故障分析.3 版. 北京：中国电力出版社，2010.

[18] 周荣光. 电力系统故障分析. 北京：清华大学出版社，1988.

[19] 吴际舜. 电力系统静态安全分析. 上海：上海交通大学出版社，1988.

[20] 邹森. 电力系统安全分析与控制. 北京：水利电力出版社，1995.

[21] 马大强. 电力系统机电暂态过程. 北京：水利电力出版社，1988.

[22] 韩祯祥. 电力系统自动控制. 北京：水利电力出版社，1994.

[23] [日]关根泰次. 电力系统暂态解析论. 蒋建民，金基圣，王仁洲，译. 北京：机械工业出版社，1989.

[24] 诸骏伟. 电力系统分析 上册. 北京：水利电力出版社，1995.

[25] 夏道止. 电力系统分析 下册. 北京：水利电力出版社，1995.

[26] 张伯明，陈寿孙. 高等电力网络分析. 北京：清华大学出版社，1996.

[27] 王锡凡，方万良，杜正春. 现代电力系统分析. 北京：科学出版社，2003.

[28] 戴熙杰. 直流输电基础. 北京：水利电力出版社，1990.

[29] 李兴源. 高压直流输电系统的运行和控制. 北京：科学出版社，1998.

[30] 汤广福. 基于电压源换流器的高压直流输电技术. 北京：中国电力出版社，2010.

[31] 匡会健. 水电站. 北京：中国水利水电出版社，2005.

[32] 廖晓昕. 稳定性的理论、方法和应用. 武汉：华中理工大学出版社，1999.